中国建筑业发展战略与产业政策研究报告

（上 册）

中国建筑业协会 编著

中国建筑工业出版社

图书在版编目（CIP）数据

中国建筑业发展战略与产业政策研究报告/中国建筑业协会编著. —北京：中国建筑工业出版社，2011.2
ISBN 978-7-112-12912-6

Ⅰ.①中… Ⅱ.①中… Ⅲ.①建筑业-经济发展-研究报告-中国 Ⅳ.①F426.9-39

中国版本图书馆 CIP 数据核字（2011）第 023527 号

本书是我国建筑业发展战略与产业政策研究报告，共分八篇，分别为中国建筑业 30 年来改革与发展历程研究报告；中国建筑市场与经营模式研究报告；中国建筑业规模与结构调整研究报告；中国建筑业技术进步研究报告；中国建筑业施工技术与节能减排研究报告；中国建筑业人力资源状况与发展研究报告；中国建设管理体制现状和改革研究报告；中国建筑业“十二五”产业政策研究报告。

本书适用于建筑业广大管理人员及从业人员学习使用。

* * *

责任编辑：常 燕 庄淑亭

中国建筑业发展战略与产业政策研究报告
中国建筑业协会 编著
*
中国建筑工业出版社出版、发行（北京西郊百万庄）
各地新华书店、建筑书店经销
北京鑫联必升文化发展有限公司制版
北京京丰印刷厂印刷
*
开本：787×1092 毫米 1/16 印张：40 ⅞ 字数：995 千字
2011 年 3 月第一版 2011 年 3 月第一次印刷
定价：75.00 元（上、下册）
ISBN 978-7-112-12912-6
(20342)

《中国建筑业发展战略与产业政策研究报告》
课题研究指导委员会

主任委员：郭允冲　住房和城乡建设部副部长

　　　　　郑一军　中国建筑业协会会长

委　　员：（以姓氏笔画为序）

　　　　　史殿臣　中国建筑业协会副会长、黑龙江省建筑业协会会长

　　　　　丘小广　中国建筑业协会副会长、广东省建筑工程集团有限公司董事长

　　　　　刘龙华　中国建筑业协会副会长、北京城建集团有限责任公司董事长

　　　　　刘宇昕　住房和城乡建设部建筑市场监管司副司长

　　　　　李长进　中国建筑业协会副会长、中国中铁股份有限公司董事长

　　　　　李里丁　中国建筑业协会副会长、陕西建工集团总公司总经理

　　　　　李宝元　中国建筑业协会副会长、河北建设集团有限公司董事长

　　　　　杨镜璞　中国建筑业协会副会长、重庆建工集团有限责任公司董事长

　　　　　吴　涛　中国建筑业协会副会长兼秘书长

　　　　　吴慧娟　住房和城乡建设部工程质量安全监管司司长

　　　　　张鲁风　中国建筑业协会副会长

　　　　　陈　重　住房和城乡建设部建筑市场监管司司长

　　　　　范集湘　中国建筑业协会副会长、中国水利水电建设集

团公司总经理

易　军　中国建筑业协会副会长、中国建筑工程总公司董事长

周纪昌　中国建筑业协会副会长、中国交通建设集团有限公司董事长

耿立新　中国建筑业协会副会长、天津市建工集团（控股）有限公司董事长

耿裕华　中国建筑业协会副会长、南通四建集团有限公司董事长

徐义屏　中国建筑业协会副会长

徐德龙　西安建筑科技大学校长、中国工程院院士

栾德成　中国建筑业协会副会长、北京市建筑业联合会副会长

蒋志权　中国建筑业协会副会长、上海建工集团总公司董事长

楼永良　中国建筑业协会副会长、中天发展控股集团有限公司董事长

《中国建筑业发展战略与产业政策研究报告》
课题组

组　长：吴　涛

副组长：（以姓氏笔画为序）

王守清　王要武　乐　云　刘伊生

李进峰　李德全　贾宏俊

成　员：（以姓氏笔画为序）

王守清　清华大学国际工程项目管理研究院副院长、教授

王要武　哈尔滨工业大学管理学院副院长、教授

王增彪　中国建筑业协会原副秘书长

尤　完　中国建筑业协会副秘书长

乐　云　同济大学建设管理与房地产系主任、教授

刘　桦　西安建筑科技大学教授

刘伊生　北京交通大学工程管理系主任、教授

许杰峰　中国建筑科学研究院副院长、教授级高工

李进峰　中国社会科学院研究生院副院长、教授级高工

李德全　住房和城乡建设部政策研究中心建筑业研究所所长、研究员

张兴野　住房和城乡建设部干部管理学院院长

范永贵　中国中铁股份有限公司企划部副部长、高工

周福民　中国建筑业协会副秘书长

赵基达　中国建筑科学研究院总工程师

郝际平　西安建筑科技大学副校长、教授

施正峰　上海建工（集团）总公司办公室主任

贾宏俊　山东科技大学资源与土木工程系主任、教授

商丽萍　住房和城乡建设部建筑市场监管司施工监管处处长

彭丹岩　中国交通建设集团有限公司战略规划部副部长

曾少华　住房和城乡建设部标准定额研究所所长

熊德荣　中建三局建设工程股份有限公司董事长、教授级高工

课题组办公室

主　　　任：王增彪（兼）

副　主　任：赵　峰

成　　　员：李燕鹏　蒋　维　陈立军

王秀兰　赵晓莉

研究报告统稿人：吴　涛　刘伊生　尤　完

赵　峰

前　言

198C年邓小平同志从国家经济建设发展的高度出发，借鉴发达国家建筑业发展经验，结合中国国情高瞻远瞩提出建筑业是支柱产业，为我国建筑业的改革和发展指明了方向。六十年来，我国建筑业伴随着新中国的建设而发展壮大。自1953年开始的“一五”期间156项重点项目建设到“六五”前，建筑业在极其艰难的条件下，为改变我国一穷二白的面貌奠定了重要的物质技术基础。改革开放30年来，建筑业更是呈现出持续快速增长的势头，为国民经济和社会发展作出了巨大贡献。

一是建筑业的支柱产业地位日益显著。建筑业增加值在GDP总量排序中，长期稳居于国民经济各产业部门的前六位。2009年，建筑业占GDP的比重高达6.6%。建筑业的发展，不但大大改善了城乡面貌和人民居住环境，加快了城镇化进程，而且带动了相关产业的发展。二是工程建设成就举世瞩目。长江三峡工程、青藏铁路工程、高速铁路工程、北京奥运工程、上海世博会工程等一大批高精尖工程顺利竣工和投入使用，充分展示了中国建筑业的技术、管理和工程建造能力，这些工程在我国的经济建设、国防建设、文化建设和改善民生等方面发挥了巨大作用。三是建筑业提供了大量的就业机会。目前，建筑业的从业人员已经达到4100万人，约占全社会从业人员的5%。建筑业不仅直接拉动了国民经济增长，同时吸纳了城市化及农村结构调整所转移的大量劳动力，有力地支持了社会主义新农村建设和“三农”问题的解决。四是建筑业是应对金融危机和各类突发事件、抢险救灾的重要力量。在历次爆发的对国民经济和人民生活产生较大冲击的经济危机事件、自然灾害事件中，特别是汶川、玉树地震灾害发生后，建筑业积极响应党中央、国务院的战略部署，率先进入灾区抢险救灾，为经济运行企稳回升，为保障人民生活，为灾后重建，建立了卓越的功勋。

我们也清醒地看到，建筑业在取得辉煌成就的同时，仍然存在着制约其健康发展的问题和障碍。一是产业结构不合理，生产能力过剩，市场供需失衡；市场秩序不良，交易行为不规范。由此导致建筑业存在严重的“三低一高”现象，即产值利润率低、劳动生产率低、产业集中度低、市场交易成本高，这也给工程质量、安全、环境管理埋下了隐患。二是生产方式落后。由于管理体制和管理方法等多方面的原因，造成建筑产品生产链条处于分裂状态，项目可行性研究、设计、施工、采购相互分割，企业无法形成总承包管理能力，不能进行整体协同优化管理。三是建筑业研发投入不足，建筑企业综合竞争实力、科技创新能力、技术装备水平、建筑工业化程度与发达国家的差距较大。四是建筑生产活动对资源和能源消耗巨大，节能减排工作亟待加强。五是建筑业人才培养和使用机制有待完善。劳务管理滞后，操作工人业务素质不能适应现代建筑产品快速发展的要求；管理型、复合型人才严重缺乏。这些问题如不能得到有效解决，势必将在很大程度上影响全社会固定资产投资建设任务的完成，城镇化建设的稳妥推进，民生的保障和有效改善，新兴产业、能源产业、运输产业的顺利发展，就业形势的改观，也会拉大与发达国家的差距。

数十年来的实践证明，对于中国这样一个幅员辽阔、人口众多、劳动力基数大、经济发展不平衡的发展中国家，在一定的历史时期内，持之以恒地大力发展建筑业这样一个多功能、多层次、包容性强、弹性大的支柱产业，对于实现宏观调控目标、解决社会就业、消除贫困、缓解社会矛盾、稳定社会秩序、建设和谐家园，意义极为重大。当前及今后一段时期，是我国工业化、城市化的高速增长时期，也是社会经济结构急剧转型的关键时期，更是各类利益纠纷和社会矛盾的多发期，依靠固定资产投资拉动经济增长仍然是推动发展的重要手段。建筑企业所承担的社会责任和经济发展任务依然艰巨，任重道远。

为了在“十二五”期间乃至更长的历史发展阶段，把建筑业打造成为具有较高贡献率的支柱产业、引领时代发展潮流的低碳绿色产业、自觉履行社会责任的诚信产业、具有较高产业素质的现代产业，在国家政策和行业管理层面上，必须通过对建筑业发展战略和产业政策的研究，加大对建筑行业发展的政策指导力度，切实引导建筑业企业的发展战略选择。为此，2009 年，根据住房和城乡建设部和中国建筑业协会领导的指示精神，中国建筑业协会组织国内 6 所知名高等院校、3 家科研机构和部分大型建筑企业成立了专项课题组，开展了“中国建筑业产业政策和建筑业发展‘十二五’规划”课题的研究。

在本课题的研究过程中，课题组认真贯彻执行协会领导提出的“抓住建筑行业发展中全局性、前瞻性的重大问题，深入开展调查研究，一要摸清情况、找出问题；二要学习借鉴、比较研究；三要提出对策、研以致用”的要求，为政府主管部门制定产业政策和“十二五”规划提供有价值的咨询报告，力求做到：

1. 充分反映和客观评价建筑业几十年来所取得的成绩，准确找出制约建筑行业科学发展、健康发展的深层次问题。

2. 全面梳理建筑行业现实发展状况，广泛收集和系统整理数据资料，摸清建筑行业的基本情况。同时要系统地搜集整理建筑业比较发达的国家和地区的建筑业发展状况的信息资料，为开展研究奠定基础。

3. 加大对建筑行业普遍关注的重点问题、难点问题、热点问题研究的深度。既要突出重点，又要兼顾全局与系统性。不仅要全面总结出存在的现象和问题，而且要有深入的归纳分析、规律总结，更要给出明确的结论。

4. 立足于在国际化、现代化背景下转变建筑业发展方式。从建筑业发展战略的高度和国际化的视野，学习借鉴发达国家和地区的经验与做法，包括美国、英国、法国、德国、日本、韩国、新加坡以及我国香港、澳门和台湾地区，解析其先进经验对国内建筑业的启迪和适用性。

5. 政策和措施建议要做到论述深刻、观点鲜明、说理透彻、条理清晰，尽量避免老调重弹，增强政策建议对建筑行业未来发展的针对性、导向性、可行性，为政府宏观决策、行业管理、企业确立发展战略以及实现转型升级提出具有现实参考价值的分析结论。

6. 提出较为明确的产业发展目标，构建产业政策体系，进一步完善我国建筑经济理论框架。

为了达到上述研究目的，本课题研究运用定性分析与定量分析相结合、规范研究与实证研究相结合、历史比较与国际比较相结合的方法，在文献和资料研究的基础上，对有关专家进行深入访谈，在全国范围内进行抽样问卷调查。翔实的资料和充分的论据，对论证研究结论是有力的佐证，也为后续的研究积累了宝贵的经验。在研究过程中，课题组坚持产学研密切合作，形成学科优势互补的整体优势，使研究成果较好地体现了理论与实践的统一、形式与内容的统一、分工与合作的统一。

课题组于 2009 年 4 月 24 日开始研究工作，历时一年半时间，先后撰写出《中国建筑业 30 年来改革与发展历程研究报告》、《中国建筑市场与经营模式研究报告》、《中国建筑业规模与结构调整研究报告》、《中国建筑业技术进步研究报告》、《中国建筑业施工技术与节能减排研究报告》、《中国建筑业人力资源状况与发展研究报告》、《中国建设管理体制现状和改革研究报告》七个子课题报告。在这些研究成果的基础上形成两份报告，一是为住房和城乡建设部提供了《中国建筑业发展"十二五"规划（建议稿）》，二是本书发表的《中国建筑业发展战略与产业政策研究报告》。

建筑业产业政策是国家根据国民经济发展的内在要求，对建筑业进行产业结构和产业组织形式调整，从而提高建筑业供给总量的增长速度，并使其供给结构有效地适应需求结构的政策措施。建筑业产业政策既有关键环节，又有支撑体系。本书主要是围绕如何按照国家关于加快转变经济发展方式的要求，积极推进产业结构调整，促进行业转型升级的战略任务这一关键环节，从建筑业经营模式、市场状况、行业规模、技术进步、节能减排、管理体制、人力资源等支撑系统方面，回答了建筑行业的科学发展路径和如同转变发展方式，以及应当采取哪些政策措施和通过哪些方法和步骤来实现建筑业"十二五"期间的发展目标。

对以上这些专题的研究，限于条件和资源的不足，有些方面还只是初步的、构架性的，有些问题阐述的深度还没有达到预期的要求。此外，对于建筑行业发展空间、产业增长的要素贡献、技术进步指标与度量、企业资质制度、施工企业利润率、市场竞争规范化、诚信体系、项目经理与建造师制度、产业后备工人培养等，都有待于进行更深入的探讨。特别是中共中央十七届五中全会通过的《中共中央关于制订国民经济和社会发展第十二个五年规划的建议》，从国家经济和社会发展的全局性高度，提出了今后五年各个产业发展的政策建议，这给我们继续完善《中国建筑业发展战略与产业政策研究报告》指明了方向。我们将按照十七届五中全会精神，结合建筑业发展的实际状况，对中国建筑业发展战略和产业政策进行长期的动态跟踪研究，及时进行反馈修正。同时，恳切希望广大业内外读者，对于本书内容的不当之处给予批评指正，以便于改进我们的研究工作，使后续的研究报告内容更加充实，方法更加得当，政策建议更加可行。

本书第一篇《中国建筑业 30 年来改革与发展历程研究报告》的研究责任单位是哈尔滨工业大学、中国交通建设股份有限公司，由王要武主笔撰写；第二篇《中国建筑市场与经营模式研究报告》的研究责任单位是中国社会科学院研究生院、河北建设集团有限公司，由李进峰主笔撰写；第三篇《中国建筑业规模与结构调整研究报告》的研究责任单位是清华大学、中建三局建设工程股份有限公司，由王守清主笔撰写；第四篇《中国建筑业技术进步研究报告》的研究责任单位是西安建筑科技大学，由徐德龙、刘桦主笔撰写；第五篇《中国建筑业施工技术与节能减排研究报告》的研究责任单位是中国建筑科学研究院、上海建工（集团）总公司，由赵基达主笔撰写；第六篇《中国建筑业人力资源状况与发展研究报告》的研究责任单位是同济大学、中国中铁股份有限公司，由乐云主笔撰写；第七篇《中国建设管理体制现状和改革研究报告》的研究责任单位是山东科技大学、浙江中天发展控股集团有限公司，由贾宏俊主笔撰写；第八篇《中国建筑业"十二五"产业政策研究报告》的研究责任单位是中国建筑业协会、北京交通大学、中国社会科学院研究生院、河北建设集团有限公司，由刘伊生、吴涛主笔撰写。最后，由吴涛、刘伊生、尤完、赵峰对全稿进行了审定。

本课题的研究得到了住房和城乡建设部建筑市场监管司、工程质量安全监管司的大力支持。在此，向参与课题研究、专项调查、报告撰写、后勤服务的各相关单位和百余位同志表示衷心感谢！在课题研究过程中，我们参考了国内外同行业专家的研究成果和观点，在此也一并表示感谢！

"中国建筑业发展战略与产业政策研究"课题组

目　录

第三篇　中国建筑业规模与结构调整研究报告

第四篇　中国建筑业技术进步研究报告

下 册

第五篇 中国建筑业施工技术与节能减排研究报告

第六篇 中国建筑业人力资源状况与发展研究报告

第七篇　中国建设管理体制现状和改革研究报告

第八篇　中国建筑业“十二五”产业政策研究报告

第一篇

中国建筑业30年来改革与发展历程研究报告

第1章 中国建筑业30年来改革与发展的主要历程

改革开放后，中国建筑业的发展壮大主要得益于国家将建筑业视为国民经济支柱产业后出台的一系列制度政策和措施。回顾改革开放30年来中国建筑业的发展变化，大致可分为以下3个时期：一是解放思想、改革探索阶段（1978～1991年），二是建筑业市场化改革创新阶段（1992～2000年），三是融入国际市场，推进机制创新阶段（2001～）。

1.1 解放思想、改革探索阶段（1978～1991年）

十一届三中全会以后，中国开始了改革开放。在“计划经济为主、市场调节为辅”理论和政策的指引下，中国决定对经济体制进行全面改革，下放企业经营自主权，引入价值规律。在此阶段的中心任务是，对建筑企业放权，增强企业活力，推进建筑业企业的改革。

1.1.1 扩大企业自主权

1978年国务院发布《中共中央关于加快工业发展若干问题的决定》，明确企业是生产单位，必须以生产为中心，实行党委领导下的厂长负责制。由此，建筑企业开始走向以搞活经济为目标的改革探索之路，首先进行的就是国有企业的放权与让利。

从1979年起，改变过去无偿调拨国营建筑企业固定资产的做法，开始局部实行有偿调拨，有限度地确认了企业的独立利益。1979年7月，国务院下发了《关于扩大国营企业经营管理自主权的若干规定》，从多个方面下放企业自主权。据此，1979年10月，国家建工总局提出了扩大建筑企业自主权的意见。1980年5月，由国家建委、计委、财政部、劳动总局、物资总局联合下达《关于扩大国营施工企业经营管理自主权有关问题的暂行规定》，从1980年起恢复国营建筑企业2.5%的法定利润；地方国营建筑企业按预算成本3%收取技术装备费，专款专用；实行降低成本留成。建筑企业法定利润3年内不上缴，全部留给企业；3年后，在扣除营业外支出和按规定提取的企业基金后，企业利润50%上缴财政，50%留给企业。这次经济政策的调整对于改变吃“大锅饭”的状况产生了积极意义。让企业财产直接和经营状况挂钩，彻底改变了过去建筑企业了无生机的状况，大大提高了企业的生产积极性，让建筑企业重新焕发出生机和活力。

十二届三中全会首次提出实现政企分开的要求，国企改革进入“利改税”阶段。1980年中国政府有关部门调整了企业利润留成方法，使建筑企业能够获得更多的留利，激发了建筑企业的生产积极性。同年，又出台了允许价格浮动和禁止封锁建筑市场的政策。另外，国家对企业的支持与投资也开始采用“拨改贷”的新方式，确立企业的独立利益，推动企业逐步建立自负盈亏的经营机制。1983年4月，国务院颁布了《关于国营企业利改税试行办法》，将所有大中型国营企业从以往上缴利润的制度改为按实现利润的55%向国家缴纳企业所得税，税后余利较大的企业与主管部门再实行利润分成。这是利改税的第一步，但是这并没有解决建筑企业之间苦乐不均的问题。1984年10月，政府推行了利改税的第二步，将第一步利改税所实行的税后留利改为调节税。与此同时，税种、税率也做了一定的调整，开征了资源税和地方税种，这对建筑企业的收入调节起了积极作用。利改税促进了建筑业企业政企分开，促进了企业管理，提高了企业经济效益。并且，从外部创造了一个有利于企业进行公平竞争的市场环境。

1.1.2 提出把建筑业发展成为国民经济的支柱产业

1980年4月，中国改革开放的总设计师邓小平发表了《关于建筑业和住宅问题的谈话》，高瞻远瞩地提出：建筑业应当成为国民经济的支柱产业。之后，党和国家领导人多次在重要会议上贯彻了邓小平同志的这一指导思想，反复强调要把建筑业办成支柱产业。特别是党的十四大，进一步把建筑业同机械电子、石油化工和汽车制造业并列，明确提出要通过振兴，把建筑业发展成为国民经济四大支柱产业之一。

1.1.3 实行勘察设计单位的企业化管理

改革开放以前，工程勘察设计单位属于事业性质，任务由国家下达，人员由编制控制，经费由国家财政全额拨款。1979年，勘察设计咨询业开始进行改革试点。按照《关于改进当前基本建设工作的若干意见》，勘察设计单位“要逐步实现企业化，收取勘察设计费”。随后，在中央及地方部分勘察设计单位开始了企业化和勘察设计取费试点工作，拉开了改革序幕。1984年，国务院下发《国务院关于改革建筑业和基本建设管理体制若干意见的暂行规定》、《国务院批转国家计委关于工程设计改革的几点意见的通知》，要求国营勘察设计单位实行企业化，增加勘察设计单位的活力，规定“勘察设计向企业化、社会化方向发展，全面推行技术经济承包责任制”。从此，勘察设计单位作为事业单位实行企业化经营，全行业取消事业费，按照国家规定收取勘察设计费，独立核算，自负盈亏，并在全行业推开。

1.1.4 改革建筑安装企业的用工制度

1984年9月18日，国务院下发《关于改革建筑业和基本建设管理体制若干问题的暂行规定》（简称《暂行规定》）明确指出，要改革建筑安装企业的用工制度。国营建筑安装企业，要逐步减少固定工的比例。除必需的技术骨干外，国营建筑企业原则上不再招收固定工。要积极推行劳动合同制，增加合同工的比重。

企业有权决定用工形式。企业根据生产特点，可以实行合同化管理或者全员劳动合同制。企业可以与职工签订有固定期限、无固定期限或者以完成特定任务为期限的劳动合同。企业与职工按照合同规定享有权利和承担义务。相比以前的用工制度，劳动合同制把劳动关系从人治引向法治，可以促进劳动力的合理流动，避免人浮于事，提高企业生产效率。同时，劳动合同制还可以促使劳动者奋发向上、开展竞争，因为合同期满后企业有解除劳动合同的权力。

1.1.5　进行投资体制改革的探索

改革首先以提高政府投资的建设效益为目标。1979年8月，国务院批准了《关于基本建设拨款改贷款的报告》，开始在基本建设领域进行“拨改贷”试点。这打破了长期以来基本建设由政府财政无偿拨款的计划经济模式，开创了利用银行信贷进行项目建设的先河。同年，在基本建设中试行了合同制、设计单位实行企业化管理、改进国营企业折旧费使用办法，以及开征企业固定资产税等工作。政府角色开始从投资活动的操纵者、指挥者向综合管理者转变。

在宏观调控方面，1982年，国家建委的投资管理职能并入国家计委，其他职能并入城乡建设环境保护部。从1982年起，全民所有制基本建设投资和更新改造投资统一纳入固定资产投资计划，对投资建设实行两级——中央和省级管理。

建筑和工程设计类单位开始走向市场。1984年，国务院颁布了《关于改革建筑业和基本建设管理体制的若干问题的暂行规定》，批转了国家计委《关于改进计划体制的若干暂行规定》，这两个文件对政府投资的多方面进行了改革。建筑和工程设计类单位开始真正走向市场，企业逐步成为投资资金运用的主体，经过一系列改革，到20世纪80年代末，大多数工程设计和建设单位都走上了企业化道路。

固定资产投资项目的决策权逐步分散。《关于改革计划体制的若干规定》决定，生产性基本建设项目按规模划分，属于大中型项目仍按原规定由国家计委或国家计委核报国务院审批；按资金限额划分，国家计委审批权限由1000万元以上提高到3000万元以上，其中能源企业、交通、原材料行业由1000万元以上提高到5000万元以上。总投资2亿元以上的项目，由国家计委核报国务院审批。非生产性基本建设项目，凡资金、能源、材料、设备能自行解决，原则上由各部或省、自治区、直辖市自行审批。对实行计划单列的企业集团和国家重点支持的大中型骨干企业，其基本建设、技术改造项目凡经国务院和国家计委审查；批准设计任务书或总体规划后，其单项工程在国家批准的总投资范围内不再报批，由企业自行安排。

政府投资职能从一般行政职能中分离，在投资活动中的角色进一步转换。在这一时期，政府进一步实现了由投资活动的直接控制者向社会投资活动的宏观管理者的转换。1988年，国务院批准的国家计委《关于投资管理体制的近期改革方案》，提出一般性建设投资放手给企业和市场，重大的长期性建设投资由国家计划来调节，并逐步建立新的宏观调控体系。同年，国务院授权国家计委发布了《国家专业投资公司章程》，并先后批准成立了能源、交通、原材料、机电轻纺、农业和林业六大专业投资公司。1991年，国家开征固定资产投资方向调节税，这是政府以社会经济管理者的身份运用经济手段管理和引导社会投资的新尝试。

1.1.6　实行价格“双轨制”

在市场深化、国有企业改革的过程中，随着市场经济制度的逐步引入，计划价格与市场经济的不兼容开始显现。从 20 世纪 80 年代初开始，为避免价格一次性放开给经济带来的巨大冲击，并延续市场改革的精神，价格双轨制作为中国特殊国情下的独特产物，也成为此阶段建筑市场价格体制改革主导政策。但价格“双轨制”也有着自身的问题，带来了一定的消极影响。如不公平竞争，建筑企业利用计划和市场的价差，赚取计划外差价，倒卖的丰厚利润吸引大量的生产者投身其中。进而导致各类产品出现供应短缺，价格更进一步上涨，影响了经济秩序的稳定，致使许多改革措施无法顺利和及时出台。

1.1.7　制定建设体制的改革思路，明确建筑业市场化的改革方向

伴随着建筑企业自主权的扩大，业主与建筑企业间交易活动日益增多，必须进一步扩大建筑企业参与市场的范围，增强建筑市场化的力度。1981 年，颁布《经济合同法》，开始将建筑业企业的交易行为纳入法制化轨道。

从 1984 年起，中国开始重视市场体制建设，对建筑业市场的价格管理体制和比价体系进行局部改革，建筑业市场范围逐步扩大。1984 年 9 月 18 日，国务院颁布了《关于改革建筑业和基本建设管理体制若干问题的暂行规定》，根据六届人大二次会议关于改革建筑业和基本建设管理体制的精神，就建设体制改革中的有关问题作出明确的规定。1984 年 10 月，《关于进一步改进计划体制的若干规定》提出要发展商品经济，建立合理的价格体系，并且实行政企分开。

1985 年允许建筑业生产资料部分进入市场。

1986 年 12 月颁布了《企业破产法》，对于搞活无望的建筑企业，通过《企业破产法》规定其破产的一切事项。

1.1.8　推行百元产值工资含量包干制

1984 年 9 月 18 日，国务院下发《关于改革建筑业和基本建设管理体制若干问题的暂行规定》，明确提出建筑安装企业要普遍推行百元产值工资含量包干。1986 年 1 月 30 日，《国营建筑施工企业百元产值工资含量包干试行办法》出台，专门就建筑企业推行百元产值工资含量包干制度作出规定。《暂行规定》还提出，建筑安装企业要普遍推行百元产值工资含量包干。建筑企业逐步推行以企业为对象的产值工资含量包干和以栋号工程为对象的作业队集体承包责任制，进一步杜绝了企业“吃”国家“大锅饭”、职工“吃”企业“大锅饭”现象的发生。

1991 年 4 月 3 日，建设部下发了《关于国营施工企业实行新一轮承包经营责任制的意见》，在原有基础上，进一步完善了百元产值工资含量包干办法。实行百元产值工资含量包干和作业队集体承包制，是建筑业分配制度上的一项重大改革。实行百元产值工资含量包干从根本上改变了工资分配同效益脱节的状况；作业队集体承包制把企业的所有权与经营权分开，使企业和职工的收入与经营状况挂钩，切实调动了企业和职工的积极性。

1.1.9　实行工程总承包，改革施工组织方式

实行工程总承包是中国施工企业在鲁布革水电站项目中学到的宝贵经验之一。采用这种方式，建设各方责任明确，避免了设计方与施工方之间的沟通障碍，不但减少了成本，而且有利于保证质量。

1984 年 11 月 5 日，国家计委、建设部联合发出《关于印发工程承包公司暂行办法的通知》，指出工程承包公司是组织工程项目建设的企业单位，是具有法人地位的经济实体。公司实行独立核算，自负盈亏，有独立的经营自主权。

建设部、国家计委等部门 1990 年 10 月联合下发了《关于进一步做好推广鲁布革工程管理经验创建工程总承包企业进行综合改革试点工作的通知》，明确指出，“推广鲁布革工程管理经验的根本途径在于深化施工管理体制改革，同时确立了施工管理体制改革的总目标，即有步骤地改组施工企业，逐步建立以智力密集型的工程总承包公司（集团）为‘龙头’，以专业施工企业和农村建筑队为依托，全民与集体、总包与分包、前方与后方分工协作，互为补充，具有中国特色的工程建设企业组织结构”。

1.1.10　转换经营机制，全面推广承包制

1986 年 12 月国务院出台《关于深化企业改革，增强企业活力的若干规定》，围绕经营机制转换这一中心进行深化的改革。在中央政府的推动下，从 1987 年开始到 1990 年，在全国范围的国有建筑企业中普通推广了承包制。

1987 年，国家计划委员会、财政部、中国人民建设银行发布《关于改革国营施工企业经营机制的若干规定》。其中规定，施工企业内部可以根据承包工程的不同情况，按照所有权与经营权适当分离的原则，实行多层次、多形式的内部承包经营责任制，以调动基层施工单位的积极性。不论采取哪种承包方式，都必须签订承包合同，明确规定双方的责权利关系。1988 年，国务院颁布《全民所有制工业企业承包经营责任制暂行条例》，对此亦予以明确肯定。

建筑企业工程项目承包制在改革初期起了重要作用。承包制没有改变所有权属性，却实现了两权分离。它不否定前期改革中的利改税乃至扩权让利的成果，并与它们进行衔接。另一方面，承包制调动了建筑企业负责人和职工的积极性，激发了建筑企业的活力，效应明显提高。

1.1.11　推广“鲁布革”管理经验，开展项目法施工

1987 年，建筑业开始推广“鲁布革”管理经验，以“管理层与劳务层”分离为标志，建立企业内部模拟市场。推行“项目法施工”原理，项目管理水平普遍提高。1990 年 10 月，建设部、国家计委等部门联合下发了《关于进一步做好推广鲁布革工程管理经验创建工程总承包企业进行综合改革试点工作的通知》，明确指出，推广鲁布革工程管理经验的根本途径在于深化施工管理体制改革。

1987 年 10 月 28 日，国家计委等五部门下发《关于批准第一批推广鲁布革工程

管理经验试点企业有关问题的通知》，要求试点企业要普遍推行经营承包责任制，试点企业承建的工程全部按项目施工法组织施工。

1989 年 12 月 9 日，建设部施工管理司召开推广鲁布革工程管理经验试点工作检查汇报会。检查结果表明，施工企业组织结构和经营机制改革的总体态势已经形成，项目施工法已被企业普遍接受，企业已经积累了一些有共性的经验。

项目法施工通过两层分离、动态管理、优化组合的施工组织方式，彻底破除了几十年来一直沿用的、在计划经济体制下形成的施工组织方式。它不但解放了建筑企业职工的思想，而且使企业的施工组织方式和内部运行机制发生了重大变革。

1.1.12 进行建设监理试点

我国建设监理制度从 1988 年开始进入试点阶段。这个时期历时约 4 年左右。试点阶段的主要任务是：积极摸索积累经验，制定一些建设监理初期发展的法规、规范、标准等，培训人才、建设队伍，提出建设监理初期发展需要的政策性意见。该阶段的特点是：监理单位不设资质，组织形式可以多样；监理费用不设标准，由委托和被委托方协商确定；监理费用纳入预算，暂在建设单位管理费中列支。

1988 年 7 月，建设部发布了《关于开展建设监理工作的通知》，提出建立具有中国特色的建设监理制度。该通知明确阐述了在中国建立实施建设监理制度的必要性，建设监理的范围和对象，建设监理的组织机构和工作内容以及实施建设监理的步骤。该通知的发布标志着中国监理事业的正式开始。

1988 年 8 月，建设部在北京召开了第一次全国建设监理试点工作会议，会上，建设部明确北京、上海、沈阳、哈尔滨、南京、宁波、深圳七个城市和公路、水电两个行业作为建设监理的试点城市和部门，全面开展建设监理试点工作。1988 年 10 月，建设部又批准天津作为试点城市，形成了后来统称的“八市二部试点”。同年 11 月，建设部发出《关于开展建设监理试点工作的若干意见》，决定建设监理制先在北京、上海、南京、天津、宁波、沈阳、哈尔滨、深圳八市和能源、交通的水电与公路系统进行试点。

1989 年 7 月，建设部发布《建设监理试行规定》，提出建立专业化、社会化的建设监理和以规划、协调、监督、服务为内容的政府监督管理的建设监理制度，标志着中国建设监理工作的正式实施。

至 1991 年 12 月，建设监理试点工作已在全国 25 个省、自治区、直辖市和 15 个工业、交通部门开展，实施监理的工程在提高质量、缩短工期、降低造价方面取得了显著效果，基本上完成了试点阶段的任务，为建设监理的发展打下了坚实的基础。

1.1.13 发布《施工企业资质等级标准》

1988 年底，建设部组织有关部门对各类施工企业资质等级标准进行了修订。1989 年 5 月，建设部发布了《施工企业资质等级标准》，将施工企业的资质分为 20 大类。1989 年 6 月，又发布了《施工企业资质管理规定》，规定从 1989 年下半年开始，所有施工企业都要按此标准重新确定资质等级。同年，建设部在全国范围内开展了施工企业资质审查、复查工作，以加强对施工企业的资质管理，保障企业依法承包和经营，维护建设市场的经济秩序。

1.2　建筑业市场化改革创新阶段（1992～2000年）

十四届四中全会提出经济体制从传统的计划经济体制向社会主义市场经济体制转变，经济增长方式从粗放型向集约型转变。这两个根本转变的意义在于前者坚定了建筑业市场化改革的方向，后者促进了建筑业对产业发展新模式的探索。在本阶段，一方面，建筑业企业制度改革进一步深化，现代企业制度建设不断推进；另一方面，通过剥离建筑业企业的历史负担和优化市场环境，使国有建筑企业生存的市场竞争环境更加公平，更加有序。

《建筑法》，《招标投标法》和《合同法》相继实施。

政府管理职能转变加快，市场化改革深入推进。建筑业从政府行为规范化、经济主体自由化、生产要素市场化、竞争环境公平化四个方面进行了比较系统的改革。标志着建筑业的市场化改革已取得初步成效，社会主义市场经济框架在建筑业已初步建立。

1.2.1　转换经营机制，建立现代企业制度

十四届三中全会通过《中共中央关于建立社会主义市场经济体制若干问题的决定》，提出建立适应市场经济要求的“产权清晰、权责明确、政企分开、管理科学”的现代企业制度。十五大进一步明确：“非公有制经济是中国社会主义市场经济的重要组成部分”，收入分配制度的改革要“把按劳分配和按生产要素分配结合起来”，推进以民营经济为主的非公有制经济发展和深化建筑业市场化改革。

自改革开放以来，建筑业中集体企业、民营企业取得突飞猛进发展，而国有企业进步不大，特别是国有大型建筑企业发展十分艰难。困扰国有企业的政企职责不分、自主权难落实、约束机制不健全、经营观念落后、历史包袱沉重、经济效益低等问题长期没能得到有效解决。企业经营机制发生根本转变的关键，就在于解决企业制度创新问题。依照《关于建立社会主义市场经济体制若干问题的决定》，建筑业按照现代企业制度中“产权清晰，权责明确，政企分开，管理科学”16字方针要求，进行企业制度改革。

国有企业进行战略调整，按照“有所为有所不为”的思路，一是把没有必要保留的国有企业，进行非国有化改革，二是对仍然保持国有性质的国有企业进行公司制改造。由于长期以来计划体制的约束，国有建筑企业市场适应性比较差，多数企业出现亏损。1995年现代企业制度试点工作全面启动，企业管理得到加强。建筑行业选择了部分管理水平较好的国有大中型企业，如中国建筑第一工程局、北京市第三建筑工程公司和上海市建工集团等进行建筑业现代企业制度试点。通过彻底摸清企业现状、找准问题、明确发展方向和选择企业改制形式，制定了试点实施方案。在100多家试

点企业中，拟改组为国有独资企业的有 12 家，企业集团 20 家，有限责任公司 20 家。有 32 家试点企业被同时列为地方政府和中央主管部门改制试点单位；15 家企业获得对外经营权；24 家企业获得工程总承包权；30 家企业获得房地产开发经营权。部分试点企业通过大胆摸索，在股权多元化、资产重组、消化企业冗员、调整企业债务结构上取得了许多成功经验，找到了进行现代企业制度试点的突破口。

从 1998 年到 2000 年在全国范围内推行国有企业“三年改革与脱困”。这一时期，国有企业实施“抓大放小”的现代企业制度改革。集体企业、民营企业、尤其是外商投资等非公有制经济发展加快。建筑业企业所有制结构发生了重大变化，国有建筑企业比重下降，非国有建筑企业比重上升。至 1999 年，共有 9166 家企业进行了改制，其中股份有限公司 1580 家，有限责任公司 4952 家，股份制合作公司 1041 家，企业集团 270 家。在上海和深圳两家股票交易所上市公司 11 家。

1.2.2 加强对建设工程质量的监督管理

为了加强对建设工程质量的监督管理，明确建设工程质量责任，保护建设工程各方的合法权益，维护建筑市场秩序，建设部于 1993 年 11 月 16 日发布《建设工程质量管理办法》，鼓励推行科学的质量管理方法，采用先进的科学技术；鼓励企业健全质量保证体系，积极采用优于国家标准、行业标准的企业标准建造优质工程；规定了建设工程质量监督管理，建设单位的质量责任和义务，工程勘察设计单位的质量责任和义务，施工单位的质量责任和义务，建筑材料，构配件生产及设备供应单位的质量责任和义务，返修和损害赔偿等各项内容。

1.2.3 进行住房产品的市场化改革

1994 年国务院下发《关于深化城镇住房制度改革的决定》，中国住房分配制度从福利分房变为货币化分配，标志着全面推进建筑业的特殊产品——住房产品的市场化改革。3 年后，国务院发出《国务院关于进一步深化城镇住房制度改革加快住房建设的通知》，提出稳步推进住房商品化、社会化，逐步建立适应社会主义市场经济体制和中国国情的城镇住房新制度。围绕住房货币化改革，国家在售房、土地转让、住宅资产独立化、住房私有化、住房公积金、房地产金融等方面的改革措施相继出台，促进了内地大城市房地产市场健康发展。

为了加强对城市房地产的管理，维护房地产市场秩序，保障房地产权利人的合法权益，促进房地产业的健康发展，自 1995 年 1 月 1 日起施行的《中华人民共和国城市房地产管理法》，对房地产开发用地、房地产开发、房地产交易、房地产权属登记管理等作出了规定。

1.2.4 深化建设市场改革

建设部于 1999 年 7 月向国务院提交了《关于深化建设市场改革的若干意见》，提出进一步深化建设市场改革的 10 个方面：

1）改革和改善现行的从业资质、资质管理办法，建立严格规范的建设市场准入制度；

2）改革对不同投资主体的工程按同一模式管理的办法，建立起严格规范的政府投资工程管理制度；

3）改革传统的项目建设组织方式，建立完善的工程咨询设计制度；

4）改革和改善现行的政府工程质量监督方式，建立符合市场经济要求和建筑产品特点的政府工程质量监督制度；

5）改革现行的工程造价管理体制，逐步建立通过市场竞争形成工程价格的机制；

6）建立以工程担保和工程保险为主要内容的工程风险管理制度；

7）规范建设工程交易中心的运作，建立工程管理信息系统；

8）加强建筑工人的职业培训，努力提高队伍的整体素质；

9）加强行业协会、学会的自身建设，充分发挥这些组织在建设市场运行和管理中的作用；

10）实行统分结合的建设管理体制，推动统一开放、竞争有序的建设市场尽快形成。

1.2.5 实施《建筑法》

《建筑法》自1998年3月1日开始实施，保证了国家从法律上对建筑活动实施统一的管理，规范建筑市场的交易行为，维护建筑市场的正常秩序，保障建筑活动当事人的合法权益．为建筑业深化改革，振兴发展，发挥支柱产业作用创造了良好的法律条件。

1.2.6 实施《招标投标法》

《中华人民共和国招标投标法》自2000年1月1日起施行。《招标投标法》是中国规范招标投标活动的第一部法律，共6章68条。出台《招标投标法》的意义在于规范招标投标活动，保护国家利益、社会公共利益和招标投标当事人的合法权益，提高经济效益，保证项目质量。按照《招标投标法》的要求，在中华人民共和国境内进行的大型基础设施建设，勘察、设计、施工、监理和重要设备采购的全过程都必须进行招标。

《招标投标法》的实施，在维护招投标市场秩序，促进公平竞争，保障工程质量，提高投资效益，遏制腐败和不正之风等方面发挥了积极的作用。

1.2.7 加强建设工程施工承发包价格管理

为了加强建设工程施工承发包价格管理，合理确定建设工程施工承发包价格，防止盲目性和随意性，制止压级压价、高估冒算、合同违约等行为，保证工程发包单位和承包单位的合法权益，维护建设市场秩序，保证工程质量，建设部于1999年1月5日开始实施《建设工程施工发包与承包价格管理暂行规定》。《暂行规定》主要针对影响承发包价格的几个关键环节中的突出问题，对计价依据、承发包价格的构成、定价方式、标底、合同价、工程价款的变更，以及工程结算等全过程作了明确的规定；同时，明确了各级工程造价管理机构对工程施工发包与承包价格的监管职能。《暂行规定》的发布是建设部加强和规范建筑市场价格管理的一个重要举措。

1.2.8 建立健全工程造价管理制度

为加强对工程造价咨询单位和造价工程师的管理，规范造价工程师执业行为，保障工程造价咨询工作健康发展，维护建设市场秩序，建设部于2000年3月1日起施行《工程造价咨询单位管理办法》和《造价工程师注册管理办法》。《工程造价咨询单位管理办法》对工程造价咨询单位的资质等级与标准、资质申请与审批、资质管理、业务承接等内容进行规定。《造价工程师注册管理办法》对造价工程师的初始注册、续期注册、变更注册、执业、权利和义务等内容进行规定。

两个部令为规范工程造价咨询市场和专业人士的执业行为提供了有力依据。同时，对进一步深化建设市场运行机制的改革和推进工程造价全过程管理改革起到保障作用。

1.2.9 形成深化改革与市场经济型投资体制的框架

1991～2003年是投资体制改革深化和市场经济型投资体制框架真正形成的阶段。通过实行建设项目业主责任制、法人责任制、投资项目资本金制度，国有企业逐步成为市场投资主体。

1992年，国家计委颁布了《关于建设项目实行业主责任制的暂行规定》。1996年，国家计委正式下发了《关于实行建设项目法人责任制的暂行规定》，并同时废止1992年《关于建设项目实行业主责任制的暂行规定》。这样，项目投资实施过程的组织管理权全部从政府行政部门分离出来，由政府行为变为企业行为，国有企业初步成为市场投资主体。

1995年，国家计委、财政部联合颁发了《关于将部分企业“拨改贷”资金本息余额转为国家资本金的实施办法》，政府作为出资者由企业债权人变成企业所有人，并逐步演变为股东，从而演变为真正的金融投资主体。

1996年，国务院正式颁发了《关于固定资产投资项目实行资本金制度的通知》，要求对各种经营性投资项目实行资本金制度，投资项目必须首先落实资本金才能进行建设。2001年，国家计委宣布，对于不需要国家投资的城市基础设施等5大类投资项目，投资总额在国务院审批限额（2亿元）以下的基本建设项目不必报国家计委审批，按“谁投资，谁决策”的原则，地方政府出资的由地方计划部门审批，企业出资由企业自主决策。

与此同时，政府对企业投资监管日益加强。1988年，建设部颁布《关于开展建设监理工作的通知》，中国政府投资项目建设监理试点工作由此起步；1995年，国家审计署发布《关于内部审计工作规定》，要求国家大型建设项目的建设单位设立独立的内部审计机构；1997年，国家计委颁布《关于基本建设大中型项目开工条件的规定》和《国家基本建设大中型项目实行招标投标的暂行规定》；1998年，政府对重大项目建设监管方式进行改革，国家重大建设项目稽查特派员制度开始启动；2002年，国家计委颁布《国家重大建设项目招标投标监督暂行办法》，对重大建设项目的招投标监督作了具体规定。

1.2.10　进行工程勘察设计单位的体制改革

1999年12月和2000年10月，国务院办公厅先后下发《关于工程勘察设计单位体制改革的若干意见》、《国务院办公厅转发建设部等部门关于中央所属工程勘察设计单位体制改革实施方案的通知》两个文件，明确了勘察设计单位由事业单位改为科技型企业、逐步建立现代企业制度的改革方向和目标，并具体规定了体制改革的基本原则、方案、配套政策和组织领导。从此，中央和地方所属勘察设计单位中绝大部分由事业单位改为企业，并加快进行产权制度改革、建立现代企业制度，实现企业制度创新。

为了规范勘察设计市场，为勘察设计企业改革创造良好的外部环境，国务院于2000年9月颁发了《建设工程勘察设计管理条例》。《条例》为勘察设计咨询业的改革发展提供了制度框架，对深化勘察设计单位体制改革、推动勘察设计咨询业发展具有重要的指导意义。

1.2.11　推进建设监理制

1992年1月，建设部颁布了《工程建设监理单位资质管理试行办法》。该办法主要内容包括：监理单位设立必须具备的条件和申报程序；监理单位的资质等级标准及其监理业务范围；中外合营、中外合作监理单位的资质管理；监理单位的证书管理；监理单位的变更与终止；罚则等。1993年建设部正式按该办法核定工程监理单位资质，到1995年底，所有工程监理单位都确定了资质。

1992年6月，建设部发布了《监理工程师资格考试和注册试行办法》。该办法主要内容包括监理工程师资格考试、监理工程师注册及罚则。《监理工程师资格考试和注册试行办法》自1992年7月1日施行到2006年4月1日废止，历时14年，对规范监理工程师资格考试和注册，促进监理工程师队伍的发展壮大，发挥了历史性作用。

1992年9月，国家物价局和建设部发出《关于发布工程建设监理费有关规定的通知》。该《通知》适合了建设工程监理初期发展阶段尚无明确规范，监理工作内容有很大不确定性的实际要求。到2007年新的收费标准出台，整整运行了15年。

到1992年底，全国有28个省、市、自治区以及国务院的工业、交通等20个部门先后开展了建设监理工作，累计对1636项、投资额2396亿元的工程项目实施了监理。这个时期，中国的监理事业发展很快，队伍规模迅速扩大，实行监理的工程各方面效益显著。行业主管部门指定若干所高校举办培训班，为工程建设培训建设监理工程师。

1995年10月，建设部、国家工商行政管理局印发了《工程建设监理合同》示范文本；同年12月，建设部、国家计委颁发了《工程建设监理规定》。北京、上海、河北、浙江、湖南等省市政府或人大常委会也先后发布了本地区的建设监理法规。中国已经初步形成了比较完善的监理法规体系和行政管理体系；大、中型工程项目和重点开发工程项目基本都实行了监理；监理队伍的规模和监理水平基本上能满足国内监理业务的需要。

1.2.12 《建设工程质量管理条例》实施

2000年1月10日，国务院第25次常务会议审议并原则通过了《建设工程质量管理条例（草案）》。为了更好地贯彻执行《中华人民共和国建筑法》，进一步明确参与建筑活动各方主体的责任和义务、确保建设工程质量，《建设工程质量管理条例（草案）》经修改后，自2000年1月30日起实施。

这是《中华人民共和国建筑法》颁布实施后制定的第一部配套的行政法规，也是中华人民共和国成立50年来的第一部建设工程质量管理条例，明确了建设单位、勘察单位、设计单位、施工单位和工程监理单位各方的质量责任和义务。《建设工程质量管理条例》的颁布和实施，对加强建设工程质量管理、深化建设管理体制改革、保证建设工程质量，具有十分重要的意义。

1.3 融入国际市场，推进机制创新阶段（2001～ ）

进入新世纪，中国建筑业面临着完善建筑业市场经济体系，走科学发展之路的新挑战。入世、国企深层次产权改革、清欠工程款、重视技术进步与技术创新，和谐社会、关注民生、产业创新、科学发展成为这一阶段建筑业改革发展的基本理念。

1.3.1 施行《建筑业企业资质管理规定》

2001年7月1日，《建筑业企业资质管理规定》开始正式施行，对避免恶性市场竞争起到积极作用。《建筑业企业资质管理规定》的作用体现在以下几个方面：一是建立了严格的建筑市场准入和清出制度，将建筑业企业资质分为施工总承包、专业承包和劳务分包三大类；二是全国建筑业企业资质管理办法和资质等级标准由国务院建设行政主管部门统一制定颁发，有利于形成全国统一的建筑市场；三是扶植发展了一批实力雄厚的大企业和企业集团，提高其在国内外建筑市场的竞争力。

1.3.2 中国建筑业“入世”的承诺

2001年中国加入WTO，有力地推进了中国建筑业对外开放和经济市场化进程，同时，也给建筑业企业和行业管理部门带来挑战。中国加入WTO，在建筑领域的承诺包括建筑及相关服务、建筑设计服务业、工程服务和集中工程服务、城市规划服务和房地产服务，具体承诺情况如下：

(1) 建筑及相关服务市场准入

只允许设立合资、合作企业,但允许外资控股;中国加入WTO后3年内,允许设立外商独资企业。加入WTO后5年内,允许设立外商独资企业。对于进入中国从事建筑服务的外国服务提供者必须是在本国从事建筑工程服务的注册建筑师、工程师及注册企业。

(2) 城市规划

中国城市总体规划不对外开放。除城市总体规划外的其他城市规划服务领域,跨境交付需与中国专业机构进行合作;商业存在仅限于设立外商合资企业,并允许外资控股。加入WTO后5年内,允许设立外商独资企业。进入中国的外国服务提供者,包括个人及企业必须是在本国从事城市规划服务的注册规划师和注册企业。

(3) 房地产服务业对于涉及自有或租赁资产的房地产服务

对从事房地产开发的企业而言,高标准房地产项目如公寓和写字楼,不允许设立外商独资企业。除此之外,其他房地产项目没有限制。对于以收费或合同为基础的房地产服务,仅限于合作企业形式,允许外资拥有多数股权。

根据上述承诺分析,在工程建筑及相关服务市场,中国的承诺基本上没有超出入世前的水平,国内市场开放近期对中国企业的影响不大。相反,由于国际投资和贸易自由化使资本、技术、货物和包括劳动力在内的服务等各种生产要素的跨国界流动趋增,中国企业进入国际市场的机会增多。

1.3.3 实施《建设工程项目管理规范》

为巩固施工单位项目管理改革成果,规范施工企业管理职责,2002年开始实施《建设工程项目管理规范》,使中国项目管理运作开始走上法制建设轨道。这为2003年后中国工程项目建设,特别是奥运工程采用工程总承包和“代建制”提供了保证。

为进一步促进建设工程项目管理科学化、规范化和法制化,提高建设工程项目管理水平,建设部对《建设工程项目管理规范》进行了修订,并于2006年12月1日开始实施。《规范》的修订是在借鉴国际先进项目管理知识体系与通用做法,全面总结中国20年来推进建设工程项目管理体制改革主要经验的基础上编制完成的。它的颁布和实施对进一步深化和规范项目管理的基本做法,提高建设工程项目管理水平,具有十分重要的意义。

1.3.4 “清欠”工程款

有关统计数据显示:1996年底,全国建筑业施工企业(四级及四级以上建筑企业,以下同)被拖欠工程款1360亿元,而2001年底拖欠款为2787亿元,是1996年的2倍多。全国24359家建筑业企业均不同程度存在被拖欠工程款的情况,占全部建筑业企业的54.2%。2001年底从全国来看,国有建筑业企业是被拖欠大户,占全部被拖欠款的40.6%;一级建筑业企业占全部被拖欠款的58.2%;主要分布地区在东部,包括北京、江苏、广东、山东、辽宁、河北等,其中北京是被拖欠最为严重的地区。随着建设规模不断扩大，2003年建筑企业工程款拖欠日益严重，“拖欠”总量达3600亿元。

国务院高度重视解决建设领域拖欠工程款和农民工工资问题，2003年11月国务院办公厅发出了《关于切实解决建设领域拖欠工程款问题的通知》决定从2004年起，用三年的时间基本解决建设领域拖欠问题，并明确由建设部牵头会同国家发改委、财政部、劳动和社会保障部等16个部门以及最高人民法院，成立了国务院解决建设领域拖欠工程款部际工作联席会议，共同研究清理拖欠工程款和农民工工资的政策措施和重大问题。为了从源头上治理拖欠工程款和农民工工资问题，建设部会同部际工作联席会议成员单位制定了《关于进一步解决建设领域拖欠工程款问题的意见》、《关于在房地产开发项目中推行工程建设合同担保的若干规定（试行）》、《建设工程价款结算暂行办法》、《建设领域农民工工资支付管理暂行办法》和《关于审理建设工程施工合同纠纷案件使用法律问题的解释》等文件，并付诸实施。通过各地区、各部门的共同努力，不仅解决了大量长期积累的历史旧欠，而且在全社会形成了关注清欠工作，关心帮助建筑业企业和农民工依法维护自身权益的良好氛围。2006年，清理拖欠工程款和农民工工资工作取得良好成效。清欠工作开创了建设领域和谐发展的新局面。

1.3.5 进行国有建筑企业深层次的产权改革

十六大以后，国有企业改革进入“资产管理体制改革”阶段。2003年初国有资产监督管理委员会成立，政府公共管理职能与国有资产出资人职能分离，管资产与管人事相结合。大型建筑企业分别划属中央或地方国资委管理。随着国有企业改革推进，建筑业非公有制经济发展环境进一步改善。2005年国务院下发《关于鼓励支持和引导个体、私营等非公有制经济发展的若干意见》，放宽了非公有制企业的市场准入条件，进一步打破了行业垄断壁垒，鼓励私营等非公有制企业参与国有企业改革。

国有建筑业企业依据行业规律和企业特点进行改制，加快现代产权制度改革，积极推动建筑业企业兼并重组，进一步提高产业集中度。国有大型骨干建筑业企业一方面按照区域性或专业化原则，归并重组子公司，缩短管理链条，妥善分流安置富余人员，分离企业办社会职能；另一方面，加快股份制改造步伐，实现投资主体多元化，成为国有资本、集体资本和非公有资本等参股的混合所有制，进一步焕发生机和活力，更好地发挥在建筑业中的骨干带头作用。

国有建筑业企业产权制度改革，以提高企业核心竞争力、扩大市场占有率和增强企业活力为目标，鼓励企业跨地区、跨行业、跨中央与地方所属关系进行重组；鼓励传统大型骨干施工企业和设计企业把产权制度改革同做大做强、培育具有国际竞争力的大集团的目标结合起来，通过自我功能改造或重组整合，成为资金雄厚、人才密集、技术先进，具有科研、设计、采购、施工一体化优势的大型建筑业企业集团，充分发挥比较优势，率领中国建筑业企业实现“走出去”的战略目标。

1.3.6 继续推进建筑业市场化改革

进入新世纪，建设部强力推广工程总承包模式，为大型建筑业企业提高市场竞争力，占领国际承包高端市场注入活力。建筑业大、中、小企业分层竞争态势基本形成，工程总承包、专业承包、劳务分包的三层次企业结构基本形成。

2001年，中国加入WTO，推进了建筑业对外开放和经济市场化进程。同时，也给行业管理和企业带来挑战。国际大承包商陆续登陆中国，建筑市场竞争更加激烈。十六大以后，国有企业改革进入"资产管理体制改革"阶段。政府公共管理职能与国有资产出资人职能分离，实施国有资产管理"管资产与管人事相结合"，大型建筑企业分别划属中央或地方国资委管理。随着国有企业改革推进，建筑业非公有制经济发展环境进一步改善。

2005年中国进入改革的关键时期。在科学发展观和建立和谐社会两大理念指导下，以防范房地产业和金融风险为目标，以国有企业改革为重点，以政府改革为中心，建筑业继续推进市场化改革。建设部等六部委联合下发《关于加快建筑业改革与发展的若干意见》，提出加快产权制度改革，创新体制，优化产业结构，适应WTO、参与国际竞争，加快技术进步，转变增长方式，创新监管机制，维护良好市场环境等"八项"新的改革措施。

同年，建设部开始探索修订《建筑法》，并提出建立市场经济社会信用体系，从法律和道德两个层面规范市场竞争秩序。同年国务院下发《关于鼓励支持和引导个体、私营等非公有制经济发展的若干意见》，放宽了非公有制企业的市场准入条件，进一步打破了行业垄断壁垒，鼓励私营等非公有制企业参与国有企业改革。建筑业非国有经济发展迅速，其产值比重从1991年的54%，增加到2008年的80%以上。

贯彻《物权法》和《城乡规划法》。2007年10月1日起《物权法》开始施行，2008年1月1日起《城乡规划法》施行。在建筑业中贯彻《物权法》和《城乡规划法》，是重视建筑活动中涉及的民生问题，加强规划引导和调控，大力促进节约用地等的重要体现。

1.3.7　全面推行建设工程监理制

从1996年开始，在全国全面推行建设工程监理制。规范建设监理市场行为的各项法律、法规、规章、规范相继出台，初步形成了相应的法律、法规体系；建设监理已被社会认可，覆盖广泛，效益明显，建设监理开始成为中国建设领域的基本制度之一。从此，建设监理走上了法制化的轨道。

相关的行政法规包括：2000年1月通过《建设工程质量管理条例》，其中第三十四条规定："工程监理单位应当依法取得相应等级资质证书，并在其资质等级许可的范围内承担监理业务"。2003年11月通过《建设工程安全生产管理条例》，其总则的第四条规定："建设单位、勘察单位、设计单位、施工单位、工程监理单位及其他与建设工程安全生产有关的单位，必须遵守安全生产法律、法规的规定，保证建设工程安全生产，依法承担建设工程安全生产责任。"《建设工程质量管理条例》和《建设工程安全生产管理条例》，是《建筑法》和有关法律的延伸和细化，它从质量和安全管理的角度，进一步明确了建设监理的义务和责任，但建设监理的主要宗旨是什么，它的基本概念如何从法律上给予界定，这是目前的法律、法规没有解决的问题，也是在未来深化发展中的重要课题。

相关的部门规章包括：2001年1月建设部发布的第86号部令《建设工程监理规范和规模标准规定》；2001年8月建设部发布的第102号部令《工程监理企业资质管理规定》；2007年6月，建设部对2001年8月发布的《工程监理企业资质管理规定》又作了修订，发布了第158号部令，名称虽然仍为《工程监理企业资质管理规定》，但内容做了较大幅度的调整，而且涉及企业资质管理的方方面面。2006年1月，建设部发布了第147号部令《注册监理工程师管理规定》，同时废止了1992年6月发布的第18号部令《监理工程师资格考试和注册试行办法》。2007年1月，建设部和商务部共同发布了《外商投资建设工程服务企业管理规定》，这是中国政府发布的第一个关于规范外商在中国投资建设工程服务企业的管理性文件。

经过20年的发展，中国监理队伍迅速壮大。目前，国有投资的工程项目基本上实施了工程监理，非国有投资项目，尤其是外资项目大多也委托了工程监理。推行建设监理制，使中国工程建设项目管理体制逐步由传统的自筹、自建、自管的小生产管理模式，向社会化、专业化、现代化的管理模式转变，是工程建设领域里的一项重大改革。它对于完善建设项目管理体制，提高工程建设水平，保证工程质量，实现投资综合效益等方面发挥了重要作用。

1.3.8 推进项目管理的专业化与国际化发展

加入WTO以后，中国的工程项目管理方式日益与国际接轨，发生了巨大的变化。为了应对国际工程承包的需要，进一步发展工程总承包和项目管理，2003年3月，建设部印发了《关于培育发展工程总承包和工程项目管理企业的指导意见》，积极推行工程总承包和培育发展项目管理公司，是建设主管部门为适应市场经济和加入WTO后加快工程项目管理国际化进程的又一重要举措。

为推动建筑业企业开展工程总承包和项目管理的进程，中建协于2003年8月组织召开了工程总承包项目管理研讨会，制定和颁发了《工程总承包项目管理试点方案》，成立工程总承包试点领导小组，并确定广东东莞康华医院、浙江省黄岩经济开发区西工业园区、北京LG大厦等6家企业的工程项目为新世纪首批工程总承包项目管理试点项目。

2004年11月，建设部印发《建设工程项目管理试行办法》。这两个文件的颁发，标志着中国工程项目管理从此进入了一个新的历史发展阶段，标志着建筑业的生产方式和组织结构将再次发生更加深刻的变化。《建设工程项目管理试行办法》对如何开展工程项目管理工作进一步提出了明确具体的要求，对于培育工程项目管理企业，大力推行工程项目管理和代建制度，促进中国建设工程项目管理健康发展，提高建设工程投资效益和管理水平起到了重要的推动作用。

为了应对国际环境的竞争与挑战，近年来，我国加快了工程项目管理国际化人才的培养。2003年确立建造师执业资格制度，到2009年初，中国注册一级建造师已有

15.82万名。这一制度的实施将加速与国际上项目经理职业资格认证体制接轨的步伐。

与此同时，加大了项目经理的国际化培训力度，建立了项目管理职业资格的国内和国际认证体系。2002年由国际项目管理协会、英国皇家特许建造师学会、英国皇家特许建造师学会（香港）、韩国建设事业管理协会、新加坡项目经理协会、中国建筑业协会工程项目管理委员会等项目管理组织共同发起成立了国际工程项目管理合作联盟并签署了合作协议，目的在于促进国际间的交流与合作，建立国际间项目管理人才的互认激励机制，加速与国际项目管理人才培养接轨的步伐。目前正在开展的培训认证有IPMA培训、CIOB培训等。经IPMP中国认证委员会同意并授权中国建筑业协会工程项目管理委员会负责IPMP中国建设行业的专业培训和资质认证工作，其中包括建立国际项目管理（建设行业）培训体系。

1.3.9　贯彻科学发展观，推进建筑业健康发展

贯彻落实科学发展观，深刻认识建筑业在新形势下肩负的重要历史使命，对促进中国建筑业全面、协调、可持续发展具有重要意义。今后，加快建筑业改革与发展的七项重点工作为：

1）创新政府工程监管体制，提高建筑效率，维护良好市场环境；

2）丰富招投标方式，提倡合理的低价中标，政府投资工程应进入有形市场；

3）加强对政府投资工程的监管，实行政府投资工程规范化、程序化；

4）完善质量安全管理，加快建筑企业“转型接轨”步伐，积极开拓国际市场；

5）大力发展工程总承包和现代工程咨询服务体系，提高项目投资的综合效益；

6）积极推进建筑业企业技术进步，努力转变建筑业经济增长方式；

7）大力发展劳务企业，抓好农民工教育培训，从根本上提升建筑业劳动者和全行业的整体素质。

第2章　中国建筑业30年来改革与发展的主要成就

建筑业是国民经济的重要物质生产部门，它与整个国家经济的发展、人民生活的改善有着密切的关系。改革开放30年来，国民经济持续稳定增长，为建筑业的发展提供了良好的经济环境和发展空间。中国建筑业规模日益增大，建筑业企业综合实力不断增强，对外承包业务快速发展。科技进步步伐加快，建筑行业工程设计和建造水平不断提高。建筑业对国民经济的拉动作用不断增强，已经成为国民经济的重要支柱产业。

2.1　中国建筑业主要统计指标

在本节，根据国家统计局的最新资料反映中国改革开放30年来建筑业的发展成就概况，包括建筑业企业基本情况和生产经营情况。主要指标有建筑业总产值、建筑业增加值、施工企业数量和从业人数、建筑业劳动生产率、建筑企业施工、竣工面积、建筑企业利税、勘察设计机构数量、勘察设计营业收入、监理行业营业收入等。

2.1.1　建筑业总产值和增加值

建筑业总产值是以货币形式表现的建筑业企业在一定时期内生产的建筑业产品和提供的服务的总和。建筑业总产值包括：①建筑工程产值：指列入建筑工程预算内的各种工程价值；②安装工程产值：指设备安装工程价值，不包括被安装设备本身的价值；③其他产值：建筑业总产值中除建筑工程、安装工程以外的产值，包括房屋构筑物修理产值、非标准设备制造产值、总包企业向分包企业收取的管理费以及不能明确划分的施工活动所完成的产值。

建筑业增加值指建筑业企业在报告期内以货币形式表现的建筑业生产经营活动的最终成果。

改革开放以来，中国历年完成的建筑业总产值、增加值分别如图1-2-1、图1-2-2所示。

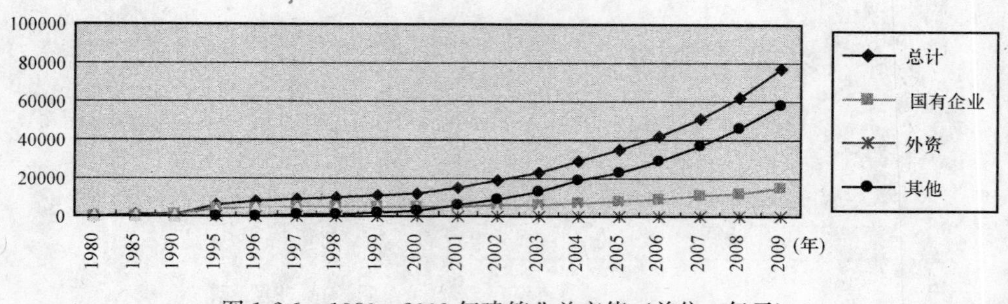

图1-2-1　1980～2009年建筑业总产值（单位：亿元）

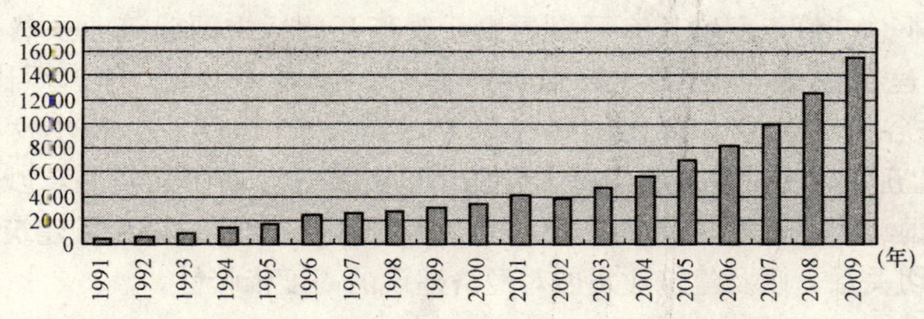

图 1-2-2　1991～2009 年建筑业增加值（单位：亿元）

与 1980 年相比，在“六五”、“七五”、“八五”及“九五”结束时，建筑业总产值分别是 2.35 倍、20.19 倍、43.56 倍、120.42 倍。2008 年，建筑业总产值达到 62036.81 亿元，相比 1952 年的 57 亿元，增长了 1087 倍，是 1980 年的 216.21 倍。同时，建筑业实现增加值 12488.95 亿元。2009 年，在经济刺激政策下，基础设施投资持续快速增长。新开工项目的不断上马，为建筑业的发展带来了机遇。统计数据显示，2009 年，全国具有资质等级的总承包和专业承包建筑业企业（不含劳务分包建筑业企业）完成建筑业总产值 76807.74 亿元，比上年同期增加 14771 亿元，增长 23.81%，是 1980 年的 267.68 倍。2009 年，建筑业增加值 15619.82 亿元，比上年增长 25.1%。

进一步统计，改革开放 30 年来建筑业总产值和建筑业增加值的增幅可观，建筑业总产值年度增长率指标如图 1-2-3 所示，建筑业增加值年度增长率如图 1-2-4 所示。

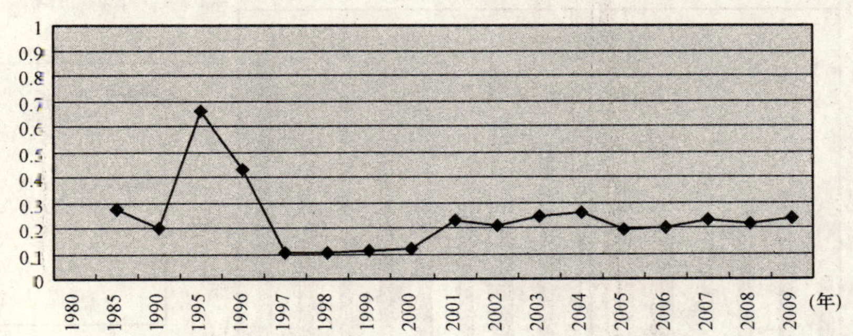

图 1-2-3　1980～2009 年建筑业总产值年度增长率（说明：1995 年以前为 5 年平均）

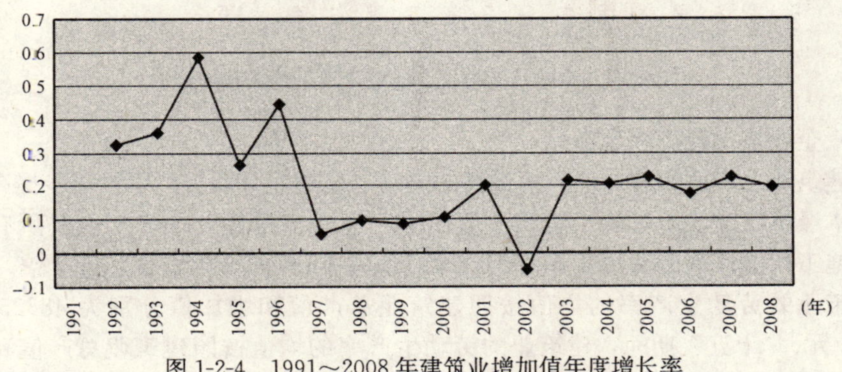

图 1-2-4　1991～2008 年建筑业增加值年度增长率

从建筑业总产值年度增长率可以看出，改革开放后中国建筑业虽然保持持续增长，但增长速度明显呈现出“波浪形”态势。波峰是1995年，环比增幅达到66.16%，波谷是1997年，环比增幅仅为10.19%。2001年以后稳步发展。尤其是“八五”、“九五”时期，建筑业经历了伴随中国经济过热而迅猛发展，以及到金融危机爆发，中国经济建设放缓造成的建筑业低增长阶段。这充分说明了建筑业与固定资产投资的密切关系，以及建筑业发展对经济建设的高度依赖性。

2.1.2 建筑施工企业的技术经济指标

(1) 施工企业数量和从业人数

改革开放初期的1980年，中国施工企业的数量为6604个，从业人数为648万人。经过30年的发展，尤其是“九五”和“十五”期间，由于国家采取积极的财政政策，扩大对高速公路、铁路、电网等基础设施的投资规模，大力推进经济适用住房的建设，为建筑业的发展提供了难得的机遇。建筑业施工企业的数量和从业人数均得到了较大规模的增长。2009年建筑业施工企业的数量达到了70817个，建筑业从业人数增加到3672.56万人，从业人数是1980年的5.67倍。但同时，企业平均人数却在逐年稳步下降，如图1-2-5所示。这一方面说明大批各种所有制小型建筑企业（尤其是乡镇建筑业企业）的迅速崛起，另一方面显示了中国建筑业为摆脱劳动密集型产业的面貌迈出了成功的一步。

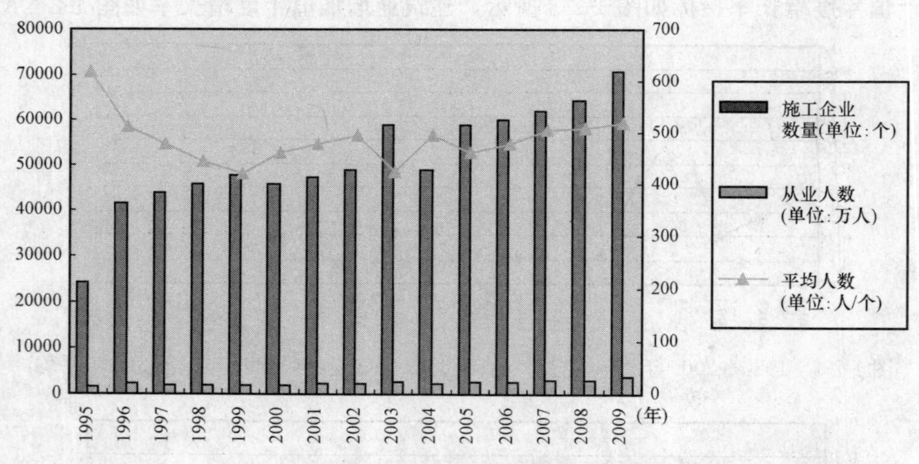

图1-2-5 建筑业施工企业数量及平均人数统计

(2) 企业技术经济综合指标

在建筑业总产值和增加值大幅提高的同时，建筑业劳动生产率也逐步提高，建筑业的技术经济状况显著好转。建筑业劳动生产率逐步提高。1983年全民所有制施工企业按施工产值计算的劳动生产率为5148元/人，比1976年增长了近1倍。“九五”期间建筑业的劳动生产率的均值按照建筑业总产值和增加值分别为48725.8元和13431.2元。“十五”期间，建筑业的劳动生产率的均值按照建筑业总产值和增加值分别为89873.6元和19011.2元，分别比“九五”期间增长84.45%和41.55%，年均增长率分别为16.89%和8.31%。2009年，建筑业劳动生产率按照建筑业总产值和增加值分别达到185087元/人和37640元/人（图1-2-6）。

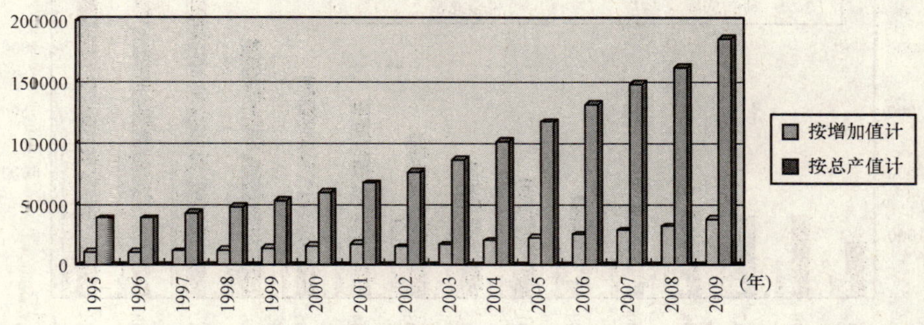

图1-2-6　1995～2009年建筑企业劳动生产率（单位：元/人）

建筑业技术装备率得到提高。国有建筑企业技术装备率由1958年的250元/人提高到1991年的2572元/人，2009年达到10088元/人，如图1-2-7所示。

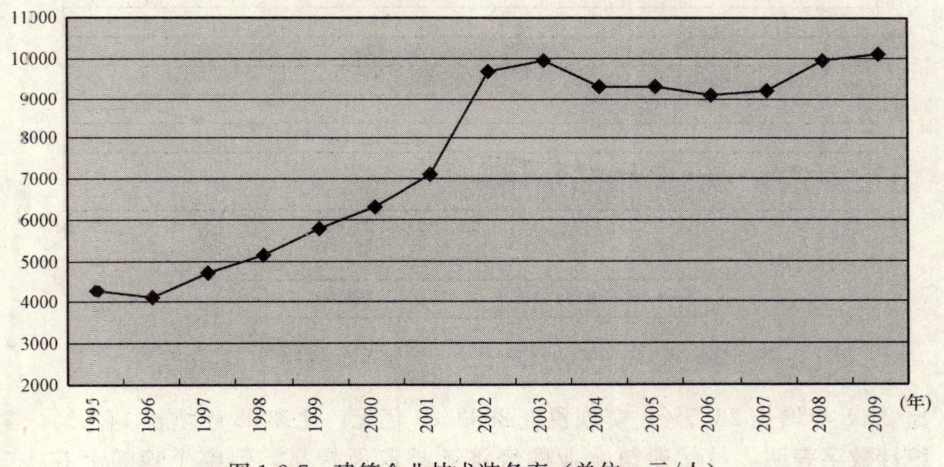

图1-2-7　建筑企业技术装备率（单位：元/人）

（3）施工企业经济效益指标

多年来，建筑施工企业的经济效益稳中有升，如图1-2-8、图1-2-9所示。与“九五”相比，“十五”期间在建筑业房屋建筑施工面积总量增长88.83%、房屋建筑竣工面积总量增长86.07%的基础上，建筑业施工企业利税大增，实现利润总量增长311.22%、上缴税金总量增长155.32%。建筑企业产值利润率和产值利税率稳步提升，2008年，分别达到3.5%和7.2%。2009年，建筑业企业产值利润率仍为3.5%，但产值利税率下降为7.0%。

2009年，基础设施投资持续快速增长，新开工项目的不断上马，为建筑业的发展带来了机遇。全年共完成房屋建筑施工面积58.86亿平方米，比上年同期增长10.9%。全国具有资质等级的总承包和专业承包建筑业企业共实现利润2718.76亿

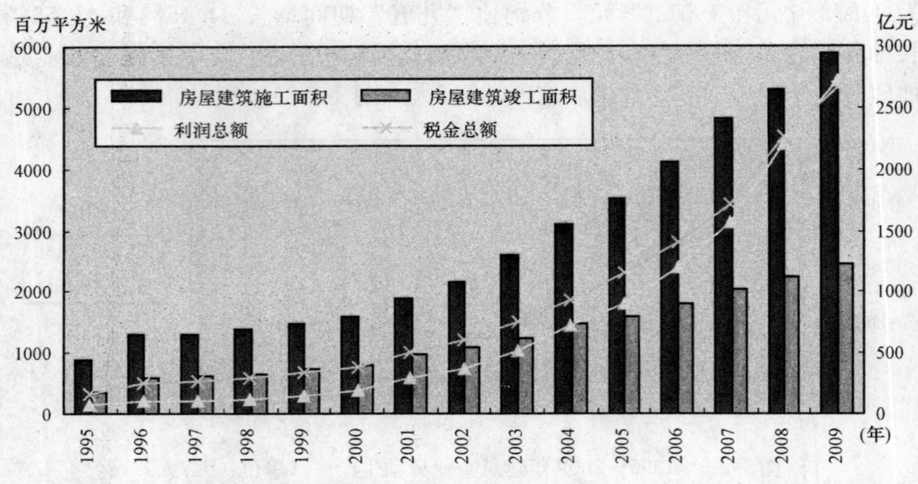

图 1-2-8 1995～2009 年建筑企业施工、竣工面积以及利税总额

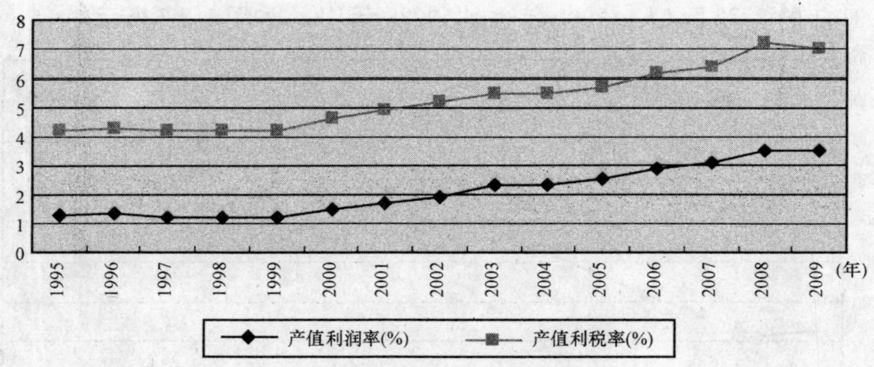

图 1-2-9 1995～2009 年建筑企业产值利润率和产值利税率

元，比 2008 年增长 23.5%；实现税金 2653.69 亿元，比 2008 年增长 17.2%。

统计数字表明，虽然建筑企业的经济效益有所提高，但整个建筑业在 1995～1999 年期间的产值利润率呈现逐步下滑的趋势。2000 年以后，建筑企业的经济效益开始稳步上升，尤其是在“十五”后期。而到了 2007 年底，受全球金融危机的影响，建筑企业经济效益产生滑坡。2008 年建筑业的景气指数达到近年来的最低点，如图 1-2-10 所示，2009 年稍有回升。2008 年全年建筑企业在极度困难的内外环境中，居安思危，积极采取开源节流、压缩成本、减少开支、加强内部管理等一系列的措施，来稳定企业的效益水平。

2.1.3 勘察设计的发展统计

(1) 勘察设计咨询业经济指标

近年来，中国工程勘察设计咨询业的队伍数量、经营规模、管理水平和经济效益都有较快发展，完成了大量的固定资产投资项目的勘察设计任务，为国民经济的持续

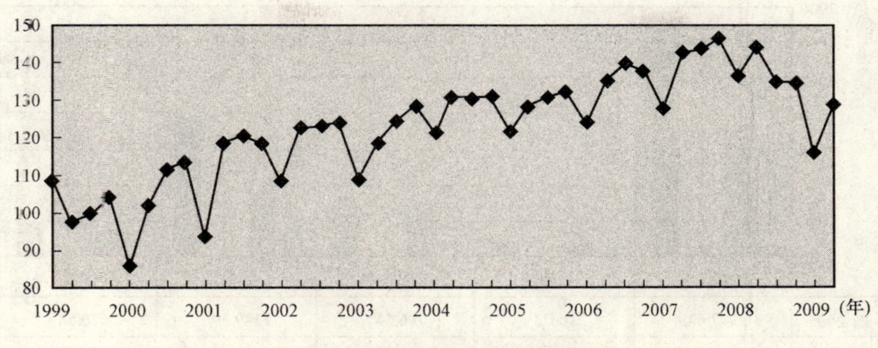

图 1-2-10　建筑业的季度景气指数

健康发展、城乡面貌和人民居住条件的不断改善，作出了重大贡献。截至 2008 年底，工程勘察设计企业总数为 14667 家，比 2000 年的 10753 家增加了 36.4%，年均增长 4.55%，如图 1-2-11 所示。2009 年，工程勘察设计企业总数为 14264 家，减少了 403 家，下降了 2.75%。

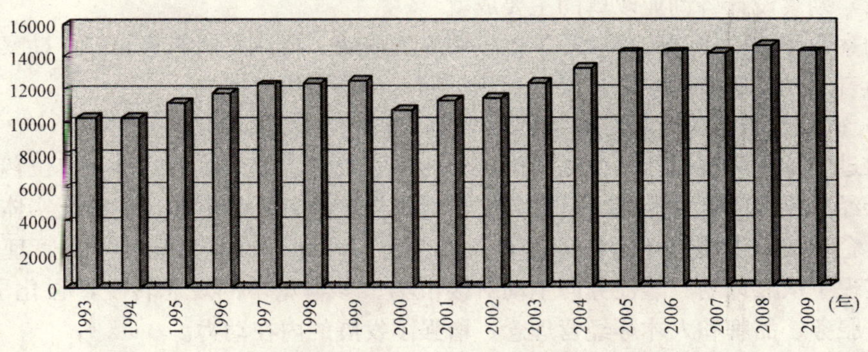

图 1-2-11　1993～2009 年勘察设计机构数量统计（单位：个）

全行业 2008 年完成的营业收入为 5968.33 亿元，比 2001 年增长 551.75%，如图 1-2-12 所示，高于同时期全社会固定资产投资总额的增长速度。2009 年，勘察设计单位营业收入 6852.9 亿元，比 2008 年增长 14.81%。

从图 1-2-12 可以看出，近年来，工程勘察收入处于相对稳定状态，基本上增长不大。同期相比，工程设计及承包收入稳定增长，尤其后者在 2008 年底已经占到全行业总收入的 77.37%。2009 年这个比例上升为 80.82%，表明工程设计及承包已经成为勘察设计企业的主营业务。

在营业总收入中，全国勘察设计企业除勘察设计业务外的工程总承包、工程咨询、工程监理、项目管理和造价咨询等营业收入在总营业收入中所占的比重，已由 2001 年的 47%上升到 2008 年的 70.9%，上升了约 24 个百分点。2008 年工程总承包收入占到总营业收入的 53.92%，2009 年工程总承包收入占到总营业收入的 56.66%。

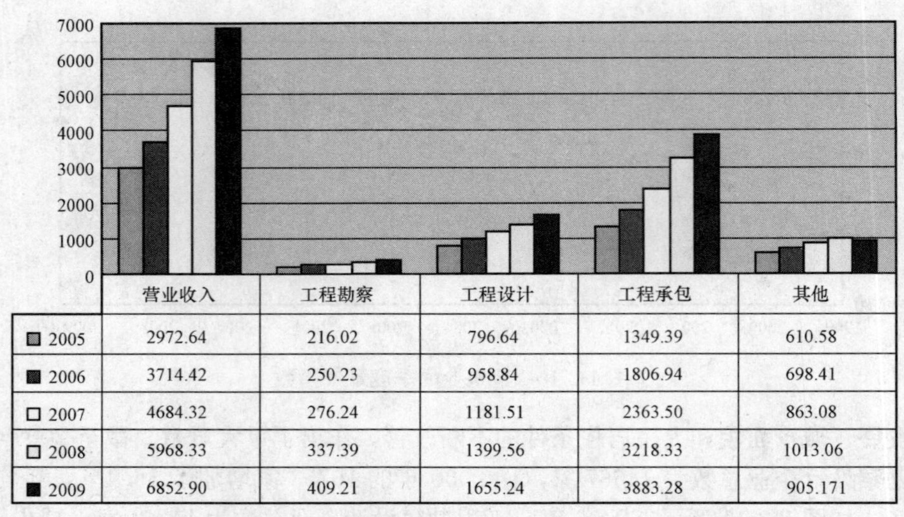

	营业收入	工程勘察	工程设计	工程承包	其他
2005	2972.64	216.02	796.64	1349.39	610.58
2006	3714.42	250.23	958.84	1806.94	698.41
2007	4684.32	276.24	1181.51	2363.50	863.08
2008	5968.33	337.39	1399.56	3218.33	1013.06
2009	6852.90	409.21	1655.24	3883.28	905.171

图 1-2-12　勘察设计营业收入统计（单位：亿元）

（2）勘察设计咨询业改革的主要成就

勘察设计单位体制改革取得了比较明显的成效，行业发展态势较好，勘察设计单位成为自主经营的市场主体，服务功能延伸，市场竞争力增强。

1）确立了企业的市场主体地位，增强了企业活力

通过改革，勘察设计单位逐步由过去的国家统管、缺乏活力的事业单位转变为适应市场经济要求的自主经营、自主创新、自我发展和自我约束的企业法人实体和市场主体。企业按照市场规律运作，拥有人员任免、调配、收益分配和经营管理等自主权；实现了从靠计划、等任务向主动对接市场、参与竞争的观念转变，强化了利润、效益、服务、品牌和人才等经营理念，增强了发展的内在动力。

勘察设计咨询业所有制结构发生很大变化，出现了国有、集体、合伙、私营、合营、股份合作、股份有限责任公司、有限责任公司、中外合资等不同企业经济类型，形成了以国有经济为主体、多元经济成分并存、产权结构多元化的新格局。

2）拓宽了服务功能，初步形成了全过程的勘察设计咨询服务体系

改革后的勘察设计企业不断延伸服务功能，拓展经营领域，形成了为建设工程提供全过程技术和管理服务的咨询设计服务体系，促进了中国工程建设水平的提高。勘察设计企业在搞好勘察设计主业的同时，积极拓展业务范围：纵向方面向投资咨询、城市规划、工程监理、招标代理、设备采购、项目管理、工程总承包延伸；在横向方面向多领域、精细化发展，如建筑设计向装饰装修、建筑智能化、设计施工一体化发展；工业设计打破了行业壁垒，对各类矿山、桥隧、造纸、物流、轻型加工机械、建筑等资质进行了合并统一；工程地质勘察向岩土工程施工发展，改变了过去功能单一的状况。

3）增强了勘察设计能力

勘察设计单位和设计人员通过与国际一流设计咨询企业和设计大师的交流、合作

与竞争，及时了解掌握世界先进工程建设技术进步的发展趋势，不断吸收先进的设计思想、软件、工艺技术和科研成果，加快国外技术转化，勘察设计能力不断增强。

4）创新了设计方法和设计手段，推动了勘察设计咨询业技术进步

勘察设计企业在学习国外先进技术与管理的同时，坚持自主创新，不断推进技术进步，促进了中国工程建设事业的发展。一是创新方法与手段，全面应用和系统集成 CAD 技术。二是创新项目管理，对工程建设全过程进行控制。三是创新信息化管理，建立、应用单位信息集成系统。四是创新设计技术，工业设计突出生产工艺的先进性，是其核心竞争力，提倡设计的工程化、标准化；土建及民用建筑设计突出方案的适用、经济、美观，节能、环保，不断吸取世界先进设计理念，大量运用新材料、新工艺、新技术和新设备。

5）建立健全规章制度

在《建设工程勘察设计管理条例》颁布后，建设部又颁发了《建筑工程设计招标投标管理办法》、《建设工程勘察设计企业资质管理规定》、《外商投资建设工程设计企业管理规定》、《建设工程勘察质量管理办法》、《房屋建筑和市政基础设计工程施工图设计文件审查管理办法》和《勘察设计注册工程师管理规定》等部门规章；各地建设行政主管部门也结合本地实际情况，制定了贯彻上述法规、规章的实施办法，从而建立健全了行业监管制度，为勘察设计企业改革和发展创造了较好的制度环境。

2.1.4　建设监理的发展统计

（1）建设监理业经济指标

2008 年工程监理企业全年营业收入已达 657.44 亿元，如图 1-2-13 所示，与上年相比增长 24.82%。其中，工程监理收入 332.82 亿元，与上年相比增长 23.23%；项目管理与咨询服务收入 73.02 亿元，与上年相比增长 55.17%；招标代理收入 14.71

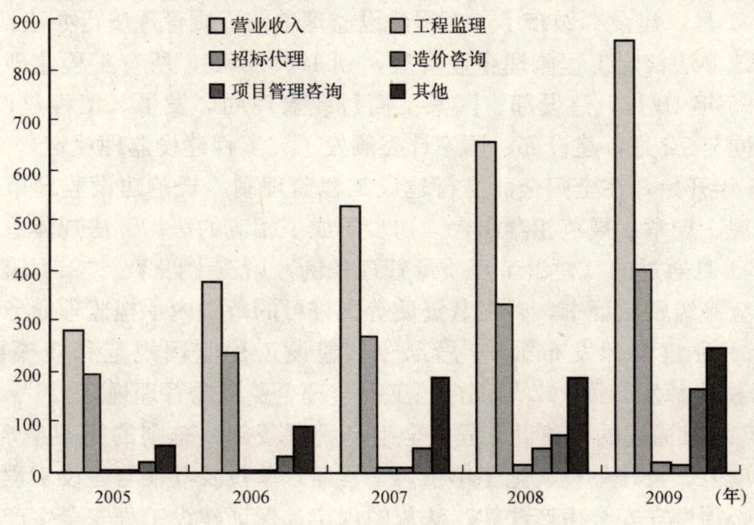

图 1-2-13　监理行业的营业收入统计（单位：亿元）

亿元，与上年相比增长 53.55%；造价咨询收入 48.49 亿元，与上年相比增长 430.65%；其他收入 188.40 亿元，与上年相比下降 1.27%；监理收入占总营业收入的 50.62%。2009 年，建设工程监理营业收入实现较大幅度的增长，为 854.55 亿元，比 2008 年增长 29.98%。在其各细项收入中，由于受到工程造价服务机构的影响，造价咨询收入下降明显，仅为 16.75 亿元，与 2008 年相比，降低了 65.45%。

从统计图数据看，整个监理行业的营业收入连续 4 年保持高增长，2006、2007、2008、2009 年环比增长分别为 34.64%、39.89%、24.82%以及 29.98%，但受国际金融危机影响，在 2008 年收入增长速度明显放缓。

2009 年，建设工程监理企业为 5475 家，其中，从事房屋建筑工程企业为 4584 家，占企业总数的 83.726%；注册执业人数为 130194 人，其中，注册监理工程师为 97417 人，占总人数的 74.825%。

(2) 建设监理制度的主要成就

建设监理制度是中国改革开放的产物，是投资管理体制改革的一项新成果。中国建设监理制度从 1988 年起步，历经了 20 多年的创新发展，已经形成了以监理工程师为基础，以监理企业为主体，将国家强制性监理与企业市场化运作结合的具有中国特色的工程管理制度。

1) 完善工程监理各项制度，促进工程监理工作的发展

1988 年 7 月，建设部发布了《关于开展建设监理工作的通知》，提出建立具有中国特色的建设监理制度。同年 11 月，建设部发出《关于开展建设监理试点工作的若干意见》，决定建设监理制先在北京、上海、南京、天津、宁波、沈阳、哈尔滨、深圳八市和能源、交通的水电与公路系统进行试点。1989 年 7 月，建设部发布《建设监理试行规定》，提出建立专业化、社会化的建设监理和以规划、协调、监督、服务为内容的政府监督管理的建设监理制度，标志着我国建设监理工作的正式实施。

1992 年 1 月，建设部颁布了《工程建设监理单位资质管理试行办法》，1993 年建设部正式按该办法核定工程监理企业资质，到 1995 年底，所有工程监理企业都确定了资质。1995 年 10 月，建设部、国家工商行政管理局印发了《工程建设监理合同》示范文本；同年 12 月，建设部、国家计委颁发了《工程建设监理规定》。

从 1996 年开始，在全国全面推行建设工程监理制。规范建设监理市场行为的各项法律、法规、规章、规范相继出台，初步形成了相应的法律、法规体系。

2000 年 1 月通过的《建设工程质量管理条例》第三十四条：“工程监理单位应当依法取得相应等级资质证书，并在其资质等级许可的范围内承担监理业务”。

2001 年 1 月建设部发布第 86 号部令《建设工程监理规范和规模标准规定》。2001 年 8 月建设部发布第 102 号部令《工程监理企业资质管理规定》。

2003 年 11 月通过的《建设工程安全生产管理条例》总则的第四条规定：“建设单位、勘察单位、设计单位、施工单位、工程监理单位及其他与建设工程安全生产有关的单位，必须遵守安全生产法律、法规的规定，保证建设工程安全生产，依法承担建设工程安全生产责任”。《建设工程质量管理条例》和《建设工程安全生产管理条

例》，是《建筑法》和有关法律的延伸和细化，它从质量和安全管理的角度，进一步明确了建设监理的义务和责任。

2006年1月，建设部发布了第147号部令《注册监理工程师管理规定》，同时废止了1992年6月发布的第18号部令《监理工程师资格考试和注册试行办法》。

2007年1月，建设部和商务部共同发布了《外商投资建设工程服务企业管理规定》，这是中国政府发布的第一个关于规范外商在中国投资建设工程服务企业的管理性文件。

2007年6月，建设部颁布了修订后的《工程监理企业资质管理规定》（建设部令第158号），新的部令自2007年8月1日开始实施，名称虽然仍为《工程监理企业资质管理规定》，但内容做了较大幅度的调整，而且涉及企业资质管理的方方面面。

2）注册监理工程师执业制度建设

1992年6月，建设部发布了《监理工程师资格考试和注册试行办法》。《监理工程师资格考试和注册试行办法》自1992年7月1日施行到2006年4月1日废止，历时14年，对规范监理工程师资格考试和注册，促进监理工程师队伍的发展壮大，发挥了历史性作用。

截至2010年4月，中国工程监理与咨询服务网数据显示，我国共有注册监理工程师108163人，如表1-2-1所示。

全国注册监理工程师汇总（单位：人）　　表1-2-1

序号	省份	合计	序号	省份	合计
1	北京市	6769	17	湖南省	3343
2	天津市	1963	18	湖北省	4372
3	河北省	5049	19	广东省	9565
4	山西省	2940	20	广西壮族自治区	1969
5	内蒙古自治区	1601	21	海南省	550
6	辽宁省	5161	22	重庆市	1982
7	吉林省	2488	23	四川省	5247
8	黑龙江省	2989	24	贵州省	812
9	上海市	5376	25	西藏自治区	112
10	浙江省	6919	26	云南省	1340
11	江苏省	10160	27	陕西省	2210
12	安徽省	2678	28	宁夏回族自治区	510
13	福建省	3038	29	青海省	413
14	江西省	1674	30	甘肃省	1660
15	山东省	8141	31	新疆维吾尔自治区	1576
16	河南省	5217	32	总后基建营房部	339
总计			108163		

3）加强对外交流

从 2002 年开始，在建设部的统一领导和部署下，中国建设监理协会与香港测量师学会就内地监理工程师与香港建筑测量师资格互认工作进行了交流考察，就双方资格互认工作的必要性及可行性进行了评估，并在一定程度上取得了共识。2006 年 6 月，双方签署资格互认协议，标志着内地监理工程师和香港建筑测量师的交流与合作进入了一个新的发展阶段。

2.1.5 建筑业 30 年发展的主要特点分析

（1）建筑业与国民经济同步增长

建筑业为推动国民经济增长和社会全面发展发挥了重要作用。1995 年以来，中国建筑业总产值占 GDP 的比重呈稳步增长态势，如图 1-2-14 所示。建筑业与国民经济基本保持同步增长，为经济的健康、快速发展作出了应有的贡献。

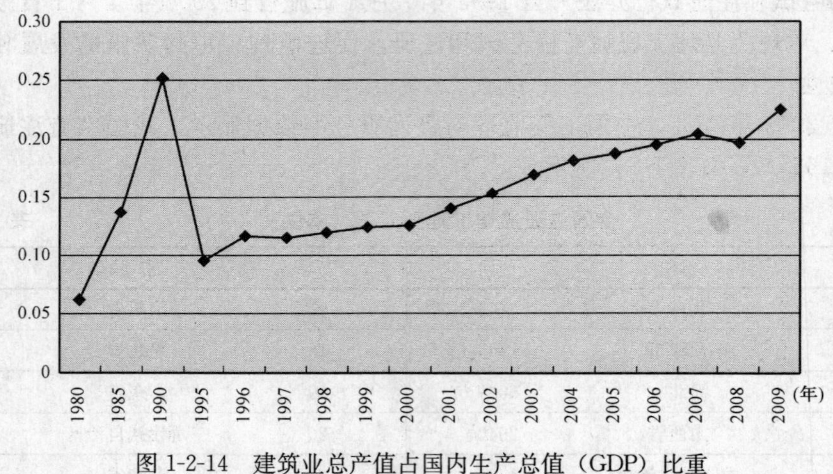

图 1-2-14　建筑业总产值占国内生产总值（GDP）比重

（2）发展具有明显的阶段性

改革开放初期，是中国建筑业的恢复阶段。十一届三中全会以后，党的工作重心转向经济建设，中国建筑业以此为契机，逐步摆脱了停滞不前的困境。到 1985 年，建筑业总产出 675.1 亿元，比 1980 年增长 1.35 倍，建筑业得到了恢复和加强。“七五”时期，建筑业生产规模迅速扩大，建筑业占国内生产总值比重在 1987 年达到 5.52%。

进入“八五”、“九五”期间，建筑业发展迅猛，建筑业对国民经济的贡献进一步加强，尤其是 1993 年至 1996 年期间，建筑业增加值占 GDP 的比重保持在 6.1%以上，处于历史高增长时期。以 1996 年为例，建筑业总产值和建筑业增加值的增长率分别为 30.04%和 44.17%。这一时期正是中国基础设施和房地产行业的投资过热阶段，通胀率最高达到 25%，远远超过了 5%的警戒水平。随后 4 年伴随 1997 年金融危机的爆发，中国经济建设放缓，经济增长率持续下跌，失业率上升，需求不振，通货紧缩，呈现明显的经济衰退的特征。建筑业的发展同样受到了重创，在2002年中国建筑业增加值占GDP的比重处于1992年以后的历史低点。

2002年以后，中国建筑业又迎来了快速良好的发展势头。由于这一时期建筑业重视技术进步，建筑业增加值快速提升，年度增长率一般能够达到22%以上。但也应当看到，伴随着2008年的全球金融危机，中国建筑业也受到了明显的影响，建筑业总产值增速放慢。2008年，全国建筑业总产值增幅比2007年回落1.3个百分点。

（3）总产出受国家宏观政策的影响明显

中国建筑业经过了改革开放初期1980年至1984年的恢复期后，进入了发展期，建筑业产值迅速增长，但很快就遇到了改革史上的第一次治理整顿。1985年至1988年，随着经济体制改革的进行，经济过热的问题一直没有得到有效遏制，通货膨胀呈明显加剧之势。在这种情况下，自1988年9月，中国进入了三年治理整顿阶段，治理经济环境、整顿经济秩序、全面深化改革，要达到消除经济过热、遏制通货膨胀、压缩固定资产投资规模等目标。在这次治理整顿期间，建筑业总产出年均下降了1.6个百分点。而在经济过热但政策宽松的1992～1996年间，建筑业总产值年均增幅又急剧膨胀到26.8%。

2002年以后，在国家积极财政政策和稳健货币政策的推动下，固定资产投资快速增长，为建筑业企业的发展和改革提供了较大的空间。建筑业各项指标呈良好发展势头，建筑业总产值和增加值稳步增长。尤其是在2009年，在4万亿元国家投资的刺激下，建筑业总产值和增加值大幅提高，分别比2008年同期增长22.3%和18.2%。

（4）技术经济状况显著好转

建筑业在着力发展生产的基础上，培育了一批大型骨干企业，促进了中、小企业向专业化承包企业发展。全国建筑业企业资质级别结构呈金字塔形，更有利于合理优化劳动组合。建筑业企业采取减员增效、控制建筑队伍规模等措施，使劳动生产率不断攀升。

（5）民营企业快速发展，多种类型并存的经济结构基本形成

在建筑业中推行产权制度、管理制度、劳动用工制度和分配制度等现代企业制度改革，对建筑企业进行股份制改造，优化股权结构，大力扶持民营企业的发展，充分调动了生产经营者的积极性。到2009年，国有建筑企业的产值仅占建筑业总产值的19.777%；集体建筑企业的产值占建筑业总产值的4.27%；其他有限责任公司的产值达到建筑业总产值的74.974%。我国的建筑业已经呈现出多种所有制结构并存的格局。

（6）行业内部结构趋于合理

2001年，建设部为加强对建筑活动的监督管理，维护建筑市场秩序，保证建设工程质量，对建筑业企业实施了新的资质管理。经过多年的发展，建筑业构建了以施工总承包企业为龙头、专业性承包企业为主体、劳务分包企业为补充，大、中、小型施工企业分工明确、协调配套、高效有序的承包体系，行业结构更加趋于合理。截至

2009年12月底，全国拥有施工总承包特级企业262家，占企业总数的4%；施工总承包一级企业3442家，占企业总数的52.2%；专业承包一级企业2887家，占企业总数的43.8%。

(7) 大型建筑业企业建造能力不断提高

中国在超高层、大跨度房屋建筑设计、施工技术，大跨度预应力、大跨径桥梁设计及施工技术，地下工程盾构施工技术，大体积混凝土浇筑技术，大型复杂成套设备安装技术等都达到或接近国际先进水平。上海金茂大厦、北京奥运场馆等一大批投资规模大、技术要求高、举世瞩目的特大型建设工程项目，高质量、高速度地建成，极大地支持了国民经济的快速发展。

同时，也充分反映了中国建筑业技术能力和建造水平，及建筑业企业的项目管理水平与世界著名建筑企业的差距越来越小，整体竞争力正在接近国际领先水平。在美国《财富》2006年度"全球最大500家公司"排行榜名单中，中国铁路工程总公司、中国铁道建筑总公司和中国建筑工程总公司三家建筑企业首次进入世界500强，占全球10家上榜建筑企业的3个席位。

2.2　项目管理体制改革

2.2.1　中国工程项目管理的基本框架体系形成

自1986年国务院提出学习借鉴鲁布革工程管理经验、进行建筑业施工企业管理体制改革以来，工程项目管理在中国建筑业得到了广泛应用。大量企业积极吸收、借鉴国际上的先进经验和通用的现代项目管理方法，并不断总结深化，使工程项目管理理论日渐成熟，项目成果显著。特别是，2002年1月，建设部委托中建协工程项目管理委员会组织编制的《建设工程项目管理规范》开始在全国实施。该《规范》是中国建筑业企业首部专业内容全面、适用性强、具有重要指导性的管理规范，它的实施标志着中国工程项目管理走上了规范化、科学化、国际化的道路，是国际通用、先进的项目管理方法在中国实践和理论研究创新发展的里程碑。

改革开放以来，中国工程项目管理在建筑业企业中的应用，无论在理论研究的深度，还是在实践探索的广度上都有了长足的进步和发展，并形成了中国工程项目管理的基本框架体系。即：

主要特征是"动态管理，优化配置，目标控制，节点考核"；

运行机制是"总部宏观调控，项目授权管理，专业施工保障，社会力量协调"；

组织结构是"两层分离，三层关系"，即管理层与作业层分离，项目层次与企业层次的关系，项目经理与企业法定代表人的关系，项目经理部与劳务作业层的关系；

推行主体是"两制建设，三个升级"，即：项目经理责任制和项目成本责任制；技术进步、科学管理升级，总承包管理能力升级，智力结构和资本运营升级；

基本内容是"四控制，三管理，一协调"，即：进度、质量、成本、安全控制，现场（要素）、信息、合同管理和组织协调；

管理目标是"四个一"，即形成一套具有中国特色并与国际惯例接轨、适应市场经济、操作性强、较系统的工程项目管理理论和方法；培养和造就一支具有一定专业知识、懂法律、会经营、善管理、敢负责、作风硬的工程项目管理人才队伍；开发应用一代能较快促进建筑生产力水平提高，提高企业有机构成和经济含量的新材料、新工艺和新技术；建设和总结推广一批高质量、高速度、高效益，充分展示建筑行业科技水平和管理实力，具有国际水准的代表工程。

2.2.2 政府投资工程项目管理改革

改革开放以来，国家对政府投资工程管理方式进行了一系列的改革，在工程建设中相继实施了工程咨询、工程监理、造价咨询、招标代理等工程项目管理新方式。这些专业化的服务机构为建设单位提供了有效的咨询管理服务，取得了显著的成效。特别是近几年来，能够为建设单位提供全过程项目管理服务的工程项目管理公司的产生，促进了政府投资工程组织实施方式向专业化、科学化、市场化方向转变的进程。

(1) 工程指挥部型

工程建设指挥部，是中国计划经济体制下，大中型基本建设项目管理所采用的一种模式。该机构一般临时从政府有关部门抽调人员组成，负责人通常为政府部门的主管领导，当工程项目完成后，即宣布解散。目前，一些大型的公共建筑、市政工程以及环境治理工程等，多采用这种方式。一些平时没有项目或者是项目很少的单位，由于没有常设的基建管理机构，在实施项目时也常常会临时组建工程管理班子，一般称为项目筹建处，管理方式与工程指挥部基本相同。

它主要是以政府派出机构的形式对建设项目的实施进行管理和监督，依靠的是指挥部领导的权威和行政手段。因而在行使建设单位的职能时有较大的权威性，决策、指挥直接有效，尤其是有效地解决征地、拆迁等外部协调难题，以及在建设工期要求紧迫的情况下，能够迅速集中力量，加快工程建设进度。

目前，一些国家和地方重点工程、大型的公共建筑、市政工程以及环境治理工程等，仍采用这种方式。

(2) 项目法人型

按照国家计委《关于实行建设项目法人责任制的暂行规定》，经营性建设项目必须组建项目法人，项目法人为依法设立的独立性机构，对项目的策划、资金筹措、建设实施、生产经营、债务偿还和资产的保值、增值，实行全过程负责。

建设项目法人责任制是中国从 1996 年开始实行的一项工程建设管理制度。按照国家计委《关于实行建设项目法人责任制的暂行规定》要求，为了建立投资约束机制，规范建设单位的行为，建设工程应当按照政企分开的原则组建项目法人，实行项目法人责任制，即由项目法人对项目的策划、资金筹措、建设实施、生产经营、债务偿还和资产的保值增值，实行全过程负责的制度。

按照规定，国有单位经营性大中型建设工程必须在建设阶段组建项目法人。新上项目在项目建议书被批准后，应及时组建项目法人筹备组，具体负责项目法人的筹建工作。

实行项目法人责任制，是建立社会主义市场经济的需要，是转换项目建设与经营机制、改善建设项目管理、提高投资效益的一项重要改革措施。

项目法人责任制同时也是以现代企业制度为基础的一种创新制度，它与传统计划经济体制下的工程建设指挥部负责制有着本质区别。二者特点的比较见表 1-2-2。

项目法人责任制与工程建设指挥部负责制的比较 表 1-2-2

比较内容	工程建设指挥部	项目法人（公司）
经济管理体制	计划经济，政企不分	市场经济，政企分开
行为特征	政府派出机构，是政府行为	独立法人，是企业行为
产权关系	产权关系模糊，不便于落实固定资产的保值增值责任	产权关系明晰，便于落实固定资产的保值增值责任
建设资金筹措	投资主体单一，主要依靠国家预算内投资	投资主体多元化，筹资方式市场化、国际化
管理方式	投资、建设、运营、还贷各自分段管理，利益主体多元化	投资、建设、运营、还贷全过程管理，利益主体一元化
管理手段	主要依靠行政手段	主要依靠经济和法律手段
投资风险责任	不承担或无法承担盈亏责任，粗放经营，“三超”现象严重，还贷责任无法落实	自负盈亏，集约经营，追求经济效益，便于落实还贷责任
运行结果	临时机构，项目建成后便予解散	项目建设期间及建成后均为现代企业制度公司

（3）政府专业部门集中管理

政府投资工程项目管理中心或工务局。采用这种形式的典型城市当数深圳和珠海。深圳和珠海为改变过去政府工程的多头分散和粗放管理，按照建立“投资、建设、管理、使用”分开与专业化集中管理的原则，分别成立了建筑工务局和政府投资建设工程管理中心。

建立隶属于政府行政主管部门的具有事业单位性质的各地政府工程项目管理中心。通常主要职能包括：代表市政府行使业主职能和项目管理职能，具体负责当地政府投资除市政基础设施、水利、交通以外的工程项目建设过程的管理和组织实施工作，提高投资效益；参与或主持当地政府投资建设工程项目的项目建议、计划立项、可行性研究、用地许可、方案设计、地质勘察、初步设计、项目概算以及相关文件的编制和报批等前期工作；根据市计划部门下达的政府投资项目计划，组织协调施工图设计、审查及编制项目预算，并分别报有关部门审批；负责政府投资项目的施工报建、委托招标投标和工程监理，并代表业主签订合同以及处理其他涉及项目施工的工作；负责当地政府投资建设工程项目施工全过程的协调和监管；负责组织协调当地政府投资建设工程项目的结算、竣工决算并送审，组织有关单位进行工程竣工验收，办理产权登记和资产移交手续。

（4）对政府投资的工程项目进行委托管理

将政府投资的工程项目进行委托管理，由市场主体负责全过程的建设实施。将项目管理与政府投资工程建设组织实施方式改革结合起来，有效地解决了以往政府投资工程建设管理中普遍存在超概算、超标准、超规模的“三超”问题，取得了较好的经济效益和社会效益，促进了资源节约型和环境友好型社会建设。

（5）代建制

政府通过招标方式，选择社会专业化的项目管理企业，负责对公益型、非经营性政府投资项目进行投资管理和建设实施，严格控制项目投资、质量和工期，竣工验收后移交给使用单位。“代建制”突破了旧有的管理方式，使现行的“投资、建设、管理、使用”四位一体的管理模式，转变为“各环节彼此分离，互相制约”的模式。“代建制”的推行，对于政府投资项目保证工程质量、提高投资效益、遏制腐败现象、创造公平竞争的市场环境都具有重要的意义和作用。2004年7月16日，国务院颁发了《国务院关于投资体制改革的决定》（以下简称《决定》），《决定》中明确指出“对非经营性政府投资项目加快推行‘代建制’，即通过招标等方式，选择专业化的项目管理单位负责建设实施”。

上海从1999年开始对市政项目试点“代建制”。同时期，福建、安徽、重庆等地也率先通过招标或直接委托等方式，将一些基础设施和社会公益性政府投资项目委托给有实力的专业化公司代建，项目施工后就移交给使用单位。2002年以后，北京、浙江、深圳、成都等地也开始了“代建制”的试点工作。

对公益性政府投资建设项目实行“代建制”管理，具有明显的优势：

1）能够充分发挥市场竞争的作用，从机制上确保防止“三超”行为的发生。

2）能够规范政府投资项目建设实施管理行为，增强了项目使用单位的责任意识。在“代建制”项目中，项目使用单位主要职责是负责提出项目功能需求和实行工程质量、工期、资金合理使用的监督。①由项目使用单位提出功能需求、建设标准，使得建设项目能够满足使用单位要求；②项目使用单位从盲目、烦琐的项目管理业务中超脱出来，有助于减少建设实施过程中对建设规模、建设标准变动的随意性；③能够使项目使用单位集中力量加强对建设工期、质量和资金合理使用的监督，把项目使用单位从决策角色转变为监督执行角色，有利于规范政府投资项目管理行为。

3）有助于加快实现政府职能转变。对“代建制”项目，政府主要把握产业政策和宏观决策，项目具体执行实施依靠市场机制管理，有助于规范政府投资项目管理行为，减少“三超”现象。

伴随着代建制的试点和逐渐展开，代建制在政府投资项目中已经初见成效。以北京为例，从2002年起北京市先后在回龙观医院、市残疾人职业培训和体育训练中心、市疾病预防控制中心、南池子危改等项目中实行代建制试点，截至目前，效果明显，取得了良好的经济效益和社会效益。

实行代建制，由于依靠专业人士，实行社会化管理，将有效地提高建设水平，降低管理成本，提高政府投资项目实施情况的透明度，方便监督管理。同时，可以使相关部门单位免去组织管理工程项目实施的具体事务，解决外行业主、分散管理、重复设置机构等问题，体现了专业化的现代生产发展的规律要求，有利于推进政府部门职能转变。

当前，在中国代建制实践过程中已经形成了以厦门、北京为代表的政府投资代建制模式（简称北京模式）、上海模式以及深圳模式，如表 1-2-3 所示。

代建制实施的模式对比　　表 1-2-3

城市	代建人	模式特点
厦门	社会化专业公司	代建项目的范围限定为采用财政性投融资的社会公益性项目 对代建人的投资控制工作，约定了明确的奖惩方法，有利于控制投资规模
北京	社会化专业公司	采用公开招标的方式确定代建人，只要符合资格的从事项目管理的单位，即可参与投标，有利于形成市场的竞争机制 代建制不仅限于政府投资项目，而且推广到社会投资的基础设施工程
上海	政府授权专门机构	政府的投资管理职能移交给政府性投资公司，投资公司被赋予了更大的责任，确立了投资主体的地位 政府对公共项目建设的管理，主要通过投资公司和其委托的项目管理公司行使
深圳	政府授权专门机构	将政府的建设管理职能适度集中，设立独立的事业单位——工务局 工务局代表政府行使业主职能和管理职能，负责工程的组织协调和监督管理，对承建的政府投资工程实行“交钥匙”工程 将政府投资工程投资的监督，由分散的监督变为集中的监督，提高了监督的效率 未通过市场化的方式解决项目管理的专业化问题，会形成一定的政府垄断

2005 年，建设部、国家发展改革委等六部委颁布的《关于加快建筑业改革与发展的若干意见》明确提出，改革政府投资工程建设方式的核心是建立权责明确、制约有效，专业化、社会化、市场化的建设项目组织实施方式。非经营性政府投资工程应当通过招投标选择具有项目管理能力的企业负责组织实施，竣工验收后移交使用单位。经营性政府投资工程要进一步健全项目法人责任制，积极采取工程总承包或工程项目管理等方式组织项目建设。

在建设行政主管部门组织开展的政府投资工程管理组织方式改革试点的推动下，全国 10 多个省、自治区、直辖市开展了政府投资工程组织管理方式的改革试点，通过实行相对集中的专业化管理，政府投资工程的投资、建设、使用、监管不同主体的关系进一步理顺，外部约束不断完善加强，业主方的行为逐步规范，取得了一定的成效和有益的经验。

2.2.3　项目管理政策法规建设

改革开放以来，中国建筑市场迅速崛起并迅猛发展，依法加强对建筑市场的规范与管理，对推动建筑业的健康发展具有十分重要的意义。随着建设规模的不断扩大，中国建筑市场的法制建设逐步走向规范化和体系化，为经济建设提供了一个有章可循、有法可依的管理框架。但同时，也存在着一些不能很好地适应市场发展需要的问题。

(1) 改革开放初期阶段的法制建设

在改革开放的初期阶段，建筑市场机制不完善，管理体系不健全，导致违章、违纪、违法行为比较突出，工程质量和安全等方面的问题和矛盾也逐渐增多。对此，为调整和完善各项改革措施，规范建筑经济活动中方方面面的行为，建设部和国家相关部门加强了立法工作，在建筑市场、勘察设计、建筑施工、建筑经济定额、劳资财务以及科研教育等方面制定颁发了一大批法规文件，初步形成了一套工程建设的法规体系。"七五"和"八五"计划期间所颁发的与建筑业相关的主要部门规章和法规文件如表1-2-4所示。

"七五"和"八五"期间颁发的部门规章和法规文件　　表1-2-4

管理方面	名　称
招标投标 市场管理	工程设计招标投标暂行办法 建筑市场管理规定 工程建设监理单位资质管理试行办法 工程建设施工招标投标管理办法 建设工程施工合同管理办法 中华人民共和国注册建筑师条例 关于改革国营施工企业经营体制的若干规定 施工企业资质等级标准 施工企业资质管理规定 建设工程施工现场管理规定
施工企业管理	工程总承包企业资质管理暂行规定（试行） 建筑施工企业项目经理资质管理办法 建筑业企业资质管理规定 建筑业企业资质等级标准
工程监理 工程质量 安全管理	关于加强建筑企业安全生产工作的决定 建筑工程质量责任暂行规定 建设监理试行规定 建筑安装工程质量检验评定统一标准 工程建设重大事故报告和调查程序规定 建设工程质量监督管理规定 建筑安全生产监督管理规定 建设工程质量管理办法 工程建设监理规定

(2) "九五"计划以来的法制建设

1996年以来，中国建筑业的发展进入了全面提速阶段，产业规模迅速扩大，在国民经济中的支撑和拉动作用明显增加。同时，面对中国加入WTO后继续深化改革和对外开放的新形势，在完善建筑法规体系和市场监管方式、规范市场运行规则和管理制度、创造统一开放的市场竞争环境等方面面临着许多问题。为此，建设领域加快了法制建设的步伐，相继颁发了一系列相关的法律法规。

1998年3月1日，《中华人民共和国建筑法》（以下简称《建筑法》）实行，结束了新中国建立以来建筑活动无法可依的局面。《建筑法》是新中国成立以来第一部规范建筑活动的大法，从1984年组织起草到1997年11月八届全国人大常委会通过，历时13年。

1999年8月，为了规范招标投标行为，维护市场竞争秩序，九届全国人大常委会审议通过了《中华人民共和国招标投标法》，并于2000年1月1日起施行。这是中国规范工程招标投标活动的专门性法律，其中对建设工程项目的招标投标活动作了明确规定，为建筑当事人依法进行承发包活动提供了法律保障。

《建筑法》和《招标投标法》实施后，国务院和建设行政主管部门为完善法规体系，相继颁发了许多配套的法规和规章，如国务院颁发的行政法规有《建设工程质量管理条例》、《建设工程勘察设计管理条例》、《建设工程安全生产管理条例》；建设部颁发的部门规章主要有《建筑工程施工许可管理办法》（1999年10月，2001年7月修改）、《建设工程勘察质量管理办法》、《建设工程工程量清单计价规范》、《建筑施工企业安全生产许可证管理规定》、《建设工程质量检测管理办法》等。

以上“两法三条例”的出台，构成了建设行政法规体系的基本骨架。加上各省、自治区、直辖市制定的地方法规和规章制度，中国工程建设领域依法形成了工程招标投标制度、市场准入制度、建设监理制度、工程质量和安全监督制度以及工程竣工验收制度等，使各方建设主体有了统一的行为规范，为建立统一开发、竞争有序的建筑市场提供了重要的法制环境。

随着中国市场经济体制的逐步确立和建筑业的迅速发展，建筑市场环境发生了重大变化。从1998年3月起施行的《建筑法》对规范建筑市场秩序起到了巨大作用，但随着建筑业的改革与发展，其在适用范围及与相关法律法规衔接等方面已不能很好地适应市场发展的需要，亟待进一步改善。《建筑法》本应该是建筑业的母法，但无论是从其指导思想、适用范围还是条款内容等来看，都仅是一部关于房屋建筑工程的施工法，因而未能有效地对整个建筑业领域的建设活动进行调整，而是只限于其中的一部分。建设单位的不规范行为已成为影响建筑市场秩序的重要原因，而现行的《建筑法》对此缺乏相关的规定，对建筑业企业和民工的利益没有实施保护。此外，还存在诸如工程保证担保规定缺乏、肢解及分包规定不合理等问题。

加入WTO后，政府部门加快了修改和完善法规政策的步伐。2003年，全国人大常委会在对《建筑法》进行执法检查中，发现建筑市场的腐败、质量安全、拖欠工程款问题较为严重，为此要求尽快修订《建筑法》。作为整个建设投资领域的重大法律，《建筑法》的修订已被列入十届全国人大常委会立法规划，并从2004年起开始了修订工作。《建筑法》的主要修订内容为：法的调整范围；建筑许可，即市场准入制度的修订，包括施工许可的条件审批等；建筑工程发包承包，即市场行为规则的修订，包括强化对业主市场行为的监管，保护农民工等弱势群体；增加强制性的工程担保、保险的内容等。以修改《建筑法》为契机，进一步完善工程建设和建筑业法律法规体系，对于解决始终困扰建筑业发展的一些问题，形成统一开放、竞争有序的建筑市场，无疑具有十分重要的意义。

2.2.4 市场法律体系建设逐步完善

改革开放30年来，中国建筑业走出了一条既借鉴国际惯例，符合工程建设内在基本规律，同时又适合中国国情的发展道路，集中体现在中国有关工程建设和建筑业管理的一系列法规制度上，表现为以《建筑法》为龙头，包括《建设工程质量管理条例》、《建设工程安全生产管理条例》、《建设工程勘察设计管理条例》、《注册建筑师条例》等行政法规和众多部门规章、规范性文件的法律法规体系。

《建筑法》——第一次将建筑市场和行业的规范运作纳入法制轨道。由于《建筑法》具有较强的行政管理色彩，其条文的设置以管理和规制为主，大量条文属于强制性规定，部分涉及建设工程合同的问题由《合同法》规定。《建筑法》在颁布之初对于促进中国建筑行业的规范发展，并参与国际市场竞争发挥了重要作用。

《合同法》——建筑行业领域合同问题的直接法律规范。目前的合同法关于建设工程的规定相对比较框架化，大部分条文的规定比较概括，需要当事人在签订合同的过程中充分协商，在不违反法律、行政法规强制性规定的前提下进行具体约定。

《招标投标法》——建筑市场"阳光工程"的"阳光法律"。《建筑法》和《招标投标法》以及相应的配套规章，对工程建设中的勘察设计施工的招标投标作了进一步规范。以《招标投标法》为基础法律，以建设部颁布的《建筑工程设计招标投标管理办法》、《工程项目施工招标投标办法》、《工程建设项目勘察设计招标投标办法》等多部部门规章进行专门规定和细化，以国务院批准国家发展计划委员会的《工程建设项目招标范围和规模标准规定》对招标投标领域中重要问题进行专门规定等，基本上构建了中国建筑招标投标领域的完整的法律法规规章体系，建筑行业内的招投标领域做到了有法可依。

2.2.5 工程担保制度建设

工程保证担保制度是建筑市场极为重要的信用保障手段。信用的实现必须有制度作保证，而工程保证担保是用经济手段而非行政手段实现这一目的的有效方法。一个工程项目一般都包括招标投标、设计施工和质量保修等几个阶段，每个阶段都有相应的保证担保，如投标担保、履约担保、业主支付担保和保修担保等。这些以合同履约为中心的担保品种，覆盖了工程项目的全过程，能对保证建筑市场信用的实现起到重要作用，具有充分的理论依据与实际需要，应列入法规。

为进一步推行工程担保制度，规范建筑市场秩序和工程承发包交易行为，防范和化解工程风险，遏制拖欠工程款和农民工工资，保证工程质量和安全，建设部2007年颁发了《关于在建设工程项目中进一步推行工程担保制度的意见》，明确规定，工程建设合同造价在1000万元以上的房地产开发项目（包括新建、改建、扩建的项目），施工单位应当提供以建设单位为受益人的承包商履约担保，建设单位应当提供以施工单位为受益人的业主工程款支付担保。

《意见》提出，2007 年 6 月份前，省会城市和计划单列市在房地产开发项目中推行试点；2008 年底前，全国地级以上城市在房地产开发项目中推行工程担保制度试点，有条件的地方可根据本地实际扩大推行范围；到 2010 年，工程担保制度应具备较为完善的法律法规体系、信用管理体系、风险控制体系和行业自律机制的工作目标。

同时，《意见》要求各省、自治区、直辖市建设行政主管部门应在 2007 年 3 月底前确定本地区的工程担保试点城市或试点项目，并针对推行工程担保制度过程中存在的问题，如相关法律法规滞后、工程担保市场监管有待加强、专业化担保机构发育不成熟、工程担保行为不规范等，加强调查研究，及时总结经验，根据相关法律法规和本地区的实际情况，制定本地区实施工程担保制度的相关管理规定，推动地方工程担保制度的实施。

2.3 建筑业技术创新与技术进步

2.3.1 建筑业技术创新与技术进步概况

改革开放以来，中国建筑业得到突飞猛进的发展，成为拉动国民经济发展的重要力量。在建筑业蓬勃发展进程中，建筑业科技创新成果丰硕。科技进步成为建筑业高质量、高水平完成各项建设任务、促进城乡快速健康发展的重要保证。

（1）科技（研）成果

据统计数字显示，2000～2006 年中国建筑业取得重大科技成果达 8500 余项，在 16 个行业类中排名第五，专利授权数平均以每年 12％的速度增长。

建筑业逐步建立起产学研相结合的科技创新体系，重大科技成果数量逐年提升。2000～2006 年，年均重大科技成果为 1222 项，如图 1-2-15 所示。

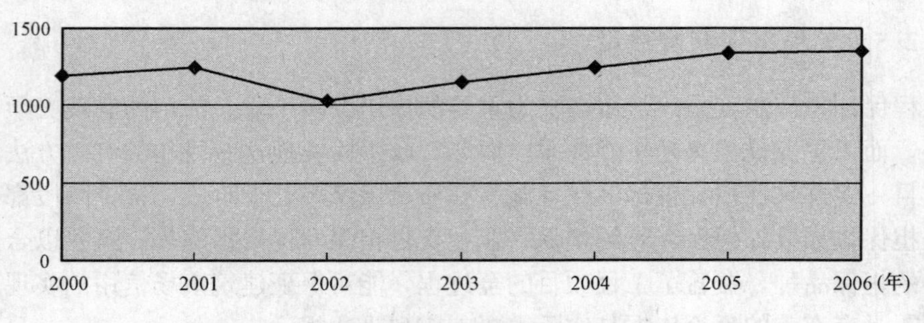

图 1-2-15 建筑业重大科技成果数量（单位：个）

目前，建筑领域已有两院院士 100 余人。至 2006 年，重大科研成果 13582 项，占全国的 4.0％；科研人才在全国 19 个行业中居第 7 位，为 SCI、EI 和 ISTP 检索的学术论文 3052 篇，占全国的 2.0％。

（2）科技创新

科技进步为建筑业高质量、高水平完成国家工程建设和城乡建设提供了技术保证，为建筑企业提升市场竞争力提供了技术支撑，成为建筑业持续发展的强劲动力。

自1999年起，地基基础和地下空间工程技术、高性能混凝土技术、高效钢筋与预应力技术、新型模板及脚手架应用技术、信息化技术等建筑业10项新技术在全国推广，大大加快了建筑业的科技进步步伐。

中国建筑业协会和各地区、各产业部门建筑行业协会在各级建设行政主管部门的指导下，大力开展国家级工法的编制、审定和建筑业10项新技术的推广应用。先后有239个全国建筑业新技术应用示范工程通过验收评审，1229项工法被批准为国家级工法。

经中国建筑业协会专家委员会评议，中国建筑业协会核准，共有145家企业获得全国建筑业科技进步与技术创新先进企业称号、300人获得全国建筑业科技进步与技术创新先进个人称号。

北京奥运村集成应用了可再生能源、绿色建材、建筑节能、空气净化、生态景观、智能家居、绿色照明等高新技术，成为我国住宅产业体现科学发展观的示范工程，整体达到了绿色建筑的国际先进水平。

北京奥运会场馆在钢结构科技攻关与技术创新方面，奥运工程钢结构设计、制作、安装和检测、监测等方面的科技创新成果和技术，总体上达到国内领先、国际先进水平，在某些领域达到了国际领先水平。国家体育场、国家游泳中心、国家体育馆、北京工业大学体育馆等场馆在建设过程中，采用世界上独一无二的钢结构形式，从仿真、设计、材料、加工、安装、监测以及综合应用上的自主创新科技成果，总体上都达到国际先进水平。

（3）科技进步对建筑业产值的贡献率

科技进步对建筑业产值增长速度的贡献率，“六五”时期为34%，“七五”为31%，1981～1992年间为33%，同期的资金对产值的贡献率均高于科技进步贡献率，分别为35%、54%和42%；同期劳动力的贡献率分别为31%、15%和24%，说明建筑业的产值增长主要还是靠资金投入取得的。中国建筑业科技进步贡献率，由1986年的31.5%增长到2004年的37%，18年上升了5.5个百分点，年均增长0.3个百分点。为贯彻落实《国家中长期科学和技术发展规划纲要（2006－2020）》精神，加快我国建筑业技术进步的步伐，全面提高技术创新能力，到“十一五”期末，建筑业科技贡献率将提高6～7个百分点。

（4）行业R&D

中国现有的科技工作体系是多年形成的，以政府科技主管部门、科研院所和企业为基本组成要素，从总体上看，彼此相对独立运行。建筑领域的科技工作体系也同样体现上述特征，按照开展R&D活动的主体可以分为建筑科研开发机构、建筑企业、高等院校的建筑院所三大类。

依据《2000年重庆市全社会R&D资源清查主要数据统计公报》，按国民经济行业分，农业（包括农、林、牧、渔及其服务业）R&D 经费支出为 1193 万元，占 R&D 经费总支出的 1.18%；工业为 58423.9 万元，占 57.68%；建筑业为 335.4 万元，占 0.33%；地质勘查、水利管理业为 272.5 万元，占 0.27%；交通运输、仓储及邮电通信业为 972.4 万元，占 0.96%；计算机应用服务业为 962.4 万元，占 0.95%；卫生行业为 1467.8 万元，占 1.45%；教育为 14591.3 万元，占 14.40%；科学研究业为 22348.4 万元，占 22.06%；综合技术服务业为 727 万元，占 0.72%。

依据《2000 年山西省 R&D 资源清查主要数据统计公报》，按国民经济行业分类的 R&D 经费支出，当年山西省农、林、牧、渔及其服务业 R&D 经费支出为 725.6 万元，占 R&D 经费总支出的 0.7%；工业为 63605.5 万元，占 64.3%；建筑业为 294.6 万元，占 0.3%；地质勘查、水利管理业为 1514.2 万元，占 1.5%；交通运输、仓储及邮电通信业为 1689.9 万元，占 1.7%；卫生行业为 1034 万元，占 1.1%；教育为 6010.7 万元，占 6.1%；科学研究业为 23923.9 万元，占 24.2%；综合技术服务业及其他为 143.4 万元，占 0.1%。

《2007 年江西省科技综合年报数据》显示，建筑企业全年科技活动经费为 1247 万元，占全省 R&D 费用的 0.14%。

从以上数据显见，建筑业的 R&D 费用在各地方始终处于较低地位，这对建筑业的科技创新是非常不利的。

此外，作为建筑业中科技含量较高的勘察设计业，R&D 相对成绩显著。2008 年勘察设计行业科技活动费用支出总额 132.72 亿元，比上年增长 19%；科技成果转让收入总额 115.12 亿元，比上年增长 247%；企业累计拥有专利 12367 项，比上年增长 25%；企业累计拥有专有技术 9534 项，比上年增长 12%；参加编制国家、行业、地方技术标准 3546 项，比上年增长 41%；企业获国家级、省部级奖 10960 项。

2.3.2 企业科技创新体系

伴随着建筑业的快速发展，以企业为主体的建筑业科技创新体系正在逐渐形成，使中国的工程建设的技术水平与国际水平的差距不断地缩短。建筑业的各项新工艺、新技术、新材料和新方法层出不穷，建筑业的整体技术水平得到了很大提高。从超高层大型建筑的设计施工到大跨度桥梁的设计施工技术，以及地下工程的盾构施工技术等，都已经达到甚至有的已经超过了国际先进水平。

一批具有核心竞争力、技术实力强的建筑业企业在市场竞争中迅速做大做强。科学技术作为第一生产力的作用日益突显出来。许多建筑业企业，尤其是大型国有公司，在科技创新方面取得了可喜的进步，拥有自己的核心技术和专有技术，形成了差异化的竞争优势。

具体表现在以下几个方面：

(1) 加强技术标准体系的建设，促进了技术创新成果的运用

如中国建筑工程总公司，自主编制了国内建筑业第一套企业技术标准《建筑工程施工工艺标准》，把一系列的科技创新成果、技术进步成果，用技术标准加以规范化；

中国铁路工程总公司，根据铁路工程建设的特点，编制了《客运专线铁路桥涵工程施工质量验收暂行标准》和《桥涵施工技术指南》等行业标准。

（2）加强技术进步的制度建设，促进技术创新落到实处

如中国铁路通信信号集团公司先后出台了加强技术创新工作的规定，对科研项目经费的使用管理，科研项目技术的创新奖励，及技术标准的管理等，都制订了一系列的制度办法。用制度来保证技术创新落到实处，有力地促进了企业的科技发展与进步。

（3）加强科研体系的建设，促进技术创新力量发展

如中国冶金建设集团，建立以集团技术中心为指导、以下属子公司研发基地为基础的分层次、多科目的科技研发体系。集团技术中心负责重大研发项目的实施，下属公司研发基地自行组织本企业或者是专业的研发项目，形成了集团内部母子公司科技研发力量相结合的技术进步运行体制，以及集团内部共享的推广与市场化推广相结合的科研成果转化机制。

中国中铁股份有限公司，截至2007年6月30日，拥有中国工程院院士3人，国家勘察设计大师7人，教授级高工390人，以及高级技术人员8000多人。拥有众多具有自主知识产权的科研成果，共获得鲁班奖70项、国家优质工程奖64项、国家科技进步奖72项，拥有有效专利202项，创造国家级工法61项、省部级工法359项。

中国葛洲坝集团建立了以国家认可的企业技术中心和企业博士后科研工作站为核心的技术创新体系，形成了一万多人的专业配置合理的科技队伍。

上海建工集团，在“十五”期间建立了国家级技术开发中心和博士后科研工作站，使集团科研开发水平整体上了一个大的台阶，整体的技术力量更为雄厚。

（4）加大科技研发的投入力度

以中铁集团为例，其科技投入逐年增加。2001年，科技研发的投入是0.8亿元，2002年是1.08亿元，2004年是2.4亿元，2008年达到了6.5亿元，在国内建设行业中处于领先地位。

（5）加快自主创新步伐

如上海隧道工程股份公司，成功研制了中国首台具有自主知识产权的先行号地铁盾构，打破了洋盾构在国内地下施工一统天下的局面。中国铁道建筑总公司，实行了引进技术与自主创新相结合，从国外引进大型的自动化养路机械先进技术的同时，与国内的6家科研单位横向联合进行科研攻关，用两年多的时间就实现了国产化的目标，其主要的产品推广面达到了85%。

此外，为贯彻实施《国家中长期科学与技术发展规划纲要（2006—2020）》和建设部《关于进一步加强建筑业技术创新工作的意见》，提高建筑业企业核心竞争力，促进建筑业增长方式的转变，2007年10月建设部制定了《大型建筑施工总承包企业技术进步评价表（试行）》，为大型建筑施工总承包企业开展技术进步水平自我评价和行业评价活动提供了统一的标准。

2.3.3 建筑业10项新技术推广应用

(1)“九五”期间重点推广应用10项新技术

建筑业是个传统产业。由于诸多原因，中国建筑业科技含量和水平的提高一直比较缓慢，与工程建设的发展和建筑市场的发育很不适应，与发达国家的差距也较大。为了解决这些问题，建设部从1994年开始大力推行“建筑业10项新技术”。建设部1994年8月发出了《关于建筑业1994年、1995年和“九五”期间重点推广应用10项新技术的通知》，在全国组织推广了商品混凝土和散装水泥应用技术、粗直径钢筋连接技术、新型模板与脚手架应用技术、高强混凝土技术、高效钢筋和预应力混凝土技术、建筑节能技术、硬聚氯乙烯塑料管应用技术、粉煤灰综合利用技术、建筑防水工程新技术、现代管理技术与计算机应用等10项新技术，取得了明显的经济效益、社会效益和环境效益。

(2) 全面修订后的10项新技术

随着工程建设的快速发展，施工技术也在不断创新。1998年建设部对原10项新技术做了调整，将深基坑支护技术、高强高性能混凝土技术、高效钢筋和预应力混凝土技术、粗直径钢筋连接技术、新型模板和脚手架应用技术、建筑节能和新型墙体应用技术、新型建筑防水和塑料管应用技术、钢结构技术、大型构件和设备整体安装技术、企业计算机应用和管理技术等列为10项新技术。

为了落实科学发展观，促进建筑业增长方式的转变，引导建筑业企业采用先进的、成熟的、适用的新技术，带动全行业整体技术水平的提高，保证工程质量和施工安全，提升综合效益，2003年下半年建设部工程质量安全监督与行业发展司提出对10项新技术内容进行全面修订。2005年2月建设部正式发布了《关于进一步做好建筑业10项新技术推广应用的通知》，对10项新技术的应用范围给予了科学的、准确的定位。

新公布的10项新技术包括：地基基础和地下空间工程技术；高性能混凝土技术；高效钢筋与预应力技术；新型模板及脚手架应用技术；钢结构技术；安装工程应用技术；建筑节能和环保应用技术；建筑防水新技术；施工过程监测和控制技术；建筑企业管理信息化技术。

新颁布的10项新技术有以下几个特点：

1) 保持了建筑业10项新技术工作的相对稳定性

近年来，随着建筑业的快速发展，建筑业企业上报新技术、新工艺的项目较多。为了保持相对稳定性，经此次修改确立的新技术仍保持了10个项目，并对每个项目再进行细化，特别是对于一些较成熟的新技术，提出了具体技术域名，以方便企业在实践中应用推广。

2) 注重设计和施工的结合

这次修订所提出的一些新技术内容，是将设计与施工融为一体，并考虑与材料的必要衔接，提升了在工程上推广应用新技术的整体性。

3）扩大了建筑业 10 项新技术的涵盖面

这次修订将相关技术合并于同一专业类技术领域，并提出新的技术领域，从而扩大了建筑业 10 项新技术的应用范围。其内容包括了 10 个大项、44 个小项：涉及的新技术主要以房屋建筑工程为主，突出通用技术，兼顾铁路、交通、水利等其他土木工程；突出施工技术及节能环保监测等新兴领域的技术，并结合工程应用实践，总结了传统技术领域的最新发展成果。所以，这次推广应用的 10 项新技术既成熟可靠，又代表了现阶段中国建筑业技术发展的最新成就。

2010 年 10 月，住房城乡建设部又正式推出了 2010 版《建筑业 10 项新技术》。新版建筑业 10 项新技术仍以房屋建筑工程为主，突出通用技术，兼顾了水电、铁路、交通等其他土木工程；以施工技术为主，注重新材料与工艺的结合，强调基于总承包管理的设计与施工的协调技术；既总结了传统技术领域的最新成果，又引入了热点技术和前沿技术。该版内容新增加了抗震加固与监测、绿色施工等新技术 68 项，占总量的 63％。

2.3.4　国家级工法评审制度的建立

工法工作是企业技术创新、技术推广的重要组成部分，能很好地解决企业在施工中的实际技术难题，促进企业的技术积累和技术跟踪，推动企业的技术进步。在激烈的市场竞争中，拥有高质量的工法的企业，就拥有较高的施工技术水平和管理水平，将有效地增强企业的市场核心竞争力。国家级工法评审制度的建立，对于全面提高建筑业企业技术创新能力发挥了重要作用。

截止到 2009 年 7 月，中国建筑业协会已组织了 6 次：1997～1998 年度、1999～2000 年度、2001～2002 年度、2003～2004 年度、2005～2006 年度、2007～2008 年度的国家级工法的申报和审定工作。经过多年的评比和表彰，以及对国家级工法的大力宣传，国家级工法日益受到广泛的关注，其申报量和立项量快速增长。

2005～2006 年度，完成国家级工法 368 项，第五批通过评审的“全国建筑业新技术应用示范工程”84 个。

2007～2008 年度国家级工法评审时，各地区和各产业部门申报 1694 项工法，其中房屋建筑工程 783 项，土木工程 600 项，工业安装工程 311 项。该次国家级工法申报除了在质量与技术含量方面都有不同程度的提升外，在数量上是历史平均水平的 12 倍。最终 417 项工法通过国家级工法评审委员会的评审，其中 360 项为新的国家级工法，57 项为升级版。在 360 项新工法中，国家一级工法 108 项，国家二级工法 252 项。

此外，许多企业还建立了内部的工法管理制度。如中国铁路工程总公司、中国铁道建筑总公司、中建总公司、上海建工集团、上海城建集团、宝冶集团、中国石油天然气总公司等，已形成了一整套工法开发、编写和应用的产、学、研体系。这些企业将工法作为“模块”，运用于施工组织设计的编写和工程投标工作中，为企业带来了明显的效益。

2.3.5 节能减排

（1）建筑行业节能减排

我们国家正处在工业化、城市化快速发展的时期，建筑业具有高消耗的特点。目前我国建筑使用的能耗占全社会能耗的近30%，“节能、减排、低碳”是建筑业的根本发展途径。建筑业的高效节能、低碳发展，既能够从生产源头来促进节能减排，又能够从生活消费源头促进节能减排，因此，建筑业在国家发展低碳经济中占有重要的地位及作用。

截至2009年，我国住房城乡建设领域节能减排取得的成就包括：

1）到2009年底，全国城镇新建建筑设计阶段执行节能强制性标准的比例为99%，施工阶段执行节能强制性标准的比例为90%，比2006年分别提高了3%和36%。

2）全国累计建成节能建筑面积40.8亿平方米，占城镇建筑面积的21.7%，形成了年节能900万吨，减少二氧化碳排放2340万吨的能力。

3）我国已经初步建立起了以节能50%为目标的建筑节能设计的标准体系，部分地区执行65%的节能标准。既有建筑的节能改造，大型公共建筑节能的监管，北方城市供热改造工作都取得了显著的成果。全国共完成国家机关办公建筑和大型公共建筑能耗统计29359栋，确定重点用能建筑2647栋，完成能源审计2175栋，公示了2441栋建筑的能耗状况。

4）在低碳生态城市建设、可再生能源应用、绿色建筑引导等方面取得了显著的成效。目前，中新天津生态城建设进展顺利。同时，住房和城乡建设部还与重庆、湖北、河北、深圳、无锡等省市签署了共建协议，支持和指导地方低碳生态城市的建设。

5）国家制定的可再生能源建筑能源的鼓励引导政策，开展的可再生能源应用示范城市的活动，有力地推进了太阳能、地热、风能等能源的应用，全国建筑太阳能光热应用面积11.79亿平方米，浅层地能应用面积1.39亿平方米，光电建筑应用装机容量420.9兆瓦，实现突破性增长。

6）开展建设推广节水城市活动、园林绿化城市活动、绿色交通城市活动以及各级政府加大对污水处理、垃圾处理的投资都有力地推进了城市基础设施建设，改善了城市的环境。全国城市绿化覆盖面积达到230万公顷，建成区绿化覆盖率达到38.22%，建成区绿地率达到34.13%，人均公园绿地面积达到10.66平方米。

7）形成科研院所、高等院校以及企业的专业技术人员组成的庞大的科研力量，优选出节能的材料，以及节能减排的产业政策。目前一批节能减排企业和房地产企业，建筑节能新能源建材企业，科研院所、大专院校之间的联系日益密切，有效保障了能源和生产的紧密衔接，促进了技术集成创新，推动了产业结构升级，提升了产业核心竞争力，对城市建设和住宅产业的可持续发展起到了积极的、卓有成效的推动作用。

（2）建筑行业绿色施工

建设部2007年9月颁布的《绿色施工导则》对绿色施工作出了明确的规定，要求统筹规划施工全过程，改革传统施工工艺，改进传统管理思路，在保证质量和安全的前提下，通过科学管理和技术进步，最大限度地节约资源与减少对环境负面影响的施工活动，实现四节一环保（节能、节地、节水、节材和环境保护）。中国建筑业协会把加强和促进建筑业节能减排和绿色施工，作为近两年工作的重中之重。依据住房和城乡建设部《绿色施工导则》，中国建筑业协会起草了《全国建筑业绿色施工示范工程管理办法（试行）》，制订了《全国建筑业绿色施工示范工程验收评价主要指标》。

此外，截至2010年7月，共评出43个绿色建筑评价标识项目，其中公共建筑25项、住宅建筑18项。截至2010年3月，已有19个省市建立了地方管理机构，并获准开展地方一二星级绿色建筑评价标识工作。

（3）绿色奥运

北京奥组委针对自身行为制定了《北京奥组委“绿色办公”指南》，从绿色管理、绿色行为、绿色行动三个方面对北京奥组委的办公、日常活动等作出了环保要求，包括节能、节水、垃圾分类、办公器材选用、报纸回收、无纸化办公、员工的环保行为等。为了加强和规范奥运工程的施工管理，先后制定了《奥运工程环保指南》、《奥运工程绿色施工指南》、《奥运改扩建工程环保指南》及《奥运临建工程环保指南》，并以附则的形式加在了与承包商签订的承包合同当中。同样在与签约饭店的合同当中加入了《北京奥运会饭店服务环保指南》，提出了在综合管理、节约资源、防治污染、室内污染、室内及餐饮服务以及认定验收等环保方面的基本要求。北京奥申委根据国家标准化组织推行的ISO14001环境管理标准，确立2008年奥运会环境管理体系，该体系于2005年9月29日正式通过了ISO14001管理体系认证，它涵盖了北京奥组委绿色办公、赛事路线规划、场馆规划、合作伙伴选择、签约饭店选择、宣传报道及环境管理等7个方面的环境管理工作。

在奥运场馆建设中，北京奥组委大力通过科技奥运实现绿色奥运、人文奥运的理念，先后实施了600多个项目，广泛采用建筑节能、数字模拟等先进技术，使北京奥运会场馆在技术保障、生态建设、人文环境等方面也取得了重要成果。例如，国家体育场作为全世界最大的钢结构建筑，采用了大量国内外先进技术和自主创新成果，同时广泛使用雨洪利用、地热利用、太阳能光伏发电技术，是奥运史上第一个突出展示“绿色奥运”理念的主场馆。人称“水立方”的国家游泳中心采用国际首创的空心多面体结构和世界上规模最大的ETFE膜结构，每天自然光照明可达10小时，水回收利用率达95%以上，节能效果显著。奥运村采用了6000平方米的太阳能热水系统，其工程规模和技术水平为历届奥运会之最。

（4）绿色世博

上海世博会围绕“城市让生活更美好”的主题，坚持“节能减排”、“低碳世博”的理念，采用先进节能、新能源、生态环保、资源循环利用等技术，如活动场地大规模使用半导体照明产品，太阳能发电装机容量达4.5兆瓦，投入使用新能源汽车400多辆，园区内雨污水收集率达100%，工程废弃物和垃圾回收率达100%、资源化利用达50%以上，是未来城市理念的积极探索和实践。

世博会建筑大面积应用节能建筑材料（技术）包括：光伏发电与建筑一体化(BIPV)、节能低辐射玻璃、内部装饰材料、外墙保温材料等。

同时，在建筑的内部装饰过程中，大多数场馆也都利用了绿色新型建材，通过自然生态、环保节能的设计，打造绿色空间的流动性和交融性，来表达对绿色理念共同性、互补性的崇尚。

对于新型建筑隔热保温技术及材料，世博会外墙保温材料主要使用了聚苯板(EPS)、挤塑板（XPS)、聚氨酯板（PU)。另外，世博会中国馆的玻璃全部采用中空低辐射节能玻璃。

(5) 绿色亚运

广州亚运城整个建筑群按建筑节能率划分为三个层次：低能耗建筑示范——亚运城居住建筑组团（媒体村、运动员村、技术官员村居住建筑），节能率为65%，示范建筑面积约110万平方米；绿色建筑示范——广州亚运城综合体育馆（大型体育馆三星级绿色建筑），节能率为60%，示范建筑面积约5万平方米；建筑节能示范——广州亚运城整体，节能率为50%，总体节能率大大高于国家标准50%的要求。亚运城还使用了真空垃圾收集系统，将收集运输的过程由地上转入地下，实现整个收集与运输过程和人流完全隔离。

为集中突显“资源节约型”、“环境友好型”的城市建设理念，践行“环保亚运”和“绿色亚运”的承诺，亚运城建设过程中，集中利用了各种清洁能源、节能减排新技术，包括综合管沟、真空垃圾收集系统、分质供水、太阳能利用和水源热泵系统项目、建筑节能、数字化社区及智能家居、三维虚拟现实仿真技术、绿色交通等。

2.4 建筑工程质量与安全管理水平的提升

2.4.1 建设工程质量管理的新进展

自2000年国务院颁布实施《建设工程质量管理条例》以来，建设工程质量管理工作取得了长足的进步，符合社会主义市场经济要求的建设工程质量管理机制基本形成，建设工程质量明显提高。

(1) 工程质量管理工作纳入法制化轨道

围绕加强工程质量管理工作、切实提高工程质量管理水平、促进工程质量与工程建设行业的协调发展这个主题，中国先后出台了与工程质量管理体制、工程质量监督管理方法、质量管理技术、质量监督执法队伍建设，以及大型公共建筑工程、重大基础设施工程、土木工程质量管理等方面相关的国家或地方标准、法规和政策。

2000年1月30日起开始施行的《建设工程质量管理条例》，是对《建筑法》第六章“建筑工程质量管理”的具体和细化，明确规定建设单位、勘察单位、设计单位、施工单位、工程监理单位依法对建设工程质量负责。同时，规定了建设工程质量保修以及相应的监督管理措施，尤其是规定了严格的违法处罚规则。根据工程建设管理的需要，2000年9月25日国务院颁布并实施《建设工程勘察设计管理条例》，

2004年2月1日起《建设工程安全生产管理条例》开始施行。

一系列部门规章和办法相继出台，建立并完善了建设工程质量管理的规章制度。根据有关法律法规，建设部先后制定并出台了有关勘察质量管理、房屋建筑和市政工程施工图设计文件审查、竣工验收备案、质量保修等十几部工程管理方面的部门规章和一系列规范性文件，改进和完善了以保证工程质量安全为核心的市场准入、招投标、施工图审查、施工许可、质量安全监督、强制性监理、质量检测、竣工验收备案、工程保修等各个环节的管理制度。水利、铁道、交通、信息、民航等部门也都出台了相应的部门规章。

各类质量技术标准进一步完善，为建设工程质量管理提供了基础保障。截止到2009年7月30日，全国共批准发布工程建设标准5137项，其中国家标准498项、行业标准2688项、各地方标准1951项；完成了建筑安装、市政、城市轨道交通等28册、5000多个项目的定额指标修订工作；共批准发布建设标准116项。比较完整的技术保障体系初步形成。

(2) 质量技术进步取得新进展

2000年以来，相继建成了一批举世瞩目的重大工程项目，这些项目无论是工程规模、工程质量，还是技术难度，都代表着当今世界的先进水平，展示了中国工程建设者的聪明才智和技术水平。

在这些项目中，不断提高工程技术水平是保证工程建设质量的重要手段。进入新世纪以来，中国大型骨干勘察设计、施工企业坚持制度创新与技术创新相结合、自主创新与引进消化吸收再创新相结合、适用技术与高新技术相结合，在消化吸收引进技术和科研成果工程化方面做了大量的工作，取得了明显成效。主要体现在，一是信息技术、预应力混凝土、超高层设计施工、大跨度空间结构等技术广泛应用，促进了企业生产方式的变革和质量安全水平的提高。二是新型建筑材料的广泛使用，保证和提高了工程质量。三是大型现代施工机械装备广泛应用于铁道、交通、水利以及地铁工程、基础工程、结构工程等施工，从手段上保证了工程质量。

(3) 工程质量监督管理能力得到提升

截至2009年10月，全国住房和城乡建设系统共有工程质量监督机构2659个，人员41941人，其中中高级以上专业技术人员占监督人员总数的60%以上。此外，铁路、交通、水利、军队等14个行业还设有质量监督机构2000余个，人员2万多人。形成了专业门类比较齐全的工程质量监督队伍。

各地方不断探索创新监督管理机制。如江苏省积极开展工程质量监督模式改革试点工作，逐步改变对每个工程项目都平均使用监督资源的常规做法，抓住重点环节和薄弱环节，逐步实现分类监督的新模式。北京市全面实施质量安全责任网络化管理，进一步细化、落实区、县建设主管部门的监管责任。

同时，各地方不断改进监督管理方法和手段。如湖北省针对有不良行为记录企业承建的工程，采取日常抽查、定点抽查、监督巡查与专项检查相结合的方式，提高了监管效能。辽宁省在工程质量执法检查中，对于发现的劣质工程，都在当地召开现场会并请当地新闻媒体参加，对被处罚单位进行曝光，起到了很好的警示作用。

(4) 以诚信和质量打造品牌企业

多年来，建筑企业普遍进行了ISO9000质量保证体系认证，强调产品、服务质量的全过程控制和全员参与，依靠过程和系统的质量保证来实现产品的优质。以产品质量为核心，提高市场占有率，突出企业的信誉度和服务质量。建筑企业走“质量兴业”之路，争创“鲁班奖”工程，树立品牌形象。

截止到2007年，共有1122个工程项目获得了“鲁班奖”。这些获奖企业和工程项目遍布全国除港、澳、台地区以外的31个省、自治区、直辖市，以及交通、铁路、电力、民航、冶金、石油、化工、核工业、机械、航空、信息产业、有色金属、林业等17个行业。

“鲁班奖”为提高工程质量、创建精品工程树立了一个目标。广大企业为了实现这个目标，提高了坚决执行工程建设法律法规和标准规范的自觉性，加强了工程项目全过程的质量管理。尤其可贵的是，在这个创优目标的激励下，广大企业加快了技术创新和管理创新的步伐，研发了一大批国家级工法和专有技术，有力地推动了企业的技术进步，为确保工程质量提供了坚实的基础。

(5) 技术质量水平显著提高

建筑企业施工技术水平显著提高，市场竞争力加强。“九五”和“十五”期间，全国建筑业企业技术水平提高显著，建筑产品的产品结构由原来的单一化呈现出多元化的趋势。技术含量由低变高，企业不断提高技术装备水平，资质等级普遍提高。“九五”末期，全国建筑业企业拥有机械设备总台数638.66万台，企业固定资产净价3390.94亿元，比“九五”初期提高1414.72亿元。“十五”末期，全国建筑业企业拥有机械设备总台数879.85万台，企业固定资产净价5056.50亿元，分别是“十五”初期的1.17倍和1.29倍，如图1-2-16、图1-2-17所示。进入“十一五”，建筑业企业技术水平继续稳步提升。到2009年，全国建筑业企业拥有机械设备总台数达到973.4万台，自有机械设备净值3704.9亿元。

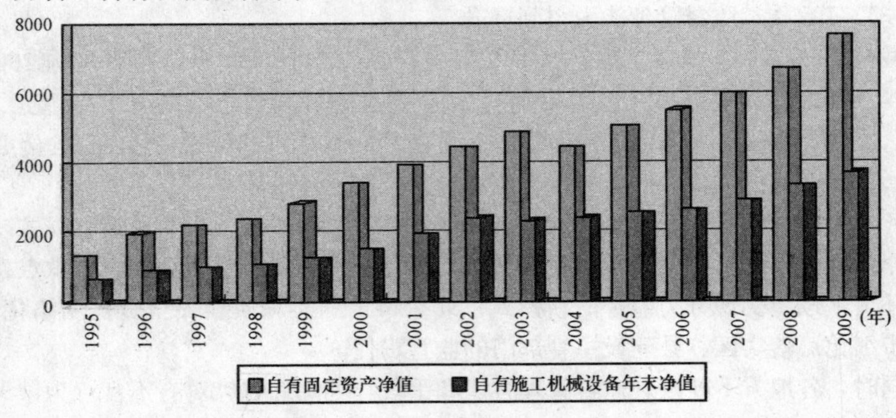

图1-2-16 建筑企业自有固定资产净值和自有施工机械设备年末净值（单位：亿元）

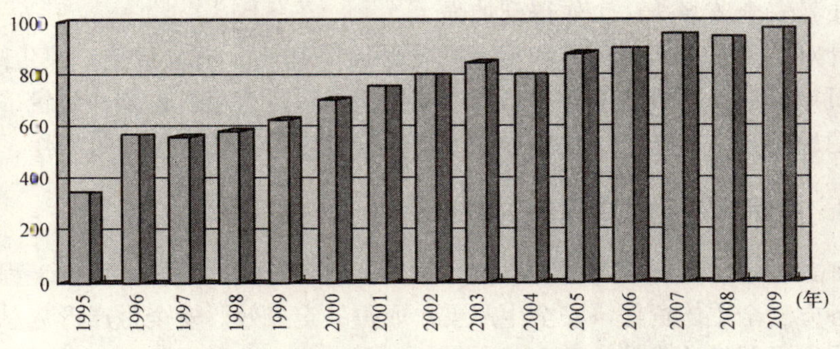

图1-2-17　建筑企业自有施工机械设备年末总台数（单位：万台）

（6）开展企业不良记录管理工作，逐步形成市场约束机制

不少省市注重通过建立质量诚信评价机制、公示不良记录等手段，强化市场约束，规范企业质量安全行为。湖南省建立健全市场责任主体激励机制，将不良记录与招投标加分、扣分及工程质量评优等方面挂钩。山西省制定了《建筑市场主体不良行为记录公示管理办法》，对落实不良记录管理提出了具体的操作办法，建立了相应的惩戒手段。上海、浙江、福建、河南等地发挥现场监管和市场监管的各自优势，有效实施联动监管，进一步强化质量责任落实。

（7）节能减排工作效果显著

各地认真贯彻落实《民用建筑工程节能质量管理办法》，进一步加强建筑节能方面的政策法规和技术标准的宣传与培训等工作，特别是强化施工图设计文件的节能审查，建筑节能设计质量取得明显效果。上海市提出新建筑执行节能标准100％达标，既有建筑每年分批100％达标的节能目标，并建立了“企业自控、中介把关、专家评估、专项监督、能效测评”监管模式。重庆市在夏热冬冷地区率先研究起草了建筑节能65％标准的工作方案。

（8）法律法规体系不断完善

完善了以《建筑法》、《建设工程质量管理条例》、《建设工程勘察设计管理条例》等法律法规为核心，以有关勘察质量管理、施工图设计文件审查、竣工验收备案、质量检测、质量保修等为部门规章和规范性文件的质量法律法规体系，为工程质量管理提供了有效的制度保障。

同时，各地方在工作中注重不断改进监管方法和手段，监管效能得到有效提升。北京市全面实施质量安全责任网络化管理，进一步细化、落实区、县建设主管部门的监管责任；上海市聚焦大型重点工程、重大危险源监管，通过狠抓预控，引入行政效能监察、专项治理方案或预案，体现了强势检查监督，保持了较好的质量安全形势；江苏省积极探索抓住重点环节和薄弱环节，逐步实现分类监督的新模式；贵州省出台《贵州省建筑市场管理条例》，不仅明确了各项质量安全制度，还率先以法规形式规定了室内环境质量检测和住宅工程分户验收制度；黑龙江省专门制定了《黑龙江省建设工程质量管理条例》。

(9) 质量安全监督执法工作得到加强

各地针对质量安全薄弱环节和重点问题开展深基坑、边坡防护、预防高处坠落、预防大型机械事故、建筑节能等一系列专项整治，对既有市政桥梁、建筑幕墙等安全维护进行隐患排查，加强了工程质量以及建筑安全生产和建筑节能等工作。

2.4.2 建筑工程安全管理水平的提升

近年来，各地、各有关部门和单位，加大了对各行业（领域）建设工程的安全监管，强化各方安全主体责任，安全生产工作取得一定成效。安全生产形势总体趋向稳定好转，取得了明显的成效。

依据2004～2007年的《全国建筑施工安全生产形势分析报告》，自2004年起，全国房屋建筑和市政工程施工事故起数和死亡人数已经连续多年以较大幅度下降。2004年，全国共发生建筑施工事故1144起、死亡1324人，即每天事故起数超过3起，死亡人数近4人。

2005年，全国建筑施工安全生产总体情况平稳。全国共发生房屋建筑、市政工程施工安全和在建工程质量安全事故1010起、死亡1195人，分别比上年下降11.71%和9.74%。

2006年，全国建筑安全生产形势稳定好转。经过建设系统广大干部职工的努力，建筑安全生产工作取得了较大成绩。全年共发生房屋建筑与市政工程建筑施工事故797起、死亡946人，分别比上年同期降低21.01%和20.3%，如图1-2-18所示。其中，共发生一次死亡3人以上重大事故36起，死亡134人，分别比上年同期降低16.28%和21.18%。

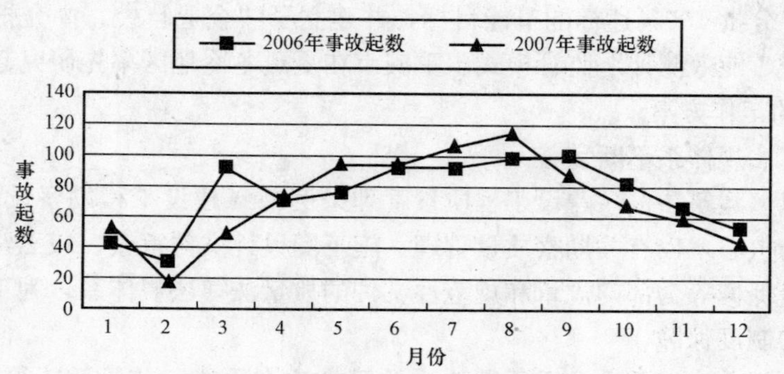

图1-2-18 2006年、2007年建筑施工事故起数比较

2007年，全国共发生房屋建筑和市政工程建筑施工事故859起、死亡1012人，与上年相比，事故起数下降了3.27%，死亡人数下降了3.44%，如图1-2-19所示；各地区建筑安全事故起数如图1-2-20所示。其中，共发生建筑施工较大及以上事故（一次死亡3人及3人以上事故）35起、死亡144人（其中重大事故2起，死亡21人），与上年相比，事故起数下降了10.26%，死亡人数下降了1.37%，死亡人数如图1-2-21所示。

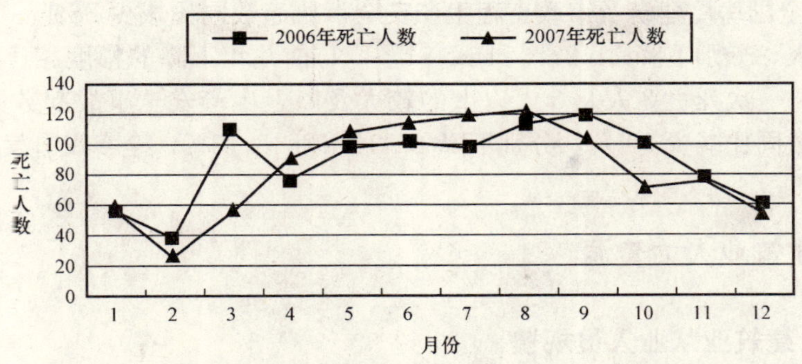

图 1-2-19　2006 年、2007 年全国建筑施工事故死亡人数比较

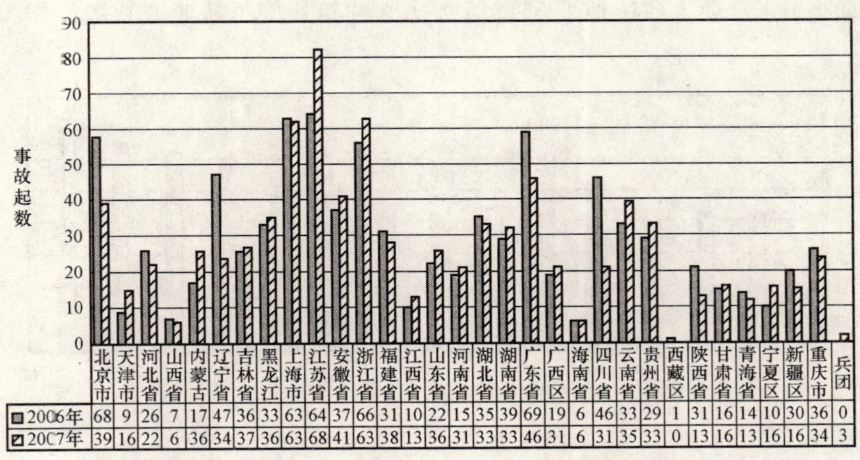

	北京市	天津市	河北省	山西省	内蒙古	辽宁省	吉林省	黑龙江	上海市	江苏省	安徽省	浙江省	福建省	江西省	山东省	河南省	湖北省	湖南省	广东省	广西区	海南省	四川省	云南省	贵州省	西藏区	陕西省	甘肃省	青海省	宁夏区	新疆区	重庆市	兵团
2006年	68	9	26	7	17	47	36	33	63	64	37	66	31	10	22	15	35	39	69	19	6	46	33	29	1	31	16	14	10	30	36	0
2007年	39	16	22	6	36	34	37	36	63	68	41	63	38	13	36	31	33	33	46	31	6	31	35	33	0	13	16	13	16	16	34	3

图 1-2-20　2006 年、2007 年全国各地建筑施工事故起数比较

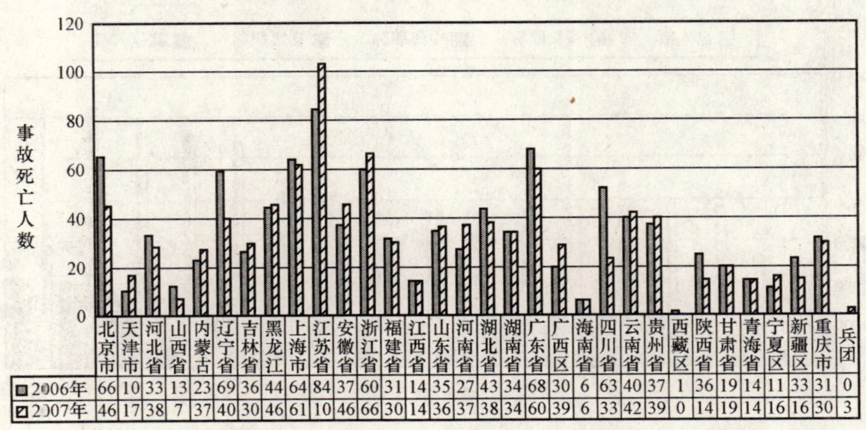

	北京市	天津市	河北省	山西省	内蒙古	辽宁省	吉林省	黑龙江	上海市	江苏省	安徽省	浙江省	福建省	江西省	山东省	河南省	湖北省	湖南省	广东省	广西区	海南省	四川省	云南省	贵州省	西藏区	陕西省	甘肃省	青海省	宁夏区	新疆区	重庆市	兵团
2006年	66	10	33	13	23	69	36	44	64	84	37	60	31	14	35	27	43	34	68	30	6	63	40	37	1	36	19	14	11	33	31	0
2007年	46	17	38	7	37	40	30	46	61	10	46	66	30	14	36	37	38	34	60	39	6	33	42	39	0	14	19	14	16	16	30	3

图 1-2-21　2006 年、2007 年全国各地建筑施工事故死亡人数比较

2008 年，全国房屋建筑和市政工程事故总量和死亡人数进一步下降，分别比 2007 年下降 5.23％和 2.27％。全国建筑安全生产形势继续保持了稳定好转的态势。

2009 年全国房屋建筑及市政工程生产安全事故起数同比减少 88 起、死亡人数同比减少 121 人，分别下降 11.27%和 12.51%，与前几年下降的幅度相比，下降幅度较大；其中，一次死亡 3 人及 3 人以上的较大及以上生产安全事故起数同比减少 19 起、死亡人数同比减少 90 人，分别下降 45.24%和 48.13%；全年没有发生重大及以上生产安全事故。

2.5 建筑业人力资源

2.5.1 建筑业从业人员规模

改革开放 30 年来，作为国民经济支柱产业的建筑业队伍不断壮大。到 2009 年底，建筑业施工从业人数达到了 3672.6 万人。建筑业施工从业人数统计如图 1-2-22 所示。

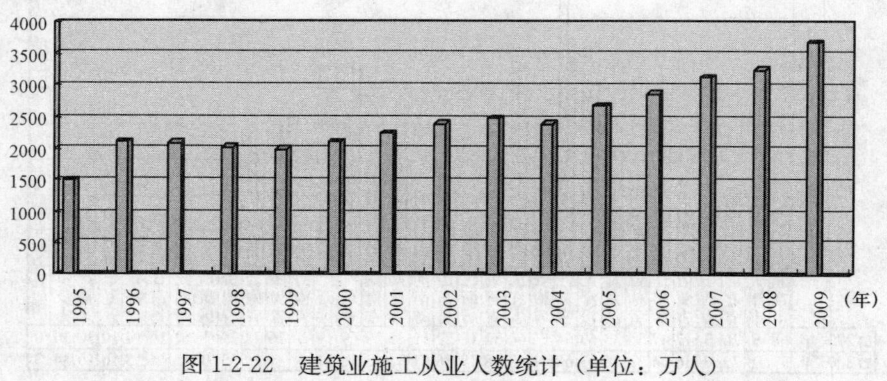

图 1-2-22 建筑业施工从业人数统计（单位：万人）

勘察设计从业人数为 124.9 万人，勘察设计从业人员统计如图 1-2-23 所示。

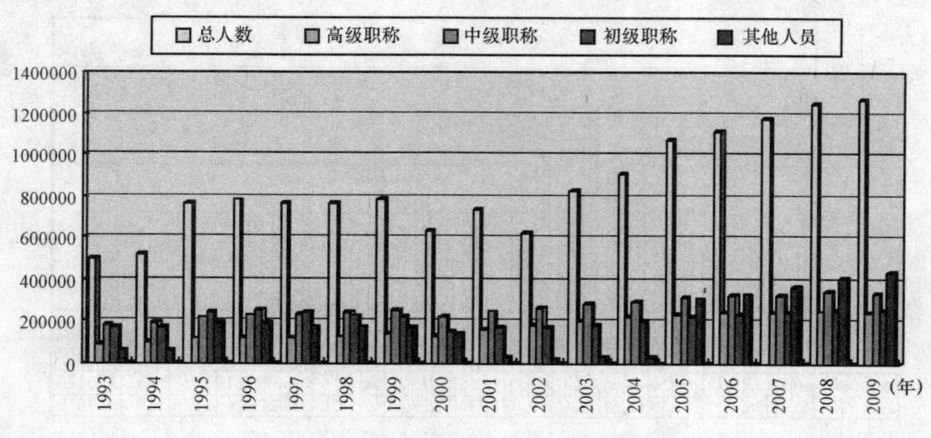

图 1-2-23 勘察设计从业人员统计（单位：人）

至 2009 年底，中国工程监理行业已建立了一支有 5475 家监理企业、58.20 万从业人员的监理队伍，其中注册监理工程师已超过 9 万人，如图 1-2-24 所示。

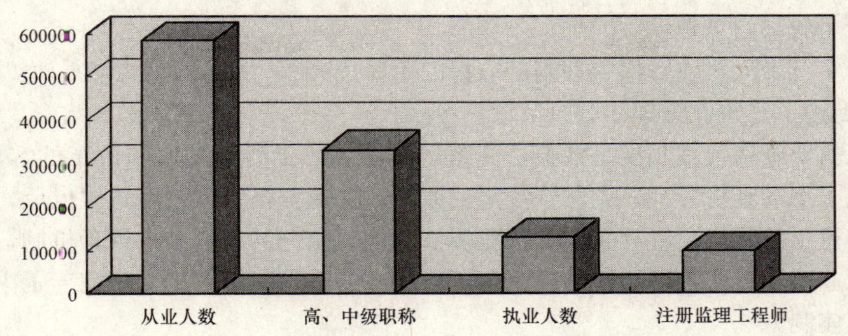

图 1-2-24　2009年工程监理从业人员统计（单位：人）

近几年来，全国1000多所建筑技术技能培训机构，围绕中国建筑业110多个工种的技能标准，累计培训农民工800多万人，其中700多万人达到了一定的技能水平，通过考核获得了建筑技能鉴定证书。同时，依托全国1.5万多所农民工业余学校，累计培训农民工400多万人次。截至2009年6月，在中国各级建筑技能培训机构和农民工业余学校接受建筑技术技能培训的农民工已逾1200万人次，有力地促进了整个建筑行业的健康发展。

由上可见，建筑业在为国民经济作出巨大物质贡献的同时，也吸纳了大量的就业人员，增加了社会的稳定性。

2.5.2　建筑业执业制度

（1）个人执业资格管理的基本情况

20世纪90年代以来，为适应社会主义市场经济的发展要求，提高从业人员素质，确保建设工程的质量和安全，借鉴国外发达国家的有益经验，经建设部和人事部批准，中国先后建立了注册监理工程师、注册房地产估价师、注册造价工程师、注册建筑师、勘察设计注册工程师、注册城市规划师、注册建造师、房地产经纪人、物业管理师等执业资格，形成了从教育评估、职业实践、考试、注册、执业和继续教育等一系列管理制度。

经过10多年的努力，中国住房和城乡建设领域个人执业资格管理的框架体系已基本形成。建筑市场监管司归口管理的建设领域行政许可类执业资格审批主体有两类：一是部机关作为审批主体，包括监理工程师、勘察设计工程师、一级建造师等。部机关负责考试标准（大纲）的制定和注册的审批，颁发套印住房和城乡建设部印章的注册证书。二是全国注册建筑师管理委员会作为审批主体，主要是一级注册建筑师，颁发套印全国注册建筑师管理委员会的注册证书。

除审批主体外，承担执业资格日常管理的机构主要有三类，一是行业协会，如监理工程师执业资格的日常管理工作由建设部委托中国建设监理协会承担；二是住房和城乡建设部执业资格注册中心，如建筑师、勘察设计工程师的考试、注册等日常工作；三是地方建设主管部门，如建造师的执业资格管理注册等日常工作由建设部委托各地建设主管部门承担。

（2）实行个人执业资格管理制度取得的主要成效

1）促进了建筑业管理体制改革

个人执业资格管理制度是社会主义市场经济体制下行业发展和改革的客观要求，集中体现了市场经济公平、竞争、法治的原则。执业资格管理制度建立以后，中国在建筑业推行了单位资质管理与个人执业资格管理相结合的市场准入管理机制，改变了以往建筑业市场准入管理实行的以企业资质为主的管理制度，进一步完善了中国建筑市场管理体制。

2）促进了建筑业专业技术人才队伍的建设

经过十几年的努力，基本建立起适合各专业领域特点的执业资格准入标准和考试制度，使人才选拔做到了公正、公平、透明。同时通过教育评估有力推动了高校的专业建设，提高了办学水平和人才培养质量。通过严格的考试、注册管理和继续教育，中国建筑业人才队伍的知识结构得到不断调整和更新，总体水平和执业能力得到不断提高和提升，形成了住房和城乡建设领域专业技术人才队伍的中坚力量。截至2008年10月25日，取得各类资格人员总数为968323人，其中已注册406378人，占取得资格人员总数的41.97%；已执业150754人，占取得资格人员总数的15.57%。

3）促进了建设工程质量和安全的保障

个人执业资格制度的实施，明确了专业人士的执业管理要求，强化了执业人员在工程建设中的权力、义务和法律责任。同时，专业人士实施注册制度，不仅增强了执业人员的事业心和责任感，而且提高了社会监督和市场监管能力，对保障建设工程质量安全发挥了重要作用。

4）促进了住房和城乡建设领域的国际交流与合作

改革开放以来，中国稳步推进了双边或多边执业资格的国际交流与合作工作，逐步实现专业技术人才国际化，为中国建设行业实施“走出去”战略，积极参与国际竞争创造了条件。中国有关机构与英国结构工程师学会、美国注册建筑师委员会、全美工程与测量考试委员会、英国皇家特许建造师学会等组织建立和保持了良好的交流合作关系，为中国执业人员走向国际开展业务交流搭建了平台，取得了良好效果。

2.6 建筑市场体系的建立与完善

2.6.1 建筑市场规模逐步扩大

据统计，1953～1978年的25年中，基本建设投资总额为6513亿元。其中，1978年的数目最大，达500亿元。1979年的投资总额为523亿元，1980年为559亿元。

进入20世纪80年代，建设投资迅速增长。1981～1990年，建设领域共完成全社会固定资产投资总额2.77万亿元。先后建成大中型项目1109个，限额以上更新改造项目879个，各类小型建设项目90多万个。不仅提高了各行业的生产能力，而且直接增加了国家经济和综合实力，为提前实现社会主义现代化建设的第一步战略目标作出了重要贡献。

进入20世纪90年代，全社会固定资产投资总额的年度增长，势头更猛。1995年，全社会固定资产投资总额首次上升到2万亿元，2000年超过3万亿元。“八五”期间，固定资产投资总额为6.37万亿元；“九五”期间，固定资产投资总额为13.9万亿元。进入21世纪，固定资产投资总额高速增长。全社会固定资产投资总额，2001年为3.72万亿元，2002年为4.35万亿元，2002年较2001年增长16.9%。“十五”期间，全社会固定资产投资总额超过25万亿元。2009年，全社会固定资产投资总额为224598.8亿元，约是1978年投资总额的450倍。

2.6.2　建筑队伍迅速壮大，成为经济增长的力量

改革开放以来，特别是20世纪80年代中期以后，建筑业用工制度改革，劳务层大量雇用农民工。据2004年全国经济普查数据，建筑业就业人口达到3252.4万人，占中国全部就业人口的4.3%。其中，农民工大约为2500万人，占建筑业从业人员的77%。按照此比例进行测算，2009年，建筑业从业人数为3672.6万人，则农民工为2827.9万人。建筑业和建筑劳务输出已成为部分地区经济增长和农民增收的重要来源。

2.6.3　产权结构发生巨大变化

中国建筑行业作为一般竞争性领域，较早地进行了民营化战略性改组的改革。各地建筑企业，尤其是众多的县、乡镇的国有、集体建筑企业、施工队，通过体制与机制的变革与创新，大胆地进行了民营化改造。结构调整成效显著，企业产权制度改革已全面展开。改革开放之初，建筑业是国有企业和乡镇企业一统天下的格局。1992年以后，民营建筑企业发展迅速，从数量看，建筑业的民营化程度目前已达到较高水平，民营及其他非国有建筑企业已占企业总数的80%以上。内蒙古、浙江改制企业的比例已达99%，山东、河北、天津、福建、宁夏等地改制企业的比例超过了85%。江苏省建筑业企业产权制度改革基本完成。浙江、山东、湖北、湖南、内蒙古、云南等地的民营建筑企业占企业总量的比例超过了90%，辽宁、福建、陕西、青海等地的比例超过了85%。

在“国退民进”的推动下，以央企、省级大型国有集团为代表的中国建筑业的领头羊，也纷纷进行了三层次、二层次的改制与改组，优化了产业结构，提高了企业效率与竞争力，建立了规范的法人治理结构，有的已成为了多元资本结构的上市公司。国有资本从原来的垄断市场领域中逐步退出，释放出民众的经济活力和企业家精神。截至2008年，上市建筑业企业已经达31家。2008年31家建筑业上市公司共完成营业收入6221.15亿元。

2.6.4　建筑市场监管体系建立

在建筑业体制改革不断深入的过程中，政府部门减少了对建筑行业和企业行为普

遍性干预，开始向真正的市场监管转变。但是，建设行政主管部门退出普遍性的市场管理空间并不意味着放松对市场的监管，而是强调转变政府职能，集中力量强化对不公平交易行为的监管，维护市场秩序和市场透明度，强化对环境保护、建筑生产安全、工程质量的监管，保障公众生命财产安全。

在建筑业体制改革的过程中，各地大胆尝试、积极探索规范建筑市场秩序的有效途径，取得了一些好的经验和做法，建立有形建筑市场便是其中之一。1994 年以来，北京、上海、郑州等地相继建立了有形建筑市场，除发布工程信息之外，集中进行发包承包的交易活动。1996 年，建设部总结了这些地区的经验，分析了中国的具体国情和建设工程交易的特点，明确提出了进行有形建筑市场建设的指导意见。同年，建设部会同国家计委、监察部、国家工商总局等部门共同开展了建设工程项目执法监察，其中一项重要任务就是推进有形建筑市场的建设，大力推行工程招标投标制度。

有形建筑市场的建设，较好地解决了以往工程信息渠道不畅、工程交易透明度不高的问题，增强了政府的有效监督，在一定程度上依法规范了建设工程招标投标活动，遏制了工程腐败现象。但是，作为一项改革尝试，建筑有形市场需要有一个逐步完善的发展过程，在具体运行过程中，还存在政企不分、收费不合理，以及地方分割市场和行业保护等问题。对此，2002 年 3 月，国务院办公厅转发了建设部、国家计委、监察部《关于健全和规范有形建筑市场若干意见》，明确提出：已经设立和运行的有形建筑市场必须与政府部门及其所属机构脱钩，做到人员、职能分离，政企分开，政事分开，不能与政府部门及其所属机构搞“一套班子、两块牌子”；不得与任何招标代理机构有隶属关系或者经济利益关系；不得从事工程项目招标代理活动；不得以任何方式限制和排斥本地区、本系统以外的企业参加投标，或以任何方式非法干涉招标投标活动。

2003 年 11 月，为进一步规范各地有形建筑市场的运行和管理，充分发挥其在整顿和规范建筑市场中的作用，建设部颁发了《有形建筑市场运行和管理示范文本》，向建设行政主管部门明确告之有形建筑市场在运行和管理、工作人员管理、各方交易主体管理、交易活动管理、评标专家管理、举报投诉管理六方面的责任要求。

在政府的推动下，各地积极推进有形建筑市场建设，全国统一规范的建筑市场秩序逐渐形成。在此基础上，利用信息管理技术建立了“中国工程建设信息网”，与全国大多数省、自治区、直辖市和地级城市实现了联网，逐步实现了网上信息公开和网上报名投标，提高了工程交易透明度，强化了建筑市场监管力度。

2.6.5 建筑业行业管理改革

建筑业作为国民经济的一个重要物质生产部门，需要在国家机构中设立单独的行业主管部门。但在计划经济时期，基于用基本建设管理取代和控制建筑业管理的指导思想，我国建立了按照部门和地区划分的多部门、多层次的管理体制。除建筑行业主管部门外，许多部门各自成立行业内部的建筑施工企业。这种条块分割的管理方式和管理体制，不仅增加了管理层次，不利于生产力发展和资源有效配置，同时也加大了对全行业进行宏观管理的难度。在部门和地区条块封锁、多头领导的管理体制下，企业之间的内在经济联系被割裂，专业化协作水平处于低迷状态，同时由于各部门、各地区都从各自利益出发，盲目发展的现象比较严重。

为了打破建筑行业长期以来条块分割的局面，1988年国务院机构改革时撤销了城乡建设环境保护部，组建了新的建设部，其主要职能是对建筑业实施行业管理，协调和规划城乡住房开发和城市建设，负责建筑工程设计、施工和标准定额的管理等。

但是，计划经济时期造成的部门行业分割管理涉及多方利益，并非是一朝一夕就能轻易解决的问题。目前，建筑行业的统一管理还处在从计划经济向市场经济过渡的阶段，尚未完全摆脱历史遗留下来的条块分割模式。实际上，建设工程领域实行的是一种分部门管理体制，即除建设部实行建筑业的行业管理外，铁路、交通、水利等有关部门负责对全国的相关专业建设工程的监督管理。建设部名义上对全国的建设工程实施统一的监督管理，包括工程建设、城市建设、村镇建设、房地产业、市政公用建设等，但实际上只管辖房屋建筑部分。水利工程、道路桥梁等专业工程的立项、施工管理、工程监督等都由专业部门进行，不受建设部的管辖。

2008年3月，国务院机构改革中将建设部改名为住房和城乡建设部，明确住房和城乡建设部的"监督管理建筑市场、建筑安全和房地产市场等"职责，有利于行业管理的政令统一。与原来的建设部相比，组建住房和城乡建设部，主要目的是深入推进住房制度改革，加快建立住房保障体系，完善廉租住房制度，着力解决低收入家庭住房困难，推动解决关系人民群众切身利益的住房问题，进一步加强城乡建设规划统筹，促进城镇化的健康发展。

2.7　"走出去"战略的实施

2.7.1　"走出去"战略基本成就

伴随着改革开放，中国的建筑企业也进入国际承包工程市场，参与国际竞争。在"走出去"战略下境外工程承包业务快速增长。1978年末，根据国内外形势发展的需要，国务院批准成立中国第一家对外承包工程公司——中国建筑工程总公司，从此，中国对外承包工程业务从无到有，从小到大，发展迅速，成绩显著，在国际承包市场上不断开拓进取，取得了骄人的业绩。

1979年，中国公路桥梁工程公司中标伊拉克摩苏尔四桥项目，工程造价3000万美元，成为当年中国对外签订的工程造价最高的工程承包项目。此后的20多年中国对外承包工程发展迅速，已成为实施"走出去"战略的一种重要形式。中国企业在海外承接大型工程项目的规模记录被不断刷新，先后突破1亿美元、5亿美元、10亿美元、60亿美元和80亿美元大关。2005年，中国铁道建筑总公司下属的中土公司中标造价12.7亿美元的土耳其高速铁路项目，创造了海外工程单项规模的历史纪录。

经过改革开放30年，中国对外承包工程和劳务合作已扩展到180多个国家和地区。2009年，中国对外承包工程业务完成营业额777亿美元，比上年增长37.3%；

对外劳务合作完成营业额 89 亿美元，比上年增长 10.6%。截至 2009 年底，中国对外承包工程累计完成营业额 3407 亿美元。

目前，中国对外承包工程基本形成了以亚太地区为重点，发展非洲市场，恢复中东市场，开拓欧美等其他地区市场的多元化市场格局。合作领域已从过去的以土木工程等劳动密集型项目为主，拓展到冶金、石化、电力、轨道交通等资金技术密集领域。

2.7.2 对外承包工程市场的培育与成长期

1978 年 12 月 18 日，中共十一届三中全会确立了改革开放的方针后，中国企业开始尝试进入国际市场。1990 年代前期，由于工程承包市场伴随着国际市场全球化的趋势日渐开放，新建基础设施的巨大需求和外国直接投资的持续增长，给国际工程承包商带来了大量的市场机会和丰厚的回报，导致 1997 年国际市场平均盈利率达到高水平，诱人的市场机会和盈利前景吸引了越来越多的参与者。党的十五大“充分利用国际国内两个市场、两种资源”的提出，使得中国企业进入国际市场的步伐进一步加快。中国的承包事业自 1980 年到 1999 年间可以称为培育及成长期。

（1）阶段成果

承包商营业额由 1981 年的 1.7 亿美元增加到 1999 年的 60.98 亿美元，增加了近 35 倍，如表 1-2-5 所示。一方面，说明中国承包商在国际承包市场上的开拓能力有了较大幅度的提高；另一方面，说明中国承包商的自身实力有了较大程度的提高。从 1980 年到 1993 年，中国承包商的营业额增长速率不高，而 1993 年到 1999 年的增长速率和营业总额都有较大幅度的提高。

1980～1999 年中国承包商国际工程合同额及营业额（单位：亿美元）　表 1-2-5

年度	1980	1981	1982	1983	1984	1985	1986	1987	1988	1989
合同额	1.85	5.03	5.06	9.23	17.4	12.65	13.6	17.4	21.72	22.12
营业额	NA	1.7	3.48	4.52	6.23	8.35	9.73	11	14.3	16.86
年度	1990	1991	1992	1993	1994	1995	1996	1997	1998	1999
合同额	26	36.1	65.9	68	60.3	NA	NA	NA	NA	NA
营业额	18.7	19.7	18.2	21	29	29.7	40.61	40.8	50.28	60.98

（2）ENR 排名分析

根据美国《工程新闻记录》（ENR），至 1999 年进入前 100 位最大承包商的中国承包商数为 13 家，在数量上仅次于美国，说明该时期中国承包商市场开拓能力、自身实力有了很大程度的提高。

（3）地区市场竞争力分析

按照惯例，国际承包市场被划分为欧洲市场、亚洲市场、中东市场、非洲市场、北美市场、拉丁美洲等六大市场。1990 年、1994 年及 1999 年度，中国承包商在国际市场上的占有率，如表 1-2-6 所示。

1990年、1994年、1999年度中国承包商

国际市场营业额、市场份额及市场贡献率 **表1-2-6**

年份	营业额/市场份额/市场贡献率	亚洲地区	中东地区	非洲地区	北美地区	欧洲地区	其他地区
1990	营业额（亿美元）	12.36	NA	2.88	0.91	2.04	0.41
	市场份额（%）	4.60	NA	1.89	0.41	0.67	0.53
	市场贡献率（%）	66.62		10.90	15.36	4.92	2.20
1994	营业额（亿美元）	22.4	NA	2.9	0.52	1.87	1.28
	市场份额（%）	7.20	NA	10.16	0.43	0.88	NA
	市场贡献率（%）	77.20		6.46	10.16	1.79	4.40
1999	营业额（亿美元）	34.1	6.65	14.14	0.94	2.15	3.01
	市场份额（%）	11.00	6.00	14.20	0.45	0.60	2.80
	市场贡献率（%）	66.80		3.50	23.18	1.54	4.97

从表1-2-6可以看出，中国承包商在非洲、亚洲、中东市场都有一定的竞争力，市场占有率较高，尤其是亚洲市场占有率近几年一直呈上升趋势；非洲市场占有率呈上升趋势；中国承包商在拉丁美洲、欧洲、北美地区的市场占有率一直较低，且没有明显的发展趋势。

究其原因，由于欧美市场对承包商综合素质要求较高，项目的技术含量较高，而中国承包商的综合实力并不强，依然是低水平、劳动密集型的，所以未能以较高份额占有对承包商综合素质要求比较严格的北美、欧洲市场。

（4）市场贡献率分析

市场贡献率是指目标市场营业额与全部市场营业额之比，反映目标市场对承包商的营业额的贡献程度，1990、1994及1999年度中国承包商的地区市场贡献率如表1-2-6所示。从表1-2-6中可以看出，中国承包商在亚洲/中东地区市场贡献率最大。在该地区的营业额上升得较快，1990年为12.36亿美元，1994年为22.4亿美元，到1999年已达40.75亿美元。非洲地区市场贡献率居第二位，从1994年到1999年该市场营业额、贡献率上升较快，该地区市场作用增大，中国承包商可以进一步开拓。欧洲、北美地区市场贡献率一直较低，营业额较低、增长速度较低，该地区市场有待进一步开拓。

（5）行业分布分析

中国承包商从事国际工程的业务主要集中在一般建筑、石油、化工、交通领域。以1998年为例，如表1-2-7所示，房屋建筑、石化、交通领域的营业额占总额的84.9%，房屋建筑占国际市场份额为26%，而中国占了5.9%，可以看出中国承包商在这一领域具有较强的竞争力；交通领域占全部国际市场份额的20.9%，而中国承包商占了3.6%，说明中国承包商在该领域具有一定的竞争力。相比之下，中国承包商在机械、电力、水处理、石油、有害物处理领域的市场份额较少，因为这些领域要求承包商不仅具有较强的专业施工技术及安装技术，而且还应具有多学科综合技术能力。中国承包商不具有这些优势，因而在上述领域竞争力较弱。

1998 年中国最大 15 家承包商国际工程收入 表 1-2-7

项　目	建筑业	石化	交通	其他工程	合计
合同金额（百万美元）	1793.35	713.26	876.49	599.80	3982.9
占全部国际收入比（%）	45	17.9	22	15.1	100
占国际市场份额（%）	5.9	2.4	3.6	1.9	
该领域占整个国际市场份额（%）	26	26	20.9	27.1	100

2.7.3 对外承包工程市场的蓬勃发展期

2000 年，党中央确立实施“走出去”战略，坚持“引进来”和“走出去”同时并举、相互促进。2001 年，实施“走出去”战略作为一条重要建议被写入《“十五”计划纲要》。党的十六大报告再次指出，实施“走出去”战略是对外开放新阶段的重大举措，鼓励和支持有比较优势的各种所有制企业对外投资，带动商品和劳务输出，形成一批有实力的跨国企业和著名品牌，在更大范围、更广领域和更高层次上参与国际经济技术合作和竞争。进入 21 世纪以后，我国对外承包事业进入蓬勃的发展期。

（1）业务规模实现跳跃式增长

这一时期，随着世界经济形势的好转，作为世界经济的重要组成部分，国际工程承包行业保持稳步增长的态势。中国的对外工程承包业务快速增长，如图 1-2-25 所示。

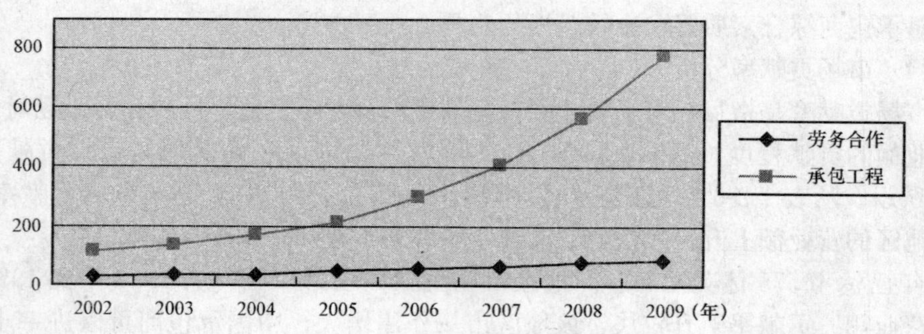

图 1-2-25 中国承包商国际市场营业额（单位：亿元）

中国对外工程承包和设计咨询业务规模持续快速扩大，新签合同额和完成营业额分别从 1979 年的 3352 万美元和 3000 万美元增长到 2008 年的 1054.88 亿美元和 570.48 亿美元，年均增长率分别达到 31.88%和 29.37%。截至 2008 年底，中国对外承包工程累计完成营业额 2630 亿美元，签订合同额 4341 亿美元。

2008 年中国对外设计咨询业务完成营业额 4.48 亿美元；新签合同额 8.88 亿美元。截至 2008 年底，中国对外设计咨询累计完成营业额 26.7 亿美元，签订合同额 46.6 亿美元。

2008年中国对外劳务合作完成营业额80.6亿美元，较上年增长19.1%；新签合同额75.6亿美元，较上年增长12.8%。全年派出各类劳务人员42.7万人，较上年增加5.5万人；2008年末，在外各类劳务人员74万人。至2008年底，中国对外劳务合作累计签订合同额599亿美元，累计派出各类劳务人员462万人。

2009年中国对外承包工程业务完成营业额777亿美元，比上年增长37.3%；对外劳务合作完成营业额89亿美元，比上年增长10.6%。至2009年底，中国对外承包工程累计完成营业额3407亿美元，对外劳务合作累计完成营业额648亿美元。

（2）市场集中度提高

2004～2008年中国对外承包30强企业营业额及其所完成的营业额比重，如图1-2-26所示。2008年，中国对外工程承包营业额排名前30位的企业共完成营业额322.46亿美元，占全部营业额的56.9%；按新签合同额排位的前30名企业共签订合同额651.88亿美元，占全部合同额的62.32%。这表明市场集中度较高，并且近年来市场集中度经过了上升之后，又出现小幅下降。此外，还可以看出，2004年以来，30强企业的集中度基本上稳定在60%。

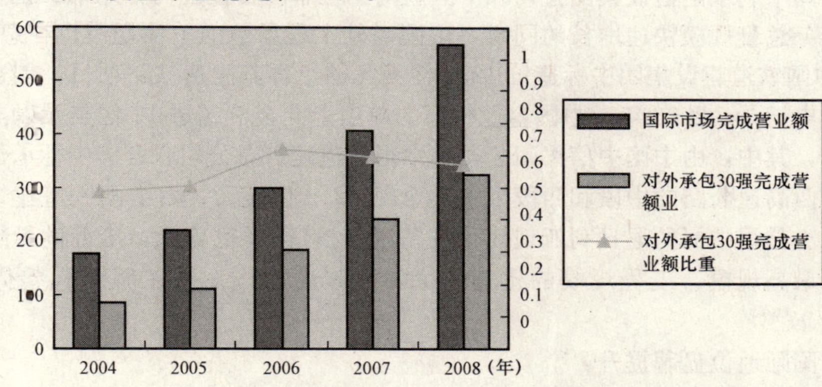

图1-2-26　中国对外承包30强企业营业额（单位：亿元）及其集中度

对同期的中国对外承包10强地区进行统计，结果如图1-2-27所示。可以看出，中国从事对外承包的地区经过2005年的集中之后，开始呈现多元化的趋势，集中度逐年下降，说明中国已经有更多的地区参与到对外承包的行列中。

（3）工程承包企业快速成长

伴随着近年来中国对外工程承包规模迅速扩大，企业经营规模不断增大。2008年，完成营业额超过10亿美元的企业达到9个。其中，华为技术有限公司作为中国最大工程承包企业，完成营业额56.6亿美元，超越历史上一直处于领头羊地位的中建总公司，成为中国最大的对外工程承包商。中国建筑工程总公司、中国机械设备进出口总公司、中国水利水电建设集团公司和国华国际工程承包公司分列第二至第五位。

按新签合同额计算，有11家企业的合同额都超过20亿美元，其中前7家公司的合同额均超过30亿美元。合同额最大的中国建筑工程公司新签合同额达到65.3亿美

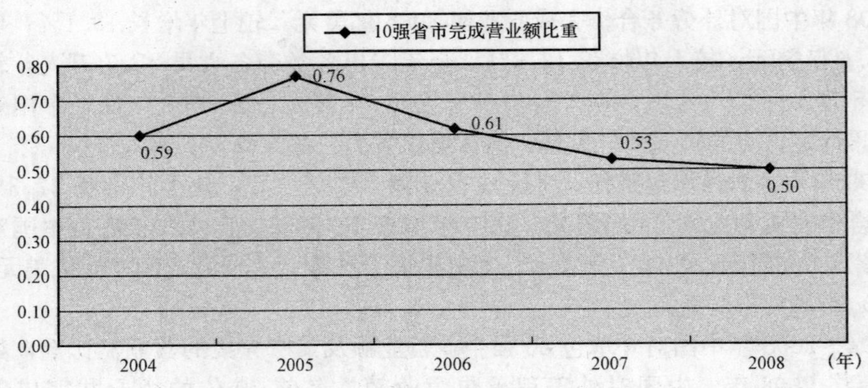

图 1-2-27　中国 10 强省市国际市场营业额完成比重

元，缩小了与世界最大的国际工程承包商在业务规模上的距离。华为技术有限公司、中国石油工程建设（集团）公司、上海电气集团股份有限公司、山东电力基本建设总公司、中国水利水电建设集团公司和中国港湾工程有限责任公司分列第二至第七位。

在业务总量规模快速增长的同时，中国对外工程承包的单项规模也在急剧增大。2005 年中国铁道建设集团中标造价 12.7 亿美元的土耳其高速铁路项目，创造了单项规模的历史记录。2006 年，中国企业中标的单项合同金额超过 10 亿美元以上的项目就有 7 个，其中，由中国中信集团公司和中国铁道建筑总公司联合体中标承建的阿尔及利亚东西高速公路的中段和西段项目总金额 62.5 亿美元；由中国铁道建筑总公司旗下的中土公司中标的尼日利亚现代化铁路项目投资 83 亿美元，接近世界超大型工程项目的最高规模。工程规模的迅速扩大，意味着中国对外工程承包整体实力的增强。

（4）国际地位显著提升

根据美国《工程新闻记录》的统计资料显示，入围 225 强公司数量从 1997 年的 26 家增至 2006 年的 49 家，已占据了 1/5 的席位。从排名来看，中国公司的最好名次是 2006 年中国交通建设集团有限公司处于全球第 14 位。

2005 年中国有 46 家公司入选国际最大 225 家承包商，比 2004 年少了 3 家，其中有 9 家新上榜公司，进入前 100 强的有 12 家，比 2004 年多了 3 家。从营业额角度看，2005 年比 2004 年有较大增长，46 家中国承包商的国际市场营业总额为 100.67 亿美元，比 2004 年增长 14%。中国企业的平均规模较 2004 年明显增长，增幅达 22%。中国公司所占国际市场份额较 2004 年上升了约 0.05 个百分点，达到 225 家承包商国际市场营业总额的 5.3%。就全球总营业额而言，中国公司有 3 家突破了 100 亿美元大关，分别是中国铁路工程总公司、中国铁道建筑总公司和中国建筑工程总公司。中国交通建设集团总营业额也达到了 93 亿美元。中国铁路工程总公司的总营业额居于法国 VINCI 公司、布依格公司和德国霍赤蒂夫公司之后成为全球第四强，这是中国公司在 ENR 全球排行中取得的最好成绩。

2006 年，中国有 49 家公司入选国际最大 225 家承包商，其中有 8 家公司新上榜，进入前100强的有14家，除2005年入围的12家中国承包商稳定了前100强的位置外，2006年又增2家进入100强之列。49家中国承包商的国际市场营业总额为162.89亿美元，比2005年增长61.8%。中国企业的平均规模较2005年显著增长，增幅达51.9%，中国公司所占国际市场份额较2005年上升了2个百分点，达到225家承包商国际市场营业总额的7.3%。

2007年中国有51家公司入选国际最大225家承包商，其中有8家公司新上榜；进入前100强的有13家，比2006年少了1家。本年度营业额比上一年度有较大增长，51家中国承包商的国际市场营业总额为226.78亿美元，比2006年增长39.2%，中国企业的平均规模增幅明显，所占国际市场份额保持稳定。

2008年，在入选的225家国际承包商中，中国交通建设集团有限公司、中国建筑股份有限公司、中国水利水电建设集团公司、中国机械工业集团公司等49家榜上有名，比上年度增加了3家。中国交通建设集团有限公司从上年的第45位跃居第14位，位列49家中国企业之首。另外，中国成达公司、中石化工程建设公司、中国机械工业集团公司、中国水利电力对外公司、中国电力工程顾问集团有限公司等13家企业入围全球最大200家国际工程设计公司名单。

2008年，由美国金融危机引发的全球经济衰退对国际建筑市场造成了不同程度的打击，一些市场的项目受到打击，被终止或推迟。但由于过去持续数年的全球建筑市场繁荣，许多国际承包巨头均积累了大量的订单。2008年，前225家国际承包商的海外市场总营业额达到3900.1亿美元，相比2007年的3102.5亿美元增加了25.7%。

2009年ENR国际承包商前10强与上一年保持不变，只是在位次上发生了微小的变化。位于前100强的17家中国内地企业有14家的名次有所上升，并有9家企业的上升名次超过了20位，而中昊海外建设工程有限公司以及东方电气股份公司均于2009年新上榜并进入了100强，但从100强到225强的中国企业的名次大部分比上一年有所下降。这说明在国际市场的竞争过程中，中国内地企业的实力开始出现两极分化的趋势，强者愈强，弱者愈弱。

（5）地区市场竞争力增强

亚洲金融危机后中国对外工程承包开始了面向全球市场的市场多元化征程。中国国际工程承包市场可以按照地域分布划分为加拿大、美国、拉丁美洲、欧洲、中东、亚洲以及非洲等7个地区市场，最大的地区市场是欧洲、亚洲和美国，如表1-2-8及表1-2-9所示。

2002年国际工程承包市场的合同份额分布情况（亿美元）　　表1-2-8

公司属地	公司数	营业总额	总的份额（%）	中东	亚洲	非洲	欧洲	美国	加拿大	拉美
中国	43	71.29	6.10	7.32	41.50	11.00	4.69	1.75	5.70	4.97
美国	75	189.00	16.22	7.80	22.96	26.50	50.90	NA	27.92	25.98
加拿大	4	2.32	0.20	0.52	0.75	0.09	0.00	0.96	NA	0.00
欧洲	55	722.00	61.70	48.10	78.90	49.51	261.0	220.60	11.30	52.50

续表

公司属地	公司数	营业总额	总的份额（%）	中东	亚洲	非洲	欧洲	美国	加拿大	拉美
日本	18	106.74	21.00	11.00	60.28	10.60	6.29	6.96	5.34	6.29
韩国	5	26.60	2.30	7.51	15.27	3.10	0.11	1.00	0.00	0.59
其他	25	47	4	15.20	7.21	10.60	7.80	0.89	2.90	5.22
全部	225	1165.20	100	97.44	226.8	111.4	330.9	231.1	44.70	95.5

中国入围 225 强企业的国际工程承包市场份额及合同的分布（单位：亿美元）

表 1-2-9

年份	入围公司数	营业总额	占市场总额比重（%）	中东市场	亚洲市场	非洲市场	欧洲市场	美国市场	加拿大市场	拉美市场
2004	49	88.3	8.7	10.3	51.1	21.1	2.6	1.7	0	1.5
2005	46	100.7	5.3	13.3	50.7	32.3	1.2	0.6	0.03	2.6
2006	49	162.89	7.3	19.8	75.63	50.84	5.10	3.11	0.22	7.83
2007	51	226.78	7.3	34.82	91.77	76.96	9.91	3.89	0.45	8.98
2008	50	432.03	11.1	50.48	137.2	215.6	14.62	3.23	0.13	10.46

中国国际工程承包市场优势主要集中在亚洲、非洲和中东地区三地。从1997年到2006年的十年，中国公司在这三地区的平均营业额为70.85亿美元/年，占三地总额（77.19亿美元/年）的91.8%，尤其在2005年，中国公司在三地的营业额为96.3亿美元，占三地总额的95.6%。2006年中国公司在三地的营业额突破100亿美元达146.27亿美元，占三地总额的89.8%。到了2007年、2008年，中国公司在三地的营业额已经分别占到全年总额的89.7%和93.5%，如表1-2-10所示。

2004～2008 年进入 ENR 225 强中国公司的全球市场分布（单位:%） 表 1-2-10

年份	非洲	亚洲	中东	拉美/加勒比海	欧洲	美国	加拿大
2004	23.9	57.9	11.7	1.6	2.9	2.0	0.0
2005	32.1	50.4	13.2	2.6	1.1	0.6	0.0
2006	31.3	46.5	12.2	4.8	3.2	1.9	0.1
2007	33.9	40.5	15.3	4.0	4.4	1.7	0.2
2008	50.0	31.8	11.7	2.4	3.4	0.7	0.0

2005年后，由于连续在非洲签约特大项目，尤其在2006年完成营业额50.84亿美元，同比增长57.4%，该地区成为中国国际工程承包增长最为迅速的市场。中国公司在中东市场所占份额曾于1998年和2001年超过非洲名列第二，2006年以低于拉丁美洲市场0.1个百分点的份额排名第四，其他年份均列第三。拉丁美洲紧跟中东之后，除2000年和2006年名列第三，其余年份均排第四。欧洲、美国和加拿大市场表现基本稳定，其平均份额分别为0.59%、0.57%和0.08%。2007、2008年中国承

包商的优势仍然主要集中在非洲、亚洲，2007年在主要区域市场的份额统计中，亚非两地为43.5%；2008年，对应区域的市场份额更是达到62.4%。

（6）跨行业综合发展

中国对外工程承包的产业结构发生了根本性的变化。1990年代中期以前，中国公司基本上以从事房建、公路、桥梁和水电大坝的土方工程为主。近年来，中国对外工程承包业务量以30%的速度增长，与此同时，产业领域迅速向高技术含量的石油化工、工业生产、电力工程、矿山建设、通信、环保、航空航天、核能和平利用以及医疗卫生等领域拓展，在这些过去由西方公司统治的地盘上，中国承包公司已经成为有力的竞争者。

在一些新开拓的行业市场上中国承包商成绩斐然，体现出中国承包商对外工程承包发展的多元化。在全球总营业额上，突破100亿美元的中国公司有5家，它们是中国铁路工程总公司、中国铁道建筑总公司、中国建筑工程总公司、中国交通建设集团有限公司和中国冶金科工集团公司。

传统优势行业发展平稳。中国公司主要活跃在房屋建筑、交通等传统优势项目上，少数公司亦涉及制造、石化、能源、水利、电信及排水处理等行业，如表1-2-11所示。

入围最大225家国际承包商前20家的中国企业的行业结构　　表1-2-11

年份/排名	公司名称	行业结构（营业额的百分比：%）								
		房屋建筑	制造	能源	水利	排污/垃圾处理	工业/石化	交通	危险物处理	电信
2004/17	中建总	72	1	1	2	0	4	18	0	2
2005/20	中建总	92	0	0	1	0	0	8	0	0
2006/14	中交建	6	0	0	0	1	0	88	0	0
2006/18	中建总	91	0	0	0	0	1	8	0	0
2007/18	中交建	9	0	1	1	2	2	86	0	0
2008/14	中昊海外	3	0	0	61	2	0	33	0	0
2008/17	中交建	1	0	0	2	1	1	95	0	0

说明：中建总——中国建筑工程总公司，中交建——中国交通建设集团，中昊海外——中昊海外建设工程有限公司

业务结构逐渐走出产业链低端。进入国际工程承包市场初期，中国企业是以土建项目的劳务分包起家的。从土建分包到土建总承包，中国对外工程承包事业实现了第一次业务升级。然而，这依然是以土建施工为主的低端项目。

为了推动业务升级，顺应国际工程市场产业内分工的要求，中国政府主管部门先后批准100多家工程设计院所进入国际工程设计市场，并取得了一定的成效，实现了业务的第二次升级。成功进入国际工程设计咨询领域，带动了中国企业在工程承包全产业链分工地位的变化，承揽的业务环节逐渐向业务链的上游移动，已经有越来越多

的中国企业涉足项目规划、勘探、设计、管理等领域，通过开展高端业务进一步带动全行业的发展。工程承包的模式随之发生重大变化，中国承包商正在实现向EPC总承包模式的全面升级。

目前总承包项目已经占到了中国对外投标项目总数的52.6%，其中EPC交钥匙工程显著增多，大量带动了中国国产设备的出口。同时，BOT、BOOT、PPP等项目融资方式取得一定成效。中国电力技术公司投资建设的柬埔寨基里隆Ⅱ级水电站项目，是中国公司首次发起项目融资的有效尝试。此后中国化学工程集团公司采取BOOT方式投资建设了印尼的巨港电站，中国成达工程公司、四川东方电力集团等企业先后以项目融资方式开拓国际市场，取得了良好的社会效益和经济效益。近年来，中国对外承包工程企业还探索了工程换资源等新的合作模式，以各种新的路径进入对外承包工程高端业务领域，并且取得了一定成果。高端项目、高端市场能够为企业带来高额的利润，成为中国公司业务升级的主要目标和动力。

第3章 建筑业在国民经济和社会发展中的地位及作用

改革开放以来，中国建筑业伴随着国家的经济建设和社会进步快速发展，企业的活力和竞争力大幅提升，成为国民经济支柱产业。建筑业对国民经济健康发展的支持作用进一步增强，对增加就业，特别是转移农村富余劳动力，统筹城乡发展等发挥了重要的作用。

3.1 建筑业在国民经济中的支柱产业地位

3.1.1 建筑业高速成长为国民经济的支柱产业

改革开放30年来，建筑业为推动国民经济增长和社会全面发展发挥了重要作用。建筑业在相当一些地区成为本地财政的支柱性财源，税收贡献突出。建筑业对其上下游产业，起到了明显的拉动作用。建筑企业经营规模进一步扩大。全国最大规模的建筑业企业的前10名产值都在160亿元以上。建筑业占国内生产总值的比重，仅次于工业、农业、商业，居第四位，逐渐成为国民经济的支柱产业之一。2009年，4万亿元投资对建筑业的初次拉动作用最大，国家发改委投资研究所就“4万亿元投资对各行业的初次拉动作用”进行的测算结果显示，4万亿元投资将使建筑业增加值达到5940亿元，占初次拉动总量的14.85%。

3.1.2 建筑业的产业关联度大，带动其他关联产业共同发展

建筑业本身是一个庞大的产业系统，它与国民经济系统中众多的部门相关联。建筑业为全社会各个物质与非物质生产部门提供重要物质技术基础，消耗钢材、木材、水泥、玻璃、五金等多个行业的2000多个品种、30000多种规格的产品，联系着整个社会的方方面面。

（1）建筑业直接投入结构

直接消耗系数是一个部门生产一个单位产品需要消耗即投入另一个部门产品的数量，它反映了两个部门之间的生产技术经济联系或直接依赖程度，体现了部门的直接投入结构。直接消耗系数越大，表示两个部门间的直接依赖程度越高。

建筑业的生产需要其他部门投入大量的资源，建筑业的直接消耗系数如表1-3-1所示。从直接消耗系数来看，建筑业在生产中需要投入的建筑材料及其他非金属矿物制品业的产品最多，其次，是投入金属产品制造业产品，第三是对劳动者的需要，这三者是建筑业的主要直接消耗资源，这三个部门产品的投入量约占到中间投入总量的50%。可见，建筑业对这三个行业具有很强的直接依赖性，建筑业发展的直接带动效果除了可以形成自我累积发展外，受益最大的是建筑材料及其他非金属矿物制品业和金属产品制造业，而对房地产、租赁和商务服务和固定资产折旧的直接带动是很有

限的。

（2）建筑业完全投入结构

建筑业的生产除了需要直接投入各部门的产品外，还存在着间接的投入。近年来中国建筑业的完全消耗系数，如表 1-3-2 所示。

建筑业对各部门的主要直接消耗系数 **表 1-3-1**

年份	中间投入				
	合计	建材及其他非金属矿物	金属产品	房地产、租赁和商务服务	批发零售、住宿餐饮
2002	0.7656040	0.1086906	0.1667553		0.0498965
2005	0.7443001	0.1847803	0.1506526	0.0180749	
2007	0.7686057	0.2126069	0.1927316		

年份	增加值			
	合计	劳动者报酬	生产税净额	固定资产折旧
2002	0.2343960	0.1385790	0.0101265	
2005	0.2556999	0.1304214		0.0136244
2007	0.2313943	0.1180663	0.0287040	

建筑业对各部门的主要完全消耗系数 **表 1-3-2**

部门 / 年份	农业	采掘业	食品制造业	电力、热力及水的生产和供应业	其他制造业
2002	0.1355242	0.1475391			0.1072971
2005	0.1313854	0.2010524	0.0286539	0.1182425	0.1091349
2007		0.2360664		0.1593038	0.1145367

部门 / 年份	建材及其他非金属矿物制品业	金属产品制造业	机械设备制造业	炼焦、燃气及石油加工业	纺织服装及皮革产品制造
2002	0.1348370	0.3609698	0.2891787		
2005	0.2253268	0.3639245	0.2723655		
2007	0.2788605	0.4771347	0.3417016	0.1159001	0.0360812

部门 / 年份	运输邮电业	化学工业	批发零售贸易、住宿和餐饮业	房地产、租赁和商务服务
2002	0.1232891	0.1749993	0.1361110	0.1054158
2005	0.1917438	0.1972953	0.1228970	0.0552731
2007	0.1784650	0.2235192		

完全消耗系数能深刻地揭示通常难以直接观察的经济关系，综合地反映一个部门的生产与本部门和其他部门的复杂经济联系。按照完全消耗系数的大小，将建筑业对其他行业的依赖程度由高到低进行分类，如表 1-3-2 所示。从表 1-3-2 可见，总体上，

建筑业最终产品完全消耗最多的始终是金属产品制造业的产品；其次，是机械设备制造业产品；对建材及其他非金属矿物、采掘业、化学工业产品的依赖度基本上相当。

(3) 产出结构

建筑业与国民经济的经济关系除了表现为产品消耗与被消耗关系外，还表现为建筑业向本部门和其他部门以及向社会最终产品使用者分配其产品。

首先，建筑业的产出表现为满足本部门和其他部门生产的中间消耗。根据国家统计局国民经济核算数据，建筑业每年要为其他行业输送大量的“中间产品”，如表1-3-3所示。

建筑业的产出（单位：万元）　　表 1-3-3

年度＼部门	农业	采掘业	食品制造业	纺织服装及皮革产品制造业	其他制造业	电力、热力、水的生产和供应业
2002	497113	140575	39328	66420	101527	77805
2005	746538	415904	85651	151369	221757	249288
2007	113271	270149	107564	98446	71087	110066

年度＼部门	炼焦煤气石油加工	化学工业	建材及其他非金属矿物制品业	金属产品制造业	机械设备制造业	建筑业
2002	22243	119142	48680	110440	217570	338610
2005	38658	286810	162382	255344	578242	584345
2007	124343	206977	67223	205821	336203	5980360

年度＼部门	运输邮电业	批发零售贸易、住宿和餐饮业	房地产、租赁和商务服务业	金融保险业	其他服务业	中间使用合计
2002	1961900	2304846	3697728	1115037	7555931	18414894
2005	4889866	3939445	4661909	2297277	15873984	35438769
2007	1369375	1276015	1889591	248237	7524834	19999562

年度＼部门	劳动者报酬	生产税净额	固定资产折旧	营业盈余	增加值合计	总产出
2002	38985990	2848851	7021012	17086036	65941888	281326817
2005	55513033	14311169	5799119	33213681	108837002	425643566
2007	74053206	18003673	7756881	45320751	145134512	627217352

其次，从建筑业的最终产品上看，建筑业的产出表现为社会投资对建筑业产品的需要。建筑业的最终使用部分在国民经济核算中，绝大部分表现为“固定资产形成”，2002年和2005年的比例分别达到99.62%和96.89%，远远大于“出口”。

由上可见，建筑业的发展对国民经济许多部门具有巨大的波及效应和产业关联效应，能为其他产业部门的发展提供更广阔的市场，诱发其他部门更大的发展，对整个国民经济起到很强的带动作用。根据建筑业投入大的特点，大力发展建筑业可以带动其他产业的生产，对目前中国拉动内需，促进经济持续发展有着重要作用。

3.2 建筑业在交通运输基础设施建设方面的作用

改革开放以来，中国交通运输全面快速发展，交通运输量和港口吞吐量大幅增长，交通运输设施和装备水平显著提高，如表 1-3-4 所示。现已基本形成以铁路为主干，公路、水运、民用航空和管道组成的综合运输网。所有这些建筑业为交通事业带来的发展，都为人民交通出行提供了便捷。

铁路、高速公路和民用航空营业里程（单位：万 km） **表 1-3-4**

年份	铁路	高速公路	民用航空	年份	铁路	高速公路	民用航空
1978	5.17		14.9	2000	6.87	1.63	150.3
1985	5.52		27.7	2005	7.54	4.10	199.9
1990	5.79	0.05	50.7	2008	7.97	6.03	246.2
1995	6.24	0.21	112.9				

1978 年交通运输设施的网络里程为 123.51 万 km，2008 年已经达到 473.18 万 km（不含村道），分别是 1978 年的 3.8 倍，1949 年的 25.2 倍。其中，2008 年公路里程为 200.92 万 km（不含村道），是 1949 年的 24.9 倍。2008 年底，全国农村公路总里程达到 172.10 万 km，实现了 99.2%的乡镇、92.9%的建制村通公路，从根本上改善了中国农村的交通条件。2008 年全国公路密度达 38.9km/每百 km^2，全国高速公路里程已达到 6.03 万 km，实现了全国省际及大部分中心城市之间的高速公路连接。中国用短短 10 多年的时间走完了发达国家三四十年的发展历程，目前中国公路总里程、高速公路里程均位居世界第二位。

铁路营业里程由 1978 年的 5.17 万 km 增加到 2008 年的 7.97 万 km，居亚洲第一位。其中复线 2.89 万 km，电气化铁路 2.76 万 km。目前，铁路已经形成了“四纵两横”的提速网络，时速 160km 及以上的线路延展里程达到 16000km，覆盖了全国大部分地区和主要城市。

2008 年规模以上港口生产用码头泊位 12773 个，比 1978 年增加 12018 个，其中沿海万吨级以上泊位 1076 个，增加 943 个；货物吞吐量从 2000 年的 22.1 亿吨增至 2008 年的 70.85 亿吨，年均增长率达 27.57%。

截止到 2008 年，中国民航定期航班航线达到 1532 条，其中国内航线（包括港澳航线）1235 条。民航航线里程从 1978 年的 14.9 万 km 增加到 2008 年的 246.18 万 km。

3.3 建设成果显著

改革开放以来的 30 年是我国建设事业持续快速发展的鼎盛时期，宝钢一期、秦山核电站、黄河小浪底水利枢纽、载人航天发射场、西气东输、青藏铁路、长江三峡水利枢纽、首都机场三号航站楼以及奥运会场馆工程为代表的一批重大建设项目所达到的先进水平，已为国内外业界所公认，得到社会各界的广泛赞誉。

"十五"是基础设施建设、基础产业投资最多、力度最大、发展最快的时期，一大批重大基本建设项目和重点骨干企业的技术改造项目建成投产。5年间，中国新建公路35万km，其中高速公路2.4万km（超过2000年以前的高速公路长度总和），新建铁路投产里程7063km，港口万吨级码头泊位新增吞吐能力45232万吨。一批对经济社会长远发展有重大促进作用的项目相继建成投产，发挥效益。西气东输管道工程实现全线商业运营；青藏铁路全线铺通，结束了西藏地区不通铁路的历史；三峡工程进展顺利，电站工程已投产运行14台发电机组，累计发电940亿千瓦时；西电东送的北通道、中通道、南通道共形成输送能力超过3250万千瓦。这些项目的建成，不仅大大提升中国的经济实力，还有利于满足人民的生产、生活需要，意义深远。

以"鸟巢"为代表，奥运工程建设几乎成为展示中国建筑、建材等科技成果的窗口和舞台。国家体育场大跨度的钢架结构、国家游泳中心的空间钢架结构都是目前建筑立面中比较罕见的结构形式。此外，在奥运场馆的建设中，还大量采用了包括深基础支护技术、新型大跨度钢结构施工、新型膜结构、新型水处理、新型能源利用等一批新技术，包括优质高强钢材、新型膜结构材料、新型节水及防水防渗材料、高标准绿色环保建材等大批优质、新型材料得到示范和应用。

中国2010年上海世博会以"城市，让生活更美好"为主题，总投资达450亿元，创造了世界博览会史上最大规模纪录。上海世博会预算总投资286亿元，建设费用180亿元（不包括土地成本），其中场馆建设投资预计为50亿元、世博村投资30亿元、世博轴投资35亿元，以及其他市政建设、基础设施建设等。世博会将可持续发展理念贯穿到世博会筹备和举办全过程，落实到世博园区的规划、建设、运营管理及后续利用等各环节。另外，上海世博会带动的间接投资约为2700亿元，主要为交通设施基础建设。

3.4　建筑业为社会提供大量就业机会

3.4.1　建筑业吸纳了大量劳动力

建筑业作为劳动密集型行业，建筑业产业规模的扩大，带动了建筑业从业人数的增加。根据国家统计局通报的第一次全国经济普查（标准时点：2004年12月31日）的主要结果，在单位就业人员中，制造业8390.5万人，占39.1%；建筑业2792.6万人，占13.0%；公共管理和社会组织1925.2万人，占9%；教育1521.8万人，占7.1%；批发和零售业1382.5万人，占6.4%。根据国家统计局公布的第二次全国经济普查（标准时点：2008年12月31日）结果，在全部第二、三产业从业人员中，第二产业占48.8%，第三产业占51.2%。在单位从业人员中，人数最多的五个行业是：制造业占38.2%，建筑业占14.3%，公共管理和社会组织占8.2%，批发零售业占6.9%，教育占6.3%。

到2008年底，建筑业从业人数达到3314.95万人，已经占到当年全社会就业总人数的4.19%，如图1-3-1所示。

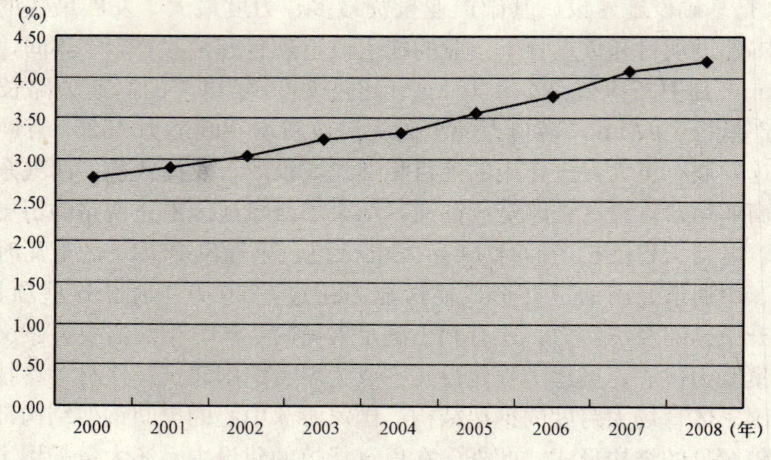

图1-3-1 中国建筑业从业人数占全社会从业人数比重

到2009年底，建筑业从业人数又增加了10.8%，达到3672.56万人。建筑业吸纳了大量劳动力，为缓解中国就业压力，特别是为解决农村剩余劳动力转移、促进农村产业结构的调整和应届毕业生就业等作出了积极贡献。

3.4.2 建筑业在投资拉动下，就业岗位增加显著

建筑业是典型的投资拉动型产业，长期以来，中国建筑业就业规模一直保持快速增长态势。最近3年建筑业每亿元新增固定资产投资可以增加1550个就业岗位。按照每亿元城镇新增固定资产投资拉动的新增城镇单位就业岗位计算，建筑业在各行业中处于第一的位置，如表1-3-5所示。

每亿元新增固定资产投资拉动的新增城镇单位就业岗位（单位：人）　表1-3-5

行　业	2005	2006	2007	3年平均
建筑业	2282.82	1306.08	1063.16	1550.69
金融业	399.96	1028.02	1947.96	1125.31
租赁和商务服务	898.07	652.78	273.47	608.10
卫生社保福利	363.05	347.38	306.59	339.01
科研技术地质勘探	285.64	298.83	241.94	275.47
公共管理社会组织	269.51	138.97	137.66	182.05
教育	115.08	153.44	104.81	124.44
制造业	120.57	81.49	52.53	84.86
信息计算机服务	66.67	74.76	111.69	84.37

续表

行　　业	2005	2006	2007	3年平均
居民服务业	−41.03	216.77	47.38	74.37
住宿餐饮	95.49	45.75	23.37	54.87
采矿业	42.11	71.74	15.60	43.15
水利环境公共设施管理	13.93	17.84	14.71	15.49
房地产业	12.56	5.73	8.64	8.98
文化体育娱乐	−23.08	−3.40	49.09	7.54
电力燃气及水生产供应	−1.84	5.54	1.41	1.70
交通运输仓储邮政	−34.33	−1.98	15.80	−6.84
农林牧渔	−325.37	−136.44	−81.64	−181.15
批发零售业	−418.77	−223.53	−55.27	−232.00

全球金融危机以来，为应对国际经济环境对中国的不利影响，进一步扩大内需促进经济平稳较快增长，国务院常务会议确定进行4万亿元投资，并提出进一步扩大内需、促进经济增长的10项措施：①加快建设保障性安居工程；②加快农村基础设施建设；③加快铁路、公路和机场等重大基础设施建设；④加快医疗卫生、文化教育事业发展；⑤加强生态环境建设；⑥加快自主创新和结构调整；⑦加快地震灾区灾后重建各项工作；⑧提高城乡居民收入；⑨在全国所有地区、所有行业全面实施增值税转型改革；⑩加大金融对经济增长的支持力度。其中，与建筑业密切相关的主要集中在基础设施、廉租房建设和棚户区改造等，都是通过建筑业的工程建设来实现。

发改委的数据显示，2009年4万亿投资中，用于铁路、公路、机场和城乡电网建设约1.8万亿元；用于农村民生工程和农村基础设施3700亿元；保障性安居工程2800亿元。可拉动9239万人就业，建筑业为1674万人。

3.4.3　建筑业在解决毕业生就业问题上作用巨大

高校毕业生是宝贵的人力资源，是中国建设创新型国家的重要智力支持。同时，大学生就业工作关系到千家万户的切身利益，关系到中国高等教育持续健康发展的大局，关系到学生走向社会谋求发展的切身利益，受到全社会高度关注。

建筑业已经成为高校毕业生的重要的就业方向。根据教育部的统计，2008年全国共有559万应届高校毕业生走上就业之路，比2007年上升64万，再加上往年毕业但尚未成功就业的人群，给原本严峻的就业市场带来了更大的压力。据英才网所做《2008年中国十行业就业指数》的调查显示，2008年的整体就业形势不容乐观。但是，调查中通过对不同行业的对比，发现建筑行业的就业率为所有行业最高，达到28.9%，是平均水平的1倍以上，这也说明建筑业市场的短暂低迷并未给整个行业的人才需求造成影响。

3.5 建筑业与社会稳定

3.5.1 解决“三农”问题发挥重要作用

“三农”问题事关中国经济和社会发展全局。农民外出务工，为城市创造了财富，为农村增加了收入，为城乡发展注入了活力，成为工业带动农业、城市带动农村、发达地区带动落后地区的有效形式。同时，促进了市场导向、自主择业、竞争就业机制的形成，为改变城乡二元结构、解决“三农”问题闯出了一条新路。返乡创业的农民工，带回资金、技术和市场经济观念，直接促进了社会主义新农村建设。进一步做好农民工工作，对于改革发展的稳定进行和顺利推进工业化、城镇化、现代化都具有重大意义。

目前，中国的建筑业容纳着超过3000万的农民工就业，在进城经商务工的农村剩余劳动力总数中所占比重超过1/3。建筑业已经成为“城”和“乡”之间经济关系的最主要结合点之一。建筑业的就业容纳能力能否持续扩张，在建筑业中从业的农民工的劳动收入能否及时足额拿到，直接关系到农民能否有更大机会分享城市化、工业化和国民经济发展的好处，关系到城乡之间利益关系的协调。因此，只有加快建筑业改革与发展，不断吸纳农村富余劳动力进入建筑业就业，将其转变为新的产业工人，才能更好地统筹城乡发展，构建和谐的社会。

改革开放以来，随着经济的持续快速发展，大量农村剩余劳动力向城市转移，形成了令人瞩目的农民工群体。在1995年农民工总数约为8000万人，达到了高峰，其中从事建筑业的为2203.6万人。1997年以来，由于需求不足、投资不景气，城市吸纳农民工减少，到1998年农民工总数减为4424万人，其中从事建筑业的为2403.4万人。1998年，从事建筑业的农民工占农民工总数的54.3%，占建筑业从业人数的72.2%。以上数据表明，第一，从事建筑业的农民工无论在农民工总数当中，还是在建筑业从业总人数当中都占有相当大的比例。第二，不管经济景气程度如何，从事建筑业的农民工都保持比较稳定的数量。

据农业部2003年统计数字，全国每3个产业工人中就有2个是农民工。此外，2005年劳动社会保障部的快速调查表明，在农民工流动大军中，农民工主要流向了制造业、建筑业、住宿和餐饮业、批发和零售业、居民服务业等重点行业，其中制造业占27%，建筑业占26%，住宿和餐饮业占11%，批发和零售业占12%，居民服务和其他服务业占9%，其他行业占15%。从中可以看出，建筑业对农民工的吸纳能力很强。

2008年，中国建筑业吸纳农村富余劳动力近3000万人，占全行业职工总数的76%；全国进城务工的农村富余劳动力，1/3集中在建筑行业。农民工进入建筑业不仅是完成大规模施工任务和促进建筑业发展的需要，也是增加农民收入、促进城乡统筹发展、改变城乡二元经济结构的重要途径。

3.5.2 建筑业为改善民生提供重要的物质基础

当前我国在经济快速发展的基础上，更加注重社会建设，着力保障和改善民生，努力使全体人民学有所教、劳有所得、病有所医、老有所养、住有所居，推动建设和谐社会。“坚持把保障和改善民生作为加快转变经济发展方式的根本出发点和落脚点”成为研究制定国民经济和社会发展第十二个五年规划的基本要求。

改善民生的一个重要举措就是实施保障性安居工程，改善中低收入群众基本住房条件。目前，中国低收入人口的比例较高，对廉租房等保障性住房的需求巨大。近年来，中国廉租房建设发展迅速。2008年中国廉租住房建设共投入354亿元，是2007年投入资金的3.7倍。其中实物廉租房建设投入286亿元，发放租赁补贴68亿元。开工建设、购买廉租住房63万套。

截至2009年11月底，全国新开工和通过各种方式筹集廉租住房185万套。其中，全国廉租住房新开工158.4万套，通过购买、改建等方式筹集26.6万套。租赁住房补贴户数达到292万户，其中新增租赁补贴80万户。

3.5.3 建筑业为住房保障制度的不断完善提供了保障和动力

住房保障和失业保障、养老保障、医疗保障等都是社会保障体系的组成部分。保障性住房是市场经济下政府必须提供的一个“公共产品”。作为住房保障制度的支撑行业，建筑业在中国的住房保障制度不断发展、完善的过程中，起到了至关重要的作用。

依照1994年7月公布的《国务院关于深化城镇住房制度改革的决定》，确定房改的基本目标是：建立以中低收入家庭为对象、具有社会保障性质的经济适用房供应体系，和以高收入家庭为对象的商品房供应体系。1998年7月，国务院发布了《关于进一步深化城镇住房制度改革加快住房建设的通知》，该通知提出：建立以经济适用房为主的住房供应体系。最低收入家庭租赁或由政府提供廉租房；中低收入家庭实行经济适用房。一些大型建筑业开发商，为树立口碑、提升社会形象，都积极参与到住房保障性项目的建设中来，用优质的产品回报社会。

3.6 建筑业与新农村建设

改革开放以来，中国通过发展乡镇企业和促进劳动力跨区域流动就业，加快了农村城镇化进程。多年来，全国建筑劳务经济收入一直居于农村非农收入第一位，各地发展建筑劳务经济、加强农民工培训的积极性很高。进入城市、进入建筑领域的农民工，绝大多数劳动所得带回家乡用于农村建设。并且，他们用新的思想观念和思维方式影响农村的生产生活，对于建设社会主义新农村具有重大意义。

3.6.1 建筑规范化是解决新农村基础设施建设问题的有效途径

要搞好新农村建设，首先，要保障新农村的基础设施建设。这既是关系到农民生产生活的大事，也是改善农民居住条件、提高农民生活质量的重点。

改革开放以来，中国的农村人均居住面积不断增加。但是，由于新农村房屋建设没有科学的规划和设计，导致建房自发、无序；单体现代化、总体散乱脏差；房屋高低、朝向、地坪标高不统一，设计风格、色彩装饰各异。

农民建房大多数由没有资质的农民建筑队承担，房屋式样全凭户主与施工队口头商量，施工作业手段落后，技术不高。没有正规的设计图纸，从业人员未经过专业的上岗培训，有的甚至使用不合格建材，房屋质量难以保证。

随着新农村建设的全面展开，农民对于新建房屋的质量安全意识逐步提高，功能要求越来越高，但是由于农民自身水平有限，对于施工质量和安全缺乏必要的认识，施工现场的管理水平有限且缺乏必要的施工管理经验等，直接影响了社会主义新农村建设的脚步。

将规范化的建筑业机制引入新农村建设是解决新农村建设遇到问题的根本途径。首先，要建立工程设计制度。要通过规范化的施工设计，满足农村砖木结构瓦房、砖混结构楼房以及框架结构施工的要求。

其次，要加强农村工程队伍建设，实现民房建筑专业化。要建立专业的农村建房技术服务队伍，为农村房屋施工给予必要的质量监督。鼓励监理公司、设计院、建筑企业等单位工程技术人员以“志愿者活动”的形式到农村工地指导服务，开展技术“扶贫”；并建立一定的奖励机制，对参与技术“扶贫”的建筑从业人员给予嘉奖。

第三，推荐“样板房”，减轻农民设计负担，加强统一规划布局。针对农村不同的地质情况设计出多套“样板房”施工图纸，供村民选择。这样不仅保证了农村居民住房的设计安全，还实现了新农村建设的整体性和美观性。

3.6.2 建筑业的发展促进农业人口流动

当前中国人口流动的主流是从农村流向城市的劳动力。人口流动给社会经济生活带来了深刻影响，其积极影响可以概括为以下三个方面：

对流入地而言，大量的流入人口为城市提供了丰富而廉价的劳动力，这不仅促进了建筑业的发展，同时促进了诸如家政、零售业、服务业、采掘业等的发展。据相关统计测算建筑业增加值中由农民工创造的占80%左右。

对流出地而言，流动人口为农村增加了宝贵的收入，据四川、安徽、河南、山西、湖南等省的统计，每年农民工从打工地注入家中的收入，都在100亿～200亿元。青年人的流动减轻了农村的就业压力，促进了农村观念的变革和城乡思想文化的交流。

对流动人口本身而言，流动的过程实际上成为一种锻炼和学习的过程，学到了技术技能，开阔了眼界，回乡后成为当地致富的能人，带动了当地的发展，有利于城乡协调发展。

3.6.3 建筑业的发展导致打工经济的形成

农民工外出务工为家乡带回了大量的收入，导致了打工经济的形成，解决了农村劳动力转移、贫困、温饱等问题。更重要的是，打工经济也为农村的发展提供了新的机会和空间。首先，打工经济的收入可以为回乡创业、农业发展项目提供启动资金。其次，大量的外出务工人员缓解了农村人口和粮食压力，节省下的余粮可以用来发展养殖业。第三，打工经济所建立起来的网络，可以为农村工业化、城市化的发展吸引资金、提供机会。最后，打工经济创造了一批不同于传统上的现代农民，这将促进整个农村居民观念的转变和现代化的发展。

3.6.4　建筑业提高新农村居民的生活质量和精神文明水平

建筑业在着力解决新农村居民最迫切的“走平坦路、喝干净水、上卫生厕、住整洁房、用洁净能源”需求的同时，还按照绿色美化的要求，推进新农村“三绿化一处理”的进行，即庭院绿化、道路绿化、村旁绿化和垃圾无害化处理。建筑业提高了新农村社区服务功能水平，依托原有基础，对医疗、教育、养老、文体设施进行升级改造，把新农村社区基础设施水平与城市社区基础设施水平接轨，着力提升农垦社区居民生活质量。新农村基础设施的建设还促进了相应文化设施的建设，为当地人民提高文化素质提供保障。建立农村基层图书馆（室），为农村营造健康的社会风气、提供新的理论和观念；提供先进的农业技术和科技常识，提供多层次的农村商品生产信息和市场经营方法，让新一代的农民找到自学成才和全面奔小康的原动力，成为为社会主义市场经济服务的一种新型文化阵地。

3.6.5　建筑业促进新农村旅游业的发展

建筑业通过对新农村进行基础设施和环境卫生建设，打造出新农村的特色。农村具备的果园、农田、菜园，加上庭院绿化、道路绿化、村旁绿化和垃圾无害化处理的良好环境，为城市居民树立起了崭新的“新农村”形象，吸引了大量游客，发展了新农村旅游业。

3.6.6　建筑业为新农村垃圾无害化处理提供了市场

植物纤维（秸秆）为实现绿色无害、节能舒适、安全稳固的建筑材料提供了保障，是建筑业未来使用材料的方向。

(1) 抗震能力强

植物纤维本身具有较高的承重性能，且体轻的优势提高了建筑及土地的安全性。植物纤维建筑由于自重轻，对土地的荷载小，适于制作“整体浮筏式基础”在地震的波浪中自由荡漾而安然无损。同时，避免了传统建筑由于巨大的自重荷载，造成建筑基座土地下沉、墙体开裂、各种管道沟塌陷、矿区土地大面积沉降断裂、滑坡、大型建筑物土地无法回复利用等诸多弊病。

(2) 极好的防火性能

植物纤维建筑构件是绝燃材料，具有天然的防火性能，对于建筑防火意义重大。

（3）低能耗

秸秆具有材料成本低、地域适用广、节能成本显著的特点。可根据不同的地域气候条件，使用不同的品种，具有极大的地域和气候适应性，并以廉价的“干燥空气”为主要保温隔热介质，使建筑节能的性价比最优化和建筑节能的成本低廉化。

（4）环保

植物纤维建筑构件在生产过程中无污染。全部原料不含氡、甲醛、苯等有害物质，保证在使用寿命中的无害化。全部生产过程实现零排放，不排气、水、渣。施工中，全部使用干式作业，工厂制作、按序拼装、专用螺栓快速连接，全过程没有噪声、水、渣、泥、场地污染。除此之外，秸秆建筑还解决了农村秸秆乱堆乱放问题，美化了新农村的环境。

正是由于秸秆建筑具有以上突出特性和优点，秸秆建筑必然成为环保建筑的新方向，大量秸秆建筑的建设和使用为农村垃圾的无害化处理提供了途径。

第4章　中国建筑业30年来改革与发展的经验与启示

改革开放以来，中国建筑业取得了令人瞩目的成绩，各项主要经济技术指标屡创新高。建筑业现已成为中国重要的支柱产业和富民产业，为中国的经济发展和社会进步作出了重要贡献。但是当前中国建筑业和工程建设管理体制仍存在不少问题，如国有建筑业企业改革不到位、现代市场体系发育不成熟、建筑业能源耗费大、技术进步缓慢、国际竞争力不强等，导致建筑业的发展遇到了很多的困难。尤其是，加入WTO融入国际市场后，国外企业进入中国工程建设市场，对中国建筑企业竞争能力构成了巨大的压力。

总结中国建筑业在改革与发展中积累的经验，对于进一步完善与社会主义市场经济体制和WTO规则相适应的建筑市场管理体系和市场运行机制、增强建筑业的活力和竞争力，具有十分重要的意义。有利于提高建设工程投资效益，充分发挥建筑业在国民经济和社会发展中的支柱产业作用。

4.1　工程质量与安全

4.1.1　存在问题

近年来，尽管中国在工程质量管理方面取得了很大的成绩，但是，工程质量领域还存在着一些深层次的问题没有解决。

(1) 工程质量没有明显的提高

整顿建筑市场，努力提高建筑工程优良品率，已成为建设领域的工作重点。2002年北京、上海、重庆、辽宁、山东等27个省、区、市查出有违法违规问题的工程项目7532个，占在建工程项目的4.5%；共查出4916家单位有建筑市场违法违规行为。同年，建筑业企业完成的工程质量优良品率为29.6%，优良面积品率为38%，与2001年相比，分别下降了3.7个百分点和5个百分点，特别是部分地区的工程质量优良品率、优良面积品率不足20%，低于全国平均水平十几个百分点。优良工程所占比例的高低能直观地反映出工程质量的优劣，也能间接说明在工程质量管理上存在的问题，暴露出投资建设管理上的漏洞。

在2007年全国建设工程质量安全监督执法检查中，重点对住宅、公共建筑、市政桥梁工程执行工程建设强制性标准、建筑工程节能质量、施工现场安全生产和各地安全隐患排查工作情况进行检查。在23508项检查内容中，符合、基本符合、不符合项分别为16689、6370、449项，占总检查项的71%、27.1%、1.9%，与2005年全国检查的情况基本持平。

(2) 质量安全问题涉及主体广泛，质量安全监督执法力度不够

建设、勘察、设计、施工、监理等各方责任主体均不同程度存在质量安全问题，

工程建设强制性技术标准的没有全面执行。在2007年全国工程质量安全检查中，共对32个违反工程建设强制性标准和存在质量安全隐患的工程项目下发了《建设工程质量安全监督执法建议书》。从检查结果的统计看，勘察、设计、施工环节工程建设强制性标准检查项的符合率分别为72.29%、80.65%、55.96%；各方主体质量行为检查项的符合率分别为：建设单位93.01%、勘察设计单位75.03%、施工单位58.90%、监理单位59.91%、工程质量检测机构94.80%、施工图审查机构97.21%。部分地区监督执法工作比较薄弱。受检项目在质量控制和生产安全方面存在着显而易见的问题，但没有被指出；有些工程责令整改得不到落实。

建设单位质量安全责任不明确，建设单位违反法定建设程序，不依法办理质量监督和施工许可、不按规定进行竣工验收备案等现象屡有发生。

（3）工程质量监督管理环节脱节、监督效率低下

中国对工程质量监督管理是按照“政府监督、社会监督、企业自控”的原则进行的。但由于政府监督管理涉及政府部门很多，如建委、规划局、国土局、技术监督局等，在现实中，这些部门条块分割、责任不清，出于某种权利和利益考虑，互相不配合，各行其是，彼此难以高效沟通，甚至出于政绩的考虑，隐瞒违纪和处理意见信息，造成监督管理不力；而社会监督因信息来源范围狭窄，没有达到对工程项目建设进行制约、限制、督促的目的；至于企业自控，企业为维护自身利益，对一些违纪违规行为欺上瞒下，由此造成监督环节脱节、监督效率低下，有法不依，给施工企业偷工减料创造机会，导致“腐败工程”、“豆腐渣工程”的滋生。

（4）质量安全通病多发

多年存在的质量安全通病没有得到根治。如勘察野外作业不足，工程现场资料管理混乱，执行强制性标准不严格；施工安全防护措施不到位，部分工程隐患多，临边、洞口、临电、脚手架搭设中的违规情况较集中；个别企业关键专业工种操作上岗及配备不到位。

（5）从业人员技术能力欠缺

在不同地区、不同企业间技术人才资源分布不平衡，经济欠发达地区以及资质较低企业技术人员对标准规范掌握不准确、概念模糊的情况还比较突出。

4.1.2 对策

（1）抓好企业质量管理工作

在工程质量管理工作中，要突出抓好企业的质量管理工作。落实好各方主体和有关机构的质量责任，强化企业自律。《工程建设勘察企业质量管理规范》和《工程建设设计企业质量管理规范》，既是政府主管部门和建设单位判定勘察、设计企业质量保证能力的重要依据，也是企业自我评价质量保证能力的准绳。做好对企业和有关机构不良记录的管理工作，通过通报、公示等手段，通过建立“绿色通道”和“黑名单”制度，鼓励优胜劣汰，推动企业自律。通过市场的约束及企业自身的愿望和需求，抓住工程质量的薄弱环节和关键环节，采取有效措施，切实推动工程质量管理

工作。

(2) 加大质量安全监督执法检查力度，完善质量安全监管制度和措施

1) 严格依法执法

各地要促进执法检查的制度化、常态化，持续开展各类专项整治和综合检查工作，对于检查发现的问题要依法进行处罚并加强督促整改和跟踪检查。

2) 完善市场与现场联动的监管机制

在工作方式上要充分考虑各环节间的联动以及组织机构的整合，统筹兼顾工程建设的设计、施工和使用全过程，减少管理环节重叠和行政资源浪费，不断提高监管效能。

3) 落实质量安全责任

进一步落实好工程建设参与各方和相关责任人的质量安全责任，强化建设单位和执业资格人员个人责任。

4) 畅通信息收集渠道，加强信息化建设

及时地通过施工图审查、工程监理、质量检测、质量监督、质量检查、群众举报、事故处理等工作发现建设工程各方责任主体和有关机构存在的违法违规情况。要严密监控重点地区、重点企业和重点环节，及时消除施工现场各类安全隐患，建立健全重大危险源和重大隐患辨识、监控、排查治理机制，有效遏制建筑施工高处坠落、各类坍塌等重、特大事故的发生，促进安全生产形势的进一步稳定好转。

(3) 推进质量安全诚信评价及惩戒体系建设

通过做好工程质量责任主体和有关机构不良记录管理工作，加强对从业单位和人员的质量安全不良记录管理。通过通告、公示进行信用惩戒，通过市场约束增强工程建设有关各方的质量安全责任意识，作为政府监管的有效补充。

(4) 强化农民工质量安全技能培训

要继续加强对农民工的质量安全培训教育工作，不断提高农民工的操作技能和安全防范能力。在培训中要对施工图审查、质量监督以及各类质量检查工作中发现的常见问题进行分析、整理，针对性地开展培训活动，提高从业人员准确应用工程建设标准的能力。

(5) 以技术创新推动工程质量水平提高

建设工程质量技术水平的提升离不开企业的技术创新。2006年建设部印发了《关于进一步加强建筑业技术创新工作的意见》，对技术创新工作的指导思想和工作目标，对如何开展技术创新工作提出了具体的要求，是今后建筑业技术创新的指导文件。

政府部门要做好引导工作，通过鲁班奖评选等工作，推动勘察、设计和施工技术发展。同时，研究、制定相关政策措施，鼓励先进适用技术、材料、产品在工程中的应用，以提高项目建成后的综合效益。

(6) 改革设计施工生产组织管理方式

通过改变设计与施工脱节的状况，实现设计与施工环节的互相渗透，提高工程建

设整体效益和质量水平。大型施工企业要进一步强化施工图深化设计能力，发展各类专业施工详图的集成设计能力，大力发展兼具设计施工能力的专业承包企业，促进设计与施工技术的结合与发展。

4.2 项目管理体制改革

改革开放以来，中国对建设项目管理体制进行了一系列改革。其中，《建筑法》和《招标投标法》的颁布实施，把建设项目管理体制的改革推向了深入，对规范建设市场、加强建设项目管理产生了一定的作用。但是，随着经济形势的发展，建设项目管理方式、管理内容以及管理环境的日趋复杂化，原有的建设项目管理体制弊端也日益显露。

对于政府投资项目而言，随着中国社会主义市场经济体制的逐步确立、发展和完善，中国由计划经济体制沿袭下来的政府投资项目管理体制暴露出了许多弱点，如效率低下，资源浪费严重，易滋生腐败现象等。

4.2.1 建设项目管理

(1) 存在问题

1) 工程招投标制度执行不规范

从2000年开始实施《招标投标法》以后，各地相应制定了招标投标法规和实施细则，使招投标管理工作取得了较大发展与进步，逐步形成了建设市场招投标的良好环境。但是由于中国建筑市场发育尚不完善，管理体制和法制不健全，招投标制度在实际操作过程中还存在不少问题。

具体问题表现为：

①法律法规不健全，执行不到位。中国目前招标投标相关的法律法规、规章以及管理办法等文件，分别由全国人大、国家相关部委、地方人大及政府各级行政主管部门来制定，由于涉及了不同的执法主体和监管单位，各自角度和立场不同，同时，受部门利益影响，造成实际上的政出多门、条块分割、部门垄断，甚至发生下位法与上位法冲突和抵触问题，降低了法律的约束力，致使执行不到位。

②缺乏统一监管体系，政府职能改革滞后。由于中国招投标行政监管机构条块分割，多部门监管，加剧了市场的分割和垄断。土木工程招标投标监管由建设行政主管部门负责，设备招投标监管由经济贸易行政主管部门负责，交通、铁路、水利、通信等专业工程的投招标监管则分别由各专业行政管理部门负责。同时，工程项目又分为重点建设项目和一般建设项目。各地方又分别出台了地方性的重点建设项目招标投标管理办法，进行单独管理。

③招标代理秩序混乱，独立性和公正性不够。由于代理机构受招标人委托，其服务性和有偿性的特点决定了代理机构容易受招标人影响，从而失去独立性和公正性。招标代理人往往以业主的意愿为原则，凭借自己的专业技能，钻法律法规的空子，使业主授意的中标人合法中标，扰乱正常的招投标市场秩序。

④信用体系缺失。中国目前还没有建立起与社会主义市场经济相适应的信用体系，缺乏有效约束信用缺失行为的完善的法律法规制度，使得招投标市场中信用缺失行为和投机行为有机可乘。同时，守信成本高，失信成本低且利润大，造成一些企业违约不讲信用的收益远比付出的代价大，导致守信的市场主体被迫退出市场或者放弃守信原则。

2）建筑业企业管理手段落后

建筑业信息化水平低，信息技术在建设项目管理应用领域的落后。据统计，国外90%以上的建设项目在实施过程中都采用专业软件辅助进行管理，而中国还不到10%。建筑业信息技术的开发和应用及信息资源的开发和利用效率较差，使建筑业相对其他产业之间也存在较大的数字鸿沟。根据《中国电子商务白皮书（2003年）之一：中国电子商务发展报告》资料显示，已建立、正在建立和计划建立电子商务比例较高的两个行业分别为电子行业（59.5%）和交通运输邮政业（58.5%），而较低的两个行业分别是建筑业（28.2%）和社会服务业（37.2%）。建筑业信息化已成为目前中国建筑业发展的一个重点。

3）传统的经营管理模式不适应市场需求

建筑施工企业传统的管理模式按职能展开，其组织结构的特征是纵向分层次，横向分部门。每个层次是一个权力等级，每个职能部门是一个相对独立的单位。这种组织结构使企业的内部信息采集、处理和传递是分散的、独立的。在强调企业对市场需求多样化立具有较高柔性的今天，传统的管理模式就显得不适应。

尤其对于总承包企业而言，传统经营模式的弊端日益显露。当前，中国工程总承包企业肩负着提高工程建设管理水平，保证工程质量和投资效益的重任。但由于我们能够与国际大型承包商进行竞争的建筑企业尚少，为了能够在短时间内尽快地实现承包业务的扩大，国内多数大型的承包企业实行了快速的重组。这样做的结果，导致工程总承包企业开展多元化经营取得的超额利润，被技术、资金、人力等各种资源过度地分散，反而削弱了总承包企业的竞争力。以往的研究也表明，在高度多元化的建筑企业中有时技术效率会降低。

4）工程法律法规不健全

涉及工程建设领域的现行法律法规存在“三多三少”的问题，即原则规定多、具体细则少，禁止规定多、配套罚则少，部门规定多、适用规范少，导致罪与非罪界限难以区分。这就导致在基本建设活动中有章不循、有法不依，不报建、不招标及任意肢解发包工程、强行压价等现象屡禁不止，极大地制约了中国项目管理的进一步发展。

5）工程造价缺乏统一管理

中国的工程造价管理正由政府定价转向政府指导价，国家调控价，市场形成价格，由政府计划统一的定额计价管理转向“控制量、指导价、竞争费”全面的、动态的工程造价管理，实现工程造价管理市场化。在此过程中，建设项目造价缺乏统一管理。目前，定额按其管理机构分类，分为国家各部委颁发的定额及各省、市、自治区编制的定额。这就造成，一方面多种定额在内容上相互重复交叉，适用范围相互界定不清，甚至同一类定额项目水平相差悬殊，计算方法各异。另一方面，现行定额不配套，内容缺项多，换算活口多。在当前建设市场不规范、不正当竞争比较严重的情形下，易造成建设项目效益低、浪费严重，建设项目投资失控。尤其是对于政府投资项目，现有的定额体系不能达到有效控制投资的要求。

（2）对策建议

1）深化招投标制度改革

为了维护建筑市场秩序和公平竞争，寻求根治工程招投标领域存在问题的治标治本对策。为此，提出对策建议如下：

①完善法规制度体系，创新监管机制。对政府制定出台的招投标相关的法规、规章及文件等进行全面清理，理顺《招标投标法》与其他各法规、部门规章之间的关系，构建统一的招投标法律法规制度和体系。建设主管部门应尽快出台《招标投标法》实施细则，增强《招标投标法》的可操作性。

建立有效的制衡监管体系，落实招投标争议处理机制。当前要完善招投标运作机制，加强部门间交流合作，综合运用法律、经济和必要的行政手段，提高政府在招投标市场中的监督管理能力和服务水平。同时，强化对政府投资项目招投标全过程的监督执法，做好举报投诉的调查处理。

②建立长效机制，约束和规范市场各主体行为。建立健全工程建设市场信用体系，是规范招投标活动的治本之策之一。要进一步加强行业自律，推进招投标信用体系建设，更好的发挥诚信机制作用。逐步在行政许可、市场准入、招标投标、资质管理、工程担保与保险等工作中，积极利用已公布的诚信行为信息，依法对守信行为给予激励、支持和市场保障。对失信行为给予惩戒，逐步健全有效的诚信奖惩机制。

③加快推广工程担保和保险制度。推行工程担保和保险制度是规避、转移工程风险的重要手段。在工程项目招投标中强制推广工程担保和保险制度，有利于促使建设市场形成优胜劣汰的良性竞争机制，为业主选择合格的承包人创造条件。

2）提高建筑业信息化水平

建筑领域的信息化问题已经得到国家政府部门以及企业的高度重视，建设部在2003年发布了《2003～2008年中国建筑业信息化发展规划纲要》，提出了建筑业信息化发展的总体目标。主要包括：①运用信息技术全面提升建筑业管理水平和核心竞争能力，实现建筑业跨越式发展；②提高建设行政主管部门的管理、决策和服务水平；③促进建筑业软件产业化；④跟踪国际先进水平，加快与国际先进技术接轨的步伐，形成一批具有国际水平的现代建筑企业。

建筑业企业应当按照此规划纲要的精神，构建企业数字神经网络，对内实行人力、资金、物料、信息资源的统一规划、管理、配置和协调，使信息技术与管理业务流程相互整合，提高企业管理效率；采用计算机虚拟现实技术模拟仿真施工全过程，优化施工组织和方案，推动企业管理现代化进程。

3）创新工程项目管理模式

可通过多种途径实现：

①通过企业结构调整和业务转型，增强企业应对风险的能力。建筑业企业要通过项目管理模式创新，调整经营结构和经营战略，整合内部资源，突破单一的工程承包经营形态，进行业务调整和链上下游产业链条延伸，不断开拓业务经营新领域。创造新型的资源配置模式、盈利模式和商业模式，改善利润结构，从低附加值区域不断向高利润区域转移，提高建筑企业的综合实力和抵御风险的能力。

②创新企业经营模式。为适应当前建设市场产品的多样性、复杂性、地区性广等新要求，中国建筑业大型龙头企业应逐渐改变企业上规模、求大而全的发展方针，将新管理理论和方法引入企业管理中，创新企业经营模式。围绕龙头企业在建设产品供应链和价值链中的核心位置，为了实现建设产品敏捷的制造方式，建立功能设置的完整性、局部资源的全局共享性、动态规划的组织原则及开放式的体系结构。借助于现代管理技术，特别是计算机信息技术，构建由网络技术信息网络、知识网络、物流网络及契约网络四个平台构成建筑企业高效运作的整体平台。

③通过设计、采购、施工一体化管理，提升工程承包商的综合服务能力。由于设计、施工、采购供应三权鼎立、相互割裂，其结果是增加管理成本、工期拖延、投资超额，合同纠纷增多。为此，建筑企业必须通过企业资质转换，改造和重组勘察、设计、施工企业的组织机构，以适应项目管理模式的创新发展，打造建筑企业的集成业务能力。

4）尽快健全法律法规体系，加强行政监管与监督

构建统一的建筑业法律法规体系，理顺法律法规、部门规章之间的关系，尽快出台操作强的实施细则。

各级建设行政主管部门要加强与检察、监察、司法部门，以及与外地相关职能部门之间的沟通与协调，建立部门、地区之间信息共享机制。

建立有效的制衡监管体系，加强监管部门间交流合作，综合运用法律、经济和行政手段，提高政府在建设市场中的监督管理能力和服务水平。

建立长效机制，约束和规范市场各主体行为。即推进建设市场信用体系建设，在行政许可、市场准入、招标投标、资质管理、工程担保与保险等工作中，实行诚信奖惩制度。

按照行政许可法的规定，公开审批程序，简化和规范工作流程，提高工作效率和透明度。同时，要加强审批许可后的监督检查。完善行政执法责任制，明确岗位职责，规范执法程序，把岗位责职分解后落实到个人。强化监督约束，评议考核和责任追究。

5）建立统一的工程造价管理机构与协调制度

要建立一个统一的工程造价管理机构，强化工程造价管理部门的管理职能。加强宏观调控能力，健全工程造价管理的制度和办法。加快法规建设，规范建筑市场，维护市场主体的合法权益。理顺各种工程造价管理主管部门的关系，建立各部门定期的协调联系制度，使工程造价管理的标准和指标能够更好地衔接、配套。从政府组织管理逐渐过渡到行业协会管理，鼓励设立专业的工程造价咨询中介机构。国家部门对政

府和非政府投资分开管理，放开建材和人工的价格，由直接管理向宏观调控转变，工作重点放到制定有关法规、政策，搞好协调，理顺关系，提供信息服务上。

4.2.2 政府性投资工程项目管理

(1) 存在问题

1) 政府性投资工程项目管理缺乏专业性

许多政府投资工程，都是临时组建项目班子进行管理。由于工程建设的管理具有很强的专业性、技术性，特别是政府投资工程多是关系国计民生的重点工程，对工程的质量、工期、造价控制要求都很高，由临时组建的项目班子进行工程管理，其人员素质参差不齐。在实践中出现了违反工程建设基本规律和客观科学规律的问题，导致工程建设过程中投资浪费，出现大量的质量、安全问题。

2) 政府性投资工程项目多位一体化现象依然存在

在很多政府投资项目中，业主就是今后的使用单位，造成投资管理、建设组织实施管理、建设监管和工程使用单位“四位一体”的现象。

在政府投资项目的招标投标中，政府承担着立法、监督管理和投资人三种角色，相互之间界限不清，导致正常的招投标市场秩序无法建立。同时，政府掌握着市场准入、项目审批、价格管制、行政垄断、地区保护等过多的资源配置权，易形成权力寻租，使得工程建设领域腐败现象多发。

在工程建设中，擅自扩大规模，提高建设标准，甚至故意搞钓鱼工程。致使投资失控，“三超”现象大量存在。尤其是对于非经营性政府投资工程，其投资效果难以衡量，很难追究项目管理者的责任，造成了投资的大量浪费，更有甚者，不乏管理者利用职权，贪污腐败，扰乱了建设市场的正常运行。

对于业主是政府的政府投资工程项目，行业或地方的主管机构，既负责项目的组织实施，又行使建设市场监管的职责，造成监管不力。当前，建设市场管理的法律法规对政府投资工程缺乏有效的约束，政府业主不执行法定建设程序的现象时有发生，造成政府投资工程的投资效果难以控制。

(2) 对策建议

1) 对政府投资工程推行专业化管理

可通过下列方式实现：

①建立政府投资专业机构。通过立实施政府投资工程的专业机构，对政府投资工程实行相对集中的专业化管理。根据政府投资工程的专业性质分别由不同的政府专业机构进行非常严格的管理，即由政府专业机构行使业主的职能，对政府投资工程的实施进行全过程的集中管理，建设完成后，再交付使用单位使用。

②充分依靠专业人士和中介组织。政府按照规定的程序选择和委托相应的工程咨询公司来管理，政府实施监督。所有的重要技术环节都有专业人士把关，工程中质量、技术、安全、成本等责任明晰。由于专业人士的风险责任制度、无限经济责任和责任保险制度的约束，形成了整个工程咨询行业人员必须向政府负责、向业主负责的

运行机制，调动起了专业人士和机构的责任心、也有利于投资目标的实现。

③建立简便可行的政府投资工程承包准入制度。为发挥政府采购对于企业优胜劣汰的促进作用及保护中小企业、弱势群体的公益作用，要在现有承包商资质管理的基础上，确定有资格承包政府投资工程的企业和组织的管理制度。

2）完善政府投资工程建设实施过程的部门制衡机制

按照政府投资工程要实现建投分开、建管分开、建用分开的原则，由使用单位提出工程的使用功能要求，财政、计划部门提出建设规模和建设资金预算意见。项目确定后，财政部门着重于政府投资工程的投资计划、资金拨付、资金使用监督；建设部门负责建筑市场的管理。

3）政府机构之间权力、责任科学匹配，互相制约，避免权利寻租

根据各部门的法定职责，其各自要在工程的不同阶段发挥作用。使用单位提出需求并参与设计审查以及交付验收；建设部门参与前期的可行性研究、概预算编制并负责建设实施，甚至管理和维护；财政、预算部门要对工程预算进行审查并进行集中支付。这样职责清晰，彼此制约，各部门专注于本职能范围内的职责，避免权利寻租。

4）建立、健全政府投资的法律法规体系，强化工程担保

建立、健全并逐步完善专门针对政府投资工程的法律法规。有必要在《政府采购法》的基础上，制订更加详细的具有可操作性的政府投资工程管理细则，利用法律手段规范管理，尤其是采购程序必须公开透明，防止暗箱操作。

在政府投资工程中大力推行工程担保和工程保险制度。政府投资工程要保证工程质量和项目成功，不能承担较大的合同风险与工程风险。解决此类问题的最佳途径就是对政府投资工程中实行工程担保和工程保险制度，以保障工程风险能通过保险公司转移以确保政府投资项目的成功。

4.3　建筑业科技进步

改革开放以来，我国建筑业的科技创新力量不断加强，企业技术进步工作取得了很大的成就。但应该看到，我国建筑业技术素质的整体水平仍不高，整个产业的科技含量、科技进步的贡献率都偏低。建筑业的增长方式仍以粗放型、外延性为主。此外，我国建筑业科技创新工作的力度、资金投入和工作成效，在地区之间、部门之间、专业之间、企业之间都存在很大差别，发展具有明显的不平衡性。

4.3.1　存在问题

（1）高能耗、高投入、低效益外延式扩张的发展模式

长期以来，我国建筑业经济粗放式发展模式始终未得到有效解决。根据国民经济核算的投入产出表对建筑业进行分析，计算得到的增加值率和中间投入率如图1-4-1所示。

从图1-4-1可以看出，增加值率最高的行业是金融保险业，2002年为0.639385，2005年为0.6153393，2007年为0.6894547。其次是农业，同期指标分别为

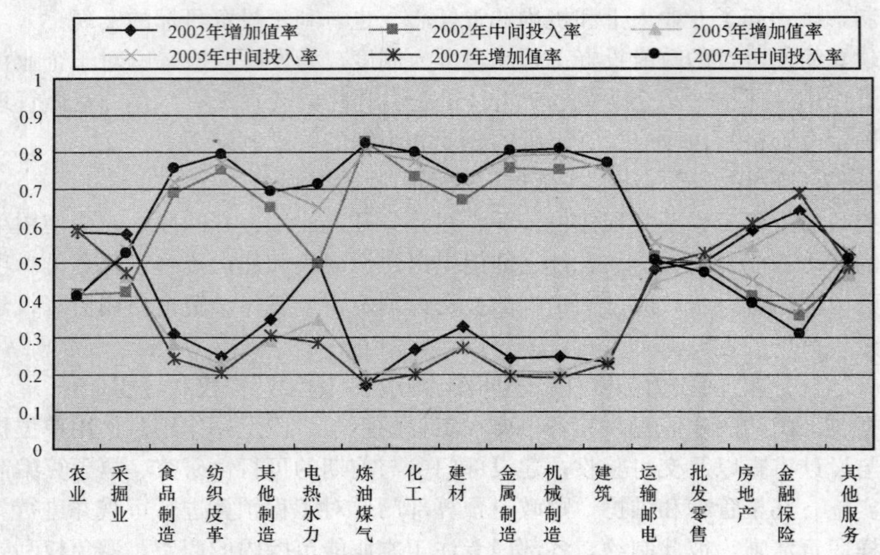

图 1-4-1 各行业的增加值率和中间投入率

0.581917、0.5864551 以及 0.5861611。相比之下，建筑业的增加值率较低，同期仅为 0.234396、0.2556999 和 0.2313943，而中间投入率则高达 0.765604、0.7443001 和 0.7686057，是典型的高投入、低效益的行业。目前中国多数建筑企业仍属于劳务密集、粗放式和外延式发展模式，建筑业产出的提高基本上依靠增加各种资源的投入来实现。多数建筑企业还只重视生产经营，重视投入、忽视产出，重视产值、忽视效益。这种状况与国外先进企业在不增加或少增加资源投入的前提下，主要依靠科技进步获得更高的产出的内涵式发展相比，存在很大的差距

（2）科技创新和技术进步贡献率低

2005 我国科技创新和技术进步对经济增长的贡献率大约为 30%左右，既远远低于发达国家 60%～80%的水平，也低于发展中国家 35%的平均水平。我国对外技术依存度为 54%，而美国、日本、芬兰等 20 多个全球公认的创新型国家，其对外技术依存度均低于 30%，而科技对经济的贡献均高于 70%。

对我国建筑业总产值的增长贡献进行分析，结果表明，我国建筑业总产出的主要贡献来自各种资源投入。依据表 1-3-1，2002 年中间投入贡献率达到 76.56%，劳动者贡献率为 13.86%；2005 年，中间投入贡献率达到 74.43%，劳动者贡献率为 13.04%；2007 年，中间投入贡献率达到 76.86%，劳动者贡献率为 11.81%。从中反映出作为传统产业的建筑业，整体产出增长仍属于外延粗放型，科技进步作用不够明显，比例较低。

（3）研发投入严重不足

依据 2000 年全国 R&D 资源清查主要结果，R&D 经费支出按国民经济行业分类，农、林、牧、渔及其服务业支出 7.7 亿元，占总支出的 0.9%；工业为 490 亿元，占总支出的 54.7%，其余各业支出占总支出比例：建筑业 0.6%，地质勘察、水

利管理业0.6%，交通运输、仓储及邮电通信业1%，计算机应用服务业1.6%，卫生1.3%，教育8.2%，科学研究业28.8%，综合技术服务业及其他2.3%。

为全面掌握我国R&D活动情况，更好地适应新形势下宏观管理的需求，国家统计局、科技部、国家发展改革委、教育部、财政部、国防科工局决定联合开展第二次全国R&D资源清查。清查的标准时点为2009年12月31日，时期资料为2009年度，2011年底以前完成清查的数据库建设和资料开发工作。

（4）建筑业企业技术装备低

我国建筑业企业的技术装备水平低，多年来增长缓慢，如图1-4-2所示。1991年以来的统计数字显示，建筑业企业的技术装备率和动力装备率并没有伴随建筑业总产值和增加值的高速上涨而快速提升，反而是在2000年以后出现负增长，2009年虽然技术装备率和动力装备率出现回升，但仍然未恢复到2003年水平。

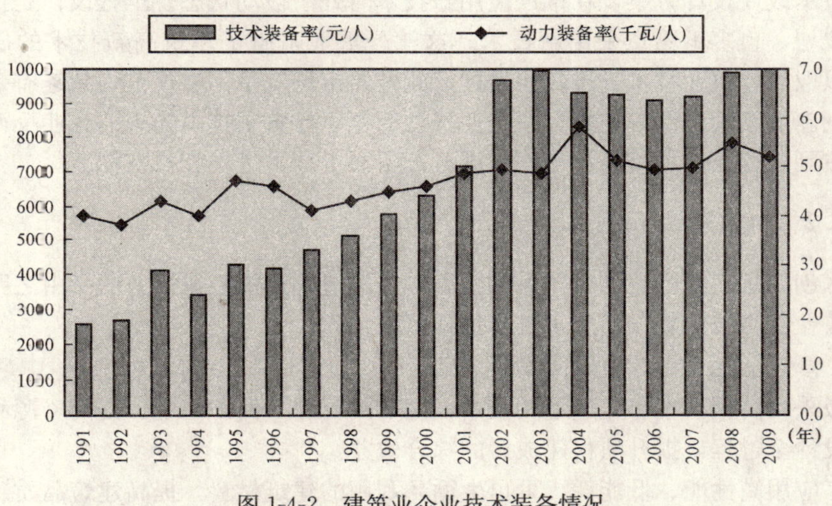

图1-4-2　建筑业企业技术装备情况

（5）缺乏创新人才、技术和资金

我国建筑业人才结构不合理，农民工比例大，占整个建筑业职工人数的70%左右。同国外先进企业相比，技术和管理人员占从业人员的比例过低。建筑业企业，特别是中小企业的科技开发能力相对较弱，普遍缺少专利技术和专有技术。建筑业企业科研开发和试验经费不固定，科技资金来源渠道不稳定，在遇到重大项目中技术难题进行科研攻关时，基本以自筹资金为主，往往会因经费问题受到影响。

以上这些因素对技术创新的开展产生较大制约，使建筑企业的技术研发、创新活动在过去相当长时间内只能着眼于面向具体工程项目的工艺改造、管理技术的改进等，而有计划、有步骤地进行新产品、新技术的开发较少。此外，原创性的技术发明、成套技术在工程中的应用较少。

（6）基础性科学研究缺乏支持

建筑行业资源消耗大、利用率不高，高新技术与传统产业的结合程度不够。自从科研院所体制改革后，经济效益成为主导，主要科研工作围绕工程建设和新产品开发，基础性工作研究因得不到经费支持很少立项。如建筑能源形式利用、可再生能源的开发、建筑结构体系的发展、混凝土耐久性、建筑施工节能及建筑垃圾处理与利用等研究工作滞后。

以上问题可以通过相关数据得到有力地证明。从仅有的2000年建筑业R&D公开统计数据来看，全年经费支出53210万元，其中基础研究为1089万元，仅占2.0466%；应用研究为6448万元，占12.11%；试验发展为45672万元，占到85.833%。

(7) 体制障碍

多年遗留下来的设计与施工分离体制尚未解决。施工企业在工程建设中，通常为照图施工，采用新技术时还需征求建设单位和设计单位的意见变更图纸，很少提出采用高新技术改变设计方案，在推广应用新技术时处于被动状态。工程设计是按平方米或造价取费，也多不愿意采用新技术。这就严重地阻碍了建筑高新技术的研发与应用，难以取得建筑业技术进步较快发展。此外，市场竞争不够规范，缺乏有效的技术进步与创新的激励机制，招投标中企业恶性的竞争导致了技术先进的企业反而难以在市场上拿到工程。这种市场竞争不够规范，阻碍了技术进步和科技创新。

4.3.2 对策建议

技术创新是建筑行业创新体系的核心，是塑造企业核心竞争力的必由之路。今后我国建筑业在科技创新方面应进一步加强以下工作：

(1) 降低能耗，走绿色低碳发展之路

积极采用高新技术和先进适用技术，把节约资源、保护环境、提高资源利用率贯穿工程设计全过程，提升项目建成后的综合效益。

推广应用高性能、低能耗、可再生循环利用的建筑材料，提高建筑品质。

发展整体装配式结构技术，提高建筑构配件的标准化、系列化、定型化程度，加大建筑部品部件产业化生产比重。

提高建筑施工技术装备水平，全面提升施工现场装配和机械化生产能力，大幅度提高建筑业的劳动生产率。

有效应用清洁生产技术，推进“绿色施工”，减少施工对环境的负面影响。创建节约型工地，在施工过程中节约使用煤电油气等资源，降低建筑施工能耗。

对建筑能耗总量进行量化控制，考核建筑的规划、设计、验收、运行管理、设备使用、节能改造全过程中各个系统节能工作的绩效，最终实现低碳节能的目的。

(2) 建立技术创新体系

1) 建立以企业为主体、市场为导向、产学研相结合的技术创新体系

建筑施工企业和勘察设计企业是创新体系中的主体，它们是科技创新成果的需求者、推广者和应用者。政府主管部门和行业协会应作为引导者、支持者，通过政策积极引导科技创新工作。

充分发挥科研单位的工艺研发优势，以及高等院校的多学科综合研究优势，将一批重大科研项目交与高等院校和科研机构合作研究，以解决创新中的关键技术。

以咨询机构为主体的中介服务单位，是建筑技术创新成果转化为现实生产力的桥梁和纽带。通过为科技创新工作项目提供技术咨询和中介服务，促进科技成果转化。

2）建立企业技术研发中心

每一个大型建筑业企业都应当结合自己的实际，按照建设部《“十一五”建设科技发展规划》的要求，制定切实可行的具体实施方案，增加研发投入，按规定建立技术研发中心。

3）培养创新人才

只有培养出更多的既懂技术、又懂管理和经济的高水平创新人才，才能进一步提高我国建筑业科技创新的整体能力和水平，才能使建筑业的技术创新具有可持续性。

4）依法保护知识产权

按照市场经济的原则，建立以专利、专有技术权属保护和有偿转让为动力的技术创新激励机制。依法保护勘察、设计、施工企业的专有技术、计算机软件、设计方案、勘察设计成果等知识产权。

5）自主创新与引进消化吸收并举

自主创新是提高企业核心竞争力的根本，建筑业企业在立足于开发企业专利和专有技术的同时，应广泛开展国内外的科学技术交流与合作，在消化吸收的基础上实现再创新，从而加速技术创新的步伐。

（3）重视促进科研成果向现实生产力转化，加大创新成果的推广和适用力度

目前科技创新中普遍存在着重视课题研究和技术攻关、忽视推广应用的倾向。这使得一些技术创新成果不能及时转化为生产力，造成巨大的浪费。因此，建筑业的科技创新，既要结合工程建设需要确定一批高新技术攻关项目，还要高度重视各类新工法、新技术、新材料等科研成果向生产力转化。即在加强建筑业技术创新的同时，应通过技术转让、展示、交流等多种形式推广应用技术创新成果。通过适当的资金投入，加快创新成果向技术标准和工法的转化过程，以先进的技术标准和工法推动创新成果的应用。

（4）加强工程项目设计——施工一体化

由于勘察、设计、施工环节相互分离，导致技术创新活动缺乏系统性。因此，应逐步改变设计与施工脱节的状况，实现设计与施工环节的互相渗透，提高工程建设整体效益和技术水平。

大型工程设计企业要进一步强化方案设计和扩初设计能力，大型施工企业要进一步强化施工图深化设计能力，发展各类专业施工详图的集成设计能力。大力发展兼具设计施工能力的专业承包企业，促进设计与施工技术的结合与发展。

积极推进工程总承包方式，实现工程建设项目的总控，以集成管理换项目效益，从而使建设项目实现增值。

4.4 建筑业人力资源

在中国建筑业中，存在大量的劳动密集型企业。长期以来，在人力资源方面疏于管理，造成企业的技术实力、管理水平和人员素质与发达国家有着明显差距。建筑业从业人员素质偏低的状况必将限制中国建筑业的进一步发展。因此，要促进整个行业的发展，就必须加快改善人力资源状况，重视建筑业人力资源的开发和管理。

4.4.1 存在问题

(1) 大量农民工存在的问题

目前，中国农村有1.5亿富余劳动力，每年还要新增600万农村劳动力。据统计，从事建筑业的农民工占全国农民工总数的1/4。对中国的建筑业而言，从事建筑业的农民工数量超过建筑业整体从业人员的70%，农民工已经名副其实地成为工程建设的“主力军”。

建筑业农民工普遍文化水平低。根据中国第一次农业普查资料，我们用农村纯农业户和非农业户、农业兼业户及非农兼业户的平均水平来考察农民工的文化程度，文盲及半文盲占9.05%，小学文化程度占38.88%，初中文化程度占44.22%，高中占6.87%，中专占0.75%，大专及大专以上占0.23%。

农民工技能水平低，大部分没有经过正规的技能培训。在每年新转移的农村劳动力中，受过专业技能培训的只占18.6%。目前建设行业具有职业技能等级的技术工人仅有353万人，占从业人员总数的9%左右。在技术工人中，技师不足1%，高级技师不到0.3%，高技能人才奇缺。现有的农民工大部分未经任何培训。由于缺乏基本的操作技能和安全生产知识，造成很多生产质量事故以及安全事故。甚至有些农民工受包工头的利诱驱动，偷工减料，片面追求工程进度，酿成较大的工程质量事故和安全事故。这种状况已经制约了建设工程质量、安全生产，影响了行业生产方式转变、产业结构调整和质量效益的提高，不能满足未来建设事业改革与发展的需要。

(2) 企业管理人员存在的问题

建筑业主体岗位普遍存在应用型人才多，管理型人才少的现象。建筑业的人才队伍中没有具有国际知名度的大师级人才；中国建筑业目前拥有的管理人才中，熟悉建筑管理而又熟悉技术、经济、法律的人才严重短缺；外语水平较高且能熟练地进行对外工作交流的国际化经营人才短缺；懂技术会经营能管理的人员短缺；既懂建筑技术又懂建筑材料、既懂建筑技术又懂定额概预算的人员短缺；能熟练准确地计算国际投标报价的人员短缺；能熟练运用国际上或工程所在国的各种法律法规维护自身利益的人才短缺。中国国际工程承包公司常常出现管理人员、技术人员不懂外语，懂外语的人员不懂经营和技术的尴尬情况。

企业人力资源管理体系不完善，在吸引人才方面没有竞争力，自己培养的优秀人才又留不住。这些问题主要集中在一些国有企业和从国有企业转型的企业，它们仍然沿袭原有国有企业人事管理体制，不了解市场，在与国外企业的人才竞争中处于下风。目前的人才紧缺实际上是市场竞争的结果，企业如果要在竞争中取胜，争取足够多适合自己的人才，就要不断提高企业的知名度，完善企业的人力资源管理体系，提升员工对企业的忠诚度与归属感。

（3）个人执业资格管理制度存在的问题

1）专业体系设置不够科学

在中国建立执业资格制度初期，由于缺乏对建设领域执业资格总体框架的研究论证，各部门参照不同国家和地区的管理模式设置执业资格，导致专业设置过细或在执业范围等方面存在交叉。如监理工程师和建造师的专业涵盖面相近。执业范围和国际上多数国家和地区不对等，不利于资格对口交流或互认。如境外的咨询工程师、测量师，分别对应中国多个执业资格。

2）多个行业分别设置执业资格

如除建设部设置的监理工程师外，水利、电力等部门也都自行设置了本部门的监理工程师。

3）管理制度及相关政策不配套

中国建筑业实行企业资质管理和个人执业资格管理并行的双轨制管理模式，企业资质管理中将个人执业人员数量作为企业资质的重要条件，对个人执业资格制度地建立起到了很大的促进作用。但同时由于政策不配套，给个人执业资格管理带来一些问题。常见的是企业出于自身资质的需要，造成了个人执业资格人证分离、挂靠注册、变更注册频繁、个人资格证书和注册印章由单位保管、限制注册人员流动等问题。

4）法律法规不健全

对涉及公众利益和生命财产安全、对社会和经济发展影响较大的执业资格制度，包括建筑师、执业医师、执业药师、会计师、律师等，国外绝大多数国家和地区是通过立法进行管理的。如加拿大、澳大利亚的部分州制定有《工程师法》，中国香港地区制定有《注册工程师条例》。在中国，建筑业的执业资格制度，除《注册建筑师条例》外，其他执业资格一般由建设部发布，法律效力低，处罚力度不够，达不到规范执业人员职业道德和执业行为的要求。

5）执业责任不落实

执业责任不明确、责任追究不落实，这是影响个人执业资格管理制度健康发展的关键问题。现有管理规定对执业人员所应承担的责任规定不具体，导致执业人员责、权、利的严重不匹配。如建筑师、结构工程师执业制度实施多年，但因工程质量问题受到责任追究的人员很少。此外，由于考虑到个别偏远地区注册人员不足，以及对企业资质的影响，导致有些执业制度或长期不能推行，或推行中存在不完全性。如土木工程师（岩土）已实施注册多年，但至今尚未实施执业；建造师虽已注册，但主要用于资质考核和招标投标，执业签字等制度尚未得到完全落实等。

6）管理效率有待提高

由于历史原因，住房和城乡建设部的个人执业资格管理由多个机构承担，造成了多头分割管理。在注册、发证和继续教育等环节，缺乏统一规范的管理模式和办法。

考试内容和实际业务差距较大。执业资格考试是能力考试，要求考试内容和执业人员的实际业务相一致。但由于每个执业资格都涵盖多个行业，导致执业资格考试偏重各行业通用性和基本理论，普遍存在“能干的不会考、能考的不会干”的现象。

注册审批程序多，办理时间长。注册人员在办理注册时，要经过地市、省、国家三级审核后，部分专业还要与水利、环保、交通等相关部门联合审批，完成一次注册通常需要3个月时间。

继续教育的内容适宜性差。知识更新慢，内容陈旧，未能充分考虑地区差距和不同岗位的需要差异。继续教育方式较为单一，不灵活，不能有效解决工学矛盾。获得多个执业资格的执业人员继续教育培训内容重复。

此外，执业证书和印章的更换过于频繁，且办理时间较长，不利于执业人员的正常使用等。

4.4.2 对策建议

(1) 建筑业企业员工培训体系的建立

1) 企业高层管理者的培训

企业高级管理层需要对建筑业及其相关产业的供给需求有比较敏锐的市场洞察力，善于把握机会，识别风险，为企业的发展方向指明道路。需要具备较强的人际沟通能力和复杂环境的处理能力。比较普遍的做法是，由高管牵头组织团队对行业内成功企业进行考察，总结经验，并结合本企业实际情况有针对性地研究学习。

2) 企业中层项目管理者的培训

建筑工程是一个庞杂的系统工程，涉及与多工种、多部门之间的配合和协调。项目经理是连接一线作业和项目决策的纽带，需要对现场突发情况进行及时处理，对工程安全、质量、费用等进行严格控制。项目经理除了需要专业知识外，还应具备一定的执行能力、组织能力、协调能力、应变能力和沟通能力。对项目经理进行培训时，企业应以工程实际案例为教案，组织各项目部共同参与讨论。项目部间相互学习，汲取经验教训，以利于对项目经理的实际工作进行指导。

3) 基层技术人员的培训

基层技术人员承担着对建设工程的质量、造价、工期、安全等方面的具体施工，要确保工程建设有组织、有计划地顺利完成。他们是工程作业最直接的设计者和监督者。

随着建设行业的高速发展，为解决技能人才紧缺问题，可确定职业院校作为建设行业技能紧缺人才示范基地。与有需求的建筑企业进行合作，开展技能型紧缺人才培养，将建筑施工、建筑设备、建筑装饰和建筑智能化等专业，作为技能型紧缺人才重点培养专业方向。此外，企业既可以聘请行业内学术、技术方面的专家对技术人员进行短期的讲座培训，也可以让这部分技术人员脱产进修，从而推动企业长远的技术进步。很多企业都采取了与当地院校合作办学的方法，这种方法既利用了学校在培训、教学方面的优势，又能使学校在课程设置方面不至于和实践脱节，更贴合实际需要，目的性更明确，使参加培训的员工能尽快学以致用。

提高工作技能对员工培训是一项系统工程，企业要着眼于长远利益，把企业文化的建设融入到对各层次员工的培训中，采用差异化的培训手段和方式，培养一批具备专业技能和职业道德的建筑管理和操作人才。

(2) 加强农民工培训

开展农民工培训已经成为农村劳动力向全职非农转变的就业关键问题。农村进城务工，从事的工作多为简单的重复性劳动，培训的重点在于企业规章制度、岗位责任教育、基本技能学习和安全文明生产等。

1) 开展引导性的素质培训

引导性培训主要是开展基本权益保护、法律保护、城市生活常识、城市文明教育、保障社会和谐教育、寻找就业岗位等方面知识的培训，目的在于提高农民工遵守法律法规和依法维护自身权益的意识，树立新的就业观念。引导性培训主要通过集中办班、咨询服务、印发资料以及利用广播、电影、录像、文艺演出、互联网等形式多途径灵活开展。

2) 开展职业技能培训

职业技能培训是提高农民工岗位工作能力的重要途径，是增强农民工就业竞争力的重要手段。根据国家职业标准和不同行业、不同工种、不同岗位对从业人员基本技能和技术操作规程的要求，安排培训内容，设置培训课程。所有进入建筑施工企业的农民工，都必须经过安全培训，岗位资格培训和施工现场教育。在农民工输出地进行的职业技能资格取证培训和施工企业开展的班前培训、业余培训要紧密结合，为提高农民工职业技能水平发挥作用。

3) 开展关键工种的培训

对建筑业的有关工种进行分类，集中力量抓影响工程质量和安全生产的关键工种，重点是机械操作工、砌筑工、架子工、钢筋工等。在培训工作中，不断改进培训方法，增强培训的针对性和实用性。按照实际、实用、实效的原则，合理设置培训课程，采取师傅带徒弟、工学交替、个人自学与集中辅导相结合等多种方式。以工程项目为载体，以施工现场为依托，大规模开展农民工技能培训。

(3) 完善个人执业资格管理制度

1) 加强法规体系建设，促进个人执业资格管理制度健康发展

尽快出台注册工程师、注册监理工程师、注册建造师等相应的执业条例，明确相应的法律地位，规范相应的职责权限。对个人执业的管理制度、环节、程序与机构等作出明确规定，做到有法可依、依法管理。按照现有法律法规的要求，制定和完善相关配套制度。在执业人员的注册管理、执业行为、执业责任、不良行为和责任追究等方面，统一各专业标准。

2) 改进专业设置框架体系，积极拓展专业人士执业范围

对于工作属性相近的注册资格，通过增加工作实践年限、专业理论考试等方式，实现多种注册资格的互认互通，促进专业技术人才的培养和使用效率。

3）完善执业资格认证体系

执业资格管理体系必须符合执业人员的实际需要。按照合法、高效和规范的原则，进一步完善现有执业资格认证体系，简化程序，提高效能。包括：①加大专业教育评估和资格考试有机衔接；②完善执业资格考试大纲，探索题型改革，改进执业资格考试内容和方法，逐步加大执业实践的考核比例，提高执业人员评价的科学性；③改进执业资格的注册管理，进一步明确执业人员的权力、责任和义务，切实掌握执业人员的工作业绩和不良记录；④积极探索建立执业人员的个人信用制度，强化执业过程的监督；⑤切实解决好执业人员人证分离、人章分离等问题，保护执业人员的合法权益，并按照规范执业行为，规范职业道德，规范市场秩序的要求；⑥建立清出机制，坚决把违反职业道德、违反技术规范，扰乱行业正常工作秩序的人员清理出去，提高行业的社会公信程度。

4）理顺管理体制，促进执业资格管理与行业管理的有机结合

个人执业资格管理是一项系统工程，需要政府、注册中心和行业协会等各方面充分参与。政府部门主要负责执业资格政策的制定、执业资格管理制度的监督和指导、注册结果的审批；全国管理委员会主要负责制定委员会的工作规程，协调专业委员会的工作，组织审定考试大纲，确定命题工作规则，制定公共基础考试试题，办理注册及变更、延续手续，公布执业人员的准入及清出名单等工作；专业委员会负责制定本专业考试大纲、考题、阅卷，注册审查，确定本专业执业范围、建立执业人员信用档案、确定本专业继续教育要求等；行业协会主要负责拟定行业职业道德标准和诚信守则、监察执业操守及实绩、组织开展本行业继续教育、实施对口国际技术交流等工作。

5）加强执业资格管理信息化，积极推进执业人员诚信建设工作

为提高管理效率，适应发展需求，建议加强执业资格注册工作的信息化建设。实现执业人员信息全国联网，全方位地提供注册查询功能服务。

为加快执业人员资格信用体系建设，建议逐步建立个人执业资格信用档案制度。根据执业要求，逐步建立信用档案系统，形成对企业和个人的诚信测评指标，为政府部门开展个人执业资格的监管提供了客观、公开、快速的监管手段。

6）强化和完善继续教育工作

继续教育是人才建设的一种主要方式，是提升执业注册人员队伍素质的一个主要机制，应当进一步强化和完善。为使执业注册人员继续教育收到实效，继续教育内容要定期更新，以符合行业发展和执业人员实际需求。在选修课的方式上要多样化，如发表学术论文、参加新标准规范和技术交流会议等活动，经过一定程序的认可均可按一定的学时计入继续教育。在对拥有多个执业资格的专业人士继续教育和管理上，大胆创新，积极探索新型考核方式、方法，适当减免部分学时，减轻执业人员的负担。

7）充分发挥行业协会、学会的作用

行业协会、学会应充分发挥行业自律和行业服务的作用。行业组织要围绕规范市

场秩序、健全各项自律性管理制度、制定行业职业道德准则等核心内容，大力推动行业诚信建设。建立完善的行业自律性管理约束机制，规范会员行为，协调会员关系，维护公平竞争的市场环境。

4.5　建筑企业的国际竞争力

经过 30 年的发展，中国承包商在国际市场发展态势良好，但从赢利及运行质量上来看，仍与世界级承包商存在着较大的差距。同时，由于人民币的升值，中国承包商在低劳动力成本和中国制造材料及设备方面的价格优势正在逐步削弱。

4.5.1　存在问题

（1）营业额低，市场占有率低

中国对外承包业除了 2008 年，在国际市场的总量占有率不到 8%，如图 1-4-3 所示。多年来，超过 10%市场份额的国家为美国、法国、德国等发达国家，它们之所以能占有如此高的市场份额，主要是因为其承包公司具有技术优势、资金优势、人才优势，而这些都是中国承包商所欠缺的。美国、加拿大、欧洲以及日本等建筑业发达国家，从总承包商的结构看，无论是公司数量，还是这些公司所占市场份额，都占有绝对优势，这些国家国际承包商的国外营业额超过其全部营业额的 85%。

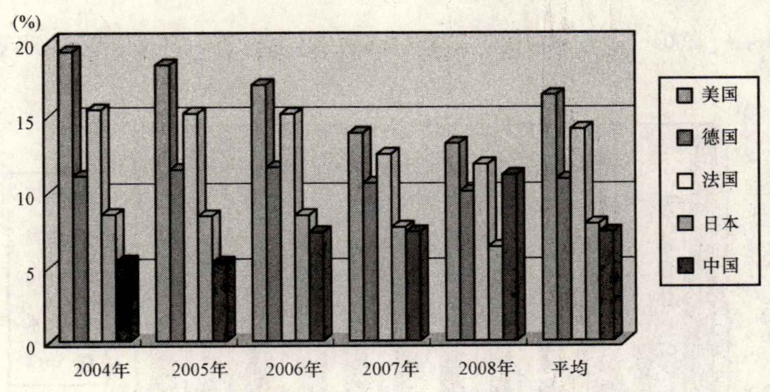

图 1-4-3　2004～2008 年前 225 家排名企业中美、法、德、日及中国承包商所占国际市场份额

1996～1999 年，中国承包商进入全球最大 225 家国际承包商的平均数量为 29 个，是法国的 3 倍，英国的 4 倍，但其所占国际市场份额仅是法国的 30%，英国的 42%；中国承包商企业平均国际营业额为 1.7 亿美元，为法国的 10%，日本的 22%，英国的 10%，远小于国际平均水平的 8.03 亿美元，如表 1-4-1 所示。

2004～2008 年，中国承包商进入最大 225 家国际承包商的平均数量为 49 个，是法国的 7 倍，德国的 9 倍，而其所占国际市场份额仅是法国的 51.85%，德国的 66.73%，分别如图 1-4-4 和图 1-4-5 所示。

1996～1999 年全球最大 225 家国际承包商所属国的年均市场份额及营业额　　表 1-4-1

项目＼国家	美	日	意	法	德	英	荷兰	韩	中	均值
国际市场份额（%）	22.15	13.67	2.8	13.6	10.04	9.6	4.9	3.96	4.05	
进入家数（个）	62.8	21.3	5.3	9	13	7	13.3	10	29	
企业平均营业额（亿美元）	4.16	7.6	6.3	17.8	9.4	16.2	4.4	4.7	1.7	8.03

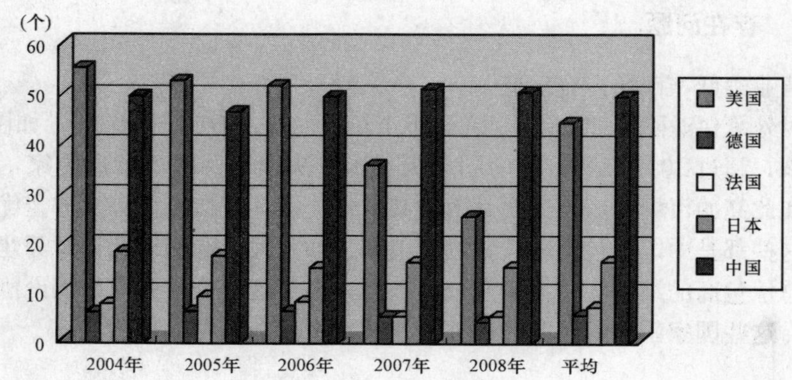

图 1-4-4　2004～2008 年前 225 家排名企业中美、法、德、日及中国承包商数量

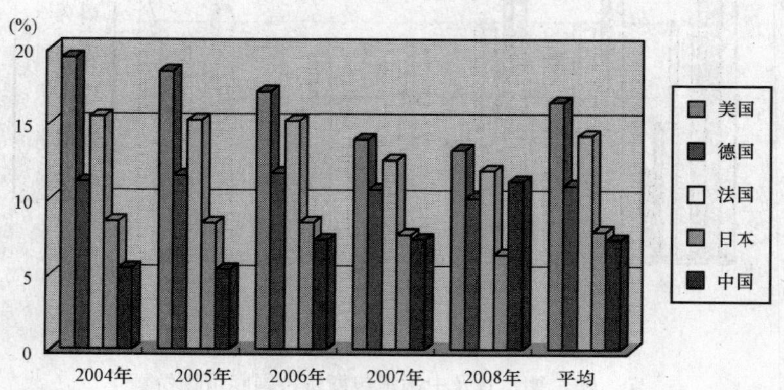

图 1-4-5　2004～2008 年前 225 家排名企业中美、法、德、日及中国承包商所占国际市场份额

（2）粗放式经营模式

目前中国多数建筑企业仍属于劳务密集、粗放式和外延式发展模式，产出的提高基本上依靠增加各种资源的投入，劳动生产率比发达国家承包企业低许多。另一方面，也说明技术因素在中国建筑业企业生产中的作用未能体现。

将建筑业的总产值与建筑业的从业人数以及技术装备率进行对比，如图 1-4-6 和图 1-4-7所示。

从图1-4-6和图1-4-7可以看出，中国建筑业的总产值与从业人员的正相关性不明显，与技术装备率的正相关性也不明显。

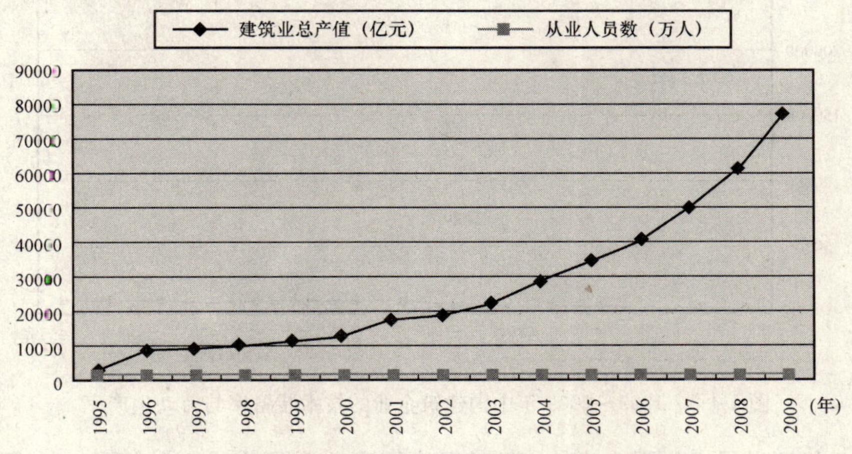

图1-4-6　1995～2009年建筑业总产值与从业人员

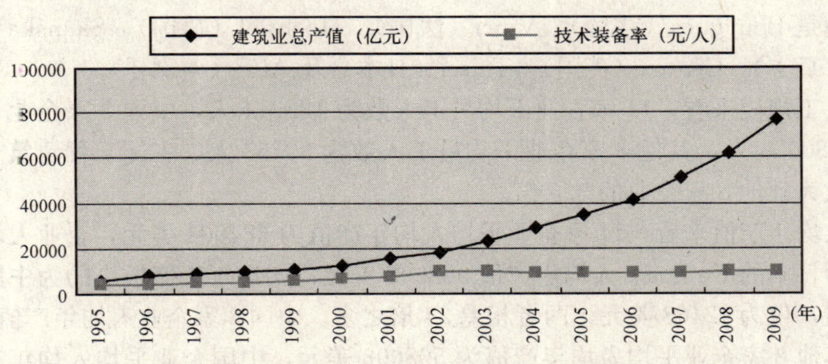

图1-4-7　1995～2009年技术装备率与建筑业总产值

将技术装备率与劳动生产率进行对比，如图1-4-8所示。从图1-4-8可以看出，中国建筑业的技术装备率与劳动生产率并不是同比例变化的，这说明近几年中国建筑业企业对技术装备投入严重不足，停滞不前，已经落后于建筑业的发展速度。这与国外先进企业在不增加或少增加资源投入的前提下，主要依靠科技进步获得更高产出的内涵式发展相比，存在很大的差距。这种状况对于提高建筑业的投入产出效率、改变粗放型经营状况是非常不利的。

（3）企业效益低

经过近20年的国际市场开拓，中国承包商的管理水平、经济效益都有了很大的提高。但与国外发达国家承包商相比，仍存在很大的差距。以经济效益较好的中国建筑工程总公司为例，1996年的营业额为49.6亿美元，利润0.2亿美元，人均利润仅有80美元，人均营业额只有2.0万美元。而该年度日本大成建设营业额136.2亿美元，利润2.3亿美元，人均利润17700美元，人均营业额104.7万美元。

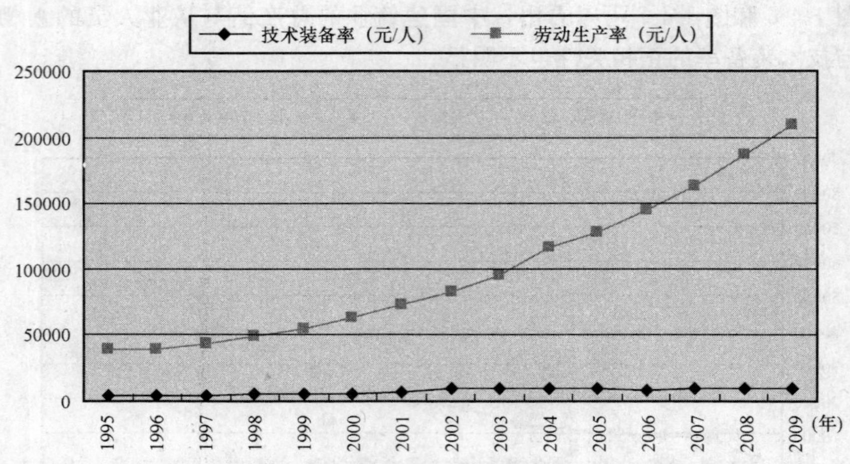

图 1-4-8　1995～2009 年中国建筑企业的技术装备率与劳动生产率

2006 年度世界 500 强中有 11 家工程建筑企业公司入选，包括 3 家中国工程公司，它们分别是：中国铁路工程总公司、中国铁道建筑总公司和中国建筑工程总公司，其他是 Bouygues（法国）、Vinci（法国）、Hochtief（德国）、Skanska（瑞典）、Kajima（日本）、Centex（美国）、Taisei（日本）及 ACS（西班牙）。

从员工规模来看，11 家企业平均员工人数为 122614 人，中国 3 家企业平均员工人数为 280055 人，其他 8 家企业平均员工人数为 80263 人，中国工程建筑企业平均员工人数为其他 8 家企业的 3.5 倍。

从人均年产值来看，11 家企业平均人均年产值为 384004 美元，企业人均年产值最大的为日本的 Kajima，人均年产值 982998 美元；人均年产值最小的为中国建筑工程总公司，仅为 42463 美元，两者相差 23 倍之多。中国 3 家企业人均年产值为 53085 美元，其他 8 家企业平均人均年产值为 508098 美元，中国企业平均人均年产值仅为其他 8 家企业的1/10左右。

从资产盈利能力来看，11 家企业平均资产盈利率为 2.60%，企业资产盈利率最大的为美国的 Centex，盈利率为 6.03%；最小的为中国铁道建筑总公司，仅为 0.52%，两者相差 11.5 倍之多。

从人均利润额来看，11 家企业平均人均利润额为 12127 美元，企业人均利润额最大的为美国的 Centex，为 69527 美元；最小的为中国铁道建筑总公司，仅为 234 美元，两者相差将近 300 倍。

(4) 企业管理水平低

1) 管理制度

由于长期受计划经济的影响，不少大型企业和多数的中小企业，未能按照国际惯例建立相应的管理制度。所有权制度、分配制度、人事制度及运作程序等基本制度方面不能适应日趋激烈的竞争环境。企业还有很多关系未理顺，缺乏活力，难以适应市场经济的要求。

2）管理水平

中国大部分建筑企业工程管理水平较低，其中，质量管理、成本管理仍属于粗放型。企业在施工生产中随意性强，未形成制度化、程序化、标准化的管理模式；缺乏先进、实用的手段，基于网络的信息管理技术还很薄弱。

3）分配制度

目前，中国建筑业企业大多实行以岗位技能工资制为主的基本分配制度，岗位工资、技能工资、国家规定的各项津贴、补贴作为基础工资，加上月度奖、年终奖、安全奖，构成企业的工资分配结构。岗位工资实行动态管理、易岗易薪，初步打破了以等级工资为核心的基本工资制度，对企业发展起到一定的推动作用。但计划经济时期分配手段的渗透性和惯性，导致人工成本居高不下，职工积极性不能充分发挥，严重削弱了企业的市场竞争力。

4）组织结构

国内建筑业企业一般只从事施工型承包项目，较少从事设计——施工型承包项目。其组织机构中，一般仅设置与施工相关的部门。这种组织机构与国际承包市场状况与发展趋势难以适应。

（5）行业分布过于集中

对近年来进入ENR前225排名的中国承包商业务领域进行统计，结果如表1-2-11所示。从表1-2-11可以看出，在国际市场上，国内承包商从事的行业结构不合理，业务过于集中在传统行业中，而且能涉及多种行业的中国承包商少之又少。中国公司仍主要活跃在房屋建筑、交通等传统优势项目上，少数公司能涉及制造、石化、能源、水利、电讯及排水处理等行业。相比之下，国外很多承包商能涉及多种行业领域，业务结构合理，在获得较高利润的同时，在一定程度上规避了市场风险。随着高科技、通信、环保产业的兴起，该类项目近期将成为投资热点，所占市场份额也将越来越大，对中国承包商来说，调整收入结构乃是当务之急。

（6）缺乏复合型的国际工程总承包管理人才

人才缺乏一直是影响中国对外工程承包的主要问题。目前，中国企业十分缺乏的人才包括：富有经验的国际工程项目经理，通晓国际工程法律的人员，国际风险管理人员，国际工程合同管理人员，国际工程财务人员，国际工程融资人员，国际工程造价估算和报价人员等。此外，由于中国大多数技术、管理人员存在语言障碍，使得其技术、管理素质难以在国际工程承包中得到发挥。

4.5.2　对策建议

（1）构建灵活、高效的组织结构

随着国际承包市场竞争的升级，中国企业的低成本优势逐渐丧失，提高中国总承包企业的国际竞争力已迫在眉睫。从产业发展结构上来看，应继续重点扶持龙头骨干建筑业企业，形成多元化经营、专业经营、中介服务三个层次的产业结构。对于对外承包企业而言，加快企业内部结构调整，打破传统“大而全”的组织模式，通过建立多功能开放型企业供需网，提高企业应对市场的反应速度。

(2) 开展精细化项目管理

中国对外承包企业经营取得的利润往往被企业过大的规模消耗掉，因此，需要构建灵活合理、精干高效的管理班子，不断地挖潜、创新，变粗放型经营为精细化管理，提高对外承包企业的经济效益。

(3) 强化国际工程承包公司融资能力，积极拓展业务渠道

受经济全球化的影响和国际工程承发包方式的变化，国际工程承包商的角色和作用都在发生变化。EPC（设计、采购、施工）、信贷项目、BOT（建设、运营、转让）、BOO（建设、拥有、经营）、BOOT（建设、拥有、经营、转让）等方式被普遍采用，项目融资方式已在国际工程市场上占据越来越重要的地位。融资方式多样化，项目实施难度增加。与带资承包需求相适应，国外大的工程承包企业的融资能力不断增强。中国的国际工程承包企业必须加强融资能力，充分利用自己的行业竞争优势，把资本和核心竞争力有机地结合起来，融投资者和承包商为一体，通过融投资带动工程总承包。

传统的工程承包市场竞争将日趋激烈，风险加大，利润下降，各企业应更加注重项目的筛选，确定项目的盈利水平，扩大项目的边际效益。中国承包商将在努力降低风险和成本的同时，积极拓展其他业务渠道，不断延伸服务范围。

要跳出传统的以房屋建筑为主的束缚，横向拓宽产业发展领域，形成涵盖房屋建筑、市政公用、公路桥梁、航空港口等多领域以及设计、施工一体化的大建筑业格局；纵向延伸产业链条，向房地产、新型建材、绿色建筑及相关设备制造、住宅产业化等领域延伸，形成新型的建筑产业集群。

(4) 提高项目管理人才的国际化水平

人力资源作为企业的核心资源将直接决定企业的核心竞争力。中国的建筑工程承包企业面对入世的机遇和挑战，如何改善现有的人力资源管理状况，建立适应国际新趋势的人力资源管理制度，是中国工程承包企业在国际竞争中提升核心竞争力、立足国际市场的保障。首先，应不拘一格大胆培养和选拔青年科技人员，优化企业人才结构。其次，建立符合市场经济规律的新型用人机制，可借鉴国外企业先进的人才激励机制，使企业能够留住优秀的人才。第三，应根据企业发展规划，明确与之相符的人力资源开发战略。

(5) 提高总承包企业的信息化程度

重视利用信息技术手段进行信息管理。其核心手段是基于互联网的信息处理平台，由数据处理设备、数据通信网络以及各种软件系统构成。提升总承包企业生产组织方式，实现项目管理数据的集中存储、快速检索和查询，提高项目管理数据处理的效率；确保项目管理数据处理的准确性，从而提高总承包企业管理、决策和服务水平。

(6) 优化行业结构

从行业发展结构来看，2001 年，按照新的建筑业企业资质标准就位后，全国建

筑业企业共有65611家。施工总承包类企业33652家，占总数的51.3%；专业承包类企业29886家，占总数的45.6%；劳务企业2073家，占总数的3.2%。行业结构体系存在“倒三角”现象，这样，一方面会影响行业内大、小企业的分工协作关系；另一方面也会引起同层次或相邻层次间企业的激烈竞争，以往国内企业在国际承包市场上的“内耗”也说明了这一点。因此，我国建筑行业内大、中、小企业的结构还需完善。应重点扶持龙头骨干建筑业企业，提升大型建筑企业的经营管理水平，努力打造一批技术实力强、管理水平高、在国际市场上有影响力的品牌企业。促使中小型企业向专业化方向发展，成为总承包企业的依托，从而形成合理的承包服务组织结构体系。

参考文献

[1] 中国统计年鉴：1996～2010.
[2] 姚兵．发展建筑业的自主创新．施工技术．2007，(7)：1～4.
[3] 张静晓，金维兴．中国建筑业价值创新的基点．建筑经济．2008，4（306)：9～23.
[4] 陈利．建筑业在国民经济中的地位和作用——从投入产出分析看建筑业．昆明理工大学学报（理工版）．2003，(4)：90～94.
[5] 庄焰，郑贤，王京元．中国建筑业投入产出效率分析：1991～2003. 建筑经济．2006，(12)：9～12.
[6] 胡新兵，李新民．政府投资项目问题探析及监管措施研究．宏观经济管理．2010，(2)：52～53.
[7] 齐宝库，石强，李杨．我国政府投资项目管理模式选择与评价．沈阳建筑大学学报（社会科学版）. 2010，(1)：52～56.
[8] 刘文学．建筑企业的合作竞争方式研究．建筑经济．2008，(5)：100～102.
[9] 杨述航．谈建筑企业提升核心竞争力的途径．建筑经济．2008，(4)：35～38.
[10] 徐军，王卓甫，洪伟民．建筑市场信用缺失与产权制度．建筑经济．2009，(7)：15～19.
[11] 李伟，吕剑亮，刘广杰．建筑市场信用体系建设现状与对策．工业技术经济．2009，(11)：24～27.
[12] 徐军祖，王卓甫，洪伟民．建筑市场信用缺失与产权制度．建筑经济．2009，(7)：15～18.
[13] 王孟钧，陈辉华，刘少兵．建筑市场秩序与信用体系建设的理论研究．建筑经济．2007，(8)：48～50.
[14] 孙劲峰．建筑市场信用监管：目标・功能・机理・信号．建筑经济．2008，(3)：5～8.
[15] 尚春静，张智慧．建筑生命周期碳排放核算．工程管理学报．2010，(2)：7～12.
[16] 陆宁，蔡爱云，黄永安等．建筑业可持续发展综合评价．建筑科学与工程学报．2005年9月：88～91.
[17] 谭恒．国际工程承包市场分析及对策．技术与创新管理．2008，(1)：66～68.
[18] 刑厚媛．对外工程承包业在结构调整中走向成熟．国际经济合作，2008（3)：4～10.
[19] 车国玺．我国工程承包企业海外并购策略分析．国际经济合作．2009，(11)：65～69.
[20] 申琪玉．工程总承包企业界定和核心竞争力的研究．建筑经济．2004，(3)：21～23.
[21] 张妍，王建华．国际工程承包融资方式及策略分析．建筑经济，2007，(5)：37～39.
[22] 毛晔，李善波．国际工程承包市场研究：1994－2003. 建筑经济，2005，(9)：89～92.

[23] 黎平，邓小鹏，李启明，袁竞峰．国际工程承包市场十年回顾：1997－2006. 建筑经济. 2008，(3)：19～24.
[24] 黄聪，申立银，李启明．1998 年世界最 225 家国际承包商的市场分析．建筑经济．1999，(12)：31～34.
[25] 齐二石，姜琳．以国际工程咨询带动我国国际承包业务快速发展．国际经济合作．2007，(8)：10～13.
[26] 邵敬华，张社，刘军，王四新．整合控制能力：工程总承包管理的关键．建筑．2008，(12)：28～30.
[27] 刘贵文，朱占波．解决对外工程承包企业资金问题的思考．国际经济合作．2008，(3)：73～76.
[28] 雷宏宇．提升竞争力核心推进工程总承包．建筑．2006，(23)：16～18.
[29] 王延树，徐鹏富，成虎．大型建筑企业竞争优势的建立及其实证研究．建筑经济．2008，(3)：78～81.
[30] 王建华，刘章文．我国对外工程承包发展的竞争优势分析．建筑经济．2007，(6)：20～23.
[31] 高嵩．再议工程总承包管理模式．建筑经济．2008，(2)：74～75.
[32] 边集．国际工程承包市场出现新变化．建筑．2007，(5)：21～23.
[33] 李小冬，关柯，赖熹．大型承包商国际竞争力的综合评价及其模拟分析．哈尔滨工业大学学报. 2004，10 (36)：1354～1357.
[34] 尚辉．中国对外承包工程劳务合作发展报告发布．国际经济合作．2006，(4)：55.
[35] 程美良．中国建筑工程承包企业加强人力资源管理的对策研究．铁道建筑技术．2008，(1)：74～78.
[36] 康艳兵．强化我国建筑节能工作的政策建议．能源政策研究．2006，(4)：19～26.
[37] 林涛，谢立辉，刘小平．建筑节能的社会经济效益分析及应对措施．建筑经济．2005，(7)：91～94.
[38] 顾道金，朱颖心，谷立静．中国建筑环境影响的生命周期评价．清华大学学报（自然科学版). 2006，(12)：1953～1956.
[39] 张勇，周寄中．建筑市场监管机制博弈分析与建筑行业技术创新．管理评论．2005，(2)：41～46.
[40] 项勇，任宏．建设工程项目监理过程中寻租博弈行为分析．四川建筑科学研究．2006，(12)：235～240.
[41] 建设部政策研究中心课题组．建筑市场监管探索创新的实践与发展趋势．建筑．2007，(23)：8～13.
[42] 王素卿．加强建筑市场监管构建良好市场环境．建筑市场与招标投标．2009，(2)：5～6.
[43] 全河．建筑市场监管与信用体系建设的理论探索．建筑经济．2007，(6)：11～15.
[44] 毛晔，李善波．国际工程承包市场研究．建筑经济．2005，(9)：89～93.
[45] 黎平，邓小鹏，李启明，袁竞峰．国际工程承包市场十年回顾：1997～2006. 建筑经济. 2008，(3)：89～93.
[46] 王超，邓小鹏，李启明．2005 年度国际市场最大 225 家承包商市场分析．建筑经济．2007，(1)：25～29.
[47] 吴涛．培育与国际惯例接轨的工程总承包和项目管理企业．建筑．2004，(3)：44～46.
[48] 王建华，刘章文．我国对外工程承包发展的竞争优势分析．建筑经济．2007，(6)：20～23.
[49] 曾忆陵．工程承包企业跨国经营与风险防范．铁道工程学报．2005，(12)：89～93.

[50] 肖利民．国际工程承包风险预警系统的构建．哈尔滨工业大学学报．2006，(12)：2129～2131.
[51] 陈付．提高认识加快发展大力推进建筑业职业技能培训工作．中国建设教育．2006，(3)：4～6.
[52] 贾新堂．建筑市场农民工工资水平低下问题的研究．建筑管理现代化．2009，(2)：14～17.
[53] 邢作国．试析我国建设工程项目管理的国际化走向．石油化工建设．2008，(4)：39～42.
[54] 任延艳．关于工程总承包企业提高竞争优势的思考．建筑经济．2004，(1)：48～50.
[55] 丁烈云．赵雪峰．工程总承包模式的核心竞争力的悖论．建筑经济．2004，(11)：36～40.
[56] 陈永强．胡佳，贾冰．美国工程总承包市场的发展及其启示．国际经济合作．2007，(3)：56～59.
[57] 王阔田，周美娟．技术进步对建筑业经济增长的贡献分析．工程建设与设计．2006，(1)：77～78.
[58] 叶耀先．中国建筑业技术进步分析．中国人口资源与环境．2007，(1)：44～49.
[59] 薛国华，王直民，张土乔．广义科技进步对建筑业增长贡献的研究．技术经济与管理研究．2006，(1)：107～109.
[60] 李云贵．加速IT技术应用，改造和提升传统的建筑业．土木工程学报．2005，(2)：119～125.
[61] 刁士宝，陆惠民．建筑企业核心竞争力的构建与提升研究．建筑管理现代化．2008，(4)：16～19.
[62] 刘颖琦，李海升．国际工程承包商经营市场分析及发展趋势．重庆大学学报（社会科学版）．2004，(2)：32～35.
[63] 梁春玉．国际工程承包企业规避外汇风险的方法分析．商业研究．2006，(4)：73～75.
[64] 杨建平，王建平．工程项目集成化管理模型的研究．建筑经济．2008，(3)：67～69.
[65] 桑涛，罗福周．基于系统集成理论的建设项目管理与实施研究．建筑经济．2008，(8)：70～72.
[66] 杨建平，王建平．工程项目集成化管理模型的研究．建筑经济．2008，(3)：67～69.
[67] 桑涛．罗福周．基于系统集成理论的建设项目管理与实施研究．建筑经济．2008，(8)：70～72.
[68] 范建双，李忠富，徐博懿．大型施工企业业务集中度及其对经济效益的影响研究．建筑经济．2008，(8)：5～9.
[69] 陈铁成，陆惠民．虚拟建设的发展、内涵与组织管理流程．建筑管理现代化．2005，(6)：23～26.
[70] 姜波，徐克林，钱永昌．工程物流虚拟企业成员选择模型研究．制造业自动化．2009，(2)：20～24.

第二篇

中国建筑市场与经营模式研究报告

第1章 中国建筑市场现状、问题及政策建议

1.1 中国建筑市场概况

建筑市场是指建筑业各方主体在生产、消费、流通、分配活动的综合。建筑市场的变化对建筑市场中各个主体会产生较大的影响，反之，市场中各个主体的变化又会通过建筑市场的种种变化反映出来。近几年，随着国有企业产权制度改革的不断深入，经济全球化和我国城镇化的推动，建筑业保持快速发展态势。尤其是在2009年，我国积极应对世界金融危机带来的不利因素，加大固定资产项目投资，保持宏观经济健康平稳发展。后金融危机时代，我国将加快经济结构战略性调整和发展方式战略性转变，这将为建筑市场带来新的机遇与挑战。

2001年以后，中国宏观经济步入新一轮景气周期，与建筑业密切相关的全社会固定资产投资总额增速持续在15%以上，带动建筑业总产值增速在20%左右高位波动。2009年建筑业完成总产值75864亿元，实现增加值22333亿元，比上年增加18.2%，约占GDP的6.7%。从2006年到2009年，建筑业产值递增速度分别为16%，20%，19%，18%，产值利润率分别为2.9%，3.1%，2.9%，3.5%。

2008年由美国引发的国际金融危机增加了全球建筑业的风险。金融危机直接影响的是房地产业，美国房地产业已经一落千丈。经济发展的不确定因素增多，环境更为复杂多变。由于我国积极应对金融危机，加大固定资产投资，因而当前我国建筑业仍然保持了持续增长的势头。

预计到2040年，我国城镇化率将提高到75%以上，城市对整个国民经济的贡献率将达到90%以上。都市圈、城市群、城市带和中心城市的发展预示了中国城镇化进程的持续快速发展，也预示了建筑业未来更广阔的市场。

我国有形建筑市场体制在全国建筑业已基本形成，按照《建筑法》和《招标投标法》要求，2005年全国336个地区级以上城市中已有325个建立了有形建筑市场，比率已达到96.7%，2009年有形建筑市场率已达到98%。建筑产业市场化竞争程度不断提高，建筑市场的透明度也进一步提高，“公平、公开、公正”的建筑业竞争环境正在逐步形成。然而，建筑市场的完善与发育并不平衡，在一些地区和部门还存在着有法不依、执法不严、甚至违规违法的问题和现象，这是造成建筑业市场不规范的主要根源。

1.2 建筑市场存在的主要问题

(1) 无序竞争问题

目前，建筑企业普遍感到在项目承揽和投标过程中竞争日益激烈，企业参与投标的中标率很低。有的建筑企业每年参与大量的投标活动而中标率不足5%，有的企业

甚至一年之内都承揽不上建设项目。

导致无序竞争的原因是多方面的。建筑企业的资质管理还有不尽如人意之处。项目招标的资质要求，一般由主业与招标代理单位确定，为了保证质量，业主或建设单位会对企业资质提出更高的要求，如用三级资质能完成的任务，往往要求二级以上企业参与投标，用一级资质企业能达到要求的往往会要求有总承包资质的企业才有资格参与投标。企业资质选择“向上限”移动的结果，使低资质的企业很少有机会参与投标，小企业不能成为小工程的中标企业，只能变相或退而求其次成为一些大企业的分包商。使这些中小企业的管理水平难以提高，企业利润降低，这是建筑市场中小企业的普遍感受。另一方面，传统的国有企业有总承包、专业承包、劳务分包多层次施工队伍，总承包企业在集团内部推行内部分包，也是建筑市场中小建筑企业难于承揽到施工任务的主要原因之一。

(2) 挂靠、转包与倒包问题

挂靠是指不具备承包资质的建筑企业，以另外一家具有资质的建筑企业名义进行工程承包，挂靠企业向被挂靠的企业交一定比例的挂靠费用，一般为工程总价的3%～15%。挂靠的危害是被挂靠企业只收费用，不负责管理指导，因而增加了工程质量安全风险，甚至引发人民生命财产的安全事故。

转包是指在分包中不是部分建筑项目分包，而是把整个建设项目工程全部承包给其他企业，也叫“整体分包”。倒包也叫“逆向分包”，是指作为总承包的中小建筑企业，将其所承包的建设项目分包给大型建筑企业。因为总包企业比分包企业小，所以，将这种分包叫“逆向分包”。产生这种现象原因有两个：一是地方政府从自身利益考虑，从当地发包中心考虑，想方设法给当地中小建筑企业中标机会，在投标资格预审中，尽量把本地区之外的相关企业排除。二是总承包企业把工程整体转包出去，一般是在总价的基础上再压低5%～10%左右，甚至压价更低，这部分利润由总承包企业获得，但是，却把分包项目的工程风险转嫁给了分包企业。

(3) 工程款拖欠问题

2003年全国建设项目累计拖欠施工企业工程款3600亿元。从2003年开始，国家逐步加大对建设领域的工程款清理力度，主要从3个方面入手：一是规范建筑业市场项目的管理，加大对新欠企业的处罚力度，严格责任追究制度；二是增强农民的法律意识，规范建筑业用工合同和工资支付制度，建立和完善劳务分包市场，以法律手段来保障农民工的切身利益；三是推进有关工程担保制度，规范建设工程款结算办法，加强监督和检查力度，2004年出台了《建设领域农民工工资支付管理暂行办法》、《关于为解决建设领域拖欠工程款和农民工工资问题提供法律服务和法律援助的通知》、《建设工程价款结算暂行办法》。

2005年国家有关部门进一步加大了清理工程款拖欠的力度。建设部于2005年8月下发《关于建立和完善劳务分包制度发展建筑劳务企业的意见》。2005年9月，劳动和社会保障部、建设部等9部委联合下发《关于进一步解决拖欠农民工工资问题的通知》。之后，建设部又下发了5个关于进一步解决工程款拖欠问题的文件和规定。

经过各个地区和有关部门的共同努力，2005 年基本实现了国务院提出的利用 3 年时间实现“政府拖欠基本解决、长效机制初步建立”的两大目标。到 2005 年底，全国建设领域累计清理偿还 2003 年以前的竣工项目拖欠工程款 1620 亿元，占拖欠总额 1860 亿元的 87.1%。其中，清理偿还 2003 年以前政府项目拖欠工程款 645 亿元，占政府投资工程拖欠总额 705 亿元的 91.4%。

但是，对一些大型建筑企业的实际调查的情况并不令人乐观。一些企业反映，目前，网上公布的清理偿还拖欠工程款的数据有一定水分，主要有 3 个方面的原因：一是在统计企业拖欠工程款的范围上有问题，企业统计范围内的工程款拖欠数量仅是业主与承包商双方认可的数量，实际情况中至少有 20%左右的拖欠工程款没有统计在清理范围之内；二是部分建筑企业考虑到与业主单位长期合作的关系，在业主的强势地位暗示下，不敢把全额拖欠情况上报，是在打九折、八折甚至更低折之后，才上报上级主管部门的；三是一些地方政府为达到上级要求的工作标准，尽管实际上没有完成清理偿还的数额，但是，在向上级部门上报统计资料时人为提高或扩大完成清理偿还拖欠工程款的数额。

2006 年 1 月 4 日，建设部、国家发展和改革委员会、财政部、中国人民银行联合发布《关于禁止政府投资项目使用带资承包方式进行建设的通知》（建市［2006］6 号)。该通知明确要求：政府投资项目一律不得以建筑业企业带资方式进行建设，不得将建筑业企业带资承包作为招标条件。

经国家统计局批准，建设部 2007 年编制了《建设领域竣工工程工程款支付情况调查制度》，每半年统计一次。2007 年 1 月调查统计表明：全国拖欠工程款总量已解决 98.6%，有 29 个省（区、市）的清欠比例达到 95%以上。拖欠农民工工资问题基本得到解决。

当前，建设部会同有关部委正在着手研究出台相关法规，以建立清理拖欠工程款工作的长效机制，同时也从制度上根本消除类似问题的重复发生。

(4) 业主地位“优势过度”问题

在建筑市场的 4 个责任主体中，业主地位“优势过度”的主要原因在于：一是管理体系不统一、不一致，施工、设计和监理的管理部门是住房和城乡建设部，而业主的管理属于国家发展改革委；二是业主形式多样化，专业管理水平差距很大，目前业主有政府、事业单位、国有企业、民营企业业主，管理形式有临时指挥部模式、代建制模式、基建处模式、咨询公司模式等；三是政府对业主资金监管和行为监管缺失，没有相应的法规。

(5) 企业盈利能力下降问题

企业从计划体制下的自营模式到市场经济体制下的承包经营模式，到目前大型企业正在积极推进承包模式向工程总承包模式转变，总体上讲，企业的利润率在降低。

原因分析：1）建筑承包合同不公平、不平等；2）施工企业最低价中标问题；3）没有形成真正以市场供求变化为基础的工程量清单报价制度。

(6) 企业国际化程度偏低问题

2008年我国建筑业企业完成总产值61144亿元，完成对外承包营业额566亿美元，企业平均国际产值率为7.4%。2009年我国有35家企业进入世界225强承包商行列，排名前50位的中国企业中，位居中国企业首位的中国交通建设股份有限公司的海外营业额为58.6亿美元，其海外市场产值比重不到20%。2009年全球225强排名中，位居世界第一的德国HOCHTIEF公司2008年的海外营业额为261.8亿美元，企业国际化水平80%以上。根据2008年有关数据分析，我国大型建筑企业国际市场承包产值占企业总产值比值一般为10%左右，有的企业不足5%，而最高的企业比值为30%；欧美一些大型承包商的国际产值比值一般为30%以上，最高的达到80%以上。我国建筑企业完成海外工程承包额在国际市场占有份额不足6%，美国在国际市场占有份额在21%以上。

1.3 中国与国外建筑市场情况比较

(1) 国际建筑市场规模及国别分布

2009年以前的5年多时间，全球建筑业投资平均以5%左右的速度持续增长，全球建筑业市场继续维持在4万多亿美元的规模。其中，发达国家市场的发展参差不齐，2006年美国市场的规模出现跳跃式增长，由上个世纪80年代的7000多亿美元增长到1.2万亿美元，2007年达到1.32万亿美元。世界第二大建筑市场，日本的建筑业规模超过4500亿美元之后有小幅增长；德国建筑市场从2001年以后一路下滑，跌破2000亿欧元。法国建筑市场总额1600亿欧元，增长缓慢；英国、荷兰和西班牙等一些国家这一时期的增长达到了全球平均的5%左右水平。中国、巴西、墨西哥和印度则成为全球承包商瞩目的热点市场，中国的建筑业投资规模2006年达到2600多亿美元。

2009年，中国应对世界金融危机增加4万亿人民币投资，据有关数据测算，2009年中国建筑业市场规模已达到5000亿美元以上，全球建筑业总投资规模约为4.4万亿美元，全球对外发包工程总额约为1.38万亿美元。从总体上讲，发达国家建筑市场占据了全球70%的比例，发展中国家占据30%的比例。

(2) 全球建筑市场产业分工情况

由于全球产业结构向服务业倾斜，在建筑服务贸易迅速发展的同时，全球建筑服务市场的产业分工体系在不断深化。按目前国际建筑服务产业链条划分，建筑服务有5个环节：计划、组织、设计、施工、管理。发达国家按照建筑服务业附加值的高低和重要程度主要集中在计划、组织、设计和管理环节，几乎不涉及施工环节；发展中国家则由于资金和技术实力较弱，主要侧重于设计、施工和管理，基本上没有能力涉及计划和组织环节。这种分工格局已经形成，发展中国家承包商要打破这种分工格局还需要付出更大的努力。

(3) 我国建筑市场的差距

1) 市场总量方面。2008年我国建筑业实现增加值17071亿元，占全国GDP的

5.6%。房地产投资规模达30579.8亿元，其中，建筑安装工程21340亿元；铁路、公路、水运基础设施投资分别达3602、6880、987亿元。建筑业总投资规模达32809亿元以上，约4800亿美元以上。2009年中国建筑市场总量约为5000亿美元以上，已超过日本，位居世界第二大市场，美国仍然位居世界最大建筑市场，规模约为1.35万亿美元。

2）市场结构方面。我国社会主义市场经济体制已基本完善，2008年我国市场化程度大约为73%。国有及国有控股的建筑企业在整个建筑业所占比重，从数量、从业人数、产值三项分析，其平均值为24%，也就是说，非国有经济在建筑业占76%的比重。国有经济在建筑业处于控制、垄断和主要地位，而其他非国有经济处于市场非主导地位。

3）市场管理方面。建筑业通过对市场主体，如业主、设计、监理、建筑企业管理，来实现对建筑市场的宏观管理，一般情况是市场在起着主导性的资源配置作用。住房和城乡建设部通过对国有投资的项目管理和非国有投资的项目管理，来实现对建筑市场交易行为的管理，从社会主义市场经济体制的要求看，建筑业主管部门重点加强了对国有投资项目的招投标、设计、施工等阶段的宏观管理和监督。

1.4　加强中国建筑市场管理的政策建议

（1）加大对业主行为管理和制约

市场主体的不平等地位突出，业主处于“非常态”强势地位。要坚持规范管理建筑市场四方主体：业主、承包商、设计、监理。从建筑市场的长期存在的难以根治的问题来看，多数问题与业主不规范行为有关，在四方建设主体中业主管理已成为现阶段建筑市场管理的几大难题之一。各类主业，不论是国家投资的政府业主、事业单位业主、项目法人单位、代建制业主、还是多元投资主体或民营投资主体的其他业主，都要遵守业主的行为标准（国家发展和改革委员会和建筑业主管部门应制定各类业主管理规定和行为规范）。业主不能因处于投资方的优势，在招标环节、项目建设的过程中违规操作，不履行合同，强迫承包方垫资施工、带资施工、指定分包、指定采购、拖欠工程款支付等，不能无理拒绝承包商的工程索赔等。

（2）利用保险管理机制调节企业层次

政府管理部门应从“动态”角度考量建筑企业的能力。以前，我们只注重考察建筑企业的规模和资质，这是一种在计划体制下静态的管理方式，实际上一个建筑企业在市场中的承包能力，不仅要看其资质，更要看其融资能力和银行提供保险的能力。因为一个企业融资能力强的前提是企业自身必须拥有比较好的社会信誉和银行的认可。一个优秀的建筑企业必须建立良好的“银行合作”关系，从而才能在市场竞争中，在融资贷款时、在提供保险时得到银行的支持，银行支持的力度大与小，则决定着企业承包工程的额度，形成与资金实力相匹配的承包能力，才会确保承包商合同履约，也会减少工程款拖欠等不良行为的发生。

（3）规范市场行为、加快修订《建筑法》

1998年实施的《建筑法》是在社会主义市场经济体制建立的初期制定的，随着我国对外开放不断扩大，经济体制改革不断深入，我国经济社会发生了许多重大变化，有一些变化是根本性、全局性的。如，我国社会主义市场经济体制建设已基本完善，市场化程度已经达到70%以上；建筑业市场主体、投资主体发生了较大变化；我国经济发展进入工业化中期阶段；城镇化发展加速期已度过。由于市场主体发生变化，投资主体发生变化，原来的《建筑法》对市场的管理已失去效力，导致拖欠工程款问题、工程质量安全事故问题、房地产市场“一放就乱、一收就死”的两难局面。

（4）加大建筑市场的行政执法力度

我国《行政许可法》的出台，加快了政府职能转变的进程。一大批行政许可内容被取消，一部分转化为审批制。但是，对于建筑业而言，行政执法仍然是必要的，必需的，不可替代的。国家法律法规日益健全完善，但是一些矿山、建筑工地的安全事故屡禁不止，主要原因是有法不依、执法不严。建筑业的各级主管部门对工程安全、质量、合同执行等情况进行定期与不定期执法检查，是政府管理和市场监督的一种重要管理形式。

（5）提倡诚信经营、加强第三方监管力度

2007年1月，建设部印发《建筑市场诚信行为信息管理办法》（建市［2007］9号），明确了诚信信息包括良好行为记录和不良行为记录，重点对不良行为信息的采集和共享提出了明确的要求。同年11月，建设部印发《关于启用全国建筑市场诚信信息平台的通知》（建市［2007］337号），指出在建设部门户网站上，建立了全国建筑市场诚信信息平台，发布建筑市场各方主体诚信行为记录，重点对失信行为进行曝光。2008年1月，全国建筑市场诚信平台正式开通启用，标志着建筑市场信用体系建设迈出了关键一步。法律是底线，诚信是基础，建立企业诚信评价机制、倡诚信行为是建筑市场规范运行的必要手段。

工程监理企业作为第三方，在业主和承包者之间发挥着重要的作用。对甲、乙双方的履约情况，对工程安全、质量问题，对项目建设造成公共环境影响等方面都要进行监管。

建筑业的各种学会、行业协会、专业协会在政府主管部门的领导下，应积极组织各种形式的研讨会或学术交流会等行业自律活动，研究建筑业普遍性的热点、难点问题。倡导诚信经营，协调解决行业发展中出现的新矛盾新问题，建立诚信机制并对市场主体的行为定期进行信息发布，评选行业中的诚信优秀企业，对行业中企业经营管理水平进行排名，对企业的非诚信行为进行公开曝光等优胜劣汰措施，推动企业诚信经营。

（6）支持工程咨询业“独立”服务

建筑业协会、学会是在政府主导下实施改革的，协会与政府已经脱钩。但是，在实际工作中政府依然在控制和左右着协会的工作。工程咨询业应进一步实施改革，彻底与政府分离，从财政拨款渠道、业务开展、推出行业报告和评价标准方面，要坚持相对独立性、只有坚持了独立性，才能实现公正性。工程咨询业才会在建筑市场中得到企业的认可，为企业服务，为企业呐喊，实现工程咨询业服务的可持续发展。

（7）改茔招标代理机构管理方式

有一些招标咨询机构已成为业主违规的“变通”渠道。我国有形建筑市场建立已20多年，有关招投标的法律、法规并不少，但是建筑企业普遍竞争激烈，其中，原因之一是有相当一部分工程是通过“形式”公平的招标方式取得，实际上是业主与招标代理企业联手在“暗箱操作”招投标过程和结果。有一些招标咨询公司在不法业主的暗示下，戍了业主违规招标的“助手”和“帮凶”。因此，建议改革招标代理企业的管理办法，使招标代理企业成为真正的“代理”企业，而不是扰乱建筑市场的“变通”企业。

第 2 章 中国建筑企业经营模式现状

2.1 中国国有大型建筑企业集团传统经营模式

目前，国有大型建筑企业集团通常采用的是“三级管理、三级核算”经营管理模式，相应形成了三层次组织结构：处于“高层”的集团母公司是管理中心，处于“中层”的子公司是利润中心，处于“基层”的二级子公司或项目部是成本中心，这种三级组织结构，适应了单纯以完成各种施工任务为目标的组织结构需求，这种三级组织结构也促进了施工企业全方位、多层次、多形式的经营承包责任制，是改革开放后我国大型建筑企业集团适应市场竞争不断发展壮大的主要经营组织模式。

然而，随着企业规模不断扩大，国际化程度不断提高，企业集团经营范围不再局限于施工承包，工程总承包、BOT、BT、项目投资、股权投资、债券基金股票等越来越多地出现于集团公司的经济活动中。要想有效推动企业向更高端的领域发展，国有大型建筑企业必须实现从完成施工任务到实施工程承包的转变。

2.2 中国大型建筑企业总承包经营模式

1987 年在鲁布革施工管理体制的冲击下，我国首次提出：逐步建立以智力密集型工程总承包公司为龙头，以专业施工队伍为依托，全民与集体，总包与分包，前方与后方分工协作，互为补充的建筑企业组织结构。

20 世纪 90 年代初，又进一步提出：建立规范合理的综合总包，专业承包，劳务分包的工程建设总分包管理体系，推动一批大型骨干企业的改革与发展，使其成为资金密集、管理密集、技术密集，具备设计、施工一体化，投资、建设一体化，国内、国际一体化的龙头企业，成为带动建筑业生产水平迅速提高和开拓国际承包市场的主导力量。

多年的探索与实践，我国大型建筑企业的总承包管理水平逐步提高。目前，国内大型建筑企业集团常用的总承包经营模式主要有下列四种。

（1）项目施工总承包模式

由集团公司总承包部组建“项目总承包部”，代表集团公司对工程实施项目施工总承包管理，并负总包责任。所有分包单位都必须与项目总承包部签订分包合同，服从总包的统一协调、指挥、管理、监督。总承包部对“项目总承包部”下达各项经济技术指标。

（2）管理总承包模式

对于政治性强的工程或以集团企业子公司直接参与投标的工程，由总承包部组建“项目管理部”代表集团公司对工程实施管理总承包，担负对业主承诺的合同义务，不承担工程成本盈亏指标，仅收取业主支付总包的管理费用。

（3）项目部总承包模式

针对有些工程，总承包部组建项目经理部直接带领施工能力强的劳务队从事施工总承包管理。

（4）EPC工程总承包模式

2004年以后，我国大型建筑企业开始推广设计、施工一体化总承包模式。但是，从总体情况看，由于受业主、发包方等因素影响，除了国家特大型工程，例如奥运工程、南水北调工程等，真正采用EPC模式的一般工程并不多。

另外，随着投资主体多元化和国际承包模式的推广，我国在高速公路等基础设施项目采用BOT模式较多，在政府投资的市政设施建设中，应用BT模式也在逐步增多。

2.3　中国中小建筑企业经营模式

（1）分工协作经营模式

分工协作经营模式即把为大企业配套作为企业发展、走向市场的途径。成功的中小企业非常注意避免直接与大企业竞争，而是尽可能与大企业合作，做大企业发展中必不可少的伙伴。

（2）特许权经营模式

这是连锁经营的一种重要形式。它是指特许经营机构将自己拥有的商标、产品、专利和专有技术等，以特许经营合同的形式授予被特许者使用，被特许者按合同规定在统一的业务模式下从事经营活动并支付相应的费用。

（3）利基经营模式

作为中小企业，大多是市场补缺者。作为市场补缺者，他们应精心服务于市场的某个细小部分，不与主要竞争对手竞争，通过专门化经营来占据有利的市场位置。利基经营模式是指通过对市场的细分，企业集中力量于某个特定的目标市场，或严格针对一个细分市场，或重点经营一个产品和服务，创造出产品和服务优势。通过选择一个特殊的利基市场，企业的战略更突出表现为企业家对顾客和竞争对手的决策。与大企业相比，中小企业在满足消费者多层次需求的方面最具竞争力。

（4）专业化经营模式

专业化经营模式是指中小建筑企业根据自身的优势和特点，发展以深基础、装潢装饰、钢结构、玻璃幕墙等专业为主开展的承包经营方式。

2.4　国际市场常用的总承包管理模式

（1）平行总承包模式

平行总承包项目管理模式是业主将工程项目的设计、施工及设备和材料采购的任务，经过分解、组合，将工程内容分成若干组，然后进行分类、综合，分别发包给若干设计、施工单位和材料设备供应商，并与各方签订相应的工程承包合同和供应合同，各合同乙方之间无合同关系，是相对独立的。

1）管理特点：①由于设计和施工任务分别由较为独立的单位承包，平行开展各组的施工和设计工作，缩短整个工期。②合同约束使每个组的工程较好地实现质量要求，否则，衔接单位不会接手，利用“他人约束”比业主、承包商自己控制更有力。③有利于业主选择承包商，为择优性创造条件，从而确保整体项目的实施。④合同数量多，造成合同管理困难。⑤合同乙方多，业主组织协调工作量增加。⑥规划、控制工作复杂，监理工程师工作量增大。⑦投资控制难度大。

2）适用范围：对于规模大、专业多、技术复杂和时间要求紧迫的大中型项目适用。另外，这一模式要求有较好的法制环境，在法制约束下，各参与方有较强的法律合同意识，自觉履行合同，否则，工程实施将出现困难。

（2）工程项目总承包模式

工程项目总承包模式是业主将工程项目从开始筹备、勘察、设计、施工到所有项目的最终完成，交给一个承包商进行全过程的组织与管理，并对涉及建筑工程的各方面负责，也称全过程承包或“一揽子”承包。

1）管理特点：①业主与承包商之间，只有一个主合同，合同管理简便。②业主与承包商之间，承包商与监理工程师之间协调量减少。③设计与施工由一个单位统筹安排，对项目整体进度控制有利。④对投资控制工作有利。⑤招标发包难度大，不利于业主择优选择承包商。⑥质量控制难，缺少“他人约束”机制，业主主动性受到限制。⑦承包商的风险相对较大。

2）适用范围：对于简单、明确的常规性工程，或者一些专业性较强的工业建筑项目适用。

（3）设计或施工总承包模式

设计或施工总承包模式是业主把一个项目的全部设计任务或施工任务委托给总承包单位，总包设计或施工单位再把部分设计或施工任务发包给相应的分包单位。国际上规定总包单位不能将所承包的任务全部分包出去。

1）管理特点：①业主对总承包设计、总承包施工单位只有两个主合同，合同关系简单。②业主与总包单位，监理工程师与总包单位组织协调工作量少。③有利于项目的进行总体控制。④设计和施工有两个单位分别总包，中间衔接时间长，对建设工期有影响。⑤有利于发挥总包单位人才、技术、管理优势统一指挥统一协调。

2）适用范围：对于单体项目较大，专业性较强的工程适用。

（4）设计或施工联合体模式

设计或施工联合体承包模式是业主将工程项目委托给一个由若干个设计或若干个施工单位以及其他有关单位联合的统一体进行实施。施工或设计联合体是一个临时性组织。

1）管理特点：①适用范围广，有利于业主择优选择承包商或设计企业。②合同少，管理方便。③组织协调工作量少。④按优化组合原则，集合联合体各成员的优势，有利于进度和质量控制。⑤选择好的联合成员和联合形式，制定好联合协议是成功的关键。⑥联合体内部的经济分配原则是利益共享，风险共担。

2）适用范围：对于技术难度太复杂并且工程量较大的项目适用，一般是单个承包商能力不够时，组织相关有优势的承包商联合承包。

（5）设计或施工合作体模式

设计或施工合作体承包模式是业主将一个项目委托给一个由若干设计或施工单位组成的合作体进行施工。整个工程项目的任务要明确地进行分解。施工合作体一般是由不同类型或专业化方向不同的企业组成。

1）管理特点：①施工合作体内部的经济分配原则是自负盈亏，即各成员单位按各自承担的工程内容分别进行核算。②统一协调，各自负责，有利于整体项目的进度控制。③各成员发挥自身优势，有利于项目的总体质量控制。④业主、监理工程师与工程承包各成员之间的协调工作量增大。

2）适用范围：对于工程难度大，质量要求高，复杂并且单个承包商或设计企业无法发挥优势的项目适用。

（6）CM模式(Fast Track Construction Management)

CM模式是业主委托一个单位，以一个承包商的身份，采取有条件的“边设计、边施工”的生产组织方式来进行施工管理，并直接指挥施工活动，在一定程度上影响设计活动的承发包管理模式。国际上CM模式按合同结构又分为非代理型CM和代理型CM两种类型。

1）管理特点：①“边设计、边施工”缩短建设周期。②管理工作相对复杂，既区别于施工总承包，也不同于项目总承包。③CM模式班子早期介入，有利于优化设计。④设计与施工早期结合，减少施工中的设计变更。⑤分阶段招标，使合同价化整为零合理确定。⑥业主承担较大的造价风险。

2）适用范围：对于项目组成复杂、技术复杂、参与单位复杂的项目；或者是项目周期长，而工期要求紧；投资量大，规模大的项目；不适合搞项目总承包，又很难通过施工总承包将合同价包死的项目适用。

（7）NC模式(Novation Contract)

NC管理模式是业主委托一家设计单位，完成设计深度的30％～80％，在此基础上进行招标、选定承包商，业主与其签订承包合同；中标承包商必须委托原设计单位完成剩余设计，并承担全部设计、施工任务。

NC承发包模式的实质是通过设计合同承包人角色的转换，使得承发包模式的形式从开始的传统发包模式转换成后来的设计、施工一体化承包模式。中标承包商必须与原设计单位签订新的设计合同，中标承包商为新设计合同的发包人。这种形式也称为转换承发包模式。

1）管理特点：①完成项目时间短。②项目工期和投资比较容易确定。③业主转移更多的风险。④责任单一合同管理容易操作。⑤业主对设计与质量控制的权力较小、灵活性较小。

2）适用范围：对于项目投资和项目建设权限要求比较高的项目适用，对投资和进度控制较为有利。

（8）BOT模式(Build-Operate-Transfer)

BOT管理模式是建筑项目由承包商和银行投资团体发起，并筹措资金组织实施以及经营管理。这种方式的实质是将国家的基础设施建设和经营管理引入私人或民间投资。用BOT方式建设大型基础设施项目，对政府承包商、私人财团和社会都能带来一定的益处。

1）管理特点：①发起者先垫付巨款进行可行性研究乃至初步设计风险较大。②发起者要与政府先期进行长期的谈判。③发起者承受工期成本及经营管理两方面的风险。④BOT的发起者、承包商一般具有设计、咨询、科研能力，拥有较雄厚的资金实力。

2）适应范围：对于应该由政府发起、组织和投资的基础设施和公共工程项目，但政府无力建设，确实又需要建设的项目适用BOT方式。

2.5 国际工程承包企业新经营模式

（1）品牌授权经营模式

品牌授权起源于欧美，日本、韩国的品牌授权也开始蓬勃发展。全球授权商品零售额每年超过2000多亿美元，并且这个数字还在逐年增加，授权业最发达的美国占据了世界授权业65%的份额，授权商品零售额年均达1050亿美元。而面对利润丰厚的授权业，中国仅占据全世界授权业不到0.5%的份额，而且接受国际品牌授权的代理商绝大多数来自台湾和香港。在过去10年中，无论是在发展中国家还是发达国家，品牌授权都已经被证明是一种行之有效的经营模式，被西方发达国家称为“21世纪最有前途的商业经营模式”。

品牌授权又称品牌许可，是指授权者（版权商或代理商）将自己所拥有或代理的商标或品牌等，以合同的形式授予被授权者使用；被授权者按合同规定，从事经营活动（通常是生产、销售某种产品或者提供某种服务），并向授权者支付相应的费用——权利金；同时授权者给予被授权者人员培训、组织设计、经营管理等方面的指导与协助。

（2）海外收购经营模式

我国企业在海外收购中小型建筑企业，以便在海外参与当地的工程承包，是进入欧洲或美国市场的比较好的办法。另外，国际大承包商为了突出主业，扩大国际市场份额，用收购某一国建筑企业的方式扩大当地市场占有率，提高国际市场竞争力。

（3）特许经营模式

特许经营模式是指某国政府以特许授权方式，允许某些大型承包商参与投资、建设、经营本国的机场、铁路、电站、污水处理以及其他公共基础设施项目，这种经营就是特许经营。采用这种方式经营就是特许经营模式。例如，BOT，BT，BOOT，TOT等。特许经营取代了传统的连锁模式。

（4）合作伙伴模式

合作伙伴模式（Partnering模式）是“在两个或两个以上的组织之间为了获取特

定的商业利益，最大化地利用各组织的资源而作出的一种长期承诺。这种关系建立在信任、追求共同目标和理解各组织的期望和价值观的基础之上”。

联盟有紧密的联营体（Joint Venture，JV）形式，有相对松散的合包集团（Consortium）形式等多种形式。但无论是什么形式，都是以诚信为合作基础，都不改变各方的股本结构，各方以一定的股本金或保函共同组成临时机构，具有需要时组成快、当使命结束或联盟不适应外界形式时解散快的特点。

（5）虚拟经营模式

20 世纪 90 年代以来，全球正在发生一场由物质型经济向知识型经济的深刻转变。知识和信息通过对传统生产要素即资本、劳动力和土地等自然资源的整合和改造，为企业的发展创造了一种新的经营模式即虚拟企业经营。

虚拟经营模式是一种以网络技术为基础的新型企业经营模式，是指两个或两个以上的拥有核心能力的企业，依靠信息网络资源，以业务包干等形式独立完成策略联盟的某一项目任务，共享彼此的核心能力，使共同利益目标得以实现的经营模式。

（6）联合体模式

联合承包模式其起源于制造业，在制造业中所提的 Joint Venture 多以成立子公司为主，因此在制造业中习惯上称作合资事业或合伙事业。在建筑业中联合承包也有不同的名称，在欧美称为 Joint Venture 或 Consortium；在日本称作共同企业体；在我国台湾地区称作联合承揽、联合经营或短期结合。

建筑企业要在竞争中取胜，联合承包是一个十分可行的选择。联合承包在世界各国建筑业中应用的实例有很多，例如在过去的十几年中，不管是美国、日本或是欧洲等地的企业，运用联盟的数量增长了 30 倍。

在我国《建筑法》第二十七条规定：“大型建筑工程或结构复杂的建筑工程，可以由两个以上的承包单位联合承包”。《招标投标法》第三十一条规定：“两个以上法人或其他组织，可以组成一个联合体，以一个投标人的身份共同投标”。《工程建设项目施工招标投标办法》第 42 条第 1 款、《工程建设项目货物招标投标办法》第 38 条第 1 款作了相同的规定。这些就阐明工程联合承包的定义应为两个以上实行独立核算、能够独立承担民事责任、具备承担工程项目能力的法人或其他组织，以一个承包单位的身份承揽工程项目的行为。

（7）EPC 即一体化承包模式

EPC 模式是指工程设计、施工全过程承包。目前，国际建筑承包项目模式已从纯施工项目逐渐演变为 EPC 项目和设计—建造（DB）交钥匙项目等多种承包模式并存的局面，以适应业主的不同需求。EPC 项目由于能够向业主提供完整的从设计、施工、供货到运营、维修等一条龙服务，解决政府或公共部门备受困扰的资金短缺和管理效率低下的问题，在基础设施项目（道路、桥梁、城市轨道交通等）和公共设施项目（电厂、水厂等）上有其独特的优势，而备受青睐，成为近年来新的发展趋势。此外，设计—建造（DB）交钥匙项目由于能解决业主在技术和施工管理上的薄弱环节和加快施工进度，也愈来愈多地出现在承包商面前。

(8) PMC即“代建制”模式

即项目管理模式。在实际工作中，实施“代建制”有两种方式：一是确定几家管理机构作为政府投资工程管理的业主，具体形式有，代建办、建设管理办公室、项目管理中心、事业单位性质的工务署、企业性质的投资公司、代建公司等。二是通过竞争的方式，在多家代建企业中择优选择代建单位。代建单位一般由具有较高资质级别的房地产开发企业、工程监理咨询企业、施工总承包企业来承担。无论采用哪一种方式，在改革中不要把“代建制”搞成变相的“指定制”，要避免有名无实的走过场做法，坚决杜绝形式主义。防止进行无制约的权力转移和部门之间权力的重新分配，形成新的权力腐败。要坚决贯彻专业化、市场化、公开化、相对集中化，预防腐败现象在政府投资工程管理改革中产生。

代建制并不排除使用各类工程建设咨询服务企业。在实施政府投资工程的管理过程中，项目决策阶段、规划阶段、招标阶段、建设阶段、工程验收阶段、使用阶段都可以使用中介咨询服务企业参与技术指导和管理。对于一些技术类、事务性、管理性的工作，如项目可行性研究、初步设计和概算编制、造价咨询等可以由中介咨询组织来完成。

推广代建制要与推广实施工程总承包管理模式相结合。政府投资工程的管理，必须使用专门的招标文件、合同文本，按照项目立项和可行性研究报告确定的规划建设规模、投资规模和市场定价强化对工程项目建设的计价管理和控制。无论是事业单位性质的代建单位，还是企业制性质的代建单位，从项目的规划、设计、施工、使用后服务等，都要采用引入市场的机制选择服务企业，在项目的建设过程中，要积极推广实施设计、施工、采购一体化的工程总承包管理模式，以提高工程项目的建造质量水平、节约资金、满足人们对公共建筑的使用要求。

(9) 信息化经营模式

利用计算机网络和通信技术，加强企业的信息化建设，提高企业的国家化程度，提高企业跨地区、跨国经营决策速度和科学性、可靠性，是现代大型建筑企业越来越重视的一种经营模式。

(10) 工业化经营模式

由于建筑业规模不断扩大，不可能仍然依赖手工操作的小生产方式来完成，必须依据社会化大生产方式，采用建筑设计模数化、构建生产工业化的方式，才能完成建设任务。工业化的内容包括：采用先进、适用的技术、工艺和装备，科学合理地组织施工，发展施工专业化，提高机械化水平，减少繁重，复杂的手工劳动和湿作业。发展建筑构配件、制品、设备生产并形成智谋的规模经营，为建筑市场提供各类建筑使用的系列化的通用建筑构配件和制品，制定统一的建筑模数和重要的基础标准，合理解决标准化与多样化的关系，建立和完善产品标准、工艺标准、企业管理标准、工法，不断提高建筑标准化水平。

(11) 当地化经营模式

国际承包工程人力资源管理当地化已成为项目实施的新趋势。当对项目的评价发展到以“项目的所有利益相关者都满意”为评价目标时，承包商融入当地社会，以当地公司的身份参与所在国的经济发展便成了最佳选择。在劳动力资源丰富、就业形势严峻的非洲地区，大量使用当地的劳动力资源是公司当地化最明显的表现形式。例如，经过20多年在国际承包市场的发展，中国建筑总公司等建立了自己的当地员工雇用培训使用制度，雇佣的员工从一般工人到技术工人，从一般管理人员到中级管理人员，甚至工程师。雇用当地员工缓解了当地就业的压力，增加了当地政府及民众对我们的接纳认可程度，实现了公司在当地的可持续发展。

第3章　中国建筑企业经营模式存在的主要问题

3.1　国有大型建筑企业经营模式存在的主要问题

从当前建筑市场竞争情况看，现有的企业集团经营模式存在的主要问题如下：

(1) 业务管理职能错位、越位

三层次组织结构虽然确定了各级成员在结构中的职能，但在运作过程中，各级成员的业务交叉重叠：母公司在履行管理中心职能时可能错位到利润中心的角色；子公司在履行利润中心的职能同时，又进行了本应由母公司主导的投资活动；子公司下属公司更多时候履行的是利润中心和成本中心双重职能。业务交叉重叠，分散了各个管理层的注意力，加大了企业的内耗。

(2) 利润分散使监管失效

工程施工承包一般采用集团公司和子公司两级管理体制，集团项目承包部提取一定的费用作为项目部日常开支，大部分利润实际上是在总承包项目部形成，再层层上交。虽然目前集团公司均在项目部大力推行“责任成本”工作，以图将大部分利润集中于集团公司项目承包部。但是，由于尚未形成严格经营管理机制，利润仍大量滞留于集团子公司项目部，集团母公司的监管既要到集团项目承包部又要到子公司项目部层面，利润分散得越广泛、资金管理链越长，监管效果越差，则利润越容易流失。

(3) 多层次投资难于控制

由于工程承包积累的利润下沉，即使在对投资活动权限设置的情况下，集团子公司由于手握一定的资金，在投资领域中各显神通，四面开花，少数投资项目事前评估不科学，事中运作不专业，使项目未能达到预期收益。

3.2　大型建筑企业经营模式存在的主要问题

(1) 经营模式单一，施工承包仍然是主流模式

工程承包能力弱。无论是施工企业发展成为工程总承包企业，还是设计型企业改制为工程总承包企业，总是一腿软，一腿硬，设计和施工能力总是不能同时具备较强的能力。

(2) 多元化发展过度，主业不突出

大型国有建筑企业，尤其是国有大型建筑企业，经营领域过多，过度多元化增加了经营风险。例如，有一些大型建筑企业涉足建筑施工、房地产之外的教育、汽车、娱乐等非相关产业。

(3) 国际化程度低，与国际先进的经营模式融合能力弱

国际市场开拓能力不强。进入非洲或亚洲市场比较早，在这些地区的市场占有率较高，但是，在欧洲和美国市场，除了中国建筑总公司有一点市场外，其他企业几乎没有工程。

(4) 过多强调企业为中心，不能以项目为中心

不能以项目为中心。过于强调集团母公司、子公司、项目部的分工责任，没有形成以项目为中心的“管理中心、利润中心、成本中心”的三层次企业经营模式。

(5) 企业对品牌经营重视不够

有一些大型建筑企业，规模很大，但是，到目前为止还没有形成自己的品牌。

(6) 经营模式国有特色明显，市场特色弱化

国有建筑企业难以摆脱社会责任。我国大企业主要是央企或地方国企，社会责任和经营责任并存，与发达国家的大承包商相比，经营的负担相对比较重。

(7) 企业融资能力弱

企业与银行的合作，限制在授信额度之内，企业与银行的关系是借贷关系，没有形成一般的企业合作关系。

(8) 企业技术创新的动力不足

企业技术创新少。企业对技术创新和技术专利不重视，对企业的技术创新和研发的投入不足。

3.3　中小建筑企业经营模式存在的主要问题

中小建筑企业一般投资少收效较快、规模较小、对市场变化的适应性强、机制灵活、能发挥小而专、小而活的优势。但是，由于建筑业市场化改革在曲折中推进和国有建筑企业退出机制滞后等市场竞争环境因素影响，中小建筑企业经营模式存在主要问题如下。

(1) 中小企业多数隶属于大型建筑企业，经营模式单一，一般是专项产品生产企业，如门窗企业、沙石场等，经营效益直接与上游产业关联，自身应对或规避经营风险能力弱。

(2) 中小企业多属于劳动密集型企业，劳务人员管理是其主要经营特征。中小建筑企业人员平均规模较大，一般为每企业200～300人，比国外中小企业高出一倍以上。中小建筑企业经营管理队伍平均文化素质低，专业技术管理人员紧缺。

(3) 中小企业进入门槛低，科技含量低，市场竞争激烈，为降低成本，一些企业长期属于大企业内部经营单位，也不愿意进行正式注册，因此，技术、质量管理不规范。一些小企业由于没有法人地位，企业扩大经营规模融资难，依法管理、依法经营、依法保护企业的能力较弱。

(4) 中小建筑企业产权结构中，国有资本比例仍然较大，由于长期受国有体制的影响，一些中小建筑企业经营模式模糊或不明确，小总包经营模式多，专业化企业经营模式少。

3.4　大型建筑企业国际承包存在的主要问题

(1) 产业规模不断扩大、过度竞争依然存在

中国正处于从低收入国家向中等收入国家发展的过渡阶段，建筑业增长速度快，

对经济增长贡献大。1978年以来，国内建筑业产值增长了20多倍，建筑业增加值占国内生产总值的比重从3.8%增加到了2009年的6.7%。在国民经济各产业部门增加值占GDP比重排名中，建筑业位居第4，成为拉动国民经济快速增长的重要力量。

我国建筑业长期沿袭原有经营机制，各行业、各部门、各地方政府都有相应的建设管理部门及建筑企业，这些企业都是按照“大而全、小而全”的企业模式成立，企业规模、结构、产品类同。在运作机制上，建筑企业存在内部多级法人制度，体制不顺，管理机制不灵活，企业包袱沉重等弊端；在具体经营上则表现为企业数量较多、竞争激烈、企业效益低下甚至亏损。

我国建筑业基尼系数小于美国，我国建筑业企业规模相差不大，企业规模层次性不如美国鲜明。我国建筑业由于产业集中度低，大、中、小型企业比例不合理，导致竞争格局缺乏层次性，再加上建筑业进入壁垒和退出壁垒的不对称、部门或地方存在对进入和流动企业的人为限制和企业承揽工程中的排外性，阻碍了生产要素自然流动，形成“过度竞争”和“有效竞争不足”并存的低效率局面。

(2) 企业规模仍然偏小，经营市场范围有限

我国对外承包工程企业中除少数原中央各部的专业性公司和部分发展较快的省市大公司外，大量的工程承包企业规模较小，结构单一，经营范围狭窄。他们主要是从事劳务分包，实行工程总承包的项目较少。而且，勘察设计、工程咨询、项目管理等方面的国际市场开拓能力依然较弱，即使我国的大公司与国外公司相比规模也偏小。

(3) 恶性竞争严重，经营秩序混乱

我国工程承包企业之间缺乏合作，相互压价、恶性竞争现象比较严重。有的企业仅以中标为目的，不计成本和利润，报价远低于合理的价格水平，严重损害国家利益和行业利益。国际市场的低价竞争也引起了其他国家承包商的担心，大部分国际承包商表示担心新的竞争者出现，特别是中国这样低成本的国家进入国际市场，担心投标正在变得不公正和不适当。投标价过度低于建筑业平均水平虽能中标，但结果往往导致不完整的或低质量的产品。此外，低价竞标可能导致业主担心工程质量无法保证而拒绝授标，使承包商中标困难，并影响到今后的进一步合作。

(4) 资金短缺，金融支持力度不够

由于新的承包方式要求承包商提供从设计、采购到建设、管理、运营等全程服务，拥有雄厚的资金和很强的融资能力已成为能否赢得工程项目的重要因素。一些发达国家的大承包商凭借其融资能力强及其政府出口信贷等的支持，在竞争中占据十分有利的地位。我国对外工程承包企业融资能力普遍较弱，已成为我国工程承包企业承揽大型国际工程项目的最大“瓶颈”，主要表现在以下几个方面：

1) 融资渠道窄。国际上通行的项目融资在我国尚未开展，因为国内工程承包企业缺乏资信记录，需要一个逐步被国际金融市场了解和接纳的过程，企业境外融资还面临着很大的障碍。由于我国工程承包企业大多存在资本金不足、资产负债率较高的情况，国有商业银行一般不愿向无抵押和担保的工程承包企业提供巨额贷款。

2) 融资担保难。国家设立的对外承包工程保函风险专项基金，在一定程度上缓

解了企业投标、履约、预付款保函的担保问题。但是，这种专项基金的规模太小，满足不了项目保函担保需求。另外，使用基金的程序也复杂、审批时间过长、支持范围有限。

3）融资成本高。据统计，大企业的融资成本一般在10%左右，一些中小企业甚至达到20%～30%。现在我国银行对外工程贷款利率虽然低于其他国内企业贷款两个百分点左右，但远高于国际通行工程承包1%的贷款利率。较高的融资成本削弱了我国工程承包企业的国际竞争能力。

（5）面临市场准入障碍和技术壁垒

我国在技术和法律方面仍未与国际市场完全接轨。国内的设计标准，设备材料标准自成一体，尚未与国际市场接轨。而欧美等发达国家普遍实施专业执照或企业许可、人员注册资格等制度，其他国家的市场准入条件和管理法规往往制约了我企业进入市场。

发达国家和跨国公司想方设法地控制国际标准化的制定，力求将自己的专利变为国际标准，并通过标准建立贸易技术壁垒以获取最大的经济利益。预期未来几年，国际服务贸易的标准化对工程承包商的资质要求和对服务的质量标准要求，将成为市场准入的新的技术壁垒。

（6）我国企业自身能力亟待提高

经过多年的市场磨炼，我国对外工程承包企业已具备了较强的施工能力和设计能力，且具有低劳动力成本的优势，但与国际大型工程承包集团相比仍有很大的差距：

1）在工程融资方面，我国企业资金实力不足、缺乏企业信誉和国际融资经验；

2）在施工技术方面，缺少专利技术和专有技术，对国际上最新建筑技术、建筑材料、建筑机械应用不多。在机电安装、使用先进设备的大型高难度土木工程等专业领域存在着技术差距；

3）缺乏国际采购网络系统和国际采购经验，在项目中标后往往要采用发达国家的材料设备，而我国的机电设备及建筑材料较难进入国际市场；

4）在进行成本控制，处理纠纷索赔等方面经验不足；

5）缺乏国际通行的项目管理经验和先进的工程项目计算机管理系统。缺少熟悉国际市场技术标准、操作规范以及市场运行规则的各类人才，包括技术人才和管理人才。

（7）安全和风险问题日益突出

当前，恐怖主义威胁各国安全，伊拉克等国家和地区局势比较紧张，导致国际形势不稳定因素增加。突发事件和地缘政治动荡不安带来的风险，给企业造成了的巨大的经济损失，如一些企业因海湾战争遭受巨大损失，至今仍未能解决。近年来一系列针对中国人的恐怖袭击事件有增加的趋势。纵观国际市场，一方面石油价格飙升及地区安全形势不明朗等因素影响，许多业主取消或延缓了项目上马；另一方面工程承包项目的保险成本不断提高，从而影响了企业收益。

（8）多数大型建筑企业缺乏核心竞争力

分析国内外建筑企业专注的领域，就可以发现，我国绝大部分企业集中于建筑业价值体系的低附加值环节上，如建筑施工，而在复杂的、高附加值的价值链环节缺乏国际竞争力，如项目融资和规划阶段。另外，我国企业在设计与施工一体化、融资和管理一体化、前期和后期管理一体化方面缺乏综合竞争实力。

尽管我国劳动力成本低廉，但国外企业凭借先进的管理和信息技术、机械化施工等，使得国外建筑企业劳动生产率远高于国内企业。国内绝大部分企业缺乏以技术创新、管理创新为核心的企业核心能力。

近几年，随着我国国民经济的持续、快速发展以及开放程度提升导致的国际竞争加剧，国内建筑行业中出现了少数优秀国际承包企业，它们经过多年积累，凭借不断技术创新、管理升级，逐渐从传统的价值链低附加值环节中脱离出来。但是，从总体上看，当前，我国多数大型建筑企业在国际市场缺乏核心竞争力。

(9) 重视外在竞争，忽视内在竞争

以往我们惯用市场规模和企业规模来衡量工程承包企业的综合实力，但经过认真分析之后，就会发现市场规模和企业自身规模作为外在因素，只能静态反映企业目前的经营状况，不能以此作为衡量企业未来发展趋势的判别标准，而企业内在竞争优势(技术、管理、服务等)的奠定则更能反映企业未来发展前景。国内许多国有建筑企业，虽然具有相当的市场规模和企业规模，而经营效益却不尽如人意，就是因为企业的内在竞争力不强。

第4章　中国与欧美建筑企业经营模式比较

4.1　发达国家经营模式情况

以美国为代表的西方发达国家的建筑企业，生产规模庞大，资本实力雄厚，建筑产业的功能扩展到融资、规划、设计、建筑施工、房地产经营等综合性建筑产品的生产和销售。同时，建筑产业分工细化，行业性建筑企业的品牌特征明显，施工专业化成为建筑企业市场竞争的重要特征。发达国家的建筑企业经营模式主要以EPC模式、特许经营模式（BOT、BT模式等）、伙伴合作模式为主，承包商带资承包、代业主管理和融资、设计、施工一体化运作也是常见的经营模式。

（1）设计施工一体化是欧美基本经营模式

无论是菲迪克（FIDIC）条款合同、还是欧洲国家采用的建筑师负责制承包合同，其内在统一的要求是工程承包实施设计施工一体化。EPC项目模式和过去单纯施工项目模式相比，除了对业主有利外，也使得建筑承包商从简单的价格竞争中解放出来，因为在EPC和设计—施工（DB）项目中，标价已不是唯一的评价中标与否的标准，这对承包商来说是好事，但是，同时这类项目又对承包商的融资能力、设计、施工供货安装能力、运营管理能力、风险控制能力提出了挑战。这种经营模式在欧美等发达国家应用很普遍，是基本的承包经营模式。

（2）政府与民间资本合作，产生特许经营模式

西方国家的政府在实施公共工程建设时，由于缺乏资金，提出了与民间资本合作的政策，因此产生了以“政府与民间资本合作”的工程承包的特许经营方式。特许经营模式是指某国政府以特许授权方式，允许某些大型承包商参与投资、建设、经营本国的机场、铁路、电站、污水处理以及其他公共基础设施项目，这种经营就是特许经营。采用这种方式经营就是特许经营模式。例如，BOT、BT、PPP、BOOT、TOT等。

（3）特大型特许经营项目催生合作伙伴模式

随着西方国家的特许经营项目规模不断扩大，业主要求工程项目“一揽子”承包给一家承包商，面对BOT、PPP项目、EPC项目等大型的环节复杂的项目，任何一家承包商都难以独立承揽，原因是在融资、技术、施工、供货或运营管理、风险管理、法律等方面有难以逾越的障碍。因此，结成联盟共同承揽项目成为项目承揽模式的新的发展趋势。所谓联盟是两个或两个以上的企业，为了达到共同使用资源共同拥有市场等的战略目标，以契约的形式结成优势互补、风险共担、要素双向或多向流动的松散的组织。由于联盟的各方将自己最有竞争力的资源投入，体现了国际分工和比较优势，实现了优势互补，提高了整体竞争力，承揽了一方不能单独承揽的项目，增加了市场份额，降低了一方独自承揽项目的风险，最终使参与各方利益最大化，延长了各方的价值链。近十几年，采用这种“合作伙伴”经营模式的国际大承包商比较

多，其中，最成功的国际承包商是德国的 Hochtief 公司。

4.2 发达国家经营模式特点

综合分析发达国家的建筑企业经营模式，其特点主要有以下几点：

（1）收购或兼并、重组催生大企业

为了整合资源以应对日趋激烈的国际市场竞争，提升国际承包工程企业的本地化运行能力，很多国际工程承包商相继实施业内资产重组，不断扩大企业经营规模。比如，西班牙 Grupo ACS 公司 2003 年收购了总部位于马德里的 Grupo Dragados SA 公司，使公司规模扩大了 1 倍多，也使公司在当年的国际承包商 225 强排名中从第 98 位跃到第 20 位；荷兰承包商 Royal BAM Groep 收购了 HBG 后，排名也大幅度提高。

（2）利润重心向产业高端转移

随着国际工程承包市场的发展，国际建筑工程的发包商越来越重视承包商提供综合服务的能力，传统的设计与施工分离的方式正在快速向总承包商式转变。EPC（即设计、采购、施工总承包）、PMC（即项目管理总承包或我国实施的“代建制”）等一揽子式的交钥匙工程模式以及 BOT（即建设、经营、转让承包）、BT（即建设、转让）、PPP（即公共部门与私人企业合作模式）等带资承包商式成为国际大型工程项目中广泛采用的模式。承包商不仅要承担项目的设计和施工、运作任务，还要承担工程所需的融资任务。单纯的工程施工业务利润逐渐降低，承包商的业务开始朝着项目的前期和上游发展，利润重心向产业链前端和后端转移，其中，带资承包表现最为突出。据世界银行和联合国贸发会议的统计分析，工程建筑业是发展中国家吸收外资最大的服务部门之一。除少数国家的政府项目不需要承包商带资外，多数项目基本上需要承包商以不同形式带资承包。据有关部门初步估算，带资承包项目约占国际工程承包市场的 65%。

（3）产业分工细化深化

欧美等国家的大型跨国建筑企业都有自己的技术和专利，在国际工程承包市场上具有明显优势，资金实力、技术和管理水平远高于发展中国家的企业，在技术和资本密集型项目上形成垄断。发展中国家建筑承包商凭借劳动力成本的比较优势在劳动密集型项目上也获得了发展机会，而且，逐渐开始向技术和知识密集型项目渗透。分工体系细化的同时，建筑企业也在寻找着各自的定位。比如，瑞典的斯堪斯卡公司卖掉了在拉脱维亚和立陶宛的子公司，将业务主要集中在“能够长期占据优势地位”的美国市场；土耳其承包商面对国内市场的萎缩，开始大举进军国际市场，而且取得了成功。另外，建筑企业在技术研发领域开始走向合作，并逐步形成了全球技术资源共享的新局面。一些企业为了降低研发成本，寻找合作者共同分担，逐步将技术研发机构从母体脱离出来的同时，引入新的投资者；另一方面，独立的研发机构为提高研发成果的效益，开始向更多的企业提供服务。在一定程度上讲，这是建筑业内部分工进一步深化的必然结果。

（4）信息化为标志的科学管理

基于 GPRS、PDA 和短信应用的无线技术的普遍应用，使企业高管层、现场施工管理者以及出差人员凭借手机、掌上电脑就可以“随时办公”成为可能。互联网技术的普遍应用，既满足了企业内部需要，包括与下属分公司、分布在外地、外国的项目部进行沟通，也满足了企业外部需要，包括与政府职能机构、客户以及项目相关方进行信息交互，因此，集成化的网络应用是建筑企业信息化的必然趋势。通过网络化集成，实现现场工程质量管理、物资供应、工期管理以及总部管理信息系统的一体化，为客户创造真正的商业价值提供可能。

（5）推广新材料、新技术

国外消费者对建筑装饰材料的环保程度要求很高，西欧各国和美国等发达国家的建材目前达到环保标准的已超过 90%，日本还推出了无化学住宅。在倡议和发展环保型建材的基础上，一些国家已经建成了居住或办公用的样板建筑，取得了良好的社会和经济效益。另外，充分利用老旧建筑的材料，尽可能使用由再生原料制成的材料，这样可以减少固态垃圾以及能量消耗，而且节省自然资源，这种具有环保意识的做法已经开始逐渐流行。

4.3　国内、国外企业经营模式情况比较

自 2005 年建设部出台推进实施工程总承包意见之后，我国大型建筑企业积极实践工程总承包，国内建筑行业中出现了少数国际承包优秀企业，这些企业经过多年积累，凭借不断技术创新、管理升级，逐渐从传统的价值链低附加值环节中脱离出来，向高端、高附加值领域转变。但是，从全局和国际水平比较来看，我国大型建筑企业的经营模式比较单一，经营方式比较落后，在管理水平上与发达国家承包商比较，也有较大差距，主要表现在以下几个方面。

（1）从企业经营范围分析

我国工程总承包的标底范围与国际大承包商不同。欧美一些大承包商标底包括融资、前期规划、设计、采购、施工、及相关咨询服务。而我国承包商一般只承包设计、采购、施工阶段，利润较高的融资及前期规划阶段缺乏竞争优势或管理水平还没有得到业主的认可。

（2）从企业经营业务领域分析

我国企业经营领域比较狭窄。我国工程承包企业主要在房屋建筑、土木工程、交通等领域。然而，国际大承包商一般有 3 个以上的经营领域。例如，法国的 VINCI（万喜公司）主要经营领域产值比例分别为建筑 41.8%，道路 29.6%，能源 17.3%，特许 10.6%。有 4 个经营领域都在 10%以上。美国的 Bechtel（柏克德公司）产值比例分别为石化 31%，工业 20%，电力 14%，建筑 12%，交通 11%，环保 11%。有 6 个经营领域的产值都在 10%以上。然而，我国某大型国际承包企业产值比例为建筑 75%，交通 11%，电力 7%，加工 6%。只有 2 个领域产值在 10%以上。由于经营领域较集中，不利于分散经营风险，企业的综合利润也较低。

（3）从企业管理水平分析

我国大企业国际总承包管理水平与国际一流大承包商相比还有较大的差距，主要表现在：1）国有企业的产权结构单一，企业经营机制不灵活；2）管理层次多，从集团公司、子公司、分公司或项目承包部，至少有 3 个管理层次，影响决策速度和效果；3）我国工程总承包企业一般都有自己的二、三层次企业或分包企业，分包企业是自己的下属企业，在国内实施总承包管理中，主要是采用行政手段而不是真正意义上的合同管理手段。由于不愿意放弃自身的分包企业，形成“爷、子、孙”三代总包与分包关系，必然影响企业的最终利润，影响企业的国际市场竞争力。

4.4 国际承包经营未来发展趋势

（1）工程承包规模趋势

从当前分析看，各国经济将逐步从美国金融危机的影响中走出并回升向好，2010～2015 年全球经济增长的主要因素预期良好，包括：全球投资和贸易发展、发达国家和发展中国家的经济增长势头、建筑业投资规模、各国建筑业市场开放程度等等。局部战争冲突和自然灾害偶有发生，将加大建筑业投资规模。

尽管世界服务贸易谈判预期难以达成新的开放建筑业市场的协议，但是，区域和次区域经济一体化以及双边自由贸易协议的签署，会使区域和双边建筑服务市场局部开放，因此，国际工程承包市场总量将持续稳定增长。

（2）发包方式变化

在发包方式上，越来越多的私人投资项目不再通过国际公开招标来确定承包商，而是根据以往服务质量和经验，通过议标甚至直接委托承包，确定从规划、组织、设计、采购到施工一揽子项目的总承包商。在国际直接投资再度回升的情势下，日本和欧美企业由于本土对外投资的增多而增强了对国际市场的控制。

（3）技术壁垒增加

ISO 9000、ISO 14000、ISO 8000 以及国际工程管理规范认证，成为国际市场准入的通行证。不同国家建筑市场的特殊规范、运行机制，也将成为阻止他国企业进入的障碍。国际规范将成为建筑承包业市场准入的技术壁垒。

（4）承包商经营风险加大

业主为了降低投资风险以及国际产业结构升级的影响，将一般项目化零为整将“打包”后的整个项目发包给一家大型承包商，国际发包项目的规模将越来越大，单项造价超过十几亿美元的项目逐渐增多。另外，国际工程带资承包盛行，承包商的风险将空间增大。同时，承包商为了自身的经验安全，其权益保护方式也将发生变化，国际承包商会选择项目融资、工程保险、伙伴合作等方式规避风险。

（5）兼并重组增多

为了适应国际工程承包市场发包项目的大型化和激烈的国际竞争的需要，国际工程承包商之间乃至承包商与其他产业之间的兼并和重组不断产生，在更大范围、更高层次上实现资源整合，以期扩大经营规模，提高竞争力。今后，随着国际工程承包市场在规模、技术、资金和管理水平等方面对承包商能力要求的不断提高，国际建筑市场的并购和重组将更加活跃。以少数大型国际承包商为核心、带动中小企业松散承包合作的市场运行机制将成为全球模式。

(6) 各国政府支持力度加强

各国政府对本国工程建筑服务出口的政策支持力度也会影响国际市场的竞争格局。这些政策有很多方面，多双边谈判的力度和影响会扩大市场准入或者保护国内市场；税收、信贷、保险和财政补贴政策，会减少企业成本提高竞争力；信息服务和行政支持，会增加企业的商业机会。

我国加快实施走出去战略必然扩大对外投资，尤其是资源和加工工业领域的投资，因而会给我国承包商带来一些机遇。但是在新的国际市场竞争格局中，以中小型企业为主的中国承包商，在国际市场将面临新的更多的考验：

1) 企业规模无法与发达国家相提并论，尽管近年来我国承包商之间也发生了些许重组，但是整合结果难以令人满意，实力增强尚待时日；

2) 资金瓶颈，由于国家金融政策和企业规模等原因，我国企业开展业务的融资方式单一，成本高，规模小，风险大，严重制约业务发展；

3) 我国建筑企业长期居于产业链末端，附加值难以提高，而在公开招标减少、成建制劳务难以进入国际市场的新情况下，传统的低成本优势正在丧失，业务升级迫在眉睫；

4) 我国企业不适应发达国家市场的技术规范和运行规则，不能以新的手段规避风险，导致市场和融资渠道更加狭窄；

5) 我国企业国际化程度低，本土化水平不高，也是影响业务发展的重要因素。

凡此种种挑战，使我国对外工程承包在发展的道路上荆棘丛生，这些均需要我国企业成长方式和我国政府支持方式的转变。

4.5 转变企业经营模式主要对策与建议

(1) 政府产业政策引导和金融政策支持

出台相关政策和规定，允许大型建筑企业与银行参股联合经营，解决大型企业实施工程总承包的融资问题。

随着经济全球化的不断进展，许多国家都把促进外贸出口与实施海外投资战略结合起来，对本国企业"走出去"提供多方面的政策性金融支持。例如，20世纪60年代以来，日本银行大幅增加海外投资贷款，1988年其海外投资贷款额超过出口信贷额的四倍。美国商务部也用一部分资金以不同的方式补贴美国的企业开拓海外市场，以援外的方式提供一些资金，补贴它的承包商或提供政府担保。我国为了促进企业"走出去"，也采取了一系列的政策措施，但还有许多不足，需要适当加大支持力度。

1) 国家应该鼓励金融机构积极开展金融创新，提供适合对外工程承包的新金融产品，对于符合国家支持条件的大型工程项目进行项目国内外融资试点。对资信高的大型公司或大型基础设施项目等，国家在政策上应允许政策性银行和商业银行提供无抵押贷款。

2）部分国家对外工程贷款利率只有1%左右，我国也要考虑适当下浮对外承包工程的贷款利率和保险费率，或提高贷款的政策性贴息率和延长贴息期限，特别是对大项目给予利率和费率优惠。

3）利用我国比较充足外汇储备，适当增加中国进出口银行、中国出口信用保险公司资本金，提高政策性金融机构的支持能力，以适应支持企业“走出去”的需要。除了对带动国内设备出口的工程承包项目给予政策性出口信贷外，应将政策性金融支持扩展到其他国际工程承包项目。

4）向支持对外工程承包业务的国有商业银行提供信用风险担保，设立对外工程承包融资担保基金，以减轻商业银行承担的风险压力。增加对外工程承包保函风险专项基金的数额，简化使用程序，扩大使用的范围。

5）对于从事境外工程咨询、设计、工程承包的企业，特别是从事资源开采或带动成套设备及机电产品出口达到一定比例的企业予以所得税减免和其他税收优惠。对我国企业的境外工程承包项目（包括传统的施工承包、EPC总承包以及BOT等项目）实施有弹性的外汇管理制度，放宽项目的外汇资金融通。

6）重点支持具有大型工程承包能力的企业和资源开采型的企业。要转变观念，积极启动推行EPC（交钥匙总承包）、DB（设计、施工总承包）、PM（项目管理服务）、PMC（项目管理承包）和CM等先进管理模式。支持通过对外工程承包来开采国外的资源，保障国内市场需求。

(2) 调整资质管理的重点，从规模到实际能力

以往行业部门注重对企业资质中的规模、人力资本、设备能力的评估和检查，而在国际化的工程承包市场中，更重视企业的融资能力和以前的工程业绩和市场信誉。综合服务和带资承包已成为国际市场的惯例做法，我国的大型建筑企业要适应这一市场的需求变化。

(3) 设计和施工能力的全面融合

从2005年建设部下发推进工程总承包实施意见后，许多大型建筑企业进行了整合与并购，使企业旗下同时具有了自己的施工和设计企业，但是，在实际工程任务承揽和承包经营工程中，设计与施工是机械地联系，是真正地脱离。设计不能为投标方案提供优化的施工图设计，在施工中设计人员不能根据现场的实际情况提出施工简便的设计变更，设计人员不懂施工，没有施工经验；施工人员不懂设计规范等等。

(4) 约束各类业主支持工程总承包经营

在传统意义上讲，业主习惯于把一个工程项目分成几个标段，尽量让更多的同类企业都有工程任务干，这是计划体制的做法。建筑业已改革开放30年，总承包、施工承包、劳务承包的三层次结构已基本形成。行业管理部门应出台相关政策要求业主在可能的情况下，整合同类工程，尽量以大标段、综合服务性工程对外招标。选择大企业进行工程总承包能保证工程质量，同时有利于培育总承包、施工承包、劳务分包三层次结构形成。

(5) 大型企业集团应建立新的“三级经营管理”机制

在新的形势下，建筑企业要尽快建立和完善“投资中心、利润中心、成本中心”新的三级经营管理体制，加强集团管控体系制度建设和体系运行的监督工作，变分散为集中，使三级管理责权利统一。

“投资中心、利润中心、成本中心”三级管理和核算体制，使分散的项目利润变得相对集中起来，资金管理链条也相对变短，但是由于加强了利润资金管理力度，必将使子公司在资金使用权限上受到限制，因此在推进时，必须运用合理的薪酬管理和激励方式，激发各个管理层和领导人的内在动力，调动他们经营管理的积极性。

(6) 建立对外工程承包风险保障制度

国际工程承包是风险较高的领域，特别是大型工程项目投入大、工期长，回报要在工程完工后才能实现，易受不可预见的外来因素如自然灾害、暴乱、战争等不测事件影响而造成巨大的损失。针对这种情况，一些国家采取各种风险保障措施，如设立政治风险担保基金，一旦发生政治风险，企业可以得到很大一部分赔偿，最高可达百分之二十几，企业只承担一小部分风险。我国的工程承包市场大多集中在发展中国家，政治经济不稳定，各种不可预见的风险更为突出，2004 年针对中国承包商的恐怖袭击事件不但给中国公民在海外的安全敲响了警钟，也给承包工程企业造成了巨大的经济和其他损失，应尽快建立工程承包风险保障制度。

1) 鼓励保险机构向国际工程承包项目提供多种类型的保险服务，为我国工程承包企业在境外开展业务中，由战争、政局不稳、国有化等政治因素造成的经济损失提供风险保障。由政策性保险机构通过与承包商签署的承保合同获取我国承包商的代位求偿权，在风险发生后承包商从保险公司获得经济赔偿，保险公司与外方交涉经济获得损失赔偿。利用双边投资保护协定，保障我国企业的合法权益。

2) 国家支持设立对外工程承包风险基金，提高我国企业抗风险能力。基金可由中国对外工程承包商会管理，资金来源从公司每年外汇净收入中按一定比例提取（例如韩国为 2%），政府对提取的基金相应减免所得税，中央财政给予部分拨款支持。风险基金主要用于支付商业保险范围之外的风险，如战争、暴乱、恐怖事件等政治风险给企业造成的损失。

(7) 继续鼓励对外承包工程企业进行联合、重组

近几年来国际承包商之间的兼并、重组在不断发生，诞生了一些大型的、超大型的承包商集团。我国大型工程承包企业近两年来进行的联合、重组，达到了优势互补、增强竞争力的效果。如中国铁路工程总公司和中国海外工程总公司两家企业重组后，综合实力和国际竞争力明显增强。重组后的中国铁路工程总公司在全球最大 225 家国际承包商的排名大幅度上升，从 2002 年的第 70 位跃至 2003 年的 48 位，2008 年公司营业额排名位居世界第二。2003 年 9 月国资委批复了中国铁道建筑总公司与中国土木工程集团公司实施重组，进一步增强了公司国际竞争力，使海外经营能力和规模得到跨越式的发展，2008 年公司营业额排名位居世界第三。

政府有关部门应该总结、推广公司联合、重组的经验；加快产权制度改革，吸引

外来资本，营造富有活力的新机制；研究制定鼓励、支持的政策措施，指导施工、设计单位积极寻求联合与重组的机遇和方式，加快对外承包工程行业联合、重组、改制的步伐，尽快形成一批专业特点突出、技术实力雄厚、国际竞争力强的对外工程承包的大企业、大集团。

面对国际工程承包市场激烈的竞争环境，除了企业间的联合、重组外，有必要采取各种政策措施，鼓励对外承包工程企业以各种方式进行联营。这样可以使企业间资质互补，优势互补，增强在市场上的综合竞争能力；也有利于减少我国承包工程企业在国际市场上互相压价、自相残杀的恶性竞争局面，提高中标率，降低经营风险和交易成本；此外，对于有效地聚集资金，优化资源配置，解决企业普遍存在的资金不足问题也将发挥重要作用。

(8) 加强大型企业的自身能力建设

在激烈的市场竞争环境中，我国大型工程承包企业必须加强自身能力建设，向资金密集、管理密集、技术密集，具备设计、施工一体化，投资、建设一体化，国内、国外一体化的跨国公司方向发展。

1) 建立技术、管理密集型的工程总承包企业。随着国际工程承包市场的不断发展，国际分工进一步深化，我国工程承包企业必须向国际化的经营模式转变，走智力密集、技术密集和资金密集的道路。

2) 熟悉国际建筑业技术标准、规范和市场运行规则，是开拓市场的前提。工程承包企业应加强职工培训，培养一批熟悉国际通用的专业化的管理模式，熟悉工程索赔的合同条件及法律条文，熟悉相关国家的政治文化的专门人才。

3) 为了面对日趋激烈的竞争，提升国际工程承包企业本地化运营的能力，我国企业应与欧美企业合作，获得更多的市场准入机会。借鉴我国制造业企业通过跨国并购和股权置换等方式加大了“走出去”的步伐的经验，通过并购当地建筑业企业，进入发达国家工程承包市场。

4) 积极开拓高端市场。随着国际工程承包业的利润重心向产业链前端和后端转移，BOT、BT 等集工程建设和项目运营类于一身的项目大幅增长。我国工程承包大型企业要认清形势，集中力量进入高端市场。在继续关注东南亚、中东、拉美、非洲市场的同时，我国大型承包企业应该加快进入欧美市场的步伐。

5) 重视属地化经营，规避法律障碍。一般国家都对本国承包商提供各种方便与支持，而对国外承包商设置一些障碍，这就要求承包商要经营属地化，充分利用当地人力资源，和政策法律环境，降低企业运营成本、规避风险。

(9) 规范经营，大力整顿经营秩序

对于在国际承包工程市场上，国内企业之间互相压价、自相残杀等恶性竞争行为，虽然有关部门采取了许多协调措施，但治理效果非常有限。究其原因，一是我国对外工程承包主要集中在东南亚、中东、非洲等发展中国家，企业数量多市场相对狭小。二是当前我国对外工程承包企业集中在房建、水利、电力、交通、石化等领域的建设施工方面，企业之间业务同质化严重。要整顿和规范经营秩序，必须采取综合措施。

1）支持发展大型工程承包企业，促使大型工程承包企业逐步退出低端市场，向EPC、PMC、BOT、BT、BOOT等高端市场和高附加值的环保、通信、资源开发利用等领域，以及欧美等发达国家市场发展。通过大型建筑企业搞工程总承包，搞项目管理，再将中小建筑企业带出去。

2）通过对我国对外工程承包市场进行规划，制定对各种类型的企业在市场和项目上的指导意见。按照企业规模、专业等标准对企业进行分级分类管理，对守规企业给予政策倾斜和鼓励。

3）全面贯彻《对外工程承包管理条例》，明确奖惩措施，依法规范企业的经营行为。对采取不正当竞争手段损害国家利益的企业，要给予相应的惩罚。

4）加强企业之间合作。在国际工程项目竞标中，同一项目有数家中国企业投标的，企业间要加强合作通过协调报价、联合报价等方式参与竞争。达到互利互惠，在合作中实现共赢。

5）充分发挥行业商会在“提供服务、反映诉求、规范行为”方面的作用，支持行业商会在政府主管部门的监督指导下加大项目协调力度，加速推进行业自律。

4.6　2009年国际承包商前50名排行榜

从2009年国际承包商前50位排名情况看，中国建筑企业有8家，占16%；美国有9家，占18%；日本和西班牙各有6家，分别占12%；韩国有4家，占8%。德国有2家，占4%。从数量上看，中国建筑企业无论在国际承包商前225位排名中入选企业数量比例（15.56%），还是在国际承包商前50位所占比例（16%），都是处于领先地位，仅次于美国，属于第二位。这也说明，近几年，我国大企业实施“走出去”战略是成效明显的。见表2-4-1。

2007～2009国际承包商TOP50排行榜　　表2-4-1

各年份排名			国际承包商名称
2009	2008	2007	
1	1	1	VINCI，Rueil-Malmaison，France（法国万喜公司）
2	3	3	China Railway Group Ltd.，Beijing，China（中国铁路工程公司）
3	2	2	BOUYGUES，Paris，France（法国布衣格公司）
4	4	6	China Railway Construction Corp. Ltd.，China（中国铁路建筑公司）
5	5	4	HOCHTIEF AG，Essen，Germany（德国霍克蒂夫公司）
6	7	7	China State Construction Engineering Corp.，China（中国建筑工程公司）
7	8	10	China Communications Construction Group (Ltd.)，China（中国交通公司）
8	6	5	Group ACS，Madrid，Spain（西班牙ACS公司）
9	12	18	China Metallurgical Group Corp.，China（中国冶金集团公司）
10	11	9	Bechtel，San Francisco，Calif.，U. S. A.（美国柏克德公司）

续表

各年份排名			国际承包商名称
2009	2008	2007	
11	9	17	FCC，Fomento de ConstrUCCIONES y Contratas SA，Madrid，Spain
12	10	8	Skanska AB，Solna，Sweden（瑞典斯堪斯卡公司）
13	15	14	STRABAG SE，Vienna，Austria
14	20	15	Shimizu Corp.，Tokyo，Japan
15	13	12	Kajima Corp.，Tokyo，Japan
16	18	20	Fluor Corp.，Irving，Texas，U. S. A.
17	14	16	Obayashi Corp.，Tokyo，Japan
18	**	**	EIFFAGE，Asnieres-sur-Seine，France
19	19	22	Bilfinger Berger AG，Mannheim，Germany
20	17	23	Balfour Beatty plc，London，U. K.
21	16	11	Taisei Corp.，Tokyo，Japan
22	25	27	Leighton Holdings Ltd.，St. Leonards，NSW，Australia
23	24	19	Takenaka Corp.，Osaka，Japan
24	22	21	Royal BAM Group nv，Bunnik，The Netherlands
25	23	**	Saipem，San Donato Milanese，Italy
26	27	24	Bovis Lend Lease，Millers Point，NSW，Australia
27	26	25	TECHNIP，Paris la Defense，France
28	30	26	KBR，Houston，Texas，U. S. A.
29	29	30	Shanghai Construction (Group) General Co.，China（上海建工集团）
30	37	36	Kiewit Corp.，Omaha，Neb.，U. S. A.
31	32	35	Sinohydro Corp.，Beijing，China（中国水利水电公司）
*33	31	29	Ferrovial Agroman SA，Madrid，Spain
34	44	49	Construtora Norberto Odebrecht，Sao Paulo，Brazil
35	40	47	Larsen & Toubro Ltd.，Mumbai，India
36	36	33	Samsung C&T Corp.，Seoul，S. Korea
37	43	38	PCL Construction Enterprises，Denver，Colo.，U. S. A.
38	47	39	Jacobs，Pasadena，Calif.，U. S. A.
39	35	34	Hyundai Engineering & Construction Co. Ltd.，Seoul，S. Korea
40	51	**	CB&I，The Woodlands，Texas，U. S. A.
41	46	59	Perini Corp.，Framingham，Mass.，U. S. A.
42	38	37	OHL SA (Obrascon Huarte Lain SA)，Madrid，Spain
43	64	**	Foster Wheeler AG，Clinton，N. J.，U. S. A.
44	39	41	Consolidated Contractors Group，Athens，Greece

续表

各年份排名			国际承包商名称
2009	2008	2007	
45	33	31	GS Engineering & Construction，Seoul，S. Korea
46	42	**	Kinden Corp.，Tokyo，Japan
47	34	32	Daewoo E&C Co. Ltd.，Seoul，S. Korea
48	49	64	Dongfang Electric Corp.，Sichuan，China（中国东方电子集团）
49	28	37	SACYR Vallehermoso，Madrid，Spain
50	21	**	Acciona SA，Madrid，Spain

注：此表根据企业总经营额排名。“*”根据 2009 年的 ENR 报告解释，第 32 位被去掉资格，是由于该企业承包额计算方式有误（The No. 32 company was removed dve to a misinterpretation of their survey form）。“**”本年度数据不详。

4.7　国外企业经营模式案例分析

国际各大建筑承包商发展路径不一，我们选取最具代表性的 VINCI 和 Skanska 等四家公司作为主要分析对象。

(1) 案例一：法国万喜（VINCI）:多元化经营模式，逐步向高利润区域转移

法国万喜（VINCI）公司成立于 1891 年，至今 120 年历史。目前拥有 2500 多家分支机构，遍布全球 80 多个国家和地区，2006 年营业额 256 亿欧元，是全球最大的建筑工程承包商。

自 2000 年以来，公司盈利能力大为提高。2000～2006 年公司营业额年均增速达 4.4%，营业利润和净利润年均增速则分别为 10.2%和 15.5%，所有者权益和现金流每年均已约 20%的速度增长。

1）核心盈利能力

VINCI 原本是一家传统建筑公司，由许多著名承包商（如 Sogea、GTM、Dumez 等）构成，其承包的工程通常大而复杂（如阿尔卑斯山隧道、英吉利海峡隧道轨道工程、上海金茂大厦等)。公司成功之处在于：在巩固施工业务以获取稳定收益的同时，以增强盈利能力为核心，扩大高附加值的服务范围、最大限度地获取高利润环节收益。

尽管建筑承包业务量巨大，但从整个行业获利趋势看，建筑承包“低润微薄”。2006 年公司建筑承包净利率为 3.22%。公司的策略是经营重点向高利润区域转移。

维持长期高增长的动力来自于特许经营业务（包括项目设计、成套工程、项目融资、工程管理、BOT 项目运作等、2006 年特许服务净利率为 16.17%）的迅速成长。

2）协同能力

企业能形成合理的业务组合，追求集团各业务间的协同效应是公司战略发展的制高点。保持巨大的建筑工程承包量，能维持公司的稳定运行，虽其“不太赚钱”，但这是一个运营平台。在此基础上，才能更好地开拓特许经营业务。将承包业务和特许经营相结合，两者产生的巨大协同效应推动公司不断向前发展。

VANCI突出的能力在于：一是经营、管理能力，如专注领域的选择、项目管理、信息管理、风险管理等；二是将工程承包和项目运营相结合的能力（协同能力）。

公司选择风险小、利润高的项目或项目环节。加大管理和技术升级方面的投入、同时将注意力集中在项目管理上。公司越来越多地把低附加值工作转移给分包商，而把主要精力集中在项目前期策划、项目运作、后续经营等利润丰厚的环节。

此外，针对经营过程中的风险、效益问题，公司依托信息技术建立了一套特有的运营管理体系，对各分部、机构以及项目进行绩效、风险、盈亏管理与控制。

公司从项目一开始便全面介入，紧紧围绕项目的整个价值链，获取最大限度的利润。在整个项目的获取、完成及运作过程中，公司建筑子公司和特许经营子公司形成打包服务方案，两者间实现无缝对接。以这种方式，业主可以缩短项目周期、降低总成本；VANCI可以更好把握工程进度、减少中间环节成本，从而产生巨大的协同效应。与万喜（VANCI）类似的全球多元化经营建筑巨头还有法国的布衣格(BOUYGUES) 公司等。

（2）案例二：瑞典斯堪斯卡（Skanska）:专业化经营模式，连续增长10年

瑞典斯堪斯卡（Skanska）公司1887年成立，124年历史。与VINCI多元化经营不同的是，Skanska是专业化经营，其业务扩张主要来源于国际化努力，其境外收入占总收入80%以上。

公司近10年的高速增长来自于：紧紧围绕核心业务，通过跨国收购、资源整合、价值创新、风险管理等战略行为，获得了长期的价值提升和投资回报。

集中于核心业务是Skanska公司一项非常重要的战略原则。在公司100多年的经营中，建筑业务和项目开发始终是其核心业务和最主要的收入来源。和其他跨国集团一样，公司在利益驱使下，也曾进入了许多与建筑业务相关的产业（建材、物业管理、装饰材料、五金用品等），同时还以参股形式介入电信运营、IT、电力开发等非相关产业，但自1997年开始，在新战略指引下，公司将资源更多地集中于核心业务，对非核心业务进行剥离。公司集中于核心业务的另一个重要表现是收购了大量与核心业务有关且有发展潜力的资产。剥离、出售、用所售资金进行大量并购，使公司规模急剧扩张。

Skanska通过这种价值链的延伸和创造，合理地利用了公司资源，发挥了良好的协同效应，也提高了公司的综合服务能力。

与Skanska类似的全球多元化经营建筑巨头还有德国的豪赫蒂夫（Hochtief)、美国的柏克德（Bechtel)、日本的鹿岛建设（Kajima）等。

通过分析世界大承包商的发展路径、挖掘其增长背后的动因，我们可以从企业经营战略、增长向量和竞争优势、专注领域、协同效应等角度更为清晰地判别国内优秀企业的增长质量与发展前景。

1）多元化或专业化选择

无论国际还是国内企业，尽管采取了多元化或专业化等不同的经营方式，但其最终目的是一致的——以最适合自身企业发展的形式、实现企业利润最大化。如法国

Bouygues 除工程承包外，还经营电信服务和电视传媒业务；美国 Bechtel 工程承包的领域涉及石油化工、航空航天、国防、电信、公共工程等多领域，但其拥有的冷反应堆技术、石化技术、火力发电技术，使其成为 ENR225 强中最大的技术输出型承包商；德国 Hochtief 以承包大型土木工程（公路、桥梁、隧道、地铁、机场等）为核心专长；日本 Kajima 则将专业化放在技术创新上。

2）向纵深发展

增长向量是企业为做大做强而采取的产品和市场的发展方向，分为纵向和横向发展两种趋势，是企业向纵深发展的标志。

在纵向发展方面，全球主要承包商几乎都具有向业主提供从项目可行性咨询、工程设计、融资、项目施工管理、后期经营等一揽子服务能力。在横向发展方面，公司通过并购优秀企业有效扩大企业规模、实现了市场规模快速提升（国内市场占有率进一步提高和国际市场开拓成效显著）、同时不断通过技术创新保持其核心竞争力。

3）拥有核心竞争力

在具体核心竞争优势方面：VINCI 在公路工程方面成为欧洲公路施工技术和材料生产的领头羊；Hochtief 在桥梁、机场等基础设施方面具有核心专长；Bechtel 掌握世界领先的核电建设和石油化工技术；鹿岛建设则致力于具有自主知识产权的新材料和新技术研发；隧道股份在地下隧道业务方面具有核心专长、同时其自主研发的具高、精、尖技术含量的盾构设备具备较强的国际竞争力；中材国际则在水泥工程建设领域具备突出的竞争力。

4）发挥协同效应

协同作用可用来衡量企业内部各经营单位联合起来所产生的效益情况。全球主要承包商，无论是采取多元化还是专业化经营方式，协同作用往往是企业进行多元化布局或专业化延伸时考虑的一个关键因素。

(3) 案例三：德国豪赫蒂夫（Hochtief）：国际化经营模式，不断创新模式的典范

豪赫蒂夫公司 1875 年成立，是德国最大的承包商，也是全球第二大的国际承包商，其主要业务包括设计咨询、投资开发、建筑施工、机场管理和运营维护等，是南北美洲、欧洲、南部非洲、亚太等地区重要的建筑服务提供商。按照 2008 年的销售收入排名，仅次于法国的布依格（Bouygues），排名第三。而按照海外业务收入来排名，豪赫蒂夫位列榜首。

豪赫蒂夫的组织结构随着外界环境和自身业务的发展而不断调整。目前的组织机构则是在总部的统一管理下，分设机场、研发、美洲、亚太和欧洲 5 个分公司或分部。豪赫蒂夫的欧洲业务 2003 年之前一直处于亏损状态，欧洲和美洲的业务呈萎缩趋势，而亚太地区和机场业务则是其收入的巨大支撑点。2005 年，豪赫蒂夫来自亚太地区的收入占到了其海外业务收入总额的 72.8%。

经历了一百多年的风风雨雨，豪赫蒂夫确定了自身经营和发展的指导原则，主要包含三个方面：首先，注重对雇员的培养。雇员是企业成功的基石，企业通过对雇员能力、创新精神、团队协作精神的培养，增强企业整体实力，应对不断变化的内外部

环境的挑战。其次，力争实现可持续发展。企业的发展应与环境相和谐，不仅要保护自然环境，更要向社会负责，维护社会的安全和健康。第三，要实施价值战略。企业要向股东负责，要不断增加企业价值，通过各种方式的创新保证企业的未来发展。

豪赫蒂夫是一家名副其实的百年建筑企业。今天我们看到的其庞大的组织、巨额的收入以及在世界建筑承包业中的地位，与其各代的管理者的智慧和创新是分不开的。正是由于他们的努力，豪赫蒂夫才能取得今天的成就。豪赫蒂夫的百年发展可以给我们提供一些借鉴。

1）不断创新，在竞争中保持优势地位。创新是企业发展的动力，也只有不断创新才能保持企业在行业的竞争优势。一方面，在市场需求大于市场供给的时候，企业也许不需要拥有自身的核心竞争力，就能够满足正常的发展。然而，在更多的同类企业出现时，供求可能变得平衡，甚至产生供大于求的情形。此时，要获得客户的订单，就必须有自己的核心竞争力，通过提供更优质的或个性化的服务，满足客户的需求。

另一方面，企业的发展、同行企业的竞争也要求不断提升生产效率，降低单位成本，从而获取更多的利润，或者有可能以原有的价格提供更优质的服务。豪赫蒂夫的发展就是这样。在20世纪的发展中，豪赫蒂夫通过使用最新的材料和工程机械，获取了更大的市场。而自20世纪末以来，单纯依靠生产力的提升已经无法满足企业和市场的发展需要。豪赫蒂夫开始着力于管理和服务的创新，通过提供“一站式”服务等解决方案，吸引了更多的客户，实现了迅猛发展。

2）积极开拓国际市场，寻求发展空间。豪赫蒂夫最初是一家单纯依赖于德国国内市场的企业，而且在相当长的时间内一直是这样。然而，工程承包行业很容易受到宏观经济环境的影响，德国经济的不景气给企业的发展乃至生存都造成了巨大的压力。在这种情形下，豪赫蒂夫果断地“走出去”，进军海外市场。虽然刚开始的发展遇到了一些挫折，但谋求海外市场的发展却一直是豪赫蒂夫不变的战略。也正是这种战略使得豪赫蒂夫的海外事业蓬勃发展，实现了2004年海外市场收入在全球工程承包企业中排名第一的骄人成绩，且公司海外业务量达到了公司总业务量的4/5以上。

中国的工程承包企业拥有较大的劳动力成本优势和相当丰富的经验，几乎能够完成各类建筑承包工程。中国的建筑工人吃苦耐劳，有较高的素质，这些都是中国企业“走出去”的优势。另一方面，随着全球经济一体化的不断加强，中国企业也逐渐能够平等地在一些国家的承包市场上参与竞争。各国经济发展的不平衡可以为我们的企业提供一个调整、平衡企业发展的市场，以保持企业的可持续发展。

3）仔细判断各种环境，把握和发现机遇。豪赫蒂夫的经历告诉我们，“塞翁失马，焉知非福”的古训在国外也得到了验证。上世纪70年代的石油危机给许多企业造成了非常严重的影响，却给豪赫蒂夫带来了空前的发展机遇。他们准确把握国际环境，在石油输出国大量参与当地建设，获取了巨额收益。那个时代成为豪赫蒂夫发展的一个重要里程碑。从此，其来自海外业务的收入一直在其国内收入之上，而且比例还在逐步增长。因此，我们的企业在对各类事件的把握和解读上，需要从多个方面来思考。许多事件不仅需要从总体上予以把握，更需要从不同的角度进行观察和分析。思考角度的变化会产生完全不同的效果，而合适的切入点则往往能够产生更好的结果。善于把握和发现机遇的企业才能够适应多变的外部环境，从而避免陷入人云亦云的大潮流中。

4）重视员工培养，提升企业整体形象。企业的发展离不开“人”，豪赫蒂夫非常重视对其员工的培养。这种培养不只是技能培养，而且包括有思想理念和行为模式的培养。优秀的企业拥有自身优秀的企业文化，能够激励其成员进行团队协作，形成合力，进而为企业的发展提供重要的推动力。

(4）案例四：德国比尔芬格柏格（Bilfinger）：纵向一体化经营模式，银行经营的企业

德国第二大建筑公司、ENR国际承包商225强前十强公司——比尔芬格柏格建筑公司（Bilfinger Berger AG）是一家工程领域综合服务提供商，致力于为建筑、电力、石油、给排水和交通等领域提供综合解决方案。

1975年，Dresdner银行将自己控股的三家建筑公司整合为一家国际综合型建筑公司，2001年更名为比尔芬格柏格建筑公司，同时也完成了综合业务的整合。

比尔芬格柏格建筑公司良好的发展，得益于优势突出的经营模式。

1）经营战略：纵向一体化。比尔芬格柏格的业务领域涉及市政建设、工业建筑、相关服务、基础设施运营等。从该公司的业务结构来看，利润主要来自服务业务，其次是市政建设业务，而且服务业务板块的比重逐年增加。该公司以建筑、电力、石油、给排水和交通等领域的服务作为核心业务，并将建筑、电力、石油、给排水和交通等市政领域的建设和基础设施运营作为补充，从而在电力、石油和交通等市政领域提供综合服务，并以市政服务作为核心业务，连接上下游，后向一体化主要包括建筑、电力、石油、给排水和交通等市政领域的建设，前向一体化主要指基础设施运营业务，主要集中在对交通设施和公共建筑的运营。

2）市场战略：重点布局海外。比尔芬格柏格业务遍及世界各地，在多个国家拥有经营机构，各板块业务的海外市场比重逐年增加。其中，2004年市政建设板块在海外的业务占77%，两年后达到80%，主要集中在欧洲和澳大利亚；市政服务板块在海外业务比例保持在50%以上，主要集中在欧洲、美国和澳大利亚。

20世纪90年代，德国经济进入衰退期，国内大规模建设的时期已经过去，建筑投资持续下滑，工程承包市场容量有限，而且人员和管理成本费用太高，以致德国国内工程承包市场开拓难度很大，建筑和服务企业发展受阻。在此背景下，比尔芬格柏格逐渐将海外市场作为自身的战略重点，从而为公司的增长带来新的市场空间。

3）融资战略：国际性资本。作为一家国际性上市公司，比尔芬格柏格的投资者来自世界各地。其中，来自德国的投资仅占22%，英国和美国的投资分别达到27%和19%，法国的投资为9%，意大利和瑞士的投资分别为3%和2%。

随着国际工程承包行业的不断发展，国际工程承包的内涵已不仅仅是为业主提供达到合同标准的履约过程，而且是全方位、全过程为客户创造价值、让客户满意的一

个服务过程。从国际工程承包的发展趋势来看，融资能力越来越成为国际工程承包商获取项目的关键因素。比尔芬格柏格利用国际资本，通过合理的管理和优良的经营能力，形成强大而稳定的融资能力，并将此巩固为自身的核心能力之一。

4）治理结构：制衡奖罚并重。比尔芬格柏格的融资范围很广，在这种投资结构下，为了吸引全世界投资者的资本，必须遵循国际标准、透明的治理结构。基于此，该公司很早就非常注重治理结构的透明性和监督制衡性，为此他们以国际标准为导向建立了现代公司治理结构。其治理机构包括经营管理委员会、监督委员会和年会三个部分：第一，经营管理委员会成员由监督委员会任命，职责就是在权限范围内经营管理公司。第二，监督委员会有16位成员，8名由年会选出的投资者代表，8名是由工会选出的雇员，负责建议和监督经营管理委员会，在权限范围内向投资者传递经营信息。第三，年会的职责：每年至少召开一次，由经营管理委员会报告相关经营情况；通过年会选举产生监督委员会成员以及外部审计单位；批准经营管理委员会和监督委员会职权范围等。

可以看出，其治理结构具有充分的制衡作用和奖罚措施，这使得整个治理结构达到激励相容和个人理性的目标。一方面通过年会的形式，规范信息传递的内容和方式，以及相应的奖罚措施，从而很大程度上降低了信息不对称的可能性和程度。另一方面，通过相应的奖罚制度设计和明晰的权责划分，使个人和企业的目标相一致，从而实现激励相容。

5）风险管理：系统完善。比尔芬格柏格拥有许多分支机构，各业务板块都有相应的控股企业，这为其管理带来很大的困难。一方面需要集权，从而减低包括市场、海外、财务、人力资源等在内的风险；一方面需要分权，从而增强对市场的敏感度。为此该公司建立了完善的风险管理系统，对各管理层级和所有员工进行风险控制，使得风险在每个环节的早期就被意识到，最终实现公司目标。

从风险管理的横向来看，包括总部设置相应的风险控制部门、行动指南、管理层级和控制工具四个部分。总部层面包括集团控制、项目控制、财务控制、法务控制和资产控制等部门；行动指南主要由法律、公司规章、管理体系、部门权责等等组成；管理层级主要涉及监督委员会和外部审计机构、经营管理委员会、子公司、分公司、项目5个层面；年会和计划报告作为控制工具，通过年会汇报计划执行情况以及潜在的风险分析等，计划报告用来发现潜在风险，并进行相应的分析。

该风险管理系统是由战略经营计划、详细的计划报告、风险预警系统和外部监督系统组成。在年初，集团各风险控制部门制定新的目标计划，并精细到月、精细到管理的各个层级；在执行过程中，通过月度报告系统将实际运作情况与计划相比较，从而及时发现问题。

第5章 美国建筑市场与企业经营模式

5.1 美国建筑市场概况

美国对建筑业的定义是：建筑业包括房屋和其他工程建筑，大型工程（房建除外），扩建，更改，重建，安装，维修；废弃建筑物的拆除，工程现场清除和被拆除建筑物废料的销售；爆破，试验掘井，填土，土地平整，土方搬运，挖凿，清淤和其他土地准备。

从统计学角度，美国又把建筑业分为住宅建筑，非住宅房建和非房屋建筑三大类。其中住宅建筑又可分为单户住宅，多户住宅；非住宅房建包括娱乐和康复，教堂和其他宗教建筑，教育设施，医院和保育院，旅馆和汽车旅馆，工业建筑，车库，私人办公用房，公共安全、管理及其他，维修站，商店及商用建筑，公用设施建筑，仓库等；非房屋建筑包括公路和街道，军用设施，排污系统，公共设施以及供水系统，环境保护等。

美国住宅和城市发展部（HUD）主管美国的住房政策及建筑业政策，主要职能是为穷人提供必要的服务，支持一些低收入家庭买房或租房。美国各个州政府一般不设建筑业主管部门，企业按《公司法》管理，建筑业行业管理主要通过协会等民间组织完成。

（1）美国建筑市场主力是欧洲承包商

在美国取得成功的目前多是欧洲大承包商。1980年以后，由于欧洲建筑市场萎缩，许多欧洲大型承包商纷纷登陆美国，成功地进行了多次购并活动，其中最成功的是瑞典的Skanska公司于1981年用500万美元的原始投资收购新泽西一家小型建筑公司，此后用滚雪球的方式完成了一系列的收购计划，到2000年其美国子公司已成为全美400强中排名第五位的大公司，Skanska公司也于2001年一跃成为225家国际大承包商的第一位，并连续两年保持第一的位置。德国Hochtief公司通过购并美国的Turner公司，2000年已跃升为225家国际大承包商首位，2001年和2002年由于Skanska公司的崛起，Hochtief公司仍连续两年保持第二位，该公司国际业务份额也从1990年前后的20%上升到80%。

从美国建筑市场份额的占有情况来看，225家国际大承包商中的非美国承包商分享了美国建筑市场总额46000亿美元的5%左右，约为230亿美元。其中，欧洲公司获得了95%以上的份额，亚洲公司只占到不足4%的份额，亚洲公司中的中国公司仅占不到1%的份额。

（2）金融危机前美国建筑市场持续发展

建筑业是美国经济发展重要的支柱产业，具有重要的经济地位。从1980年以后，美国建筑协会（Construction Industry Institute，CII）不断进行建筑业领域重大课题研究，提出了200多项改革建筑业的建议和意见，使美国建筑业形成了较强的市场竞争力。

1999年美国建筑行业完成产值7255亿美元，约占国内生产总值的7.5%。从事建筑业的公司近65万家，行业协会超过70个，从业人员570万人。

2000年以来，美国建筑市场一直保持较好的发展。2005年建筑业的产值占美国国民生产总值的提高到9%。建筑业从业人员有达600万，其中全职人员400万，如算上建筑材料生产、运输和销售行业所雇人员，建筑业就业者占全美就业总数的16%。建筑材料和物资投资占美国制造业发货量的11%，施工机械投资占美国总机械设备发货量的10%。

2006年第一季度，美国建筑业的产值为6657亿美元，达到这一周期的波峰，与2003年第二季度的4720亿美元相比，增长了41%，季度复合增长率高达2.9%。2006年三季度后美国建筑市场出现衰退。

2006年实现GDP为132200亿美元，经济增长3.4%。住宅建筑市场收入6390亿美元，占美国GDP的5%。住宅建筑业明显下降是主要原因。2006年第三季度美国房屋建筑投资年增长率下跌17.4%，创下1991年初以来的最大降幅。2006年住宅建筑市场的收入减少了110亿美元，致使美国经济增长率下降近0.1%。但是，在2006年住宅建筑市场止步不前的同时，非住宅建筑市场度过了10年来的最佳时期。

美国私人投资建设项目在整体建筑市场中规模较大，投资总额为9290亿美元，占77.5%的比重，而公共投资建设项目投资总额为2690亿美元，所占比重为22.5%，两者差距较大。公共投资建设项目的增长率为10.1%，比私人建设市场3.3%的增长率表现更为强劲。

(3) 金融危机对美国建筑业影响巨大

金融危机爆发前，美国建筑市场已经出现下滑。从2006年第三季度开始，美国建筑业产值就开始下滑。2007年第二季度，美国建筑业产值为5647亿美元，已经比2006年第一季度减少了15.2%。而同期建筑业在美国GDP中所占比重明显下降，从5.7%下降到4.6%。2007年建筑业从业人数从上年的790万人下降到785万人，降幅为0.6%。

2008年，美国建筑市场继续下滑，第四季度同比下降了5.7%。尽管奥巴马总统上任后推出了大型经济刺激计划，但是，2009年美国建筑业市场仍呈现下滑趋势。第一季度同比下降6.6%。建筑业在美国经济中比重降到了4.1%，降到了2001年前的水平。

(4) 美国建筑业发展的五大趋势

1) 全球化趋势。全球化将从趋势转变为现实，企业的日常经营将完全融入全球化。海外项目增多，资源市场共享，材料供应国际化。

2) 可持续发展趋势。绿色节能建筑发展，可持续发展有两大方向：一是降低能耗减少污染；二是研究人体对环境生理、心里的反应，创造健康、舒适、高效的室内环境。

3）高生产效率趋势。建筑业生产效率是一个复杂的概念，包括劳动力、设备、工地环境、项目设计、甚至文化，但是，业内人士多数认为，设计与施工的密切结合，是提高生产效率和推进建筑工业现代化发展的方向。

4）协作性趋势。由于缺乏协作能力，美国建筑业每年要付出158亿美元的损失。如能广泛使用网络技术，项目施工工期会缩短15%。

5）人口构成变化趋势。老龄化社会特征明显，青年人口比例下降，美国建筑业存在巨大的人才缺口。

(5) 美国建筑行业的五个基本特点

1）以项目为核心。企业的关注点、热点始终集中在项目上，因为这些项目都是综合性、高难度的大型项目。

2）“跨时空”组织。包括业主、供应商在内的各方参与汇集在一起，组成团队，其中以当地的小型公司为主。

3）使用智能化程序。应用范围不断扩大，但是，各种程序间缺乏通用性。

4）运营效率低下。信息的传递处于静态，而且缺乏统一的标准。

5）为“全面网络化”做准备。网络是把一切资源链接在一起的黏合剂，网络具有及时性、连通性、协作性、效率性特点。

5.2 美国建筑市场的主体管理

美国对建筑业四大市场主体管理的基本情况。

(1) 政府对业主管理

在美国，大型工程建设项目一般由联邦和地方政府及上市公司组织实施。这些组织都是靠代理人来进行工程管理的，并有名副其实的董事会或建设委员会来监督这些代理人。这种组织管理有一套较透明、客观、完善的项目目标考核、评估和监测系统。从美国的一些项目管理情况看，政府主管部门并不直接参与具体的项目竣工验收，竣工验收是由业主代理人、承包商及工程咨询机构完成的。建筑工程使用许可证是在竣工验收之后由业主向政府主管部门申报。

业主是建筑产品的所有者和最终使用者或受益者，因此政府对建筑产品质量的监督是针对业主的，在美国施工许可证和使用许可证的申请都是由业主申报的。政府一旦查出工程质量存在问题，首先是追究业主的责任。

(2) 政府对承包商管理

在美国，负责工程项目管理的总承包商主要是一些大的建筑上市公司或私营公司，它们主要承担项目管理的责任。但是，具体工作一般80%由分承包商来完成。美国建筑市场，竞争非常激烈，一般建筑业平均纯利润在2%左右，不良的项目管理公司很快被市场淘汰。

(3) 政府对设计管理

在美国，很多大工程承包商拥有自己的设计力量，设计企业与设计师事务所都是通过招标获得设计项目。政府通过对大承包商管理实现对设计的管理。

（4）政府对监理管理

美国对建设项目的质量管理贯穿于规划、设计、施工的各个阶段。规划阶段，业主必须提交项目对自然、经济和社会的影响情况分析报告给有关政府机构，政府管理机构对该报告进行审批。设计阶段，管理机构根据法规对工地的工作安全、少数民族就业、有害材料的使用和处理、公众安全和健康等进行审批。项目施工过程中，美国联邦、州和地方政府的代表要对工地监督或被派驻工地代表。这些监督员和检查人员负责确定该工地是否遵守规范和法律、是否遵守有关机构的规章和法规，其目的是保护公众健康、安全和环境。

美国在建筑质量监督方面最重要手段是实施“强制性”的工程担保和保险制度，并为建筑行业的人身安全保障建立了一套完整的管理体系。美国法律规定建设工程的所有参建方包括业主、设计单位、承包商、材料生产和供应商等都必须向担保和保险公司进行强制性投保。从项目立项开始，一直到工程结束，分别由责任方负责承担工程的担保和保险责任。担保和保险公司因经济利益与其息息相关，因此会主动介入工程建设领域，改变了工程质量监督主要由政府承担的局面，形成了“齐抓共管”、行之有效的工程质量监督管理机制。保险公司和贷款银行承担了相当一部分的质量安全监督责任。为了让建筑物得到保险，保险机构在绝大多数情况下要求建筑物在工程质量上满足最低水平的要求。美国要求住宅所用的建筑材料必须具有相当高的耐久性，并有一定的保证期。比如，屋面材料的保证期为50年，五金零件的保证期为20年。

5.3 美国建筑市场的交易管理

（1）招投标管理机制

美国政府要求所有政府投资工程招标信息必须完全公开。招标方必须提前一个月在指定报纸和互联网上向全社会公开披露招标信息和条件，并通知全国总承包商会。

具体招投标程序如下：

1）资格预审：美国法律规定提供工程担保保函是参加政府工程投标的必要条件之一，因此，工程担保保函金额就成为衡量投标人资格的主要标准，提高或降低保函金额也就改变了对投标者的资格要求。同时，还要求有同类工程施工经验等。

2）标底编审：美国的工程施工招标全部不设标底，投标报价依据是企业内部定额和当时的市场价格信息。

3）招标方式：美国只有公开招标方式，凡政府投资工程超过10万美元必须公开招标。

4）评定标方法：美国一直采用最低价中标法。中标之后，招标方必须对中标的最低报价进行复核。复核工作通常在招标之后第二天开始，由2～3名预算员同时进行复核，检查有无漏项或计算错误，确保最低价已包括所有工程内容。发现错误时，报价不得修改。中标者要么明知亏损也坚持完成，要么放弃正式签约，用投标保函赔偿招标方损失，最多可达投标报价的5%。此时，次低报价者成为新的中标者，继续对其标书进行复核。如次低报价者仍不能签约，重新招标。

5）合同签订：美国立法规定，所有政府工程签约时，中标方必须提供履约保函和付款保函。履约保函是工程担保公司向业主保证中标方能够履约，否则担保公司继续承担合同执行责任和赔偿责任。付款保函是保证中标方向分包商和材料设备供应商付款的担保。履约保函的金额为合同金额的全部。

（2）工程保函管理制度

国际工程承包保函形式有两种：一是以亚太、中东、非洲等地区为代表的低保额无条件见索，即付保函；一是以美国为代表的高保额有条件见索赔付保函。美国有条件保函基本特点主要有：

1）政府有专门法律规定

美国的工程项目一般可分为两类：一类是政府工程项目，必须通过公开招标来确定承包商；一类是私营和民间投资项目，对承包商的选择没有特别的规定和限制，不必公开招标。从1894年的《赫德法案》开始，凡联邦政府投资的公共项目均实行强制性工程承包保函制度，以控制风险、保护纳税人权益，同时减少腐败行为。对私营建筑，虽未强制规定实行工程承包保函制度，但作为业内惯例和业主控制风险的需求，提交各类工程承包保函亦必不可少，只是金额比例不同而已。

2）保证人“有条件”赔付

美国的工程承包保函是有条件赔付的保函，即只有在证明承包商违约、业主没有违约的情况下，索赔才有效。保证人的赔付是建立在主债务人（承包商）违约的基础上，因此理赔前要进行严格的责任调查。主债务人行使的合同抗辩理由，保证人都可以行使。索赔发生时，如果保证人不接受索赔方提出的索赔证据，可以拒付，并等待法庭的仲裁。而且，保证人还可得到一些主债务人不能得到的其他保护，并对索赔方提出的赔偿请求具有独立的抗辩权。

3）保证人可选择“履约”的方式

承包商违约后，保函保证人在保函规定的担保总额内仅对承包商尚未履行的合同责任负责，同时保证人也继承了承包商的合同权利，并有权自行选择继续履行合同的方式，除直接赔付外，还包括对原承包商提供技术、经济和管理上的支持使其继续履约，或将尚未完工的工程另外发包，引入新的承包商，甚至自己接手工程组织履约等。与无条件见索即付保函相比，美国承包工程保函更强调履行契约所规定的义务。正因如此，美式的有条件保函能有效地起到鼓励保证人采取积极行动，促使项目最终建成的作用。

4）采用高金额保函

美国的工程承包保函索赔通常是有条件的，责任和权利平衡的需要决定了有条件保函只有在高保额的条件下才能有效保护业主的利益。美国法律规定，对于规定金额以上的公共项目，承包商必须提供100％合同价格的履约保函，付款保函没有最高限额，通常也为100％。当保证人选择自行履约时，其责任范围不以原合同价格为限，即可能超过合同金额的100％。其他项目对保函的保额比例虽没有强制规定，但业主出于保护自身利益的需要，通常也采用高保额保函。

5）保证人的专业化程度高

从世界范围来看，工程承包保函的保证人主要包括银行、保险公司或担保公司。由于银行通常不愿意卷入商务纠纷，故在无条件见索即付保函市场占有较大份额；而保险公司或担保公司则擅长经营有条件见索赔付保函。美国工程承包保函市场上，专业的保险或担保公司业务量份额超过 90%。在美国经营工程承包保函的机构须经政府批准，并接受专门的金融监管。此外，由于美国法律不允许银行开立保函，银行通常采用变通方法，用备用信用证来替代保函，获得同样效果。

6）美国工程承包保函类型

在见索即付保函模式下，承包商往往须提供投标、履约、预付款、维修、留置金等多种保函。美国的工程承包保函由于保额高，通常仅采用投标、履约和付款保函三种方式，覆盖承包商在工程项下的全部责任。

①投标保函

美国工程项目招标最普遍的方法是“最低价中标法”，为保证业主不因投标人中标后不签约而蒙受损失，通常要求投标人在投标时提交投标保函。美国公共项目要求的投标保函金额规定为合同价或投标价的 20%，最高 300 万美元，其他项目一般为 5%～20%。

②履约保函

履约保函是为了保证承包商中标后按承包合同和详细说明完成建筑项目，当承包商不能完成项目或未能履行承包合同义务时，保证人或接手完成项目，或为承包商的违约行为向业主提供赔偿。除承包商向业主提交履约担保外，分包商通常也须向上级承包商提交分包保函（subcontract bond）。目前，美国凡 10 万美元以上的公共工程项目均强制要求 100%合同价的履约保函，保函费用通常为合同价的 10%左右，包含在承包商投标时的报价内，标准期限为 2 年。

③付款保函

付款保函是美国一种特别的工程保证保函，目的是在合同责任履行期间为工人、项目分包商、材料供应商等提供保障，使他们能得到承包商的及时付款。付款保函的受益人是业主，而索赔权利人是工程的分包商、供应商、工人等，如果承包商未履行付款责任，索赔权利人可以直接向保证人提出付款请求。美国 2.5 万美元以上的公共项目即强制要求提供付款保函，保函金额通常为合同价的 100%。

值得一提的是政府还特设一个“健康家园和铅危害控制司”：是联邦政府中唯一处理含铅油漆危害事务的部门，旨在消除美国私人住宅和低收入人群住房的含铅油漆的危害。对劣质产品要彻底清除市场，对优质产品要大力支持，只有这样，建筑市场才能健康有序发展。

（3）工程项目管理

美国政府对于工程项目的管理主要分为公共投资项目管理与非公共投资项目管理两部分，具体规定如下：

政府工程项目：必须通过公开招标来确定承包或承办单位，根据各工程项目的立项单位逐项进行。业主（政府机构）在招标前委托咨询公司准备完善的招标文件与预算，项目金额越大且越重要，招标要求就越加严格。通常要先进行资格审查，包括公司实力、公司所拥有的设备情况、公司人员情况、财务情况（银行的资信证明）、业绩及在手项目等。特殊大型工程业主会视不同情况采取不同承包商式，如BOT、合伙、交钥匙等。

私营和民间投资项目：占工程总量的70%。对此类项目，政府对承包商的选择没有特别的规定和限制，不必公开招标。业主有权挑选设计者和承包商。大多数工程项目设计和施工是分开的，大型重点工程项目实行独立的第三方工程监理制度。

1）项目管理政策法规

美国关于政府投资工程的主要法律法规是美国联邦采购政策办公室制定的《联邦采购规章》（Federal Acquisition Regulation-Far），另外还有美国国会1962年颁布的订立政府合同过程中的诚实法律，美国国会1984年颁布的订立政府合同时促进公平竞争的法律，各个政府机构制定的部门规章制度等。同时，政府投资工程的合同管理还必须受一些公共法律约束，如合同法、企业法、小企业法等。此外，各州也会根据自身特点对不同领域的政府工程采购制定一些具体的法律法规，如弗吉尼亚州的《公共私人交通法案》（简称“PPTA”）等。

2）项目管理组织体系

美国联邦政府投资工程涉及面较广，主要包括住宅及城市规划、农业设施、水利设施、军事及国防设施、交通、政府办公用房等方面，分别由住宅与城市建设部、交通部、垦务局、美国工兵部队、总务管理局等实施专业化的管理。

美国各州以及地方政府的政府投资工程管理体制大体相同，即由少数几个专业部门对本级政府的政府投资工程进行专业化管理。在联邦政府投资工程实施的过程中，最终用户部门以及管理与预算办公室、国会以及财政部都要以不同的形式参与，最终用户一般要参与审定设计和验收工程，管理与预算办公室要对项目的预算进行审定，预算还需经国会批准后方可继续执行，财政部负责工程建设资金的集中支付。地方各州的政府投资工程的实施程序也与联邦政府基本相同。

3）投资决策及项目实施

联邦以及各州的政府投资工程的决策及实施程序不尽相同，但一般均具有以下特点，即在项目的决策阶段，项目要经过同级财政部门和议会的严格审查；在项目的实施阶段，则由项目的执行机关严格按照规定程序以及有关合同对项目进行严格的管理。一个大型项目的设计和建设直至交付使用，大约需要如下4个阶段的工作：

区域规划：总务管理局房地产开发办公室的每个地区办公室都建立区域规划，以明确自己的投资战略，总务管理局总部的投资管理办公室在此基础上每年对循环滚动的5年计划进行更新。

计划任务书发展研究：计划实施的工程将从区域规划中挑选出来以便进一步深入运行。总务管理局作出决定，批准某一项目，并向管理和预算办公室和国会提出所需投资额度。

项目审定：管理和预算办公室对作为总务管理局的预算请求的构成部分的每个说明书进行检查并上报国会，国会审定项目，并且在联邦预算中安排适当的资金。

项目管理：政府工程一般都成立一个工程项目管理小组。比如，房地产开发办公室组织成立一个项目小组，该小组由建筑师、工程师、建设经理、总务管理局的客户或租户、房地产开发专业人士和它的 PBS 项目办公室组成，负责对工程自始至终地进行集权化的管理，并承担责任。

4）工程采购

政府工程采购坚持以下几个基本原则：完全透明与公开竞争原则；公众利益和承包商利益的平衡原则；保证程序的完全性原则；政府要认真考虑所有的标书和投标文件的原则。

采购方式一般以公开招标方式为主，但允许在一定条件下采用竞争性谈判和单一来源采购方式。但无论哪种采购方式，都强调采购过程中有关信息的公开和工作程序的透明。

5）合同管理及资金支付

①政府投资工程建设方式。美国政府投资工程的建设方式仍然主要采用传统的所谓三角方式，即业主分别与设计机构和承包商签订设计和施工合同，业主直接对设计和施工工作进行管理。在施工阶段，设计专业人员通常承担着重要的监督工作。

②合同形式及内容。美国政府投资工程的合同形式以固定价格合同为主，但同时也有多种其他类型的合同。合同内除常规内容外，还有一些规定政府部门特权的特殊条款，如美国规定政府部门有权力在认为“符合政府利益”的任何时间中止合同。这时候承包商有权力采取措施保护其合法利益。

③合同管理及资金支付。政府投资工程的合同管理一般都由政府部门委派一名“合同官员”实施管理，在发生变更事项时，一般采用友好协商和调解的方式解决分歧，无法达成一致时，申请仲裁或提起上诉。在工程价款的支付方面，一般采用集中支付模式，即承包商提出支付申请，经合同官员确认后，由相关部门直接将资金拨付到承包商账户。

6）监督机制

为防止政府投资工程实施中的腐败行为，保证投资效果，美国政府建立有相应的监督机制。对联邦政府投资工程管理部门实施监督的主要部门，是国会的美国总会计师事务所下属的总审计署办公室，它有权对行政机关的投资计划进行评估，可以接触所有的政府文件，就政府机关的支出提出建议，而且可以对项目进行审计。没有中标的承包商可以直接提出“投标上诉”给政府总会计师办公室，也可以首先向负责该工程的行政机关的有关监督部门申诉以求解决纠纷。

从实践效果看，虽然美国历史上也发生过政府采购舞弊的丑闻事件，但主要都是针对政府货物采购的。针对这些事件，议会及政府都采取了相应的改进措施，以期不断加强政府投资工程的监管力度。

（4）工程造价管理机制

美国现行的工程造价由两部分构成：业主经营所需费用，称之为软费用，主要包括基础上所需资金的筹措，设备购置及储备资金、土地征购及动迁补偿、财务费用、税金及其他各种前期费用。由业主委托设计咨询公司或者总承包公司编制的建安工程基础上建设实际发生所需费用，一般称之为硬费用，主要包括施工所需的工、料、机消耗使用费、现场业主代表及施工管理人员工资、办公和其他杂项费用，承包商现场的生活及生产设施费用，各种保险、税金、不可预见费等。

此外，承包商的利润一般占建安工程造价的5%～15%，业主通过委托咨询公司实现对工程施工阶段造价的全过程管理。美国有统一的计价依据和标准，是典型的市场化价格。工程估算、概算、人工、材料和机械消耗定额，不是由政府部门组织制订的，而是由几个大区的行会（协会）组织，按照各施工企业工程积累的资料和本地区实际情况，根据工程结构、材料种类、装饰方式等，制定出平方英尺建筑面积的消耗量和基价，并以此作为依据，将数据输入电脑，推向市场。这些数据资料虽不是政府部门的强制性法规，但因其建立在科学性、准确性、公正性及实际工程资料的基础上，能反映实际情况，得到社会的普遍公认，并能顺利加以实施。因此，工程造价计价主要由各咨询机构制定单位建筑面积消耗量，基价和费用估算格式，由承包商、发包商通过一定的市场交易行为确定工程造价。

（5）合同签订与管理

在美国，业主在建筑市场占据主导地位，根据业主希望要求的变化，美国建筑业制定了许多不同的合同形式，如固定价格合同，成本补偿合同，设计施工合同，项目管理合同，保证最高价格合同等，业主可以根据对工程项目的需要和自己项目管理的实力选择最适合的合同形式来保证自己项目建设的目的和希望及降低风险。业主都根据自己的需要采用和选择自己的合同文件，并根据具体项目，对合同条款进行修改以明确表述项目建设的目的和要求，对有争议的条款双方讨论协商来达成一致，对工程项目内在的风险加以公平合理分配，对可能的工程索赔加以预防或采用适当的索赔解决机制加以管理。

在中国，绝大多数工程都采用单一的固定价格合同，而不是根据项目特点及自身的要求来选择项目招投标策略。这种僵硬死板、一成不变的合同文本，会影响项目目标的完成和业主不必要风险的增加。在中国，工程招投标要么采用非常简单的建筑合同文件，要么照搬西方标准的合同文本而不探究所包含合同条款的含义。由于缺乏对具体合同条款的理解和掌握，再加上经验不足，很多合同签订时就是一个“不科学的、不平等条约”。

（6）建筑市场准入特点

美国从联邦政府到各州、地方政府都没有一个专门的建筑市场准入法规来限制外国投资建筑公司进入美国。国际承包商进入美国，也如其他国际商业团体在美经营业务一样，通常是事先在某一州注册一家公司。至于该公司是独资子公司，还是合资公司、合作公司等，则根据各自的情况自行决定。如果以总公司（美国国外母公司）的名义直接做生意，也可以，但是，需要在当地进行登记。外国公司进入美国时一般都是在当地成立一家公司，这主要是出于在法律和税务上保护其母公司的角度考虑的。

从法律规定、国家经济和商业管理上讲，美国是一个工程承包市场完全开放的国家。在美国设立公司很容易，按各州的公司法，只要通过律师向州政府递交成立公司申请、公司章程、董事会任命的公司管理人员名单等文件，约一周的时间内即可获批准。但是，公司能否盈利和生存则完全取决于公司的经营能力。对于承包工程一般要求比较严格，但是，联邦政府并没有制定专项法律，各州规定也是包含在普通商法之中，而且内容不尽相同。

然而，针对外资企业市场准入方面，美国相关的法律规定会显现出诸多的限制和障碍。比如，许多州规定只有拥有本州注册工程师资格，才有权参加招标和承包，这就大大限制了外国工程承包商进入该市场，也使美国“市场完全开放”大打折扣。另外，由于美国移民法、劳工法、工会行为等，外国工程专业技术人员和工人进入美国十分困难。外国公司即使获得工程总承包，也得分包给美国公司；外国公司分包美国公司承包的项目，大量的劳务工作还得雇佣当地美国工人，成本加大，无利可图。

一般情况下，外国公司进入美国，较方便的形式是在一个州注册一家或多家子公司，这家公司的一切待遇就等于当地公司。但在具体操作中仍有许多的制约：

①虽然美国对于以总公司的名义做生意不做限制，并且很多州都将不在本州注册的公司和美国其他州的公司作为同一情况对待，即视同外州公司。但由于美国公民的法律意识比较强，美国公司、业主乃至个人，因为考虑到法律制约问题，都希望与美国的注册公司打交道，他们希望出了问题能够用美国的法律来解决，不希望与一个美国法律不易控制的公司打交道。这一情况影响了在美国的国外建筑公司以其身份直接经营。

②美国无论是联邦政府还是次级政府，对以纳税人的钱（税收）投资兴建的政府公共性工程，一般对非纳税人即外国公司做总承包有限制，但由于施工力量有限，对于大型工程也实行国际招标。

③由于美国一切依法办事，一般外国公司在美国进入承包领域必须聘请律师、会计师、顾问公司等，管理费较高。此外，由于移民法、劳工法、工会行为，外国建筑公司很难带入建筑工人、专业技术人员。这一条件，限制了外国建筑公司在美承包工程。

④由于美国没有对建筑公司实行分级资质管理，一般是依靠保险公司对不同档次的建筑公司所提供的保险金额不同进行市场调节。而保险公司出具的保额是根据该公司在当地的工程经历确定的，这就使外国公司难以取得保险，导致在美经营困难。

（7）建筑企业资质管理特点

美国建筑企业资质限制基本不存在，用保险额度限制企业大小。美国多数州对建筑公司不实行分级资质管理。一般是依靠保险公司对不同档次的建筑公司所提供保险金额不同，进行市场调节。因为美国按惯例要求承包商提供百分之百的履约保函，所以如果当地保险公司只能给某一公司 3000 万美元的工程履约保函，这一公司就无法参加3000万美元以上规模的工程投标。保险公司对建筑公司的保额是根据该公司在当地的工程经历和信誉确定的，这使得小型外国独资建筑公司在美经营困难，除非像中建总公司这样的国际大型承包商，因为国际信誉高，并已在其他国家和地区的工程承包中与美国的保险公司合作过，所以获得履约保函相对容易一些，同时保函额度也会相对高些。联邦或州政府项目在招标书中，通常会要求提供保函的保险公司是美国财务部授权的公司，这项规定使得过去与这些保险公司没有业务联系的外国公司不能参加政府项目的投标，限制了这些公司的经营范围。

（8）建筑市场管理

在美国，尽管有专业领域区别，但总体上建筑市场是相当开放的，很少出现条块分割的地方保护主义。进行“间接管理”是市场经济体制发达国家的一个突出特点。注重发挥技术咨询、法律服务、金融服务等中介组织作用，依靠这些组织相互间的经济制约关系，达到政府管理的目的。工程建设管理职能由一个政府部门完成，没有重复、交叉和多头管理。因此，不易产生对于工程建设事务的分割和部门间的扯皮现象。同时，统一各种专业人员的执业资格，通过严格的考试，合格者方能授予证书。虽没有中国建设部那样的专管建筑行业的部门，但是，美国建筑业与其他行业一样被置身于市场经济大环境中发展。美国市场很注重信誉，如果一个公司施工出现问题，就会影响到这个公司几年的生意。

5.4　进入美国建筑市场的建议

中国企业要想进入美国建筑市场，主要建议如下：

（1）明确进入区域

把进入的地区目标主要集中到重要的几个州，做好公私合营模式的合作方式调查，研究PPP模式的有关运行情况。

（2）确定关键进入行业

企业确定的关键进入行业或关键市场上，要建立与美国承包商的双赢的同盟关系。美国建筑业是以技术领先的，企业必须重视和加大技术创新力度才能在美国市场逐步站稳脚跟、开拓市场、得到发展。

（3）引入政府与私营合作模式

私营合作模式近几年在美国流行，应向那些在公私合营模式方面有丰富管理经验的承包商、咨询公司请教。采用合作、联合方式，利用国际领先企业的人力、财务资源，适度开展资本运作。不断融合、创新企业经营模式，积极稳妥开拓美国建筑市场。

（4）预测政治风险

企业应当制定、规划企业长期发展战略和目标，应从长远的目标看待美国建筑市场，并做好会遇到不确定的政治因素影响的准备。

（5）遵循国际惯例

欧美国家的承包管理方式基本一致，在美国建筑市场上引入国际惯例很重要。培养国际管理人才、重视知识产权，提高企业品牌国际竞争力和影响力。

5.5 欧美等国的工程质量安全管理机制

欧美等工业发达国家对建筑工程质量的监督与控制实行全过程管理，即从项目的立项就开始严格控制，这里仅对建筑工程的实施阶段进行分析。对建筑工程质量的监督与控制通常是从政府、业主及建筑工程的生产者两个层次进行。

(1) 政府进行宏观管理

政府对建筑工程质量的监督并不是直接插手，而是通过对专业人士或机构的授权，由专业人士或机构对建筑工程的质量进行监督。政府的主要职能是对建筑工程质量进行宏观控制，通过制定法规来规范建筑工程生产过程中参与各方的行为。对于建筑工程的质量管理，主要按市场规律办事，即“谁设计谁负责，谁施工谁负责”。政府对于质量的监督目的是保证公民的生命、健康及财产安全。

政府对建筑物的结构、防火、消防等方面的设计都委托专业人士进行认真的审核，这种审核通常采取有偿服务，申请审核人必须按规定的标准交纳审核费。

(2) 施工阶段的监督管理

建筑工程的施工阶段质量监督主要是从施工许可证、使用许可证的颁发和对施工过程连续的检查和监督 3 个方面进行的。例如，德国《建筑产品法》规定，任何房屋和建筑物在得到政府的使用许可证之前，一律不得使用。美国《统一建筑条例》明确规定，在建筑主管官员对建筑产品颁发使用许可证之前，任何房屋和建筑物不得使用和占用，对现有的房屋和建筑物或其部分的占用分类不得更改。总之，建筑产品使用许可证制从法律上予以明确，其执行的程序及内容在法规中也作了明确的规定。从欧美国家的一些情况看，政府主管部门并不直接参与具体的竣工验收，竣工验收是由业主、承包商及工程咨询方完成的。使用许可证是在竣工验收之后由业主向政府主管部门申报。

从 20 世纪 90 年代初期开始，业主和总承包商对安全问题已越来越重视。为避免日后的法律纠纷，业主在工程项目招标时，一般都将承包商良好的安全施工记录列为取得投标资格的必备条件之一。在工程施工阶段，业主还积极参与承包商的安全管理，通常都会采取以下安全措施：在每个项目中委派业主安全代表，与承包商共同召开安全会议；要求承包商坚决执行由业主制定的安全标准；为承包商的安全培训提供便利条件；要求所有的承包商接受安全指导，审查其安全计划；对承包商的安全状况进行定期检查；在所有的建设项目中实行安全激励计划。业主对安全问题的日益重视，促使承包商意识到，提供安全的工程服务是他们在业界立足和发展的唯一途径。

(3) 工程保险促进质量安全管理

除了上述的德国《建筑产品法》和美国《统一建筑条例》法律规范外，对于工程质量安全的管理，按照美国法律规定，工程项目开工前，业主和承包商必须办理有关强制性保险，否则将无法从事相应的业务活动。美国拥有世界上最大的保险市场，保险业十分发达，竞争激烈，保险品种门类齐全，与保险相配套的法律体系健全完善。

美国法律规定的与工程有关的强制性保险种类主要有：承包商险，安装工程险，劳工赔偿险，职业责任险等。

尽管法律规定工程建设涉及主体必须投保强制险，但投保人却可以自由选择满意的保险公司，并且保费费率完全按市场规律协商确定。在美国，承包商交纳安全保费的多少，和其安全施工的业绩与信誉密切相关。承包商如果具有良好的安全业绩和信誉，往往保费低廉，施工利润较高；反之保费高昂，可能导致施工成本亏损，甚至出现保险公司拒保，承包商无法获得主体施工资格。在这种市场经济杠杆作用下，不仅承包商自己安全意识十分强烈，而且保险公司为自身利益，也对施工安全极为重视，积极参与到施工安全管理之中。此外，通过大量的实践，承包商意识到，建立良好的施工安全业绩不仅仅要节约安全投保费用，而且因为安全生产，减少了工作损失时间，提高了员工生产率，降低了诉讼费用，企业总的施工成本反而得到显著降低。所以近年来，美国建筑业自发广泛地掀起了一股以追求“零伤害”为目标的安全施工管理潮流，取得了令人注目的成绩。

良好的安全业绩是由一系列评估指标反映的，评估指标的可靠性首先在于安全事故记录的真实性、规范性。美国建立了一套关于安全事故记录、维护、检查、处罚的完备的规章制度，有力地保障了各方对建筑业安全信息的了解。

第6章 日本建筑市场与企业经营模式

6.1 日本建筑市场概况

日本建筑业市场高度发达，同时又相对封闭，建筑业是日本国民经济的支柱产业之一。近20年来，欧美等国家不断向日本施压，要求日本开放建设市场。但是，由于既有、特定的封闭性和行业习惯做法，尽管法律上没有歧视性政策，国外建筑企业仍然难以进入日本市场。

近几年，日本建筑企业破产数逐渐增加，企业数量递减。2003年，日本注册建筑企业共计55.2万家，比2002年减少了1.9万家。其中注册资本在10亿日元以上的企业有1662家，占0.3%；1000万～5000万日元的企业有21.50万家，占39%；200万日元以下及个体业户为13.22万家，占24%。日本建筑业的从业人员2001年为494.1万人，比1999年减少了14.9万人。日本政府和民间对建筑业的投资自1996年以后逐年下降，投资额从1996年的82兆日元，降至2003年的40兆日元。日本建筑业竞争激烈，承包单价大幅度下滑，人工劳务费呈上升趋势，工程决算情况恶化，大企业财务状况普遍较差，订单锐减，利润率低下。

日本建筑业为纵向管理体制，由中央政府和各地方（都道府县）政府垂直管理。国家主管部门是国土交通省，负责制定关于建设施工、不动产、宅地、劳动资材等的基本政策，颁布具体行业政策和标准以及国土规划、开发等。下设日本建设中心、日本建设业团体联合会、日本建筑学会、日本建筑家协会、日本土木工业协会等行业团体和研究机构，负责具体行业标准的制定及行业自律。各都道府县的地方整备局建设产业课负责区域内的建筑营业机构的设置和管理，各都道府县均设有建设业协会负责申领许可证的咨询及资格认定等工作。日本建筑管理的法律依据是1949年颁布的《建设业法》，另外还有《测量法》、《建筑基准法》、《劳动基准法》、《劳动者派遣法》和《职业安定法》等。

外资企业很难进入，日本建设市场以排外著称。长期以来，日本的不动产业、建筑设计业、建筑公司、建材生产厂家、承包分包建筑队及用户间相互依赖相互渗透，形成了一个相对完整的封闭体系。行业自我封闭、自我保护意识严重，具有一套完整的建筑行业法规体系，条件苛刻，手续繁杂，外国企业很难进入。1995年前后，迫于美国的压力及加入WTO政府采购协定的要求，外资企业获得许可后可进入日本建设市场。但是，外资企业实际上并不能独自承包工程和大量进口使用本国建材，因此业务范围多数局限于建筑设计等相关产业。在日本，所谓外资建筑企业是指持有日本政府颁发的建设业许可证、外资比例超过50%的外国企业。截至2008年，在日本的外资建筑企业不足100家。

（1）招投标管理机制

根据日本《建设业法》等有关法规规定，日本工程招标方式分一般竞争招标（公开招标）、指名招标（邀请招标）、随意招标（议标）三种，实际是以指名招标为主，占日本招标工程的90%以上，指名招标失败后可转为议标处理。指名招标时，投标企业缺乏主动权，完全听命于发包工程的公团、公社或民间投资者，由发包商决定谁来参与竞标。

按照相关规定，日本的政府工程应该采用招标投标的占90%以上。招标主要由公团或公社具体负责实施。公团与公社介于政府与民间之间，社会地位特殊，具有“国营”性质，是“官办自营”式的特殊法人单位。它负责政府投资或贷款工程的建设、开发和改造工程。日本道路公团是负责高速公路和其他汽车专用公路规划、建设、营运管理的部门。从日本建设省所属住宅类、道路实践来看，实施的工程质量基本上都达到优良水平，工程工期也未出现拖期现象。具体招投标程序如下：

1）报名申请。企业应向公团、公社等发包单位报名，接受资格审查，登记注册。一般为每年的二月份进行一次。申请书要写明法律规定的单位负责人、地址、资本、技能，从事的业务范围、申请的业务范围等情况，并附上工程经历、人员装备一览、资格许可证等材料。

2）资格审查。有关部门和单位对申请企业进行资格审查，并按资质等级，分类排队、造册。按资质、经济、技术实力、经营状况、业绩等进行分析评价。以优劣排序，形成各册。

3）材料价格要求。日本工程投标报价多采用“活市场，活价格”，全国办有两份建材价格咨询杂志，《建设物价》和《计算资料》，定期报告市场各种建筑工程价、材料价、运输费和劳务费等，价格的资料来源是各地商社、建材店、货场或工地实地调查所得。

4）报价要求。日本工程标价的下限幅度为0%～8%之间，若投标人的标价高于标底或低于幅度之外则不可能中标。据调查，由于标价很难与标底吻合，日本的指名招标几乎没有一次成功的，一般都要二、三次。若三次不成便改为议标处理，再次投标要求在一天内完成。

5）合同管理。合同签订后，发包商应支付给承包商一定数额的工程预付款。需交预付款的工程，一般指规模在50万日元～24亿日元之间（相当于人民币5万元～2亿元）之间，也有规定为100万日元（相当于人民币10万元）以上的，具体由地方自主决定。其款项通常是工程预算价的30%，其中土木建筑工程可达40%，但最多不应超过2.4亿日元（相当于人民币2000万元）。当政府的工程预付款达到2亿日元以上时，要由主管官员批准，地方由知事批准。工程造价在50万日元以下或工期在两个月内的工程不交预付款。

（2）工程造价管理机制

日本工程造价实行的是全过程管理，从调查阶段、计划阶段、设计阶段、施工阶段、监理检查阶段、竣工阶段直至保修阶段均严格管理。日本建筑学会成本计划分会负责制定日本建筑工程分部分项定额，编制工程费用估算手册，并根据市场价格波动变化进行定期修改，实行动态管理。

投资控制大体可分为3个阶段：

1）可行性研究阶段。根据实施项目计划和建设标准，制定开发规模和投资计划，并根据可类比的工程造价及现行市场价格进行调整和控制。

2）设计阶段。按可行性研究阶段提出的方案进行设计，编制工程概算，将投资控制在计划之内。施工图完成后，编制工程预算，并与概算进行比较。若高于概算，则进行修改设计，降低标准，使投资控制在原计划之内。

3）施工阶段。施工中，严格按图施工，核算工程量，制订材料供应计划，加强成本控制和施工管理，保证竣工决算控制在工程预算额度内。

预定价格制度是日本造价管理的特点。这个制度有利于促进承包商的技术开发。

1）为了计算预定价格，业主必须详细规定从性能、施工计划到材料选择的具体要求。

2）预定价格是拥有标准技术力量的业主采用标准的功法和材料等建造工程时计算的建设费用，可以解释为工程的标准价格。必须在这个价格内，选择最低的投标价格进行发包。

(3) 工程质量管理

日本确保工程质量的管理特点是发包者（业主）不仅进行工程检查，也进行工程监督。业主通过对现场的巡回检查，查看承包商提交的施工记录和现场照片等，对工程的施工计划执行进行检查和质量监督。业主不是简单地“买”作为最终产品的工程，而是站在与承包商一起的立场上一起去参与工程的“制造”过程。

在设计阶段和施工阶段，业主的作用主要是4个方面：选定好的承包商，签订工程承包合同；提出明确的质量要求；工程质量监督；工程质量检查。

自1993年日本连续发生几起公共工程的行贿和贿赂事件以后，政府下决心取消了原来一直坚持的“指名”竞争投标制度，规定在大型工程中引入一般竞争投标制度，对提高工程质量有积极作用，但是，有时极端低价承包也会降低工程质量。

(4) 合同管理

日本近几年采用了多种合同模式。VE模式，即投标者提出改善设计提案的方式，CM模式、BD模式、BOT模式、PFI模式（Private Finance Institute）、DBFO（Design Build Finance Operation）模式等，这些都是新的合同模式。

(5) 政府管理与责任

日本政府关于中小建设企业对策（保护政策）、地域限制（地方企业优先）、总包分包关系的规范等政策实行以后，产生了一些负面作用。例如，损害了国民和消费者的利益、限制了企业间的充分竞争、在选定企业上扩大了政府的裁决权，导致政府在招标上的不透明，产生了一些政府腐败现象。

与日本建筑业有关的各种问题，基本上属于作为业主的政府，尤其是地方政府的问题。因此，1998年日本《建筑业界》提出了“政府充当业主”时4个应关注的问题：①政府业主必须把国民、地方居民即消费者和纳税人的利益放到首位；②作为业主的政府，要改善自身的管理，提高管理效率；③在不同的环境下，不能使制度僵硬或单一，应具有灵活性和可选择性；④在所有的地方都应该掌握丰富的资料，并将基本点放在强化政府责任的制度建设上。

（6）重视建筑技术

日本的建筑技术可以说是世界一流的，超大型的建筑企业都有自己的研究所。例如，日本大成建设公司的研究人员达320人，开展具有国际特色的大企业的研究开发，投入技术研发资金占销售额的1%，比日本建筑业的平均水平0.54%，高出近一倍。日本鹿岛建设公司达到1.29%。另外，这些大型建筑企业要有自己的设计队伍，如大成建设公司的设计人员2000年为1060人，其中，总部设计人员有700名。

日本特有“功法协会”，是个民间企业的专家们为研究推进普及已开发的技术、功法而结成的自由组织。功法研究是世界一流的，大型建筑企业的功法以及专利每年在500～600件。同时，拥有世界一流的建筑设备和建筑用机械人，为日本建筑提高劳动生产率，约为中国的50倍。

6.2　日本建筑企业的经营模式

（1）企业广泛采用项目总承包模式

在日本，工程普遍推行项目总承包模式。如熊谷组一个城市开发项目，承包范围包括，城市规划、拆迁、设计、建造。熊谷组建设范围涉及商业设施、住宅、市政以及地铁等基础设施；又如前田建设承建的30层商住楼，是一个旧城改造工程，前期规划、拆迁、施工图设计、建造等都是由承包商来完成，完全采用项目总承包模式。推行项目总承包模式对日本建筑企业的影响主要体现在两个方面：

1）制定“联合与合作”市场策略

①要与政府及大型不动产经营公司建立良好的关系。在日本，建筑企业被划分为A～E 5个等级，其中A级建筑企业只有10～20家。A级企业承建的工程往往是大型项目，这些项目的业主要么是政府，要么是经营不动产业的“巨鳄”。建筑企业要求生存、谋发展、提高市场占有率，就必须与政府保持良好的关系，就必须和大型不动产经营公司建立长期友好的合作。

②顾客满意最重要。对于和大型不动产经营公司建立长期合作关系的问题，熊谷组一位会长认为：顾客最重要，顾客满意才能往前发展。基于这一工程承包服务理念，熊谷组将房屋建筑施工工地向市民开放，市民和客户可以随时进现场参观，了解施工过程。熊谷组以精湛的工艺、细致的管理、高超的品质赢得参观者对产品的信任，有力地拉动了开发商的房产销售，以达到与开发商建立长期战略合作的目的。

20世纪60年代以前，日本建筑市场很大，建筑企业众多，无论企业大小生存都不成问题。20世纪70年代以后，基本建设投资逐步减少，建筑市场渐渐萎缩，特别是日本经济泡沫破裂以后，市场总量进一步下降，建筑企业经历了一个重新洗牌的过程，大批小型建筑企业破产或被兼并。生存下来的企业也被迫由过去的完全竞争走向联合。例如，比谷共同沟工程就是由前田建设和熊谷组联合承包的，前田建设占60%股份，熊谷组占40%的股份，人员由两个企业共同派遣，管理则以前田建设为主，由此而建立了平等的长期合作关系。

2）项目总承包融资、建设一体化能力

项目总承包模式对建筑企业的要求不仅仅是施工总承包的能力和工程总承包（设计和施工）的能力，还包括前期规划、开发、融资、甚至是后期运营的能力，而且采用项目总承包的大型项目往往涉及不同领域。因此，日本建筑企业为适应市场的要求，在项目总承包和多领域建设等方面都具有较强的能力。

熊谷组自豪地称：日本主要的港口、道路、桥梁和主要的标志性建筑，都由他们总承包，企业实行多元化发展战略，经营范围几乎囊括了与建设相关的所有行业。

（2）重视建筑生产工业化

为减少现场施工量，大量采用钢筋混凝土和钢结构预制件是日本建筑施工工艺的主要特点。如前田建设商住楼工程的梁、柱、外墙、承重墙体和阳台等均是钢筋混凝土预制，楼面是预制和现浇相结合，楼梯为钢结构。在日本，与这一建造方法相适应，建立了完备的技术体系和施工工艺规范。如预制件采取流水线生产，观感质量和内在质量都有可靠的保证；现场施工机械化程度很高；管线不预埋，全部现场安装；不用粉刷，大量使用轻质隔材、墙纸；柱子预制件之间的钢筋采用特殊胶水连接等等。这些施工工艺具有明显的优势，例如建筑物外形个性化更容易实现、质量高、工期快、相同建筑面积室内使用面积更大等。相比之下，日本单位面积的建造成本比我国高，主要是因为我国有廉价的劳动力。

由于多地震的地理环境，使得日本抗震技术非常先进。如前田建设商住楼工程地上第2层为避震层，设计要求是抵抗阪神大地震要求的1.5倍，由钢制弹簧和46座特制塑胶底座构成，承载了地上3～28层的重量，缓冲地震水平的振幅为左右0.6m。避震层上下相连的管线也都进行了特殊处理，在发生地震时不致被破坏。

在日本，施工设计已进入技术竞争领域，承包商在投标过程中，把设计摆在龙头地位，以先进的施工技术方案来保证在质量、降低成本、加快进度等方面的优势。因此，日本建筑企业常常在诸多方面拥有自己的技术成果。以熊谷组为例，他们的经营范围都涉及工业产权、技术诀窍、著作权、计算机软件的开发等。如前田建设在旧城改造30层的商住楼工程中使用了多种有知识产权的特殊工法。

（3）企业经营模式特点

大成、清水、鹿岛、熊谷组是日本的四大承包商，这些企业，一般不拥有自己的施工队伍，而是充当总承包商的角色。受市场环境、项目建设模式和施工工艺的影响，日本大型建筑企业的管理模式有如下特点：

1）所有项目都是公司直营；

2）项目部管理人员由公司派遣；

3）公司对项目部实施目标管理和预算管理；

4）材料统一采购和配送；

5）项目经理的作用主要是生产管理，包括协调合作单位、组织生产、在预算范围内完成公司制定的目标。项目风险由公司承担，项目经理的积极性除来自薪水外，主要是事业心和“爱社心”；

6）公司总部拥有非常强的管理和支持能力，队伍强大，分公司和项目施工人员精简。例如，前田建设总部有 600 多人，而 67 亿日元造价的共同沟项目，管理人员只有 15 名，施工人员三班倒，每班只有 14 人。

6.3　日本建筑企业经营特点

日本建筑企业经营模式的特点可以概括为：重视营销和品牌，严格质量安全管理，海外市场管理属地化，加强风险管理。最终实现业务多元化、市场国际化、以客户为中心的高质量服务，快速提高经营业绩的目标。

（1）重视企业营销策略和品牌

日本企业注重树立样板工程成为其承包能力的卖点。这些项目有助于营造公司良好的品牌形象，也增强了客户的信心，为以后在同类型项目招标中取胜创造了基础和优势。企业注重积极参与区域经济和金融等方面的高峰会议，借此掌握区域经济发展动态，获取相关领域项目机会。

向外进行技术授权也是建筑企业经营业务举措之一。通过有条件地将其先进工艺技术给最终用户使用，为最终用户进行设计、施工和试运行，在为客户创造增值、提高销售收入的同时，也提高了公司的知名度。

（2）严格的质量和安全管理体系

日本建筑业把工程质量看作企业生命，采取多项措施来保证优质的工程质量，同时尤其注重工程安全管理。

日本建筑企业通过上至集团决策层，下至项目部现场管理层对工程质量、进度和安全进行多层审计，加强项目的质量、进度和安全监管力度；要求项目组和员工在工程实施中除了遵守国际标准、东道主国家的管理制度之外，还要遵守项目所在地规章制度和企业自己的内部管理制度；要求从上至下的全过程质量、进度安全管理。在履行合同前，企业会编制一个符合客户规范要求和 ISO 质量管理标准的项目质量计划，包括质量、检验和试验、执行、制造安装等，使得工程质量有标可依、有根可寻；通过严格、细致的安全管理程序和方法把质量、进度和安全管理落到实处；充分利用信息化管理，对项目各环节进行监控与管理，提高项目实施的效率。

（3）人才使用属地化

日本建筑企业集团在通过海外子公司开拓海外业务的同时，加强人才的属地化使用。一方面积极在项目当地招聘、培养技术和管理人才充实公司的后备力量，弥补公司规模扩张带来的内部人才供给不足的同时，方便了项目的本土化融合运作；另一方面，因地制宜地利用当地的劳动力降低工程造价，提高项目收益。

(4) 建立国际化经营的组织结构

企业按照全过程 EPC 管理的要求建立组织结构，形成以技术为龙头的公司组织形式。在日常管理中将经营开发和项目实施设立成相互关联和作用的独立体系；经营部门的工作重点放在市场开发和建立融资渠道上；实施部门围绕项目如何落实开展工作。公司对分支机构进行有效的运作管理，使之统一到集团的总体战略下；另一方面建立高效平台使各个分支机构能够有效地利用集团内部资源，并加强横向合作联系。

(5) 良好的风险管理系统

一般建筑企业都建立了严谨的风险控制系统对公司经营中潜在的危机进行预测和防范。为确保项目顺利开展和财务稳定性，企业对各项业务进行持续的监督，要求各个业务部门向董事会、经理层和董事会审计委员会定期提交报告。此外，对于个别重要的项目招标需要进行风险分析和评估后确定行动，并将结果反馈到经理层。有的公司还制定了专门的危机管理办法来预测潜在的严重危机，以保障经营活动。针对跨国工程带来的商业风险，企业还可以采取出口信用保险；采取远期外汇合同、使用外国货币购买材料和设备等应对汇率风险；采用成本偿付合同等进行防范，以减少设备、材料等购买成本上升带来的风险；还可以通过与国际协力银行（JBIC）、日本信用保险系统和其他相关组织建立了密切的联系，确保对外承包工程的资金安全。

第7章　德国建筑市场与企业经营模式

7.1　德国建筑市场概况

（1）建筑市场情况

自1994年以来，德国建筑业经历了11年的衰退期。据德联邦统计局统计，2002年建筑业总体形势仍未改善，失业压力以及住房供大于求等因素均抑制住房投资，建筑投资继续下滑，同比减少5.9%，为2155.2亿欧元。2003年1月底，建筑行业从业人数77.8万人，比上年同期减少了8.8%；劳动工时也比上年同期减少了13.8%；行业总营业额还不到40亿欧元，同比下降16.5%。然而，德国承包商在专有技术、融资和项目管理等方面具有很强的优势，长期以来，这些公司已积累了在世界不同地区成功实施各种项目的实践经验，而且他们都显示出了突出的核心竞争力，拥有大量专有技术，并依托主业开展多元化经营，企业目标大多以利润为主。

2006年德国的建筑业投资在经历了很长一段时间萎缩后开始复苏。经过多年的改革阵痛，德国经济终见起色，不仅摆脱了欧元区国家经济增长末位，而且重新成为欧洲经济的火车头。2006年，德国经济增长的根基和活力扩大，经济增速明显加快，实际经济增长率超过2.5%，创2000年以来最高增速，也是近十年来第二个高增长年。在经历近10年的低增长后，随着欧元区建筑市场回暖、国内建筑需求增加，尤其是商业和制造业建筑需求上升迅速，德国建筑业投资终于走出低谷。2006年建筑业的增长率为3.1%，超过国内生产总值的增速。

2009年美国金融危机，对德国的经济影响很大，建筑业增长明显下滑。预计今后10年德国建筑业年增长在1.6%左右，其中，住宅建筑增长为0.8%。

（2）建筑市场结构

经历了战后初期的繁荣增长和战略性结构调整，德国建筑业形成了“两大板块”——“建筑工业”和“生产性建筑手工业”。

“建筑工业”由少数现代化大公司集团构成，是一个国家建筑业架构的支柱和行业资本最集中的板块。德国建筑工业“翘楚”霍赫蒂夫公司（Hochtief），以路桥、港口、水利、电力、机场和体育设施等大型工程建设为强项。1999年，霍赫蒂夫收购了美国最大的建筑公司之一特纳公司，加强了在美国的地位。它以高超的建筑设计水平和建筑技术、雄厚的资本和强大的融资能力、现代施工装备和工业化生产流程、信息化跨国物流管理构筑起国际化运营平台，在国际招标工程中具有强大的竞争力。

德国大型建筑公司无论是总包还是分包大型工程项目，都离不开中小企业的参与和配合，提供前期和中间产品与服务，以及充当大公司和消费者之间的联系纽带。因此，中小企业是大公司经营网络的基础和节点，这也是中小企业在激烈的市场竞争中游刃的余地和生存的空间。特别是小企业，生命力旺盛，地域特色浓厚，适应民居建筑个性化的市场需求；运营机构灵活，管理成本低、效率高；手工式生产但活计精细。1980年，生产性建筑手工业在德国主建业的生产比重就达到了50%，占据了“半壁江山”，在修建业中的生产比重更高达70%。据统计，1994年德国建筑业营业额的85%是由中小企业创造的。1995年，德国有127个手工业行业、56.3万个独立的企业和610万从业人员，占当年德国3420万就业人口的将近18%。泥瓦工、混凝土和钢筋混凝土工、筑路工是德国手工业雇员人数最多的行业。

到现在为止，德国建筑业基本保持了两大板块并存共生的结构特点。这样的二元结构有助于形成不同规模与实力的企业各展其长和优势整合，有助于形成垄断适度、竞争有序的建筑市场，从而有助于整个建筑业相对长期稳定的发展。

(3) 建筑市场管理体制

德国建筑业二元结构实际上是建筑业发展的普遍性趋势。但是，这种普遍性趋势的形成与发展过程则与欧洲各国金融制度、企业制度和建筑业管理体制密切相关，在普遍性中呈现各自的特点，即所谓“殊途同归”。

从金融制度分析，德国是实行“全能银行制”的传统国家。《德国信贷业法》允许信贷机构经营存款、贷款、承兑、结算、汇划、投资、信托、担保、证券发行和交易（自营或代理）等几乎所有的银行和证券业务。这一金融体制作为金融资本与产业资本融合的制度和法律基础，银行与企业之间的相互参股在德国较为普遍。例如，德国商业银行拥有霍赫蒂夫公司25%以上的股份，西德意志州立银行和德意志银行各拥有菲利普·赫尔曼茨公司25%以上的股份，德国几乎所有的大建筑公司都有金融机构参股。

从企业制度分析，德国企业联合（类似于我国的“企业集团化”），有多种可供选择的方式和形式，在德国《股份法》中都有明确的界定。如法律上独立的企业在相互关系上可以属于占有多数产业的企业和占有多数股份的企业；也可以作为占支配地位的另一个企业的附属企业，在经营上直接或间接受支配企业的决定性影响，而法律上仍保持独立；还可以相互合股或按企业合同（控制性合同、盈利支付合同和其他企业合同）实行联合。但最为常见的是“康采恩”制。建立康采恩企业可以采用两种方式：一种是两个或两个以上的企业保持各自法律上独立，但其中一个企业占支配性地位，对其附属企业施加决定性影响，在统一领导下联合经营；另一种方式是，在合并中至少有一个企业失去法律上的独立而融入另一个企业。70%的德国股份资本与“康采恩”企业相联系，这表明“康采恩”在德国经济实践中的主导地位，“康采恩”是德国大企业支配和联合中小企业的主要的结构形态和方式。“康采恩”作为一种复杂而高级的垄断组织形态，通常由分属不同部门和行业的企业（如工业企业、运输公司、商业和贸易公司、银行和保险公司）联合而成的垄断组织。“康采恩”的支配企业（类似于我国所说的“龙头企业”）资本实力雄厚，资本营运能力强，可以是大工业公司，也可以是大银行。它通过参股或控股（即我国所说的“以资本为纽带”），或者以市场、技术诀窍、品牌、商誉等其他有形和无形资产实现对其他企业整合和控制。它方便了企业法人之间的相互参股和银企联姻，是跨行业、跨部门和跨地区企业联合、集团化经营稳定、灵活而有效的途径。

7.2　德国建筑市场交易管理

(1) 招投标管理机制

德国建筑工程招标一般采用邀请招标（指名招标）方式，主要程序如下。

当有工程发包时，发包商按工程的规模、性质等情况，根据自己的要求和愿望，通常在投标日期前10天（紧急情况下是5天），利用告示或新闻媒介发布公告。然后在名册中指定10～12家相应企业作为竞标者。指名通常由发包商的负责人及工程技术和经济方面的负责人5～10人负责确定，他们称之为“合同审查委员会”。名单确定后，书面通知企业，告知工程的性质、规模情况及投标时间。从指名到投标一般约15天以上。

实际招标。指名一经确定，有关企业要按一定方式进行答辩。发包商介绍工程情况和特点，投标方则介绍自己的资质、业绩、技术业务所长以及如何实施该工程的方案设想。投标时企业只按一个标价。开标时要求全体投标者全部参加，公开开标。定标是招标的最终结果。日本的定标原则往往是单因素的，就是看谁的标价接近标底，一般多取低价标。签订合同。中标单位确定后，由发包人个别通知企业，双方签订承包合同。签订合同一般规定在中标的第二天起10天之内完成。指名招标一般在决标当天就签订合同；议标则在任务成交日签订。投保。承包合同签订后，承包人必须交付一定额度的保证金或到保险公司购买一定数额的工程保险作抵押。

其中，企业资质评定标准如下：能力评估，即考察申报企业近两年来完成的工程情况、业绩水平；资金状况，即企业的自有资金雄厚程度，融资信用如何；企业从业人员及职员的构成；企业的经营状况，主要考察企业稳定性指标的利润率、盈亏的幅度、周期性、生产率、自有资金和负债情况比率；企业技术职员数的比例；企业从业年限、资历及信赖程度；工程业绩、质量、工期等；从事过特殊工程的经历；安全保障情况；企业的福利情况，包括福利和工资分配。

以上所列标准中，前6项为全国性的惯例，后4项为专业公团的附加条件。若按定量分析，从权重的角度讲，前6项的重要性约占75%的分量，后4项占据25%。在后4项中，若按总数100计，则第7项的权重为60%，第8项为30%，第9、10项为10%。

(2) 工程造价管理机制

德国把建设项目投资估算的严肃性、科学性和合理性作为首要问题。在德国，任何一项建设工程，不论是政府的还是私人的投资项目，其项目管理不外乎是包括质量、进度、投资（成本）的控制，这是三位一体的有机结合、不可侵害的管理，最终是达到优质的建筑产品。项目投资额（或是投资估算）的确定，必须要根据国家质量标准DIN要求，慎重地计算所需要的费用，而且必须要有一定的预测与浮动，投资一定要估计充足，留有余地，这就是工程项目投资估算的确定。确定投资额一般由社会性工程咨询顾问公司的工程造价专业人员进行。因此，工程项目造价控制行业在德国普遍存在，并且出现激烈的竞争。

(3) 项目投资管理

一般而言，工程项目的管理是全过程的管理，质量、进度和成本的控制贯穿了项目的全过程。一个部门或一个监理公司承接项目管理，在成本控制方面则是从投资估算、竣工结算、决算等是一条龙服务的。这样就避免了计划与建设的脱节和不配合，科学合理地确定了投资额，在实施计划的建设过程中，计划与建设融为一体，必须严格地控制不得超过已定的投资额。

德国工程投资控制是动态的，影响投资的因素有设计、市场供求价格和特殊情况等。关键在于建设前期的成本确定和控制。所以，在德国凡从事工程管理的部门（机构）必须从事和参与设计审定。

在德国，只要工程项目投资额确定后，在实施过程中，必须严格地控估算（概预算）执行，不能随意修改和突破。这样，工程项目造价控制行业就在德国普遍存在，并且出现激烈的竞争，各家项目控制单位均在优化设计、采用新工艺、新材料、提高质量、缩短工期，以及科学的管理和监控手段等方面，对项目的成本、质量、进度进行严格的控制并以控制的成功实例和业绩争取得到社会的公认和树立良好的声誉，赢得市场。反之，如果控制不好，出现成本加大，超出已定的投资额而又没有充足的理由，则项目控制单位要承担经济责任。

(4) 工程预算管理

工程预算在工程实施中是工程费用支付、管理依据，是招标审查报价的尺度。工程费基本上如同国际上习惯采用的 FIDIC（土木工程建设合同条件）的要求和做法一致，即由工程数量乘以单价，而工程数量和项目均在标书中全部列出，投标人则按综合单价和总价进行报价，当然，有一些现场管理的项目和措施性项目的费用等，就另行开列报价。工程费计算方式一般是：以过去承建的工程的工程费为基础，从中抽出各工程项目的单价，加上地区差价和不同施工期造成的差价，然后确定每一个工程项目内新的各项单价，用其乘以数量即为工程合价，各项合价总和即为总造价。在造价里必须考虑风险、利润、税金等因素，这是由投标人各公司取决于自己的实力和竞争策略而定，但对招标人而言，风险和利润则不是主要的，只要标价在招标单位的预算（或称标底）范围内就可以了，当然标底也应考虑风险、承包者的正当利润及税金等因素。

由于竞争激烈，投标者如不是最低标价则就难以中标，无法承接工程任务。所以，在编制投标报价时，就需要正确掌握材料价格、机械使用费、劳务价格及市场行情等，并要对市场的走势作出预测，这就需要有一批既有专业知识，又有丰富工作经验的人员来承担此项工作，否则就无法胜任计价，也无法参与市场竞争。德国的地方公共工程由于地方政府需确保其资金供应，故由地方政府负责计算，联邦政府在业务上加以指导以确保预算，并接受监督。工程造价基本上由专业人员计算，有时也委托给社会咨询服务公司承担，而这些咨询公司或其他计价部门（包括政府的），基本上都采用电脑计算；预算专业人员不需要有特殊资格，只要有学历和经验即可，一般起码要取得工程师资格才能从事工作，虽然国家并没有作出此规定，但社会上已形成共识和习惯。

从美国、日本、德国的管理方式看，工程造价管理均处于有序的市场运行环境，实行了系统化、规范化、标准化的管理，而在价格的确定和管理上以市场和社会认同为取向，在行业的管理归属上民间行业协会组织发挥着巨大作用。同时，政府的宏观调控、先进的计价依据、计价方法、发达的咨询业、多渠道的信息发布等做法，基本上代表了现行工程造价管理的国际惯例，完全适合 WTO 的基本原则。

综上，可以将国外工程造价管理体制概括如下：一是行之有效的政府间接调控。二是有章可循的计价依据。三是多渠道的信息发布体系。四是量价分离的计算方法。五是发达的工程造价咨询业。

（5）工程质量管理

德国对建设项目的质量管理建筑结构的安全稳定性关系到使用者的人身安全，因此德国政府对建筑物的结构、消防等方面的设计都委托专业人士进行认真的审核，这种审核通常采取有偿服务，申请审核人必须按规定的标准交纳审核费。德国对建筑产品的施工阶段质量监督主要是从施工许可证、使用许可证的颁发和对施工过程连续的检查和监督三个方面进行的。德国《建筑产品法》规定任何房屋和建筑物在得到政府的使用许可证之前，一律不得使用。建筑产品使用许可制从法律上予以明确，其执行的程序及内容在法规中也作了明确的规定。从国外的一些情况看，政府主管部门并不直接参与具体的竣工验收，竣工验收是由业主、承包商及工程咨询机构完成的。使用许可证是在竣工验收之后由业主向政府主管部门申报。

德国是市场经济，业主对建筑产品的质量控制和监督情况与其他发达国家基本类似。业主对建筑产品质量控制和监督的主要任务是确定项目的质量目标和对建筑产品的生产过程进行监督控制。从欧美等一些工业发达国家的情况看，业主应承担的质量责任主要从政府对建筑产品的监督，和作为建筑产品的购买者对建筑产品提出需求两个方面进行考虑。

在欧美、日本等国实行“谁设计谁负责，谁施工谁负责”，设计和施工质量的好坏完全由生产者负责。这正如消费者购买商品，卖方有义务提供合格的商品。在国外无论是设计单位还是承包商都有义务按合同中对质量的要求提供合格的建筑产品。

（6）建筑协会、学会管理

德国建筑业总会是建筑业的经济协会，它代表了德国所有建筑企业的利益，包括国际知名的建筑集团和一些业绩突出的中小建筑企业。建筑业总会下属设立了 14 个分会。建筑业总会面向国家立法部门、政府和行政机构，代表和维护行业利益，主要任务是在联邦、州和乡镇各个层面实行符合需要的投资政策，推动建筑企业实施公共城建措施。制定行业标准，代表企业面向工会、公众和国家维护企业在社会福利、劳动政策等方面的利益。

德国政府是通过协会、学会对建设工程技术进行管理的。同业公会或行业协会虽然是松散的民间组织，但它在保护行业的利益和推动政府决策方面，起着重要作用，保持与政府的密切联系，体现政府与行业之间的对话。同时，协会或学会又可发挥社会协调职业道德互相监督的作用。在德国，没有设立像英国工料测量师（QS）和北美的造价工程师（CE）的专业制度，但从事工程造价工作的人员一般都归属于工程项目控制与管理人员之中。同时，在高等院校里均设有工程造价确定和控制相关的专业课程，培养大批管理人才投放到社会服务中。

在德国，从事工程计价的人员无论是在咨询公司工作，还是在工程承包企业工作，还是在工程承包企业工作，据介绍一般都必须是工程师，而且多时兼具多方面专业知识的。在有名的公司里工程计价部门全部都是工程师、教授和取得学位的博士，而且均有多年实际经验的人员组成。所以，在德国，凡从事工程造价管理工作的必须先得到工程师资格，在参加协会组织的资格考试，合格后才能获得资格受聘于业主或受聘于承包商，也可在政府的工程部门服务。

（7）建筑市场监管

德国在建筑市场的监督管理和反腐败方面，有较为完整的管理体制和监督机制，有较为完备的法律制度，有较为严谨的监督措施和办法。

1）管理机构设置。德国联邦交通、建设与住宅管理部（以下简称“建设部”）是由原来的两个部合并而成的，主要负责交通业、建筑业和住房业的投资和管理。国家将基础设施投资和建设职能放在建设部，建设部内设建筑局，主管政府投资项目，包括海外项目的建筑管理工作。各州有建筑总署，负责州的建筑业管理。各地还有许多建筑服务事务所等中介机构，也负有监督管理的任务。两级管理、三级机构，构成了德国建筑业的组织管理体系。

2）监督体制和机制。一是有专门的内部监督机构。联邦建设部专门设立了由国务秘书（即副部长）直接领导的内部监察处，主要以《联邦政府官员法》为依据，负责对建筑部门政府官员、公职人员和应聘参加政府投资工程的自由职业人员进行监督。监察处如发现或有人举报有关人员有经济问题，可以进行核实，经核实确有经济犯罪事实的，即移交检察院或警察局办理。监察处的主要职责是内部检查和预防腐败。各州都有类似的监督机构。监督机构只能监督，不能参与工程发包或其他经济活动。二是通过联邦参议院议会进行监督。每一个议员都有自己的选区，该选区的选民可向议员提出问题与质疑，由议员将有关问题与质疑提到议会上。与此同时，议会也要受到新闻舆论的监督。舆论监督对议会和议员形成强大的压力，有时会迫使议员辞职。议会监督和舆论监督形成了有效的监督机制。三是审计监督。联邦德国有一个审计署。该署是依据《基本法》规定而设立的独立的机构。审计署不受政府和任何部门的制约，议会也不能向审计署指手画脚。审计署根据基本法的规定，审查建设项目的法律性和经济性。广大公众对审计结果十分关注，因为审计结果直接关系到公司或企业的生存与发展。审计署每年出一本《审计年鉴》，作为联邦预算依据。

3）法律制度。德国在建筑市场监管和反不正当竞争、反行贿受贿方面，制定有《联邦建筑法》、《联邦预算法》、《联邦承发包法》、《联邦反对黑工法》、《联邦雇工法》、《联邦外国人法》、《联邦处罚法》、《联邦民法》、《联邦合同法》、《联邦招投标法》、《联邦社会保险法》等，形成了较为完备的对建筑市场监督管理的法律制度。如：《联邦反对黑工法》规定，成立公司必须到有权部门进行登记。不经登记而成立的公司，一经查出，罚款25万欧元。这样规定，就使得公司的成立必须具有合法性。

4）监督措施与办法。

①项目建设资金审批严格。所有政府投资工程项目，由项目使用者向财政部提出申请，由财政部会同建筑局和审计署做可行性研究，经研究同意后，再由使用者先报建设部审批，再报财政部审批。在财政部确定的建设费用范围内，由建设部委托建筑局代表国家组织工程项目建设，资金由财政部限额拨款，建筑局是国家投资项目的业主。

②公开选聘项目管理人员。联邦建筑局依照法律的规定，对政府投资的工程项目组织建设与管理。采取公开招聘方式，选定项目主管和项目总监，再招聘选定建筑师。招聘过程是公开的，如有人对招聘选定的人员有不服的，可到法院起诉。

③公开招标。由建设部、建筑局、财政部、审计署等有关专家组成评标小组负责评标，依据《联邦招投标法》规定，实行公开招标。将工程发包信息刊登在有关专业杂志和公布在网页上，让施工公司竞标。

④严格制定标书。对投标标书实行严格的内部审核机制与监督机制。建筑局内设评标处和建设处。评标处独立完成审核任务，并将标书交建设处审核，由建设处从工程质量的角度提出意见。建筑师对工程费用的预算和具体支出必须列出清单，并接受项目监理的审核和监督。

⑤过程监管。在施工过程中，对于大型项目施工公司要将施工费用及施工进展情况每三个月向联邦建设部做一次书面报告。建设部可对项目执行情况进行检查。审计署对项目资金使用情况定期进行审计。联邦建筑局作为政府投资项目的业主，必须遵守各项法律规定，工程项目必须符合规划和土地使用的要求，不得改变或增加建设部、财政部已批准的项目计划和项目经费。建筑局的行为还要受到建设部、财政部、审计署等方面的监督。业主不得拖欠施工公司的工程款，如违反合同规定拖欠工程款的，由法院依法追究民事责任。

7.3　德国建筑市场管理对我国的启发

德国社会市场经济坚持实行两大基本原则：一是经济效益与社会公平兼顾的原则；二是资源配置以市场机制的基础性与政府适度干预的辅助性结合原则。在战后建筑业的发展中，这两大基本原则主要体现在以下方面：

（1）政府严格规范建筑市场主体行为

政府的基本职能定位于以一整套法律体系和手段来维护建筑市场秩序、规范市场主体行为、保证人民生命财产安全。同时，在法制基础上注意充分发挥市场主体的自律和行业组织、专业中介的作用。如在协调建筑与土地和环境资源关系方面，德国通过土地法和相关的配套政策，以及土地使用规划和建筑指导计划等多层次法律和行政法规体系，在保护环境的前提下，科学、合理和经济地开发和使用土地。在建筑市场主体和中介机构领域，通过资质审查把好市场准入关；通过“建筑工程发包条例”维护建筑市场公平、有序的竞争；通过“建筑技术条例”、“国际咨询工程师协会”的标准合同（“FIDIC”）、德国工业标准（DIN）和“建筑产品法”等，从技术设计、工程合同到施工过程、材料质量，直至建筑物竣工验收，层层设防、关卡缜密，使工程项目“谁设计谁负责、谁施工谁负责”的原则法制化。政府严守“出入口”：建筑工程质量是百年大计，必须从源头抓起，工程项目首先要过政府设立的“技术设计图”审批关，才能进入施工和施工过程，此为“入口”；竣工建筑物必须有政府颁发的许可证方可使用，此为“出口”。至于中间环节，则由资质合格的中介机构监管。例如，政府发放建筑物使用许可证的依据，是专业测试机构对各施工阶段的质检记录和监理机构出具的相应证明文件。

（2）政府通过调控促进建筑业发展

政府通过有效的宏观调控，促进经济持续发展和国民收入水平不断提高，促进民众消费需求和消费结构的提升，为建筑业提供和开拓市场。

战后西德富裕程度的提高速度是空前的，个人家庭可支配收入从1960年的1880亿马克增加到1994年的18640亿马克，几乎增加了10倍。虽然总量扩张并不意味不同阶层可支配收入与财产分配的均衡，但德国社会市场经济的体制设计比较注重“为大众的福利”。经过半个多世纪的经济建设，西德多数社会阶层的生活方式出现了趋同化，形成了一个“均衡的中产社会”。联邦政府依据《财产形成促进法》，鼓励和帮助居民金融和实物资产的形成。如居民购买住房，政府提供取决于收入水平的津贴，对储蓄建房互助储金给予奖励，私人建房（自用房或出租）享有税收优惠政策。目前，西部居民自有住房率达到了41.7%，一半以上的雇员都拥有了自己的住房或住宅。政府还出资兴建社会福利房，低价出租给低收入和社会弱势群体租用，社会福利房占出租房的比例达到了20%。统一后，联邦政府拿出285亿马克用于偿还东部房建欠账，1991～1997年联邦政府资助东部社会福利房建设的财政支出达700亿马克。1992年东部新落成住房只有11000多套，1995年增加到10万套以上，目前东部人均住房面积也已提高到28m^2，内部设施也有了明显改善。

德国拥有先进的基础设施，这与政府持续的巨额公共投资密切相关。以国家重新统一后改善东部基础设施为例，联邦政府的投资就近700亿马克，其中1991年出台的“德国统一”交通建设计划，到2000年基本完成时仅公路、铁路和内河航道方面的17个重点工程项目的国家投资额就达数十亿马克。

（3）政府外交支持企业海外发展

政府通过外交、发展援助和国际经济技术合作等多领域的政策措施，为本国建筑业走向世界、开拓国际工程承包市场创造良好的外部环境。

战后以来，西德一贯重视改善国际形象，在实现周边国家关系正常化、对发展中国家提供发展援助和发展经济技术合作等方面，是发达国家中做得比较好的国家之一。这也从一个侧面，为德国建筑业开拓国际市场创造了有利的环境条件。

（4）增强大企业资本和融资能力

提高我国建筑业整体竞争力的重点是“建筑工业”，即大型建筑业。核心是增强资本实力和融资能力，途径是制度创新。以产权制度的创新为先导和基础，使建筑工业的骨干企业成为投资主体多元化的股份制现代公司企业，推进从治理结构、运营机制，到管理和技术的全面创新。实现建筑业资本和金融资本的融合是理想目标，但目前我国制度上禁止银行对企业参股和控股，商业银行自身还受到分业经营的制约。可选择的途径，是在规范基础上，建筑业内部及跨行业的大企业联合、购并和上市，实现跨行业性的"强强联合"。可根据境内股票市场扩容进程，特别是考虑建筑业的支柱产业地位和在国际竞争国内化中的比较优势，在上市公司总盘子中划定"建筑板块"与其在社会投资总额和整个经济产出比例相称的份额，择优上市以及到国外上市。目前行政化的"捏合"和简单的大小企业合并，以及企业内的"剥离、归并、分合"的路径可能有助于缓解企业内部和局部管理效率等问题，但对企业竞争力和整个建筑业的做大做强并无实质性推进。在这方面，德国"康采恩"模式值得我国建筑业企业借鉴。

7.4　德国企业经营模式对我国的启发

根据ENR历年世界225强排行榜著名国际承包商的发展历程来看，国际工程承包是一个跨行业、跨地域，具有多种业务模式的产业。从中国建筑企业在国际市场情况发展来看，应重点关注或做好以下几个方面的工作。

（1）国际工程承包市场环境在变化

国际工程承包涉及土木工程、石油、化工、冶金、交通、电力、水利、民用建筑等多领域；中国建筑产业面临的竞争越来越激烈，既有来自发达国家老牌建筑承包商，也有来自众多发展中国家新兴的建筑承包商；国际承包市场中，智能建筑、环保建筑得到迅速发展，大量发包项目也正朝着"高、精、尖"的方向发展，国际承包商已经开始将竞争的重点从单纯的土木工程转向以机电为主的成套设备的建设；工程总承包一体化趋势日益明显，包含建筑产品生产（即施工）活动的狭义建筑业，逐渐向广义建筑业转化，这使得竞争由技术密集型向资本密集型、知识密集型领域延伸。

在这种发展趋势下，中国建筑企业需要逐渐对自身业务进行整合，加强工程总承包业务的比重，积极探索海外市场，并不断培养自身融资、管理和业务能力。

积极分析外部环境和自身优势，重新进行战略定位。比尔芬格柏格在认识到德国经济衰退、建筑市场饱和，逐步加强对海外市场的步伐，并将战略重点逐步从建筑施工转向为建筑、电力、石油、给排水和交通等工程领域提供综合服务，从而为企业的增量市场提供保证，为企业新的利润增长点找到支撑。中国建筑企业需要积极分析外部环境和自身优势，重新进行战略定位，从而错位竞争，进而获得新的利润增长空间。

（2）积极加强培养自身资本运作和融资能力

无论是从企业承接项目，还是从企业发展来讲，资本运作和融资能力都很重要，比尔芬格柏格充分利用国际资本，获得强大而稳定的融资能力。中国企业需要加强资本运作和融资能力的培养，从而突破企业在承接项目时缺乏流动资金的瓶颈，同时有利于承接到一些对资金和融资能力要求比较高、竞争相对不是很激烈、收益比较大的“技术型、融资型”项目。

（3）建立具有制衡机制的治理结构

随着企业的不断发展壮大，治理结构的完善逐渐成为企业发展的必经之路，然而目前中国许多建筑企业依然沿袭着计划经济的组织结构和管理体制，采用粗放经营模式。中国许多建筑企业治理结构表现出来的现象有：机构重叠、人浮于事的现象比较严重；重项目、轻收益、轻管理；企业制度不健全等。比尔芬格柏格建立起具有制衡机制的治理结构，实现激励相容，达到个人理性的约束，从而大大降低道德风险和逆向选择可能。中国建筑企业也需要努力建立起具有制衡机制的治理结构，从而增加管理的透明度和效率，降低道德风险和逆向选择的可能。

（4）积极建立完善的风险管理系统

随着市场的逐步扩大，企业的逐步发展，业务数量会不断增加，管理层级也会不断增加，风险问题不断显现，这时需要相应的风险管理体系，从而降低风险发生的可能，同时不会大大降低企业的市场敏感度。比尔芬格柏格建立了完善的风险管理系统，从而对各管理层级和所有员工进行风险控制，使得风险在每个环节的早期就被意识到，最终实现公司目标。

参 考 文 献

[1] John Newman，Strategy for Sustainable Construction，sustainable Construction Industry Conference，17June 2008.

[2] A Review on the Performances of the Top 225 International Engineering Contractors in 2006，2007-11-29 From：CAITEC.

[3] ENR（Engineering News-Record），The 2009 Top 225 International Contractors and Top 225 Global Contractors.

[4] Time for a New Business Model in the Construction Industry 2009.

[5] www. stevensci. com，The First Rule of the New Business Model of Construction Contracting 2007.

[6] Dennis Mondul，A Business Model For Contractors，September 23，2004.

[7] Oliva Brad，Business model for a general contractor to offer integrated facility management services 2002.

[8] Research and Markets：Construction Stone Market in United States：Business Report 2009.

[9] Construction Industry-A Global Industry Outlook 2009——全球建筑行业 2009 研究报.

[10] 李进峰、转型期中国建筑业企业问题，中国社会科学出版社，2006.

[11] 美国与中国项目管理比较，2009 年，“中国建筑文摘”，网址：http://www. 863p. com/Article/ArcFamous.

[12] Freedonia 公司，美国建筑市场报告，2006.

[13] 美国、加拿大建筑市场规范业主行为对我国的启发，中国建筑装饰协会，建筑论文网：http://www. ccd. com. cn.

[14] 中投顾问，2009～2010 年中国建筑业投资分析及前景预测报告，2009.

[15] 王铁宏，转变建设领域发展方式的思考，中国建筑工业出版社，2010.
[16] 吴涛，中国建筑业协会工程项目管理委员会，项目管理模式创新与发展，中国建设报，2009.
[17] 中国建筑业统计年鉴，中国统计出版社，2010.
[18] 2009 中国大型房地产业与建筑业企业年鉴，中国统计出版社，2009.
[19] 金维兴、21 世纪中国建筑业管理理论与实践，中国建筑工业出版社，2006.
[20] 周密，美国建筑市场现状及发展机遇，国际经济合作，第 8 期，2009.
[21] 中国建筑业改革与发展报告（——应对危机与促进发展），中国建筑工业出版社，2009.
[22] 杨宝明，转型升级的几个危险现象，建筑时报，2009.

第三篇

中国建筑业规模与结构调整研究报告

第1章　研究概况与技术路线

1.1　研究背景与意义

建筑业是一门历史悠久的行业，它在国民经济中一直处于关键地位。改革开放30年来，我国建筑业飞速发展，总产值增长212倍，从业人数增长4.7倍，对我国经济的发展起到了极大的推动作用。我国实施“走出去”战略以来，国际竞争力显著增强，2008年对外工程承包完成营业额和新签合同额分别是1989年的59倍和38倍，年均增长率为21.1%和23.9%（图3-1-1）。

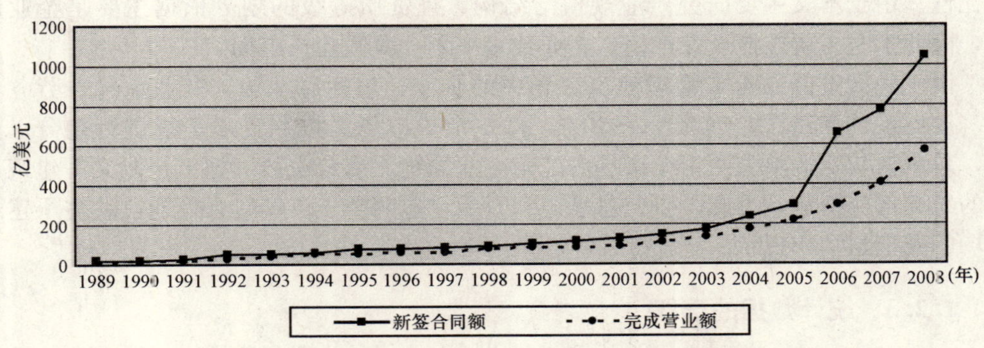

图3-1-1　1989～2008年我国对外工程承包发展状况图示

“十五”和“十一五”期间，即2000～2010年，建筑业规模继续扩大，尤其是结构调整取得了显著的进步。2008年，据《中国统计月报》资料显示，我国建筑业总产值达61144亿元，同比增长22%；建筑企业实现利润总额1756.1亿元，比上年同期增长12.5%；上缴税收2057.5亿元，比上年同期增长20.0%。

然而，我国建筑业的发展仍存在很多问题，包括建筑市场不健全、产业结构不合理、归口管理不明确等问题，表现为市场集中度低、企业组织管理混乱、生产专业化协作水平低等。其本质都是我国建筑业规模与结构不合理。因此，有必要对我国建筑业规模与结构进行研究，为我国建筑产业结构的优化升级打下坚实的基础。本文采用分析我国现状及与发达国家进行对比的方法，找出我国建筑业的差距及其产生原因，并提出规模与结构调整的战略建议。

1.2　研究对象的界定

1.2.1　建筑业的涵义

广义建筑业应超越产业的范畴，包含第二产业的建筑业和第三产业的房地产业，本文在宏观数据指标统计中包括房地产业，以反映广义建筑业在我国宏观经济中的地位。

由于房地产业在我国的起步较晚，因此传统意义上的建筑业仅包含第二产业的建筑业，本文将其定义为狭义建筑业，且在微观数据指标统计和分析中称其为建筑市场。

在战略建议中，建筑业指包括房地产业的广义建筑业，建筑市场指第二产业的狭义建筑业，而建筑企业指建筑市场中占绝大部分份额的施工企业。

1.2.2 建筑市场的划分

各国划分建筑市场的标准不同，如美国、日本主要按企业产值分，英国主要按企业人数分，我国按企业资质等级分，但由于各种分类所得结果高度相关，因此仍具有可比性。由于本文主要研究产业规模与结构，且资质等级的划分依据主要是企业产值，因此本文主要按照企业产值、企业数量来划分我国建筑市场。

由于我国按照专业来管理建筑市场中的企业，包括总承包、专业承包、劳务分包、勘察设计和建设监理五个子市场，每一个子市场又按照资质等级进行划分；而且，总承包与专业承包两个子市场占施工企业的绝大部分份额，施工企业又占建筑市场的绝大部分份额。因此，研究总承包和专业承包两个子市场能合理地反映整个建筑市场的规模与结构现状。

1.2.3 统计数据的选取

数据来源方面，国内数据大部分来自国家统计局的《中国统计年鉴》和《中国建筑业统计年鉴》（2002 年以后），根据《国民经济行业分类和代码（GB/T4754—2002)》进行统计。国外数据来自 ENR（http：//enr.construction.com）和相应国家的官方统计网站。

选取数据方面，由于 2002 年后开始使用新的《建筑业企业资质等级标准》，而且国家统计局的建筑业主要包含总承包和专业承包企业的数据，而将劳务分包、勘察设计和建设监理企业设为独立的统计单位。因此，选取资质等级以上的施工总承包和专业承包企业的数据具有合理性。此外，由于《中国建筑业统计年鉴》的企业总产值包含建筑业和其他业务的产值，因此，本文选取企业产值中的建筑业总产值数据进行分析。

选取国家和地区方面，根据可比性和数据的可获得性，选取中国香港、中国澳门、中国台湾、日本、韩国、新加坡、加拿大、美国、法国、德国、英国、意大利、澳大利亚、俄罗斯联邦、印度和巴西，共 16 个国家或地区进行狭义建筑业规模的对比。根据数据的完整性，选取法国、韩国、新加坡、俄罗斯和中国台湾，共 5 个国家或地区进行广义建筑业规模的对比。由于美国经济总量与我国具有可比性，日本所处宏观环境与我国类似，英国市场经济历史久且发展成熟，因此选取这 3 个国家进行狭义建筑业结构的进一步对比。

选取年限方面，由于2000年我国建立起了社会主义市场经济的框架，开始以市场对资源配置起基础性作用的新时期，到2010年整个市场运行机制逐步形成与完善，同时考虑国外数据获得的滞后性。因此，本文根据数据的可获得性，选取2000～2008年之内的数据进行研究。

1.3　技术路线图

本文技术路线如图3-1-2所示。

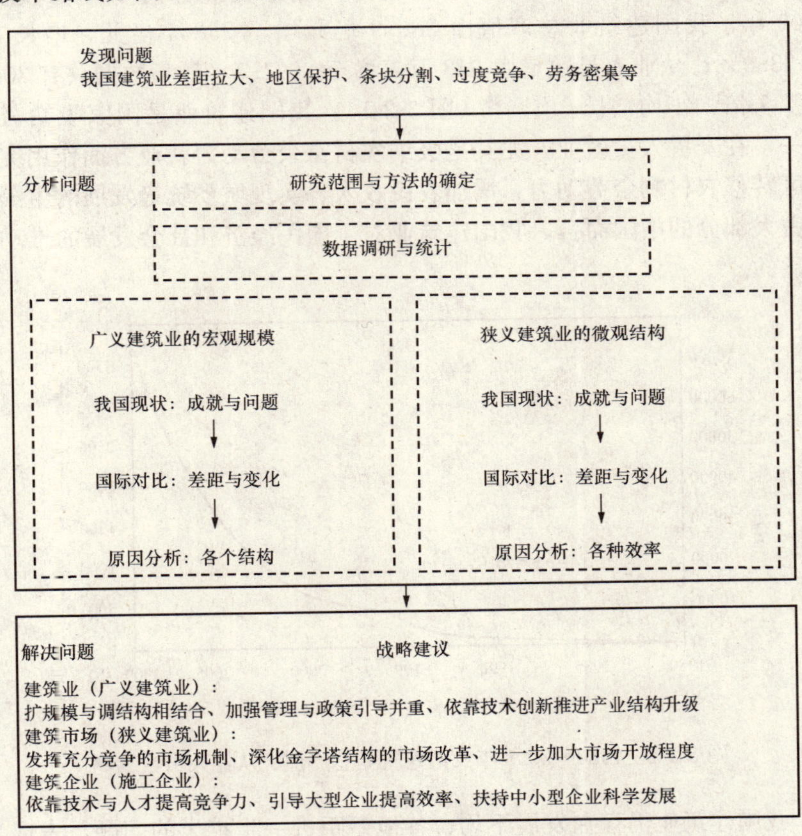

图3-1-2　技术路线图

第 2 章　广义建筑业的宏观规模结构研究

2.1　我国现状与发展变化研究

改革开放尤其是进入 21 世纪以来，我国建筑业仍然保持了平稳较快的发展。1980～2009 年，我国建筑业总产值由 286.9 亿元增至 75864 亿元，增长 263.5 倍，年均增长 33.0%；从业人员数量由 648 万人增至 3671.5（最新数据只有 2008 年）万人，增长 4.7 倍，年均增长 6.4%❶（图 3-2-1）。我国建筑业是国家吸纳劳动力最多的产业之一，在安置人员就业，尤其是吸纳农村富余劳动力就业方面作用突出，已成为部分地区转移农村剩余劳动力、增加农民收入、实现城乡统筹发展的主渠道。这对农村人口占大部分的中国而言，我国建筑业对于国民经济和社会发展的推动作用无疑是更加明显的。

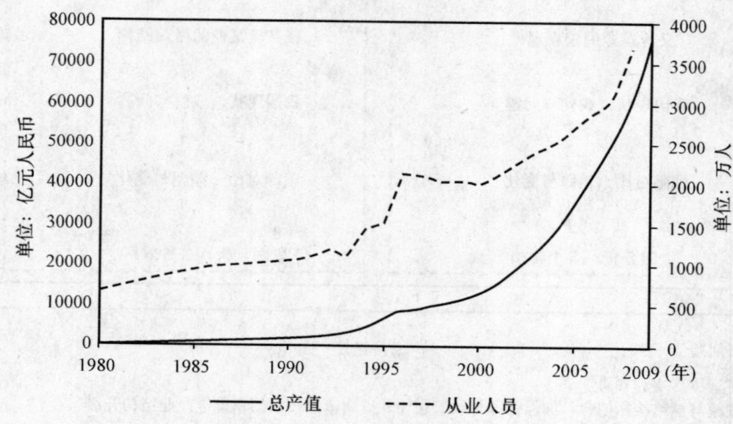

图 3-2-1　1980～2008 年我国建筑业总产值、从业人员数量❷

然而，我国建筑业仍存在发展不均、各地差距进一步扩大的问题，表现为 2001～2007 年江苏、浙江、山东、广东、北京、上海等地建筑业总产值快速增长，而宁夏、青海、西藏等地增长缓慢（图 3-2-2）。

2.2　各国对比与差距变化研究

与其他国家或地区相比，我国广义建筑业的规模较小但逐年有所增长，其中，2007 年我国第二产业的建筑业所占比例为 5.62%，“建筑业在第二产业中所占比例”

❶　2009 年数据来自《2009 年我国建筑业总产值再创历史新高，其他数据来自《中国统计年鉴（2009）》。

❷　1980～2008 年数据来自国家统计局《中国统计年鉴（2009）》、2009 年数据来自《2009 年我国建筑业总产值再创历史新高》。

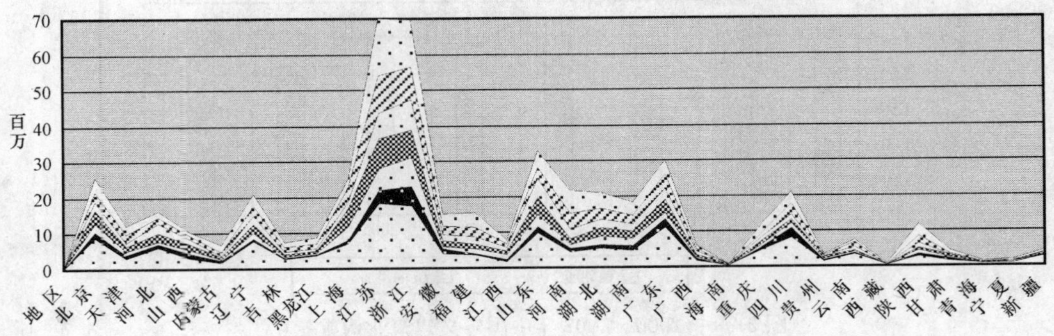

图 3-2-2 2001～2007 年建筑业各地总产值变化

指标在 6 个国家中排第 3，第三产业的房地产业所占比例为 4.75%，“房地产业在第二产业中所占比例”指标在 6 个国家中排第六（图 3-2-3、图 3-2-4、图 3-2-5）。

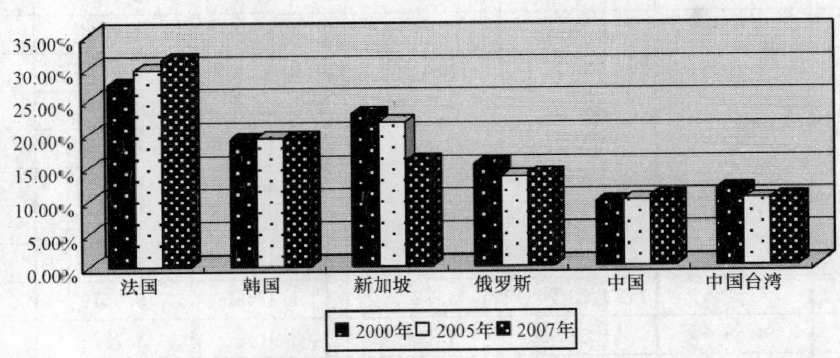

图 3-2-3 2000 年、2005 年、2007 年 6 个国家或地区广义建筑业的规模对比

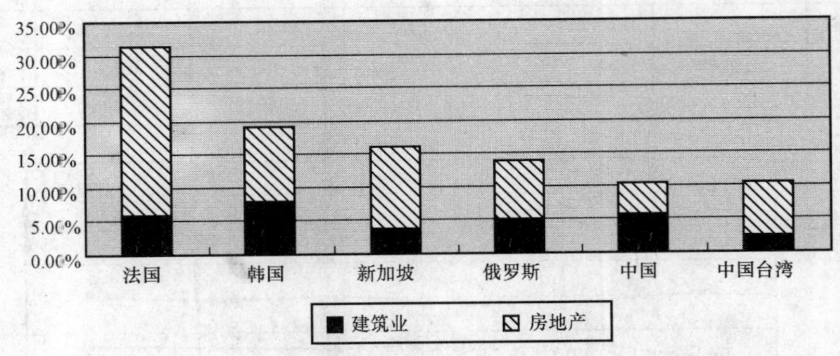

图 3-2-4 2007 年 6 个国家或地区广义建筑业构成对比

至于狭义建筑业的规模，若将中国与 16 个具有可比性的国家或地区进行对比，绝大部分国家或地区的建筑业规模小于我国（表 3-2-1），与各洲建筑业规模的平均值进行对比，我国则处于世界平均水平（图 3-2-6）。

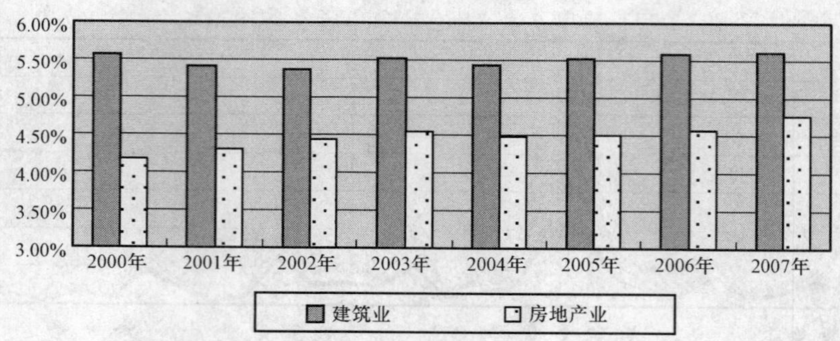

图 3-2-5　2000～2007 年中国广义建筑业构成变化

2000～2005 年 17 个国家和地区狭义建筑业的规模对比　　**表 3-2-1**

国家或地区	2000 年	2001 年	2002 年	2003 年	2004 年	2005 年
中国	5.57%	5.41%	5.37%	5.52%	5.44%	5.53%
中国香港	4.72%	4.40%	4.03%	3.64%	3.13%	2.79%
中国澳门	2.24%	1.81%	2.19%	3.14%	3.26%	4.77%
中国台湾	2.98%	2.55%	2.29%	2.05%	1.91%	1.99%
日本	7.39%	7.04%	6.73%	6.72%	6.45%	6.97%
韩国	7.42%	7.58%	7.53%	8.46%	8.31%	8.19%
新加坡	6.27%	6.11%	5.30%	4.85%	4.26%	3.60%
加拿大	4.67%	4.96%	5.08%	4.89%	4.88%	4.90%
美国	4.46%	4.66%	4.63%	4.59%	4.70%	4.75%
法国	4.62%	4.73%	4.72%	4.77%	5.05%	5.18%
德国	4.66%	4.33%	4.12%	3.91%	3.73%	3.48%
英国	4.75%	5.05%	5.23%	5.51%	5.81%	5.61%
意大利	4.47%	4.73%	4.87%	5.08%	5.26%	5.41%
澳大利亚	4.95%	5.42%	5.79%	6.10%	6.23%	5.69%
俄罗斯联邦	5.87%	6.59%	6.29%	6.45%	4.97%	5.00%
印度	5.56%	5.52%	5.67%	5.65%	5.65%	6.18%
巴西	8.07%	7.59%	7.10%	6.49%	6.52%	6.70%

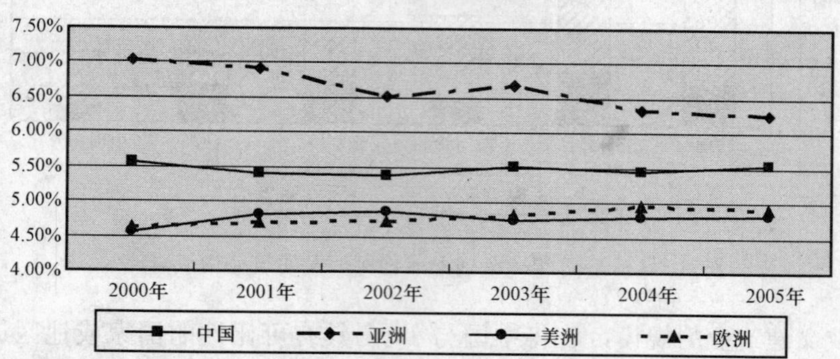

图 3-2-6　2000～2005 年各洲与中国狭义建筑业的规模对比

注：根据表 3-2-1 相应数据绘制。

2.3　基于结构细分的原因分析

2.3.1　行业结构

我国行业结构发展仍不均衡，房屋工程保持40%以上比例，但多样化程度有所提高，土木工程建筑比例有所上升，尤其是铁路道路隧道桥梁工程比例上升加快（图3-2-7、图3-2-8、图3-2-9）。

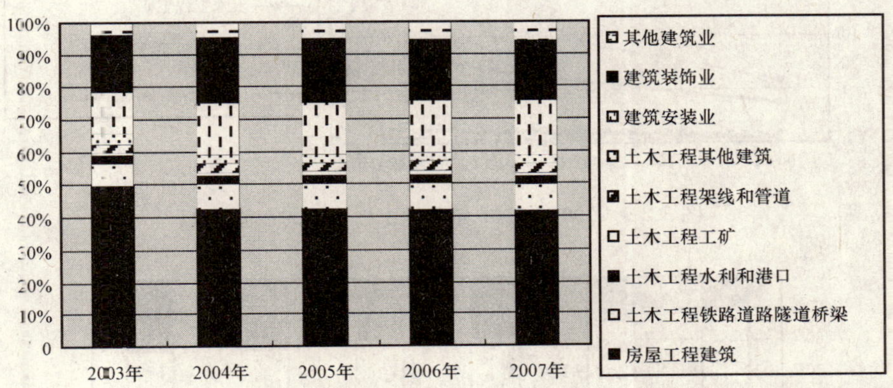

图3-2-7　2003～2007年我国建筑业产品构成变化

注：由于我国2003年开始使用新的国民经济行业分类标准，而2002年采用旧的行业分类标准，建筑业的一些分类有较大变动，因此行业结构中不对2002年数据进行统计，图3-2-8和图3-2-9类似。

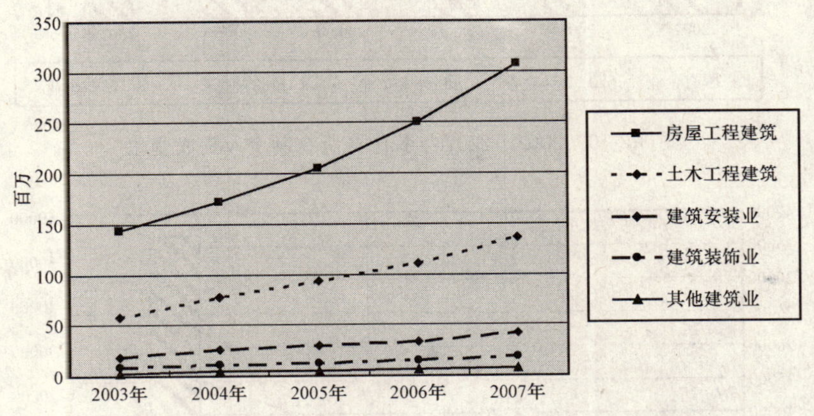

图3-2-8　2003～2007年我国建筑业各产品的产值变化

2.3.2　所有制结构

2002～2007年，外资企业数量略有下降，但其产值却逐年增加，从2002年的205亿元已经上涨到了2007年的678亿元。然而，外资企业在我国所占份额仍很小，股份制企业比例大幅上升，集体和国有企业比例则逐渐减小（图 3-2-10、图 3-2-11）。

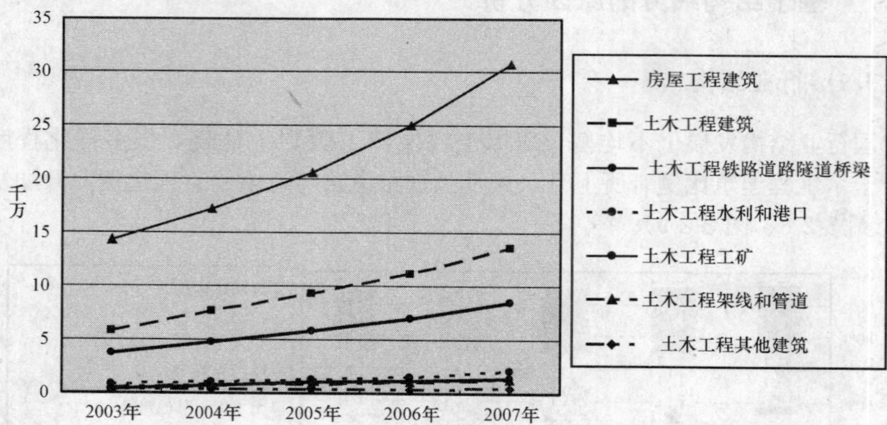

图 3-2-9　2003～2007 年我国工程建筑的产值变化

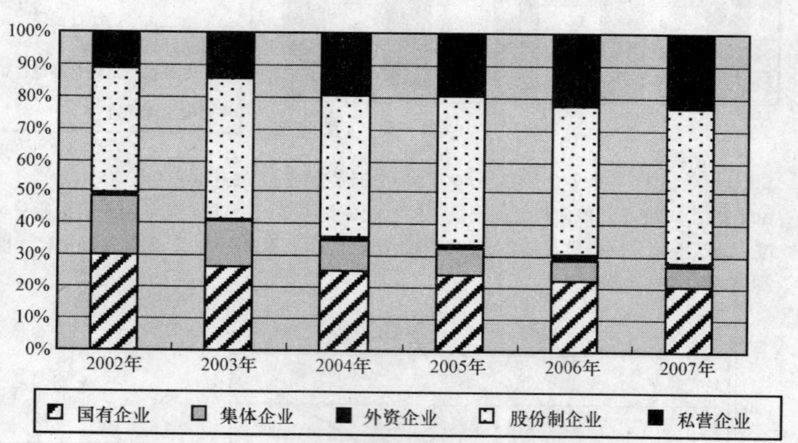

图 3-2-10　2002～2007 年我国各所有制企业构成变化

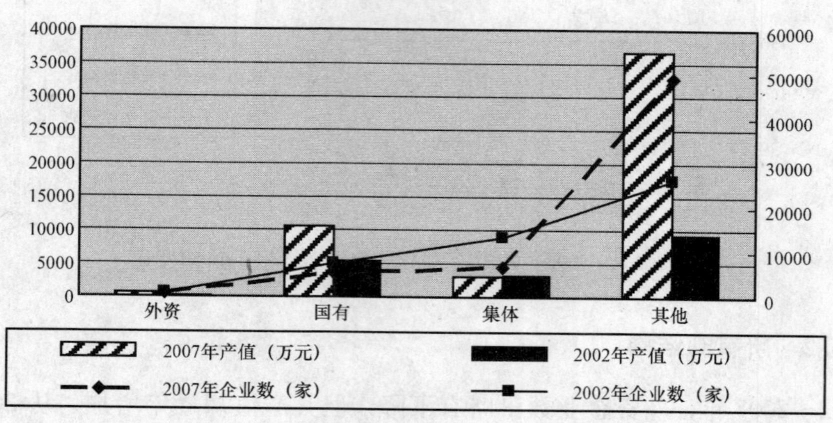

图 3-2-11　2002 年、2007 年我国各所有制企业产值、数量变化

2.3.3　区域结构

2002～2007 年，我国建筑业跨省完成的产值占总建筑业产值的比例呈逐年上升状态，但各地建筑业的外向流动性却有很大差别（图 3-2-12、图 3-2-13）。

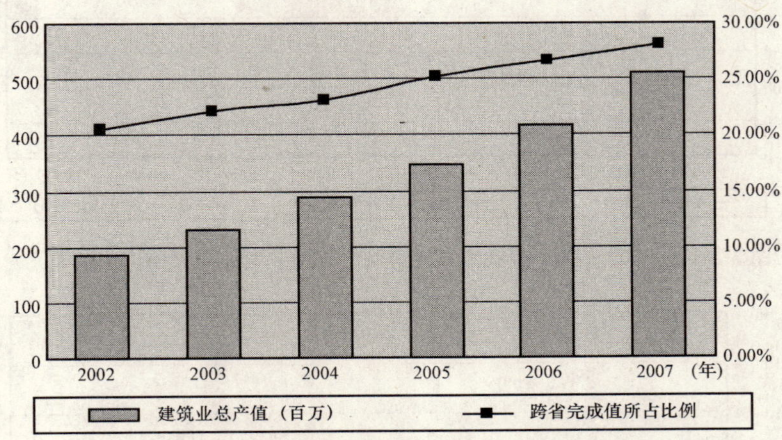

图 3-2-12　2002～2007 年我国建筑业总产值与跨省完成值所占比例变化

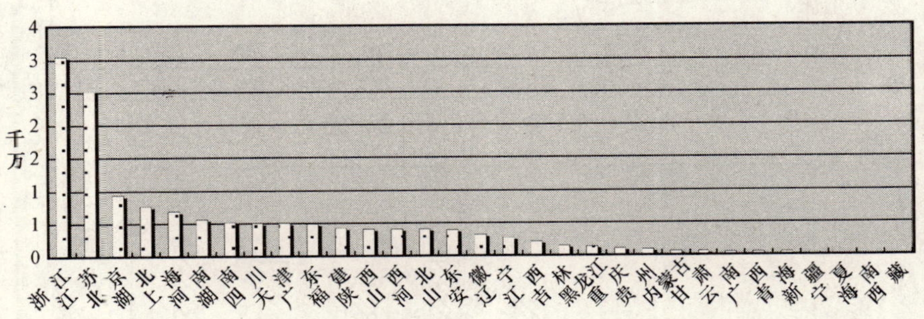

图 3-2-13　2007 年全国各省市跨省完成产值排序图示

2.3.4　开放结构

2000～2007 年，我国对外工程承包完成营业额相比劳务合作与设计咨询营业额，增幅明显（图 3-2-14）。2002～2007 年，在我国从事生产经营活动的外资企业数量略有下降，但其产值却逐年增加（图 3-2-15）。

2.3.5　国际竞争力

2000～2007 年，我国承包商在 ENR 全球最大 225 家国际承包商榜单中从 35 家增至 51 家，在前 100 强榜单中从 9 家增至 13 家，其中最高名次为 2006 年中国交通建设集团有限公司的第 16 名（图 3-2-16）。

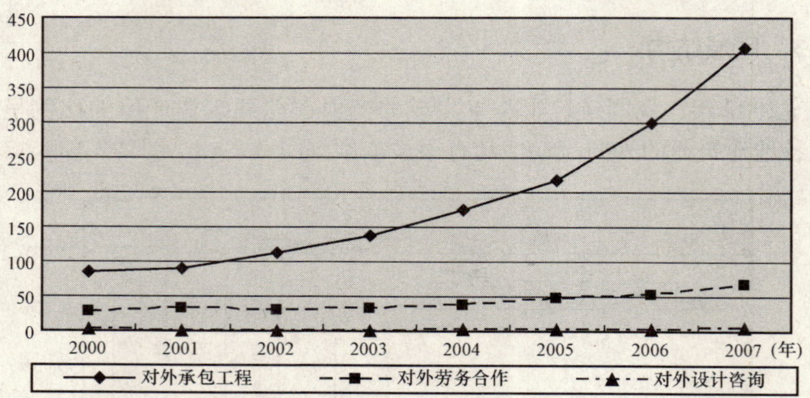

图 3-2-14　2000～2007 年我国对外经济合作完成营业额（单位：亿美元）

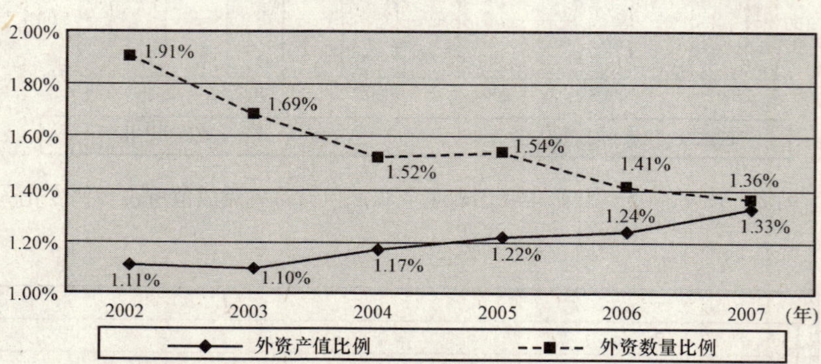

图 3-2-15　2002～2007 年外资企业在我国产值、数量比例变化

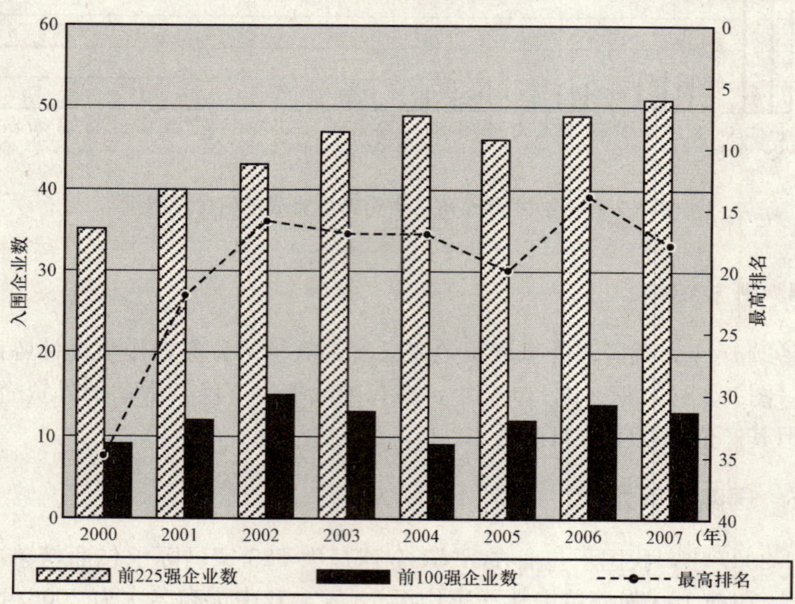

图 3-2-16　2000～2007 年我国国际承包商在 ENR 国家排名中的变化趋势图

第 3 章　狭义建筑业的微观结构研究

3.1　我国现状与发展变化研究

3.1.1　市场壁垒

市场壁垒分进入壁垒和退出壁垒，其中，进入壁垒更常用于反映市场壁垒，而且由于我国企业退出制度尚不完善，因此也更加适合我国。进入壁垒的高低可以通过厂商进入某一产业的程度和速度反映，而净进入率是考查市场进入速度的一个较为简便的计算指标，可用以反映产业进入壁垒情况，其计算如下：

$$\text{净进入率} = \frac{\text{新进入厂商数量} - \text{退出厂商数量}}{\text{现有厂商数量}} \times 100\%$$

通过对 2002～2008 年我国建筑业企业数量变化情况以及数量增长率情况的计算（图 3-3-1），可分析出，我国建筑市场上企业数量平均以每年 6.05%的速度增长，但增长速度波动较大，2004 年达到最高 35%左右的增长速度，而 2005 年仅有 1%左右。

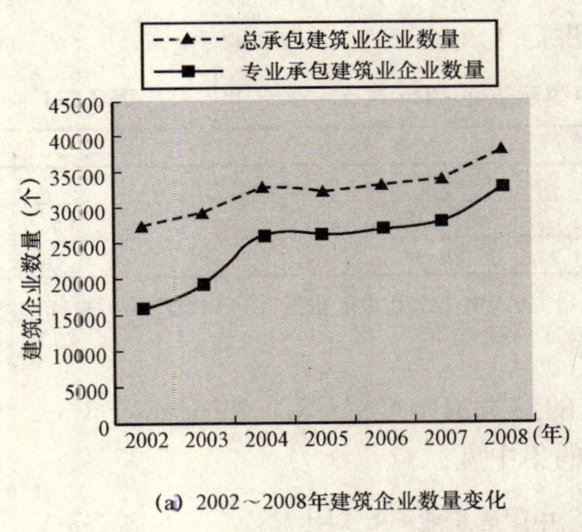

(a) 2002～2008年建筑企业数量变化

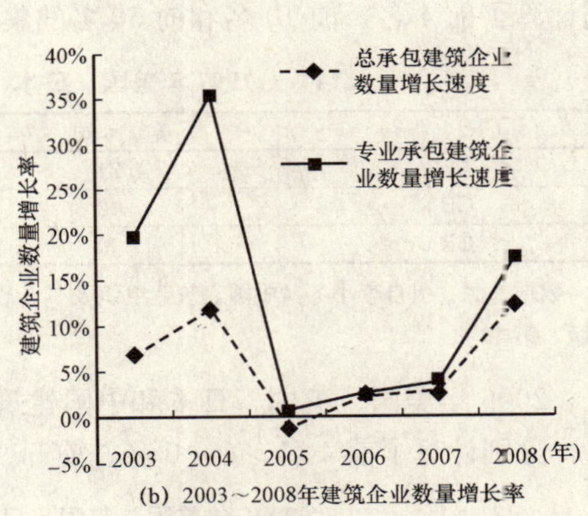

(b) 2003～2008年建筑企业数量增长率

图 3-3-1　2002～2008 年建筑企业数量变化及增长率

从不同资质等级建筑企业进入率的计算结果可以看出，2005 年以后，总承包市场上，平均进入率由大到小分别为特级、一级、二级和三级及以下企业；专业承包市场上，平均进入率由大到小分别为一级、二级和三级及以下企业。

进入壁垒一般具有稳定性，会在一段时期内保持。而不稳定的厂商进入率显示我国建筑市场上并未形成较高的进入壁垒，厂商进入更多受到市场其他环境因素的影响。下文通过对规模经济壁垒、资本壁垒等影响进入壁垒的因素进一步考查，分析我国建筑业市场进入壁垒情况。

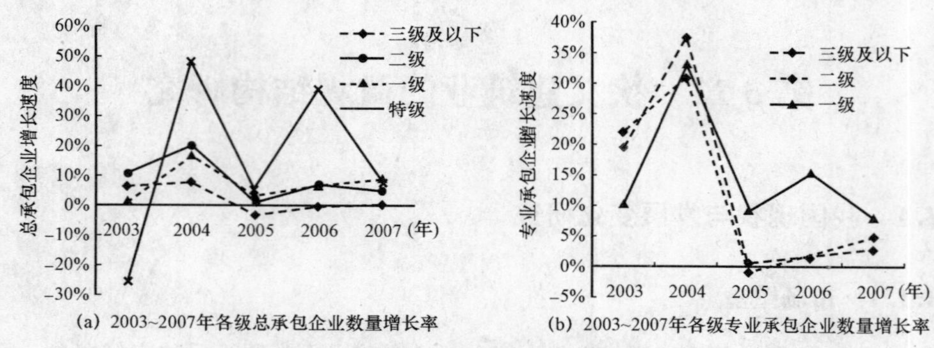

图 3-3-2　2003～2007 年不同资质等级建筑业企业进入率

3.1.2　市场结构

市场结构是以绝对集中度和相对集中度反映的竞争结构，由于下一节同样是从这两个方面将我国与美国、英国、日本三个国家进行对比，因此请参看下一节。

3.2　各国对比与差距变化研究

3.2.1　绝对集中度

1997 年美国、日本和中国建筑业的绝对集中度（CRn）数据如表 3-3-1 所示，分别计算了前 4 名、前 10 名和前 50 名的集中度。

1997 年美国、日本、中国建筑业 CRn 对比　　**表 3-3-1**

CR_n（%）	美　国	日　本	中　国
CR_4	4.24	7.25	1.06
CR_{10}	6.42	14.18	2.35
CR_{50}	12.35	29.94	8.16

数据来源：引自李小冬《中国建筑业组织及其合理化研究》，中国水利水电出版社，知识产权出版社 2006 年版，第 49 页。

2006 年美国、英国、日本和中国建筑业的绝对集中度（CR_n）数据如表 3-3-2 所示，分别计算了前 4 名、前 10 名、前 50 名的集中度。

2006 年美国、英国、日本、中国建筑业 CR_n 对比　　**表 3-3-2**

CR_n（%）	美　国	英　国	日　本	中　国
CR_4	6.83	21.95	16.48	13.28
CR_{10}	10.97	36.11	26.09	18.69
CR_{50}	23.29	68.98	42.68	27.40

数据来源：(1) 美国：分子来自 ENR 官方网站《工程新闻纪录（ENR）》：The Top 400 Contractors（2007）；分母来自《国际统计年鉴（2009）》：美国建筑业总产值（2008）；（2）英国：分子来自《Construction Journal（2007）》：Contractors（2006）；分母来自英国调查局《Blue Book（2009）》：英国建筑业总产值（2008）；（3）日本：分子来自日本建设工业调查会统计资料的《2008 年承包商排名》：承包商（2007）；分母来自《日本统计年鉴（2009）》：日本建筑业总产值（2008）；中国：分子来自《建筑时报》网站《ENR 中国承包商 60 强（2007）》：总承包类企业的总承包营业额（2006）；分母来自国家统计局《中国统计年鉴（2008）》：国民经济核算中建筑业总产值。

3.2.2　相对集中度

1997 年美国、日本和中国建筑业的相对集中度数据如表 3-3-3 所示，图 3-3-3 根据该表数据绘制。

1997 年美国、日本、中国建筑业相对集中度对比　　　　**表 3-3-3**

分　组	均　线	中　国	美　国	日　本
第 91～100 名	0.1	6.05%	2.80%	2.38%
第 81～90 名	0.2	12.38%	5.94%	5.30%
第 71～80 名	0.3	19.46%	9.57%	8.63%
第 61～70 名	0.4	27.34%	13.80%	13.29%
第 51～60 名	0.5	35.97%	18.91%	18.88%
第 41～50 名	0.6	45.51%	25.00%	25.84%
第 31～40 名	0.7	56.19%	33.10%	34.44%
第 21～30 名	0.8	67.90%	43.47%	45.05%
第 11～20 名	0.9	81.46%	57.84%	61.91%
第 1～10 名	1	100.00%	100.00%	100.00%

注：根据李小冬《中国建筑业组织及其合理化研究》中的有关数据计算，中国水利水电出版社，知识产权出版社 2006 年版，第 49 页。

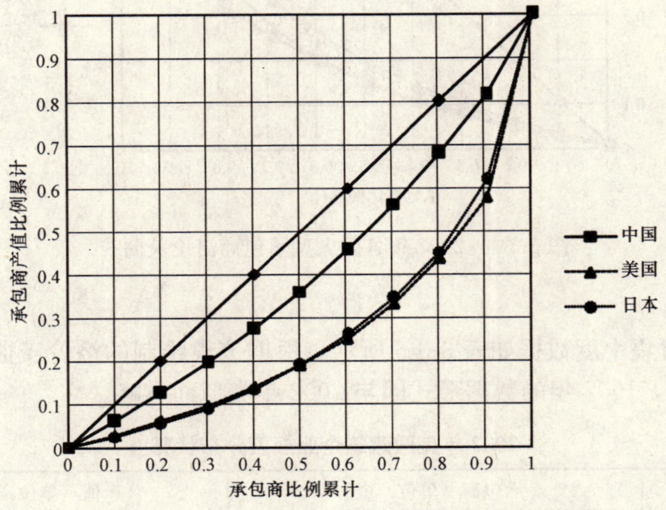

图 3-3-3　1997 年各国大型承包商洛伦茨曲线

2007 年美国、日本和中国建筑业的相对集中度数据如表 3-3-4 所示，图 3-3-4 根据该表数据绘制。

2007年美国、日本、中国建筑业相对集中度对比　　表3-3-4

分组	均线	中国	美国	英国	日本
第55～60名	0.1	1.70%	2.78%	2.51%	2.01%
第49～54名	0.2	4.17%	5.93%	5.49%	4.49%
第43～48名	0.3	6.90%	9.64%	8.79%	7.44%
第37～42名	0.4	10.08%	13.87%	12.70%	10.77%
第31～36名	0.5	14.31%	18.91%	17.59%	14.73%
第25～30名	0.6	19.13%	25.09%	23.65%	19.66%
第19～24名	0.7	24.71%	33.04%	32.78%	26.94%
第13～18名	0.8	31.71%	44.15%	45.48%	37.05%
第7～12名	0.9	43.08%	59.30%	62.30%	52.18%
第1～6名	1	100.00%	100.00%	100.00%	100.00%

注：根据李小冬《中国建筑业组织及其合理化研究》中的有关数据计算，中国水利水电出版社，知识产权出版社2006年版，第49页。

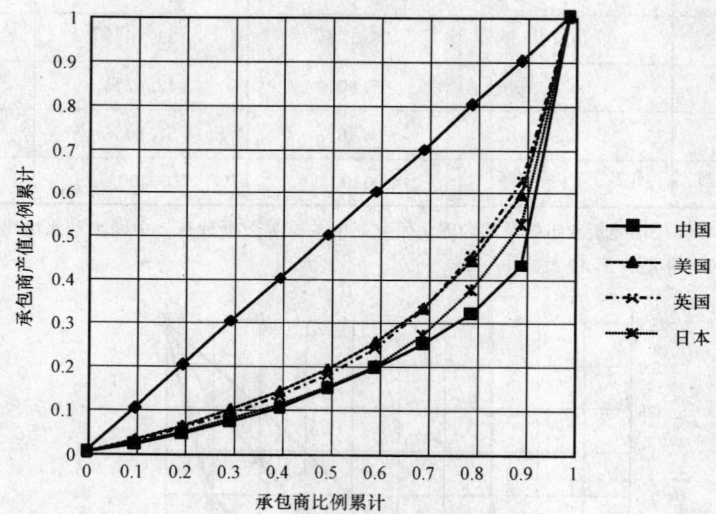

图3-3-4　2007年各国大型承包商洛伦茨曲线

（1）美国

美国的相对集中度数据如表3-3-5所示，根据该表绘制的洛伦茨曲线、基尼系数如图3-3-5所示，1997年的数据形式因与2002年类似而省略。

2002年美国建筑企业规模分布状况　　表3-3-5

按产值划分	承包商（单位：个）			产值（单位：千美元）		
	数量	比重	累计	金额	比重	累计
少于99999	81981	18.27%	18.27%	6974478	0.58%	0.58%
100000～249999	123304	27.48%	45.76%	30436974	2.52%	3.10%
250000～499999	90930	20.27%	66.03%	49104576	4.06%	7.16%

续表

按产值划分	承包商（单位：个）			产值（单位：千美元）		
	数量	比重	累计	金额	比重	累计
500000～999999	64762	14.44%	80.46%	74919136	6.20%	13.36%
1000000～2499999	50646	11.29%	91.75%	139405891	11.53%	24.89%
2500000～4999999	19670	4.38%	96.13%	129187691	10.69%	35.58%
5000000～9999999	10267	2.29%	98.42%	143912449	11.91%	47.48%
多于10000000	7076	1.58%	100.00%	634790187	52.52%	100.00%
累计	448636	100%	—	1208731382	100 %	—

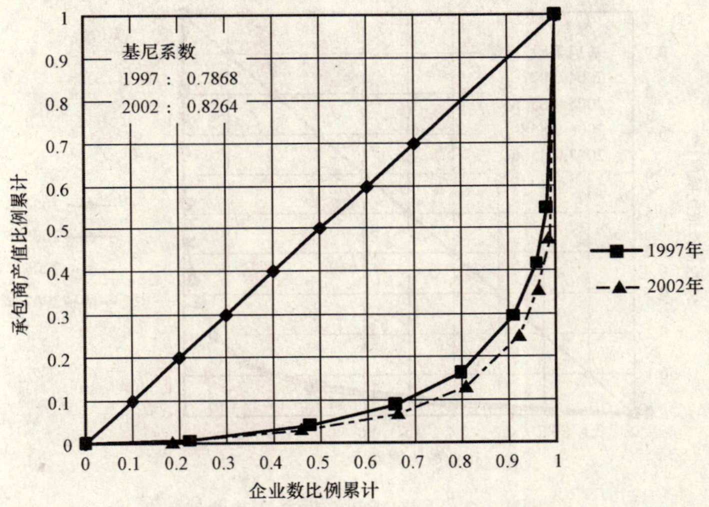

图 3-3-5　美国建筑业洛伦茨曲线

（2）英国

英国的相对集中度数据如表 3-3-6 所示，根据该表绘制的洛伦茨曲线、基尼系数如图 3-3-6 所示，2004～2006 年的数据形式因与 2007 年类似而省略。

2007 年英国建筑企业规模分布状况　　**表 3-3-6**

按人数划分	承包商（单位：个）			产值（单位：千美元）		
	数量	比重	累计	金额	比重	累计
1	74325	38.66%	38.66%	835	3.10%	3.10%
2～3	60313	31.38%	70.04%	1167	4.34%	7.44%
4～7	31814	16.55%	86.59%	1448	5.38%	12.83%
8～13	12699	6.61%	93.20%	1760	6.54%	19.37%
14～24	6860	3.57%	96.77%	2382	8.86%	28.23%
25～34	2128	1.11%	97.87%	1358	5.05%	33.28%
35～59	2129	1.11%	98.98%	2563	9.53%	42.80%
60～79	597	0.31%	99.29%	1264	4.70%	47.50%

续表

按人数划分	承包商（单位：个）			产值（单位：千美元）		
	数量	比重	累计	金额	比重	累计
80～114	490	0.25%	99.55%	1412	5.25%	52.75%
115～299	595	0.31%	99.85%	3455	12.85%	65.60%
300～599	154	0.08%	99.93%	2342	8.71%	74.31%
600～1199	65	0.03%	99.97%	1769	6.58%	80.88%
多于 1200	60	0.03%	100.00%	5142	19.12%	100.00%
合计		192229			26897	

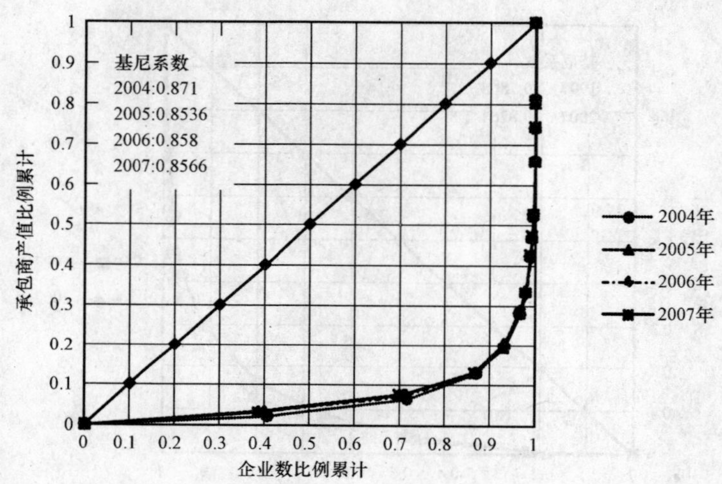

图 3-3-6　英国建筑业洛伦茨曲线

（3）日本

日本的相对集中度数据如表 3-3-7 所示，根据该表绘制的洛伦茨曲线、基尼系数如图 3-3-7 所示，2004 年、2005 年的数据形式因与 2006 年类似而省略。

2006 年日本建筑企业规模分布状况　　**表 3-3-7**

按产值（百万日元）划分	承包商（单位：个）			产值（单位：千美元）		
	数量	比重	累计	金 额	比重	累计
少于 2	589	0.40%	0.40%	31053	0.05%	0.05%
2～5	38243	26.22%	26.62%	3493149	5.26%	5.30%
5～10	23131	15.86%	42.48%	2195237	3.30%	8.61%
10～30	67093	46.00%	88.48%	17293115	26.02%	34.63%
30～50	11885	8.15%	96.63%	7719629	11.62%	46.24%
50～100	3884	2.66%	99.30%	6855981	10.32%	56.56%
100～1000	829	0.57%	99.86%	7294098	10.97%	67.53%
1000～5000	112	0.08%	99.94%	4950660	7.45%	74.98%
多于 5000	87	0.06%	100.00%	16628162	25.02%	100.00%
合计		145853			66461084	

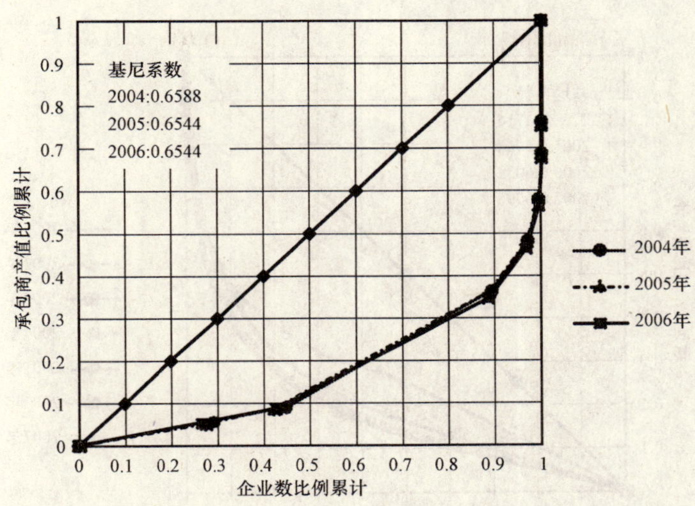

图 3-3-7　日本建筑业洛伦茨曲线

（4）中国

中国总承包和专业承包的相对集中度数据分别如表 3-3-8、表 3-3-9 所示，根据该表绘制的洛伦茨曲线、基尼系数分别如图 3-3-8、图 3-3-9 所示。由于 2000 年数据的分类与其他年份不同，因此未列入表 3-3-8 中；而且为了格式整齐，用小数显示。

总承包各资质等级企业数量及产值比例　　**表 3-3-8**

按资质等级划分	2002 年		2003 年		2004 年		2005 年		2006 年		2007 年	
	数值	产值	数值	产值	数值	产值	数值	产值	数值	产值	数值	产值
三级及以下	0.68	0.24	0.68	0.24	0.66	0.20	0.65	0.19	0.63	0.18	0.62	0.17
二级	0.24	0.28	0.25	0.28	0.26	0.26	0.27	0.25	0.28	0.25	0.29	0.24
一级	0.07	0.39	0.07	0.39	0.07	0.42	0.08	0.42	0.08	0.40	0.08	0.39
特级	0.01	0.09	0.00	0.09	0.01	0.11	0.01	0.14	0.01	0.18	0.01	0.20
合计	1.00	1.00	1.00	1.00	1.00	1.00	1.00	1.00	1.00	1.00	1.00	1.00

专业承包各资质等级企业数量及产值比例　　**表 3-3-9**

按资质等级划分	2002 年		2003 年		2004 年		2005 年		2006 年		2007 年	
	数值	产值	数值	产值	数值	产值	数值	产值	数值	产值	数值	产值
三级及以下	0.64	0.34	0.64	0.34	0.65	0.32	0.65	0.31	0.65	0.30	0.64	0.30
二级	0.29	0.34	0.29	0.34	0.28	0.32	0.28	0.31	0.28	0.30	0.28	0.29
一级	0.07	0.31	0.06	0.32	0.06	0.36	0.07	0.37	0.08	0.40	0.08	0.41
合计	1.00	1.00	1.00	1.00	1.00	1.00	1.00	1.00	1.00	1.00	1.00	1.00

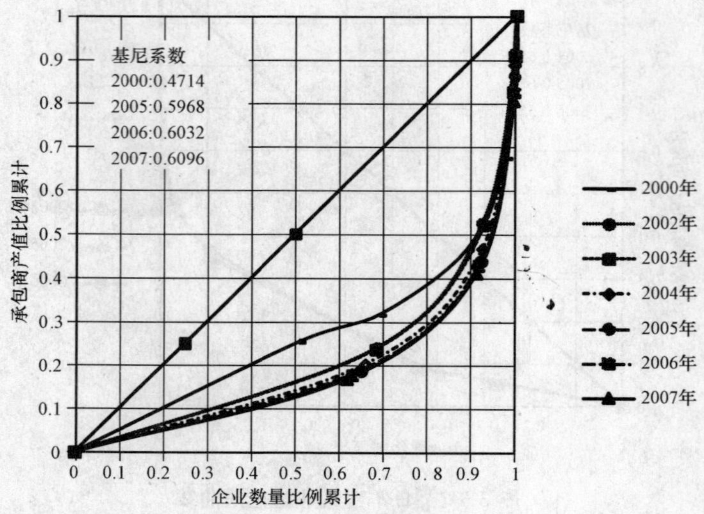

图 3-3-8　中国施工总承包企业洛伦茨曲线

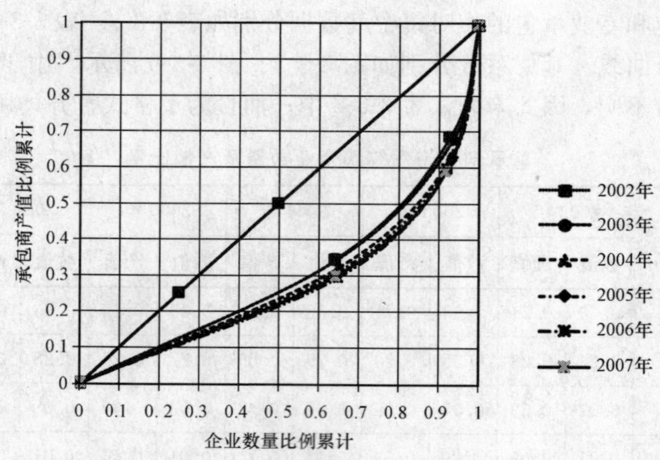

图 3-3-9　中国施工专业承包企业洛伦茨曲线

3.2.3　结论分析

(1) 各国市场的竞争类型

21 世纪初，英国的 CR_4 (2006) 为 21.95%，高于其他三国；日本的 CR_4 (2006) 为 16.48%，位居第二；中国的 CR_4 (2006) 为 13.28%，位居第三；而美国的 CR_4 (2006) 为 6.83%，排第四；CR_{10} (2006) 和 CR_{50} (2006) 的排名也和 CR_4 (2006) 相同。结合各国 2007 年的市场容量数据，即英国为 186107 家，日本为 156754 家，美国为 656449 家，中国为 60166 家。根据贝恩对产业垄断和竞争类型的划分，得出结论：四国都是原子型竞争市场，普遍具有企业数量多、竞争激烈、不存在明显集中的特征。

需要说明的是，由于日本市场容量为美国的32.51%，英国为美国的42.85%，即英国、日本的市场容量都比美国小，因此日本、英国的绝对集中度指标比美国高，但结合实际可以看到，这三个发达国家的市场集中度并没有数据显示的那么大差距。

由于中国的市场容量明显小于三个发达国家，因此虽然绝对集中度指标显示集中度高于美国，然而结合市场容量和实际情况可以看出，还和这些发达国家存在很大差距。

（2）各国市场的发展对比

相比21世纪初，20世纪90年代的四国市场集中度明显小很多，这表明从20世纪90年代到21世纪，各国建筑市场都向市场更加集中发展。相比发达国家，中国的发展速度最快，从CR_4（1997）仅为1.06%，与发达国家存在很大差距，到2006年指标数值与发达国家处于同一个量级，CR_{10}（1997）、CR_{50}（1997）也显示同样结果，证明我国建筑业的市场化速度很快。

（3）美国市场的发展方向

从20世纪90年代到21世纪初，美国建筑市场的洛伦茨曲线向外部扩张，基尼系数从0.7868增加到了0.8264，同样反映市场集中度提高。20世纪70年代以来，美国住房已经接近了饱和状态，美国建筑业的增长率在不断降低。在建筑（施工）市场中，经营能力差的企业逐步被淘汰或兼并，而优质的大型承包商则不断地发展壮大，从而企业之间的差异逐渐变大，导致市场更加集中。

然而，美国建筑市场形成有效竞争的战略为发展专业化。在美国，实力最强、利润率最高的企业并不是综合型承包企业，而是专业化企业，例如，最大的建筑企业福陆丹尼尔就是专营化工等工程项目的企业。因此，这导致大型承包企业之间的差异变小，可以解释在大型承包企业洛伦茨曲线对比中，显示出的中国超过美国而美国自身曲线并没有多大扩张的现象。

（4）英国市场的发展方向

由于统计数据获得的困难性，英国建筑市场的洛伦茨曲线仅体现出了2004～2007年的发展变化，可以看出曲线几乎重合，而基尼系数基本保持在0.86左右的高数值，这表明，英国建筑市场发展成熟、结构相对稳定。

早在1999年，建筑业就是英国最大的独立行业，年总产值550亿英镑，占GDP的10%，从业人员约150万，在国民经济中具有重要的地位，并对实现国家的宏观目标起着重要的作用。

同时，英国政府对建筑业的发展非常重视，并给予了很大的支持，这也是英国建筑业如此发达的原因。例如，2006年时的英国建筑业相对其他工业部门发展缓慢、体制落后、效率降低，英国政府的有关部门立即成立研究小组，通过分析建筑业现状，参考其他行业的成功经验，提出各种创新建议和科学评价方法，同时呼吁政府、业主要与承包商积极合作，并帮助他们进行改革和创新。

（5）日本市场的发展方向

同样由于统计数据获得的困难性，日本建筑市场的洛伦茨曲线仅体现出了2004～

2006年的发展变化，和英国类似，日本的洛伦茨曲线也几乎重合，基尼系数略小于英国和美国，保持在0.66左右。这表明，日本建筑市场发展成熟、结构相对稳定。

日本建筑业的发展历史可以为中国提供很好的借鉴。因为日本建筑业也具有发展时期相对较短、处于高度封闭但内部发达的状态，但经过高速发展后留下过剩建筑产品的教训却值得吸取，更何况我国部分地区已经显现开始出现这样的问题。

日本建筑企业的发展策略是凭借技术进行竞争，每家承包企业一般都有自己的专利建筑技术和设备，并能提供独立的技术方案。同时，日本建筑市场有很强的“潜规则”，每个分包企业约定俗成地为固定的总承包企业提供服务，而不再向其他的承包企业提供服务，他们认为这种“潜规则”虽然影响短期收益，但却可以带来长期利润。

(6) 中国建筑市场的发展方向

中国市场由于因资质等级制度分成的总承包和专业分包市场差异明显，因此对这两个子市场分别进行统计和计算。首先，施工总承包企业市场因总产值占绝大部分，因此可以代表我国建筑市场的整体发展方向。尤其是从图中可以看出，2000年建立市场经济体制带来的洛伦茨曲线明显向外扩张，而且基尼系数从0.47上升到0.6的飞跃，表明2000～2005年间经历了企业之间差异显著扩大、层次性显著拉开、集中度显著提高的过程；而2005～2007年，市场集中程度相对稳定，基尼系数维持在0.6左右，比美国、英国、日本都低。其次，施工专业承包市场的洛伦茨曲线从2002～2007年也在呈现类似变化。这表明，我国两个施工市场已分别形成了分层竞争的局面。

我国建筑施工市场在2000年前后发生显著变化，这是由于2000年我国建立起了社会主义市场经济的框架，由市场对资源配置起基础性作用，并计划到2010年整个市场运行机制逐步形成与完善，这一政策也对建筑业产生了显著影响。

(7) 各国大型企业垄断程度对比

1997年，我国洛伦茨曲线被发达国家的曲线内包，表明我国前60名承包企业相对平均、竞争层次低、控制市场能力弱；而在2007年，我国洛伦茨曲线已外包美国、日本和英国，一方面表明我国前60名承包企业差距扩大，具有垄断能力的大型企业正在成长，另一方面表明我国积极推行的改革政策和近几年的城市化需求起到了很好的效果。

然而，根据对各国的实际情况分析，数据所显示的结果与实际存在出入，而且，正如前面分析的那样，数据虽然显示我国建筑市场集中度变大，但仍旧是“形似”而未“神似”。我国大型承包企业对国内市场的控制力仍相对较弱，且国际竞争力低。发达国家建筑市场由于发展策略不同，并且进入了相对稳定的状态，因此数据显示变化不大或是反而减小的变化。

3.3 基于市场效率的原因分析

3.3.1 生产效率

生产规模经济可以反映出企业的生产效率，它是产生规模经济最主要的因素。生产规模经济表现为，随着投入增加，产出增加的比例超过投入增加比例，即平均成本随产量的增加而降低，呈现规模收益递增；若产出增加的比例小于投入增加的比例，单位产品的平均成本随产量增加而上升，呈现规模收益递减。但由于建筑企业生产产品——建设项目的单件性和分散性特点，建筑企业的生产方式难以实现类似工业企业的批量化和标准化，因此定性上判断建筑业生产中的规模经济难以体现。下文从投入产出角度定量分析我国建筑业企业的生产规模经济。

根据数据的可获得性，本文利用不同资质等级的总承包和专业承包企业的建筑产值作为产出，资产作为投入，分析总承包和专业承包不同资质等级规模的企业向更高资质等级规模扩张时（即投入增加），其平均产值（即产出）增加率与平均资产（即投入）增加率的比值，进行投入产出分析。若该比值接近 1，说明企业产出规模的扩大不能降低平均资产投入水平；若比值明显大于 1，则说明多增加的单位投资可以带来更大的产出，存在规模经济；若比值小于 1，则说明单位产出的需要的投入增加，不存在规模经济（表 3-3-10）。

2002～2007 年我国建筑业生产规模经济分析　　　　**表 3-3-10**

企业资质等级分类		平均产值增加率/平均资产增加率					
		2002 年	2003 年	2004 年	2005 年	2006 年	2007 年
总承包企业	特级						
	一级	0.88	0.88	0.75	0.78	0.91	0.79
	二级	0.93	1.00	1.12	1.12	1.08	1.04
	三级及以下	0.94	0.90	0.91	0.93	0.89	0.93
专业承包企业	一级						
	二级	1.23	1.36	1.61	1.62	1.57	1.55
	三级及以下	0.95	0.96	1.02	1.11	1.34	1.31

数据来源：国家统计局，中国建筑业统计年鉴（2003～2008 年），根据各资质等级建筑企业建筑业产值及资产数据整理计算。

由表中计算结果可看出，在总承包市场中，平均产值增加率与平均资产额增加率比值基本都小于 1 或接近 1，因此可以认为总承包市场中基本不存在规模经济。而在专业承包市场中，平均产值增加率与平均资产额增加率比值大多大于 1，特别是在专业承包二级企业向一级企业扩张时，表现出较为明显的规模经济，且这种规模经济逐渐显著。

3.3.2　经营效率

除生产规模经济即生产效率外，规模经济也可体现为随厂商规模的扩大带来的管理效率的提高，从而反映出企业的经营效率。通过对不同规模建筑业企业的管理费率变化的研究，判断建筑业是否存在管理的规模经济。建筑业企业的规模与其资质等级和工程收入水平成正比，规模大、等级高的企业，工程结算收入也高。因此，可以根据不同工程结算收入水平的企业管理费率，判断建筑业是否存在规模经济。图 3-3-10

显示了以工程结算收入表示的总承包和专业承包各资质等级企业2002～2007年管理费率情况。

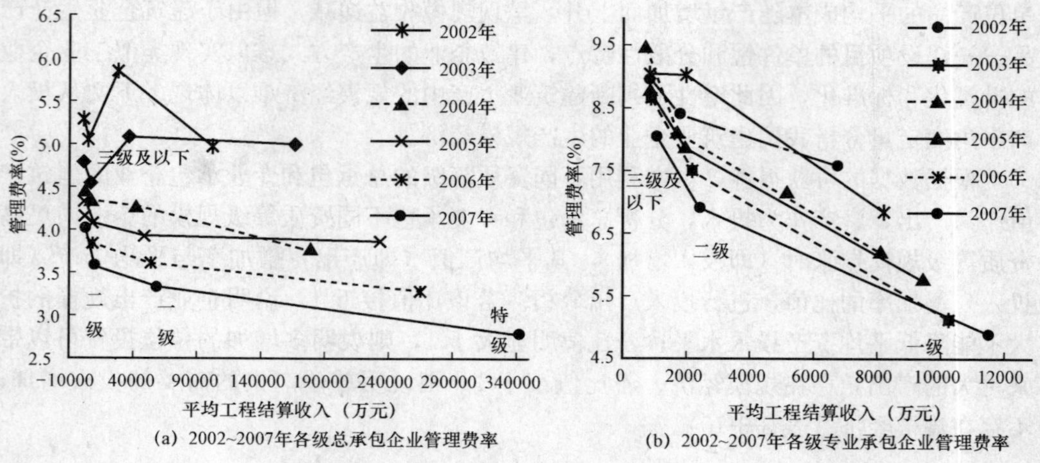

图3-3-10　2002～2007年不同资质等级建筑企业管理费率

如图3-3-10所示，从时间角度，建筑企业管理费率呈现逐年下降趋势。从单一年度分析，工程结算收入高的企业，即规模较大的企业，管理费率较低，特别是在2004年以后，这种规律尤为明显，说明规模较大建筑业企业比规模较小的建筑业企业在管理上确实可以节省费用，具有较高的管理效率。相对来讲，总承包建筑企业中，规模越大，管理规模经济越不显著，表现为相对于二级和三级及以下建筑企业，特级和一级企业的管理费率差额较小，管理规模经济不明显。相比于总承包市场，规模大的专业承包企业比规模小的专业承包企业管理费率降低幅度比总承包企业更为明显，表明专业承包企业的管理规模经济更加显著。

3.3.3　市场占有率

我国建筑市场中，特级资质在总承包企业中的市场占有率逐年提高，一级资质在专业承包企业中的市场占有率逐年提高（图3-3-11、图3-3-12）。

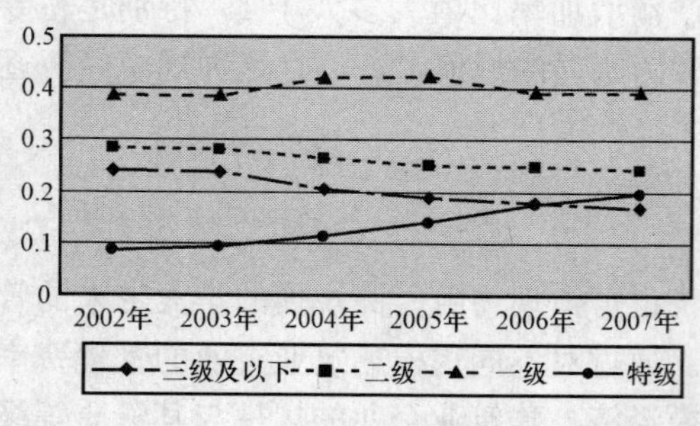

图3-3-11　2002～2007年我国总承包企业产值构成变化

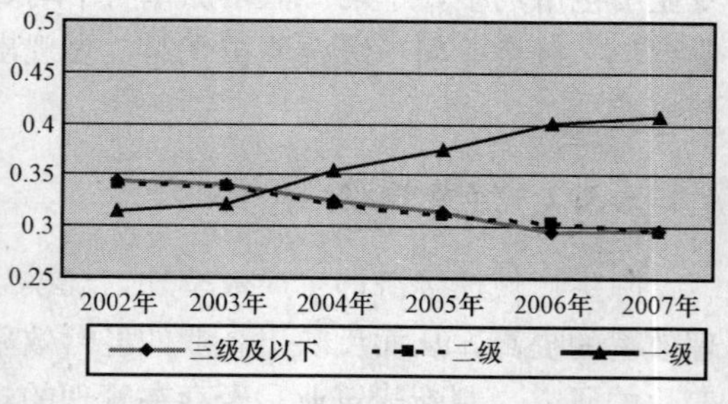

图3-3-12　2002～2007年我国专业承包企业产值构成变化

3.3.4　人均效率

我国总承包企业中，随着资质等级的提高，人均利润率有明显提高，但机械效率没有显著效应（图 3-3-13）。

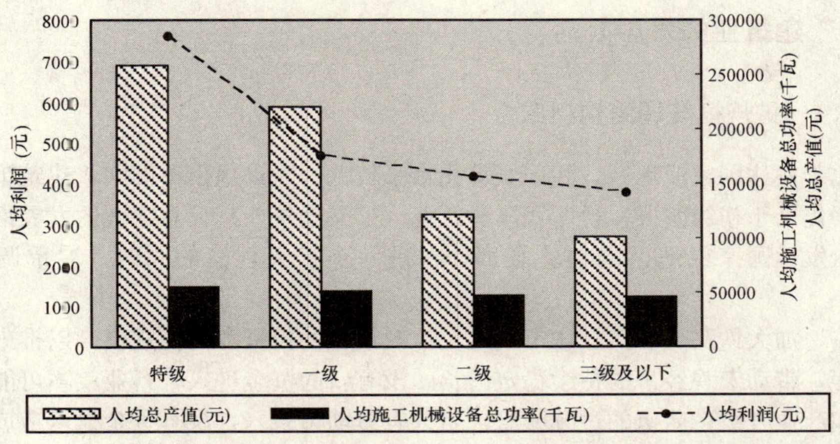

图 3-3-13　不同资质施工总承包人均指标对比

3.4　本章小结

由以上分析可知，建筑企业生产规模经济并不显著，管理规模经济较为明显。在单一市场中，一级总承包企业比特级总承包企业生产规模经济和管理规模经济都更为显著，但由于市场业务范围的影响，MES 分析得出特级总承包企业在市场上具有最优生存状态；专业承包市场中，一级专业承包企业具有较好的生产规模经济，其管理规模经济也较为明显，这与 MES 分析得出的结论一致，即一级分包企业为专业承包市场中的最优生存规模。对比总承包市场，专业承包市场的生产规模经济和管理规模经济更为显著。

对比规模经济的分析结论与不同市场厂商进入实证分析的结果，虽然我国建筑业市场具有较明显的管理规模经济和微弱的生产规模经济效应，其最优生产规模也为规模较大的生产企业（总承包和专业承包市场最优生产规模分别为特级总承包企业和一级专业承包企业），但较大规模企业的进入率却是最高的，这与具有规模经济的产业具有较高进入壁垒的传统理论相悖，说明规模经济并不是影响我国建筑业进入壁垒的主要因素。

第4章 我国建筑业规模与结构调整的战略建议

4.1 建筑业的发展战略

4.1.1 扩规模与调结构相结合

相比于发达国家或地区，我国城市化水平较低、建设规模不够大，建筑市场和房地产市场仍处于初级阶段，说明我国建筑业（广义建筑业）具有很大的发展潜力。我国应吸取发达国家或地区的经验教训，在进一步扩大规模的同时，注重调整产业结构。

第一，加大铁路、公路、城市交通及市政设施的投资和建设规模，以推进我国城市化进程，带动宏观经济的持续稳定增长。没有新的资金进入，行业就不可能进行结构调整和产业升级。队伍的过分膨胀，是只有劳动力投入，没有资金投入造成的。因此，如果行业外企业有能力投入大量资金，且其他条件基本符合标准，应鼓励其进入；特别是鼓励兼并和联合各种类型的施工企业，以此来改变企业的经营状况和经济状况；随着大量资金的进入，有资金实力的企业不断增多，准入门槛自然不断提高，这对于提高行业实力和产业集中度大有好处。

第二，继续着力承接奥运会、世博会等国家重大项目，为我国建筑业的发展创造广阔的空间。

第三，重视借鉴经验和科学发展，以调整和优化我国建筑业的产业结构。相比于发达国家或地区，我国建筑市场仍处于扩张和不够稳定的阶段，而房地产市场则出现泡沫并盲目膨胀。因此，应引起对建筑业的科学发展的重视。

第四，着力调整内向型与开放型市场的矛盾，协调各地建筑业发展。改革开放以来，我国建筑业面临产业内向型发展模式与开放型国际竞争局面的矛盾，而且存在各地差距进一步扩大的趋势。因此，应提高产业整体规模经济水平，发展各地优势产业，以解决竞争力不足和发展不均衡的问题。

4.1.2 加强管理与政策引导并重

与发达国家或地区相比，我国政府对市场的调控作用仍较大，从而限制了市场机制作用的发挥。因此，我国政府应积极转变职能，从市场领域逐步退出的同时，又要科学选择重点环节和内容，加强管理和干预，加大政策引导和支持力度。

第一，改革市场准入制度。我国目前建筑业的发展主要依靠资金投资刺激，为顺应国家投资刺激计划的实施，建筑业应放宽行政准入约束，鼓励拥有大量资金且符合条件的企业进入，以改善建筑市场的生产经营效率，使得市场准入制度从依靠政策限制向依靠自然壁垒提高的转变。

第二，改革企业资质管理制度。借鉴国际惯例和发达国家的经验，我国应将企业资质制度与执业资格制度改革相结合，使个人的执业资格与工程建设与管理责任紧密相连，以改善工程质量和安全，提高效率，提供符合用户需求的建设产品，实现产业的优化升级。

第三，改革市场退出制度。我国建筑业不仅存在市场准入壁垒过低，而且存在市场清出壁垒过高的问题，使得建筑市场过度竞争现象突出。因此应完善市场退出制度，通过企业资质审批等监督机制、企业破产清算等退出机制，来促进建筑市场的优胜劣汰和企业转型，使建筑业的资源配置效率进一步提高。

第四，改革建设管理体制。我国建筑业条块分割、地区保护现象仍然突出。因此，应通过政府投资工程管理体制改革，把政府投资工程作为政府直接参与和干预市场的合理手段，发挥引导促进行业管理和技术进步的示范、杠杆作用。同时，应建立社会化运作的管理体制及运行机制，减少对非政府投资工程的干预，打破现行条块分割的格局，解除地区封锁和部门保护，带动其他社会投资工程的建设管理体制改革，例如，特别是在基础设施和公用事业项目中采用政企合作/公私合伙（PPP，Public-Private Partnership）。

第五，逐步建立市场信用约束机制。我国应积极推行业主工程款支付担保制度，可先在房地产开发项目上推行，与承包商履约担保对等提供。同时，进一步研究推进建筑业企业工程质量档案、信誉信用档案、公示等制度，强化市场信用约束机制。

4.1.3　依靠技术创新推进产业结构升级

相比于发达国家或地区，我国建筑业由于纵向分割而局限在施工环节、横向分割使各个行业施工企业技术无法交流，仍处于技术水平低、核心竞争力不高的状况。因此，应鼓励技术创新，推进产业结构升级。

第一，着力提高建筑功能质量，符合社会日益增长的需求。运用科技手段，注重节能减排，采取多种有效的节能技术和管理措施，设计和建设满足生产和使用功能、人与建筑、环境协调发展的工程。

第二，加大研究开发关键技术和工艺，实现传统产业的优化升级。一方面是提高大型建筑、地下工程等结构的耐用和防灾技术，另一方面是提高住宅工程的智能化、生态化、节能化程度，同时要提高施工工艺和组织管理技术，全面提高我国建筑业的核心竞争力，推进产业结构升级。

4.2　建筑市场的发展战略

4.2.1　发挥充分竞争的市场机制

相比于发达国家或地区，我国建筑市场（狭义建筑业）仍处于计划经济向市场经济转轨的阶段，存在主体行为不合理、行业垄断、部门分割、地区封锁等问题，我国应继续着力培育市场机制，使市场竞争与政府调控相结合，以形成统一、开放、竞争的建筑市场。

第一，增强国内市场的流动性，着重发展类似于发达国家或地区的全国性建筑企业。目前，我国大部分企业的业务活动主要在本地区，即使是中央所属的集团公司，其实体仍是分散在全国各地的各个下属工程局，按其业务范围划分仍属于地方性企业，这既不利于形成有效的市场竞争，也影响了市场效率的发挥，因此应着力改善。

第二，打破部门分割现状，着力提高企业的综合实力。目前，我国许多大型企业只是某一专业的建筑企业，专业范围狭窄，缺乏综合性实力，造成各个建设环节脱钩，企业发展受限，因此应着力改善。

第三，进一步规范建筑市场，提高产业集中度。发达国家或地区的建筑市场均有充分竞争、产业集中的特点，我国应借鉴经验，避免出现垄断、寡头等局面，着力提高市场化程度，形成规模经济和产业优势。

4.2.2 深化金字塔结构的市场改革

借鉴发达国家或地区的经验，建筑业将趋于更加专业化和分工协作，使得中小型的专业企业和劳务分包企业数量不断增加，总承包企业数量减少且精简机构，形成“金字塔”型的市场结构。我国近几年的产业集中和金字塔形结构改革成效显著，但相比于发达国家或地区，仍存在一定差距，因此我国应深化市场结构改革。

第一，加快建筑业企业兼并重组，进一步深化结构改革。在发达国家或地区的建筑市场中，大型企业一般只从事总承包，以先进的技术和管理能力实施项目管理，特别是央企，应集成资源，发展成为具有融资、投资、规划、设计、建造、运营和维护等综合能力的城市建设运营商；大量的中小型企业为大型企业的分包企业，工程发包数量和企业数量的供需关系比较平衡。一家大型企业与一批中小企业之间一般形成比较固定的分包关系，如日本大成建设公司拥有300多家比较固定的分包企业。因此，我国应加快建筑企业兼并和重组，使金字塔结构更加明显和稳定。

第二，加强资质等级管理，引导企业分层竞争。借鉴发达国家或地区的经验，金字塔形结构中不同类型的企业具有各自的核心竞争力，从而实现分层竞争。因此，我国应加强资质等级管理，促进市场金字塔结构和企业分层竞争的形成。

第三，建立现代企业产权制度，使投资主体多元化。相比于发达国家或地区，我国建筑市场投资主体较单一、股权过度集中，导致市场活力不足、效率不高，尤其是国有企业政府控股现象突出。借鉴发达国家或地区的经验，股份制改革能提高企业效率、明晰产权、削弱政府的控制力。因此，我国应以国有企业股份制改革为重，降低国有资产在企业产权中的比例，可采取大型企业之间相互持股，社会机构投资者持股，管理层持股以及员工持股等方式分散企业股权，以提高企业竞争活力，带动建筑市场产权制度的完善。

4.2.3 进一步加大市场开放程度

改革开放以来，我国建筑业“走出去”战略成效显著，对外工程承包取得了跨越式的发展。自 1979 年开始组建对外工程公司，正式进入国际工程承包与咨询市场以来，对外承包工程和劳务合作已扩展到 180 多个国家和地区，基本形成了以亚太地区为重点，发展非洲市场，恢复中东市场，开拓欧美等其他地区市场的多元化市场格局。

相比于发达国家或地区，我国仍存在建筑企业国际竞争力较低，对外劳务合作能力强但附加值低，国内市场开放程度不够等问题。因此，在当今建筑市场全球化、竞争逐渐激烈、国内产业需要快速调整和转移的情形下，我国应进一步着重发展“走出去”战略并注意向集约式发展方式转变，提升我国建筑业的国际竞争能力。同时，我国应进一步鼓励外资企业进入并规范其发展。

第一，注重与国际接轨，建立健全服务体系。政府和行业主管部门应积极研究国内外市场差异，科学引导企业“走出去”，培育一批能够适应国内外工程建设市场需要，具有国际竞争力的工程总承包企业和工程项目管理企业。同时，积极引导企业将国内的项目管理能力与海外的商务能力相结合，不断拓宽市场领域，培育新的核心竞争力。另外，要引导企业把投资理念与经营理念紧密结合，通过投资本地化，包括自行设立公司，与本地企业合资，与他国资本合作（尤其是与国际先进承包商的合作）在某国投资等，打下海外长期发展的市场根基。

第二，注重跨行业战略性重组，充分发挥资源优势。借鉴发达国家或地区的经验，我国建筑业企业应当以资本或经营联合的方式发挥优势，将工程承包与资源开发项目相结合．以扩大市场占有率。

第三，进一步鼓励外资进入我国市场并规范其发展。相比于“走出去”战略，我国应谨慎实施“引进来”战略，在鼓励外资进入的同时应规范市场秩序，使得外资获得利润的同时，也为我国带来新的技术和管理经验。

4.3　建筑企业的发展战略

4.3.1　依靠技术创新提高所有企业的竞争力

借鉴发达国家或地区的经验，依靠质量、技术和管理等差异化竞争优势是企业提高竞争力的有效途径，而我国建筑企业目前仍依靠低劳务成本的价格优势，影响了我国建筑产业的优化升级。因此，我国的企业应通过技术创新构筑核心能力，同时要借鉴日本建筑产业的经验，将技术创新从施工工艺阶段转移到建筑产品本身、设计咨询等各个环节上，以提高建筑产品的质量和全生命周期中的各个环节的创新，进而形成企业的核心竞争力。

尤其是作为“走出去”建筑企业，应更加注重提高工程咨询、设计能力，并重视资源整合，充分利用国际市场发达的咨询服务体系和信息技术水平，加快与国际先进技术接轨的步伐，使之涌现出一批具有国际水平的现代化建筑企业。

第一，运用信息技术，优化升级建筑企业。政府和行业主管部门应采取激励和约束机制，积极鼓励建筑企业运用信息和网络技术，结合现代管理，全面提升企业管理水平和核心竞争能力。

第二，加大开发主导产品和装备的投入。相比于发达国家或地区，我国建筑企业自主开发产品少，技术装备水平低，难以适应建筑工业化和要把建筑业建成支柱产业的要求。因此，政府和行业主管部门应采取激励和约束机制，积极鼓励建筑企业注重产学研结合，加强自主研发和提高装备水平，以实现建筑企业的可持续发展。

4.3.2 大型企业着重提高效率

借鉴发达国家或地区的经验，各国大型建筑企业的实力标志着该国建筑业的实力，同时各国利用大型企业的规模经济效应带动整个市场的发展，从而提高建筑市场的“效率”。目前，我国大型建筑企业，尤其是具有特级资质的企业还没能在市场上有很大影响力。因此，我国应进一步发展大型、特大型建筑企业，尤其要注重提高大型建筑企业的整体实力，以提高大型企业的效率。

第一，进一步扶持大型、特大型建筑企业和企业集团的发展，使它们成为资金密集、技术密集、人才密集、工程总承包能力强、管理水平高、质量效益好、在国际建筑市场上具有各自核心竞争力的建筑业支柱企业，并实行国有独资或控股经营。工程总承包企业应着力发展投融资能力、工艺设计、设备采购、对施工安装分包企业和土建设计的协调管理能力的核心竞争力，施工总承包企业或项目管理企业应着力发展施工技术、项目管理、施工组织协调能力的核心竞争力。

第二，继续以大型国有施工企业改革为重。相比于发达国家或地区，国有企业在我国建筑企业中占据重要地位，而且大型企业大多以多家法人集合体的形式存在。这在一定程度上造成了地区分割、相互封闭状态的存在，不利于民间资本的参与，也不利于市场集中优势的形成。因此，我国应加快国有企业的兼并重组，并加强民营企业与国有企业之间的合作，以带动整体建筑业的发展。

第三，着力改革国有企业管理制度。相比于发达国家或地区，我国国有企业改革问题严重，我国不仅应改革产权制度，更应改革国有企业管理制度，完善组织机构，以提高国有企业经营效率。

4.3.3 中小型企业着重专业化发展

借鉴发达国家或地区的经验，建筑市场形成金字塔结构，中小企业占绝大部分数量，能兼顾市场“公平”，解决大量就业。目前，我国因大型企业和总承包企业处于上游地位而盘剥利润，导致中小型企业和专业企业无心发展专业、生存困难。因此，我国应扶持中小型建筑企业的发展，进一步优化市场结构和解决民生问题。

我国应加强中小企业的科技、人才培养，以提升核心竞争力。发达国家或地区建筑市场对中小型企业的市场准入壁垒低，条件相对宽松，我国政府和行业主管部门也应提供优惠政策，以扶持中小型企业的发展，并进一步专业化。

4.4　发展战略的具体措施

总之，无论是建筑业，还是房地产业，其本质都是服务性行业。我国建筑业的总体发展战略是进一步扩大规模与调整结构，加强政策引导和市场竞争，依靠科技创新推动产业升级。

对于以施工企业为主的建筑市场来说，一方面政府应健全市场竞争机制、深化金字塔结构改革、加大市场开放程度，另一方面企业应重视技术创新、人才培养和完善组织。尤其是大型企业要注重提升服务质量，以形成具有国际竞争力、国内市场支配能力的特大型企业；中小型企业要注重形成专业优势，以形成具有专业优势、高素质人才的中小型企业，地区、行业和建设各环节间流动性强的国内市场，以及规模持续扩大、业务稳定的海外市场。针对我国建筑业的发展战略，提出如表 3-4-1 所示的具体措施。

我国建筑业发展战略的具体措施　　**表 3-4-1**

	短　期	中　期	长　期
市场	1 优化市场结构：调整各类企业数量和产值比例 2. 扩大市场规模，拓展海外市场，增加国内投资建设	1. 稳固金字塔结构：规范市场竞争机制、拓宽上下游产业链 2. 扩大市场规模，引入外资企业，稳定海外市场	1. 国内市场：竞争充分，流动性强，结构合理 2. 海外市场：规模扩大，竞争力强，业务稳定
政府	1. 降低中小企业准入门槛 2. 科学引导“走出去” 3. 加大基础设施建设、特大型项目投入	1. 加强资质等级管理 2. 重视人才培训，技术研发 3. 谨慎“引进来”	1. 协调建筑业与房地产业的发展 2. 提高政府服务能力
企业	1. 国有大型企业改革组织结构、重视资本运作和重组 2. 中小企业提高科技含量、人才引进	各类企业拥有核心竞争力、重视投资一体化	出现全国性企业、具有国际竞争力企业和专业优势企业

参　考　文　献

[1] 李小冬. 中国建筑业组织及其合理化研究 [M]. 北京：中国水利水电出版社；知识产权出版社，2006.

[2] 臧旭恒，徐向艺，杨蕙馨. 产业经济学 [M]. 第 3 版. 北京：经济科学出版社，2005.

[3] 国家统计局固定资产投资统计司. 中国建筑业统计年鉴（2003～2008 年）[M]. 北京：中国统计出版社，2003～2008.

[4] 中华人民共和国国家统计局. 中国统计年鉴 [EB/OL]. [2010-06-19]. 北京：中华人民共和国国家统计局，http://www.stats.gov.cn/.

第四篇

中国建筑业技术进步研究报告

第1章　研究概况与主要结论

1.1　项目背景与概况

1.1.1　项目背景

我国已成为世界建筑产品生产大国。然而作为国民经济支柱产业的建筑业，其增加值占国内生产总值（GDP）的比重一直低于国际同行业正常水平，劳动生产率只有欧、美、日等发达国家的30%～40%，建筑企业产值利润率也长期处于较低水平，近5年徘徊在2.60%～3.10%范围内，几乎不到工业企业的50%。我国建筑业产出规模的增长仍被动地受惠于国内建设投资的增加，并伴随着巨大的资源和能源耗费。因此，迫切需要转变我国建筑业经济发展方式。为此，中国建筑业协会于2009年正式启动和资助了"中国建筑业产业政策和建筑业发展'十二五'规划研究"项目，"中国建筑业技术进步"为子课题之一。

1.1.2　研究范围和目标

本项研究主要是分析我国建筑业技术进步的现状、存在的问题，与发达国家进行对比，提出加快技术进步的对策。本项研究旨在明确推进中国建筑业技术进步的总体战略目标，包括建筑业科技投入与产出目标、重点发展的技术领域和建设创新型建筑业；提出实现战略目标的总体思路，包括构建中国建筑业科技政策研究的科学路径、改进和完善建筑业科技与创新政策、增进建筑业创新体系中相关方的合作伙伴关系、营造健康的创新文化和创新环境、开展自下而上的制度创新、开展建筑技术标准国际化活动等，并就这些方面提出具体的建议。

1.2　研究工作概述

1.2.1　研究内容

（1）技术进步对建筑业发展的作用

阐明技术进步的含义及其对建筑业产出的贡献；技术进步与创新的关系，创新与建筑业成长的关系；技术进步与建筑企业群体的形成及其结构演变的关系。

（2）建筑业科技投入与产出

分析建筑业研究与试验发展（R&D）投入状况及其与发达国家的差距；建筑业科技产出状况和问题，包括专利、工法、论文和劳动生产率等。

（3）建筑业知识产权保护与成果扩散

分析知识产权保护对技术创新的影响；中国建筑业知识产权保护状况；国外知识

产权保护的经验；建筑技术创新成果扩散的途径与方式；中国建筑业技术扩散的现状和问题。

（4）建筑业创新体系与创新模式

分析发达国家（包括德国、美国和日本等）和中国的建筑企业、大学、研究机构、行业协会、政府部门和其他相关组织在建筑业创新体系中的作用与相互关系，以找出差距，获得启示。明确建筑业合作创新组织模式的主要类型，分析中国建筑业创新组织模式的现状和问题。

（5）建筑企业创新能力与创新动力

从建筑企业的创新管理能力、投入能力、研发能力、项目创新能力、服务创新能力等方面，分别分析中国建筑企业的创新能力现状；找出中国建筑企业创新动力的影响因素，包括内部因素和外部因素。

（6）推进建筑业技术进步的战略目标、思路和建议

在上述研究基础上，提出推进中国建筑业技术进步的总体战略目标，阐明实现目标的总体思路和建议。

1.2.2 研究方法

采用理论研究与实证研究相结合的方法。实证研究采用问卷调查、访谈、文本分析和现有统计数据分析等方法。

在文献和资料研究的基础上，对20个组织（企业、大学、科研院所、行业协会等）的28位专家和管理者进行了访谈，并在全国范围内开展了广泛的问卷调查，共发放问卷300份，回收问卷174份，回收率为58%。调查对象包括企业管理者、项目经理和技术专家等。所涉及的组织包括施工企业（回收问卷占85%）、设计单位（4%）、监理公司（4%）、建设单位（3%）等。

1.2.3 研究工作依据

（1）中国建筑业协会课题项目合同书。

（2）《中国建筑业年鉴》、《中国建筑业统计年鉴》、《中国科技统计年鉴》、《中国统计年鉴》、《世界经济年鉴》、《国际统计年鉴》；美国住房和城市建设部（HUD）、日本国土交通省、中国住房和城乡建设部等国内外官方网站信息；经济合作与发展组织（OECD）网站统计数据库信息；日本建筑经济研究所等国外研究机构网站信息；其他各类中外网络数据库、图书馆提供的相关中文和外文文献等。

（3）本课题调查问卷和访谈记录。

1.3 主要结论

1.3.1 中国建筑业技术进步面临的主要问题

（1）研究与试验发展（R&D）经费和人员投入不足，且缺乏战略性。

（2）科技成果数量增加，知识产权保护意识增强，但成果转化和商品化能力薄弱。

（3）创新阻力较大，企业创新能力的总体水平偏低。阻碍企业创新的首要因素是缺乏研发经费支持；建设单位对创新不认同、设计方不使用新产品和新技术、政府政策对创新的激励不足、企业缺乏创新能力、新标准和规范滞后、研发风险大也是较为主要的障碍因素。

（4）稳定、持久的合作创新网络尚未普遍形成。

（5）建筑业创新组织模式的多样化程度和普及程度较低。

（6）以自上而下的方式促进建筑业创新，难以取得预期的成效。

（7）建筑业对外技术扩散和技术转移能力较弱，缺乏国际化的技术标准、知识产权保护和技术扩散战略的指导。

1.3.2　推进建筑业技术进步的战略目标

针对以上问题，结合我国建筑业实际及其与发达国家的技术差距，提出了4项推进建筑业技术进步的战略目标：

目标1. 建筑业科技投入目标

（1）研究与试验发展（R&D）经费投入：R&D经费总增长率达到60%以上。按经费投入主体，企业投入接近60%，国家投入接近40%；按经费使用方向，基础研究和应用研究投入接近40%。

（2）R&D人员投入：R&D人员数量增加1倍，其中具有硕士学位的人员比例接近40%，具有博士学位的人员比例接近30%。从事基础研究和应用研究的人员比例接近30%。

目标2. 建筑业科技产出目标

（1）劳动生产率：按建筑业增加值计算的建筑企业劳动生产率增长率达到30%以上。

（2）专利：实施全球知识产权保护与技术扩散战略，在建筑材料、建筑构件等技术含量较高的领域，增强在欧洲、美国等专利局的专利申请。

（3）工法：通过资质管理等相关政策引导，增强专业承包企业的技术创新能力，使50%的专业承包企业有企业级或更高层次的工法。

（4）建设目标：

项目实施的日常费用和能源成本降低50%；

建筑产品的使用功能和舒适度提高30%；

建筑产品的耐久性和灵活性提高50%；

与建造设施相关的疾病和伤害减少50%；

建造过程所产生的污染和废弃物减少50%。

目标3. 重点发展的技术领域

课题组对“十二五”期间我国建设事业需要重点发展的技术领域进行了调查，其结果如下：

（1）高强、高性能结构材料与体系的应用。主要包括高强钢在建筑中的应用，高强、高性能混凝土在建筑中的应用，高效预应力混凝土结构的应用；大跨度预应力空间结构、预应力钢结构的应用；钢结构建筑体系的研发与应用；提高建筑物的耐久性技术等。

（2）建筑保温节能和新能源的研发与应用。主要包括高性能建筑外墙保温技术；建筑新能源的开发与利用；新型采暖制冷设备的研发与应用。

（3）绿色建筑技术。主要包括绿色建材；建筑节能与绿色建筑设计（支撑软件系统）。

（4）既有建筑物改造技术。主要包括既有建筑的加固改造技术；既有建筑的节能改造技术；既有建筑的电梯节能改造；既有建筑地基基础加固改造及地基承载力、变形评价技术；既有建筑物检测与评价技术等。

（5）建筑业施工技术。主要包括钢筋综合加工与配送技术；钢筋机械连接与钢筋锚固板技术；房屋建筑预制装配工业化施工技术；绿色施工技术；建筑施工机械与装备技术等。

（6）建筑业信息化。主要包括集成化项目交付；施工企业信息化管理；工程项目信息化管理；建筑市场信息化监管；计算机辅助制造；施工方案与施工过程仿真等。

（7）建材资源再生与建筑垃圾的利用。主要包括建筑垃圾的综合利用技术；城镇污泥再生建材技术；新原材料资源在混凝土中应用的关键技术及成套装备研究技术；混凝土搅拌站清洁生产及资源循环利用关键技术等。

（8）建筑地基基础技术。主要包括高填方与填海工程地基处理技术；新型桩基施工技术；深基坑工程施工的水资源保护与利用；地下结构暗挖施工技术等。

（9）结构防灾智能控制技术，高效抗震结构体系。

目标 4. 建设创新型建筑业

所谓创新型建筑业，是指能在建筑经济活动中不断引入新的生产函数（或新事业）并改变已有资源的财富创造潜力的建筑业（金维兴，2008）。创新型建筑业至少应具备以下 3 个基本的创新功能：

（1）通过市场开发主动地创造建设需求，不断地开拓工程服务的新领域、新空间，满足建设需求的变化，达到质的提高。

（2）通过技术开发，不断地为工程服务提供新技术、新机具、新材料等生产力的新要素，提高建筑业生产力的水平。

（3）进行生产要素的新组合，不断地在建筑经济活动中引入新理论、新构思、新过程、新方法、新制度，获得资源利用新效果。

1.3.3 实现战略目标的总体思路和建议

（1）构建中国建筑业科技政策研究的科学路径

为提高建筑业科技政策决策的效率、增强其影响力，建议构建建筑业科技政策研究的科学路径。

图 4-1-1　建筑业科技政策研究的科学

1）了解建筑业科技与创新

了解建筑业科技与创新应解答 3 个重要问题：①建筑业创新行为的基础是什么？②建筑业技术开发、应用和扩散发生的原因是什么？③建筑科技与创新群体如何生成和演进的，其原因是什么？对此，提出以下建议：

①建立一个工作组，在全国范围内经常性地开展建筑业科技与创新政策的系统分析，并将分析结果提交住房和城乡建设部部长的科技顾问；

②相关机构协作确定一套衡量和描绘建筑业技术应用与扩散的方法；

③住房和城乡建设部应会同国家发展和改革委员会、能源委员会、财政部等相关机构，共同开发、持续探讨建筑业科技政策研究的科学途径。

2）投资建筑业科技与创新

投资建筑业科技与创新应解答以下 4 个重要问题：①建筑科技的公共投资有何作用和意义？②对建筑科技的公共投资是否有可能实现预期的成果？③预期的成果对建筑业科技与创新会有何影响？④影响其投资效率的决定因素有哪些？对此提出以下建议：

①住房和城乡建设部会同国家自然科学基金委员会、科技部、教育部、国家发展和改革委员会、国家能源委员会、交通运输部等相关部门，共同开发土木、建筑相关学科的关键数据技术平台；

②住房和城乡建设部会同国家自然科学基金委员会、科技部、教育部、国家发展和改革委员会、国家能源委员会、交通运输部等相关部门，共同开发衡量知识价值的标准方法。

3）科学地利用建筑业科技政策

科学地利用建筑业科技政策应解答以下 3 个重要问题：①建筑科技对建筑业创新和竞争力有何影响？②建筑科技人力资源的竞争力怎样？③在建筑业科技政策中不同政策工具的相对重要性如何？对此提出以下建议：

①建立跨部门、跨行业的若干核心数据库，使其为政策研究机构所使用。

②在建筑业创新体系中建立和保持分析各种政策工具影响的反馈环，这需要与其他部门包括国家财政部、人力资源和社会保障部等机构合作，以了解税收政策、劳动政策和其他与建筑业相关的科技政策对建筑业创新行为所产生的影响。

（2）改进和完善建筑业科技与创新政策

1）倡导建筑业科技政策的科学与诚信。建筑业科技政策必须基于最全面、最准确和最诚实的建筑业科学与技术信息。对此提出以下建议：加强住房和城乡建设部部长科技顾问制度。部长科技顾问可以直接向部长汇报工作，提出建筑业科技与创新中存在的问题和改进建议，并有权获得科技政策部门和其他相关部门专业人员的支持，以确定研究预算，针对重要技术领域制定资助计划。提高部长科技顾问委员会的地位，并确保其独立性和专业权威性，其成员由广泛受到社会尊重的专家所组成。加强部长科技顾问制度，有利于保障政府决策的科学与诚信。

2）扩大对R&D活动的投入。政府应继续投资于基础研究和探索性研究，这对于构建中国建筑业科技与创新的知识库至关重要。为此，建设行政主管部门应加强与国家自然科学基金委员会、教育部、科技部、财政部、国家发展和改革委员会、国家能源委员会、交通运输部等部门的有效沟通，努力增强对土木建筑等相关学科研究预算的资助力度，积极鼓励和支持跨学科、跨行业的研发与教育活动，增强建筑业科技投入的战略性。

3）持续改进建筑业科技与创新政策。按照PDCA循环方法（即计划、执行、检查、改进）评估的政策绩效，实施相关政策。根据科学、有效的政策评估计划实行政策事前评估、执行指导、绩效检查、绩效评价和改进。

(3) 增进建筑业创新体系中相关方的合作伙伴关系

增进建筑业创新体系中相关方的合作伙伴关系，不断探索新的合作创新模式，并坚持不懈地对影响合作创新模式与合作伙伴关系的经济体制和政治体制进行有效的改革。

1）可行的政府职能及其实现方式

在建筑业创新体系中，政府仍然是基础研究的主要支持者，是创新合作关系的重要影响者。可行的政府职能及其实现方式为：

①建设主管部门根据国家科技与经济发展规划、国土治理目标以及建设输出的需要，授权相关机构制定建筑业中长期技术研发与应用推广计划，确定研究方向和重点发展的技术领域，以此作为建筑业技术创新的指南。

②赋予学术机构（如中国土木工程学会等）一定的权力，使其负责对科研院所和大学的学科分布与科技资源优势进行评估，并依据评估结果进行技术创新的战略分工，对土木建筑类重点大学和科研院所进行合理的总体定位或者原则性定位，以减少甚至避免低水平重复研究。这种定位并不妨碍政府基金资助领域自由探索与联合攻关的创新行为。

③住房和城乡建设部、国家发展和改革委员会、国家能源委员会和其他相关组织（包括企业、研究者、开发商、行业协会等），联合设立若干个核心团队，开展研发、评估、示范、教育等援助活动，在行业、政府和教育机构之间培育伙伴关系，以促进新的和新兴技术的传播和应用。

④出台有关政策，鼓励建筑业产、学、研及相关产业的科技人才自由流动，以便灵活地按重大项目与课题的需要集结人才。同时，鼓励以多样化的组织模式开展合作创新，推动大学土木、建筑与相关学科的国家级、省部级重点实验室和科研院所的科技资源开放与共享。

⑤改进和完善保护知识产权和促进技术扩散的相关政策、法规，授权有关机构立

足于开拓国际建筑市场，制定建筑业知识产权保护与技术扩散战略，并控制战略的实施过程和持续改进，以促进中国建筑业及其关联产业新知识的产生及其在国际建筑市场的传播与应用。

2）产、学、研分工合作

产、学、研各方拥有不同的科技资源优势，如果任其分别自成体系、重复研究，必定会造成资源浪费并降低技术创新的效率，因而需要适当的分工、合作。大学在基础和前沿领域开展研究，创造和传播知识；科研院所主要进行共性技术的研究与开发；企业以市场为导向，开展新事业（新市场、新服务和新产品）的开发和应月，重视以改进工艺为主的研发活动；设计公司创新设计理念，在设计中系统化地采用新产品和新技术；行业协会增进和协调会员之间以及会员与其他相关方的合作伙伴关系。各类组织间的合理分工，也成为它们相互合作的基础。在大学、科研院所、企业和行业协会等组织间存在的互利共生关系，决定了它们彼此分工与合作的性质、特征和方式。

3）培育促进技术成果扩散的中介服务机构

为大力推进建筑业技术成果扩散，建议培育和形成促进技术扩散的多种形式的组织。例如，建筑技术评估机构、专利开发署、技术转移中心等，允许有利于技术采用和扩散的私人服务机构加入到创新体系中。

（4）营造健康的创新文化和创新环境

研究发现，有创新精神的领导人、科技人才和激励措施是影响创新成功的主要因素；市场需求、企业发展需要、同行竞争是推动企业技术创新的主要因素。亚健康、甚至病态的创新文化和创新环境制约了我国建筑业技术进步。对此提出以下建议：

1）在全行业倡导科技创新的价值理念。

2）重视培养科技人才的创新精神，支持教育和培训。

3）为创新活动引入多种融资渠道。

4）重视小企业发展。采用政府融资、风险资本、项目支持、信贷担保等措施，支持小企业开展创新活动。

5）规范市场行为，完善诚信机制，增进条块分割的市场之间的联系。

（5）开展自下而上的制度创新

研究发现，我国建筑业管理体制仍然是一种自上而下的管理方式，它体现在技术的标准化理念、技术标准的制定和执行过程、行业协会的作用和地位等方面仍鲜明地打着政府行政权力的烙印，结果导致行业协会和其他民间组织难以发挥其推进建筑业技术进步的主动性和创造性。对此提出以下建议：

1）完善公众参与机制

2）赋予行业协会以微观管理权

尽早出台“行业协会法”；培育行业协会成为建筑业自治管理的主体；完善行业自律机制；赋予行业协会以微观管理权，以发挥其推进建筑业技术进步的潜能。

（6）开展建筑技术标准国际化活动

研究发现，中国建筑业对外技术扩散和技术转移能力较弱，缺乏技术标准国际化战略的指导。我国与项目所在国在引用技术标准方面的差异，往往成为我国企业参与国际工程承包市场竞争的主要障碍之一，放慢了建筑业“走出去”的步伐。

对此提出以下建议：

1）科学制定建筑技术标准国际化战略

住房和城乡建设部可以委托行业协会，研究和制定建筑技术标准国际化战略。在充分调查研究的基础上，科学地明确建筑技术标准国际化战略目标，确定工作范围和工作内容，设计组织机构，制定相应的激励政策和措施。

2）有效实施和控制建筑技术标准国际化战略

组建建筑技术标准国际化战略执行小组，负责战略的实施和控制，指导、鼓励和援助活跃在国际建筑承包市场的本国企业，以灵活多样的方式（如企业战略联盟、民间协会合作等）有目标、有计划地向项目所在国和一些发展中国家推广本国（行业和企业）国际化的技术标准。

3）持续改进技术标准国际化的相关政策和措施

住房和城乡建设部可以委托行业协会，组织有关专家根据科学、有效的技术标准国际化政策评估计划，实行技术标准国际化政策和措施的事前评估、执行指导、绩效的检查、评价和改进工作。

第 2 章　技术进步对建筑业发展的作用

“技术”是一个宽泛的概念，其基本内容可概括为三个部分：一是物化技术，即物化于劳动手段和劳动对象中的技术；二是操作技术，即体现在劳动技能、工艺流程、操作方法等方面的技术；三是管理技术，即对生产活动要素进行组合、配置的技术。从这个角度来看，技术进步既包含了科学技术的进步，也包含了资源配置与利用效率的提高。

技术进步会促进建筑业经济增长，这种促进作用不单纯依赖资金和劳动等生产要素投入量的增加，还取决于生产要素组合及其利用方式的改进。技术进步对于转变建筑业经济增长方式、提高建筑业整体运行效率有促进作用。它从供给和需求两方面对建筑业的形成、成长、成熟和衰退产生影响，并促进建筑业结构的演进。

2.1　技术进步与建筑业成长

2.1.1　技术进步及其对建筑业产出的贡献

对技术进步的理解有狭义和广义之分。狭义的技术进步主要指在依赖于自然科学知识和经验的“硬技术”应用方面所取得的进步。它包含的主要内容有：①提高劳动技能；②采用新设备或改造旧设备；③采用新工艺或改进旧工艺；④采用新材料；⑤利用新能源；⑥生产新产品或对改进原产品；⑦采用新设计等。狭义的技术进步可分为技术进化与技术革命两种形式。当技术进步表现为对原有技术和技术体系的改革创新，或在原有技术原理或组织原则的范围内发明创造新技术和新的技术体系时，称其为技术进化。当技术进步表现为技术或技术体系发生质的变革时，称其为技术革命。如钢结构技术和混凝土结构技术的出现。

经济学家把技术进步理解为一个广义的概念，认为任何足以使生产函数移动的力量都是技术进步，也就是说产出中不能用劳动和资本解释的部分都归功于技术进步。按照这个逻辑，推动生产函数外移的力量除了硬技术进步之外，还包括制度因素、社会因素和自然因素的力量。因而，广义技术进步的主要内容包括：①采用新的方针政策；②采用更有效的组织与管理制度和方法；③推行更合乎经济运行规律的经济体制；④推行更合乎社会、经济与科技发展规律的政治体制；⑤采用新的决策方法；⑥实行更有效的分配体制与激励政策；⑦采用更有益于促进生产要素合理配置的增长模式等。

已有不少学者提出了广义技术进步的测算方法。例如索洛（Solow，1957）的余值法，费利普斯（Phelps，1962）的非体现型技术进步率模型，索洛一纳尔逊（Nelson，1964）的同期模型，英特里盖特（Intriligator，1965）的资本和劳动体现型模型，以及其后发展出的各种模型，如国内学者周方（1999）的投入产出增长路径的增长函数、李子奈（2002）的管理创新对经济增长的贡献率模型等。

运用这些方法可以在一定程度上测算出技术进步对建筑业经济增长贡献的长期趋势。例如叶耀先（2007）应用周方方法分别测算了1993年至2003年和1993年至2004年科技进步对中国建筑业总产值增长速度的贡献率，其均值分别为23.02%和25.42%。盛淑凯和金维兴（2009）测算了中国建筑业技术进步所包含的技术创新与管理创新对经济增长的贡献率，得出技术创新对中国建筑业经济增长的贡献率为12.4%、管理创新对中国建筑业经济增长的贡献率为10.2%的结果。薛国华（2006），王幼松等（2006）也分别利用柯布－道格拉斯生产函数测算了广义科技进步对建筑业增长的贡献率。

然而，技术进步对产出的贡献率只能体现除资本和劳动投入之外各因素的综合作用效果，难以反映具体政策或技术措施在一定时期内的运行效果。另外，由于参数取值的主观性，使运用这些测算方法所得出的结果很难令人完全信服。

事实上，建筑业技术进步源于建筑业和其他产业组织的创新活动，是创新结果的体现。建筑业及其相关组织的创新活动，促进了建筑业生产技术的改进和生产效率的提高，成为建筑业发展的根本推动力。因而从实际出发，观察创新与建筑业增长的相互作用关系更有价值。

2.1.2 创新与建筑业成长

所谓创新是指在建筑经济活动中形成新理论、新构思、新过程、新方法、新制度，提供服务于建设活动的新机具、新材料和新能源等新的生产力要素，创造新产品和新需求。创新是建筑业成长的基础，它决定了建筑业的成长方式和成长速度。建筑业的成长为创新提供了环境，有益于提高创新质量、加快创新速度。

建筑业成长要以创新为基本支撑条件。建筑业成长不仅有量的扩张，还有质的跃迁。质的跃迁才是建筑业成长的本质所在。创新能使建筑业实现质的跃迁，因为创新具有改变已有资源的财富创造潜力，这种创造潜力的实现是建立在建筑业生产活动的基础之上，通过建筑业规模的扩张和生产能力的提升而实现。

创新与建筑业成长往往表现出趋同的速度和过程。创新的成果有多种表现形式，其中包括专利。专利申请数量的结构动态可以在一定程度上体现创新速度的变化状况。建筑业成长速度也有多种表现形式。其中，固定资产形成总额占GDP比重的动态趋势可以从一个角度反映建筑业成长的变化状态。因此，专利申请的数量结构与固定资产形成总额占GDP比重之间的动态关系，可以间接地反映建筑业创新与建筑业成长速度和过程之间的关系。

按照国际专利分类标准，观察近10年固定建筑物部分E02D（基础、挖方、填方、地下或水下结构物）、E04B(一般建筑物构造、墙、屋顶、楼板、顶棚、建筑物的隔绝或其他防护）和E04C（结构构件、建筑材料）专利申请数量的区域分布动态，发现其已经发生了显著变化。

图4-2-1～图4-2-3分别显示了1998～2000年、2001～2005年和2006～2008年三个时段E02D（基础、挖方、填方、地下或水下结构物）专利申请数量的区域分布

情况。从 1998 年至今，这类专利在中国的申请数量所占比重大幅上升，在 3 个时期分别达到 9%、17%和 52%，共上升 43 个百分点；在美国的申请数量所占比重先略有上升而后保持稳定，3 个时期分别为 6%、7%和 7%；在德国申请的数量所占比重有所下降，3 个时期分别为 6%、5%和 3%，共下降 3 个百分点；在日本申请的专利数量所占比重大幅下降，3 个时期分别为 57%、45%和 26%，共下降 31 个百分点。

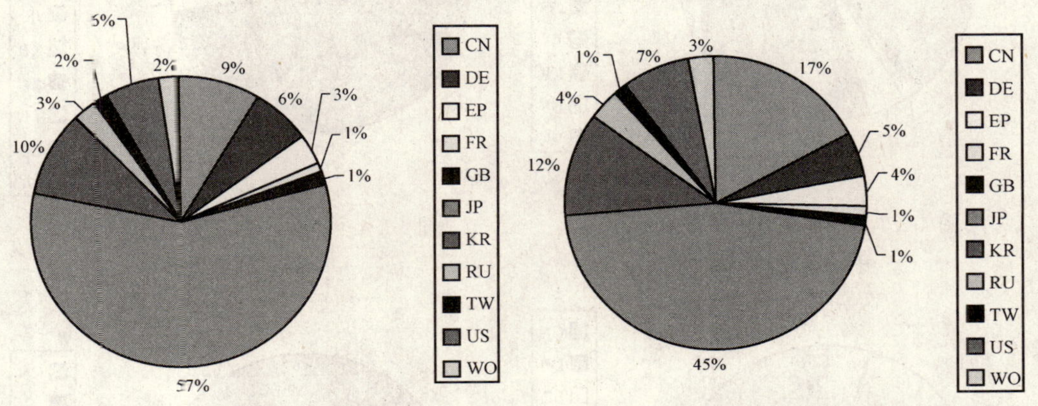

图 4-2-1　1998～2000 年 E02D 专利申请数量区域分布

图 4-2-2　2001～2005 年 E02D 专利申请数量区域分布

图 4-2-4～图 4-2-6 分别显示了 3 个时段 E04B（一般建筑物构造、墙、屋顶、楼板、顶棚、建筑物的隔绝或其他防护）专利申请数量的区域分布情况。从 1998 年至今，这类专利在中国的申请数量所占比重也大幅上升，3 个时期分别为 5%、22%和 39%，共上升 34 个百分点；在美国的申请数量所占比重先略有上升而后保持稳定，3 个时期分别为 9%、13%和 13%；在德国的申请数量所占比重有所下降，3 个时期分别为 15%、10%和 7%，共下降 8 个百分点；在日本的申请数量所占比重大幅下降，3 个时期分别为 51%、34%和 22%，共下降 29 个百分点。图 4-2-7～图 4-2-9 显示了 3 个时段 E04C（结构构件、建筑材料）专利申请数量的区域分布情况。从 1998 年至今，这类专利在中国的申请数量所占比重也大幅上升，3 个时期分别为 14%、27%和 50%，共上升 36 个百分点；在美国的申请数量所占比重先上升而后有所回调，3 个时期分别为 13%、21%和 17%；在德国的申请数量所占比重明显下降，3 个时期分别为 19%、10%和 7%，共下降 12 个百分点；在日本的申请数量所占比重也明显下降，3 个时期分别为 25%、13%和 7%，共下降 18 个百分点。

由此可见，自 1998 年以来，在中国、美国、德国、日本等国申请的基础、挖方、填方、地下或水下结构物、一般建筑物构造、墙、屋顶、楼板、顶棚、建筑物的隔绝或其他防护、结构构件、建筑材料专利数量分布的变化方向基本一致。这在一定程度上表明，近 10 年来四国在上述领域的创新速度方面已经发生了转变。其中，日本、德国在这些领域的创新速度明显减缓，美国在这些领域的创新速度稳中有升，而中国在这些领域的创新速度则大幅提升。这种转变与国家基本建设规模的增长速度有一定关联。

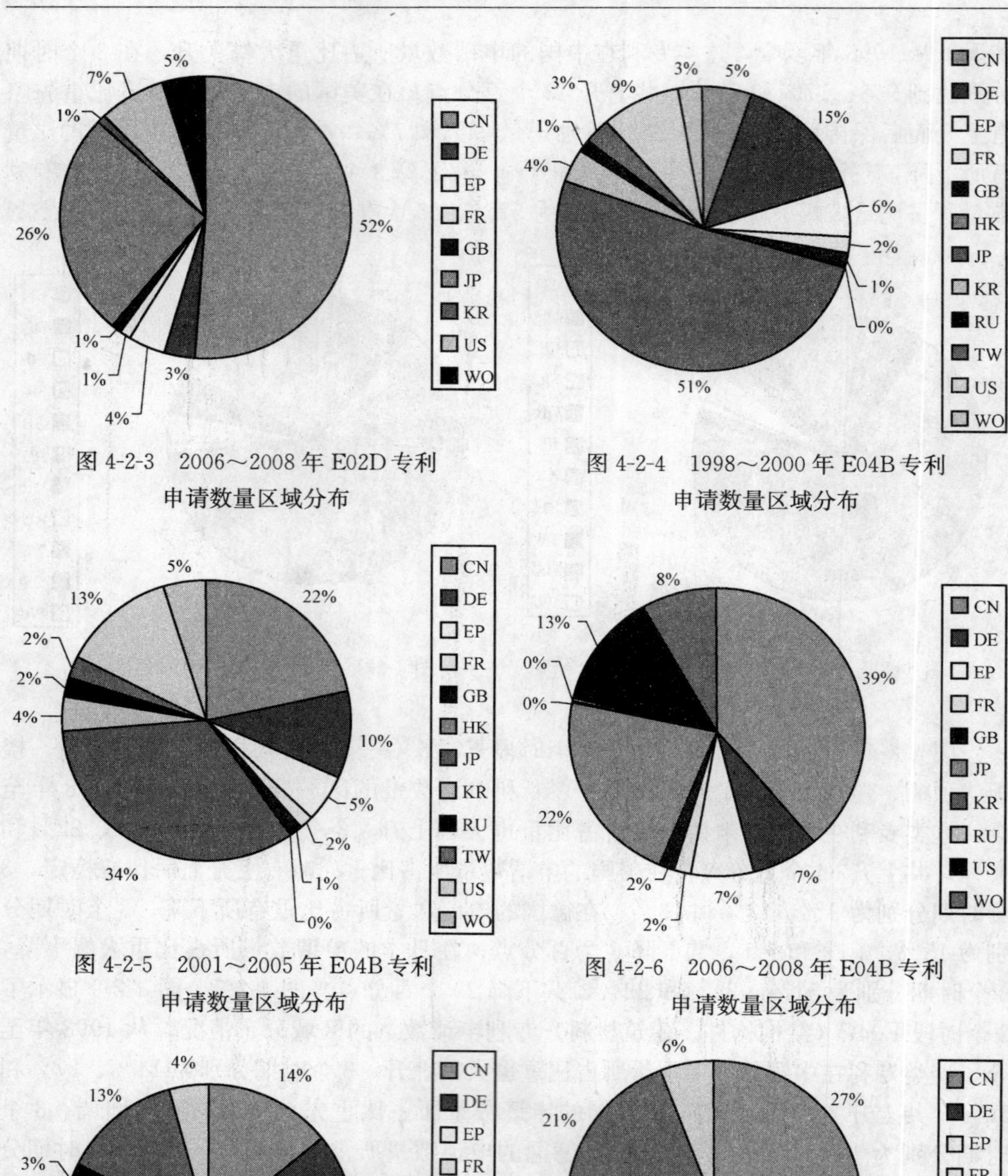

图 4-2-3　2006～2008 年 E02D 专利申请数量区域分布

图 4-2-4　1998～2000 年 E04B 专利申请数量区域分布

图 4-2-5　2001～2005 年 E04B 专利申请数量区域分布

图 4-2-6　2006～2008 年 E04B 专利申请数量区域分布

图 4-2-7　1998～2000 年 E04C 专利申请数量区域分布

图 4-2-8　2001～2005 年 E04C 专利申请数量区域分布

从 1998～2006 年美国、德国和日本的住宅固定资产形成总额占 GDP 比重的变动趋势（如图 4-2-10 所示）可以看出，美国从 1998 年的 4.5％攀升到 2005 年的 6.2％后回调到 5.8％，共上升 1.3 个百分点，与其同期专利数量所占比重先攀升而后保持稳定或有所回调呈现一致趋势；德国住宅固定资产形成总额占 GDF 的比重，从 1998 年的 7.2％下降到 2006 年的 5.4％，共下降 1.8 个百分点，与其同期专利数量所占比重持续下降基本呈一致趋势；日本住宅固定资产形成总额占 GDP 的比重，从 1998 年的 4.3％ 持续下降到 3.7％，共下降 0.6 个百分点 与其同期专利数量所占比重持续下降呈同一变化方向。

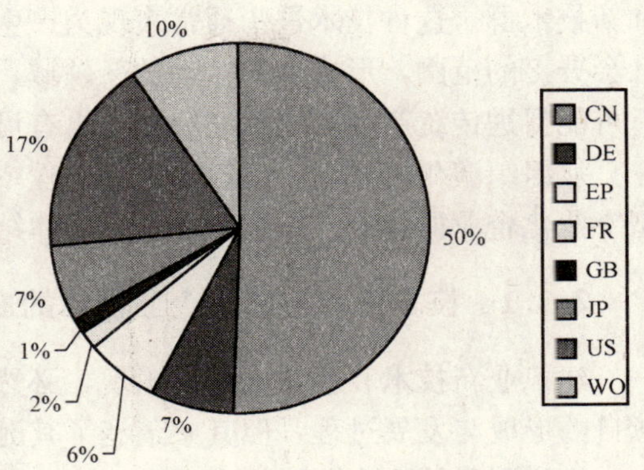

图 4-2-9　2006～2008 年 E04C 专利申请数量区域分布

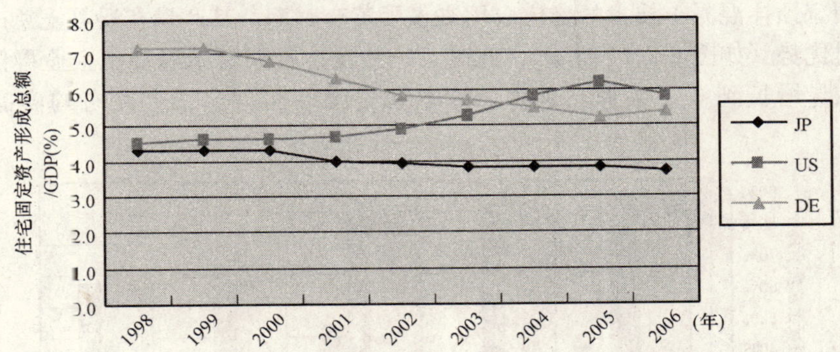

图 4-2-10　1998～2006 年美、日、德住宅固定资产 形成总额占 GDP 的比重

事实表明，在现实经济系统中创新与建筑业成长是相互作用的。创新能通过多种途径对建筑业戍长产生影响，建筑业成长也会促进创新，两者会表现出趋同的速度和过程。

2.2　技术进步与建筑业企业群体的演进

从技术进步的方向来看，技术进步可以被划分为纵向进步和横向进步。它们对建筑业增长所起的作用是不同的。

所谓纵向技术进步是指技术水平的提高，包括以原技术为基础的技术水平的提高。它能促进建筑业扩大生产规模，增加建筑产品的供给，改进建筑产品的质量，从而提高建筑业在整个国民经济中所占的份额，并实现产业部门之间的结构调整和演变。

所谓横向的技术进步是指新技术和新技术群的出现，它会造就越来越多的新技术和新技术群。这种技术进步通常表现为产生新产品、新工艺、新材料和新能源，扩大社会分工的范围，形成生产活动的新领域，进而生成新的企业群体。横向技术进步既有可能促进传统产业的重组或分化，也有可能促进新产业的形成。

从组织演化的角度，建筑业发展过程中有两种值得关注的组织现象，一是出现新型专业化企业群体；二是建筑业企业群体结构发生演变。

2.2.1 技术进步与建筑企业群体的形成与发展

建筑业新技术和新技术群的出现，必然形成新型企业群体。这类企业群体虽然有各自的形成与发展过程，但其中蕴涵了其诞生、成长、成熟的内在运行规律与机理。

为说明建筑业企业群体在特定环境下的生命过程，以预拌混凝土企业群体成长为例，揭示建筑业企业群体生成与成长的基本规律。

预拌混凝土技术的出现可以说是混凝土发展史上的一次“革命”，是混凝土技术走向工业化和现代化的标志。1903 年预拌混凝土技术诞生于德国。1926 年美国成功研制了预拌混凝土运输车，为现代预拌混凝土技术奠定了基础。20 世纪 70 年代，一些发达国家预拌混凝土技术的推广应用进入了黄金时期，其产量在混凝土总产量中已占有绝对优势（如图 4-2-11 所示）。此时，一些发达国家商品混凝土企业群体已经形成，其数量增长到 3 万余家。其中，日本和美国各拥有 5 千个左右的商品混凝土企业。

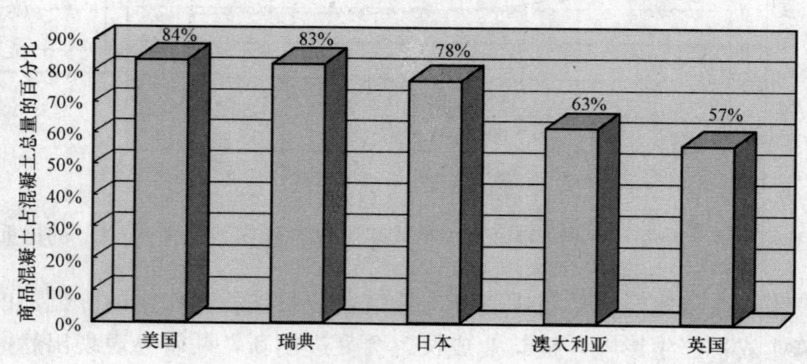

图 4-2-11 1970 年各国商品混凝土产量占混凝土总产量百分比

中国预拌混凝土企业群体形成较晚。20 世纪 70 年代末，首次从日本引进成套混凝土搅拌站、搅拌输送车和输送泵。1978 年以常州市建筑工程材料公司商品混凝土供应站为代表的一些企业，成功地把商品混凝土推向市场。此后，预拌混凝土相关技术标准逐渐形成。20 世纪 80 年代中期，预拌混凝土企业群体已经形成。目前，企业数量已由 20 世纪 80 年代中期的 10 余家增加到千余家。

预拌混凝土企业群体的形成与成长过程已经引起了学术界和建设管理部门的重视。卢丰华等运用组织种群的密度依赖模型和传染病模型对混凝土企业种群密度、规模对增长率的影响进行了研究。结果发现，在混凝土生产企业种群演化的成长阶段，新生的混凝土生产企业行为受到种群内既有企业行为的影响，其进入行为存在着非理性选择；同类混凝土生产企业的“传染”行为对种群演化的影响力大于合法化的影响力；地区之间的建设规模和经济发展水平的差异，造成混凝土生产企业群体发展在地理上失衡；行业政策法规和新技术标准加速了混凝土企业种群的演化进程。

建设管理部门也组织专家对国内预拌混凝土行业的发展进行了专题研究，发现影响和制约我国预拌混凝土行业发展的主要因素有：①预拌混凝土生产、流通和使用等环节的行政管理主体不明确；②部分地方行业政策执行力度不够；③建筑施工企业对使用预拌混凝土还缺乏认同。建议完善预拌混凝土行业政策体系；明确监管执法主体，加强预拌混凝土生产、使用等环节的监管力度；企业实行纵向链式发展模式，生产新产品，开辟新市场。

关于建筑业企业群体的增长规律，也有学者进行了探究（刘桦，2008）。例如通过研究中国私营、股份制、集体和国有建筑企业种群的增长模型，发现这四类企业种群在观察期内的规模增长率表现出非线性的密度依赖特征。其中，私营、股份制、集体企业种群的规模增长率随着密度增加而上升，并且在不同地区，它们对密度依赖的程度有所不同。企业种群增长率对密度依赖的程度与其在创建初期的规模之间存在联系。国有企业种群的规模增长率表现出两种状态，一种状态是增长率随着密度增加而上升；另一种状态是增长率随着密度增加而下降。这表明环境容纳企业的数量是有限度的。另外，企业种群增长率还表现出非线性的规模效应。其中，私营、股份制企业种群下一期的规模与其当期规模呈同方向变动，其下一期规模随着当期规模的增加而增大，但其增长率随规模上升而下降。集体、国有企业种群的下一期规模与当期规模呈反方向变动，总体上呈现出负增长的状态，并且规模越大，衰减越快。除了企业种群密度和规模以外，其他因素对种群增长率所产生的综合影响表现为支持的状态，但是支持的程度有所差异，这种差异不仅存在于不同地区的同类企业种群之间，而且存在于不同类型的企业种群之间。

由于社会环境供给企业种群的资源有限，因此在特定时期和特定地理范围内，存在环境容纳企业的最大数量，即环境承载力。当种群密度小于环境承载力时，其增长率随着密度增加而上升；当种群密度等于环境承载力时，种群增长率达到最高水平；当种群密度大于环境承载力时，其增长率随着密度进一步增加而下降。因此，种群密度与增长率之间的关系通常表现为倒U形的曲线（如图4-2-12所示）。国有种群的规模增长率随密度增加而上升或下降的两种状态，间接地证明了环境承载力的存在以及种群增长率随密度变化的特征。由于不同建筑企业种群之间或不同地区的同类建筑企业种群之间的环境承载力可能存在差异性或相似性，因而规模、密度和其他因素对增长率的影响在种群之间或地区之间也可能存在差异性或相似性。

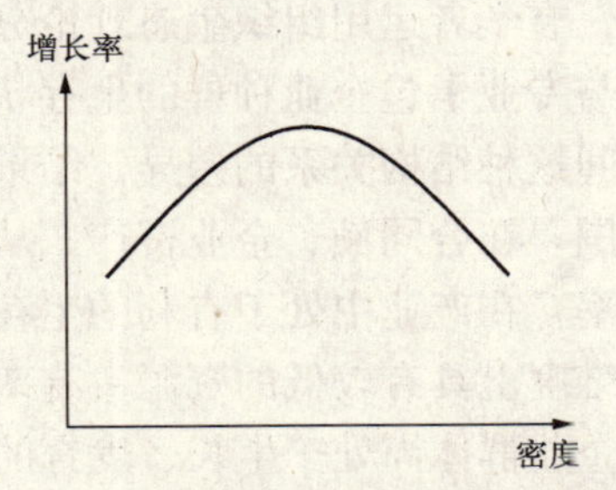

图4-2-12　种群增长率与密度关系图

事实上，技术进步对建筑业企业群体形成与发展的推动力，并非只源于新技术本身，社会认同也是一股重要力量。当新企业形态出现时，通常缺乏合法性。所谓合法性（legitimation）是指组织设立权的合法性（constitutive legitimation），即当组织实现社会认同的特性时就获得了合法性（M. Weber，1968）。当新企业形态出现时，通常由于缺乏这种设立权的合法性，使企业陷入困境。例如企业面临敌对的制度规定，难以获得运营资本，其交易活动仅限于对企业认同的少量顾客和供应商，企业难以招募到合适的雇员等。随着某类企业形态的逐渐扩散，其合法性得以上升。然而，当某类企业群体在数量上增加到一定程度时，合法性将不在继续上升。换句话说，企业群体的合法性会随着其数量增加以递减的比率增加，在企业数量达到一个较高的密度时，合法性达到最高峰。此后，竞争机制会发挥越来越重要的作用。

所谓竞争是指当一群行动者依存一个有限的资源集合时，其他行动者的进入会降低这群行动者的生存机会。这种影响不是直接的，而是间接的或扩散的，因而也称为扩散竞争（diffuse competition）。扩散竞争的强度会以一个上升的比率随着企业群体数量的增加而增强。也就是说，高密度的企业种群与低密度的企业种群相比，前者密度变化对竞争强度会产生更大的影响。

建筑业企业群体形成与发展的动态特征是多种机制综合作用的结果，合法化与竞争机制结合在一起在企业群体形成与发展的不同阶段相互补充或竞争，其地位和作用可以相互转换。在建筑业企业群体形成和发展的初期，技术进步启动合法性机制，促进企业群体的形成与增长。在建筑业企业群体发展过程中，竞争机制逐渐发挥作用。它促使企业、政府和相关组织不断地进行技术创新与管理创新，包括组织的变革、制度的改进与完善，其结果进一步推进了技术进步。由于技术与制度供给的时间和质量等方面在不同企业群体之间或不同地区的同类企业群体之间有可能存在差异性或相似性，因而各类建筑业企业群体或不同地区的同类企业群体具有不同的或相似的成长路径。

2.2.2 技术进步与建筑业企业群体结构的演变

技术进步决定着建筑业的形成与发展，改变了建筑业企业群体的结构。新企业群体的产生，是技术进步的结果。没有技术进步，建筑业经济增长方式就难以转变，劳动生产率也难以提高，建筑业企业群体就无法得到进化。在建筑业企业群体的进化过程中，通常表现出其结构发生演变，例如企业数量和所占有的资源等方面发生改变。

有学者运用组织生态理论分析了建筑业企业群落的构成。通过比较不同地区总承包与专业承包企业种群的生存状态，以发现企业群体之间的结构关系，以及不同地区之间这种结构关系的差异。结果发现：在观察期内，总承包企业占据了较宽阔的资源范围，在合同额、企业资产、从业人数、企业利润总额等维度上表现出较高的资源占有率，在产业中处于有利的生存状态；专业承包企业群体占据较窄的资源范围，在相应维度上具有较低的资源占有率，在产业中处于不利的生存状态。研究表明我国建筑业企业群体尚处于生长、发育的初期，其结构正处于进化过程当中。不同地理环境下的建筑业企业群体结构进化的程度有所差异。

关于建筑企业群体之间的关系，研究者通过含有建筑企业种群间关系的增长模型，发现在建筑企业群落内部，新的与原有企业种群之间存在捕食性竞争的结构关系模式，即新种群的扩张以牺牲原有种群为代价。模型不仅反映出新的与原有建筑企业种群间的结构关系模式，而且也显示出每个种群自身的特性和群落内部种群增长模式的共同特征，企业种群增长除了取决于自身的密度、规模和其他因素的综合影响之外，还受到群落内其他企业种群密度的影响。

影响建筑业企业群体结构动态的主要因素可以从企业及其生长环境两个方面来考究。从组织运行的生态规律上看，建筑业企业种群之间的竞争在企业群落结构形成中起重要作用。如图 4-2-13 所示，A 和 B 分别代表两个不同类型的企业种群，它们各自占有适合生长的环境资源范围。如果它们的资源利用范围发生重叠，那么两个种群之间必然为争夺资源而发生竞争。资源利用范围重叠得越多，种群间的竞争也就越激烈。这种竞争可能产生两种结局：一种是相互竞争的两个种群中有一个最终获胜，得到成长，而另一个种群衰败甚至消亡；另一种结局是两个种群的资源利用范围发生分离，从而实现它们在群落内部共生。所谓共生（symbiosis）是指不同的（功能不相似的）组织种群之间相互依赖，它们占据不同的资源空间，彼此得益于其他种群的存在。中国建筑业企业群体正在经历这个动态过程。它们自身的特性决定了企业群体之间的竞争会实现共生的平衡状态。达到这种平衡状态所需要的时间与企业的创新行为密切相关，同时也受到环境因素包括制度环境的影响。

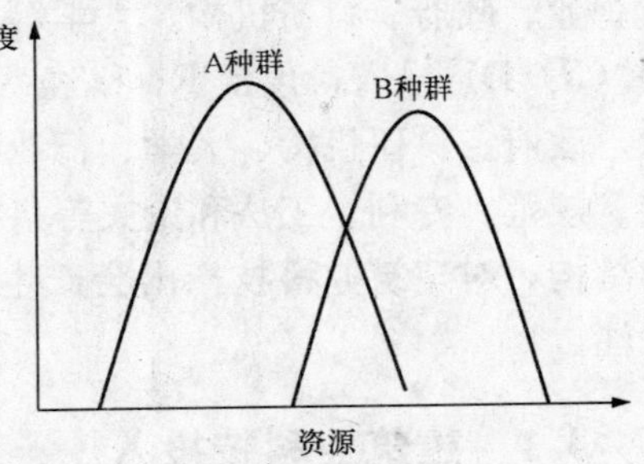

图 4-2-13　两个企业种群共存的资源利用函数

建筑业企业生长的制度环境在企业群体结构形成和动态过程中也起重要作用。制度既可能加速企业群体结构的进化过程，也可能延缓甚至阻碍这个过程。例如我国现行的《建筑业企业资质管理规定》，虽然确定了施工总承包与专业承包企业的空间活动范围及其相互之间的功能关系，但其中有关两类企业的功能与活动范围的界定存在前者包含后者的关系，这种关系意味着两类企业的资源利用范围产生较大重叠。由于处于供应链上游的总承包企业数量较多，可利用的环境资源有限，这个群体内部的企业之间就发生激烈的资源争夺，其结果导致处于供应链下游的专业承包企业所占有的有限资源空间（市场、人才、技术、资金等）遭受总承包企业的侵蚀，从而在一定程度上抑制了专业承包企业种群的增长。此外，企业所在地的社会政治、经济、文化、自然资源等环境条件对企业个体和群体的价值观、惯例和规范的形成起重要作用，它会影响企业群体的行为和企业群体之间的相互作用关系。

建筑业企业群体的创新行为和社会、制度、自然资源等环境因素对建筑业企业群体结构进化的促进作用，实际上体现了技术进步对建筑业企业群体结构演变的影响力。而建筑业企业群体结构的进化，又反过来影响企业群体的创新行为，同时也影响建筑业组织 R&D 结构及其制度环境的进化过程。

第 3 章　建筑业科技投入与产出

建筑业科技投入对于建筑业技术进步有着决定性影响。这里建筑业科技投入主要指企业、政府、科研机构、大学等相关组织在建筑业科学与技术领域的研究与试验发展（R&D）投入，包括 R&D 经费投入和研发人员投入。建筑业科技产出主要指企业、政府、科研机构、大学、行业协会等相关组织，通过技术创新活动形成的技术标准、规范、专利、工法和论文等科技成果。建筑业科技投入的数量与质量，包括投入的结构，对建筑业科技产出会产生影响。建筑业科技投入与产出的独特表现，值得关注。

3.1　建筑业科技投入

建筑产品生产过程的技术与经济特点，增加了建筑业技术创新的难度，影响了建筑业科技投入。

首先，建筑业最终产品的不可流动性和建设项目地域的分散性，使得最终产品不得不在消费的最终地点上完成，这增加了建设项目技术创新的难度。在建设项目的技术创新过程中，一个重要的阶段就是对技术创新的识别和评价，这需要获得大量关于新技术方面的知识、经验和技术积累。建设项目的非重复性和地域的分散性往往增加了建筑企业及其从业人员学习经验积累的难度，也增加了建筑企业及其从业人员的学习费用，因而极大地降低了一线人员和基层组织开展技术创新的热情。

其次，建筑业的创新特性体现于建筑产品的复杂性和独特性。随着其他产业部门产品质量的改进和消费者对生活质量的追求，建筑产品已成为多部门产品集成的复杂品。这也在一定程度上妨碍了建筑业技术创新。一般而言，由于对新材料和新组件的性能缺乏足够的了解，出于对设计失败风险的担心，许多建筑师和工程设计人员不愿意采用新材料和新组件。企业在考虑投资技术创新项目的决策过程中，出于理性的经济追求，更注重于投资的回收。建筑产品的独特性减少了其成果应用和推广的机会，从而降低了创新者对创新成果的预期。

此外，影响建筑业创新的产品要素是建筑产品本身的耐久性。建筑产品本身及其组成部件通常具有较高的耐久性。建筑产品所被赋予的社会责任，使政府部门对其采用的新技术、新材料和新设备有严格的管制。同时，建筑产品的购买行为大多表现为“一次性交易”，这极大地增加了设计者、建造者和建筑构件或部品生产者的“道德风险”，强化了设计者和建造者对创新行为的“逆向选择”。因此，建筑业技术创新投入与产出也就有了与其他行业不同的表现。

在建筑业开展的研发活动，是在国家科技创新大环境下实现的。因而有必要观察中外研发（R&D）投入的差异，以便于理解建筑业科技投入的表现。

3.1.1 中外研发（R&D）投入比较

从 R&D 经费投入（经费数额和经费使用模式）和研发人员投入两个方面对中外研发投入情况进行比较，以找出差异，发现问题。

（1）R&D 经费投入

可以从 R&D 经费投入数额和经费使用模式两个方面对 R&D 经费投入进行分析。

1）R&D 经费投入数额

从图 4-3-1 和图 4-3-2 可以看出，近 10 余年来我国 R&D 费用支出及其占 GDP 的比例虽然一直呈上升趋势，但是与发达国家相比（如图 4-3-3 和图 4-3-4 所示），仍处于偏低的水平。

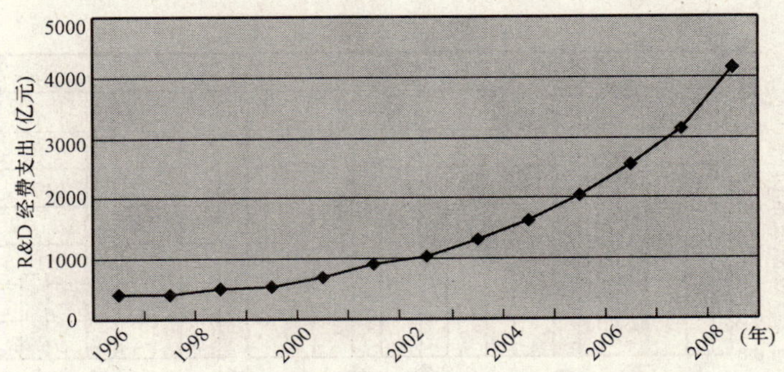

图 4-3-1 1996～2008 年我国 R&D 经费支出情况

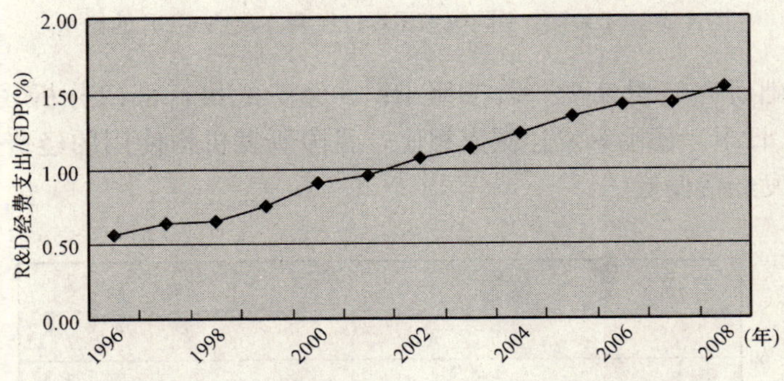

图 4-3-2 1996～2008 年我国 R&D 经费支出占 GDP 的比重

2）R&D 经费使用模式

可以从研究活动的类型和 R&D 经费的执行部门来分析 R&D 经费的使用模式。从 R&D 活动的类型看，我国试验发展费所占比例最高，并且近年来有上升趋势；应用研究所占比例次之，近年来有下降趋势；基础研究所占比例一直最低，且近年有下降趋势（如图 4-3-5 所示）。与其他国家相比（如图 4-3-6 所示），我国的试验发展经

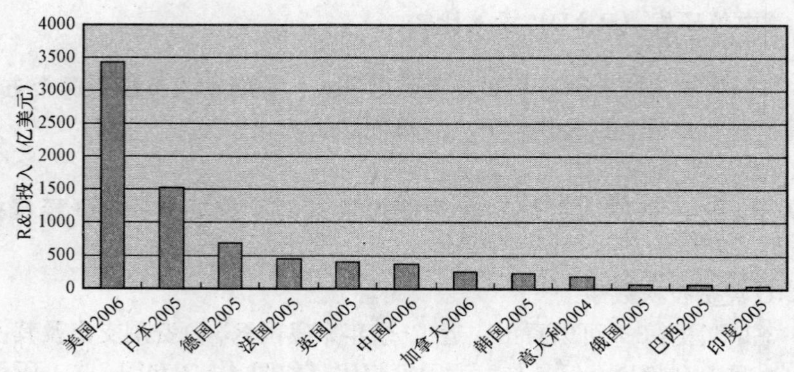

图 4-3-3　不同国家 R&D 投入比较

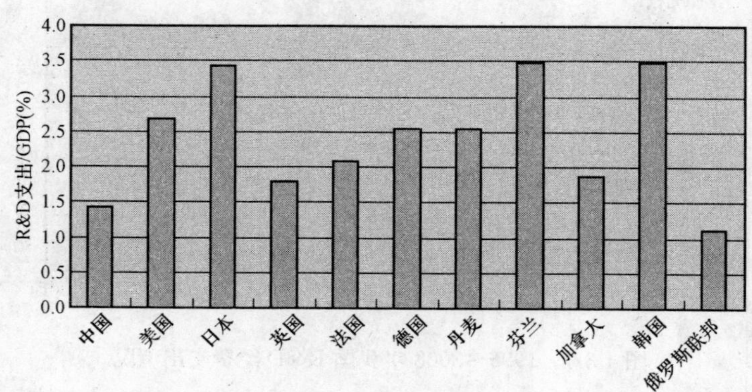

图 4-3-4　2007 年不同国家 R&D 经费支出占 GDP 的比重

费偏多，而基础研究经费偏少。若按照 R&D 经费的执行部门分析（如图 4-3-7 所示），与美国、日本、德国等发达国家相比，我国研发机构使用的经费偏多，而高等学校使用的研发经费偏低。

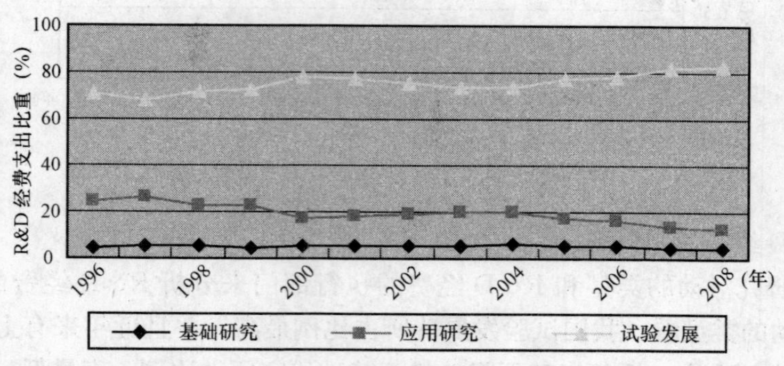

图 4-3-5　1996～2008 年按活动类型分我国 R&D 经费使用情况

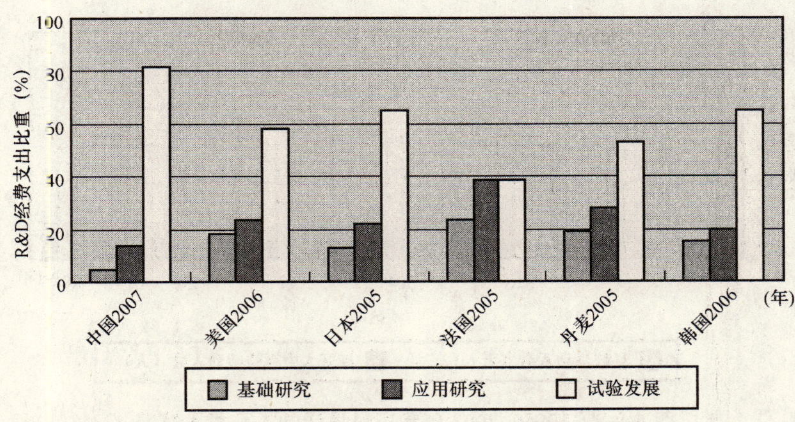

图 4-3-6 按研究类型分不同国家 R&D 经费使用情况

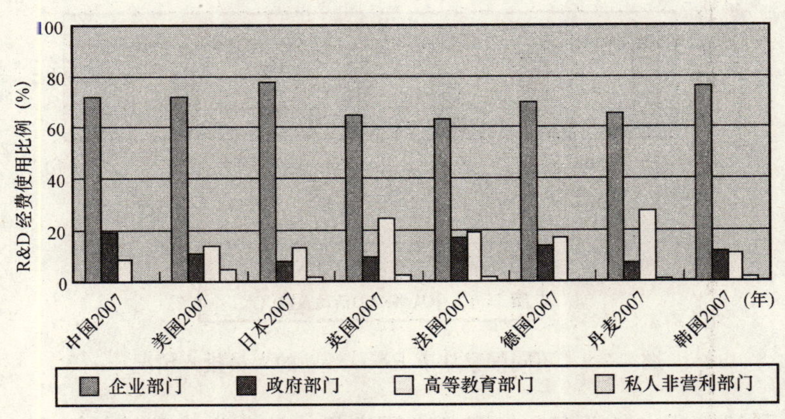

图 4-3-7 按执行部门分不同国家 R&D 经费使用情况

（2）研发（R&D）人员投入

研发（R&D）人员投入是技术创新活动的保障。我国从事科技活动的人数总体上呈上升趋势（如图 4-3-8 所示），且 R&D 人员的绝对数量也高于世界其他国家（如图 4-3-9 所示），但每万人中 R&D 人员投入与其他国家相比却很低（如图 4-3-9 所示）。

3.1.2 建筑业与其他行业 R&D 投入比较

建筑业 R&D 活动通常由独立的建筑科研院所、大学或建筑业企业承担。结合《中国科技统计年鉴》、《中国统计年鉴》和《中国建筑业年鉴》（以下简称《年鉴》），结合课题组问卷调查结果和其他专题研究成果，分析我国建筑业与其他行业 R&D 投入的差异。

（1）建筑业科研院所的 R&D 投入

1）人员投入 2008 年我国建筑业科研院所从业人数为 5399 人，只占全国各行业科研机构总量的（0.88%），是农、林、牧渔业的 1/18，制造业的1/5，采矿业的 5

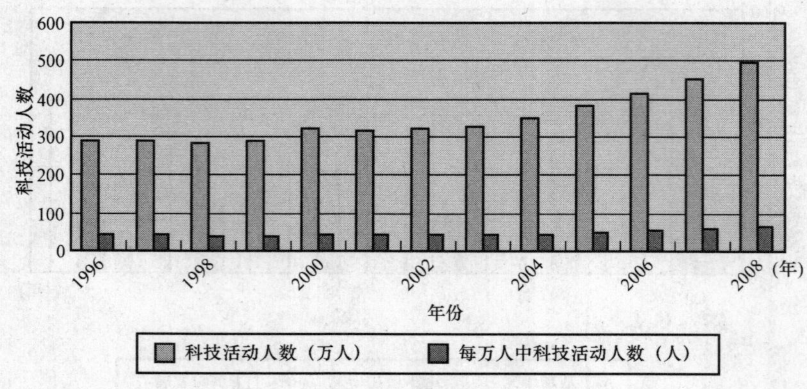

图 4-3-8　1996～2008 年我国科技活动人员投入情况

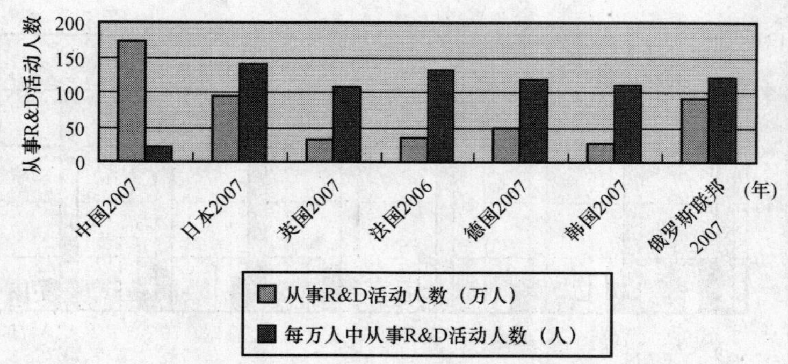

图 4-3-9　不同国家从事 R&D 活动的人员投入情况

倍。建筑业科研院所中科学家和工程师占研发机构从业人员数量的 63%，高于全国平均水平（61%），也高于农林业（54%）、制造业（60%）和采矿业（56%）。建筑业科研院所 R&D 人员全时当量仅为 631 人·年，占全国研发机构总量的 0.2%，是农林业的 1/51，制造业的1/12，采矿业的近 6 倍。建筑业科研院所投入“试验发展”和“应用研究”的科研人员全时当量比例分别为 78%和 22%，其“基础研究”的科研人员全时当量为 0。

从全国各行业科研机构的平均水平看，在基础研究、应用研究和试验发展这 3 项活动上科研人员全时当量的比例分别为 15%、37%和 48%。可见建筑业科研院所在试验发展和应用研究方面投入科研人员的比例分别高于和低于全国各行业的平均水平。另外，2001～2008年建筑业科研院所的从业人数逐年减少，从 2001 年的 7487 人减少到 2008 年的 5399 人，反映出建筑科研院所的科研人员在不断流失。这种现象可能与我国科研院所的转制有关。

2）经费投入　2008 年建筑业科研院所 R&D 经费内部支出 11722 万元，只占同年全国各行业的 0.14%。从资金来源看，建筑业研发机构 R&D 经费支出资金构成为：政府资金占 56.7%，企业资金占 14.1%，其他资金占 29.2%；农、林、牧渔业

R&D经费支出资金构成为：政府资金占88.0%，企业资金占1.9% ，国外资金占0.6%，其他资金占9.5%；采矿业R&D经费支出资金构成为：政府资金占88.4%，企业资金占11.6%；制造业R&D经费支出资金构成为：政府资金占77.5%，企业资金占4.4%，国外资金占0.4%，其他资金占17.7%。全国各行业R&D经费支出资金构成为：政府资金占86.3%，企业资金占3.5%，国外资金占0.5%，其他资金占9.8%。可以看出，与制造业、农、林、牧渔业、采矿业等相比，建筑业科研院所R&D经费支出中政府资金所占比例较低，且低于全行业的总体水平。

3）经费使用 全国各行业科研机构的R&D经费支出，在基础研究、应用研究和试验发展这3项活动上所占比例平均为11.5%、33.5%和55.0%，其中农、林、牧渔业为7.0%、22.1%和70.9%，采矿业为0%、23.5%和76.5%，制造业为19.6%、31.7%和48.7%，而建筑业科研院所这3项活动的经费支出比例分别为0%、29.5%和70.5%。由此可见，建筑业科研院所的R&D经费支出多用于试验发展，对基础研究没有经费投入，对应用研究的R&D经费支出比例虽然高于农、林、牧渔业和采矿业，但低于制造业，也低于全行业的总体水平。

建筑业科研院所的研究课题数量占全国各行业科研机构总量的0.7 %，是农、林、牧渔业的1/42，制造业的1/6，采掘业的5倍。全国各行业科研机构每项课题经费投入的总体水平为82.3万元/项，建筑业为33.6万元/项，低于采矿业（56.2万元/项），高于农、林、牧渔业（19.0万元/项），接近制造业（32.0万元/项）。

结果表明，建筑业科研院所转制以来追求经济效益，因而在试验发展方面投入较多的科技人员和研究经费。投入试验发展的经费是应用研究经费的2～3倍，投入试验发展的从业人数是应用研究人数的3～4倍，对于基础研究几乎无人问津。

（2）大学与建筑业相关的R&D投入

《年鉴》按58个学科组对高校R&D进行统计。2006年土木建筑工程学科R&D课题数量排在第8位，R&D课题总经费排在第2位，与2004年相比各上升了5位和4位。在矿山工程技术、能源科学技术、冶金和金属学、机械和仪表、动力与电气、电子和通信及自控、计算技术、化工、土木建筑、水利、交通运输、航空航天、环境等13个主要工程类学科中，高等学校土木建筑工程学科R&D课题数排在第4位，R&D课题总经费排在第2位，比2004年上升2位；平均单项课题经费排在第5位，比2004年上升了5位。

从2006年高等学校土木与建筑工程学科R&D经费资助水平来看，R&D课题数为12108项，R&D参加人员全时当量9065人·年，R&D课题经费为230219万元，分别占全国高校各学科总量的3.31%、3.38%和8.02%。全国高校各学科平均全时当量课题数为1.36个/人·年，平均全时当量R&D课题经费为10.71万元/人·年，平均R&D课题经费为7.86万元/项，而高校土木建筑工程学科的上述3项数据分别为1.34个/人·年、25.40万元/人·年和19.01万元/项。可以看出，高等学校土木与建筑工程学科R&D经费资助水平高于全国各学科的平均水平。

从2001年至2006年全国高校各学科总体和土木建筑工程学科的R&D指标数据

来看，高校各学科 R&D 课题数与经费支出均逐年增加。按环比年增长率计算，高校土木建筑工程学科的 R&D 课题数增长率为 34.34%，总经费增长率为 58.05%，平均每项课题经费增长率为 17.65%；同期各学科总体相应的平均增长率分别为 20.80%、30.49%和 8.02%。可以看出，土木建筑工程学科在 R&D 课题数量、总经费增长水平和单项课题经费增长率方面均高于全国各学科的平均水平。

(3) 建筑业企业 R&D 投入

国家统计局、科学技术部等 7 部委于 2000 年进行的全国 R&D 资源清查结果显示，建筑业有 R&D 活动的单位数、R&D 人员全时当量数、R&D 经费、R&D 课题数等分别占全国各行业总量的 1.68 %、1.02%、0.59%和 0.56%。在农林业、采掘业和制造业等几个产业部门中，其上述指标几乎都是最低的，分别为工业的 1/37、1/45、1/90 和 1/39。从行业 R&D 经费占 GDP 的比例来看，建筑业企业 R&D 经费只占其 GDP 的 0.09%，略高于农林等业的水平（0.05%），但远低于工业企业的水平（1.22%）和全国企业平均水般（1.00%）。

从 R&D 人员的全时当量、R&D 经费和课题数等方面分别与其他行业相比发现，建筑业企业在“基础研究”的投入比例较低，在“应用研究”投入的比例高于其他行业，“试验发展”活动投入的比例与其他行业基本持平。

根据建筑时报报道，目前我国大中型建筑企业从事技术开发工作的技术人员不到职工人数的 2%，发达国家比我国高 5～6 倍。由此可见，我国建筑企业对建筑技术的研发人员投入不足。

从 R&D 经费来源看，建筑业 R&D 经费中，来自于政府的经费只占全国政府资助 R&D 经费的 0.08%，是采掘业的 1/4，农林等业的 1/13 和制造业的 1/138。来自于政府的经费占建筑业企业 R&D 经费的 4.28%，这个水平与采掘业相当，低于制造业的水平（6.92%），远低于农林等业的水平（37.44%）。

据世界经合组织（OECD）统计，建筑企业（仅限于承包商和专业承包商）对 R&D 投入经费占产业增加值的比例约在 0.01%～0.4%。相比而言，制造业企业的投入比例是 3%～4%，而所有产业平均为 2%～3%。图 4-3-10 显示了澳大利亚、加拿大、日本和欧洲国家建筑企业 R&D 投入占产业增加值的比例。可以看出，日本建筑企业 R&D 投入比例达到 0.4%以上，明显高于其他国家。

1994 年全国被抽样调查的 519 家大中型建筑企业的科技活动经费当年只有 5.75 亿元，仅相当于日本建筑企业同期 R&D 投入的 3.5%。此后中国建筑企业 R&D 投入比例虽然有增长，但仍处于较低水平。根据 2005 年建设部对 146 家特级企业调查结果，在 146 家特级企业中，年科研经费支出占营业额的比例低于 0.5%的企业有 86 家，占企业总数的 58.9%，低于 50 万的有 16 家，低于 30 万的有 13 家；一半以上的企业没有开发研制过企业工法或专有技术。即便是跻身国际 225 强的中国铁路工程总公司，2007 年技术开发投入占其营业额的比重也仅为 0.52%。

课题组于 2009 年的问卷调查结果显示，在接受调查的 185 家企业中，剔除无效问卷后，R&D 投入占产值的平均水平为 0.5%，技术人员占企业员工的比例为 37%，

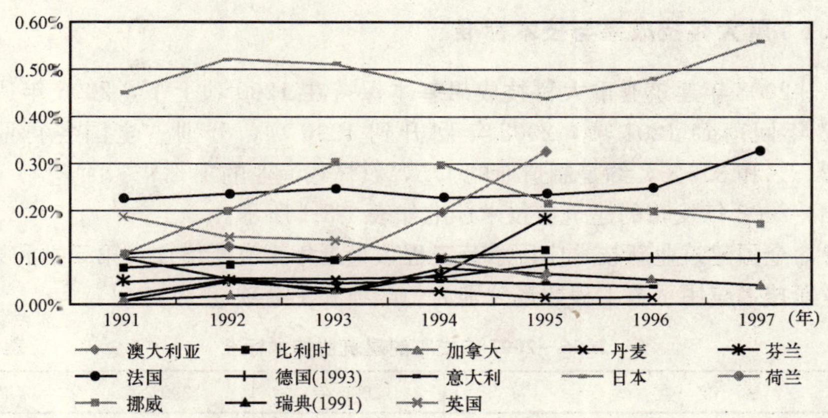

图 4-3-10　建筑企业 R&D 投入（Business Expenditures in R&D）占产业增加值的比例

数据来源：Seaden G. and Manseau A.，2001.

但其中包含的专职研发人员很少。由此看出，中国建筑业 R&D 投入还有很大的增长空间。

建筑业技术装备率也能在一定程度反映建筑业技术投入水平。1996 年至 2008 年间，我国建筑业技术装备率从 4154 元/人增加到 9915 元/人，年均增长率为 11.6%。可以看出，从 1996 年至 2003 年中国建筑业技术装备率呈稳步上升趋势，但 2003 年至今基本稳定并略有回落（如图 4-3-11 所示）。根据美国经济普查局发布的《1997 经济普查》，1997 年美国的建筑业技术装备率是 6.8 万美元/人，是当年中国建筑业技术装备率的 32.9 倍。

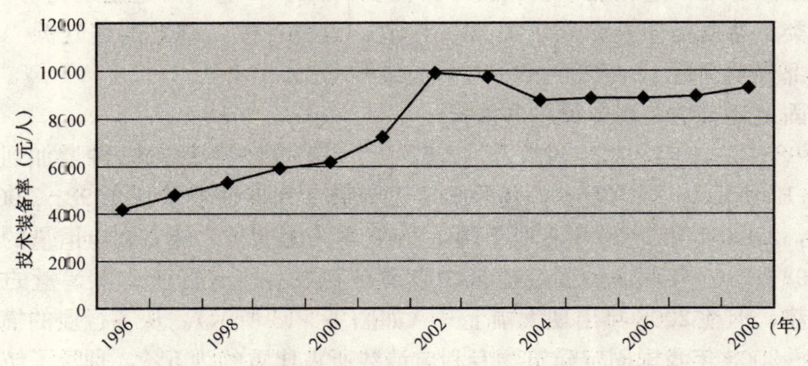

图 4-3-11　1996～2008 年建筑业技术装备率变动趋势

3.2　建筑业科技产出

建筑业科技产出可以从其科技成果数量、专利、工法和公开发表的论文等方面来观察和分析。

3.2.1 重大科技成果与技术标准

2001～2008年建筑业重大科技成果基本保持在1200项上下，2006年达到1358项，2007年回落到1201项，2008年回升到1296项，分别占全国各行业总数的4.0%、3.5%和3.6%，约是制造业的1/5，农林牧渔业的1/4。

2006～2008年发布的建筑业技术标准如表4-3-1所示。

另外，全国建筑业新技术应用示范工程数量近年来有所增加。第5批和第6批全国建筑业新技术应用示范工程数量分别为102项和140项。

2006～2007年发布的建筑业技术标准 **表4-3-1**

标准类型		2006年	2007年	2008年
工程建设国家标准	制定	17	23	50
	修订	21	10	
工程建设行业标准	制定	2	5	33
	修订	6	2	
工程建设产品标准	制定	18	42	39
	修订	4	15	
地方标准		254	186	194
中国工程建设标准化协会标准		26	15	57

3.2.2 专利

按照国际标准，建筑技术领域的专利主要归属于E部（固定建筑物），有关材料加工处理类、卷扬提升类归属于B部（作业、运输）中。以下重点分析“固定建筑物”及其部分类别近10年来的专利数量与结构动态。

（1）固定建筑物专利申请总体情况

从1998～2008年，固定建筑部（E部）专利年申请数从5642件增加到29828件（如图4-3-12所示）。可以看出，我国固定建筑物专利申请数量从1998～2005年间呈上升趋势，2006年和2007年有所下降，2008年大幅上升。从专利申请量的相对比例来看，1998～2007年间我国固定建筑物申请专利数占所有行业总申请量的比例一直呈下降趋势，但在2008年出现大幅上升（如图4-3-13所示）。从各行业的横向比较来看，1998～2008年我国固定建筑物专利申请数所占比重约为5%，是除了纺织、造纸以外专利申请比例最低的行业（如图4-3-14所示）。

从固定建筑物内部各专业申请情况来看，各专业申请专利的情况也不同（如图4-3-15所示），其中建筑物申请专利比例最高（29%），锁、钥匙、门窗、保险箱次之（17%），水利工程、基础、运土及道路、铁路和桥梁的建筑最低，分别为8%和9%。

（2）固定建筑物分类专利申请情况

为进一步了解国内专利的结构动态，选取E02D、E04B和E04C专利，从专利类

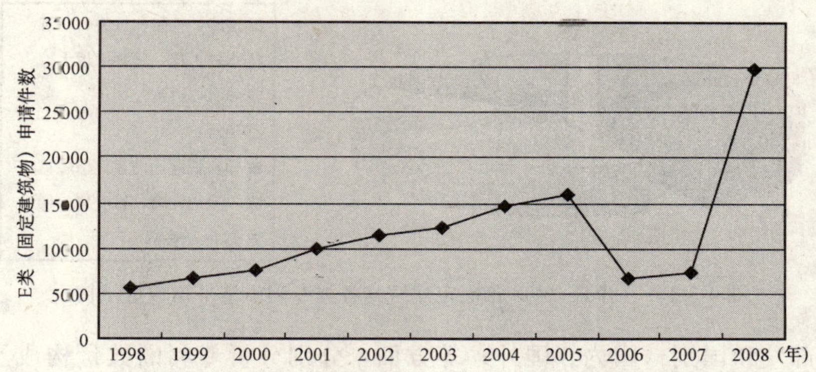

图 4-3-12　1998～2008 年我国固定建筑物专利申请数变化趋势

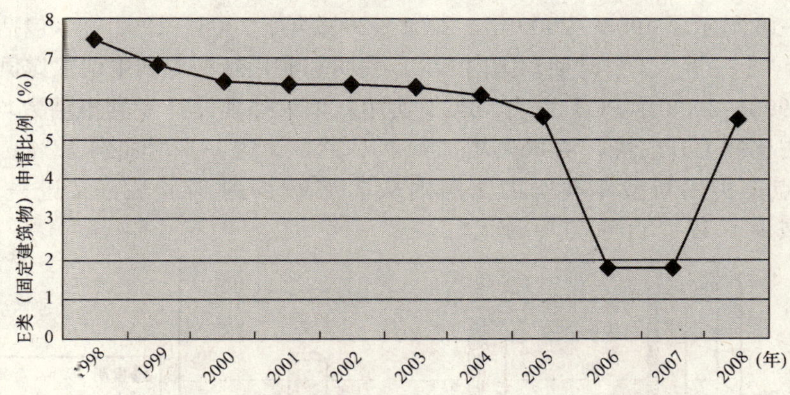

图 4-3-13　1998～2008 年我国固定建筑物专利申请比例变化趋势

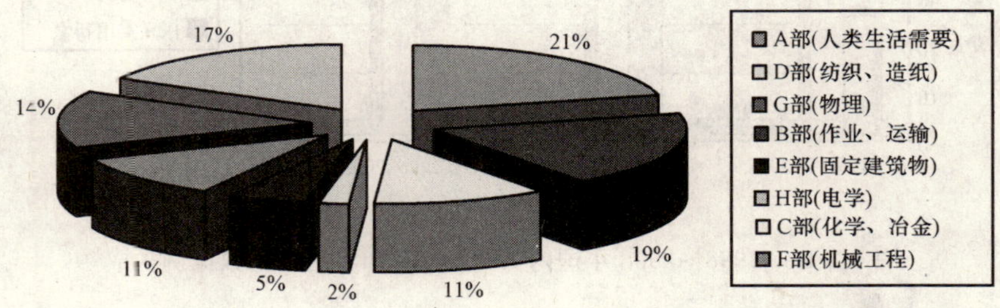

图 4-3-14　1998～2008 年我国各行业平均申请专利数量结构

型、申请人性质、申请人所在行政区域和申请人国别等方面，分别分析它们近 10 年的数量结构和变化趋势。

1）E02D 国内专利数量与结构动态分析

按照国际专利分类标准，E02D 代表基础、挖方、填方、地下或水下结构物专利。为揭示近 10 年国内专利的数量结构及其变化趋势，将从专利类型（发明、实用新型）、申请人性质（个人、企业、大专院校、科研单位）、申请人行政区域（东部、

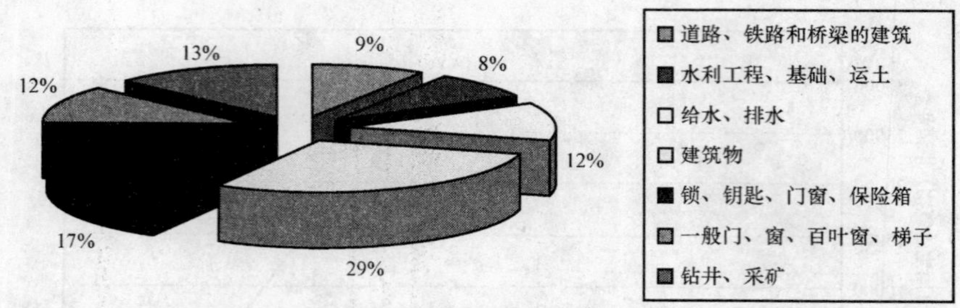

图 4-3-15　1998～2008 年固定建筑物各类专利申请平均数量结构

中部和西部）和国别（国内、国外）等方面，分别分析专利的数量构成及其变动趋势。

①国内 E02D 发明和实用新型专利数量结构及其变动趋势

图 4-3-16 显示了 1998～2000 年、2001～2005 年、2006～2008 年（包括“九五”、“十五”和“十一五”3 个时期）国内 E02D 发明和实用新型专利申请数比例构成。可以看出，1998～2008 年 PCT 发明、PCT 实用新型、外观设计专利申请数均为 0。发明专利所占比例上升较快，从 25％增加到 33％后，又进一步增加到 42％，共增加了 17 个百分点；实用新型专利所占比例则从 75％减少到 67％后，又进一步减少到 58％，共减少了 17 个百分点。

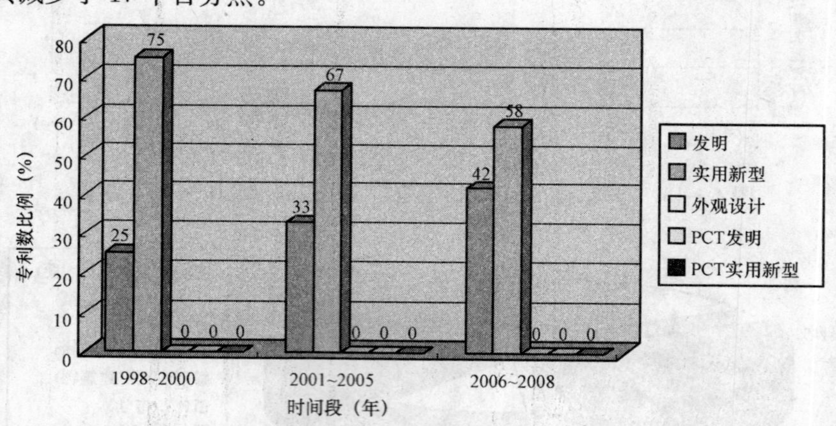

图 4-3-16　1998～2008 年国内 E02D 发明和实用新型数比例构成

图 4-3-17 显示了 1998～2008 年国内 E02D 发明和实用新型专利申请数量变动趋势。可以看出，发明和实用新型专利申请数总体上均呈上升态势。实用新型专利数在观察期始终多于发明专利数，但后者的增长幅度大于前者，发明专利申请数量增长了近 8 倍，实用新型专利申请数量只增长了 3 倍。

结果表明，在基础、挖方、填方、地下或水下结构物技术领域，国内申请人申请的专利不仅在数量上保持增长，而且其创造性也明显增强。

②按国内申请人性质划分的 E02D 数量结构及其变动趋势

图 4-3-18 显示了 1998～2000 年、2001～2005 年、2006～2008 年按国内申请人性

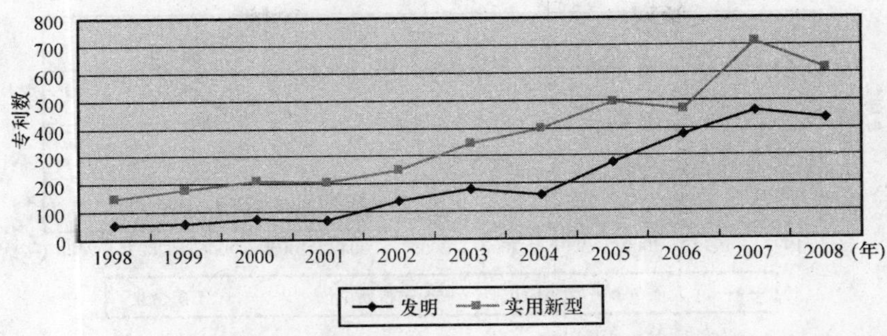

图 4-3-17　1998～2008 年 E02D 发明和实用新型专利申请数变动趋势

质划分的 E02D 专利申请数量构成。可以看出，个人申请的专利所占比例呈下降趋势，“十五”期间减少了 3 个百分点，“十一五”期间减少了 11 个百分点；而工矿企业专利所占比例在两个时期分别增加了 2%和 10%；科研单位、大专院校专利所占比例均上升了 4 个百分点。

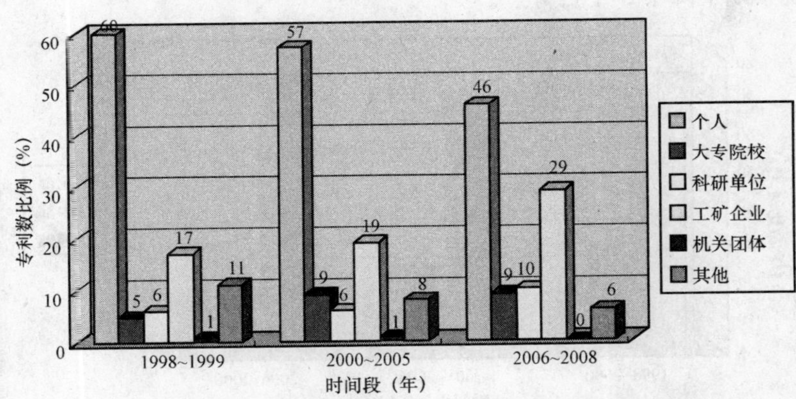

图 4-3-18　1998～2008 年按国内申请人性质划分的 E02D 数构成

图 4-3-19 显示了 1998～2008 年按个人、企业、大专院校和科研单位 4 类国内申请人划分的 E02D 专利申请数量变化趋势。可以看出，个人申请的专利数量在 2007 年之前呈明显上升态势，增长了近 4 倍，而 2008 年呈下降状态；大专院校和科研单位申请的专利数也呈上升态势，分别增加了 11 倍和 6 倍；企业申请的专利数上升幅度较大，观察期增长了近 17 倍，并于 2008 年超过了个人申请的专利数。

结果表明，观察期个人、企业、大专院校和科研单位在基础、挖方、填方、地下或水下结构物技术领域申请的专利数总体增长，其结构有所变化。其中企业自 2006 年起对专利申请的重视程度明显增强，其数量显著增加。

③按国内申请人行政区域划分的 E02D 数量结构及其变动趋势

图 4-3-20 显示了 1998～2000 年、2001～2005 年、2006～2008 年按国内申请人行政区域划分的 E02D 专利数比例构成。可以看出，东部、中部、西部的专利申请数比

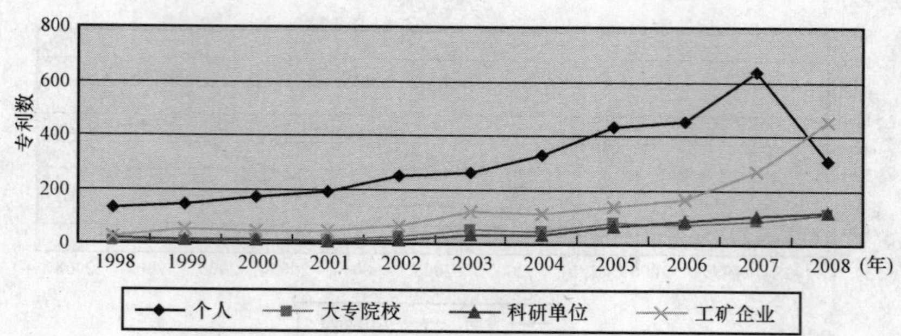

图 4-3-19 1998～2008 年按申请人性质划分的 E02D 专利数趋势图

例构成发生了变化。其中东部地区申请的专利数所占比例有所增长，3 个时期依次为 63%、67%和 73%；中部地区申请的专利数所占比例有所减少，依次为 25%、20%和 16%；西部地区申请的专利数比例变化不大，依次为 12%、13%和 11%。可以看出，东部地区的专利数所占比例在观察期上升了 10 个百分点；中部地区的专利数所占比例在观察期下降了 9 个百分点。

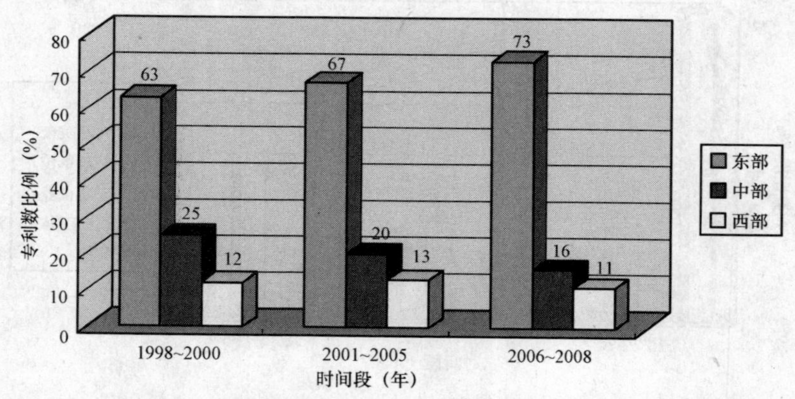

图 4-3-20 1998～2008 年按国内申请人行政区域划分 E02D 专利数比例构成

图 4-3-21 显示了 1998～2008 年东部、中部和西部地区申请 E02D 专利数量的变动趋势，可以看出各个地区的专利数均呈上升趋势。其中东部地区的上升幅度最大，从 1998 年的 125 个上升到 2007 年的 897 个，增长了 6.2 倍，但是 2008 年下降到 718 个，减少了 19%。中部地区从 1998 年的 38 个上升到 2008 年的 203 个，增长了 4.3 倍。西部地区从 1998 年的 31 个增长到 2008 年的 124 个，增长了 3 倍。

结果表明，东部地区在基础、挖方、填方、地下或水下结构物技术领域所取得的科技成果数量远多于中部和西部地区，东部地区对申请专利的重视程度也高于中部和西部地区，并且这些差距在观察期内随时间增大。

④按国内申请人国别划分的 E02D 数量结构及其变动趋势

图 4-3-22 显示了 1998～2000 年、2001～2005 年、2006～2008 年按国内申请人国别（国内和国外）划分的 E02D 专利数比例构成。可以看出，在前两个时期国内和国

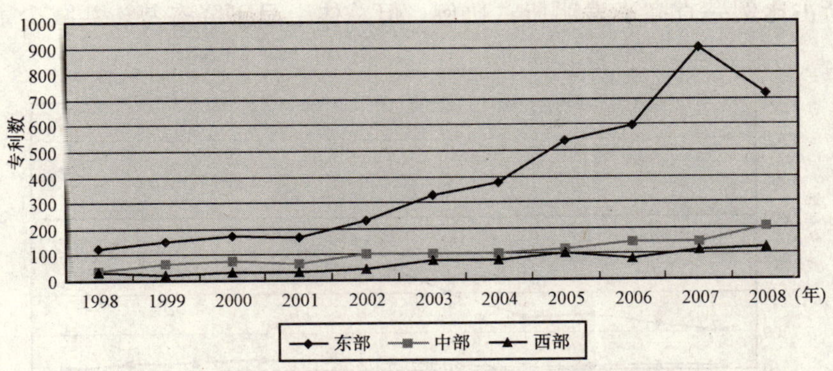

图 4-3-21　1998～2008 年东部、中部和西部地区 E02D 专利数变动趋势

外申请专利数比例没有发生变化，均分别为 92%和 8%，2006～2008 年国内申请人申请的专利数比例有所上升，由 92%增加到 97%，上升了 5 个百分点；国外申请人申请的专利数比例由 8%增加到 3%，下降了 5 个百分点。

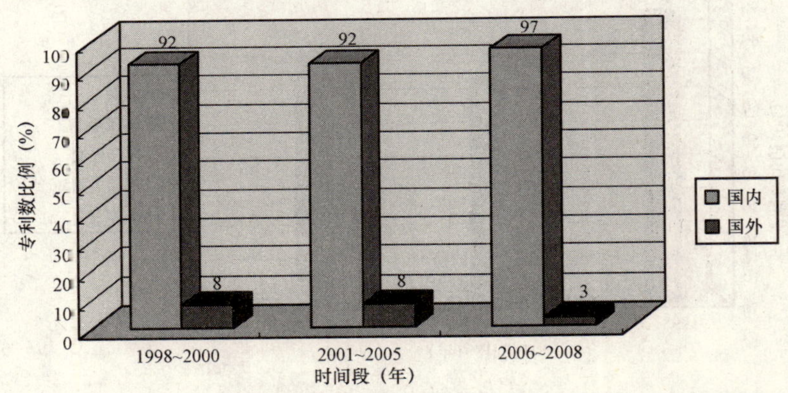

图 4-3-22　1998～2008 年按申请人国别划分的 E02D 数量比例构成

图 4-3-23 显示了 1998～2008 年国内和国外申请人在中国申请的 E02D 专利数量变动趋势。其中，国内申请专利数上升的速度较快，从 200 项增加到 1052 项，增加了 4 倍多。而国外申请人申请的专利数变动不大，在 14 项至 66 项范围内变化。

结果表明，国内科技人员在基础、挖方、填方、地下或水下结构物技术领域取得较多成果的同时，自 2005 年起更加重视申请专利。

2）E04C 国内专利数量与结构动态分析

按照国际专利分类标准，E04C 代表结构构件；建筑材料专利。

①国内 E04C 发明和实用新型专利数量结构及其变动趋势

图 4-3-24 显示了 1998～2000 年、2001～2005 年、2006～2008 年 3 个时期国内 E04（结构构件、建筑材料）C 发明和实用新型专利申请数量构成。可以看出，发明申请专利数所占比例在“十五”期间达到观察期最高值 35%，虽然“十一五”期间有所下降，但仍高于“九五”期间的申请数量，共增加了 8 个百分点；实用新型申请

专利数所占比例一直高于发明所占比例，但总体上呈下降态势，共减少了 8 个百分点。

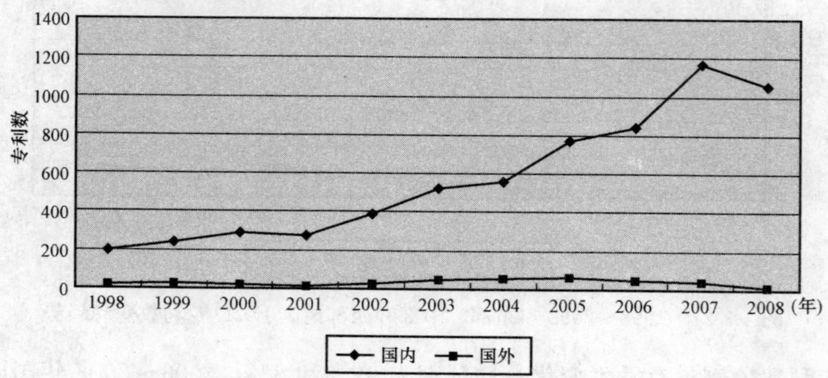

图 4-3-23　1998～2008 年按专利申请人国别划分的 E02D 数量变动趋势

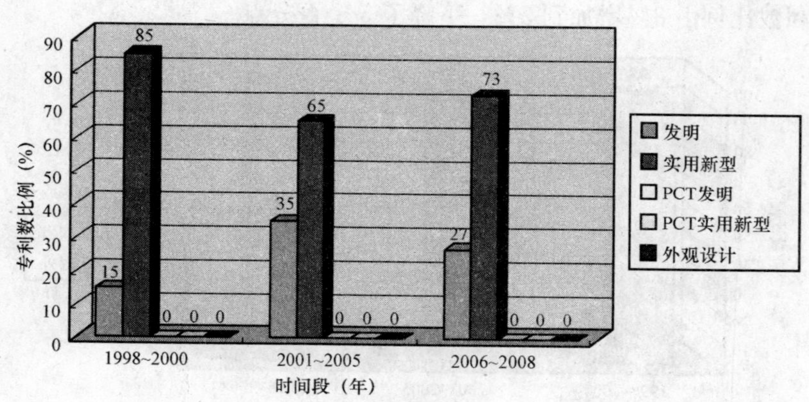

图 4-3-24　1998～2008 年国内 E04C 发明和实用新型专利数构成

图 4-3-25 显示了 1998～2008 年国内 E04C（结构构件、建筑材料）发明和实用新型专利申请数量变动趋势。可以看出，发明申请专利数在 1998～2004 年内呈上升态势，2005～2006年呈下降态势，但 2007 年有所回升达到 202 项，2008 年有所下降，

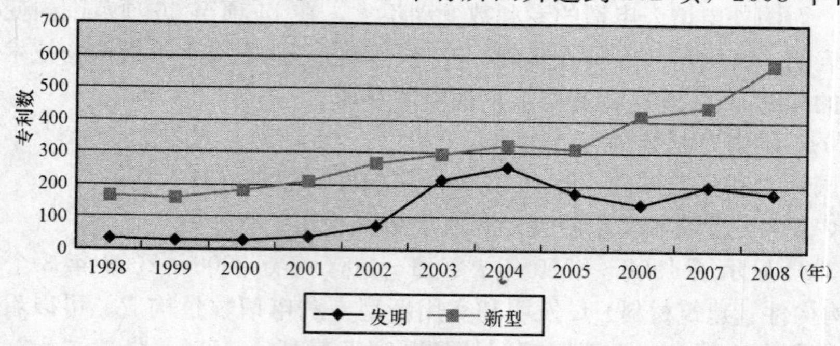

图 4-3-25　1998～2008 年国内 E04C 发明和实用新型申请数变动趋势

有 176 项，是 1998 年的近 5 倍；实用新型申请专利数总体呈上升态势，2008 年达到 577 项，是 1998 年的近 4 倍。

结果表明，观察期我国结构构件、建筑材料领域所取得的成果是显著的，并且其创造性增强。

②按国内申请人性质划分的 E04C 数量结构及其变动趋势

图 4-3-26 显示了 1998～2000 年、2001～2005 年、2006～2008 年 3 个时期按国内申请人性质划分的 E04C（结构构件、建筑材料）专利申请数量构成。可以看出，个人申请专利数所占比例在观察期“十五”期间达到最高值，之后有所下降，共减少了 11%；工矿企业申请专利数所占比例低于个人申请专利数比例，虽然在“十五”期间有所下降，但在“十一五”期间有明显增长，共增加了 9%；大专院校申请专利数在前两个时期均占 3%，在“十一五”期间有所增加，增加了 7 个百分点；科研单位申请专利数所占比例呈下降态势，不过下降幅度不大，减少了 1 个百分点。

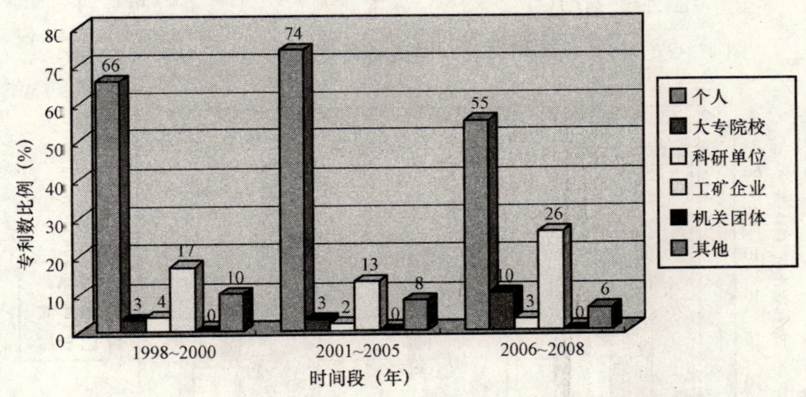

图 4-3-26　1998～2008 年按国内申请人性质划分的 E04C 数比例构成

图 4-3-27 显示了 1998～2008 年按个人、企业、大专院校和科研单位 4 类国内申请人划分的 E04C（结构构件、建筑材料）专利申请数量变化趋势。可以看出，个人申请专利数量起伏很大，在“九五”期间略有下降，但之后上升幅度很大，在 2004 年达到 442 项，是观察期的最高值，而后又波动回落，2008 年达到 361 项，是 1998 年的近 3 倍；工矿企业申请专利数上升态势稳定，2008 年达到 251 项，是 1998 年的 8 倍多；大专院校和科研单位总体上也呈上升态势，分别增加了其 1998 年的 16 倍多和近 3 倍。

结果表明，2005 年之前在结构构件、建筑材料领域以个人申请专利为主，但在 2005 年后，工矿企业申请的专利数明显增多。

③按国内申请人行政区域划分的 E04C 数量结构及其变动趋势

图 4-3-28 显示了 1998～2000 年、2001～2005 年、2006～2008 年 3 个时期按国内申请人行政区域划分的 E04C（结构构件、建筑材料）专利数量构成。可以看出，在这 3 个时期内，东部地区申请专利数所占比例分别为 60%、50%和 61%，在“十五”

期间有明显下降，减少了 10 个百分点，而后有所回升，上升幅度大于下降幅度，共增加了 1 个百分点；中部地区申请专利数所占比例分别为 23%、39%和 26%，在“十五”期间增长幅度很大，增加了 16 个百分点，而后有所下降，观察期共增加 3 个百分点；西部地区在 3 个时期申请专利数所占比例分别为 17%、11%和 13%，虽在“十五”期间有所下降，但之后有所回升，总体呈下降态势，共减少了 4 个百分点。

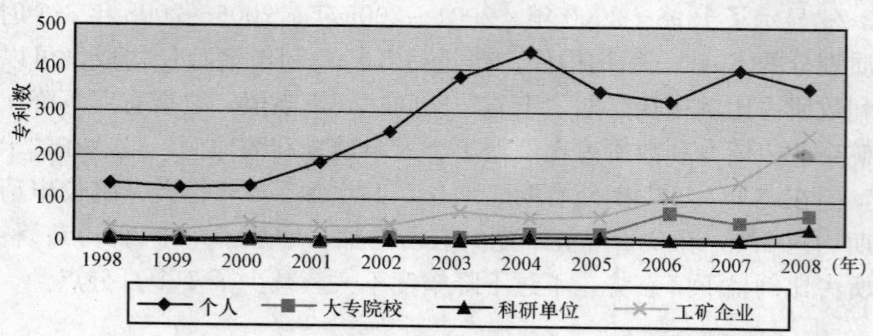

图 4-3-27　1998～2008 年按申请人性质划分的 E04C 专利数趋势图

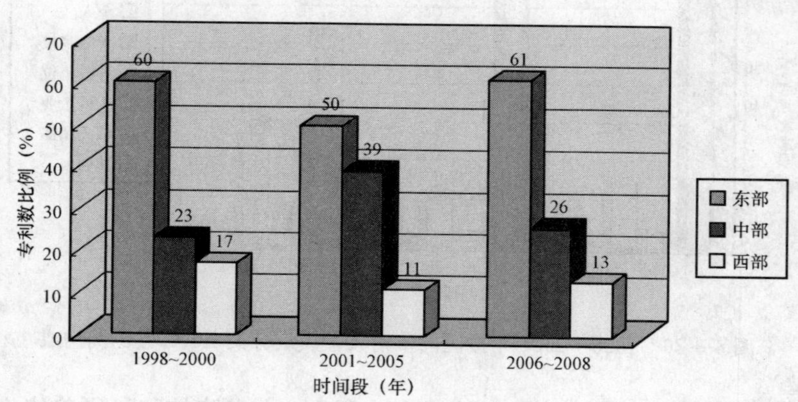

图 4-3-28　1998～2008 年东部、中部和西部地区 E04C 专利数比例构成

图 4-3-29 显示了 1998～2008 年东部、中部和西部地区申请 E04C（结构构件、建筑材料）专利数量的变动趋势。可以看出，东部地区申请专利数总体上呈上升态势，且增长幅度很大，2008 年达到 475 项，是 1998 年的 4 倍多；中部地区申请专利数在 2004 年达到最高值 257 项，是 1998 年的 7 倍多，并且超过了东部地区申请专利数，2005～2006 年有所下降，但仍超过 1998 年的申请专利数，2007～2008 年有所回升；西部地区申请专利数是 3 个地区中最少的，虽有上升态势，但其增长幅度不大，2008 年达到 79 项，是 1998 年的近 3 倍。

结果表明，在结构构件、建筑材料领域，东部地区申请的专利数持续增长，且增长速度较快，明显领先于中部和西部地区。

④按国内申请人国别划分的 E04C 数量结构及其变动趋势

图 4-3-30 显示了 1998～2000 年、2001～2005 年、2006～2008 年 3 个时期按国内

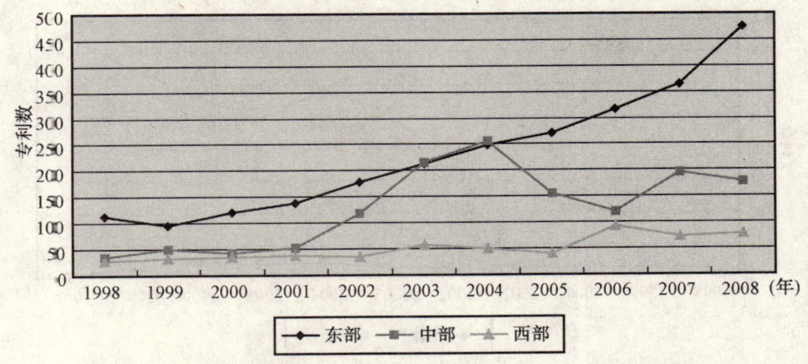

图 4-3-29　1998～2008 年东部、中部和西部地区 E04C 专利数变动趋势

申请人国别（国内和国外）划分的 E04C（结构构件、建筑材料）专利数比例构成。可以看出，国内申请专利数所占比例呈上升态势，分别是 89%、93%和 96%，共增加 7 个百分点；国外申请专利数比例则呈下降态势，共减少 7 个百分点。

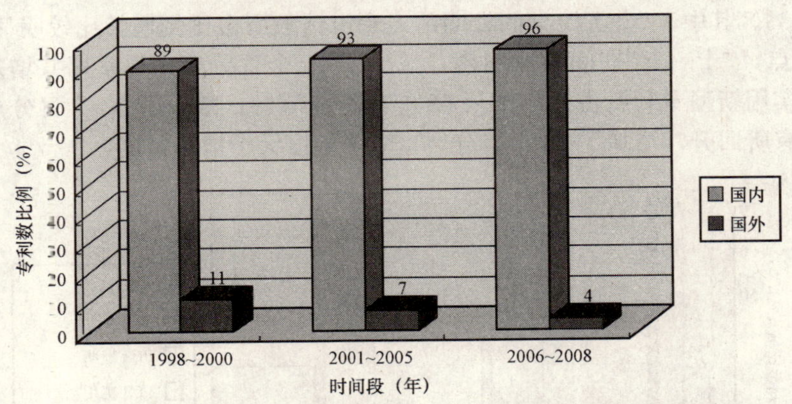

图 4-3-30　1998～2008 年按专利申请人国别划分的 E04C 数量比例构成

图 4-3-31 显示了 1998～2008 年国内和国外申请人在中国申请的 E04C（结构构件、建筑材料）专利数量变动趋势。可以看出，国内申请专利数总体上呈上升态势，2005 年有所下降，而后保持增长，且其增长幅度较大，2008 年达到 753 项，是 1998 年的近 4 倍；国外申请专利数在 1998～2006 年略微有上升态势，但其幅度很小，而后出现回落，2008 年只有 4 项，是 1998 年的 1/5。

结果表明，在结构构件、建筑材料领域，国内科技人员和相关组织从 2001 年起重视申请专利，且至今其专利数已超过 700 项。

3）E04B 国内专利数量与结构动态分析

按照国际专利分类标准，E04B 代表一般建筑物构造；墙（例如，间壁墙）；屋顶；楼板；顶棚；建筑物的隔绝或其他防护专利。

①国内 E04B 发明和实用新型专利数量结构及其变动趋势

图 4-3-32 显示了 1998～2000 年、2001～2005 年、2006～2008 年 3 个时期国内一

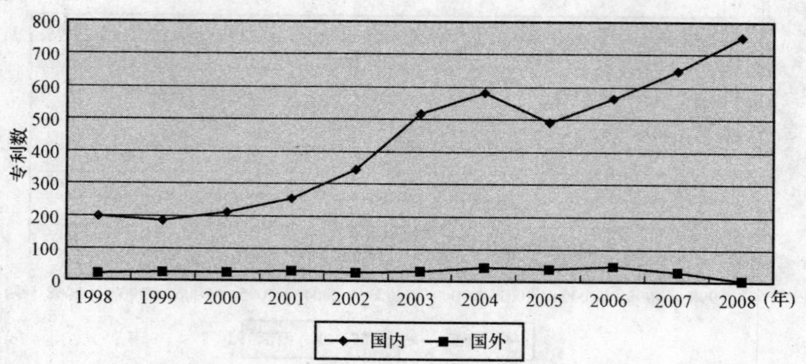

图 4-3-31 1998～2008 年按专利申请人国别划分的 E04C 数量变动趋势

般建筑物构造；墙（例如，间壁墙）；屋顶；楼板；顶棚；建筑物的隔绝或其他防护发明和实用新型专利申请数量构成。可以看出，1998～2008 年 PCT 发明、PCT 实用新型、外观设计专利申请数比例均为 0。发明专利在 3 个时期所占比例分别为 31%、63%和 45%。其中，“九五”期间发明的专利申请数所占比例增长比较明显，增加了 32 个百分点，“十一五”期间有所回落，减少了 18 个百分点，观察期共增加了 14 个百分点。实用新型专利所占比例则从 69%下降到 37%，减少了 32 个百分点，“十一五”期间有所回升，增加了 18 个百分点，下降幅度大于增长幅度。

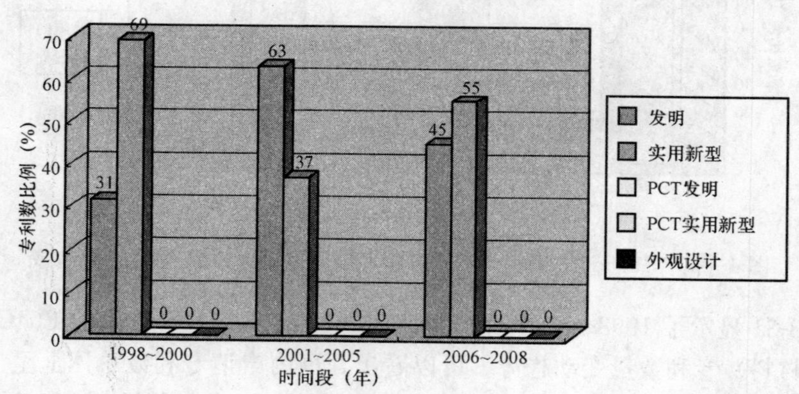

图 4-3-32 1998～2008 年国内 E04B 发明和实用新型专利数量构成

图 4-3-33 显示了 1998～2008 年国内 E04B 发明和实用新型专利申请数量变动趋势。可以看出，发明和实用新型专利申请数总体上均呈上升态势。发明专利申请数有一个非常明显的增长点，2003 年增长到 1548 项，是 1998 年的 60 倍，且其在 2002～2006 年超过了实用新型；实用新型专利申请数在逐年增加，2008 年有 732 项，是 1998 年的 4.3 倍。

结果表明，在一般建筑物构造；墙（例如间壁墙）；屋顶；楼板；顶棚；建筑物的隔绝或其他防护专利领域，发明专利与实用新型专利数表现出交错式增长，其中实用新型专利数增长比较稳健，而发明专利数波动较大。

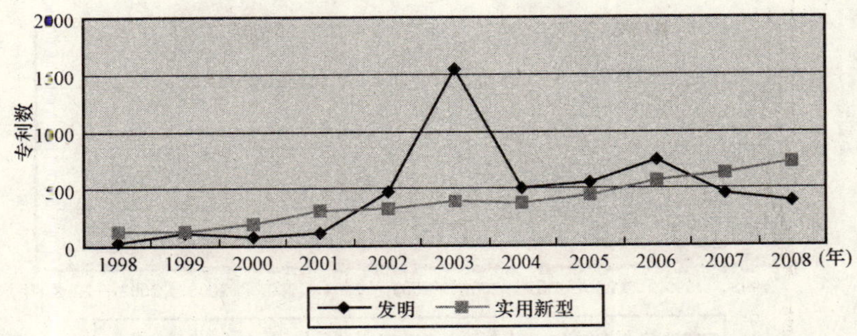

图 4-3-33　1998～2008 年 E04B 发明和实用新型申请数量变动趋势

②按国内申请人性质划分的 E04B 数量结构及其变动趋势

图 4-3-34 显示了 1998～2000 年、2001～2005 年、2006～2008 年 3 个时期按国内申请人性质划分的 E04B 专利申请数量构成。可以看出，个人申请的专利所占比例分别是 73%、80%和 54%，观察期共减少了 19 个百分点；大专院校、科研单位和工矿企业申请专利所占比例总体上均呈上升态势，分别增加了 9%、1%和 12%。其中，工矿企业的增长幅度最大。

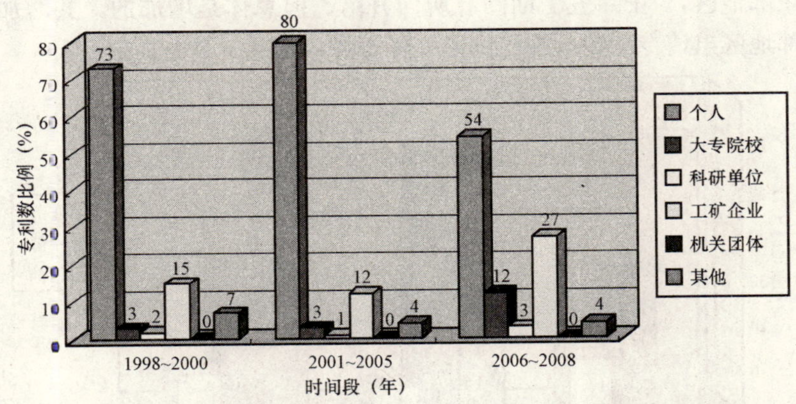

图 4-3-34　1998～2008 年按国内申请人性质划分的 E04B 数量构成

图 4-3-35 显示了 1998～2008 年按个人、企业、大专院校和科研单位 4 类国内申请人划分的 E04B 专利申请数量变化趋势。可以看出，在观察期个人申请的专利数量发生了很大的变化，2003 年达到了 1725 项，是 1998 年的 14 倍多，之后虽有所下降，但之后 3 年呈上升态势，最后两年呈下降态势；工矿企业申请的专利数呈上升态势，从 1998 年的 27 项上升到 2008 年的 441 项，增加了 15 倍多，并且超过了个人申请的专利数；大专院校申请的专利数上升幅度很大，从 1998 年的 3 项上升到 2008 年的 169 项，增加了 55 倍多；1998～2007 年科研单位申请的专利数呈上升态势，2008 年有所下降。

结果表明，在一般建筑物构造；墙；屋顶；楼板；顶棚；建筑物的隔绝或其他防护专利领域，个人申请的专利数相对减弱，而工矿企业、申请的专利数明显增强。

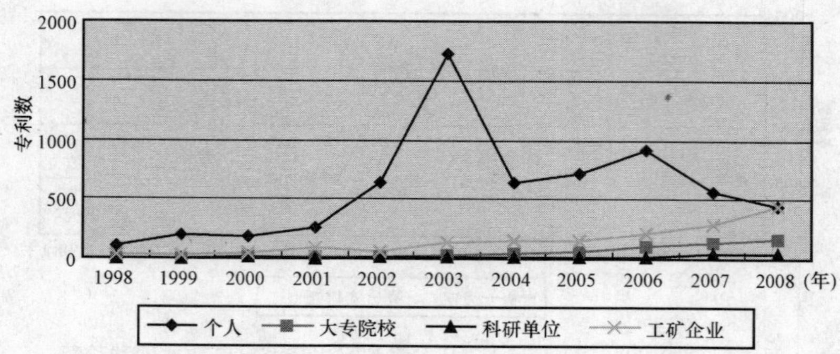

图 4-3-35　1998～2008 年按申请人性质划分的 E04B 专利数量趋势图

③按国内申请人行政区域划分的 E04B 数量结构及其变动趋势

图 4-3-36 显示了 1998～2000 年、2001～2005 年、2006～2008 年 3 个时期按国内申请人行政区域划分的 E04B 专利数量比例构成。东部地区申请专利数所占比例分别是 60%、37%和 61%，“十五”期间有所下降，“十一五”期间有所回升，并且超过了“九五”期间的比例；中部地区申请专利数比例在“十一五”期间达到 58%，并且超过了东部地区，“十一五”期间有所回升落，但总体是增加的，共增加了 2 个百分点；西部地区申请专利数所占比例呈下降态势，共减少 3 个百分点。

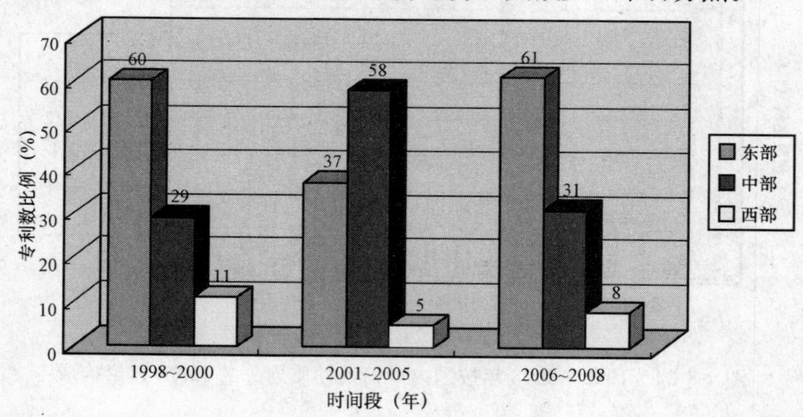

图 4-3-36　1998～2008 年东部、中部和西部地区 E04B 专利数比例构成

图 4-3-37 显示了 1998～2008 年东部、中部和西部地区申请 E04B 专利数量的变动趋势。可以看出，东部地区申请专利数上升态势较稳定，从 1998 年的 83 项上升到 2008 年的 739 项，增加了近 9 倍；西部地区申请专利数起伏不大，略有上升态势；中部地区的申请专利数波动较大，在 2003 年上升到最高点，增加到 1498 项，是 1998 年 19 项的近 79 倍。

④按国内申请人国别划分的 E04B 数量结构及其变动趋势

图 4-3-38 显示了 1998～2000 年、2001～2005 年、2006～2008 年 3 个时期按国内申请人国别（国内和国外）划分的 E04B 专利数比例构成。可以看出，国内申请所占

比例呈上升态势，在“十五”期间增加了7个百分点，在“十一五”期间进一步增加了2个百分点，共增加了9%；国外申请专利数所占比例则相反，共减少了9个百分点。

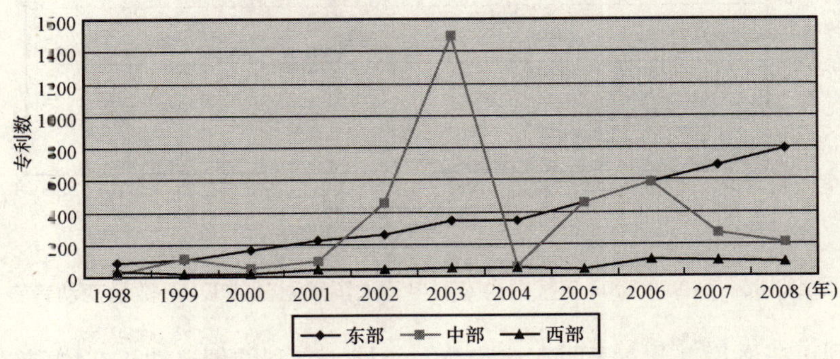

图 4-3-37　1998～2008 年东部、中部和西部地区 E04B 专利数量变动趋势

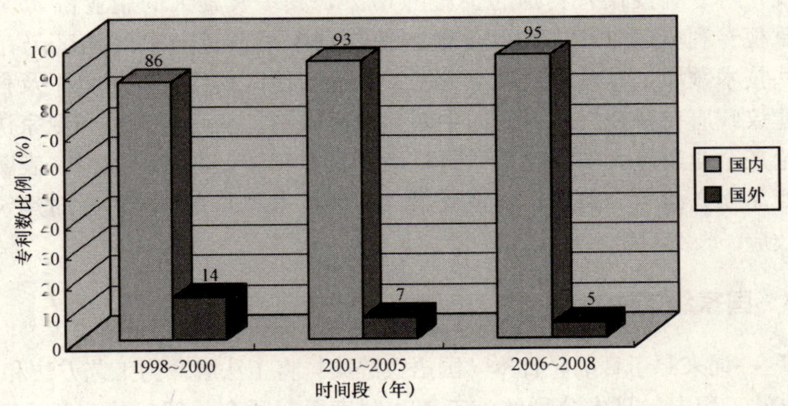

图 4-3-38　1998～2008 年按专利申请人国别划分的 E04B 数量比例构成

图 4-3-39 显示了 1998～2008 年国内和国外申请人在中国申请的 E04B 专利数量变动趋势。可以看出，国内的申请专利数总体呈上升态势，但起伏较大，并在 2003 年达到了观察期的最高值 1938 项，是 1998 年的 12 倍，之后有所下降，但之后 3 年有所回升，到 2008 年达到 1128 项，是 1998 年的 7 倍，总体增长幅度较大；国外申请专利数在 1998～2003 年呈下降态势，之后有所回升，但 2007 年、2008 年又有所下降，且下降的幅度较大，仅有 1998 年的 60%。

结果表明，在一般建筑物构造；墙（例如，间壁墙）；屋顶；楼板；顶棚；建筑物的隔绝或其他防护专利领域，以国内科技人员和相关组织申请的专利为主。

（3）专利分析结论

固定建筑物专利申请数占所有行业专利申请总量的比例虽然一直呈下降趋势，但其数量呈上升趋势。在基础、挖方、填方、地下或水下结构物，结构构件、建筑材料，一般建筑物构造、墙等专业技术领域，实用新型专利仍占较大比例，但是发明专

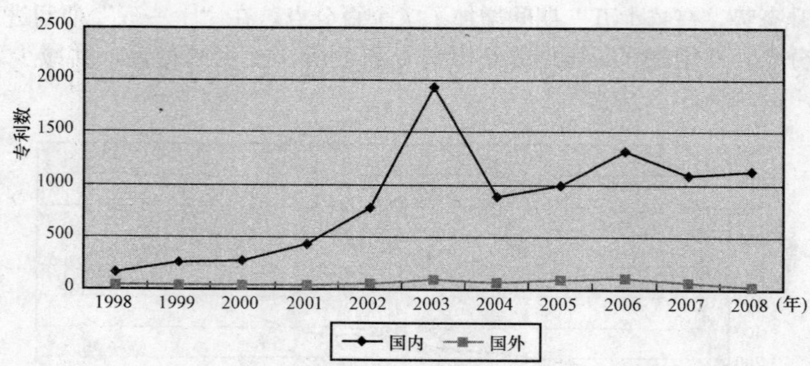

图 4-3-39　1998～2008 年按国内专利申请人国别划分的 E04B 数量变动趋势

利所占比例正在逐年上升，表明在这些技术领域，专利的创造性正在增强。个人申请的专利数虽然仍占较大比例，但企业申请的专利数比例有明显上升态势。从问卷调查结果中发现，对专利授权有奖励的企业占 87%，其中奖励大的企业占 35%，表明企业越来越重视专利申请工作。中西部地区的专利申请数量与东部地区仍存在较大差距，在一些技术领域，其差距还在继续增大。这与地区的经济发展水平及科技投入强度有关，建议政府在科技投入方面向中西部地区倾斜。从问卷调查和专家访谈结果中发现，无论是企业还是大学和建筑科研院所，其专利转让的情况很少，表明在专利成果转化和商品化方面十分薄弱；科技成果（专利技术和非专利技术）对建筑企业的收益具有正效应。

3.2.3　国家级工法

“工法”一词来源于日语，日本《国语大辞典》将工法解释为工艺方法和工程方法。鲁布革水电站工程中，日本公司的施工工法制度引起了有关部门的注意。1989 年，建设部下发了《施工企业实行工法制度的试行管理办法》，开始了我国工法的建设活动。

我国工法是以工程为对象，工艺为核心，运用系统工程原理，把先进的技术和科学管理结合起来，经工程实践形成的综合配套的施工方法。它具有先进性、适用性和保证工程质量与安全、环保、提高施工效率、降低工程成本等特点。工法是企业标准的重要组成部分，是企业开发应用新技术工作的一项重要内容，是企业技术水平和施工能力的重要标志。

我国自 1991 年开始国家级工法的审定，1996 年在工法工作取得经验的基础上修订印发了《建筑施工企业工法管理办法》，对工法的编写、审定、推广、考核和奖励作出了明确规定。2009 年 11 月住房和城乡建设部公布了新评定的 2007～2008 年度国家级工法 417 项，其中一级工法 108 项，二级工法 252 项，升级版国家一级工法 57 项。标志着我国的工法建设又迈上了一个新的台阶。

我国工法每两年审定公布一次。根据已公布的《土木建筑国家级工法汇编》(1999～2000 年，2005～2006 年和 2007～2008 年)，分析我国工法的数量变化、编写单位的专业领域、地域特点以及拥有国家级工法较多的企业。

（1）工法总量分析

1999～2000 年公布的国家级工法 61 项，2001～2002 年公布 83 项，2003～2004 公布 120 项，2005～2006 年度为 348 项（不含升级版 20 项），2007～2008 年度为 360 项（不含升级版 57 项），如图 4-3-40 所示。

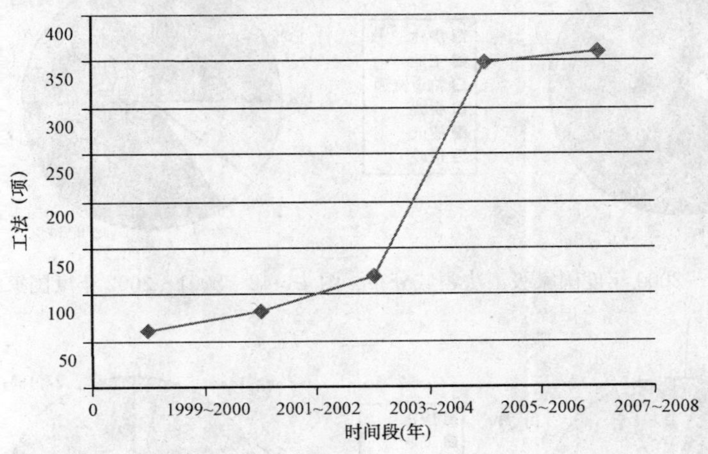

图 4-3-40　国家级工法数量变化

从图 4-3-40 可以看出，公布国家级工法的数量在 1999～2000 年，2001～2002年，2003～2004 年度均有稳步增长，2005～2006 年度有了较大幅度的增加。2007～2008 年度与 2005～2006 年度相比，虽然增幅不大，但是 2005～2006 年度共有 840 项工法参评，最终选出 348 项，而 2007～2008 年度共有 1694 项工法参评，从中选出了 360 项，说明我国建筑企业对工法的研究和总结工作取得了很大进步，并且对工法的重视程度也明显增强。另外，2007～2008 年度还公布了 57 项升级版工法，比 2005～2006 年度增加了 37 项。

（2）工法的专业领域分布

我国《工程建设工法管理办法》将工法分为房屋建筑工程、土木工程和工业安装工程 3 个类别。为进一步了解不同领域工法的产生情况，将土木工程进一步细分为公路、轨道交通、水利水电、桥梁、隧道、海工工程等，并统计了 1999～2005 年历年国家级工法在不同领域的分布情况（如图 4-3-41～图 4-3-44 所示）。

1999～2006 年度国家级工法在不同领域的累计分布如图 4-3-45 所示。其中，土木工程、房屋建筑、工业安装工程的工法数量占国家级工法比例分别为 42％、35％和 23％。

（3）工法编写单位分析

通过分析，在 2003～2004 年度之前，90％左右的工法由一个单位独立完成，而 2005～2006年度合作完成的项目上升至 39％，说明建筑企业之间的合作开始增加。然而，在合作的过程中，也出现了一些异常现象，如 2005～2006 年度，某些工法的合作单位达到 5 个甚至 6 个，这也是 2007～2008 年度国家级工法评审时规定主要完成单位不得超过 2 个的主要原因。

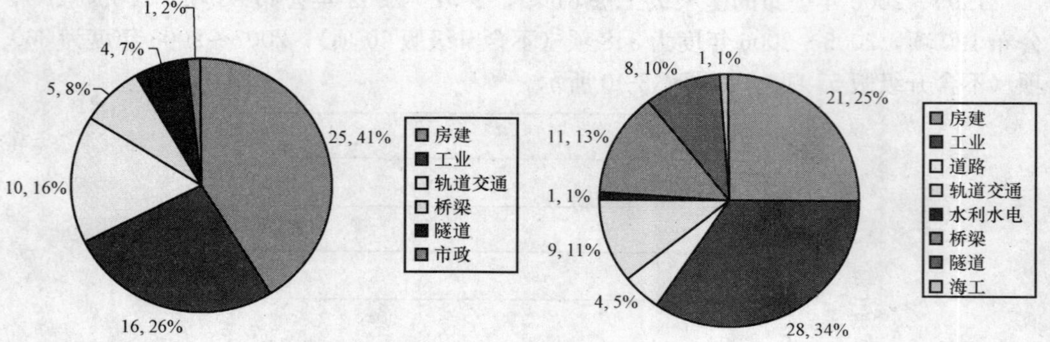

图 4-3-41　1999～2000 年度国家级工法领域分布　图 4-3-42　2001～2002 年度国家级工法领域分布

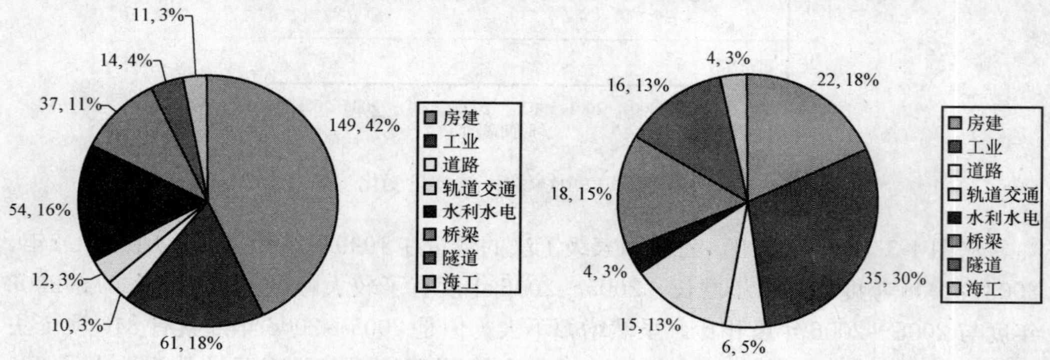

图 4-3-43　2003～2004 年度国家级工法领域分布　图4-3-44　2005～2006 年度国家级工法领域分布

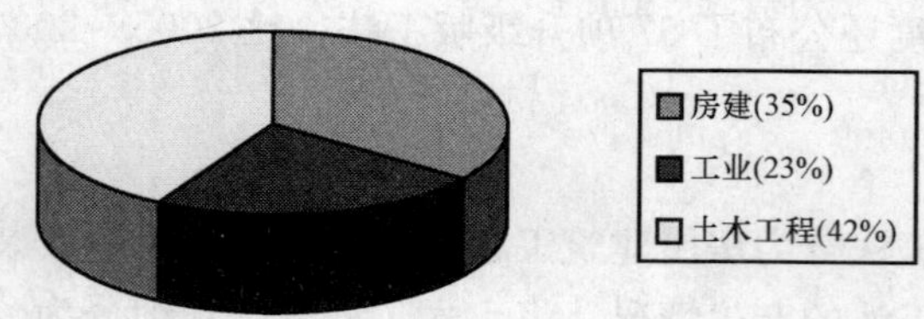

图 4-3-45　1999～2006 工法的领域分布

分析结果显示，企业之间的合作一直是主要的合作方式，企业与科研院所的合作是各年度都有出现的合作方式，企业与大学之间的合作在 2005～2006 年度首次出现，并达到 5 个，其余的合作方式相对较少（如表 4-3-2 所示）。

历年国家级工法完成单位情况　　**表 4-3-2**

	1999～2000 年	2001～2002 年	2003～2004 年	2005～2006 年
发布工法总数	61	83	120	348
单独完成数量（所占比例）	56（92%）	78（94%）	107（89%）	213（61%）
合作完成数量（所占比例）	5（8%）	5（6%）	13（11%）	135（39%）
企业与企业合作数量	2	4	12	122
企业与科研院所合作数量	2	1	1	7
企业与大学合作数量	0	0	0	5
研究院所与企业合作数量	1	0	0	1

另外，企业作为第一编写单位完成的工法占据绝大多数（如图 4-3-46 所示），表明了企业在施工方法创新方面有明显的优势。

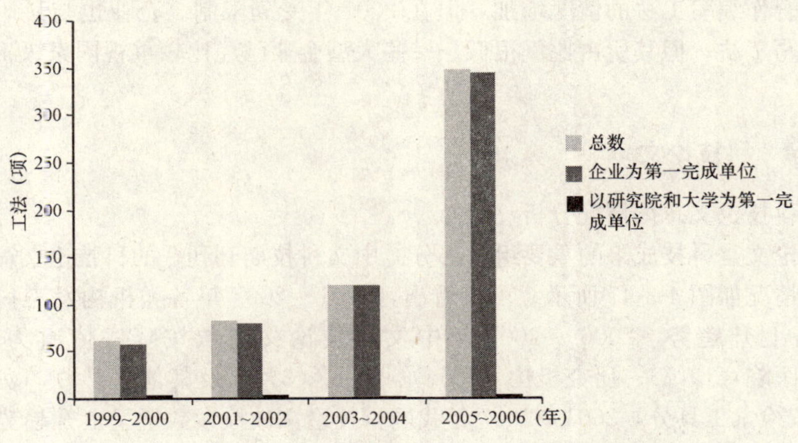

图 4-3-46　企业与其他机构的国家级工法数量比较

发布国家级工法最多的单位，分别是中铁隧道集团有限公司、上海隧道股份有限公司、中铁十二局集团有限公司、中铁三局集团有限公司、中铁四局集团有限公司等（如表 4-3-3 所示）。

1999～2006 年度编写国家级工法最多的单位　　**表 4-3-3**

排名	企业名称	工法数量（项）	排名	企业名称	工法数量（项）
1	中铁隧道集团有限公司	14	6	中铁十六局集团有限公司	9
2	上海隧道股份有限公司	10	7	中国二十冶建设有限公司	8
3	中铁十二局集团有限公司	10	8	北京建工集团	8
4	中铁三局集团有限公司	10	9	上海宝冶建设有限公司	8
5	中铁四局集团有限公司	10	10	北京城建	8

（4）国家级工法编写单位的区域分布

观察国家级工法编写单位的地域分布发现，来自北京、上海、江苏等地的企业编写的工法较多（如表 4-3-4 所示），而黑龙江、贵州、新疆等地仅编制了 1 项国家级工法，其数量相差悬殊。

1999～2006 年度编写国家级工法最多的区域　　**表 4-3-4**

排名	行政区域	发布工法数量（项）	排名	行政区域	发布工法数量（项）
1	北京	116	6	浙江	32
2	上海	72	7	河南	31
3	江苏	52	8	天津	26
4	山西	51	9	河北、陕西、四川	25
5	湖北	39			

工法分析表明，工法的技术领域分布各年均有所变化，总体上看土木工程所占比例最多，其次为房屋建筑和工业建筑。从工法编写单位看，企业多为第1编写单位，企业之间合作编写工法的情况增加，但在2007年受到限制。企业也与科研院所和大学合作编写工法，但其所占比例很低。一些大型企业已经比较重视国家级工法的编制工作。

3.2.4 科技论文

(1) 科技论文总体情况分析

科技论文是科技成果的重要组成部分。中文科技期刊刊登的科技论文篇数按机构类型分类情况如图4-3-47所示。可以看出，2001～2007年各类机构发表科技论文篇数总体呈上升趋势，2006～2007年中文科技论文篇数按降序依次为高等学校(64%)、医院(19%)、研究机构(10%)、企业(3%)及其他(4%)(如图4-3-48所示)。按检索工具分，2001～2007年我国科技论文被检索数量呈上升趋势(如图4-3-49所示)，从平均水平来看，被检索论文数量按降序依次为SCI(41%)、EI(38%)和ISTP(21%)(如图4-3-50所示)。与2001～2005年的情况相比，SCI收录的论文比例有所下降，而EI和ISTP收录的论文比例有所上升。

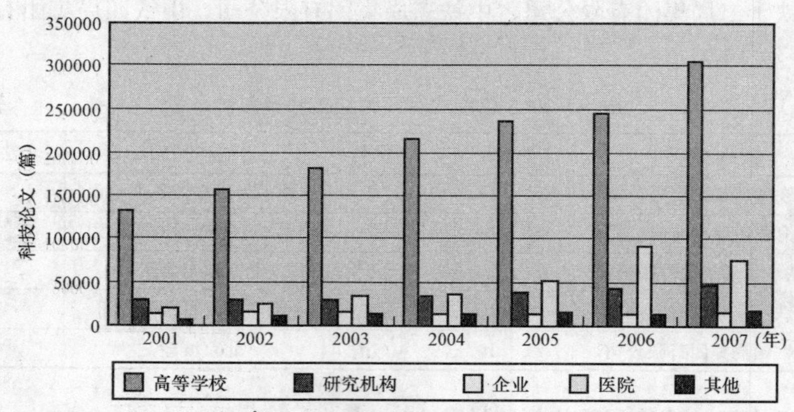

图4-3-47　2001～2006年中文科技论文篇数按机构类型分类情况

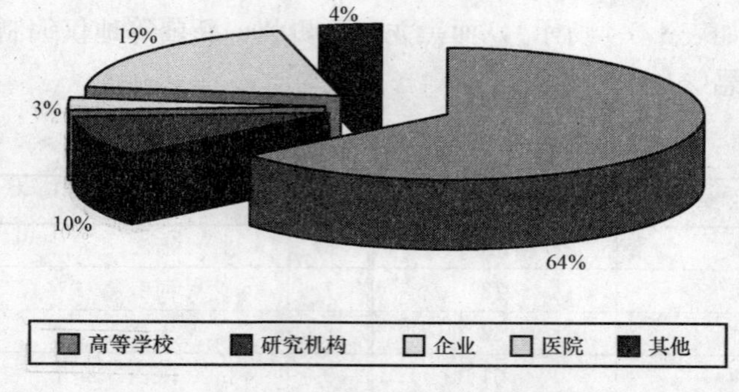

图4-3-48　2006～2007年中文科技论文篇数按机构类型分类构成

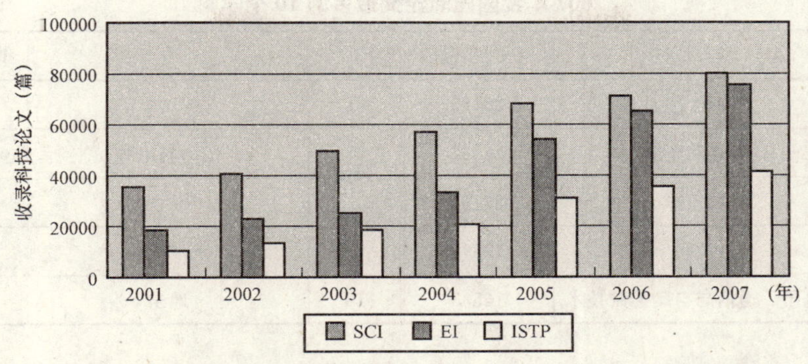

图 4-3-49　2001～2007 年国外主要检索工具收录我国科技论文情况

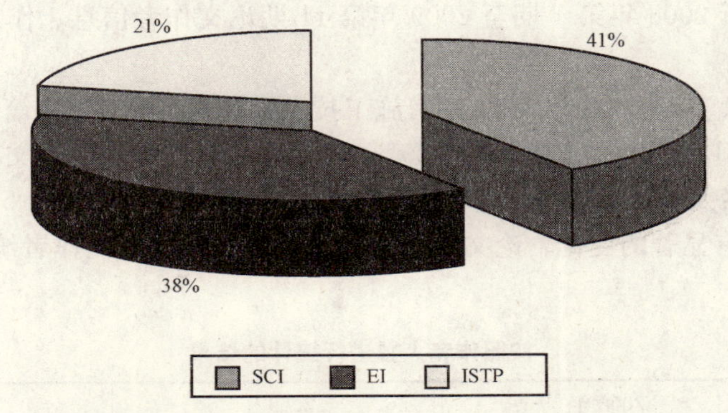

图 4-3-50　2001～2007 年国外检索工具收录我国科技论文数量构成

从不同学科分类来看，2005 年土木建筑类发表 3 大检索论文数量在所有学科中排序第 14 位，2006 年和 2007 年其排序分别提前到第 10 位和第 9 位（如表 4-3-5 所示）。2007 年我国国际论文最多的 10 个学科如表 4-3-6 所示。

土木建筑学科论文检索情况　　表 4-3-5

学科	位次	篇数				占各学科总量比重（%）
		合计	SCI	EI	ISTP	
2005 年土木建筑	14	3052	352	2366	334	2.0
2006 年土木建筑	10	4368	351	2483	1534	2.5
2007 年土木建筑	9	6859	428	6094	337	3.5
2005 各学科	152825	63150	60301	29374		
2006 各学科	171748	71351	64936	35461		
2007 各学科	196629	79669	75568	41392		

2007年我国国际论文最多的10个学科 **表4-3-6**

排序	学　科	论文数（篇）	排序	学　科	论文数（篇）
1	化学	28115	6	生物学	13107
2	计算机科学技术	23892	7	动力与电气	8240
3	物理学	20181	8	数学	7836
4	材料科学	18399	9	土木建筑	6859
5	电子、通信与自动控制技术	16533	10	地学	6410

(2)《施工技术》论文分析

为进一步了解最近两年国内作者发表的有关建筑施工技术论文动向，以《施工技术》为例，分析2008年第1期至2009年第11期论文作者信息、作者单位性质和行政区域分布。

2008年第1期至2009年第11期《施工技术》共刊出论文858篇，其中独立作者发表的论文有213篇，占论文总数的25%；2名作者合作发表的论文有171篇，占总数的20%；3名及以上作者合作发表的论文有474篇，占总数的55%。2009年与2008年相比没有显著的变化。论文数量最多的单位（均按第1作者统计）如表4-3-8所示。

按照作者人数进行统计的结果 **表4-3-7**

作者人数	2008年		2009年		小计	
	论文数量	比例（%）	论文数量	比例（%）	论文数量	比例（%）
1	118	26	95	24	213	25
2	93	20	78	20	171	20
3人及以上	247	54	227	57	474	55
小计	458	100	400	100	858	100

2008～2009年对《施工技术》贡献最大的单位 **表4-3-8**

贡献最大的单位	论文数量（篇）	贡献最大的单位	论文数量（篇）
中建三局	24	清华大学	18
同济大学	24	上海建工（集团）总公司	16
北京市建筑工程研究院	24	中建一局集团建设发展有限公司	15
东南大学	23	中国建筑科学研究院	14
北京城建集团	21	中国建筑股份有限公司	13

在贡献最大的单位中，中建三局、北京城建集团、上海建工集团、中建一局、中建股份名列企业前茅，而同济大学、东南大学、清华大学在高校中发表论文最多，西

安建筑科技大学（12 篇）和北京交通大学（10 篇）等传统的土木类院校也贡献较大。而北京市建筑工程研究所和中国建筑科学研究院作为研究院所的代表也分别贡献了 24 篇和 14 篇论文。

作者单位　研究还对作者所在的单位进行了分析，结果表明，在 2008～2009 年发表的论文中，第 1 作者来自高校的共有 248 篇，占全部论文的 29%；来自企业的论文最多，有 508 篇，占总数的 59%；来自政府部门的论文有 17 篇，占总数的 2%，来自科研院所的有 85 篇，占总数的 10%（如图 4-3-51 所示）。

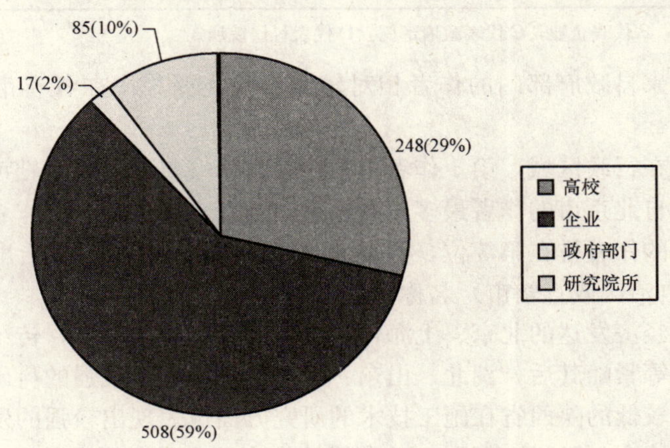

图 4-3-51　第 1 作者单位的性质

在这些论文中，独立作者的论文有 407 篇，合作完成的有 451 篇。在所有独立作者中，企业作者发表的论文有 273 篇，占所有独立发表的 67%；政府部门较少，仅为 6 篇（如表 4-3-9 所示）。

独立作者所属单位分析　　**表 4-3-9**

	大学	企业	政府部门	科研院所
2008 年	66	185	2	29
2009 年	21	88	4	12
小计（篇）	87	273	6	41
总计（篇）	407			

分析第 1 作者和第 2 作者的情况发现，在合作完成的论文中，不同组织的合作论文数量如表 4-3-10 所示。结果表明，企业与企业合作发表的论文数量最多，达 193 篇。其次，高校与高校以及高校与企业组合发表的论文数量也较多，分别达到 76 篇和 70 篇。虽然企业合作发表论文最多，但是在 193 篇企业与企业合作的论文中，只有 21 篇来自不同企业，其余第 1 作者、第 2 作者均来自同企业。这说明企业内部合作较多，而企业间的合作不较少。而高校之间的合作则大多数是在不同高校之间展开的，说明高校之间的合作比较多。

合作作者所属单位分析 **表 4-3-10**

	AA	AB	AC	AD	BA	BB	BC	BD	CA	CB	CC	CD	DA	DB	DC	DD
2008 年	5	45	3	8	20	45	3	6	1	1	0	0	6	16	0	7
2009 年	61	25	2	2	13	148	0	0	0	7	2	0	3	6	0	6
小计	76	70	5	10	33	193	3	6	1	8	2	0	9	22	0	31
合计	161				235				11				44			
总计	451															

注：A 代表大学，B 代表企业，C 代表政府部门，D 代表科研院所。

结果表明，来自政府部门的作者相对较少，且主要集中在各省市质量监督管理部门。

作者组织所在行政区域　第 1 作者单位所在省份（自治区或直辖市）进行了分类统计。其中，来自北京市的作者最多，共发表 239 篇；其次是上海作者，发表 108 篇论文，来自江苏的作者排在第 3 位，共发表论文 94 篇，表 4-3-11 给出了发表论文最多的 10 个省（自治区或直辖市）名称。

结果表明，经济发达的北京、上海作者发表的论文数量最多，传统的建筑强省江苏、广东、浙江等紧随其后，湖北、山东、河南也都表现出较强的科研产出能力。建筑业总产值相对较低的陕西省在施工技术的研究方面也表现出较强的发展潜力。其他地区如宁夏、内蒙古、贵州、新疆、云南等地发表论文的数量仅为 1～2 篇。由此可见，在施工技术的研究方面存在明显的地区差异。

作者组织所在行政区域统计 **表 4-3-11**

	北京	上海	江苏	广东	浙江	湖北	山东	河南	陕西	湖南
数量（篇）	239	108	94	56	55	46	38	34	32	21

（3）科技论文分析结论

分析结果表明，土木建筑学科的科技检索论文数量排序偏后，这种表现与学科特点有关。一些大型企业对科技人员公开发表论文有相应的奖励制度，因而企业作者发表的论文数量增多。这与课题组问卷调查的结果相一致（接受问卷调查的总承包商，对科技人员发表论文奖励大的占 27%，有奖励的占 51%）。合作发表论文的情况反映出企业之间缺乏合作研究，但是企业与高校或科研院所之间有合作研究的情况。这种现象也与课题组问卷调查的结果基本相似。

问卷调查结果如图 4-3-52 所示，施工企业与高等院校经常合作的概率最高(34.5%)，与其他单位经常合作的概率依次为科研机构（31.6%）、行业协会(29.7%)、政府机构（24.55%）及相关企业（22.73%），很明显，与相关企业之间经常合作的概率最低。相关企业包括其他行业的企业（如材料和设备制造商）、设计单位、建设单位和其他施工企业。

这个结果在一定程度上反映出企业之间尚未形成合作创新的网络。

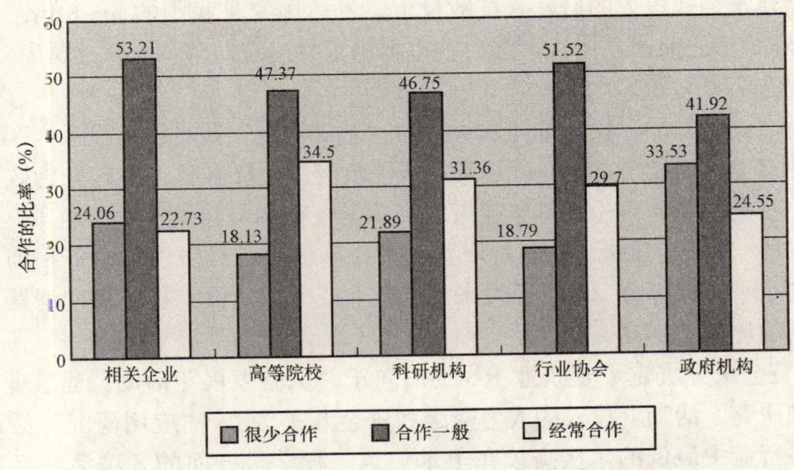

图 4-3-52　施工企业与其他单位合作情况示意图

3.2.5 劳动生产率

建筑业劳动生产率是指建筑业劳动者在报告期内生产出建筑业产品的效率。它以建筑产品产量或价值和其相应的劳动消耗量的比值来表示，是考核建筑业生产效率的提高和劳动节约情况的重要指标。在投入劳动力相同的情况下，创造的价值越多，劳动生产率就越高；反之劳动生产率则低。

按建筑业增加值计算，我国建筑业劳动生产率从 1992 年的 4000 美元左右增加到 2004 年的 11770 美元左右，接近于原来的 3 倍，取得了较大进步。但是和发达国家相比，我国建筑业劳动生产率仍然较低，如英国、日本、瑞典、美国这些建筑强国的劳动生产率虽然增长较慢，甚至出现下降（如美国），但这些国家的建筑业劳动生产率普遍达到 30000 美元以上。我国台湾地区建筑业劳动生产率 1998 年也接近 20000 美元。

1992 年我国建筑业劳动生产率基本为主要发达国家的 10%左右，2003 年这个比率在 20%～30%之间，2004 年我国建筑业劳动生产率已达到美国的 32.7%，表明我国建筑业相对劳动生产率有得了较大进步。2008 年我国建筑业劳动生产率继续上升，与主要发达国家的差距正在不断缩小。尽管如此，我国建筑业劳力生产率与发达国家仍有明显的差距。

3.3 建筑业科技投入与产出研究结论

（1）我国建筑企业的 R&D 投入有所增长，但与发达国家仍有明显差距

我国建筑企业的 R&D 经费投入近年来有所增长，个别企业的 R&D 费用支出占企业总收入的比例已达到甚至超过 1.5%，但是建筑企业 R&D 投入的总体水平与日本和欧美国家相比仍存在明显差距。企业 R&D 经费主要由企业自筹，政府资助的 R&D 经费仅占建筑企业 R&D 经费的 4.28%。企业的技术研究课题也大多为自选课

题。在大型建筑企业投入的研发人员数量上，发达国家是我国的5～6倍。企业技术装备率在2003年之前明显增长，之后则基本稳定并略有回落，与发达国家（如美国、德国等）仍有明显差距。

（2）对“试验发展”投入的比例大，对“基础研究”几乎没有投入

我国建筑业科研院所的R&D经费，从以政府为主要来源正在转变为政府和企业共同投入，目前两者所占份额基本接近。高等学校土木与建筑工程学科R&D经费的资助水平（R&D课题数量、总经费增长水平和单项课题经费增长率等）高于全国各学科的平均水平。大部分R&D经费来源于企业或大型建设工程的横向课题，来自政府经费资助的比例并不高。

R&D资金来源决定了建筑业R&D偏向于“试验发展”活动。建筑业R&D机构在“基础研究”活动上投入的人力资源和资金几乎为0；“应用研究”活动投入的比例也是各行业中最低的。从高校在土木建筑工程学科方面的3项活动经费比例来看，“基础研究”和“应用研究”活动所占比例也远低于各学科总体平均水平。入选全球225家国际最大承包商的中国企业（如中国建筑工程总公司、中国铁路工程总公司、上海建工集团、中国冶金建设集团公司等），虽然设有专门的技术研究机构或技术开发中心，研究核心施工技术和施工工艺，但是在3种R&D活动类型中，仍集中于“试验发展”活动，真正意义的R&D活动并不多。

（3）专利申请数增加，专利的创造性有所增强，专利转让和商品化薄弱

建筑业科技投入决定了其产出。近年来，我国建筑业重大科技成果数量有所增加，劳动生产率虽然与主要发达国家存在明显的差距，但其差距正在不断缩小。固定建筑物专利申请数占所有行业专利申请总量的比例虽然一直呈下降趋势，但其数量呈上升趋势。在基础、挖方、填方、地下或水下结构物，结构构件、建筑材料，一般建筑物构造、墙等专业技术领域，实用新型专利仍占较大比例，但是发明专利所占比例正在逐年上升，表明在这些技术领域，专利的创造性正在增强。个人申请的专利数虽然仍占较大比例，但企业申请的专利数比例有明显上升态势。从问卷调查结果中发现，对专利授权有奖励的企业占87%，其中奖励大的企业占35%，表明企业越来越重视专利申请工作。中西部地区的专利申请数量与东部地区仍存在较大差距。在一些技术领域，其差距还在继续增大。从问卷调查和专家访谈结果中发现，无论是企业还是大学和建筑科研院所，其专利转让的情况很少，表明在专利成果转化和商品化方面十分薄弱。

（4）国家级工法的参评数量显著增长，相关政策已产生成效

国家级工法的参评数量显著增长。从问卷调查结果中发现，对国家级和省级工法有奖励的企业占93%，其中奖励大的企业占38%，表明企业对工法建设的重视程度明显增强。企业多为第1编写单位，企业之间合作编写工法的情况增加，但在2007年多家企业合作编制工法的行为受到政府建设主管部门的限制。企业也与科研院所和大学合作编写工法，但其所占比例很低。国家级工法在行政区域分布上也存在明显差异，北京、上海、江苏等地的工法数量明显多于其他地区。事实表明，政府部门在建

筑业企业资质管理以及资质等级标准的有关文件中，对企业科技活动和科技成果产出的相关规定已经产生了成效。但是，如何使企业从被动地进行科技活动转变为主动、持续地开展技术创新活动，这是未来中国建筑业经济增长所面临的一个核心问题。

(5) 企业论文数量增多，企业间合作开展研究的格局尚未形成

企业作者发表的论文数量增多。从问卷调查结果中发现，对公开发表论文有奖励的企业占77%，其中企业奖励大的占23%，表明企业对员工发表科技论文有所重视。不同企业合作发表论文数量少的现象表明，企业之间合作开展研究的格局尚未形成。企业与大学或科研院所之间存在合作研究的情况。从问卷调查结果中发现，经常与其他总承包商、专业承包商、材料和设备生产厂商合作开展创新活动的企业，分别占20%、23%和25%。与此相比，与大学和科研机构经常合作创新的企业所占比例略大，分别为35%和31%。这在一定程度上反映出企业之间、企业与大学和科研机构之间尚未普遍形成合作创新网络。因此，如何整合建筑施工企业、勘察设计企业、材料和设备供应厂商、高等院校、科研院所等相关方的技术优势，在全行业形成持续发展的创新网络，是未来中国建筑业经济增长所面临的另一个核心问题。

第 4 章　建筑业知识产权保护与成果扩散

知识产权亦称“智力成果权”，是“法律赋予知识产品所有人对其智力创造成果享有的专有权利”。根据我国民法通则规定：知识产权包括了著作权（版权）和工业产权（专利权、商标权、发现权、发明权等）。

知识产权的独特职能和知识资产的特殊性质使得其不同于其他任何资产所有权，而具有无形性、专有性和时间性。知识产权试图通过法律制度的安排赋予所有权人对知识资产的垄断和专有性，以解决市场失灵，然而知识资产的内在特点使得这种制度安排必然存在特殊的难点。首先，知识产权虽然在法律上明确了对某项知识资产的排他性权利，但这种法定权利的实施仍然要付出技术和司法的成本。由于信息不对称，许多知识资产在确定知识资产的价值、监督被授权人的行为、拟定完善的合同、举证侵权事实等方面可能因成本过高而无法实施真正的保护。其次，由于知识的排他程度不同或知识资产在各个行业的重要性不同，知识产权对企业的影响存在部门差异。例如在计算机应用软件行业，知识产权是最重要的资产；在钢铁行业，昂贵、复杂的设备已经成为竞争和模仿的天然壁垒，对知识产权就不太敏感；而在建筑行业，由于建设项目具有一次性的特点，成熟的技术更易于被接受和采纳，对知识产权也不如计算机应用软件行业敏感。Mansfield（1986）等学者的实证研究也表明，知识产权对不同产业的经济影响很不相同。

经济技术全球化的今天，一国或一个行业自主创新能力的提升不仅取决于其自身的创新程度，也依赖于外部先进技术的获得。技术扩散作为技术获取的重要外部路径，对于自主创新能力薄弱的行业和地区尤为重要。随着《与贸易有关的知识产权（包括假冒商品贸易）协议（草案）》（TRIPS）的推行，知识产权保护力度日益加大。知识产权保护将如何影响技术扩散，建筑业知识产权保护与技术扩散会有怎样的表现，这些问题越来越引起业内人士的关注。

4.1　知识产权保护

知识产权保护的程度与技术转移和技术扩散有很强的相关性。加强知识产权保护既可以鼓励原始创新，又可以为技术扩散创造良好的外部条件，从而提高技术创新能力。建筑业知识产权的保护状况和发达国家的经验将作为研究的重点。

4.1.1　知识产权保护对技术创新的影响

一般来说知识产权保护对于技术创新有双面的影响，既有积极影响，又存在消极影响。

（1）积极影响

知识产权保护能激励一个国家或行业的技术创新；它有利于建筑业与国外的技术

扩散和技术转移；有利于促进国外专利申请的流入和专利引用的增加。

1）激励一个国家或行业的技术创新

Mansfield（1988）认为发展中国家知识产权保护不足时，一些产业高额的研发费用无法得到补偿，厂商会因此减少其研发投资。加强知识产权保护则可以激励这些产业的研发活动，提升这些产业的技术水平。

建筑产品生产活动特殊的组织形式、建筑活动的开放性，以及建筑产品的耐用性等特点，使其技术创新投入和产出一般比其他行业要低，但由于建筑行业一般在改造性或模仿性的技术活动上比较活跃，建筑业在实用新型方面申请的专利较多（如图4-4-1所示）。因此，对实用新型专利的保护可以有效地促进建筑业技术创新活动。

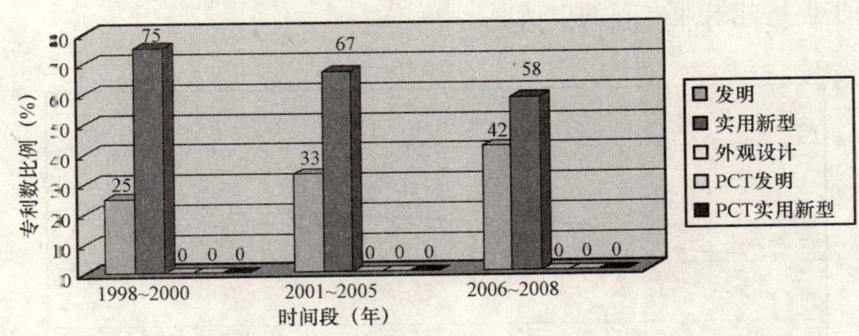

图4-4-1　固定建筑物E02专利申请类型的比例

2）有利于建筑业与国外的技术扩散和技术转移

TRIPS协议明确指出，对知识产权实行充分、有效保护的目的在于“期望减少国际贸易中的扭曲与阻力”。也就是说，由于存在对知识产权保护不力的问题，可能导致国际贸易数量的降低。

世界银行在1999年国际贸易报告中指出，最发达国家进行的出口贸易很大程度上取决于进口国对知识产权的保护力度。发达国家的出口商则认为，发展中国家和地区加强知识产权的保护将诱发更多的国际技术转移，增加发展中国家和地区的技术存量。Maskus，K. 和 Penubarti，M.（1995）运用 Helpman-Kruagman 垄断竞争模型就知识产权保护对国际贸易的效应进行评估发现，发展中国家实施高强度的知识产权保护对中间品进口具有正向效应。发展中国家和地区如果加强知识产权保护并完善知识产权制度，将增加技术贸易，加快发达国家对其技术转移。

建筑业的“国际贸易”是建筑业的对外承揽或引进国外施工和设计队伍。由于建筑活动的开放性，建筑业的对外承揽和外商对建筑业的直接投资都存在知识产权保护的问题。如果知识产权保护得力，不但可以促进国内建筑企业对外承揽工程业务，而且可以吸引外商投资于建筑业。从图4-4-2可以看出，外商投资于我国建筑业合同份数与我国知识产权保护力度在一定程度上有相似的变化趋势。加强我国的知识产权保护力度，有利于国外先进的建筑科技向我国转移和扩散。

3）有利于促进国外专利申请的流入和专利引用的增加

国外专利申请和专利引用是国际技术扩散的重要路径。Anderson，James 和 Van

Wincoop，Eric (2001) 认为，与货物贸易流动相比较，由专利申请和引用带来的国际间知识流动的时空更为广阔。与国际贸易和外国直接投资的影响相比，由于专利保护是知识产权保护的重要组成部分之一，知识产权保护对专利申请和专利引用的影响最为直接。发展中国家和地区加强知识产权保护会增加国外专利申请的流入，尤其是来自技术主导国家的专利申请，同时也会引发国内厂商对外国专利引用的积极性，进而促进了二次创新活动。Yang，Guifang and Maskus，Keith E. Yang，Guifang and Maskus，Keith E. (2003) 认为，发展中国家和地区加强知识产权保护还将提高发达国家向其转让专利的质量。从图4-4-3可以看出，在我国申请的固定建筑物专利件数与我国知识产权保护力度在一定程度上有相似的变化趋势。加强我国的知识产权保护力度，有利于促进建筑业专利的申请。

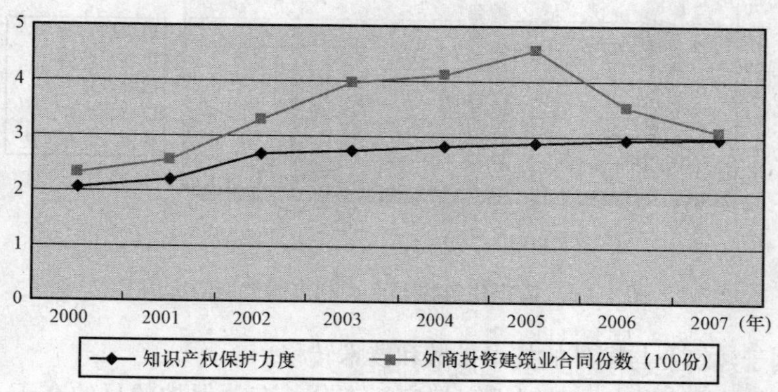

图 4-4-2　知识产权保护力度与外商投资中国建筑业的关系

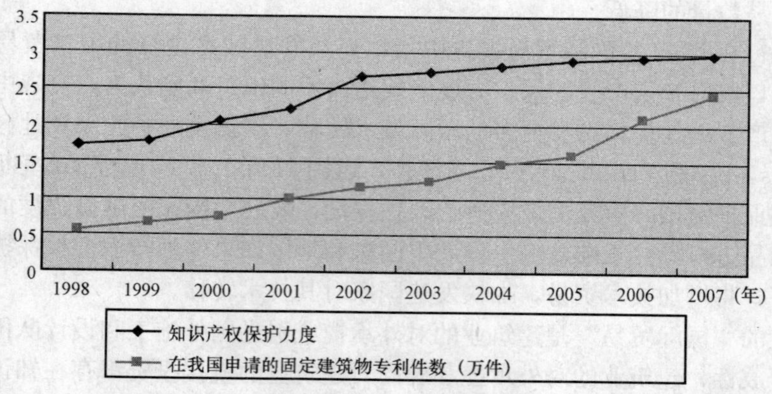

图 4-4-3　我国知识产权保护力度与固定建筑物专利数的关系

(2) 消极影响

知识产权保护力度的加大，扩展了专利保护的范围，为企业和技术产品提供了重要的法律保障。这虽然有利于技术的国际转移，但也强化了发达国家的垄断力量，阻碍了技术知识的传播，对发展中国家自主创新会产生不利影响。由于知识产权往往具有合法垄断权利，这种垄断权利受到第 3 方（知识产权机构、行政机构和司法系统）的保护，因此在高科技方面占有绝对优势的发达国家可以通过独占，实现对市场的垄断，或者通过选择性地许可受知识产权保护的私有专利技术，实现对产业链的控制。跨国公司运用知识产权以实现其最大限度地占领发展中国家市场、垄断技术的战略目标，使得发展中国家和地区利用国际技术扩散进行创新的技术领域日益缩小，难以摆脱技术劣势的被动局面。

Gould，D. M.，Gruben，W. C.（1996）研究表明，市场结构可能影响知识产权保护与技术创新的关系；知识产权保护对技术创新的影响在竞争较弱和高度保护的市场中具有微弱的作用。McCalman，Phillip（2001）认为，知识产权保护增加了发展中国家和地区的技术使用成本，抑制了技术引用和转移。从图 4-4-4 可以看出，随着我国知识产权保护力度的加强，外国人在中国申请的专利数并没有呈现明显的增长趋势。这表明，目前我国通过加强知识产权保护吸引国外技术向我国扩散尚未得到体现，还需要相关政策的引导。

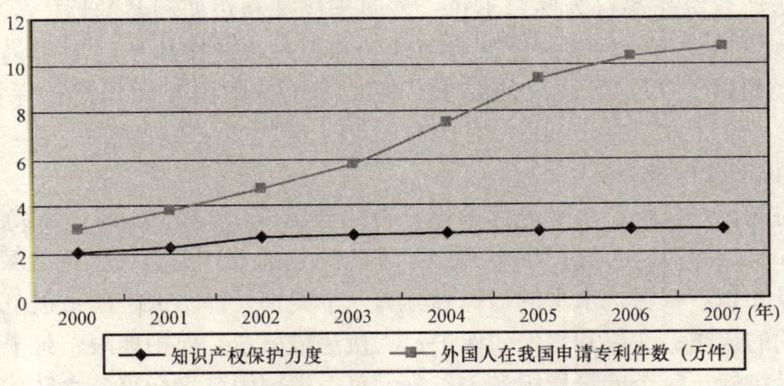

图 4-4-4　知识产权保护力度与外国人在中国申请专利数的关系

4.1.2　中国建筑业知识产权保护状况

（1）知识产权保护的总体情况

1）知识产权体系建设

我国的知识产权体系建设起步很晚。在 1985 年国家第 1 部专利法颁布之前，我国知识产权领域几乎一片空白。从 20 世纪 80 年代中后期起，中国相继修订和更新了版权、商标、专利、商业秘密及“反不正当竞争”等一系列法律法规。以知识产权保护方面最重要的法律即“专利法”为例，自该法律 1985 年生效实施以来，在 1992 年作了第 1 次修改，扩大了专利保护的技术领域，延长了 3 种专利类型的保护期限，强化了专利权人的权利，使我国在专利保护方面基本上符合了 TRIPS 协议要求。2000 年专利法的第 2 次修改，则主要侧重于适应市场经济体制和加入 WTO 的需要，进一步强化专利保护，完善专利审批及维权程序，调整、理顺与专利权相关的权益关系，规范行政机关的行为。2008 年底，我国又对专利法进行了第 3 次修订，此次修改更加重视鼓励创新能力的提高和加强对专利权的保护。

外部因素始终是我国建设知识产权保护制度的重要因素。中国几乎加入了所有国际性的知识产权协定，其中包括1984年的巴黎公约、1989年的马德里协议和华盛顿条约、1993年的伯尔尼协定和世界版权协议、1993年的日内瓦音像协议和1994年的专利合作协议，同时也是国际专利和商标分类及微生物存放协议的成员。

加入WTO前后，中国的知识产权制度改革达到了高潮。2000年中国修改制订了第2版专利法，按照世界贸易组织TRIPS协议的要求对各项条例进行了修改。同时，中国还推进了法律的管理和实施工作。例如，中国在8个城市建立了知识产权法庭；并在1997年建立了中国软件权利调查办公室，作为中美合作旨在调查中国企业和机关购买软件合法性的专门机构；国内还加强了针对知识产权的宣传、教育和培训；并由政府牵头，组织实施了多次打击假货和盗版侵权产品的全国性活动。然而，由于国内的法制意识相对落后，实施效率尚需改进，因此中国在知识产权法规的管理和实施中依然存在许多严重问题。集中反映在侵权损失者抱怨经济和民事处罚轻微，使盗版假冒等违法行为屡禁不止；着眼于局部和短期利益的地方保护主义，也使某些法规难以实行。许多研究认为中国的知识产权法律体系已基本满足，甚至某些部分已经超过了TRIPS协议的要求。但实际上，中国的知识产权保护程度依然很低。

2）知识产权保护力度

最早对知识产权保护水平进行量化分析的当属Rapp和Rozek（1990），随后Ginarte和Park（1997）在分析Rapp-Rozek方法的基础上，提出一个更为深入的度量方法，把度量知识产权保护水平的指标划分为5个类别，即①保护的覆盖范围；②是否为国际条约的成员；③权利丧失的保护；④执法措施；⑤保护期限。每个类别又包含若干个度量指标，每个度量指标各占1分，每个类别中各指标得分之和，除以该类别中的指标个数即为该类别的得分，5个类别得分的累加和即为量化的知识产权保护水平。中国学者韩玉雄、李怀祖（2005）在Ginarte Park方法的基础上，结合我国实际情况，将“执法力度”引入知识产权保护的度量因素中，提出了适用于转型期国家修正的知识产权保护水平的度量方法。彦珲（2009）在韩玉雄和李怀祖研究的基础上，对律师占总人口比例、专利法立法时间、经济发展水平的指标作了部分修改，得出我国1985～2007年间的知识产权保护力度（如图4-4-5所示）。其平均水平为1.522。可以看出，1993年之前，中国知识产权保护的力度较弱，平均为0.45；1993年以后，保护力度显著增强，平均为2.21。但与国外水平相比（如表4-4-1所示），我国的知识产权保护力度还有待加强。

（2）建筑企业知识产权保护现状

1）知识产权保护培训

目前，我国一些大型建筑企业已经意识到知识产权保护的重要性。例如中国第一冶金建设有限责任公司华北分公司，专门为中层以上管理人员、项目部经理、书记及施工队伍负责人举办了“技术创新及知识产权保护”知识讲座。用曾经发生在企业建设史上的一些知识产权保护事例、新技术的应用和企业靠特有的施工技术搏击市场从而赢得项目的实例，讲述了企业如何保护员工的各种发明创造，如何开发企业各种知识产权等问题。讲座使参训人员认识到企业要发展必须创新，领导与员工必须要有科技创新意识，必须拥有自己的核心技术。培训增强了职工的创新意识和知识产权保护意识。

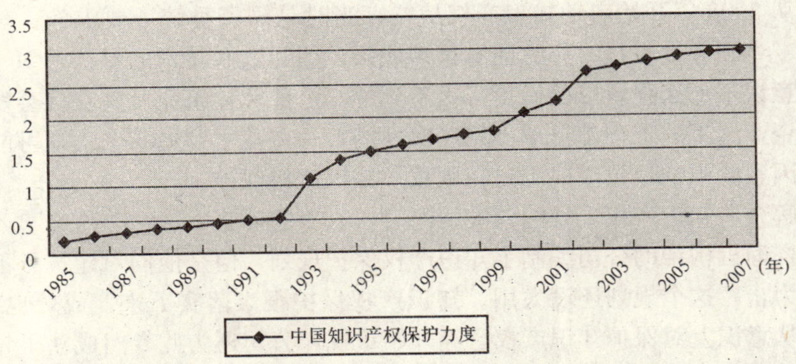

图 4-4-5　1985～2007 年中国知识产权保护力度

部分国家知识产权保护力度　　表 4-4-1

	1960 年	1965 年	1970 年	1975 年	1980 年	1985 年	1990 年
日本	2.85	3.18	3.32	3.61	3.94	3.94	3.94
韩国	2.8	2.8	2.94	2.94	3.28	3.61	3.94
新加坡	2.37	2.37	2.37	2.37	2.57	2.57	2.57
印度	1.85	1.85	1.42	1.42	1.62	1.62	1.48
马来西亚	2.37	2.37	2.37	2.37	2.37	2.9	2.37
美国	3.86	3.86	3.86	3.86	3.86	4.52	4.52
加拿大	2.76	2.76	2.76	2.76	2.76	2.76	2.76
德国	2.33	2.66	3.09	3.09	3.09	3.71	3.71
法国	2.76	3.1	3.24	3.24	3.24	3.9	3.9
意大利	2.99	3.32	3.32	3.32	3.46	4.05	4.05

数据来源：引自 Ginarte，J. C.，Park，W. G.，Determinants ofpatent rights：A cross－national study，Research Policy，1997，26，283～301.

在可再生能源与新能源技术开发领域，也开始重视企业知识产权保护。例如国家知识产权培训中心于 2009 年举办了全国新能源领域知识产权保护培训班。邀请了国家知识产权局、北京市中级人民法院、新能源领域典型企业等单位的知识产权专家，围绕企业知识产权战略、知识产权司法保护、专利信息的检索及应用、新能源领域专利技术分布状况及审查状况、新能源企业知识产权管理等内容，分析了目前新能源领域知识产权创造及保护现状和应对策略。培训对于充分发挥知识产权在可再生能源与新能源技术的开发及产业化过程中的保护作用，激发创新智慧，保护创新者合法利益，有效地推动相关科技成果的转化、应用及推广，促进新能源产业加快发展具有积极意义。

2）企业访谈

课题组为了解建筑企业知识产权保护现状，对大型企业进行了访谈。企业管理人员表示：

企业从2008年开始启动知识产权战略，当时是国资委统一要求的。长期以来企业在工法、专利和专有技术等方面有很多成果，但对这些技术的保护意识不太强，最起码主动意识不那么强，以前做得都很不到位。可能和建筑业及其在社会发展中的地位有关。企业施工的工程都是单件、一次性的，一些技术到另一个工程可能就不适用了。各种因素的影响导致以前不是特别重视知识产权保护。

在了解企业知识产权规划的落实情况时，有专家回答：

一家咨询机构帮助公司编制了知识产权保护规划，但是他们对建筑业不熟悉。所以到目前为止，这个规划还没太用。知识产权保护很难落实下来，成效也不太明显。但是至少从意识上对保护知识产权已经开始重视，公司还为此专门成立了领导小组。

由此可以看出，一些大型建筑企业已经开始重视对知识产权的保护工作。

3）问卷调查

课题组进一步就知识产权保护对建筑企业的专家进行了广泛调查，问题包括：对本企业知识产权规划了解的程度；对知识产权申请政策和知识产权保护政策的满意度；知识产权保护政策对企业技术创新影响的程度等。调查结果分别如表4-4-2～表4-4-4所示。结果表明，企业大多制定了知识产权规划或相关管理制度，有87%的专家了解（59%）和很了解（28%）本企业的规划或制度；96%的专家承认知识产权保护政策对企业技术创新有影响，其中有22%的专家认为影响很大；91%的专家对知识产权保护政策感到满意；但是有20%的专家不满意知识产权申请政策。

对本企业知识产权规划了解的程度的调查结果 表4-4-2

问　题	不了解（%）	了解（%）	很了解（%）
对本企业知识产权规划了解的程度	13	59	28

对知识产权申请政策和知识产权保护政策满意度的调查结果 表4-4-3

问　题	不满意（%）	满意（%）	很满意（%）
对知识产权申请政策的满意度	12	71	17
对知识产权保护政策的满意度	9	79	12

知识产权保护政策对企业技术创新影响程度的调查结果 表4-4-4

问　题	影响很小（%）	有影响（%）	影响大（%）
知识产权保护政策对企业技术创新影响的程度	4	74	22

4）专利观察

为进一步分析建筑业专业技术领域的知识产权保护状况，从近10年企业申请的结构构件和建筑材料专利数变动情况（如图4-4-6所示），观察我国知识产权的保护状况。可以看出，企业在结构构件和建筑材料（E04C），基础、挖方、填方、地下或水下结构物（E02D），给水、排水（E03），一般建筑物构造、墙（E04B）方面申请的专利数均呈明显上升趋势，并且在2006年后上升的幅度较大，2005～2008年其增长率分别达到298%、111%、181%和87%。这种表现在一定程度上反映出企业对知识产权保护的意识有所增强。

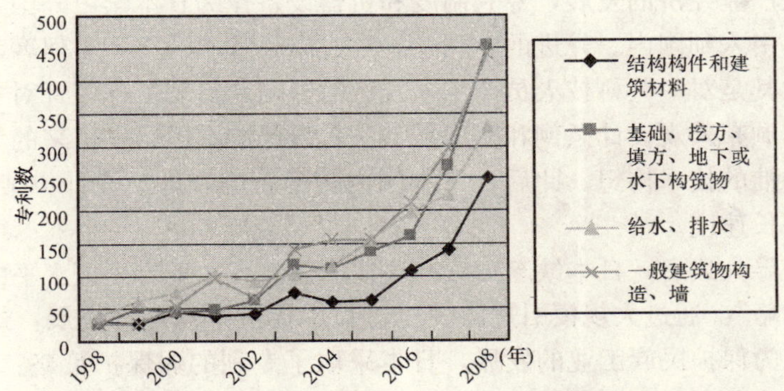

图4-4-6　企业申请的E04C、E02D、E03和E04B专利数变动趋势

4.1.3　国外知识产权保护的经验

（1）美国的经验

美国是知识产权制度最完善、技术水平最高的国家。立国之初，美国的科技水平远不及欧洲大陆。面对英国的技术封锁，为鼓励创新，美国首次在宪法中明确专利制度，保障权利人的利益。19世纪中期，美国改进专利制度，促使国内专利申请量呈几何态势剧增。其中的实质性审查制度，保证了此后授予的专利质量一直平稳地保持较高水平；同时专利期限的延长能使权利人获得更多的垄断利润，引导发明创造开始向产业化方向发展。20世纪30年代的世界经济危机使美国对知识产权尤其是专利的看法发生了变化，有关知识产权产生垄断的问题凸现出来，引起朝野上下的质疑。美国进入抑制专利的反垄断时代。此后的《谢尔曼法》等特别用来规制各种卡特尔以及与之相伴的知识产权许可行为。法院对专利权的授予实行相当严格的检视，侵权诉讼中权利人时常败诉。第二次世界大战后，美国摒弃以往对经济自由放任的态度，开始通过经济立法干预经济运行。

为保护和促进私人企业的发展，美国制定了现有的各类知识产权法，进一步确认了创新者和发明者对其相应成果的权利，从而使国内企业的原创能力持续增强。20世纪70年代末，美国一些产业竞争力受到日本等国的强烈冲击，政府反思后的结论之一就是知识产权保护不力使外国能够轻易地模仿美国的技术，导致其科技和人才优势没有显现出来。因此，美国将知识产权提升到国家战略高度，作为重新赢回经济优势的筹码。通过 TRIPS 协议将很多美国标准强加到世贸组织成员国。比如利用“331 条款”保护美国专利人在海外的利益，对不遵守知识产权协议规定的国家实行贸易制裁，以促进美国产品的出口；利用“337 条款”防止以不公平竞争方式向美国出口和销售产品，侵犯美国企业的知识产权。以上措施强化了美国国内和国外的专利保护，提高了这一制度的整体运行效率，从而刺激 R&D 投资活动日益活跃。

(2) 日本的经验

日本技术水平的快速提升世人瞩目，其巧妙的知识产权策略功不可没。明治维新时期，为促进产业经济的发展，专利制度和机器设备作为日本学习外国先进技术的软硬件条件一起引入到国内。先进的专利思想虽脱离了日本的实际，但客观上开启了国民的心智，尤其是对一些科技人员产生了较大的影响，出现了许多针对发明的改良活动。于是日本颁布外观设计条例和实用新型法，以保护本国研发出来的为数众多而又达不到专利水准的技术构想。此后，日本国内实用新型和外观设计申请数大幅增加，超过了专利增长速度。

第二次世界大战后，日本缺乏独立开展技术创新赶超世界先进水平的条件，采取了“吸收性战略”，通过大规模引进欧美先进技术促进本国经济发展，遭到美国企业的专利攻击。为保护民族工业的发展，日本采取了专利的弱保护策略。经过 20 年的追赶，日本制造业竞争力迅速提高，成为技术输出大国。但日本企业普遍注重实用技术，忽视基础性研究，其技术储备量只有美国的 1/5，在日美贸易战中处于劣势。日本专利战略开始从保护以外观设计为主的改进型技术向鼓励独立发明创造转变，重点在于自主专利。一方面保护本国市场，继续推迟对工业发展有影响的基本专利申请的审批，以使本国企业有足够时间进行技术赶超；另一方面进攻国外市场，在向国外输出产品或投资时采取专利先行战略，扩大海外专利申请量。进入 90 年代，日本将其经济衰退的原因归结为高技术领域里原创技术和基本专利的差距。借鉴美国经验，日本向原创技术专利战略转移。一是加大基础研究投入，增强高新技术领域竞争力；二是对国有机构放权，鼓励产学研结合向企业转移技术。新世纪，日本实施知识产权立国战略，从知识产权创造、保护、应用和人才培养 4 个方面全方位推进知识产权制度改革，调整在技术创新和转移方面的滞后。

(3) 韩国的经验

韩国经济起步较晚，却仅用 30 多年的时间成功跨入发达国家行列。因此，总结韩国知识产权制度在技术发展中的作用，对发展中国家来说更具借鉴意义。

韩国工业化之初，生产设备和技术几乎全部依赖进口。此时，韩国限制国外直接投资，提倡通过进口资本货物等其他方式进行技术转让，这使得企业不能依赖外国技术，而是积极投资于技术学习，借助技术文献、反向工程及同厂家委托生产相关的技术服务等非正式技术转让方式，对外国技术进行模仿和改进，最终形成自己的技术能力和创新成果。这期间，韩国将原有知识产权法规细化为专利法、实用新型法、工业设计法和商标法，形成了现代知识产权制度，为技术引进、吸收提供基本的制度保障。70年代中期，韩国政府开始扶持重化工业，重点扶持资本和技术密集型产业。在没有充分的资本积累和技术能力准备的情况下，韩国逐步取消对进口的限制，加快引进国外资本和技术。80年代，韩国进入企业主导型阶段，政府扶持的大企业集团已具备相当的研发能力。韩国开始加强对企业技术创新的知识产权进行保护。比如延长专利期限，加大专利侵权的惩罚力度，修改不正当竞争法加强商业秘密保护等。达成TRIPS协议后，韩国实施全球化知识产权战略。一方面继续增加研发投入，增强自主创新能力，一方面鼓励大企业集团对发达国家直接投资以快速获取技术能力，要么投资收购尖端技术，使企业获得高技术专利使用权；要么与跨国公司建立战略联盟，分享其尖端技术成果等。为保护本国大规模的研发投资和全球技术合作的知识产权，适应企业全球化发展战略，积极参与国际知识产权合作与保护规则的制定。

（4）美、日、韩专利观察

图4-4-7～图4-4-9分别显示了美国、日本、韩国1998～2006年E04C（结构构件、建筑材料）和E04B（一般建筑物构造、墙）专利申请变动趋势。可以看出，3个国家在两类专利的申请有不同的表现。值得注意的是，每个国家这两类专利申请数量的变动趋势都极为相似。这种现象反映出两类专利技术之间具有高度的相关性。两类专利申请有近乎同步的变动状态，体现了这些国家在建筑业技术创新过程中专业技术群体之间密切的合作关系。其中美国专利表现的同步变动趋势尤为突出，并显现出美国在这两个专利技术领域比韩国、日本有持续的创新能力和竞争优势，其建筑业知识产权保护战略也更加成熟。

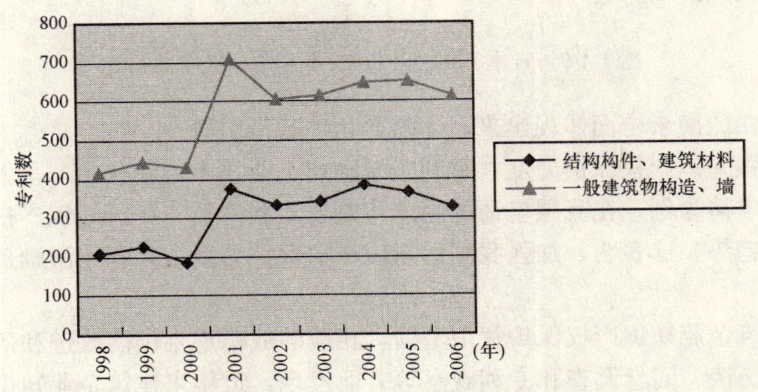

图4-4-7　美国E04C和E04B专利申请数变动趋势

4.1.4　知识产权保护研究小结

（1）知识产权保护有利于国外建筑科技向我国转移和扩散

从知识产权保护与吸引外资的角度看，外商投资于我国建筑业合同份数与我国知识产权保护力度有相似的变化趋势，这表明加强我国的知识产权保护力度，有利于国外先进建筑科技向我国转移和扩散。但是，外国人在我国申请的固定建筑物专利数并没有与吸引外资相同的表现，这表明目前我国知识产权保护对增强国外技术向我国转

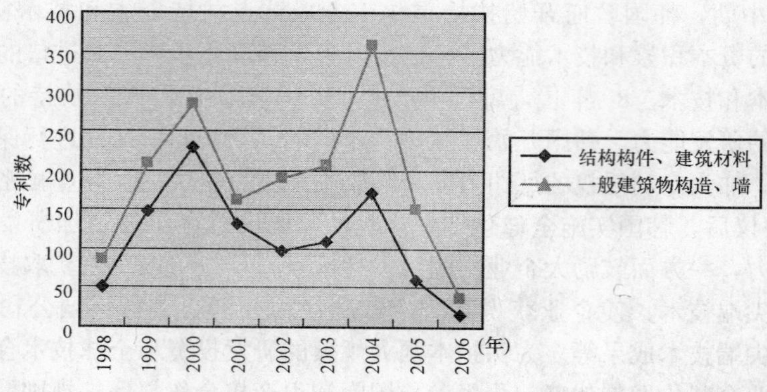

图 4-4-8　韩国 E04C 和 E04B 专利申请数变动趋势

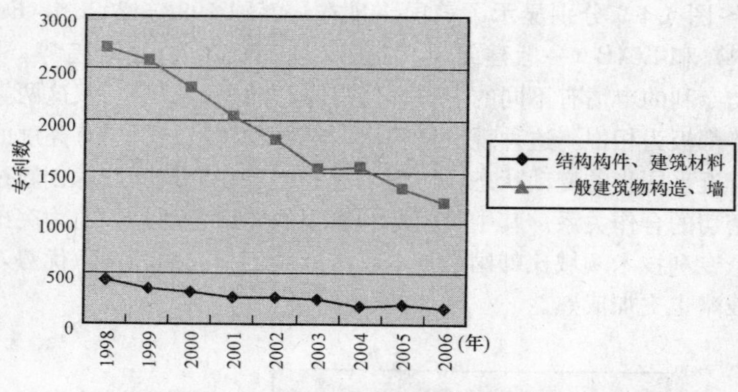

图 4-4-9　日本 E04C 和 E04B 专利申请数变动趋势

移和扩散的功能尚未全面体现出来，还需要相关政策引导。

(2) 增强知识产权保护力度，有利于激励建筑业技术创新

以专利申请为例，在我国申请的固定建筑物专利件数与我国知识产权保护力度有相似的变化趋势。这表明，加强我国的知识产权保护力度，有利于激励建筑业的技术创新。

(3) 建筑企业知识产权保护意识增强，相应的战略规划仍需改进和落实

从企业访谈、问卷调查和专利观察等方面发现，近年来建筑企业知识产权保护意识有所增强，知识产权保护政策对企业技术创新产生了的不同程度的影响。部分企业开展了知识产权保护知识培训，并制定了知识产权保护规划和相关制度文件，但企业知识产权保护工作仍然需要改进和落实。

(4) 应尽快制定我国建筑业知识产权保护总体战略规划

研究发现，我国目前尚未形成建筑业知识产权保护的总体战略规划。知识产权保护工作分散于企业、大学、科研机构等建筑业相关组织，处在一种组织自发的行为状态，缺乏国家建筑业总体战略规划的指导。尽管建筑业具有地方性特点，但是未来建筑业的范围及其所涵盖的技术领域将越来越广泛。在全球一体化时代，我国必须尽快

研究和制定未来建筑业知识产权保护的总体战略。

4.2　中国建筑科技成果的扩散

美国经济学家梅特卡夫认为技术创新扩散是一种选择过程，是企业在不同层次的技术中选择效率更高、成本更低或更先进技术的过程，同时也是业主选择那些采用创新技术生产高质量、低成本产品的企业的过程。只有技术创新成果在更多的企业有效扩散后，才能促进整个行业、全社会的技术进步和经济增长。美国经济学家舒尔茨评价了技术创新扩散的重要性，即“没有扩散，创新便不可能有经济影响。”

4.2.1　建筑技术创新成果扩散的途径与方式

（1）建筑技术创新成果扩散的途径

企业对技术创新成果扩散日期的选择取决于其收益与成本的比较。只有当企业技术创新成果形成的竞争优势所带来的收益小于或等于维持其竞争优势所付出的成本与技术创新成果扩散后净收益之和时，企业才会将技术创新成果进行扩散，否则企业可能凭借其技术创新成果获得垄断价格、服务或较强的竞争优势，追求利润最大化，而不会将技术创新成果进行扩散。

建筑技术创新成果扩散的途径主要有：技术推广；主动应用；自发扩散。

1）技术推广

技术推广是我国建筑技术创新成果扩散的主要渠道，主要是通过国家行政部门有计划地向潜在使用者推广应用（示范工程等），建设部和各级建设行政主管部门实施科技成果推广工作。全国建设科技推广网络正在形成，重点推广的技术逐年增多，提高了技术创新成果扩散的速度，在一定程度上取得了节能、节材、提高劳动生产率和社会环境效益的效果。

此外，还可以采用委托或代理形式选择具有专业特长、信息灵活的中介机构，向潜在的技术使用者推广技术创新成果。这种中介机构通常掌握大量的企业技术供需信息，拥有专业服务人员，能够对技术可行性、经济合理性等作出评价，并能依靠掌握的信息资源、社会关系网络等促进技术创新集群的形成。

2）主动应用（技术购买和转让）

这种情况大多是因为潜在的使用单位或是因业务需要急需改进既有技术或材料、设备，而某项技术创新成果正好可以满足其要求，且购置成本在可接受范围内，在这种情况下技术购买和转让行为就很可能发生。

3）自发扩散

某个建筑企业采用一项技术创新成果后，使生产效率提高、成本降低、质量改善等，其他企业为了提高自身的竞争力和技术水平也会跟着效仿使用，因此自发扩散方式亦称传染方式。

（2）建筑技术创新的扩散方式

技术创新成果可根据具体的类型选择不同的扩散方式。技术成果扩散的方式主要有五种：

1）技术创新成果展销会

展销会是技术创新成果扩散的常见形式。展销会为供需双方提供一个交易与合作的平台，从而达到技术创新成果扩散的目的。

2）技术创新成果评比推广会

评比推广会一般是由政府组织，动员技术创新成果的提供者广泛参与，通过一定的评比原则和标准，选出技术先进、经济效益好的创新成果，并进行大力推广。

3）技术协作、技术投资

技术协作、技术投资是技术创新成果资本化的一种形式。提供者以技术创新成果折价入股的方式参与合作，根据股份的比例承担风险，分享收益。

4）媒体宣传和技术交流

媒体宣传和技术交流是一个省时、见效快的技术成果扩散方式，但提供者应根据具体的技术创新成果类型选择不同的媒体和交流方式，才能取得较好的效果。

5）技术培训

技术培训可以让潜在应用企业更全面地了解技术创新成果在技术、经济、操作、安全等方面的性能和优势，扩大技术创新成果扩散的速度和广度。

4.2.2 中国建筑业技术扩散的现状

由于没有能够直接反映中国建筑业技术扩散状况的统计数据，因而从课题问卷调查结果、建筑业对外承揽和引进国外建设队伍方面分别观察和分析中国建筑业技术扩散状况。

（1）技术扩散调查结果

1）技术推广

企业在内部推广应用自创或引进的新技术或新管理方法时，不重视、重视和很重视的比例分别为5.26％、51.88％和42.86％；在参与由协会组织的技术与管理信息交流活动方面，企业很少参加，有时参加和经常参加的比例分别为8.33％、53.79％和37.88％；对建设部科技成果推广与重点实施技术示范工程表示不满意、满意和很满意的比例分别为4.68％、75.44％和19.88％；对建设部科技成果重点推广项目管理办法表示不满意、满意和很满意的企业比率分别为4.09％、77.78％和18.13％。

可以看出，在科技成果推广方面，企业的重视程度和参与程度较高，对技术推广相关政策的满意度也比较高。

2）技术购买和转让

企业有偿转让本企业科技成果的情况，表示很少、有时和经常的比率分别为59.41％、37.65％和2.94％；企业对新技术市场需求调研不重视、重视和很重视的比率分别为11.18％、62.35％和26.47％；对促进科技成果转化法不满意、满意和很满意的比率分别为9.94％、74.85％和15.20％。

可以看出，企业对本单位科技成果转让的情况很少，这与企业访谈中所得到的结果相一致。多数企业比较重视调查新技术的市场需求状况。对促进科技成果转化法的满意度较高，但也有近10%的专家表示不满意。

3）技术协作

企业与其他行业的企业合作创新的情况，表示很少、有时和经常的企业所占比例分别为25.9%、49.40%及24.70%；关于与设计单位合作创新的情况，表示很少、有时和经常的企业所占比例分别为19.16 %、53.29%及27.54%；关于与其他施工总承包企业合作创新的情况，表示很少、有时和经常的企业所占比例分别为23.17%、56.71%和20.12%；关于与其他专业承包企业合作创新的情况，表示很少、有时和经常的企业所占比例分别为24.54%、52.15%及23.31%；与高等院校合作创新的情况，表示很少、有时及经常的企业所占比例分别为18.13%、47.37%及34.50%；与科研机构合作创新的情况，回答很少、有时及经常的企业所占比例分别为21.89%、46.75%及31.36%。调查是针对企业合作创新的情况，但是也可以间接地反映出企业技术协作的情况。

可以看出，企业与大学之间的技术协作程度，相对于和其他行业的企业、同行企业、科研院所之间的技术协作程度较高，其次是企业与科研院所之间的技术协作。然而，这种技术协作关系并没有表现出持久性和普及性的特点。

4）媒体宣传和技术交流

关于企业对员工参与有关技术与管理会议的支持情况，回答不支持、支持和非常支持的比例分别为6.43%、51.46%及42.11%；关于企业支持员工与同行重要专家保持联系的情况，不支持、支持和非常支持的比例分别为8.27%、48.87%和42.86%；企业对于外聘专家为技术或管理顾问的情况，表示不支持、支持和非常支持的比率分别为10.53%、50.88%和38.60%；关于企业向顾客宣传自己科技成果的情况，表示很少、有时及经常的比例分别为7.41%、53.33%和39.26%；企业向行业协会宣传自己的科技成果的情况，表示很少、有时和经常的比例分别为14.93%、50%和35.07%；企业向政府部门宣传自己的科技成果的情况，表示很少、有时和经常的单位所占比率分别为16.92%、49.23%和33.85%。

可以看出，接受问卷调查的企业普遍比较重视宣传企业的科技成果、开展技术交流，但其中约有15%和17%的企业很少与行业协会和政府部门进行有关技术信息方面的沟通和交流。

5）技术培训

问卷调查发现，企业一般比较重视对员工进行技术培训。

访谈中发现，行业协会在组织技术标准的宣传和培训、促进技术交流、开展技术评比和技术推广等方面发挥了积极作用。

(2) 建筑业对外承揽和引进国外建设队伍

从中国建筑业对外承揽和引进国外建设队伍方面，也可以间接地观察建筑业技术扩散的状况。“国际贸易”是技术扩散和转移的主要路径。建筑业的“国际贸易”也就是建筑业对外承揽和引进国外施工、设计队伍。建筑业“出口”可以通过建筑业对外工程承揽情况来观察；建筑业“进口”可以通过外商对建筑业的直接投资来观察。

1）建筑业对外承揽情况

从建筑业对外承揽合同份数看，1995～2008年，我国建筑业对外工程承包、对外劳务合作和对外设计咨询合同份数的变化趋势如图4-4-10所示。可以看出，对外工程承揽、对外劳务合作和对外设计咨询基本呈上升趋势，2007年对外工程承揽合同份数急剧下降，这可能与国外经济情况有关。值得注意的是，2000年以前我国对外设计咨询虽然呈下降趋势，但合同份数相对较高；在2001年下降后虽然有所上升，但上升幅度缓慢。这表明，近年来技术含量较高的设计咨询服务的对外承揽能力处于相对较低的水平。

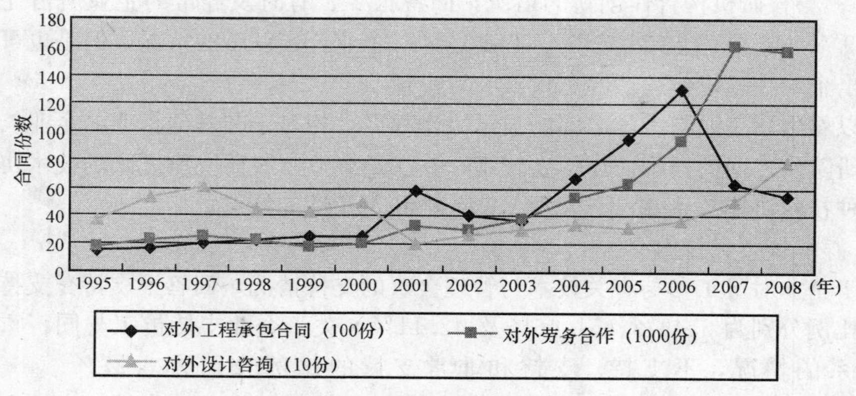

图4-4-10　1995～2008年我国建筑业对外承揽合同份数变化趋势

从建筑业对外承揽合同金额来看，1995～2008年间，我国建筑业对外工程承包、对外劳务合作和对外设计咨询合同金额的变化趋势如图4-4-11所示。可以看出，对外工程承揽呈上升趋势，并且从2004年起有较大幅度的上升；对外设计咨询、劳务合作合同金额虽然也有所增长，但涨幅相对较小。这进一步间接地反映出我国建筑业对外技术扩散和转移的能力增长缓慢。

2）外商对建筑业的直接投资

建筑业的“进口”可以通过外商对建筑业的直接投资来观察。2000～2005年外商投资建筑业的合同份数呈上升趋势，但2006～2008年呈下降态势（如图4-4-12所示）。2000～2006年，外商投资于建筑业合同份数占总合同份数的比例总体上呈现下降趋势，虽然在2007年有所回升，但2008年又现回落（如图4-4-13所示）。从外商投资主要行业（包括建筑业）合同数的比例构成看（如图4-4-14所示），按降序依次为制造业（62.8%）、房地产业（4.4%）、农、林、牧、渔业（2.9%）、信息传输、计算机服务和软件业（2.4%）、建筑业（0.9%）、电力、燃气及水的生产和供应业（0.8%）及采矿业（0.8%）。可见，建筑业对外商投资的吸引力较弱。

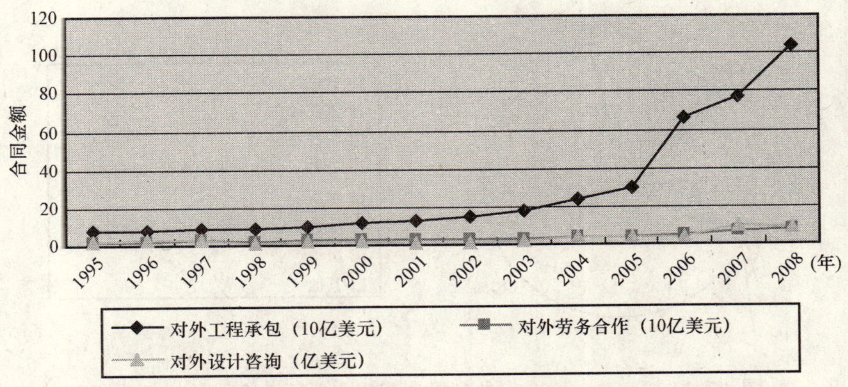

图 4-4-11　1995～2008 年我国建筑业对外承揽合同金额变化趋势

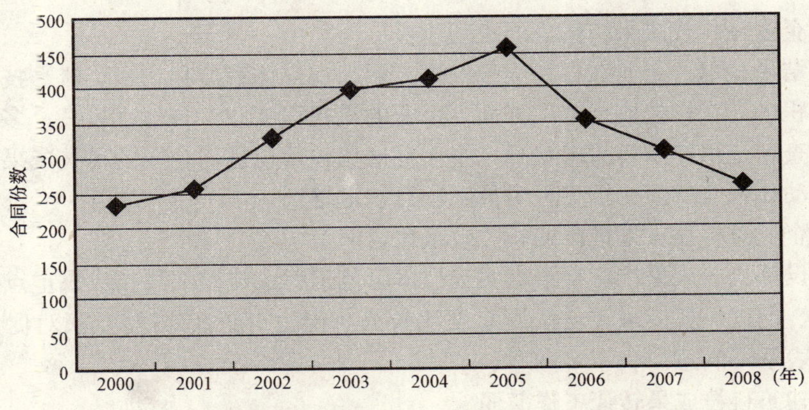

图 4-4-12　2000～2008 年外商投资建筑业合同份数情况

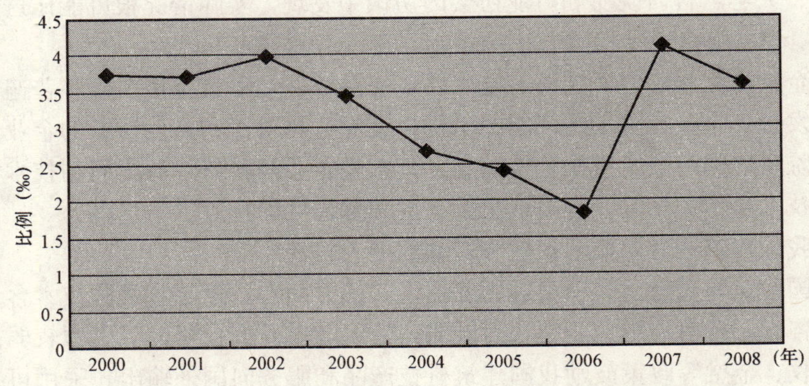

图 4-4-13　2000～2008 年外商投资建筑业合同数占总合同数的比重

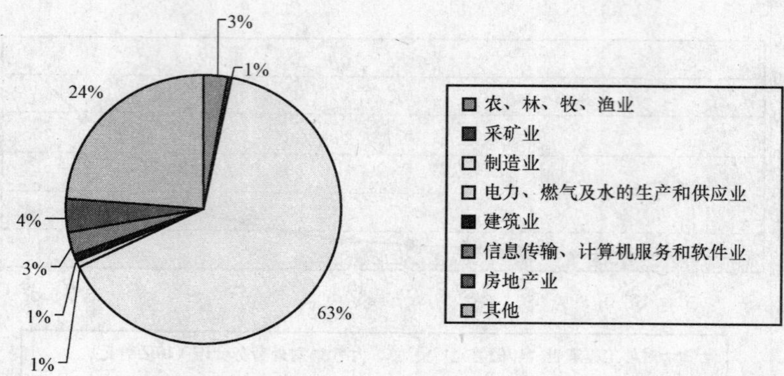

图 4-4-14　2000～2008 年外商投资我国主要行业合同数比例构成

4.2.3　中国建筑科技成果扩散小结

（1）企业在科技成果扩散方面表现积极

调查结果显示，企业在科技成果推广方面、在媒体宣传和技术交流、技术培训等方面表现积极。在科技成果推广方面，企业的重视程度和参与程度较高；多数企业比较重视调查新技术的市场需求状况；企业普遍比较重视宣传企业的科技成果、开展技术交流活动；企业一般比较重视对员工进行技术培训。

（2）企业对科技成果推广的相关政策比较满意

对建设部科技成果推广与重点实施技术示范工程、建设部科技成果重点推广项目管理办法、促进科技成果转化法满意度比较高，但也有近 10％的专家对促进科技成果转化法表示不满意。

（3）建筑科技成果转让工作薄弱

在接受问卷调查的企业中，有近 60％的企业很少对外转让本单位的科技成果。从对企业、大学、科研院所和行业协会的访谈中发现，实际情况很可能比这个比例还要高得多。

（4）企业与大学和科研院所有技术协作关系，但尚不具备持久性和普遍性

研究发现，企业与大学之间的技术协作程度，相对于和其他行业的企业、同行企业、科研院所之间的技术协作程度较高，其次是企业与科研院所之间的技术协作。然而，这种技术协作关系并没有表现出持久性和普遍性的特点。

（5）我国建筑业对外技术扩散和转移的能力较弱

从我国建筑业对外承揽和引进国外建设队伍方面看，近年来我国技术含量较高的工程设计咨询服务对外承揽能力相对较弱，建筑业对外商投资的吸引力较弱。政府可以通过税收、金融等政策鼓励我国建筑科技产品和服务向国外输出，采用可持续发展的外商投资政策，吸引外商投资我国建筑业。

（6）行业协会推进技术扩散表现积极，但其作用尚未得到充分发挥

在对行业协会的访谈中发现，行业协会在组织技术标准的宣传和培训、促进技术

交流、开展技术评比和技术推广等方面有积极的表现，但是其作用与发达国家的行业协会相比存在差距，尚未得到充分发挥。

4.3 建筑业知识产权保护与技术扩散研究结论

（1）企业知识产权保护意识增强，对成果扩散表现积极，但其管理水平有待提高

从企业访谈、问卷调查和专利观察等方面发现，近年来建筑企业知识产权保护意识有所增强，知识产权保护政策对企业技术创新产生了的不同程度的影响。部分企业开展了知识产权保护知识培训，并制定了知识产权保护规划或制度文件。企业在科技成果推广方面、在媒体宣传和技术交流、技术培训等方面表现积极，其重视程度和参与程度较高，多数企业比较重视调查新技术的市场需求状况，重视宣传企业的科技成果、开展技术交流和对员工进行技术培训。但企业知识产权保护与成果扩散的管理水平需要尽快得到提高。

（2）建筑业尚未形成指导全行业知识产权保护与技术扩散的总体战略规划

研究发现，我国目前尚未形成建筑业知识产权保护与技术扩散的总体战略规划。知识产权保护与技术扩散工作分散于企业、大学、科研机构等相关组织，处在一种组织自发的行为状态，缺乏国家建筑业知识产权保护与技术扩散总体战略规划的指导。未来的建筑业技术领域将会进一步持续地向深度和广度发展。在全球一体化时代，必须尽快研究和制定未来中国建筑业知识产权保护与技术扩散的总体战略。

（3）建筑业对外技术扩散和转移的能力增长缓慢

从近年来建筑业对外承揽和引进国外建设队伍的情况来看，我国技术含量较高的工程设计咨询服务对外承揽能力水平相对较低，建筑业对外商投资的吸引力相对薄弱。这种表现与建筑业知识产权保护与技术扩散总体战略导向的缺失有密切的关系。因而应尽快制定我国建筑业知识产权保护总体战略规划，并在此战略规划的指导下，结合税收、金融等激励政策，促进建筑科技产品和技术服务更加广泛地向国外输出，同时采用可持续发展的外商投资政策，吸引外商投资我国建筑业。

（4）企业与大学和科研院所的技术协作关系缺乏持续性和普遍性

研究发现，企业与大学之间的技术协作程度，相对于和其他行业的企业、同行企业、科研院所之间的技术协作程度较高，其次是企业与科研院所之间的技术协作。然而，这种技术协作关系并不普遍，也缺乏持久性。因此有必要研究、制定和实施相应的激励政策，以促进企业之间、企业与大学、科研院所等相关组织之间普遍形成持久的技术协作关系网络。

（5）建筑科技成果转让薄弱，需要形成促进建筑科技成果商品化的新环境

在接受问卷调查的企业中，有近 60%的企业很少对外转让本单位的科技成果。从对企业、大学、科研院所和行业协会的访谈中发现，既有专利技术很少有转让的情况。实际上，建筑业科技成果很少转让的情况很可能比问卷调查所得出的比例还要高得多。这表明，在我国建筑业技术创新过程中，创新成果的商品化程度低。这种现象背离了技术创新的目的，即在于获得潜在的经济价值。因此，为促进建筑业技术创

新，就必须形成促进建筑科技成果商品化的新环境。

（6）行业协会推进技术扩散的潜力尚未得到充分发挥

在对行业协会的访谈中发现，行业协会在组织技术标准的宣传和培训、促进技术交流、开展技术评比和技术推广等方面有积极的表现，但是其推进技术扩散的潜力尚未得到充分发挥，与发达国家的行业协会相比存在明显的差距。

第5章　建筑业创新体系与创新模式

所谓建筑业创新体系是指参与建筑业技术创新与管理创新活动的相关组织所构成的组织系统，其中包括政府、建筑业企业、业主、专业技术服务机构、大学、研究机构、材料和设备供应商与生产商、行业协会、金融机构和其他与建筑业创新活动密切相关的组织。这些组织彼此之间相互作用，共同促进建筑业新理论、新构思、新过程、新方法、新制度、服务于建设活动的新机具、新材料、新能源等新的生产力要素和新产品、新需求的形成、改进与传播。

所谓创新模式主要指建筑业技术创新的组织模式，包括不同创新主体之间的合作创新模式，也包括企业自主创新模式。

5.1　发达国家建筑业创新体系

通过观察德国、美国、日本等发达国家建筑业创新体系，分析其中企业内部和企业间关系，大学、研究机构与企业的关系，金融机构与企业的关系，创新体系中的行业协会、政府部门的作用，探寻发达国家建筑业创新成功的原因和经验。

5.1.1　德国建筑业创新体系

德国建筑业经过长期发展，已分化为“建筑工业”和“生产性建筑手工业”。其中，“建筑工业”由少数现代化的大型企业集团所组成，如全球知名的承包商德国建筑工业巨头霍赫蒂夫公司（Hochtief）。“建筑工业”是德国建筑业资本最集中的板块，也是德国建筑业的支柱。“生产性建筑手工业”包括雇员在10人以下、营业额在100万马克以下的小型营造商、建筑合作社，以及个体工匠。这类企业是大型承包商运营网络的组成部分。它们为大企业提供前期和中间产品与服务，充当大企业与顾客之间的“桥梁”或纽带。

德国在建筑业知识创新和创新成果扩散等方面有着卓越的表现。其技术专利申请数量甚至超过欧盟平均水平的一倍，即便在国际上也位于前列。这种表现与德国建筑业创新体系有密切的关系。国家对市场干预较强、资本市场尤其是股票市场对企业的影响较弱、企业内部关系（包括劳资关系）与外部关系（企业间、企业与银行间的关系）比较稳定，是德国经济模式的三个重要特征。它决定了德国建筑业创新体系的优势和不足。

（1）建筑企业内部与企业之间的关系

德国大型企业之间“交叉持股”现象比较普遍，使企业间形成了密切的利益关系。在大型建筑承包商、小承包商、材料和设备供应商或制造商、专业技术服务企业之间，构筑了相对稳定的商业关系网络。这种相对稳定的商业关系在一定程度上强化了企业之间的技术合作，对建筑经济活动中新技术的扩散产生了重要影响。

德国企业的雇佣关系相对稳定，有益于培养企业持续的创新能力。德国建筑公司的管理者意识到可持续建设生产活动离不开稳定就业的建筑技工。在德国等欧洲国家，这些普通工人是全职雇员，企业每月给他们支付工资，这样的员工在日本建筑公司只占所有建筑工人的10%。其余工人每天支付工资。由于员工通常会在一个企业工作较长的时间，企业也就愿意投入较多的时间和财力对员工进行技术培训。稳定的员工队伍为技术培训和劳动技能的持续提高创造了条件，其结果使员工具有一种相对持久的创新能力，进而使企业的持续创新能力得到提高，并获得了深厚的技术积累。

(2) 大学和研究机构与企业的关系

德国有不少具有国际影响力的大学和研究机构。它们重视科研成果的转让，并与承包商之间建立了长期合作创新的网络。大学的研究人员可以使用研究机构的实验设施，承包商也可以使用大学或研究机构的科研设施。大学的研究人员可以参与研究机构跨学科范围的、长期性的科研项目。一些大学（如柏林工业大学）还设立了跨学科的学术组织，其主要目的在于充分发挥大学和研究机构的服务功能，加强大学与研究机构之间跨学科、跨学术领域的交流和科研合作，以适应解决现代社会复杂系统工程问题的需要。此外，大学、研究机构和企业还共同合作，接受政府部门的委托，为政府和民众提供咨询服务。

德国的科研人员创办公司会受到鼓励。在一些科技园内，有企业和金融机构合办的公司，也有大学的附属公司和研究人员创办的专业化技术服务公司。研究机构对研究人员创办公司普遍给予支持和帮助。例如，柏林工业大学技术转让处经常举办培训班，为研究人员介绍创办公司的知识和经验以及相关法律程序等。在公司初创两年内，研究机构给研究人员提供各种工作条件，包括办公场所和优惠地使用研究机构的仪器设备等。一些州如巴伐利亚州（Bayern）专门制定了鼓励研究人员创办新公司的相关法规，如研究人员可以用一半时间做公司的工作，其工资可以由研究机构提供，研究人员创办的新公司可以在半年内免费使用大学或研究机构的设备等。此外，在德国还有国家和州政府支持的“创业竞赛计划”，竞赛的评委有大公司和投资公司的专家参与，优秀的竞赛计划可得到资金支持，并尽快按市场机制付诸实施。

(3) 金融机构与企业的关系

德国银行对企业决策的影响十分深远。长期以来，德国商业银行是企业发展资金的主要提供者，这种特殊的银—企关系直接导致了企业与资本市场其他业务关系的“疏远”。德国经济远未达到英国和美国那样高的证券化水平，企业仍然偏爱银行贷款和企业债券这类固定利率的融资手段。企业最大的股东一般都是银行或其他金融机构，而银行追求的是企业的长期发展和稳定的收益，对有风险的科技项目缺乏投资热情。德国银行的这种态度自然也影响到承包商对创新项目的选择。

德国企业的资本结构与欧洲其他国家不同，企业的自有资金比例较高，并且企业规模越大，其自有资本比例也越高。对于大多数中小承包商而言，由于其自有资本积累能力较弱，缺乏可抵押的固定资产，也缺少大型承包公司与金融机构之间稳定的合作关系，因而获得银行信贷并不容易，使其创新活动面临资金短缺的问题比较突出。

解决这一问题的主要途径是从政策银行获得资助。例如德国主要的政策银行“德国复兴信贷银行”，为支持中小企业开展技术创新活动提供资金支持。其具体措施包括：为中小企业的基础设施建设提供资助；为创办技术服务型企业提供资助；为大学、研究机构和中小企业专利的发明者提供低息贷款；为开发新产品、新工艺和新服务提供专项创新贷款等。

（4）创新体系中的行业协会

德国建筑业行业协会作为联系政府和企业之间的纽带，承担大量的管理事务，在建筑业创新活动中发挥着重要作用。其主要职能包括为政府制定有关经济政策提供建议和咨询服务，组织编制行业技术标准（如DIN标准、欧洲标准和VDI标准等），为企业提供信息咨询服务，组织职业培训，进行行业及企业间的各种协调服务等。德国建筑业行业协会组织规模较大，并具有较强的影响力。协会不仅为会员提供新技术和新产品的咨询服务，而且能作为会员的代言人与政府谈判、与其他行业交流，推广应用建筑业新技术和新产品，并在此过程中协调行业内不同利益主体间的关系。此外，一些协会还设立了合作研究中心和跨学科研究组织，为促进大学、研究机构、企业之间合作创新和开展跨学科的研发活动提供了平台。

德国建筑协会是德国建筑业行业协会之一，它是由所有建筑企业共同组建、独立于政府的行业自律社会团体。德国没有建筑企业资质等级标准，只是按其注册资本金的多少分为大、中、小型建筑企业，所有建筑企业都要加入德国建筑协会。德国建筑协会在各州设有分会，其各级领导机构的成员都由会员选举产生，成员由企业家以及社会知名专业人士等组成。德国建筑协会的主要作用是配合政府主管部门完善建筑业各项法律制度，协调建筑业与其他行业的关系，维护本行业的经济、社会利益，在建筑技术标准、职业培训、宣传、建筑企业市场运营、协调劳资关系、经济和税收咨询、法律服务和诉讼、协会之间合作等方面为会员提供服务。

德国的建筑工人具有较高的技能水平，并在建筑产品的生产过程创新方面发挥了积极作用，这与德国完善的建筑职业技能培训密切相关。德国建筑协会根据企业需要制订年度建筑职业技能培训计划，由各州建筑协会组织实施计划，委托具备培训资质的培训中心开展培训工作。职业技能培训中心作为协会的非经营性机构之一得到扶持和重视。企业每年按计划把学员派往培训中心接受培训，培训经费来自协会会员交纳的会费。每年德国建筑企业将其营业额的1.2%交给一个教育基金会SOKA统一管理，由SOKA向培训机构支付培训费用。无论企业每年是否安排职工培训，都要按规定及时、足额地向SOKA交纳费用。建筑技能培训包括建筑施工、市政施工、环境工程和室内装修工程等16个技术工种，相应的考核标准由建筑协会负责研究制定，并纳入国家的职业教育体系。这种体制为德国建筑业保持卓越的创新能力奠定了深厚的基础。

（5）创新体系中的政府部门

德国教育与研究部是德国政府主要的科技创新政策制定和协调机构，其主要职能之一是促进科技创新，促进创新成果转化为企业的产品、工艺和服务。它通过建立特别资助计划，对各个领域包括建筑业的创新活动提供支持。此外，还对专利署等技术成果扩散机构提供运营资金，以推动创新成果的转化和扩散。

德国建设部是负责住宅建设、空间规划与城市建设和建筑业管理的部门。其主要职能包括：①负责住宅建设、补贴、经营、住宅产权和租赁等方面的法律问题和其他原则性问题；②负责空间规划与城市建设方面的法律问题和其他原则性问题，推动建筑科技发展及其在城市建设中的应用；③为建筑业市场提供信息、合同、技术、规范等多方面服务，努力为建筑业创造良好的生存与发展环境，负责政府投资建设的公共建设项目。建设部下设综合司、住宅司、空间规划与城市建设司和建筑司。其中建筑司设有建筑基本事物处，其任务包括建筑科技、建筑能源合理化利用、新能源、建筑防灾、建筑设备、建筑规范与技术标准及其在欧盟内的一致化等管理事物。

建设部协同其他政府部门在促进建筑技术研发和推广应用方面业绩突出。例如通过税收政策提高公民的节能意识，促进建筑节能技术的研发与推广应用。建立建筑能耗证书系统，使消费者在购买或租赁房屋时，能根据建筑开发商提供的“能耗证明”，得知住宅每年在供暖、通风和热水供应等方面的能耗。建立针对明确目标群组的宣传信息和咨询系统，通过大量宣传，使买房者、开发商接受采用新型节能技术的住宅，同时提供“现场顾问”资助，使业主在工程师的指导下选择更加经济实用的房屋节能措施，使不采用节能技术的房屋在市场上得不到消费者的认同。目前，德国适用于住宅、办公、旅馆等公共建筑的节能设计标准已日益成熟和完善，有效地降低了建筑能耗。

（6）创新体系中的其他组织

1）德国专利开发署　德国专利开发署是一个致力于技术成果扩散的机构，其目标是通过在公共研究机构与私人企业之间建立创新合作伙伴关系，推动研究开发成果的商品化。专利开发署通常将一部分任务分配给私人专利公司，这些公司再通过公平竞争来选择真正具有商业前景的发明项目，并协助开展研究成果的市场推动活动。专利开发署的运行资金由教育与研究部和地方教育研究部门各提供50%，其中由地方提供的资金中有70%来自欧盟地区发展基金。专利署建立了大学和研究机构用于研发活动的专门基金，并在大学、研究机构和企业之间建立了相互合作的多种模式。可以说德国专利开发署在公共研究成果转化方面的贡献卓著。

2）德国技术转移中心　德国技术转移中心是一个全国性组织，分布在各个州。这些中心与大学保持密切的联系，把为中小企业服务作为工作的重点，开展技术咨询和技术中介工作，在互联网上为企业查阅国内外专利，组织学术报告会和技术洽谈会等，为建筑技术成果扩散发挥了积极的作用。

3）工会　德国工会组织在建筑业创新体系中是一股不容忽视的力量。凡超过500人的中等规模企业，必须建立参与企业重大决策的“工人联合会”。与英、美企业中监事会只负责对公司财务审计进行监督的模式不同，德国企业监事会的权力相当广泛。监事会中的工人代表在涉及员工雇用条件和培训等方面的问题时可以发挥重要作用。这种治理结构形成了相对稳定的雇用环境，为企业保持持续的创新能力创造了条件。

然而，稳定的雇佣关系也会降低劳动力的流动性，进而导致劳动力市场缺乏弹性，不利于科技含量较高的新型专业化企业的形成与发展。由于工会可以对企业的重要决策产生影响，因而企业的创新计划一旦无法满足工会方面的要求，就很可能遭到工会方面有组织的抵制。

从整体来看，德国建筑业创新体系为促进建筑业创新成果的形成和商品化提供了有力支持。然而，“国家干预”、“工会参与”、“银行投资”和“交叉持股”的德国经济模式，也为德国的建筑企业编织了一个“四位一体”的安全网。生存在这个安全网下的企业通常缺乏通过组织变革增强其竞争地位的需求。它们往往不愿意看到组织与管理方面的创新与变革，缺乏一种富有冒险精神的企业创新文化。另外，如何培育一种有利于创新的投资文化，也是德国建筑业创新体系长期面临的问题。

5.1.2　美国建筑业的创新体系

建筑业是美国的支柱产业之一，在美国经济增长中具有举足轻重的作用。2006年，美国建筑业总投资高达11974亿美元。其中，私人住宅建筑投资为6300亿美元，所占比重达到53%，加上私人非住宅建筑投资（包括办公楼、旅馆和其他商业建筑），其私人建筑总投资为9283亿美元，占建筑业总投资的76%。美国住宅建筑业是高度分散的，由于产业进入障碍低，因而竞争激烈，并且显著地受到总体经济状况、税收法令、政府的货币政策和财政政策等影响。公共建筑和商业建筑比住宅建筑成本更高，技术难度更大，所以这部分市场只存在少数的竞争者，其建设需求对总体经济状况的敏感性不如投机建造住宅那么大。

美国在建筑业知识创新和创新成果扩散等方面表现出持续而稳健的状态。其建筑技术专利申请数量在国际上也位于前列。美国大型承包商如福陆丹尼尔（Fluor Daniel）等在总承包市场，尤其是在以BD、CM和BOT等承包方式为主的工程承包市场中有举足轻重的影响。这些表现与美国建筑业创新体系的持续改进有密切关系。与强调国家干预、资本市场作用较弱、企业内部关系（劳资关系）比较稳定的德国经济模式相反，美国强调市场的作用，人才在大学、企业和联邦实验室之间自由流动，其资本市场充满了创新活力。这种经济运行模式，决定了美国建筑业创新体系的优势和不足。

（1）美国建筑企业内部与企业之间的关系

在美国建筑业组织结构中，大型承包商的数量所占比重不足30%。它们更多地把注意力放在如何增强自身的核心能力上，对于其他方面的工作则通过外包方式委托给专业承包商。专业承包商通常与总承包商建立长期稳定的“类企业”关系，通过这种联盟组织模式，总承包商可以降低管理和交易费用，减少建筑业经济周期中对企业的不利影响，实现企业降低运营成本、提高运营效益和规避经营风险的目标。另一方面，专业承包商可以获得稳定的工程来源，保证企业具有相对稳定的效益。这种稳定的协作关系，对于建筑企业间开展合作创新活动有重要作用。

然而，辽阔的国土面积使美国建筑业在地理上更加分散，从而导致创新扩散比较困难。在一个地区被认可的一项创新，在另一地区则有可能不被认可和接受。另外，由于每个地方法规有所不同，并且多数承包商的规模较小，因而许多承包商只在一个或少数几个行政区域开展业务活动。即便在同一个地区运营的承包商，也不与其他竞争对手直接交流，也很少与其他行业相互作用，以寻求改善它们的产品和生产力的新技术或新措施。因此，减少了通过企业网络扩散或传递技术与管理信息的通道。

与德国国家干预较强、雇佣关系稳定的经济模式不同，美国政府对市场干预程度较弱，企业雇员的流动性也较高。美国建筑业尤其是住宅建设行业，具有投资易变性的特点。这使许多总承包商把企业的工薪总额减少到维持行政管理和项目管理所需要工薪的最低程度。大型承包商已经不再培养自己的工人来使用新技术，它们只需要找到有技术工人的分包商。而分包商为了在市场不景气时生存下来，也需要尽量减少运营费用，因此对于投入时间和财力对员工进行技术培训也就有所保留。加上美国建筑业雇员流动率很高，企业在培训员工方面的积极性就更少得到鼓励。结果总承包商和分包商都在尽量减少对员工培训的投入，导致劳动力很难形成相对持久的创新能力，企业获得持续的创新能力也就受到了一定程度的影响。

(2) 大学和研究机构与企业的关系

美国建筑企业与大学和研究机构之间合作关系密切。美国大学和研究机构是建筑业创新体系中创造知识的重要力量。美国大学研究机构与联邦政府、州政府和地方政府、企业均保持着密切的合作关系。美国的许多联邦实验室都设在大学。美国大学接受来自联邦政府和企业委托的研究项目。美国政府、大学和企业在资金方面的联系更为密切。美国的建筑企业为降低运营成本，很少自己设立研究机构，也很少自己建设科研设施。因而，大学和研究机构在建筑业创新活动中就有了不可替代的地位和作用。企业可以从大学和研究机构获得新技术和新理念，获得高效的研究设施，进而把握新的发展机会。企业还可以结合自身的知识和经验，与大学和研究机构合作研制新材料、新工艺、新技术、新结构，并将研究成果应用于建设项目当中。

美国大学之所以在建筑业创新体系中举足轻重，主要有以下原因：①美国研究型大学集中了一大批世界一流的科学人才，它们是新知识的主要创造者。②美国研究型大学建立了一批具有国际先进水平的基础研究设施。③美国研究型大学集中了国内相当一部分研发经费，这些经费来自国内外企业、联邦与州政府大学研究创新的收入。④美国研究型大学在创新成果扩散上发挥日益重要的作用，这种扩散主要通过以下四种途径得以实现：一是向联邦机构或企业出售发明专利；二是在项目的基础上建立自己的科技企业；三是承担企业的研究课题或与企业合作研究；四是向企业和社会输送优秀的创新人才。正因如此，日本等其他国家的大型承包商也愿意与美国的大学合作，开展它们认为重要的研发活动。

(3) 金融机构与企业的关系

美国的资本市场对建筑业创新活动产生了一定影响。美国资本市场推出的创新工具比任何一个工业国家都多，其中最突出的是风险投资。美国风险资本是全球最发达的，它对美国科技创新能力的贡献是巨大的。研究表明，获得风险资本支持的科技企业，在创业五年内的回报率可以达到44%，而没有风险资本支持的科技企业在创业五年内的回报率一般只有22%。

实际上，美国“新经济”有两大要素：一是“技术创新”，二是“风险资本”。如果说前者是经济增长的发动机，那么后者就是发动机的燃料，两者缺一不可。美国风险资本在规模上远远超过其他任何一个国家，甚至超过主要工业国家风险资本的总和。美国投资文化中的冒险意识比欧洲国家要强，美国的投资者不仅敢于向未知领域投资，而且在心理上对投资失败有更高的宽容度，认为失败是一个重要的学习过程。

建筑业作为一个传统产业部门，虽然其创新活动不能向一些高科技产业部门如通信、电子、生物技术等行业一样受到风险资本的青睐，但事实表明，建筑业创新在很大程度上受到其他产业部门创新成果的影响，其中一部分创新成果就得益于风险资本的投入。

(4) 创新体系中的行业协会

美国建筑行业协会、商会等组织属于纯民间的竞争性组织。美国总承包商协会(AGC)、美国咨询工程师联合会(ACEC)、美国施工规范协会(CSI)、美国建筑工程管理联合会(CMAA)、美国土木工程师协会(ASCE)、项目管理协会(PMI)等行业协会，都是历史悠久的与建筑业相关的民间组织。这些组织有以下特点：①由行业内具有类似需求的企业或组织发起组建，并依法自主开展日常活动。政府不加干预，也不予资助。②是一种民间非盈利组织，依靠会员缴纳的会费、相关组织的赞助费、出版物的销售收入、协会为会员提供额外服务和组织职业培训等收取的费用来运行。③企业或个人自愿选择加入各类相应的行业协会，成为协会的会员，接受协会的管理，享受协会带来的好处。④行业协会在行业管理中发挥重要作用。协会以为会员服务为宗旨，作为会员的代言人与政府对话，与其他行业交流，为会员争取更多的权利；同时，协会为会员之间的交流与合作提供了平台，促进了建筑技术扩散。

长期以来，美国推行民间标准优先的标准化政策，有利于新技术的推广应用。一项新产品在推广过程中，其质量需要以标准来表达。因而，在新技术出现后，制定标准的机构多数情况下会立即制定标准，符合标准要求的产品才获准进入市场，由此促进了新产品或新技术的推广应用。

美国“南方建筑法规国际委员会”(SBCCI)、“建筑官员和法规管理者协会”(BOCA)、“国际建筑官员联合会”(ICBO)，联合编写了影响力较大的“统一建筑法规”(UBS)。这些组织的发展除了依靠其编写规范的版权收入外，其主要收入还来源于评估建筑材料和设备是否符合规范所收取的费用。当规范尚未对某项新技术、新材料或新设备作出规定时，这些组织所出具的评估报告将有助于工程的实施。这种评估通常会消除业主和相关方的顾虑，将一些新技术、新材料或新设备应用于实际工程。

其他一些在国际上有影响力的组织如美国土木工程协会(ASCE)和美国项目管理协会(PMI)，通过举办研讨会、出版刊物、进行职业培训、建立项目管理标准、对从业人员进行资格认证等方式，不断地传播新知识，包括项目管理的新理念和新技术。

(5) 创新体系中的政府部门

美国奉行以私有制为基础，以企业为经营主体，同时辅以国家宏观调控的市场经济模式。政府不设置专门针对建设行业的管理部门，其行业管理职能由建设领域的相应政府部门实施，如垦务局（Bureau of Reclamation）、田纳西流域管理委员会（TVA）、住宅与城市建设部（HUD）、交通部（Department of Transportation）等。

美国联邦政府早就认识到创新的重要性。1999 年联邦政府投资约 2.36 亿美元用于住宅相关的研发。虽然这次投入的规模并不算高，但却十分重要，它为加快住宅建设创新的速度奠定了基础。当时研发投入所涉及的 15 个方面及其所占比重，包括发电（46%）、能源效率（20%）、改进建筑产品（9%）、减少与职业有关的疾病和伤害（7%）、结构工程与自然灾害（5%）、木产品和质量（3%）、改进工程设计（2%）、减少污染和废弃物（2%）、建造工艺自动化与改进（1%）、建筑材料（1%）、林业（0.03%）等。

联邦政府意识到单凭投入研发资金，并不会导致住宅新技术的广泛发展。因而在 1970 年住房与城市发展法（Housing and Urban Development Act）中就指出：在住房建设与维护项目的管理中，应尽最大可能改进技术、方法和材料，创造新的就业岗位，以期降低成本，鼓励和促进先进技术、方法和材料为住宅行业的各部门、社区、进行城市开发活动的部门和一般公众所接受和采用。

联邦政府在住房创新中所起的作用一开始就是要实现促进创新，而不只是简单地投入研发资金。

国家建设目标和住宅实施规划. 在 90 年代中期，联邦政府的国家科技委员会（NSTC）组建了一个建筑与建设协调分委会，它与 14 个联邦机构的工作重点是增强美国建筑业的竞争力，通过研发改善公众和工人的安全与环境质量。在履行这个责任的过程中，分委会积极与行业和学术界合作，有计划地在行业论坛上和向商务部递交的提案内把研究重点延伸到建筑业，提出 7 项研发和示范目标。经过进一步讨论，形成了美国国家建设目标：

项目交付时间缩短 50%；

在运营、维护和能源方面降低 50%的成本；

使房屋居住者的生产力和舒适度提高 30%；

使与设施相关的疾病与伤害减少 50%；

使浪费和污染减少 50%；

使耐用性和灵活性提高 50%；

使建设疾病与伤害减少 50%。

“建设美国”计划　美国能源部于 1996 年施行了“建设美国”计划（Building America），形成在住宅生产中提供能源解决方案的公-私合作伙伴关系。该计划对住宅建设使用了系统工程的方法，提出了以下目标：

生产出能源使用减少 30%～50%的社区规模家园；

帮助建造者减少多达50%的建设时间和浪费；

提高建造者的生产力；

为建筑商和供应商提供新产品机会；

实施节省能源和材料的新技术。

为完成这个目标，由50多家公司和机构组成了5个BA核心团队，开展研发、测试、教育和技术援助，分析工厂和施工过程中的问题，使一个又一个独自从事传统工作的建筑业各个阶层联合了起来，并且把节省下来的费用再投入到改进能效和产品质量当中。

推进住宅科技进步的伙伴关系（PATH）是由建设分委会（the Subcommittee on Construction and Building）、白宫科技政策办公室（the White House Office of Science and Technology Policy）、住宅与城市建设部（HUD）、能源部（DOE）和其他部门合作创立的，它是包括住宅建造商、联邦机构、产品生产创新者、研究者、业内人士、住宅开发商和非营利组织在内的公-私伙伴，寻求在行业、政府和教育机构之间培育伙伴关系，以促进新的和新兴技术的宣传和应用。

PATH由住宅与城市建设部管理，有研究与开发、宣传与推广、规划与障碍分析等3方面的任务。PATH通过各种活动来完成这些任务。例如把PATH基金用于住房相关技术的基础研究，与农业部的森林产品实验室合作开发大风地区房屋设计的可靠性，帮助国家技术标准研究所开发房屋技术评估方法。为支持新技术开发的援助和监管计划，建立创新技术的详细目录，进行技术评估和示范，向行业和公众传播住宅技术信息。PATH为改进规划，分析影响创新的障碍因素，还资助研究技术创新成功和失败的原因，资助政策和市场调查研究，以确定住宅技术和创新的经济、法规和体制障碍。

总之，美国建筑业创新体系在促进建筑业创新成果的形成和转化方面是富有成效的。值得注意的是，在这样一个创新体系中所实施的创新活动并非都获得了预期的效果。例如为了鼓励消费者购买节能住宅，政府下属的二级贷款机构和一些私人贷款机构为消费者提供“能源效率抵押贷款”（EEMs）。由于获得此项贷款很复杂，因而即便是在EEMs设立的20年后，EEMs也仅占联邦银行贷款额的1.5%。再比如，美国住宅与城市建设部于1969年宣布的“突破行动”（Operation Breakthrough），是由联邦政府、州政府、企业、消费者、劳动者合作，通过利用现代生产技术、营销技术和管理技术，寻求为所有收入阶层的居民提供住房。虽然其初衷是好的，但OB在促进技术变革方面却并不成功。

5.1.3　日本建筑业创新体系

日本是一个地震、塌方、河堤崩塌、洪水、海岸侵蚀等自然灾害多发的岛国，这些自然灾害所导致的死亡人数在德国等欧洲国家来看是罕见的。由于经常遭受自然灾害的袭击，日本对自然灾害总是处于高度戒备状态，对建筑产品的质量和安全也有更高的要求。

日本建筑业在创新方面所做的努力和所取得的成就，在全球有目共睹。早在20世纪90年代，美国一个13人专家小组专门考察和研究了日本建筑业创新的状况，并于1995年完成了“日本建筑业创新”报告（Innovation in the Japanese Construction Industry）。认为日本良好的建筑市场条件、文化因素和政府的政策构成了日本建筑业的创新环境，美国建筑业可以从日本学到许多宝贵的经验。

日本建筑业专利技术的申请数量在全球也一直保持领先地位，只是由于近年其建筑市场需求持续下降，导致其专利申请数量逐渐落后于建筑业高速增长的中国。然而，日本建筑业独特的创新体系至今仍然令人关注。

（1）企业内部、企业之间及其与金融机构的关系

与美国企业高层管理者多有商业和法律背景不同，日本建筑企业的高层管理者一般是工程师或建筑师出身，他们积极活跃在行业内各种专业组织当中。比如，鹿岛公司的董事长曾任日本土木工程协会的主席。高层管理者这种职业背景使他们对于创新尤其是技术创新情有独钟。

日本建筑企业把研发看作是企业长期发展和获得成功的必要条件。技术创新已成为日本建筑企业一种主动、持久和发生在各个管理层次的全员参与的核心活动。企业拥有一种持续创新的文化，员工的日常工作已成为一种主动的学习过程。员工具有很强的团队精神，特别是在企业的研发（R&D）机构中，不同专业的研究人员和工程师不仅能在企业内部开展多学科的合作，还能同其他企业如电子、制造和化工企业一道开展合作创新。

日本大型建筑企业比小型建筑企业具有更强的技术创新能力。因为大型建筑企业资本雄厚，一般将其营业收入的1%用于研发投入。它们大多拥有自己研发机构，甚至拥有世界一流的实验设施。在日本建筑企业内部，典型的R&D组织结构如图4-5-1所示。日本建筑企业的创新文化、研发组织和持续的研发投入，为企业保持持久的创新能力奠定了基础。

日本的总承包商、专业承包商、供应商之间具有长期的合作关系，其合作期之久远甚至经常是跨世纪的。业主、总承包商、设计者、分包商彼此之间并非竞争或对立关系，而是相互合作、相互支持。在确保工程质量和安全的前提下，技术创新往往会得到来自各方面的鼓励。企业对于规划、设计和施工问题的关注程度甚至高于对商务问题的关注程度。由于企业把更多的精力放在质量方面，因而与美国建筑企业相比，日本建筑企业对于成本控制的重视程度相对较低。企业之间稳定、持久的研发网络关系和追求持续的质量改进，是日本建筑业给人们留下的最深刻的印象。

日本企业存在两种典型的网络形式，包括企业集团（ZAIBATSU）和企业系列（KEIRETSU）。日本企业之间的研发结构嵌入在企业集团网络和企业系列所组成的链式网络之中，这成为日本产业组织最突出的特点。

日本的企业集团多为金融财团，一般拥有核心的贸易公司和主体银行，并为其附属企业提供商务和财务的专业管理，企业可以集中更多的精力用于产品和工艺的研发和创新。日本的金融财团有6个传统的特点：①相互拥有股票或者交叉持股；②集团

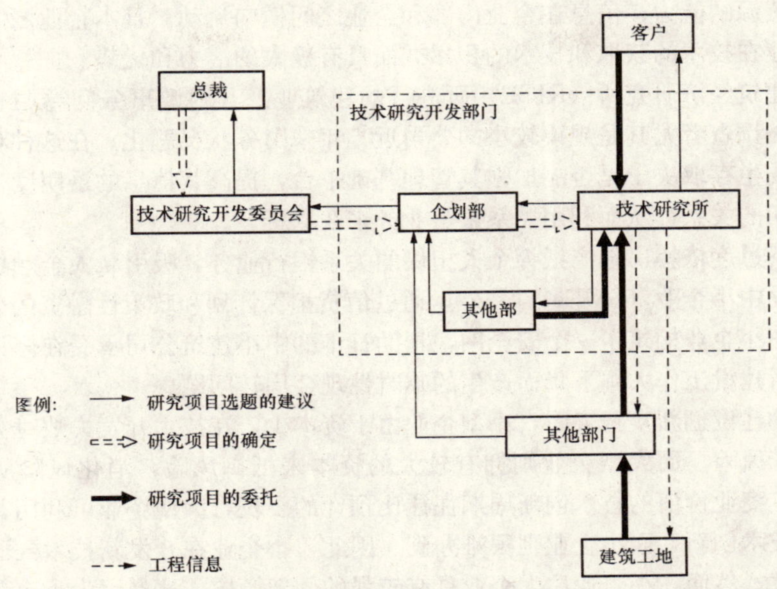

图 4-5-1　日本建筑企业典型的 R&D 组织结构

中企业董事长或者总裁定期参加董事长联席会或社长会；③企业集团有大的城市银行作为其核心；④每个集团核心内都各有一家综合贸易公司；⑤集团内的银行、贸易商社和大公司之间存在主管人员的交流机制；⑥集团内企业可以合作从事大的项目投资。因此，不仅在集团内部，而且在集团之间都存在着产权关系和战略配合关系，存在从融资到人员交流，从商务竞争到项目合作等广泛而深入的联系。

企业系列是日本的供应链网络，和企业集团不同的是企业系列中通常有一个大的企业，围绕它的是按照级别的高低享有不同的紧密程度的联系供应商网络。大企业是企业系列的龙头，处于供应链的顶端，直接控制着主要产品的生产。较高级别的供应商管理更多的低级别的供应商，从而形成金字塔式的层级结构。

日本的企业集团和企业系列不是互相割裂的，而是通过金融和供应链的合力被联系在一起，形成了日本企业典型的金融资本和产业资本的融合。日本企业与金融机构的这种组织关系，给日本企业研发带来了活力。企业的研发机构依附在日本金融资本和产业资本有机融合所形成的企业集团和供应链结构当中，对日本的国家创新系统也起到了关键作用。在 20 世纪 90 年代中期提出的“科学技术创造立国”战略的统领下，这样的网络研发结构涵盖了国家、产业和企业各个层次。研发企业通过集团网络和企业系列网络进行新产品的开发和新工艺的改进，由于同属于一个集团或者一个系列，研发要素的集中非常便捷，在合作的过程中容易理解创新的关键和问题，也容易达成共识，形成默契。

日本企业集团和企业系列在联系技术需求识别和关键领域的技术投资方面是成功的。它有助于系统地探究产品和工艺设计；使产业结构有一定的灵活性；在国家和企业的层次上，具有识别未来关键技术的能力；根据战略优先次序，技术和资本具有较大的动员资源的能力；信息在企业内部和企业之间横向流动。日本企业网络的这些特点，使企业在技术的获取和技术的积累方面具有极大的潜力和优势。

日本建筑经济研究所（RICE）所进行的建筑业及其财政事务问卷调查显示，一半以上的被调查者尤其是规模较小的公司近5年来财务状况恶化。在这种艰难的条件下，企业的生存取决于是否能加强其管理基础平台，提高其信息的透明度，与金融机构建立密切的关系，从而利用关系银行业务来获取资金。

日本不过度依赖房地产抵押个人担保的关系银行业务，吸引私人金融机构以便利的方式帮助中小企业（SMEs）。另外，通过信贷担保计划和政策性融资的公共财政援助，也为中小企业构筑了一个安全网，帮助日本的中小建筑公司承受在修订的建造标准法颁布后建设工作大幅下降而产生的临时性现金周转问题。

日本的建设创新实践表明，小型企业由于资本少，在技术开发失败时会产生较大的企业破产风险。而大型企业则拥有较大的资本来抵御风险，消化风险所造成的损失。一些有商业价值的技术创新周期往往比预计的要长，大型企业可利用其雄厚的资本来维持技术创新，而小企业则很难办到。因此，小企业在开发新技术方面的风险比大企业要大。然而，小企业比大企业具有较强的创新倾向。这是因为小企业中企业家精神较强，官僚制度少，更适于管理者开展在大企业中无法有效开展的创新。小企业往往创新率较高，但失败的比例也较大。据日本土木工程师学会（JSCE）关于建筑技术创新来源的相关资料显示：日本大型建筑企业比小型建筑企业更能开展技术创新；专业承包商也进行一些技术创新。由于规模大、资本雄厚和拥有研究开发机构，日本大型总承包公司比小型承包公司有更强的创新能力；大型的专业承包公司也开展技术创新活动。

(2) 日本大学和研究机构与企业的关系

与美国的创新系统相比，日本的大学与企业的联系并不紧密。日本战后并未像欧美国家一样，对基础研究进行大规模的投资，而是把绝大部分科研资源集中于工程技术应用的开发研究上，这与日本的技术立国发展战略密切相关。

与美国大学在基础研究方面的主导作用不同，日本大学在新科学知识的生产上是薄弱的。日本虽然发展了极好的学校教育和培训体系，并拥有丰富的和各种类型的工程师资源库，但日本几乎没有美国式的研究型大学，因为日本把有关设计与开发的知识发展放在了公司部门而非大学。但在公司部门的科研中，无论在理念上还是体制上，都远不如美国重视基础研究。在日本企业的研究课题中，由研究者提出的课题经费仅占47%，而由业务经营部门提出的经费则达到40%。日本企业中研发人员的“晋升之路”是从研发人员到项目管理人员，再到生产、销售和计划等部门的主管。无论是从研发经费的分配还是从研究人员未来的晋升机会来看，日本企业普遍把“技术性研究”安排在“创造性构思”之前，基础性研究未得到应有的重视。

日本建筑企业所进行的创新大多属于渐进式创新（incremental innovation）。它通常是工程师和其他直接参与生产活动的人员的发明和提出改进意见的结果，即“干中学”，或者是用户首创和建议的结果，即“用中学”。这种创新虽然对提高各种生产要素的使用效率很重要，但它只表现为对现有产业的产出范围及其效率的改进，难以创造新产业或新的企业群体。而激进创新（radical innovation）才是促进建筑业结构演进的重要力量。这种创新通常是大学、企业和研究机构（国家实验室）深思熟虑的研发活动的结果。

在美国13人小组的考察报告中也写道：

在日本建筑业中，研究与开发（R&D）具有与美国等一些国家所不同的含义。它除了包含欧美所认同的获取新知识、开发新构思、新原理之外，主要包括对新的建筑设计和施工方案的试验和检验、保证建筑物的安全性等内容。因此，日本建筑企业所从事的研发活动更偏向于应用型研究。

日本建筑企业虽然也得到了本土大学和研究机构的支持，如大成建设株式会社得到了东京大学等知名院校和日本科研机构的技术支持，但是当企业需要开展更高水平的研发活动时，就不得不远渡重洋与拥有世界一流研究资源的欧美大学合作，开展欧美国家所认同的研发活动。

(3) 创新体系中的行业协会

日本行业协会的主要任务是加强行业管理，对会员的经营行为进行监督管理，按照“自我教育，自我服务，自我约束”的原则进行行业自律。由于日本经济发展模式的一个重要特征是强烈的政府主导色彩，因而其行业组织作为经济运行体系中的重要组成部分，也不可避免地染有这一特征。

行业协会的政府色彩浓厚，与政府关系密切，成为政府与企业间的纽带和桥梁。由于日本政府十分重视发挥行业组织的作用，让他们协同政府进行“自律”，所以这些行业组织可以、甚至有意大量吸收政府官员（退休的人员），这就更加密切了协会与政府的关系，也使这类组织成为政府有效监督建筑经济活动的外围力量。

日本建筑业行业组织一方面积极开展技术咨询、信息服务、专业技术培训等工作，制定团体规范或行业公约，规范本组织成员的经营行为；另一方面向政府反映会员的意见和要求，通过参加政府的审议工作等途径影响政府决策。在政府的政策下达后，又帮助政府进行宣传、协助政府贯彻落实。因而，它们在新技术开发和推广应用方面也发挥了重要作用。

(4) 创新体系中的政府部门

日本“国土交通省”被誉为掌握国家公共事业预算80%的超大机构。下设13个局，包括综合政策局、国土计划局、土地与水资源局、城市与地域整备局、河川局、道路局、住宅局、铁道局、汽车交通局、海事局、港湾局、航空局和北海道局。在积极利用社会资金进行基础设施建设的基础上，对经费使用的效果进行分析，对建设项目予以评估，加强国土交通省各项事业间的相互合作，并通过相关政策促进建筑业的创新活动。

日本国土交通省每年根据社会发展的新需要，明确国家建设事业发展的新目标和新方向。重视以结果为导向的政策发展，采取以效率和竞争力为导向的政策措施，在国家政府、地方政府和私营部门之间建立新的关系，拟订国家土地和社会资本的前景，利用信息和通信技术促进国土交通省范围内及其相关领域的创新。

以结果为导向的政策发展，强调按照PDCA循环方法（即计划、执行、检查、改进的“戴明环”）评估的政策绩效，实施国土交通省的相关政策。根据政策评估基本规划，国土交通省实行政策评估（即事前评估）、政策检查（即绩效测量）和政策回顾（即关于政策绩效评价的项目评估）。对于单个公共项目建立了评估制度，把项目审批、项目的复评估和项目完成后的评估整合在一起。

以效率和竞争力为导向的政策措施，包含促进公共建设项目成本结构的改革；确保公共工程的质量和实施适当的招标合同；有效地使用现有的基础设施和设施管理战略；为消费者提供更明确的信息；改革准政府企业等。例如在2007年4月解散住房贷款公司，组建日本住宅金融机构。

在中央、地方政府和私营部门之间建立新的关系，包括在中央和地方之间建立新的关系；充分利用私营部门的创造性和创造力；政务公开，推进政府部门之间及其与民间的互动。

利用信息和通信技术促进国土交通省范围内及其相关领域的创新，包括4个关键主题，即方便旅客、货物、车辆交通，实现安全和富裕的生活环境，促进区域振兴，合理改善社会资本，并据此继续进行所需要的努力。

国土交通省专门提出“以技术研发支持日本未来的公共生活”，促进技术研发，改进建设管理技术，研发先进的建设机械和设备。国土交通省根据技术研发的基本规划，在各级部门（包括在总部、下属研究机构、区域发展局以及北海道开发局）推动跨部门和综合性的技术研发，改善产业、政府和学术界之间的伙伴关系，在建筑、运输以及相关公共建设项目中产生了积极的影响。另外，国土交通省还努力改进公共建设项目的成本估算方法，促进将ISO质量管理体系应用到公共建设项目中。为了提高建设产品的生产效率，国土交通省也努力促进提高工程机械的技术水平，并实施相应的建设工程安全管理措施。

国土交通省积极倡导创建和保护美好的环境，提出了防止全球变暖的促进措施。在房屋、建构筑物、污水处理、城市绿化方面，于2006年4月修订的“合理使用能源法（节能法）”，修订了新建、改建、对住房和其他建筑物进行重大改造的节能标准，增强了其节能措施。向国会第169届会议提交了“关于合理使用能源法的部分修改条例草案”，以进一步加强节约能源的措施。国土交通省还努力降低政府设施的环境负荷，普及环境共生建筑（Symbiosis Housing），采取措施抵御污水处理系统（包括污水污泥焚烧设施排放的一氧化二氮）所引起的全球变暖。促进城市绿化，完善碳汇的其他规定，促进城市发展中能源的综合利用，采取其他有效的环境改善措施。

国土交通省推进建设循环型社会，包括促进建筑材料的回收，开发资源回收物流系统，促进有助于减少环境负荷的材料采购。国土交通省致力于循环利用和减少建筑弃物，限制产生建筑废弃物和污水污泥，加强住房和建筑领域的固体废物管理。2005年日本建筑废弃物循环率的目标值和实际值以及2010年的目标值如表4-5-1所示。

日本建筑废弃物循环率的目标值和实际值　　表 4-5-1

内　容	2005 年		2010 年
	目标值	实际值	目标值
沥青/混凝土砌块的循环率	达到 98%以上	98.6%	达到 98%以上
混凝土砌块的循环率	达到 96%以上	98.1%	达到 96%以上
建设产生的木片等循环率	达到 90%	90.7%	不到 95%
建设产生的木片循环率	达到 60%	68.2%	达到 65%
建设产生的污泥循环率	达到 60%	74.5%	不到 75%
与 2000 年相比混合建筑废物排放量减少的比例（%）	实现减少 25%	减少 39.6%	减少不到 50%
全部建筑废弃物的循环率	达到 88%	92.2%	达到 91%
施工碎石再造土壤的比例	不到 75%	62.9%	不到 90%

资料来源：2007 年日本建设白皮书。

国土交通省努力建立一个安全与和平的社会，注重对国家可持续发展的贡献和国际伙伴关系的建立，倡导建设一个独立的充满活力的生活舞台。提出建设一个抵御灾害能力更强的国家、采用更好的预防措施、形成抗击灾害的运输系统等应对自然灾害的措施。促进发展国际伙伴关系和协调机制，努力参与制定国际标准，加强需要日本经验、技术和专门知识优势的国际合作。为实现“数字化的日本”，促进地理信息的数字化，推进电子投标和合同商签程序，推动建设公共设施开发与管理的光纤网络。

日本创新体制在工艺创新上的优势无疑是世界第一，它是由战后日本追赶型经济的性质所造就的。但当这种追赶阶段在 20 世纪 80 年代结束以后，日本创新体制的历史局限性就变得越来越明显。欧美建筑公司与行业组织、大学、研究机构和其他企业合作，在产业内形成了广泛的研发网络。其私营建筑公司通常不在公司内部积极开展 R&D 活动或开发技术要素。日本建筑公司并不像欧洲建设公司热衷于建设产业研发网络，而是花费巨额资金在企业内部研发和利用开发的技术（包括建筑材料）。由于建筑行业具有本土性的特征，因而建筑材料和其他技术要素可以增加项目的价值。即便如此，日本建筑公司与大学、研究机构和其他组织合作建设产业研发网络的积极性也并不高。在全球化时代，他们开始寻找其公司以外的和跨国界的合作伙伴，并树立在全球共享研发成果的思想。政府也正在为促进这种转变而制定相应的政策和措施。

5.2　中国建筑业创新体系的发展现状

为了观察和分析中国建筑业创新体系的发展现状，课题组在文献和资料研究的基础上，对 20 个组织（企业、大学、研究机构、行业协会等）的 28 位专家和管理者进行了访谈，并在全国范围内开展了广泛的问卷调查，发放问卷 300 份，回收问卷 183 份，回收率为 61%。调查对象包括管理者、项目经理、技术专家等。所涉及的组织包括施工企业（回收的问卷占 85%）、设计单位（4%）、监理公司（4%）、建设单位（3%）等。由问卷调查结果和访谈记录，结合文献资料研究，得出了中国建筑业创新体系的现状。

5.2.1 创新体系中承包商

研究发现，随着中国建设事业的发展，承包商对创新活动有所重视，开始注意到从全局出发，对创新活动进行组织与管理。进一步观察总承包商和专业承包商两个群体，发现总承包商比专业承包商有较强的创新倾向、较多的创新投入，较重视员工的招募与培训，支持员工参与交流和外聘专家，一些大型承包商甚至自己建立了的技术开发中心。但是两个群体之间尚未形成稳定、持久的合作创新网络。

(1) 总承包商比专业承包商较重视技术创新

总承包商与专业承包商相比，整体上较重视技术创新。从调查结果发现，多数被调查企业比较重视技术创新，其中回答很重视技术创新的企业占43%，重视的占48%，不重视的仅占9%。进一步分析总承包商与专业承包商对技术创新活动的重视程度，发现这两个群体有所差异。回答很重视技术创新的总承包商占其数量的44%，重视的占52%，不重视的仅占4%；而回答很重视技术创新的专业承包商占其数量的36%，重视的占41%，不重视仅占23%。也就是说与总承包商相比，很重视和重视技术创新的专业承包商占其数量比重均低于总承包商的相应值，而不重视技术创新的专业承包商占其数量比重却高于总承包商的相应值（如图4-5-2所示）。

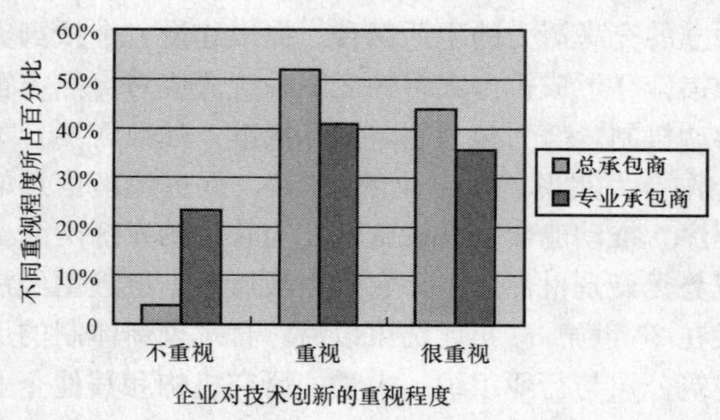

图4-5-2 总承包与专业承包对技术创新重视程度的比较

(2) 总承包商比专业承包商有较强的创新倾向

从调查结果发现，总承包商中经常在职能部门开展创新活动的企业占其数量的44%，比专业承包商的相应值(10%)高出34个百分点；而很少在职能部门开展创新活动的总承包商占其数量的12%，比专业承包商的相应值(19%)减少7个百分点（如图4-5-3所示）。

调查中还发现，经常在项目中开展创新活动的总承包商占其数量的39%，专业承包商的相应值为14%，前者高出后者25个百分点；很少在项目开展创新活动的总承包商占其数量的10%，比专业承包商的相应值(32%)减少22个百分点。

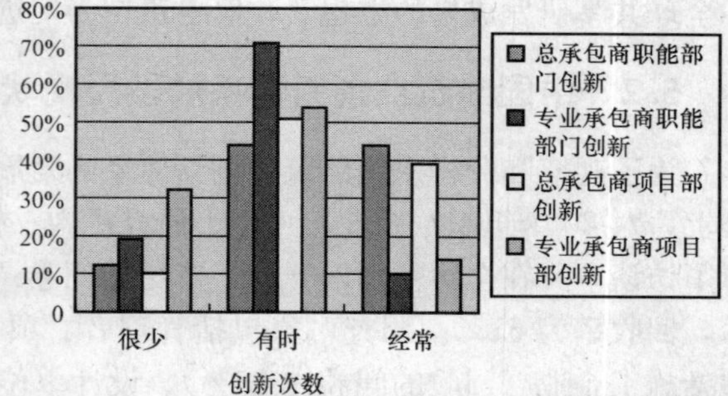

图4-5-3 总承包与专业承包职能部门创新的频繁程度

结果表明，总承包商比专业承包商有较强的创新倾向，多数专业承包商在合适的时机也开展创新活动。总承包商经常性的创新活动往往由其职能部门组织落实，而偶发的创新活动则多在项目的层面上组织进行。专业承包商虽然不像总承包商那样由职能部门组织开展经常性的创新活动，但对于在项目中偶发的创新也大多由职能部门组织落实。由此看来，目前中国建筑施工企业对创新有所重视，已开始注意到从全局出发，对创新活动进行组织与管理。

（3）总承包商比专业承包商有较多的创新投入

1）高层管理者对创新投入的态度　调查结果显示，在为创新活动投入资源方面，总承包商与专业承包商的高层管理者有明显差异。在总承包商中，高层管理者不重视创新资源投入的比例为11%，比专业承包商的相应值低25个百分点。在组建创新团队方面，总承包商高层管理者不重视的比例为12%，比专业承包商的相应值低16个百分点。在制定创新奖励制度方面，总承包商高层管理者不重视的比例为11%，比专业承包商的相应值低12个百分点。在制定创新工作计划并跟踪检查方面，总承包商高层管理者不重视的比例为13%，比专业承包商的相应值低5个百分点。

研究表明，相当一部分专业承包商的高层管理者不重视创新投入；在总承包商中，也存在一部分不重视创新投入高层管理者，但是相对于专业承包商的高层管理者而言，总承包商的高层管理者整体上比较重视创新投入。

2）信息化设施和相关设备建设　调查结果显示，在设施建设投资方面，总承包商与专业承包商的设施投资规模也存在明显差异。关于企业管理信息系统的投资规模，选择投资大的总承包商占39%，高于专业承包商相应值8个百分点；选择很少投资的总承包商占8%，而很少投资的专业承包商占16%。关于项目管理信息系统的投资规模，选择投资大的总承包商占39%，高于专业承包商相应值18个百分点；有投资的总承包商占53%，高于专业承包商相应值6个百分点；很少投资的专业承包商占32%，高于总承包商相应值24个百分点。关于新型检测试验设备（仪器）的投资规模，选择投资大的总承包商占31%，高于专业承包商相应值10个百分点；有投资的总承包商占65%，高于专业承包商相应值18个百分点；很少投资的专业承包商所占比例为33%，比总承包商相应值高29个百分点。

研究表明，相当一部分专业承包商尚未在企业和项目层面开展信息化建设；在总承包商中，也存在一部分企业尚未建立企业和项目管理信息系统；相对于专业承包商的信息化设施建设而言，总承包商整体上对信息化设施建设有较多投入，其中有一部分企业的信息化建设达到了较高水平。

3）新技术（技能和诀窍）引进　调查结果显示，经常引进新技术的总承包商占29%，比专业承包商的相应值高15个百分点；有时引进新技术的总承包商占61%，比专业承包商的相应值高15个百分点；很少引进新技术的总承包商占10%，比专业承包商的相应值低18个百分点。结果表明，专业承包商有时也引进新技术，但相当一部分专业承包商不重视引进新技术包括新的技能和诀窍；在总承包商中，也存在一部分企业不重视引进新技术；相对于专业承包商而言，总承包商整体上比较重视引进新技术（技能和诀窍），其中有一部分企业已经将学习和引进新技术作为经常性的工作。

高层管理者对创新投入的重视程度、信息化设施的投资规模和新技术引进等方面的调查结果均表明，总承包商比专业承包商有更多的创新投入。

（4）总承包商比专业承包商较重视员工的招募与培训

研究表明，创新能力强的承包商与创新能力弱的承包商相比，在雇员战略和关系战略方面存在明显的差距，包括雇用有经验的员工、招募新毕业的大学生、对员工培训、鼓励员工参与技术与管理经验交流、支持员工与同行重要专家保持联系、外聘专家为技术或管理顾问等。

1）新毕业大学生的招募　在研究中发现，选择经常招募新毕业大学生的总承包商占88％，高于专业承包商相应值29个百分点；有时招募新毕业大学生的总承包商占53％，高于专业承包商相应值30个百分点；很少招募新毕业大学生的专业承包商占18％，高于总承包商相应值18个百分点。结果表明，总承包商比较重视补充新毕业的大学生，以使用、筛选和储备有素质的青年员工。

2）高级技师的招募　在研究中发现，选择经常招募高级技师的总承包商占36％，与专业承包商相应值31％比较接近；有时招募高级技师的专业承包商占48％，高于总承包商相应值（34％）14个百分点；很少招募高级技师的总承包商占30％，高于专业承包商相应值（21％）9个百分点。这表明目前国内总承包商和专业承包商都存在对高级技工的需求，但两者相比，专业承包商对高级技工有更多的需求。

3）高级工程师的招募　在研究中发现，选择经常招募高级工程师的总承包商占32％，与专业承包商相应值31％基本相当；有时招募高级工程师的总承包商占39％，高于专业承包商相应值（32％）7个百分点；很少招募高级工程师的专业承包商占37％，高于总承包商相应值（29％）8个百分点。这表明总承包商对高级工程师招募的程度略高于专业承包商。

4）项目经理的招募　在研究中发现，选择经常招募项目经理的总承包商占33％，高于专业承包商相应值（10％）23个百分点；有时招募项目经理的专业承包商占64％，高于总承包商相应值（35％）29个百分点；很少招募项目经理的总承包商占32％，高于专业承包商相应值（27％）5个百分点。结果表明，一方面总承包商比专业承包商更加经常性、迫切地需要能够全面履行项目管理职责的项目经理；另一方面也反映出项目经理人才的流动性，一部分管理水平较高的总承包商拥有自己相对稳定的项目经理队伍。

5）员工培训　调查结果显示，对新员工培训很重视的总承包商占51％，重视的占47％，不重视的只占2％；专业承包商的相应值分别为44％、37％和29％，也就是说专业承包商对新员工培训的重视程度明显低于总承包商。研究还发现，对技工培训很重视的总承包商占45％，重视的占45％，不重视的占10％；专业承包商的相应值分别为42％、42％和16％。尽管专业承包商对技工有更多的需求，但其对技工培训的重视程度不及总承包商。对项目经理的培训，选择很重视的总承包商占65％，重视的占32％，不重视的只占3％；专业承包商所选的相应值分别为37％、53％和10％。从整体上看，总承包商比专业承包商重视对员工的培训。

（5）总承包商比专业承包商更支持员工参与交流和外聘专家

调查结果显示，选择非常支持员工参与技术与管理经验交流的总承包商占50%，高于专业承包商的相应值31个百分点。选择非常支持员工与同行重要专家保持联系的总承包商占53%，比专业承包商的相应值高27个百分点；选择不支持员工与同行重要专家保持联系的总承包商占7%，比选择此项的专业承包商低9个百分点。关于外聘专家作技术或管理顾问，选择不支持的总承包商占10%，选择不支持的专业承包商占19%。结果表明，总承包商比专业承包商更支持员工参与技术与管理交流、与同行重要专家保持联系，更愿意外聘专家和顾问帮助企业解决所遇到技术或管理难题。

（6）大型承包商建立了技术开发中心

一些大型建筑企业组建了自己的技术开发中心。例如中国铁路工程总公司成立了技术中心，形成了比较成熟的技术开发体系，并在其技术中心设立了“中国铁路工程总公司博士后工作站”。上海建工（集团）总公司技术中心于1999年组建，2000年通过上海市企业技术中心认定，2001年通过国家企业技术中心认定。现已成为集团的高层次、高水平的技术开发和研究机构。技术中心拥有一支以中国工程院叶可明院士、建设部专家范庆国、吴欣之等领衔的科技创新队伍。其中专职科研人员具有本科以上学历者占95%，研究生以上学历者占50%。技术中心设5个部门以及3个分中心，包括情报与信息化研究室、建筑工程研究室、土木工程研究室、特种施工设施研究室、地下空间开发利用研究室、机械化施工分中心、机电安装工程分中心和基础与桥梁工程分中心等。这些技术开发中心，除了完成企业计划的技术研发任务外，也承担一部分地方和国家重大科技项目（如“863”项目），取得了丰硕的“试验发展”和“应用研究”型成果。

（7）承包商之间尚未形成稳定持久的合作创新网络

研究发现，选择经常与其他总承包商合作创新的总承包商占26%，经常与专业承包商合作创新的总承包商占30%；选择有时与其他总承包商合作创新的总承包商占49%，有时与专业承包商合作创新的总承包商占44%；总承包商选择不与其他总承包商合作创新的占28%，选择不与专业承包商合作创新的总承包商占29%。另外，选择经常与其他行业的企业（如材料和设备制造商）合作创新的总承包商占28%，比专业承包商相应值（14%）高出14个百分点。在访谈中也发现，即便是进入美国工程新闻录（ENR）排名200强的中国中铁等国内领先的承包商，与其他承包商合作创新的情况也只是有时发生。研究表明，在总承包商之间、总承包商与专业承包商之间尚未普遍形成相对稳定、持久的合作创新网络。

5.2.2　创新体系中的大学和研究机构

我国大学和研究机构虽然积极参与产业研发活动，但由于创新投入与创新环境与美国、德国等发达国家相比存在较大差距，使大学和研究机构在产业研发中所起的作用有限。

(1) 创新体系中的大学

我国研究型大学的科研经费远不及欧美研究型大学充裕。除清华大学、浙江大学约达到1亿美元外，其他研究型大学的科研经费远落后于欧美研究型大学。在科学研究成果方面，美国研究型大学科研水平一直占据世界领先水平，在科研竞争力居前10名的大学中，美国占9所。美国一流研究型大学不仅学科较为齐全，而且拥有一批举世公认的高水平学科，如哈佛大学、麻省理工学院、斯坦福大学、柏克利加州大学等均有20余个学科名列美国前茅，在世界上享有很高声誉。我国研究型大学的科研竞争力世界排名都在100名以外，排名最靠前的清华大学仅位居192名。我国排名前20位的大学每年被SCI检索的论文数量总和，甚至不及哈佛一所大学获SCI检索的论文数量。大学的科研投入与产出水平与欧美大学有很大差距。

目前在220个国家重点实验室中，由高校建设的国家重点实验室有170多个。高校承担了2/3的国家自然科学基金项目和14%以上的国家科技攻关任务，然而高校科技成果的转化率却相当低，约为10%。近年来，在国家自然科学奖、国家发明奖和科技进步奖3大奖项中，高校的参与度和获奖率都在50%以上。高校每年有6000～8000项科技成果问世，但能够签约转化的不到30%，转化后能产生经济效益的成果大约只占被转化成果的30.5%，实际上只有约10%的成果取得了效益，与欧美等发达国家科技成果转化率达70%的水平相比，差距相当大。

由于国家科技项目研究主导力量单一，偏重基础理论研究，应用与实践发展研究薄弱，真正能直接转化、应用于生产的科技成果很少，致使大量科技成果因没有应用对象和形成产业化的条件或技术不成熟、配套性差、实用性不强无法直接应用于生产。在发达国家，科学研究、成果转化、商业化生产3个阶段的投入比例大致为1∶10∶100，而我国仅为1∶0.7∶100，成果转化的投入严重不足。成果转化需要风险投资，而我国科研成果转化所引入的风险投资基金不到4%，高校能引入的风险投资就更低。访谈结果也进一步证实，大学专利的转让情况的确很少。一些大学教授认为：

建筑结构的新技术研究理论分析不是太大的问题，每年的科研课题提出的新观点及新技术不胜枚举。但是目前重点应放在新技术的应用推广上。

在国内建筑和土木工程学科实力较强的大学，大多有教育部重点实验室。如清华大学“结构工程与振动”实验室、同济大学“高密度人居环境生态与节能”实验室，西安建筑科技大学“结构与抗震”实验室等。这些实验室强调学术交流，开展国际合作研究，并与国际相关组织和机构开展交流，通过互派研究生和工作人员，活跃学术气氛，对开拓研究思路起到了积极的作用。

一些企业也与高校合作兴办专门的研究中心，如莱钢建设集团与西安建筑科技大学共同建立钢结构研究中心。这类研究中心经常性地接受企业委托，为企业解决生产中遇到的技术难题，是合作创新的一种有效模式。

在建设项目实施过程中，企业有时会遇到自身难以攻克的技术难题，如鸟巢、白云机场、广州新电视塔等项目。在这种情况下，企业会主动寻求一些知名大学教授的帮助，以横向课题的形式委托大学解决技术问题。课题研究中一些必要的实验基本都是利用学校的实验设施来完成，比较大的项目一般在校外的厂房或其他地方完成。接受访谈的专家认为，研究成果应用很难，推广难度很大。跨学科的专家之间也很少形成密切的联系。例如一些研究钢结构体系的专家承认：

结构的进步离不开材料，但我们的研究工作主要以实验分析居多，因而与结构材料专家的联系并不密切。

不同类型的企业与大学合作创新的情况存在差异。通过问卷调查发现，总承包商中，选择经常与高校合作创新的占36%，有时与高校合作创新的占48%，很少与高校合作创新的占16%。专业承包商中，选择经常与高校合作创新的占28%，比总承包商减少8个百分点；有时与高校合作创新的占37%，比总承包商减少11个百分点；很少与高校合作创新的占35%，比总承包商高出19个百分点。结果表明，有相当一部分承包商很少借助大学的科研力量来解决技术难题，提升企业的竞争力。从整体来看，专业承包商与大学的合作创新程度明显低于总承包商。

（2）创新体系中的建筑科研院所

我国科技体制于2000年改革后，建筑科研院所逐渐从事业单位转变为科技型企业，以前靠财政补贴的科研院所逐步向企业转化，走参与市场竞争的生存之路。这种体制对院所内部改革和成果转化曾起过一定的作用，但并没有从根本上解决问题。研究人员忙于承揽有经济效益的课题，难得静下心来扎扎实实地开展科研工作。一些专家表示：

现在的科研院所都在考虑如何争取项目，或者与企业合作，来创造效益，一心搞科研的很少。我一些人专门搞科研难度很大。

在访谈中发现，由于建筑科研院已属于企业性质，因而其目的非常明确，有专家表示：

无论是横向项目还是纵向项目，只要给钱就干，不给钱，不干！即便项目所形成的成果推广不了，只要它能给本单位带来经济效益就行。

建筑科研院所的日常运行费用主要来源于设计、施工、咨询、检测、试验等服务费用。此外还包括所承担的一些国家课题经费，这部分经费所占的比例已不到科研院所全部经费的一半。建筑科研院所大都成立了设计院、施工公司和监理公司等实体，科研力量逐渐分散。

科研院所购买专利的情况很少，自身申请的专利转让出去的也不多，所形成的科技成果也难以转化。接受访谈的专家认为：

新技术、新材料之所以难以推广，与设计单位不愿意使用有关。造成这一问题的原因之一是缺乏有效的沟通。比如新材料的研究机构虽然与材料生产厂商有密切的联系，但是与设计单位之间并未形成一个有效的沟通渠道。另外，设计单位采用新材料的动力不足，认为使用新材料既花费时间和精力，又存在风险。在建筑设计理念落后于新技术、新材料的情况下，只能通过示范工程来推动新技术和新材料的应用。

关于研究机构与承包商的合作创新情况，通过问卷调查发现，选择经常与科研机构开展合作创新的承包商占 31%，有时与研究机构创新合作的占 47%，很少与研究机构合作创新的占 22%。整体上来说，建筑科研院所虽然在建筑业的科技服务方面有所贡献，但是尚未充分发挥出其科技型企业的服务作用，尚未与其他建筑企业形成稳定持久的合作创新网络。一些建筑科研院所为求得生存，甚至在低端建筑市场中与其他非科技型企业争夺项目。

研究表明，已转变为企业的建筑科研院所的技术创新精神逐渐削弱，其多年前积淀的创新文化正在被以经济利益驱动的主流文化所取代。一些科技型企业中的“科技”含量也在逐渐稀释。因而迫切需要引入新的创新机制，保护或创建正在失去的创新文化，同时在多学科交叉融合的新时代，打破传统的产业割据格局，建立跨学科、跨产业的便捷、高效的技术信息沟通平台，建立稳定、持久的合作创新网络。

5.2.3 创新体系中的行业协会

我国现有的行业协会大都是 80 年代以来，随着改革开放及政府机构改革而形成。其组建情况大致有以下 3 种：①作为政府部门的一个附属机构设立。为转变政府职能，将部分政府主管部门的人员安置到协会中，部分地行使政府主管部门的某项职能。②原政府的主管机构合并或撤销后，在原机构的基础上组建而来。③由企业自愿设立。从实际情况看，前两种占绝大多数。

由于行业协会大都由行政部门发起建立，因而行业协会的官方色彩比较浓厚，其职能来自于政府行政部门的分权，具有独特的官民二重性。协会的主要领导由政府业务主管部门推荐或会员推荐并最终须经政府业务主管部门核准。一部分工作人员属于政府正式编制的行政人员。另一部分不归入政府正式编制的员工，属于协会聘用人员或会员代表。

行业协会经费主要来源于会员缴纳的会费、接受的捐赠和资助、在核准的业务范围内开展活动或服务的收入以及其他收入。

目前行业协会在协助政府加强行业管理、维护市场秩序、保护企业的合法权益、促进政府与企业之间有效沟通等方面起到了积极作用，但是其准政府状态也制约了行业协会功能的进一步发挥。按照国际惯例，行业协会等民间组织在行业管理中有着政府无可替代的地位和作用，政府必须依靠他们进行行业的微观管理。

在对协会访谈中发现，行业协会在组织制定技术标准、促进技术交流、开展技术培训、提供咨询服务等方面的确发挥了积极的作用。问卷调查结果发现，经常参与协会组织的技术与管理信息交流的企业占 38%，有时参与交流的企业占 54%，很少参与交流的企业占 8%（如图 4-5-4 所示）。

在调查企业向行业协会宣传自己的科技成果情况中发现，经常向行业协会宣传其科技成果的企业占 35%，有时向行业协会宣传其科技成果的企业占 50%，很少向行业协会宣传其科技成果的企业占 15%（如图 4-5-5 所示）。这些结果表明，协会在促进技术交流等方面的确发挥了一定作用，但是其影响力仍然很有限。

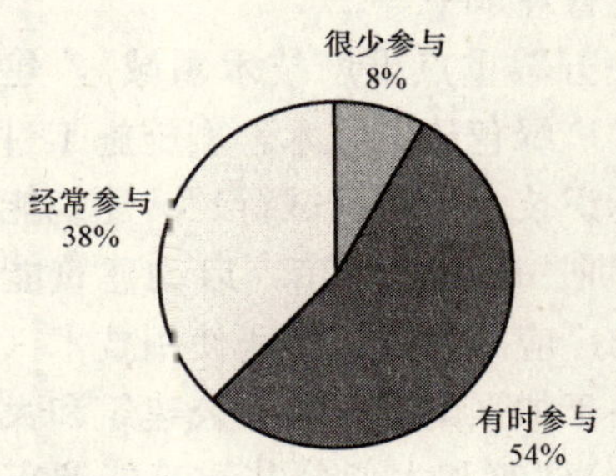

图 4-5-4　企业参与由行业协会技术与管理信息交流情况

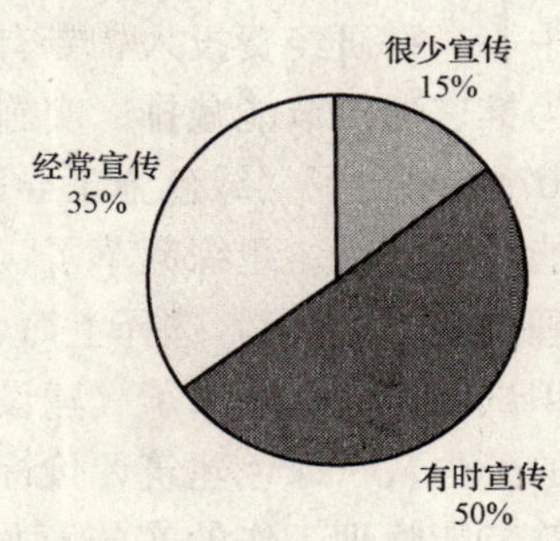

图 4-5-5　企业向行业协会宣传其科技成果的情况

协会组织企业、科研院所和高校合作开展研发活动的情况也很少。接受访谈的专家表示：

协会也组织会员一起搞课题，但是实质性的研发项目很少，一般都是制定一套标准，真正属于技术创新的不多。协会会员的专利有几十项，但是真正应用的也就几项或十几项。协会也有组织会员单位搞研发的打算，但是目前很少具体实施，或者说还没有找到具体的实施办法。组织企业进行研发有困难，虽然一直在强调这项工作，但是把这些企业组织起来不容易，因为它们有各自的利益，需要多沟通。

关于协会之间的交流情况，专家表示：

协会之间基本没有交流。属于同一个部门管辖的协会之间也很少交流，更不要说是不同部门的了。行业壁垒以及条块分割问题还没有解决。

关于协会的课题来源，专家表示：

课题都是由主管部门直接下达，协会很少自己申请。

研究表明，在我国建筑业创新体系中，行业协会具有独特的官民二重性。行业协会在组织制定技术标准、促进技术交流、开展技术培训、提供咨询服务等方面的确发挥了积极的作用，但是在组织协调会员开展创新活动方面的影响力很有限，在促进会员之间以及会员与高校和科研院所合作研发、成果转化、成果推广和应用等方面，远不及发达国家行业协会所起的作用。行业协会也由于部门、行业条块分割而处于职能交叉、各自为政的状态。结果很难整合协会内部和协会之间的各种力量，系统地、有效率地在行业内部和行业之间开展跨学科、跨产业部门的创新活动。

5.2.4　创新体系中的政府部门

“十一五”期间，建设部为促进建筑业技术创新做了诸多努力。例如为进一步指明建筑业科技发展的方向，2006 年建设部出台了《关于进一步加强建筑业技术创新工作的意见》。2007 年修订了《施工总承包企业特级资质标准》，突出了对企业科技进步和自主创新能力的考核。要求特级建筑企业和综合工程设计单位，要在建立企业技术中心、加强行业标准化建设、加强工艺和工程技术研发、发展自主知识产权和专有技术等方面在全行业起带头作用。标准中还专门设定了一些具体指标，如建立技术研发中心、科研经费投入、专有技术水平和信息化管理水平等。

为推进建筑节能减排、实施《建设事业“十一五”重点推广技术领域》，建设部于2007年出台了《绿色施工导则》，引导建筑业推广绿色施工技术，实施施工过程中的节能环保要求。组织起草了《建筑能效测评与标识技术导则》(试行)及《建筑能效标识管理办法》(试行)，选择上海、重庆、成都、深圳、唐山等城市，启动建筑能效测评标识试点工作。发布了《建设事业“十一五”推广应用和限制禁止使用技术（第一批）的公告》、《绿色建筑评价标识管理办法》、《关于加强国家机关办公建筑和大型公共建筑节能管理工作的实施意见》、《国家机关办公建筑和大型公共建筑能源审计导则》、《民用建筑节能工程质量监督工作导则》、《北方采暖地区既有居住建筑供热计量及节能改造项目验收办法》、《可再生能源建筑应用示范项目数据监测系统技术导则》等一系列文件。启动了“十一五”国家科技支撑计划项目“可再生能源与建筑集成示范工程”。此外还征求了“民用建筑能耗和节能信息统计报表制度和建筑能耗统计、监测、考核实施方案”，征集了“墙体保温系统与墙体材料推广应用和限制、禁止使用技术提案”，举办《民用建筑节能条例》宣贯培训班，开展建筑节能调研和召开座谈会，组织评审建筑节能示范工程，开展住房城乡建设领域节能减排专项监督检查等工作。

政府推动新技术应用的一种常见形式是示范工程。建设部公布的“第五批全国建筑业新技术应用示范工程”有103项，“第六批全国建筑业新技术应用示范工程”有140项。此外，各地也都有当地建设行政管理部门批准的示范工程。然而相对于中国庞大的建筑市场而言，仅在示范工程推广应用新技术所形成的技术扩散速度是缓慢的。一些政府官员认为：

应当将典型示范工程与推广相结合。住宅成套技术，在国家康居示范工程中得到很好的推广和应用，但占全国住宅建筑总量的比例还很低。所以，凡是通过示范工程中应用后群众普遍反映较好的住宅成套技术，都应在普通住宅中广泛推广。

促进建筑业技术进步并非单纯地推动新技术的研发、示范和广泛采用，它包含了制度创新。这一点已经得到了政府管理者的认同。一些官员认为：

经过几年的实践，在住宅技术创新方面取得了一些成绩，但从体制和机制上，制约产业发展的障碍并未消除。产业经济技术政策如财政、税收、投资、信贷等对住宅技术创新的倾斜还不够。所以，我们在加大住宅技术创新的同时，更要加大对体制机制的研究和改革，通过体制创新来保证技术创新的顺利进行。

政府建设主管部门已经意识到完全以自上而下的方式促进建筑业技术进步难以取得预期的成效，因而正在逐步采用自上而下与自下而上相结合的方式，促进建筑业技术创新和新技术的推广应用。关于政府与企业合作创新的调查结果显示（如图4-5-6所示），政府与承包商之间存在着合作创新；总承包商与政府合作创新的程度明显高于专业承包商与政府合作创新的程度。表明对于这两类企业而言，政府比较重视与总承包商的关系。事实上，总承包商主要掌握项目管理技术，而专业技术则大多掌握在专业承包商手中。

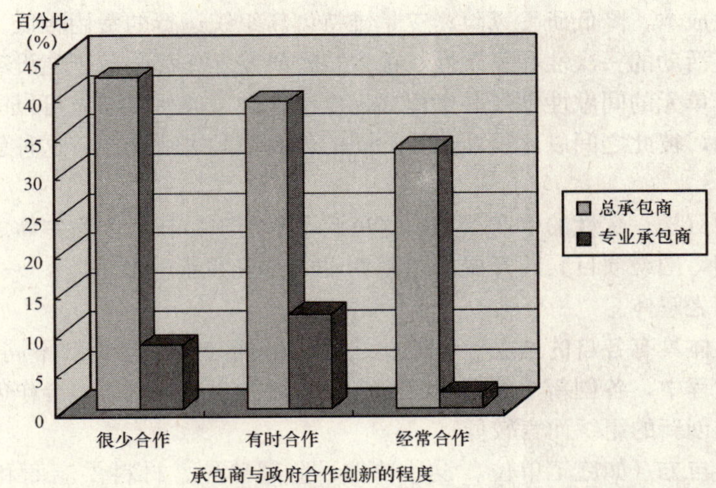

图 4-5-6　总承包商和专业承包商与政府合作创新的情况

要更科学、有效地调动和集聚产业内部和相关产业部门的所有力量，激发社会各界和每一位公民的社会责任，共同推进建筑业技术进步，还需要在政府部门内部、部门之间，中央政府与地方政府之间、政府部门与企业包括私营企业、行业协会、高等院校、科研单位和其他民间组织之间，形成新时期推进建筑科技发展的伙伴关系，以促进新技术的研发和新兴技术的宣传、推广和应用。

5.3　建筑业技术创新组织模式

5.3.1　合作创新组织模式

由于现代建筑技术和建设项目的复杂性越来越强，创新风险也随之增大，很多创新活动难以由一个建筑企业或者科研院所独立承担，因此合作创新必然成为常态。从合作创新的角度，建筑业技术创新组织的共生模式主要有四种类型：①以项目为基础的间歇性创新模式；②基于供应链的连续性创新模式；③一体化创新模式；④以科研院所为母体的创新模式。

(1) 以项目为基础的间歇性创新模式

这种创新模式表现为若干创新主体（如 A_1 和 A_2 两个主体）围绕项目投入创新要素（如 a_1 和 a_2），组成新的非法人创新组织（如 $A_1\&A_2$），开展创新活动（如图 4-5-7 所示）。这种创新组织的共生关系有三个特性：一是创新主体对创新资源有更多的控制；二是创新主体通过相互合作围绕项目开展创新活动，实现资源互

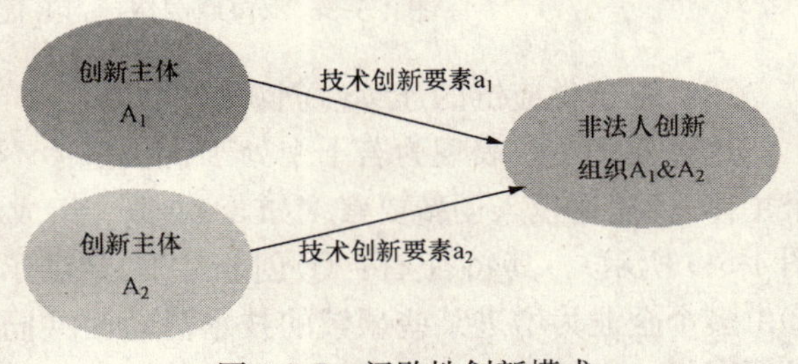

图 4-5-7　间歇性创新模式

补，节约研发成本，降低研发风险；三是维持创新组织运行的费用较低。

由于建筑活动的一次性和复杂性，很多技术研发工作都分散于建设项目中，这为以项目为创新单元的间歇性创新共生模式提供了条件。项目参与方可以围绕项目开展技术创新活动，彼此之间以建设项目为共同的创新单元进行合作，这种创新模式有以下几个特点：

①建设项目是一次性的生产活动，这决定了参与项目技术创新主体之间的合作只能是暂时性的，围绕项目共同开展的创新活动具有随机性和临时性，一旦项目结束，创新组织就随之解体。

②创新主体具有各自的独立性，彼此之间的协调与合作会受到不同程度的影响。在整个创新过程中，各创新主体之间的交流合作往往会遇到阻力，合作创新的效率相对于长期合作创新的组织而言较低。

③项目参与方（如施工单位、设计单位、监理单位、材料供应商和设备供应商等）通过合作创新活动使其创新水平得到提高。因而，创新组织的相关方通常有着共同进化的作用。

以项目为基础的间歇性创新模式，是承包商在合作开展创新活动时经常采用的一种组织模式。调查结果也发现，围绕项目开展创新活动的以总承包商居多（如图 4-5-8 所示）。其中大多采用这种创新模式。

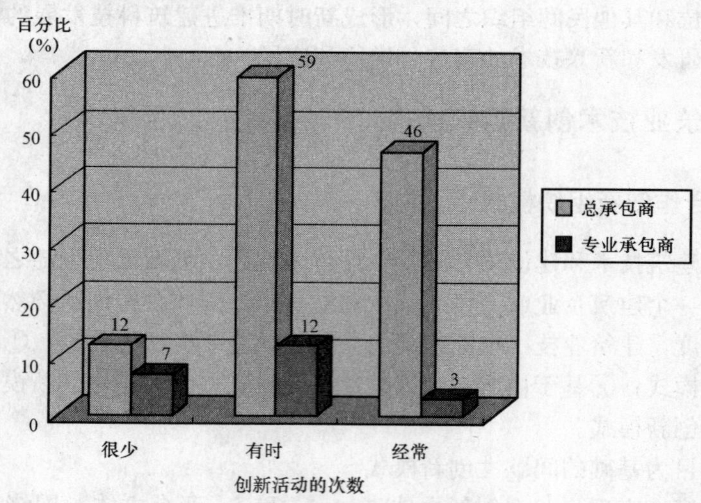

图 4-5-8　承包商围绕项目开展创新活动的情况

（2）基于供应链的连续性创新模式

这种模式主要表现为若干个处于价值链中不同位置的创新主体（如 A_1 和 A_2 两个主体），通过投入创新要素（如 a_1 和 a_2）组成新的法人组织 A_3 开展创新活动（如图 4-5-9 所示）。其特征有：①创新主体提供了创新资源，构成了创新共生单元；②由多个企业为增进某些领域的技术活动而共同组建的法人组织 A_3，其组建和撤销必须履行一定的程序；③创新共生单元的成员，共同参与创新项目的选择，共同参与项目的执行过程，共享创新成果；④创新项目的技术资源来自处于供应链不同位置的成员单位，其技术资源具有较强的互补性，适应优化技术资源结构的需要；⑤维持组织运行的费用较高。

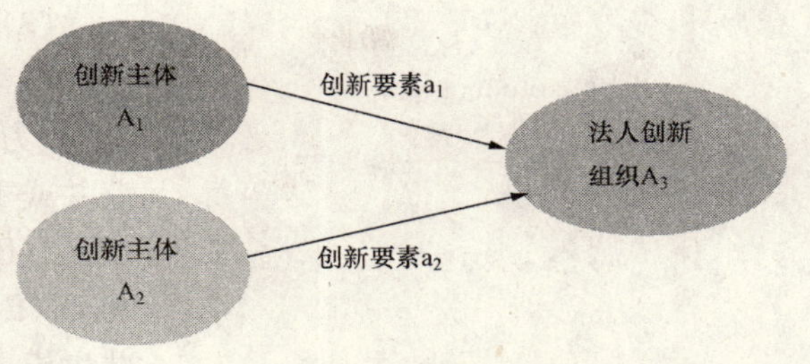

图 4-5-9　连续性创新模式

建筑经济活动包含各种类型的组织，其中许多种组织是跨行业的。某一个相关行业的创新都会对其他行业的创新产生影响。可以将建筑业相关上下游行业内位于供应链不同位置的企业整合在一起，组建独立的创新型企业或行业协会。这种建筑业创新模式有以下几个特点：

①这类创新组织由上下游相关行业的企业组成，在技术资源方面具有较强的互补优势，可以使技术资源结构得到优化。

②由于是独立的创新组织，其创新目标和方向由该法人组织决定。上下游企业之间的信息交换比较顺畅，有利于增加创新的针对性，避免造成上下游创新成果不相适用的情况。

③由于是一个独立的法人实体，它的成立和解散必须履行一定的法律程序，因而不像以项目为基础的间歇性创新模式，具有随机性和临时性。这类创新组织的稳定性和持续性较强，容易形成持续的创新能力，上下游企业具有比较明显的共同进化关系。

④作为一个独立的整体，其内部创新单元之间的交流成本较低，创新协同性好，创新效率比较高。

国外民间行业协会组织会员单位开展持续的创新活动，就属于这类创新组织模式。一个典型的案例是美国混凝土路面协会。由于在 20 世纪 70 年代美国混凝土路面的建设成本明显高于沥青路面，其建设周期也长于沥青路面，因而其市场份额迅速萎缩。甚至有人在行业大会上声称，未来沥青路面将完全取代混凝土路面。混凝土路面的承包商、设备和材料厂商等供应链上的各类组织立即行动起来，成立了混凝土路面协会。各会员单位包括承包商、设备和材料厂商都尽其所能提供各种资源，共同围绕降低成本、缩短工期开展创新活动。协会与政府部门积极保持良好的协作关系，及时向政府报告最新的创新成果，努力争取在示范工程中应用和推广新技术，争取政府采购混凝土路面公路项目。其结果使混凝土路面的市场份额逐渐得到回升，与沥青路面一同长期分享美国的公路市场。

实际上，这种创新模式不仅存在于美国，在日本等其他发达国家也是常见的。例如日本 OM 太阳能协会（OM Solar Association）不仅开发新技术，而且还通过培训等方式向协会成员传播新技术，并在行业内进行商业推广。我国行业协会虽然在技术咨询服务、培训和技术推广等方面也做了大量工作，但在技术创新方面所起的作用与欧美国家和日本相比还存在明显差距。

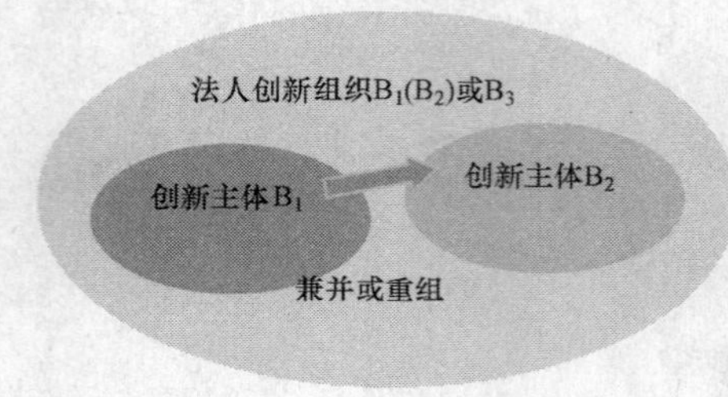

图 4-5-10 一体化创新模式

(3) 一体化创新模式

这种模式表现为占有优势的创新单元(B_1)为了实现技术发展与创新目标，通过兼并或重组把技术上具有关联性的其他创新单元(B_2)吸收进来(如图 4-5-10 所示)成为$B_1(B_2)$或新的创新单元B_3。一体化创新共生模式的特点有：①创新共生单元(如B_1和B_2)并非处于分离的状态下，而是形成合一的状态；②创新共生单元具有技术上的关联性；③其中必有一方在管理、技术、财力等方面具有比其他创新单元明显的优势，而其他创新单元在技术等方面具有优势方所需要的特长；④维持运行的费用较大；⑤具有扩张性，即技术资源得到了很好的整合，核心竞争力迅速提高，技术扩散与超越效应显著。

这种创新组织模式在国外比较常见。例如早在 21 世纪初期，日本国内建设市场持续萎缩，日本大多数承包商纷纷重新审视自己的业务领域，努力寻求与其他企业组成战略联盟的可能性。于是在整个行业内出现企业合并的现象。在 2002 年末，进入日本前 50 强的日东大都工业(Nitto Daito Kogyo)和三井物产(Mitsui Fudosan)合并组成了营业额达 1 千亿日元的未来集团(Mirai Group)。其他前 50 强的企业如三井建设(Mitsui Construction)和住友建设(Sumitomo Construction)等也纷纷磋商合并事宜，以实现业务(技术)领域的重新整合。

在中国，自改革开放以来虽然也出现了大型施工企业之间的兼并重组现象，但主要是发生在大型国有企业转型或改制的过程中，大多表现为一种自上而下的方式。近年来，由东部地区私营建筑企业主动发起的以开拓新技术领域为目的的兼并重组活动虽然有所表现，但这种现象在中部和西部地区并不常见。

(4) 以大学或科研院所为母体的创新模式

这种模式是指企业在大学或科研院所内部建立自己的实验中心或者研发基地。它利用大学或科研院所的人才、设施等技术资源，提高自身的创新能力，同时也为大学或科研院所的创新活动提供了资金支持(如图 4-5-11 所示)。目前，这种模式在国内典型的表现形式之一是技术开发基地。

技术开发基地应具有以下能力：

①掌握本行业的共性、关键性和前瞻性技术；

②具有国家重点建设项目所需要的工艺技术及装备的研制开发能力。

技术开发基地肩负着以下几项任务：

①以推动产业技术发展和产业升级为己任，利用国家重点建设项目，采取多种合作方式，联合相关企业、学校和科研机构。为国家经济建设中遇到重大技术难题，提供解决方案。

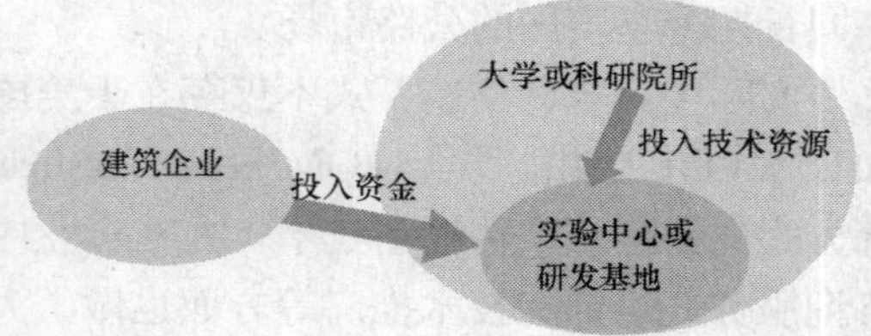

图 4-5-11 以大学或科研院所为母体的创新模式

②积极主动参加国家重点建设项目、技术攻关项目，研究关乎整个行业发展的基础研究项目。同时与其他行业技术研发机构合作，进行跨行业技术开发，提高自身技术集成能力。

③积极开展国际交流与合作，引进国外的先进技术和设备，对其消化、吸收和进一步创新，并在行业内加以推广。同时向国外市场推广自有先进技术和设备，提高我国技术在国际市场的影响力。

④开展行业技术发展情况的调查研究，预测行业技术发展趋势。在相关政府部门制定产业技术与经济政策时，为其提供科学的数据和对策建议。

⑤在有关部门的监督指导下，做好行业标准的计量和监测工作。发挥自身作用为社会培养高技术人才，帮助企业开展技术创新，提高技术水平。同时做好技术扩散和推广工作。

国内比较典型的案例是中国建材行业开发基地。它是中国建筑材料科学研究院于2001年建立的我国建材行业一个重要的技术研发机构。它的主体是中国建筑材料科学研究院，同时联合了国内外同行业科研院所、大型建材企业和大学。本着开发本行业关键技术和前沿技术的宗旨，积极推广先进技术，为我国建材行业的技术进步作出了重要贡献。它开发的耐火浇注料、碱性耐火材料、粉末喷涂法在线镀膜技术填补了我国相关领域的空白，不但创造了良好的经济效益，也为我国建筑材料企业参与国际市场竞争提供了技术支持。

近年来，一些建筑公司虽然在大学或科研院所内部建立了自己的研究中心，但是在有限的资金支持下，研究中心的科技成果也主要局限于企业委托的课题范围。在创新能力和所能够承担的任务方面，这类研究中心与技术开发基地不可同日而语。

5.3.2　自主创新组织模式

这里主要是指企业投资建设自己的研发设施，并有组织地开展自主创新活动。国际上比较典型的是日本企业的自主研究开发模式。图4-5-1表示了日本建筑企业典型的研发组织结构。可以看出，企业的技术研究与开发处不仅包含技术研究所，而且还包括计划与管理部和其他相关部门。技术研究所除了直接接受顾客委托、帮助其他处解决有关施工现场的技术难题外，其他研究课题的选择要按照规定的程序进行。研究课题的提出可以是自下而上的，在总经理和技术研发委员会审议通过后，由计划与管理部门正式向研究所明确研究任务。

我国也有一些大型企业采用自主创新组织模式，其中比较典型的是中国中铁工程总公司。该企业充分发挥集科研设计、施工、制造于一体的优势，于2002年正式挂牌成立企业技术中心，并初步形成了“二级四层”的技术开发体系。在对企业的访谈过程中，当问到企业是否与高校或其他部门合作时，专家认为：

有一些，但不多。主要是靠企业自主创新。公司有自己的科研单位、设计单位、施工单位，也有制造工厂，涉及各个方面，没有哪个企业像这个企业这么全面了。原来铁道部的四大设计院都在这里，虽然后来分出去了两个。科研所我们也有，在郑州还有研发、制造一条龙的企业。所以对我们企业来说，自主创新占主导地位。

对于大量中小型建筑企业来说，技术创新存在较大风险，一旦失败企业甚至可能倒闭。中小型建筑企业要想提高自身的技术水平，增强其市场竞争力，可以建立技术联盟。所谓建筑业技术联盟，是指在建筑企业之间或企业与科研院所或大学之间建立技术创新合作组织。其创新模式有多种选择，包括以项目为基础的间歇性创新模式、基于供应链的连续性创新模式、一体化创新模式等。它以技术交流、合作开发、降低风险、提高效益充分发挥资源互补优势为目的，采用共担风险、共享成果的形式实现各自的技术目标。它是建筑企业从经济角度出发，进行合作创新，共同研制新产品、一起解决技术难题，联盟内的各个成员都可以享用合作创新的成果。

建立建筑业技术联盟有助于提高建筑业整体技术水平，增强建筑业的国际竞争力。建筑企业技术联盟有以下几个特点：

①有利于减轻建筑企业进行技术创新的资金压力。联盟内的成员共同开发需要的技术，在以后类似的产品生产过程中可以免费使用，这样就降低了单个企业的技术创新成本，也有利于提高企业技术创新的积极性。

②有利于实现技术转让和技术传递。在技术市场上进行技术转让的难度较大，而且费用较高。建筑业技术联盟正好解决了这一问题，它提供了一种技术转让的长效机制，在联盟内部就可以完成技术转让。

③建筑业技术联盟为建筑企业寻找企业新的经济增长点提供了一个重要途径。通过技术联盟，建筑企业更容易获得新的技术成果，甚至进入新的业务领域。

5.4　建筑业创新体系与创新模式研究结论

（1）建筑业创新组织模式的多样化程度和普及程度较低

建筑业技术创新组织模式有多种形式，包括合作创新模式和自主创新模式。其合作创新模式表现为：以项目为基础的间歇性创新模式；基于供应链的连续创新模式；一体化创新模式；以大学或科研院所为母体的创新模式等。我国承包商经常采用以项目为基础的间歇性创新模式；具有竞争力的大型建筑企业也会采用自主创新组织模式，建立自己的技术中心；但基于供应链的连续创新模式、企业以大学或科研院所为母体的创新模式等在我国并不普遍，而这两种方式在欧美发达国家却是很常见的；至于科研机构与产业界联合建立实验室，双方共用的情况，在国内还很少见。这表明，我国建筑业创新组织模式的多样化程度和普及程度与欧美发达国家相比仍存在明显的差距。

（2）稳定、持久的合作创新网络尚未普遍形成

研究发现，承包商对创新活动有所重视，开始注意到从全局出发，对创新活动进行组织与管理。进一步观察总承包商和专业承包商两个群体，发现总承包商比专业承包商有较强的创新倾向、较多的创新投入，较重视员工的招募与培训，支持员工参与交流和外聘专家，一些大型承包商甚至自己建立了的技术开发中心。但是两个群体之间尚未形成稳定、持久的合作创新网络。此外，合作创新模式的选择也表明，建筑业

尚未形成稳定、持久的工作创新网络。

（3）行业协会尚未发挥组织相关方合作开展创新活动的功能

协会组织企业、科研院所和大学合作开展研发活动的情况很少。行业协会在组织制定技术标准、促进技术交流、开展技术培训、提供咨询服务等方面的确发挥了积极的作用，但是在组织协调会员开展创新活动方面的影响力很有限，在促进会员之间以及会员与大学和科研院所合作研发、成果转化、成果推广和应用等方面，远不及发达国家行业协会所起的作用。行业协会也由于部门、行业条块分割而处于职能交叉、各自为政的状态。结果很难整合协会内部和协会之间的各种力量，系统地、有效率地在行业内部和行业之间开展跨学科、跨产业部门的创新活动。

（4）科研院所迫切需要引入新的创新机制

研究发现，已转变为企业的建筑科研院所的技术创新精神逐渐削弱，其多年前积淀的创新文化正在被以经济利益驱动的主流文化所取代。一些科技型企业中的“科技”含量也在逐渐稀释。因而迫切需要引入新的创新机制，保护或创建正在失去的创新文化，同时在多学科交叉融合的新时代，打破传统的产业割据格局，建立跨学科、跨产业的便捷、高效的技术信息沟通平台，建立稳定、持久的合作创新网络。

（5）大学的科研成果难以转化已成为实现创新价值的主要瓶颈

研究发现，大学中大量科技成果因没有应用对象和形成产业化的条件或技术不成熟、配套性差、实用性不强无法直接应用于生产。成果转化的投入严重不足。成果转化需要风险投资，而我国科研成果转化所引入的风险投资基金不到4%，高校能引入的风险投资就更低。需要借鉴欧美的经验，组建专利开发署和技术转移中心等机构，通过在研究机构与企业之间建立创新合作伙伴关系，推动研究开发成果的商品化。

（6）以自上而下的方式促进创新难以取得预期的成效

发达国家的经验表明，自下而上的方式更有利于促进创新。虽然建设主管部门已经意识到完全以自上而下的方式促进建筑业技术进步，难以取得预期的成效，但是与自下而上的方式相适应的改革步伐依然缓慢。政府部门在研发支持、创新网络建设、开通发明、开发、示范和推广渠道等方面需要持续改进。

第6章　建筑企业的技术创新能力与创新动力

我国建筑企业的技术创新能力与发达国家相比相对薄弱，最主要的根源就在于企业缺乏足够的创新动力。对此，分析了我国建筑企业技术创新能力的现状，并在此基础上，进一步研究了我国建筑企业技术创新动力系统存在的不足，以找出和揭示其中的关键问题。

6.1　中国建筑企业的创新能力

建筑企业作为建筑业的创新主体，其创新能力要素主要包括：创新管理能力、创新投入能力、研发能力、项目创新能力以及服务创新能力。

6.1.1　创新管理能力调查与分析

创新管理能力是指企业从整体上、战略上安排技术创新和组织实施技术创新的能力，也就是说，企业有意愿进行创新，也能够从整体上、战略上安排技术创新，并且能够组织实施技术创新活动的开展。

建筑企业的创新管理能力主要体现在以下几个方面：①创新倾向；②创新战略；③创新管理制度；④创新机构的设立。

(1) 创新倾向

在本次中国建筑业技术进步调查问卷中，有1%的被调查者认为技术创新活动不重要，而38%和61%的被调查者认为技术创新活动重要和很重要；而在这些被调查者中，10%的人认为所在单位对创新活动不重视，有48%和42%的人分别认为所在单位对创新活动重视和很重视；有16%的人认为所在单位的高层管理者不重视制订创新计划并跟踪执行，认为企业高层管理者重视和很重视制订创新计划并跟踪执行的分别占58%和28%。结果表明，虽然绝大多数接受问卷调查的专家都认识到创新的重要性，但是在他们所在的企业中，很重视创新工作的企业高层管理者所占比例还不到30%。

进一步调查了企业在职能部门和项目部开展创新活动的次数，其调查结果如表4-6-1所示。结果显示，企业职能部门与项目部相比，前者组织开展的经常性创新活动较多。经常性创新活动在样本中所占比例只有35%，有时开展的创新活动所占比例接近55%。这表明，持续的创新活动在建筑企业内部尚未普遍展开。

企业创新倾向调查结果　　表4-6-1

问　题	很　少	有　时	经　常
企业在职能部门开展创新活动的次数	13%	52%	35%
企业在项目部开展创新活动的次数	14%	54%	32%

（2）技术创新战略

课题组对企业技术创新战略进行了调查。结果发现，在接受调查的企业中，有6%的企业没有制定技术创新战略；有6%的人不了解本企业的技术创新战略；有47%和41%的人分别了解和非常了解企业的创新战略。这在一定程度上反映了我国建筑企业近年来对技术创新工作有所重视，其中部分大型企业不仅制定了技术创新战略，而且其战略目标和内容也在企业管理人员和技术人员当中达成了共识。

在企业访谈中也发现，一些大型建筑企业尤其是我国进入美国工程新闻录（ENR）225强的企业，其技术创新战略不仅有了较高的水准，而且也取得了显著的成效。一位接受访谈的专家在谈到企业技术创新战略时充满了自豪：

对于技术创新，公司在发展战略中有明确的规定。“十一五”期间主要从10个技术领域取得突破，实施4大技术创新战略，包括“领先创新战略”、“品牌发展战略”、“联合开发战略”、“专利战略”。现在回头来看，这四大创新战略内容是科学的、可行的，体现了当时决策层的远见与智慧。它提高了创新成功的概率，获得了额外的经济效益和社会效益，节省了宝贵的时间和成本，增加了技术储备，还突破了跨国公司在许多关键技术、关键设备上设置的技术壁垒。

然而，在一些接受访谈的企业中，也存在技术创新战略只是企业高层管理者的构想，并没有得到企业员工的理解并达成共识。这些创新战略也就成为了一种摆设，难以实施或在实施过程中难以产生明显的成效。调查中也发现，许多中小企业没有制定创新战略。

（3）创新管理制度

课题组对企业创新管理制度也进行了调查。结果发现，在接受调查的企业当中，有14%的企业不重视或没有制定创新管理的相关制度，有55%和31%的企业分别重视和很重视创新管理制度的制定。课题组进一步调查了对企业科技成果奖励制度的满意度，其调查结果如表4-6-2所示。这在一定程度上反映出企业比较重视创新管理制度的制定，并且员工对企业有关科技成果奖励制度也比较满意。

对企业科技成果奖励制度的满意程度　　**表4-6-2**

问　题	不满意	满　意	很满意
对企业科技成果奖励制度的满意程度	8%	66%	25%

（4）创新机构的设立

调研中发现，有65%的企业设立了专门的技术开发部门，但也有35%的企业没有专门设立这个部门。进一步调查了企业是否设有技术信息监控部门，以专门收集相关最新研究成果或新技术、新材料、新设备的信息。调查结果显示，有53%的企业设立了这个部门，但也有47%的企业没有设立这个部门。这表明，在调查样本中，大约有一半的企业为保证创新活动顺利实施采取了相应的组织措施。

综合分析创新管理能力的调查结果可以看出，调查样本中大约有2/5的企业具有一定的创新管理能力，另有约2/5的企业创新管理能力薄弱，还有1/5的企业可以说不具备创新管理能力。

6.1.2 创新投入能力调查与分析

企业创新投入能力是指企业投入技术创新资源的数量和质量，具体可以用如下两个变量来衡量：①研发资金投入强度；②研发技术人员投入强度。

(1) 企业研发资金投入强度

研发资金投入强度是指建筑企业平均每年投入的研发资金与产值的比值。在本次调研中，建筑企业 R&D 投入占产值比重平均为 0.49%。其中 R&D 投入为 0 的企业占有效样本量的 11%，R&D 投入低于（包括等于）0.5%的企业占有效样本量的 59%。这个数据与 2005 年由中国建筑业协会施工技术专业委员会、中国建筑设计研究院、清华大学土木工程系、西安建筑科技大学管理学院、建设部工程质量安全监督与行业发展司联合调查的结果相比，略有进步。

进一步调查了企业对技术设施（信息系统、应用软件、新型设备等）的投入情况，调查结果如图 4-6-1 所示。可以看出，多数企业在企业管理信息系统、项目管理信息系统、绘图或专业计算软件、新型检测试验设备（仪器）、新型施工机械等方面有不同程度的投资。有 20%的企业很少在新型施工机械方面投资；有 34%的企业在企业管理信息系统和项目管理信息系统方面投资大，有近 10%的企业在这两方面很少投资。有 65%和 62%的企业在绘图或专业计算软件、新型检测试验设备（仪器）方面有投资，在这两方面投入大的企业不到 30%。

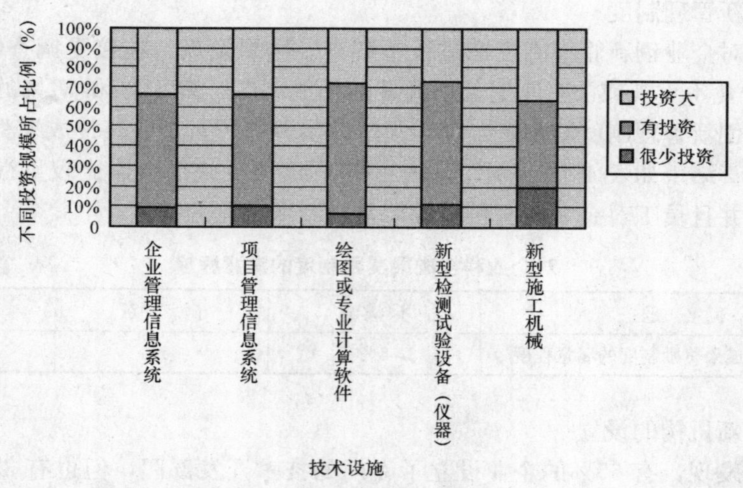

图 4-6-1 企业技术设施投入情况的调查结果

结果表明，我国大型建筑企业的 R&D 经费投入水平和技术设施投入水平有所进步，对绘图或专业计算软件的投入情况表明，一些大型建筑企业已经将其营业范围延伸到了工程勘察设计、施工、材料或设备制造等业务领域，甚至作为投资方，以 BOT 等多种方式开展项目投融资业务。一些企业还基本实现了无纸化办公，建立了企业信息化 ERP 管理系统。但是调查中也发现，许多中小企业 R&D 经费投入几乎为 0。

(2) 研发技术人员投入强度

技术人员占企业员工的比例为 37%，但其中包含的专职研发人员很少。这也说明在建筑企业中，研发技术人员投入的强度较低。在调查的 174 家企业中，有 94 家企业拥有硕士学位的员工，59 家企业拥有博士学位的员工，但其数量不多。在有效问卷中，平均每个企业有 15 位硕士和 5 位博士，对于员工达到千余人的企业（样本规模：平均每个企业 1232 人），这个数字所占比例仅为 1.2% 和 0.4%。可以看出，大型建筑企业科技人才的层次仍需要提高。在调查中发现，中小企业很少招募到具有硕士、博士学位的人员。

综合分析创新投入能力发现，我国大型建筑企业创新投入能力近年来有所进步，但是中小建筑企业无论在研发经费投入还是在人员投入均明显不足，甚至处于 0 投入状态。对于大型企业而言，其研发投入的方向也多为“试验发展”，真正意义上的研究与开发（R&D）投入很少。

6.1.3　研发能力调查与分析

研发能力指标可以用以下变量来衡量：①拥有专利的数量；②拥有国家级工法的数量；③发表论文数量；④各级科技进步奖获奖数量等。

(1) 专利

近 3 年企业获得专利授权情况的调查结果显示，有 90 家企业近 3 年拥有 1 项及以上专利，占有效样本的 83%。其中，获得专利数量最多的企业有 316 项。专利数为 0 的企业有 18 家。平均每个企业有 14 项专利。有 27 家企业达到这个平均数以上，占有效样本的 25%。

进一步调查企业与竞争对手相比对技术的应用情况，发现有 72% 的企业专利技术应用情况与竞争对手相当，只有 17% 的企业专利技术的应用情况高于竞争对手（如图 4-6-2 所示）；对于非专利技术，有 49% 的企业的应用情况与竞争对手相当，有 41% 的企业对其应用情况高于竞争对手。这表明，专利技术应用情况较好的企业所占比例较小，在非专利技术应用方面表现好的企业所占比例较大。

(2) 国家级工法

近 3 年国家级工法的调查结果显示，有 77 家企业近 3 年有 1 项以上的国家级工法，占有效样本的 64%。其中，近 3 年获得国家级工法数量最多的企业有 63 项。没有国家级工法的企业有 44 家。近 3 年平均每个企业有 3 项国家级工法。有 42 家企业达到这个平均数以上，占有效样本的 35%。

(3) 论文

近 3 年企业发表论文情况的调查结果显示，有 119 家企业近 3 年公开发表 1 篇以上的科技论文，占有效样本的 94%。其中，一些大型企业近 3 年公开发表的论文有百篇以上。没有发表论文的企业只有 8 家。近 3 年平均每个企业公开发表论文 34 篇。

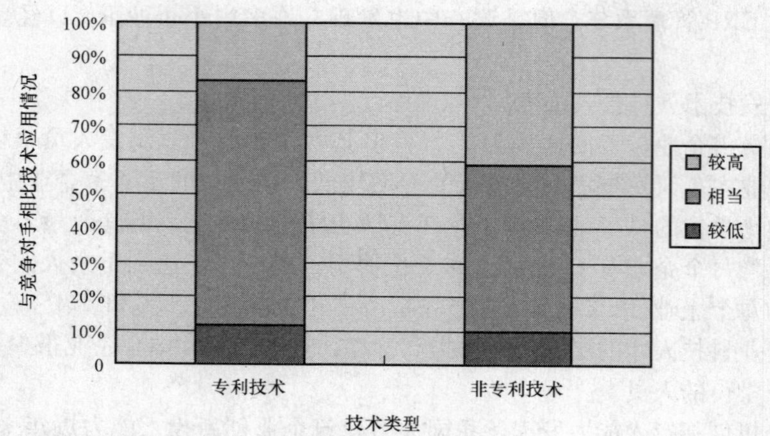

图 4-6-2　企业专利与非专利技术应用与竞争对手相比情况

有 44 家企业达到这个平均数以上，占有效样本的 35%。

（4）各级科技进步奖获奖

对近 5 年企业获得的国家、行业和地方科技成果奖励的情况进行了调查，结果显示，有 86 家企业近 3 年获得 1 项以上科技成果奖励，占有效样本的 70%。其中，获奖最多的企业达到 70 项。36 家企业没有获得奖励。平均每个企业获得 9 项奖励。有 28 家企业达到这个平均数以上，占有效样本的 23%。

以上调查结果表明，调查样本中有 20%～30%的企业具有相对于其他企业较强的研发能力。根据本报告第 3 章的调查、分析，其研发能力主要集中在“试验发展”方面，也包含部分“应用研究”。

访谈中发现，不少企业仍处于被动创新，而非主动创新。一些专家认为：

作为企业负责人绩效考核的目标之一，QC 成果、科技示范工程、工法的数量，各种质量、安全评奖均与企业资质和负责人的经济收入挂钩，因此企业的“科技进步”带有很强的功利性，导致被动完成科技指标，为科技进步而科技进步，缺少自觉地实实在在的技术创新。

调查中还发现，许多中小企业没有专利，也未形成企业工法。他们认为：

工法在工人那里，我们是管理人员，公司不编制工法。那些专利、工法一般都是冲着做先进企业才弄的。当然，如果工法对中标有用，在评标的时候可以给加分才做。现在技术创新没有权威性，因为评标的专家都是外行，他们并不知道你这是不是创新、革新。评出的创新单位并不一定是真的搞技术创新。总之，不创新等死，创新找死。

可以看出，建筑业尚未形成健康的创新环境与创新文化。

6.1.4　项目创新能力调查与分析

在制造业企业的创新能力评价中，制造（或生产）能力往往是创新能力的一个重要衡量指标。然而，由于建筑业的特殊性，项目往往是企业的业务中心，因此，应该将项目创新能力作为企业创新能力的考核指标之一。项目创新能力可以通过以下方面来衡量：①示范工程数量；②项目创新绩效，包括企业在工程质量、施工成本、劳动生产率、设备利用率等方面的表现。

（1）示范工程

对近5年企业参与的国家、行业和地方示范工程的次数进行了调查。结果显示，有81家企业参与了1项以上的示范工程，占有效样本的47%，其中示范工程最多的企业达到56项；40家企业没有参与示范工程；平均每个企业参与示范工程约6项。有29家企业达到这个平均数以上，占有效样本的24%。

（2）项目创新绩效

调查了企业与竞争对手相比，在工程质量、降低施工成本、劳动生产率和设备利用率方面的情况（如图4-6-3所示）。其结果显示，有近3/5的企业在工程质量方面优于竞争对手，约2/5的企业在降低施工成本方面超过了竞争对手，约1/2的企业在劳动生产率和设备利用率方面超过了竞争对手，有1/5企业的创新项目收益高于竞争对手。

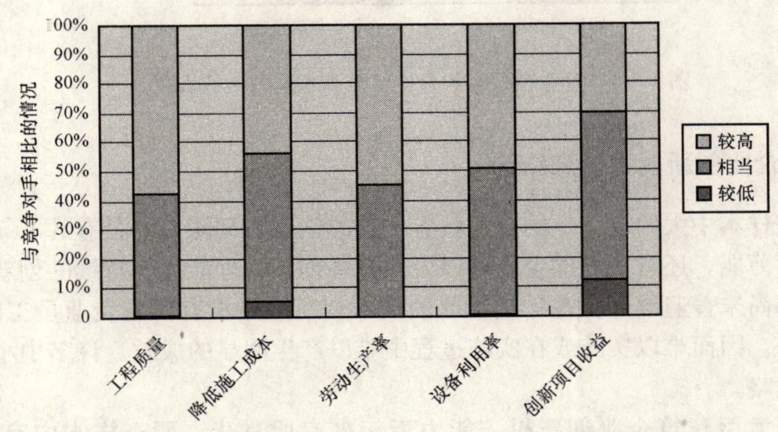

图4-6-3　企业项目创新能力与竞争对手相比的情况

结合企业在项目部开展创新活动的调查结果（如表4-6-1所示），进行综合分析后认为，在调查样本中约有20%～30%的企业具有相对样本中其他企业较强的项目创新能力。

6.1.5　服务创新能力调查与分析

服务创新能力主要包括：①对业主的新服务模式；②与其他参与方的合作创新能力。其中对业主的新型服务模式主要是指企业的营销模式创新，包括对市场的预测、新市场的开拓（包括海外市场）、承包模式创新以及客户的关系管理创新等。与其他参与方的创新合作模式则是与业主以外的其他相关各方之间的合作创新。这些能力可以通过顾客满意度、合作伙伴满意度来衡量。

调查了企业与竞争对手相比在顾客满意度、合作伙伴满意度方面的情况，其结果如图 4-6-4 所示。结果显示，分别有 3/5 和 1/2 左右的企业在顾客满意度、合作伙伴满意度方面超过了竞争对手，其中顾客满意度在样本中所占比例大于合作伙伴满意度所占比例。这在一定程度上反映出，合作创新关系管理相对顾客关系管理而言，对于企业来说有较大的难度。

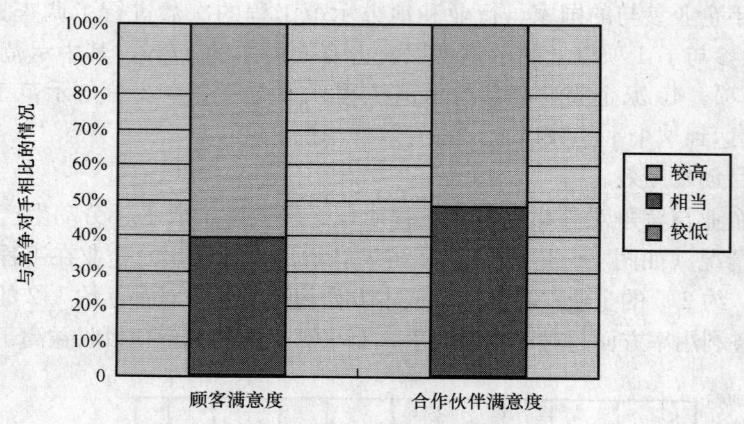

图 4-6-4　企业在顾客和合作伙伴满意度方面的表现

6.1.6　企业创新能力研究结论

（1）调查样本中大约有 2/5 的企业具有一定的创新管理能力，另有约 2/5 的企业创新管理能力薄弱，还有 1/5 的企业可以说不具备创新管理能力。持续的创新活动在建筑企业内部尚未普遍展开。在一些企业的技术创新战略没有得到企业员工的理解，从而达成共识。因而难以实施或在实施过程中难以产生明显的成效。许多中小企业没有制定创新战略。

（2）我国大型建筑企业创新投入能力近年来有所进步，调查样本中有 20%～30%的企业具有相对于其他企业较强的研发能力。但是中小建筑企业无论在研发经费投入还是在人员投入均明显不足，甚至处于 0 投入状态。对于大型企业而言，其研发投入的方向也多为“试验发展”和部分“应用研究”，真正意义上的研究与开发（R&D）投入很少。

（3）在调查样本中约有 20%～30%的企业具有相对样本中其他企业较强的项目创新能力。有近 3/5 的企业在工程质量方面优于竞争对手；约 2/5 的企业在降低施工成本方面超过了竞争对手；约 1/2 的企业在劳动生产率和设备利用率方面超过了竞争对手；有 1/5 企业的创新项目收益高于竞争对手；有 32%的企业经常在项目部开展创新活动；有 24%的企业参与示范工程的次数在样本中单位企业参与示范工程的平均数以上。从建筑业总体看，企业的项目创新能力仍然薄弱。

（4）对于企业来说合作创新关系管理相对顾客关系管理而言有较大的难度。

结果显示，分别有 3/5 和 1/2 左右的企业在顾客满意度、合作伙伴满意度方面超过了竞争对手，其中顾客满意度在样本中所占比例大于合作伙伴满意度所占比例。

(5) 建筑业尚未形成健康的创新环境与创新文化。建筑工程施工是一项整合各项社会资源的综合性事务。是体现整个社会科技水平的重要载体，建筑科技水平与整个社会、乃至国家的科技水平成正比。国家组织了QC成果、科技示范工程、工法以及各种质量安全奖的评选，以带动建筑业科技进步，但是我国建筑业市场的无序竞争和低利润率，导致企业科技投入缺乏战略性且具有不确定性。

6.2　建筑企业的创新动力及其影响因素分析

技术创新动力是指技术创新主体在受到外在的刺激和内在的需求渴望的共同作用下而产生技术创新行为、参与技术创新活动的能动力。

6.2.1　建筑企业创新动力系统组成

从对建筑业技术创新动力结构构成的形式分析，可以把建筑业技术创新动力分解成内力和外力两部分（如表4-6-3所示）。内力为建筑企业提供技术创新的动因，外力为建筑企业提供技术创新的动势。作为内动力的因素有建筑企业的利润动力、成就驱动力和社会价值驱动力等；作为内阻力的因素有建筑企业的风险阻力、目标阻力、惯性阻力、资源阻力等。外力则由外动力和外阻力组成，作为外动力的因素有建筑市场、金融政策、建筑产业政策等环境因素，作为外阻力的因素有建筑市场进入障碍与壁垒、建筑企业体制和产权关系不明确、建筑业金融市场发育程度不高、建筑业整体生产技术水平落后、建筑业人才与技术市场不健全等。

创新动力系统组成　　**表4-6-3**

创新动力			
内力		外力	
内动力	内阻力	外动力	外阻力
利润动力、成就驱动力、社会价值驱动力	风险阻力、目标阻力、惯性阻力、资源阻力	建筑市场、金融政策、建筑产业政策等环境因素	建筑市场进入障碍与壁垒、建筑企业体制和产权关系不明确、建筑业金融市场发育程度不高、建筑业整体生产技术水平落后、建筑业人才与技术市场不健全

建筑企业技术创新活动的各种创新动机和内在需要取决于建筑企业经营目标与技术创新本质与效用的耦合程度。当两者相耦合，企业产生创新的内在要求；当两者不相容时，企业就不会有创新要求。耦合程度越好，创新要求越强。但是如果只有创新要求而没有创新能力，那么这种要求只是创新幻想，具备创新能力的创新要求才具有现实性。因此建筑企业创新的内动力取决于其经营目标与技术创新本质与效用的耦合程度，以及企业创能力与其经营目标和创新本质与效用的吻合程度。外动力是指技术创新环境的刺激与约束。这种环境刺激可以归结为技术推力、市场刺激与约束、政府

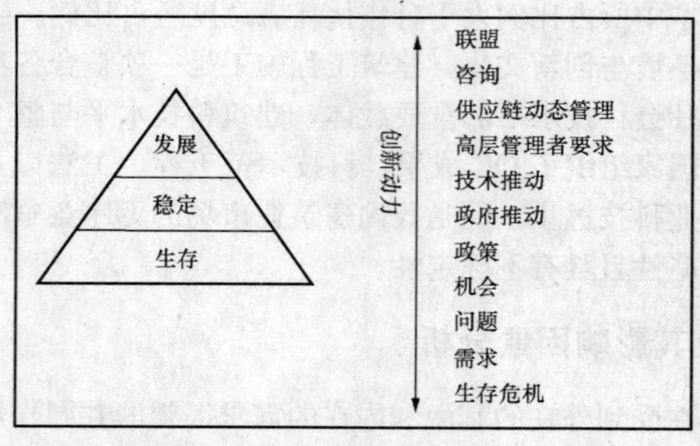

图 4-6-5　企业发展阶段与创新动力的关系

行为的刺激与约束。

不同发展阶段的企业，其创新的动力也不尽相同（如图 4-6-5 所示）。

内动力是建筑企业技术创新的基础，外动力是建筑企业技术创新的保证，两者相辅相成。在外动力不足时激发内动力，会造成资源浪费；在内动力不足时，激发外动力则会造成社会福利损失。也就是说，必须重视建筑企业技术创新内动力与外动力的协同作用，这样才能使建筑企业形成创新动力机制。

6.2.2　建筑企业创新动力影响因素

建筑企业创新动力的影响因素也可以分为内部因素和外部因素。内部影响因素总体而言包括企业特征、企业战略、企业管理团队、企业文化等。而外部影响因素则包括所处行业、所处区域以及政府的相关激励政策等。

(1) 建筑企业创新动力内部影响因素

1) 企业特征

与创新动力有关的企业特征包括企业规模和企业创新历史。

①企业规模

企业规模一直被认为是企业技术创新的重要影响因素之一。

大企业具有更多的创新资源，且更有能力支持企业从事具有较高风险的技术创新活动，并且大企业能够更好地获得研发的规模效益，因此有学者认为企业规模与创新能力为正相关关系。

大企业在发展过程中一旦获得垄断地位，技术创新的动力和行为就会减弱甚至消失，市场支配能力就成为技术创新的阻碍。另外，企业规模大会使决策效率降低，出现技术开发人员之间不正当竞争以及管理层对某些创新活动不支持的现象，因而有学者认为企业规模与创新动力成负相关关系。

也有研究认为企业规模与创新动力之间是倒 U 形的曲线关系。即适度规模既可以利用其规模优势，又可以利用其竞争动力大和灵活性强的优势。

对当代中国建筑企业而言，大型企业是创新的先锋力量，大型企业面临着巨大的竞争压力，特别是日益激烈的国际竞争，使得大型建筑企业具有更强的创新动力；而且大型建筑企业拥有更多的创新资源，包括资金和人才。在调查中发现，大型建筑企业员工中具有硕士、博士学位的比例远高于中小型建筑企业，一些大型建筑企业设置了技术中心，这些资源上的优势也使大型建筑企业创新具有更强的创新动力。另外，大型建筑企业可以在一定程度上抵御创新失败带来的风险，创新风险的阻碍力相对于中小型企业要小。

②企业创新历史

一些研究表明，创新历史悠久的企业积累了更多的创新所需要的经验和知识，因而具有悠久创新历史的企业创新动力更强劲。也有研究表明，历史悠久的企业形成了自己独特的技术创新程序和路径，这使得企业在引进和利用外部先进技术创新时面临障碍。创新历史悠久的企业，更适合进行渐进性的创新，创新历史较短的企业，更适合进行突破性技术创新。

对于建筑企业而言，大型建筑企业往往具有较悠久的历史，在创新管理、创新方法方面积累了一定经验，因而，进一步的技术创新应当更加关注主动创新，更多关注相关行业或相关企业，特别是国外先进企业的先进技术、管理信息，从而进行更多的自主创新，提升自身的国际竞争力。而小企业或新型企业则多数为专业型建筑企业，应当关注与本专业相关的技术前沿，争取获得专利授权或其他创新成果。

2）企业战略

一些研究表明，有明确公司战略的企业往往关注的是长期战略性绩效控制，因而会更多地鼓励公司员工从事技术创新活动。实施国际化战略的企业会激励更多的创新。

对大型建筑企业创新调查结果显示，有6%的企业没有制定技术创新战略；有6%的人不了解本企业的技术创新战略；有47%和41%的人分别了解和非常了解企业的创新战略。这说明我国大型建筑企业具有更明确的战略。调查结果也表明，中小型建筑企业很少制定企业战略，更没有相应的创新战略。

3）企业管理团队

企业内部是否有合适的技术研发项目领导者，对技术创新的成败至关重要。如果企业领导者是改革型人才，具有强烈的成就感，且希望在企业内具有更高的威望和更大的权力，他往往会确定更有挑战性的目标，也会更多地投入资源进行技术创新。另外，企业领导者在企业内的权利大小和受教育水平也与技术创新具有显著的正相关关系。

对建筑企业创新的调查显示，16%的人认为所在单位的高层管理者不重视制订创新计划并跟踪执行，认为企业高层管理者重视或很重视制订创新计划并跟踪执行的分别占58%和28%。有1%的被调查者认为技术创新活动不重要，而38%和61%的被调查者认为技术创新活动重要和很重要，也就是说绝大多数接受问卷调查的专家都认识到创新的重要性，但在其企业中，非常重视创新工作的企业高层管理者所占比例还不到30%。这也是建筑企业创新动力不足的主要原因之一。

4）企业创新文化

如果企业追求卓越的创新文化，企业的创新动力会更充足。另外，企业管理变革遇到的阻力越大，企业文化越保守，越不利于技术创新。

企业文化往往与企业领导者有关。企业领导人的创新精神在很大程度上影响了企业创新文化的形成。

（2）建筑企业创新影响的外部因素

建筑企业创新影响的外部因素主要包括所处行业、所处区域以及政府的相关激励政策。

1）所处行业

研究表明，企业所处行业，特别是行业技术发展水平、需求增长和市场集中度之间与技术创新动力之间存在显著正相关关系。如通信、航空、生物等高技术行业的企业与传统行业的企业相比更积极进行技术创新。

建筑业研发机构 2007 年的科技活动人员为 4506 人，只占全国各行业研发机构总量的 0.9%，是农林业的 1/17，制造业的 1/5，如图 4-6-6 所示。

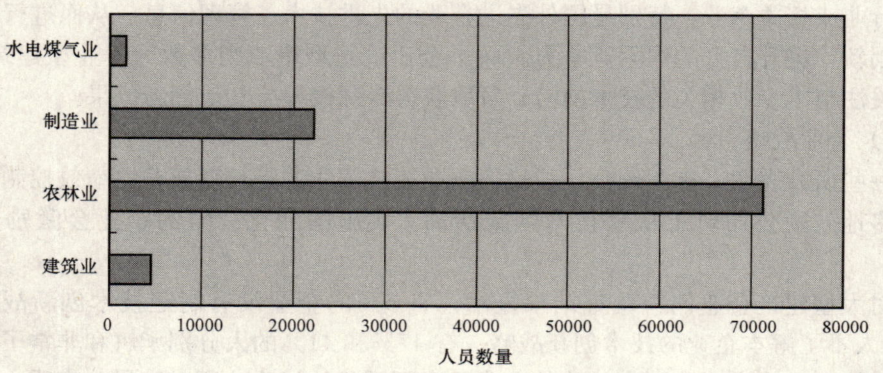

图 4-6-6　2007 年建筑业研发机构科技活动人员数量与其他行业对比

建筑业研发机构的研发经费与其他行业相比也处于较低水平（如图 4-6-7 所示）。

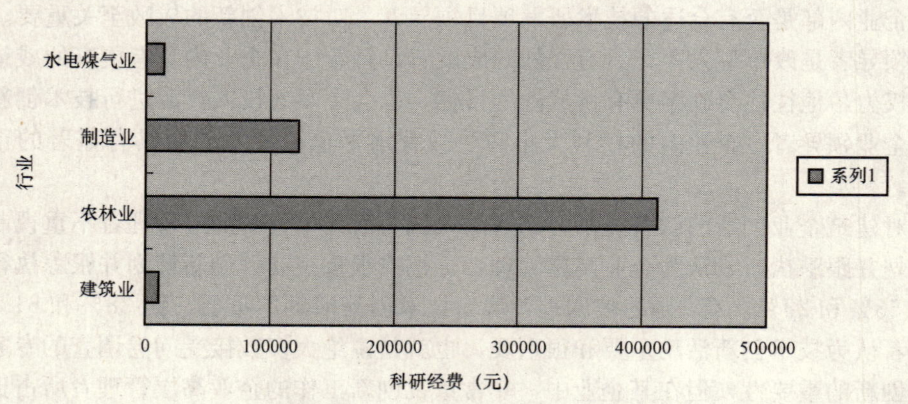

图 4-6-7　建筑业研发机构研发经费与其他行业的对比

而 2000 年国家科学技术部和国家统计局等 7 个部门实施的全社会 R&D 资源清查数据表明，建筑业 R&D 投入水平十分落后（如图 4-6-8 所示）。

由以上分析可以看出，我国建筑业研发投入较少，低于其他行业的平均水平。对创新起到较大的阻碍作用。

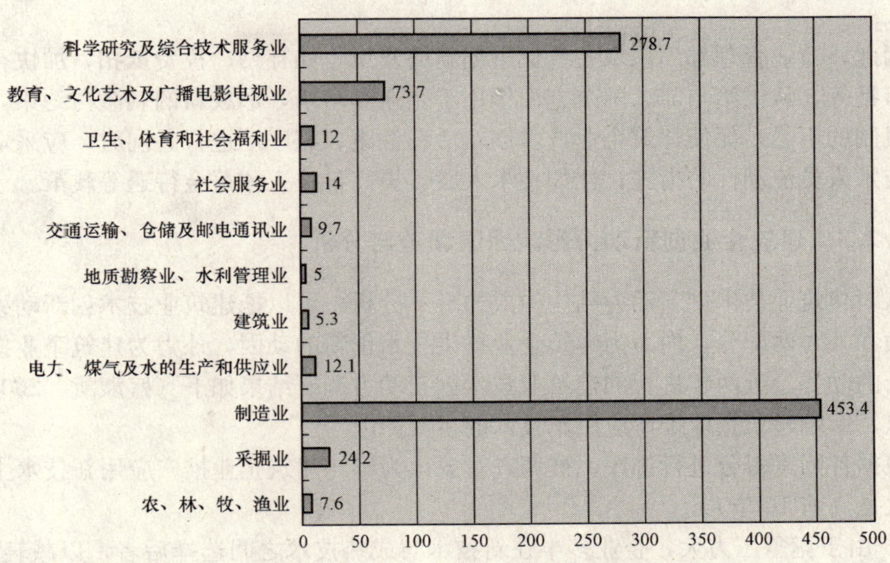

图 4-6-8　建筑业研发投入与其他行业对比分析（2000 年）

2）所处地域

企业所处区域对企业创新动力也有显著影响。有良好基础设施和较多高素质专业技术工人的区域环境，有利于企业开展技术创新活动。另外，区域内能与潜在合作伙伴（如供应商、客户、大学、研发机构、金融机构等）建立良好合作关系，也会促进技术创新。企业所在区域能够积极促进隐性知识转移、降低交流成本、支持人际交往、降低风险等也会有利于企业技术创新。

调查结果表明，我国东部、中部、西部地区建筑企业的创新表现不平衡，总体而言，东部企业具有更强的创新动力，产生更多的创新成果。然而，在一些高校较为集中的地区，如山西、河南和陕西，由于大学分布较多，因此这些地区的科研产出有较为突出的表现，甚至超过某些东部地区。

3）政府的政策

政府技术政策反映在知识产权保护制度、风险分担机制、政府采购和财政支持政策等诸多方面。

建筑技术存在 3 个方面的外在性：①建筑技术易被模仿和修改，以避免违反专利法，因而难以得到保护。②新的工艺技术容易成为行业标准。建筑技术与人们的生命财产安全密切相关，一项新的工艺技术一般需要经过建设主管部门的批准才能使用。如果不能获得批准，该项技术就不能被使用，承包商就会失去其创新成果获取利润的机会；如果新技术获得批准使用，就很可能变成行业通用标准，企业的竞争对手就可以方便地使用。③员工培训存在外在性。建筑业的创新效率非常倚重于员工的经验和知识，但建筑业的从业人员流动性高，企业花费很高成本培养的员工容易被竞争对手挖走。建筑技术的外在性特征导致承包商一般不愿意投入大量资源或时间进行 R&D

工作。

因此，行业管理部门采取一些促进创新的政策，如补贴、税费抵扣，加快行业标准的审批等，从供给与需求两个方面作用于企业和市场，形成新的刺激与约束，弥补市场机制的不足，促使建筑企业技术创新活动健康、有序地进行。同时，应采取一些降低技术人员流动性的措施，比如技术入股、提高科技人才薪金待遇等政策。

6.2.3 建筑企业创新动力影响因素调查与分析

从对建筑业技术创新动力结构构成的形式分析，可以把建筑业技术创新动力分解成内力和外力两部分。内力为建筑企业提供技术创新的动因，外力为建筑企业提供技术创新的动势。近两年进行的建筑业技术创新动力调研结果如下（盛淑凯，2009）：

（1）影响建筑企业推广应用新技术的主要原因

根据各因素得分进行排序，被调查对象认为影响建筑企业推广应用新技术主要原因依次是（前 10 位）：

- 由于竞争压力大，企业多半在新技术与成熟技术之间选择后者，以减轻风险，降低成本。
- 政策法规的激励约束力度不够，未形成鼓励创新的机制。
- 工程分解发包使项目业主、设计单位和承包人之间难以建立技术创新合作平台。
- 企业注重眼前利益，缺乏战略眼光。
- 工程分解发包，主体多元化，推广新技术牵制因素多。
- 项目业主不认同，招标文件无加分规定，或有关的调价系数不利于推广应用新技术的承包人。
- 建筑企业推广应用新技术的初期成本高，再次应用的机会少，企业无利可图。
- 政府主管部门及行业协会对新技术应用的效果宣传力度不够。
- 公司内部实行承包制，注重经济责任的考核，没有关于技术进步的考核指标。
- 公司治理结构目标短期化，缺乏鼓励创新的制度安排。

（2）影响企业技术创新投入的主要原因

根据各因素得分进行排序，被调查对象认为影响企业技术创新投入的主要原因依次是（前 5 位）：

- 企业收益较低，难以连续投入技术创新必需的资金。
- 建筑产品通用的施工技术日趋成熟，新技术对企业经营的支持力度下降，价格已成为竞争的主要手段。
- 投资者或业主不承担或分担承包人的技术创新投入费用（工程造价构成中无相关费用项目）。
- 目前尚没有能实质性增加建筑企业技术创新投入的政策或法规。
- 企业经营战略指向（目标市场的占领）存在不确定性，技术开发战略（主要是投入）有一定的风险。

另外，许多被调查者还回答了调查问卷中的开放性问题，提出了一些其他的障碍性因素，如“应用新技术的工程质量保证要求比较高，政府监督部门、业主、监理要求充分论证，等待时间较长”等，另外还有一些被调查者为中国建筑业技术创新提出了宝贵的意见，诸如“通过学会或协会等组织加强新技术的培训，以利于推广应用”等。

本课题组对建筑业技术创新的影响因素进行了调研，其结果显示：

(1) 对创新活动的认识调查。38%和 61%的被调查者认为技术创新活动重要或很重要；48%和 42%的被调查者认为所在单位对创新活动重视或很重视；另外，58%和 28%的被调查者认为所在单位的高层管理者重视或很重视制定创新计划并跟踪执行。以上数据表明，我国建筑业企业无论从个人还是从企业的角度，具备一定水平的内部创新意识和创新动力。

(2) 企业创新倾向调查。50%以上的被调查者认为所在企业经常在职能部门和项目部开展创新活动，仅有 12%～13%的被调查者认为企业很少在职能部门和项目部开展创新活动。

(3) 创新活动中企业扮演的角色调查。35%的被调查者认为所在企业在建设项目创新活动中扮演的角色通常为发起者，而 65%的被调查者认为所在企业在创新活动中扮演者参与者的角色。这表明，我国建筑企业在创新活动中普遍处于被动参与的角色。

(4) 企业创新动机调查。55%以上被调查者都认为“满足业主需求”是企业很重要的创新目标（如图 4-6-9 所示），43%认为是重要目标，即 98%以上的被调查者认为满足业主需求是企业重要或很重要的创新目标；52%被调查者认为“提高工作质量”是企业很重要的创新目标，45%认为是重要目标，合计 97%以上认为提高工作质量是企业重要或很重要的创新目标；64%的被调查者认为“降低成本”是企业很重要的创新目标，35%认为是重要目标，合计 99%以上认为降低成本是企业重要或很

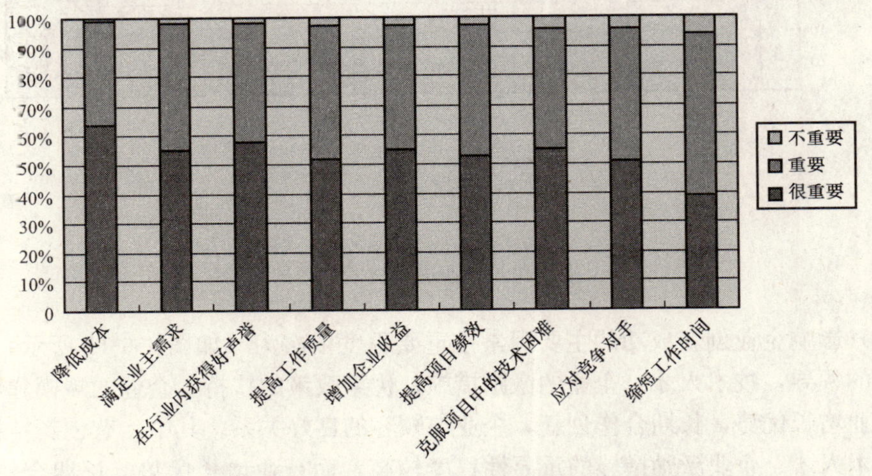

图 4-6-9　企业创新动机调查结果

重要的创新目标；39%被调查者都认为“缩短工作时间”是企业很重要的创新目标，55%认为是重要目标，合计94%以上认为缩短工作时间是企业重要或很重要的创新目标；55%被调查者都认为“克服项目中的技术困难”是企业很重要的创新目标，41%认为是重要目标，合计96%以上认为克服项目中的技术困难是企业重要或很重要的创新目标；55%被调查者都认为“增加企业收益”是企业很重要的创新目标，42%认为是重要目标，合计97%以上认为增加企业收益是企业重要或很重要的创新目标；53%被调查者都认为“提高项目绩效”是企业很重要的创新目标，44%认为是重要目标，合计97%以上认为提高项目绩效是企业重要或很重要的创新目标；58%被调查者都认为“在行业内获得好声誉”是企业很重要的创新目标，40%认为是重要目标，合计98%以上认为在行业内获得好声誉是企业重要或很重要的创新目标；51%被调查者都认为“应对竞争对手挑战”是企业很重要的创新目标，45%认为是重要目标，合计96%以上认为在应对竞争对手挑战是企业重要或很重要的创新目标。

结果表明，降低成本、满足业主需求、在行业内获得好声誉，以及提高工作质量、增加企业收益、克服项目中的技术困难、应对竞争对手挑战、缩短工作时间均是建筑业技术创新的重要目标。

(5) 对于新观点或新方法首次提出时相关方的表现调查。当一个新观点或新方法在建设项目中被首次提出，施工单位接受度最高，而业主接受度最低，其他相关各方居中。

(6) 推动企业进行技术创新的因素按重要程度依次为：市场需求，企业发展需要，同行竞争，新技术出现，管理者推动，政府计划（如图 4-6-10 所示）。其中，市场需求、企业发展需要、同行竞争是推动力最强的因素，政府计划重要性较弱。

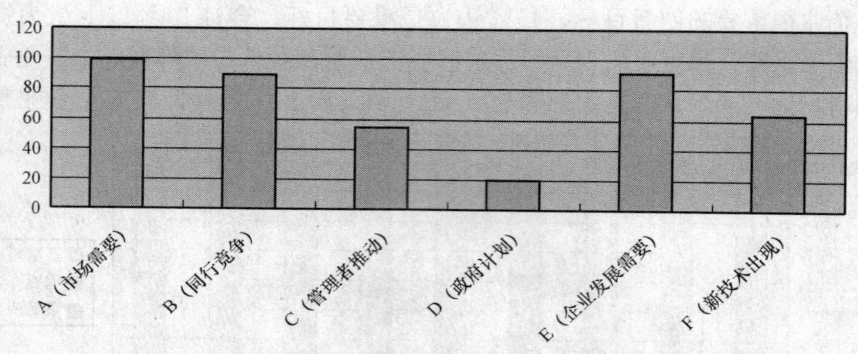

图 4-6-10　推动建筑企业进行技术创新的主要因素

(7) 影响企业创新成功的主要因素按重要程度依次为（如图 4-6-11 所示）：有创新精神的领导，技术人才，企业的激励措施；优惠政策的扶持，企业的规模和经济实力；行业增长优势，长期合作创新，企业与顾客的良好关系。其中，有创新精神的领导、技术人才、企业激励措施的重要性程度较高，而行业增长优势、长期合作创新、企业与顾客的良好关系重要程度相对较弱。

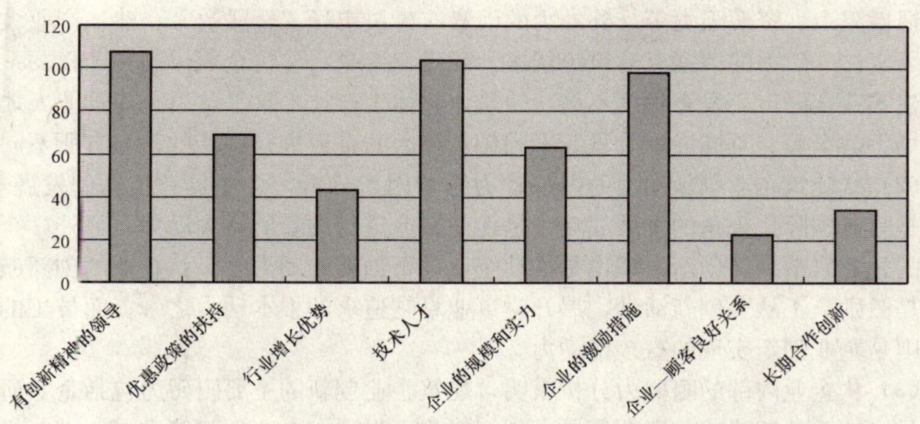

图 4-6-11　影响建筑企业创新成功的主要因素

（8）阻碍建筑企业技术创新的主要因素按重要程度依次为（如图 4-6-12 所示）：缺乏研发经费支持，建设单位不认同，设计方不使用，政府政策激励不足，企业缺乏创新能力，新标准和规范滞后，研发风险大，知识产权难以保护，缺乏有效的信息服务平台，项目采购模式不利于创新，缺乏长期合作伙伴等。其中，缺乏研发经费支持是普遍反应的阻碍建筑企业技术创新的主要因素，而建设单位不认同、设计方不使用、政府政策激励不足、企业缺乏创新能力、新标准和规范滞后、研发风险大也是较为重要的障碍因素，知识产权难以保护、缺乏有效的信息服务平台、项目采购模式不利于创新、缺乏长期合作伙伴对创新的阻碍程度相对较弱。

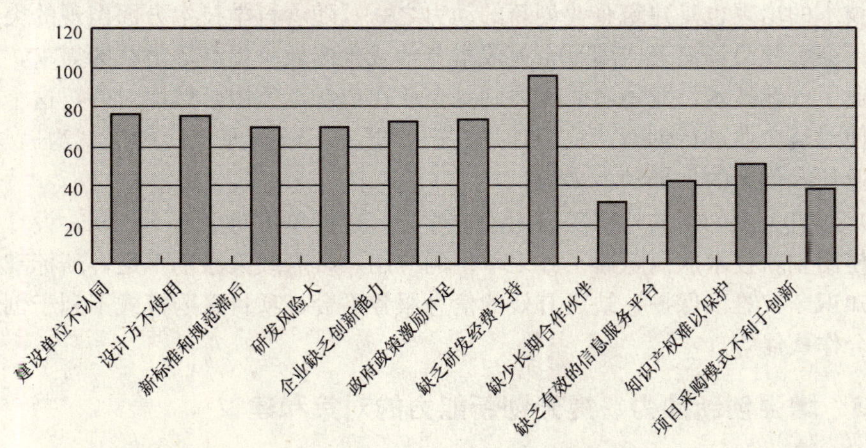

图 4-6-12　阻碍建筑企业创新的主要因素

6.2.4　企业创新动力研究小结

（1）建筑企业创新动力包括内动力和外动力。内动力因素有建筑企业的利润动力、成就驱动力和社会价值驱动力等；内阻力的因素有建筑企业的风险阻力、目标阻力、惯性阻力、资源阻力等。外动力的因素有建筑市场、金融政策、建筑产业政策等环境因素；外阻力的因素有建筑市场进入障碍与壁垒、建筑企业体制和产权关系不明确、建筑业金融市场发育程度不高、建筑业整体生产技术水平落后、建筑业人才与技术市场不健全等。不同发展阶段、不同创新能力的企业进行创新的动力有所不同。

（2）从建筑企业创新动力的内部动力影响因素分析，企业具有长远的发展规划，特别是具有国际化视角的发展战略，是促使企业进行创新的巨大动力；另外，企业领导人的企业家精神，创新意识也是推动企业进行创新的动力之一；企业的创新激励政策则是激励员工从事创新活动，展开对事业卓越追求的根本动力之一；而员工的创新热情则是企业创新实现的直接推动力。

（3）从企业内部的阻碍力分析表明，建筑企业创新的主要阻碍力包括企业研发投入不足，缺乏长期战略，企业领导人创新愿望不强烈，企业创新能力弱，创新投入不足，建筑企业推广应用新技术的初期成本高，再次应用的机会少，企业无利可图；公司内部实行承包制，注重经济责任的考核，没有关于技术进步的考核指标；公司治理结构目标短期化，缺乏鼓励创新的制度安排。

（4）建筑企业创新动力外部影响因素中，市场需求的变化是企业创新重要的动力来源，包括新市场的开拓。特别是对大型建筑企业，国际工程市场规则的不同要求，技术标准的不同要求，节能环保的不同要求都是导致企业进行创新的巨大动力。在国内市场方面，面对不同业主的不同需求，企业为了寻求更广泛的服务内容并且提供更具个性的建设服务，也引发了创新的产生，如 DB、BOT、伙伴关系模式等服务模式的探索和应用等。

新技术的出现也是建筑企业创新的动力之一。随着科学技术方面出现的突破，新技术成果会引领市场消费或满足企业成本节约或生产效率提高等潜在的需求，从而推动建筑业引入新技术。竞争者的压力则是企业在市场竞争中必然面对的，这个因素也可能促使建筑企业进行创新。政府计划、产业链上下游企业之间的信息沟通与合作，都是企业技术创新的外部动力来源。

（5）建筑企业创新的外部阻碍因素主要为：建设单位对创新不认同，设计方在设计中不使用创新技术从而阻碍了施工单位的应用，政府政策激励不足，新标准和规范滞后，知识产权难以保护，缺乏有效的信息服务平台，项目采购模式不利于创新，缺乏长期合作伙伴等。

6.3 增强创新动力、提升创新能力的对策和建议

（1）增强企业创新意识，特别是企业领导者必须树立长期发展、科学发展的理念，积极推进企业战略的形成和完善，将技术创新融合到企业发展战略中。

（2）企业制定创新活动管理办法，使创新活动成为一种有目标、有意识的长期行为，并且制定创新成果奖励政策，鼓励技术创新活动在企业的开展。

（3）企业增加科研投入，密切关注相关技术、相关行业、同行企业、产业链上下游相关产业的最新动向，根据企业需求和能力，开展研发活动。

(4) 建筑企业提升自身的创新管理能力，包括创新观点的诞生、发展、形成成果，并在企业推广应用，避免重复创新或创新成果闲置。

(5) 建筑企业与大学、研究院所、其他相关企业建立多样化的合作创新模式，充分发挥各自的优势。

(6) 政府部门制定相应的技术创新奖励政策，如设立建筑业科学技术奖，加大奖励力度，在各种评比或考核中增加技术创新的评价指标，鼓励建筑企业进行创新。

(7) 政府部门制定创新技术应用管理办法，改进新标准和规范滞后的现象，促进新技术的应用和推广。

(8) 政府部门积极倡导健康建设、和谐建设的理念，在政府投资项目中，以综合效益最大化而不是以最低价作为评标标准，通过改革公共项目的评标办法鼓励建筑企业创新，并允许建筑企业获得一定的利润，从而有能力进行进一步创新，形成良性循环。

(9) 业主是影响项目管理的主要力量，政府应通过税收、贴息等政策激励业主采用创新成果，接受承包商、供应商提供的高效、节能的材料、设备、施工方案等，从而为建筑企业的创新提供广阔的市场空间。

第7章　推进建筑业技术进步的战略目标、思路和建议

根据前6章的研究结果，课题组进一步就未来建筑业科技发展的方向和趋势进行了调查和研究，提出了推进建筑业技术进步的战略目标、实现目标的思路和具体建议。

7.1　未来建筑业技术进步的战略目标

通过深入调查研究，分别从建筑业科技投入目标、产出目标、重点推广的技术领域、建筑业的发展方向明确了未来建筑业技术进步的战略目标。

7.1.1　建筑业科技投入目标

（1）研发经费

在分析我国建筑业R&D经费投入状况及其与发达国家差距的基础上，提出："十二五"期间，R&D经费总增长率达到60%以上。按经费投入主体，企业投入比例接近60%，国家投入比例接近40%；按经费使用方向，基础研究和应用研究投入比例接近40%。

（2）研发人员

在分析我国建筑业R&D人员投入状况及其与发达国家差距的基础上，提出：R&D人员数量增加1倍，其中具有硕士学位的人员比例接近40%，具有博士学位的人员比例接近30%。从事基础研究和应用研究的人员比例接近30%。

7.1.2　建筑业科技产出目标

（1）劳动生产率

继续追赶欧美等发达国家，按建筑业增加值计算的建筑企业劳动生产率增长率达到30%以上。

（2）专利

实施全球知识产权保护与技术扩散战略，在建筑材料、建筑构件等技术含量较高的领域，增强在欧洲、美国等专利局的专利申请。

（3）工法

通过资质管理等相关政策引导，增强专业承包企业的技术创新能力，使50%的专业承包企业有企业级或更高层次的工法。

（4）建设目标

项目实施的日常费用和能源成本降低50%；

建筑产品的使用功能和舒适度提高30%；

建筑产品的耐久性和灵活性提高 50%；

与建造设施相关的疾病和伤害减少 50%；

建造过程所产生的污染和废弃物减少 50%。

7.1.3　重点推广的技术领域

课题组对“十二五”期间我国建设事业需要重点发展的技术领域进行了调查，其结果如下：

(1) 高强、高性能结构材料与体系的应用。主要包括高强钢在建筑中的应用，高强、高性能混凝土在建筑中的应用，高效预应力混凝土结构的应用；大跨度预应力空间结构、预应力钢结构的应用；钢结构建筑体系的研发与应用；提高建筑物的耐久性技术等。

(2) 建筑保温节能和新能源的研发与应用。主要包括高性能建筑外墙保温技术；建筑新能源的开发与利用；新型采暖制冷设备的研发与应用。

(3) 绿色建筑技术。主要包括绿色建材；建筑节能与绿色建筑设计（支撑软件系统）。

(4) 既有建筑物改造技术。主要包括既有建筑的加固改造技术；既有建筑的节能改造技术；既有建筑的电梯节能改造；既有建筑地基基础加固改造及地基承载力、变形评价技术；既有建筑物检测与评价技术等。

(5) 建筑业施工技术。主要包括钢筋综合加工与配送技术；钢筋机械连接与钢筋锚固板技术；房屋建筑预制装配工业化施工技术；绿色施工技术；建筑施工机械与装备技术等。

(6) 建筑业信息化。主要包括集成化项目交付；施工企业信息化管理；工程项目信息化管理；建筑市场信息化监管；计算机辅助制造；施工方案与施工过程仿真等。

(7) 建材资源再生与建筑垃圾的利用。主要包括建筑垃圾的综合利用技术；城镇污泥再生建材技术；新原材料资源在混凝土中应用的关键技术及成套装备研究技术；混凝土搅拌站清洁生产及资源循环利用关键技术等。

(8) 建筑地基基础技术。主要包括高填方与填海工程地基处理技术；新型桩基施工技术；深基坑工程施工的水资源保护与利用；地下结构暗挖施工技术等。

(9) 结构防灾智能控制技术，高效抗震结构体系。

7.1.4　建设创新型建筑业

所谓创新型建筑业，是指能在建筑经济活动中不断引入新的生产函数（或新事业）并改变已有资源的财富创造潜力的建筑业。创新型建筑业至少应具备以下 3 个基本的创新功能：

(1) 通过市场开发主动地创造建设需求，不断地开拓工程服务的新领域、新空间，满足建设需求的变化，达到质的提高。

(2) 通过技术开发，不断地为工程服务提供新技术、新机具、新材料等生产力的新要素，提高建筑业生产力的水平。

（3）进行生产要素的新组合，不断地在建筑经济活动中引入新理论、新构思、新过程、新方法、新制度，获得资源利用新效果（金维兴，2008）。

7.2 实现战略目标的总体思路和建议

7.2.1 构建中国建筑业科技政策研究的科学路径

为提高建筑业科技政策决策的效率、增强其影响力，建议构建建筑业科技政策研究的科学路径（如图 4-7-1 所示）。

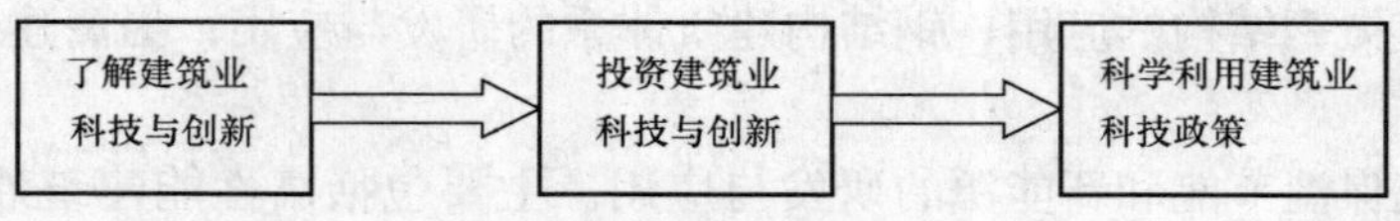

图 4-7-1 建筑业科技政策研究的科学

（1）了解建筑业科技与创新

了解建筑业科技与创新应解答 3 个重要问题：①建筑业创新行为的基础是什么？②建筑业技术开发、应用和扩散发生的原因是什么？③建筑科技与创新群体是如何生成和演进的，其原因是什么？对此提出以下建议：

- 建立一个工作组，在全国范围内经常性地开展建筑业科技与创新政策的系统分析，并将分析结果提交住房和城乡建设部部长的科技顾问；
- 相关机构协作确定一套衡量和描绘建筑业技术应用与扩散的方法；
- 住房和城乡建设部应会同国家发展和改革委员会、国家能源委员会、财政部等相关机构，共同开发、持续探讨建筑业科技政策研究的科学途径。

（2）投资建筑业科技与创新

投资建筑业科技与创新应解答以下 4 个重要问题：①建筑科技的公共投资有何作用和意义？②对建筑科技的公共投资是否有可能实现预期的成果？③预期的成果对建筑业科技与创新会有何影响？④影响其投资效率的决定因素有哪些？对此提出以下建议：

- 住房和城乡建设部会同国家自然科学基金委员会、科技部、教育部、国家发展和改革委员会、国家能源委员会、交通运输部等相关部门，共同开发土木、建筑相关学科的关键数据技术平台；
- 住房和城乡建设部会同国家自然科学基金委员会、科技部、教育部、国家发展和改革委员会、国家能源委员会、交通运输部等相关部门，共同开发衡量知识价值的标准方法。

（3）科学地利用建筑业科技政策

科学地利用建筑业科技政策应解答以下 3 个重要问题：①建筑科技对建筑业创新和竞争力有何影响？②建筑科技人力资源的竞争力怎样？③在建筑业科技政策中不同

政策工具的相对重要性如何？对此提出以下建议：

• 建立跨部门、跨行业的若干核心数据库，使其为政策研究共同体所使用；

• 在建筑业创新体系中建立和保持分析各种政策工具影响的反馈环，这需要与其他部门包括国家财政部、人力资源和社会保障部等机构合作，以了解税收政策、劳动政策和其他与建筑业相关的科技政策对建筑业创新行为所产生的影响。

7.2.2　改进和完善建筑业科技与创新政策

（1）倡导建筑业科技政策的科学与诚信。建筑业科技政策必须基于最全面、最准确和最诚实的建筑业科学与技术信息。对此提出以下建议：加强住房和城乡建设部部长科技顾问制度。部长科技顾问可以直接向部长汇报工作，提出建筑业科技与创新中存在的问题和改进建议，并有权获得科技政策部门和其他相关部门专业人员的支持，以确定研究预算，针对重要的技术领域制订资助计划。提高部长科技顾问委员会的地位，并确保其独立性和专业权威性，其成员由广泛受到社会尊重的专家所组成。加强部长科技顾问制度，有利于保障政府决策的科学与诚信。

（2）扩大对 R&D 活动的投入。政府应继续投资于基础研究和探索性研究，这对于构建中国建筑业科技与创新的知识库至关重要。为此，建设行政主管部门加强与国家自然科学基金委员会、教育部、科技部、财政部、国家发展和改革委员会、国家能源委员会、交通运输部等部门的有效沟通，努力增强对土木建筑等相关学科研究预算的资助力度，积极鼓励和支持跨学科、跨行业的研发与教育活动，增强建筑业科技投入的战略性。

（3）持续改进建筑业科技与创新政策。按照 PDCA 循环方法（即计划、执行、检查、改进）评估的政策绩效，实施相关政策。根据科学、有效的政策评估计划实行政策事前评估、执行指导、绩效检查、绩效评价和改进。

7.2.3　增进建筑业创新体系中相关方的合作伙伴关系

研究发现，我国建筑业尚未形成稳定、持久的合作创新网络，创新组织模式的多样化程度和普及程度较低，创新体系中的企业、大学、科研院所、行业协会、学术团体等相关组织难以充分发挥其创新的潜能，科研成果难以转化成为实现创新价值的主要瓶颈。因此，增进建筑业创新体系中相关方的合作伙伴关系，不断探索新的合作创新模式，并坚持不懈地对影响合作创新模式与合作伙伴关系的经济体制和政治体制进行有效的改革。

（1）可行的政府职能及其实现方式

在建筑业创新体系中，政府仍然是基础研究的主要支持者，是创新合作关系的重要影响者。可行的政府职能及其实现方式为：

1）建设主管部门根据国家科技与经济发展规划、国土治理目标以及建设输出的需要，授权相关机构组织制定中长期技术研发与应用的计划，确定研究方向和重点开发的技术领域，以此作为建筑业技术创新的指南。

2）赋予学术机构（如中国土木工程学会等）一定的权力，负责对科研院所和大学的学科分布与科技资源优势进行评估，并依据评估结果进行技术创新的战略分工，对土木建筑类重点大学和科研院所进行合理的总体定位或者原则性定位，以减少甚至避免低水平重复研究。这种定位并不妨碍政府基金资助领域自由探索与联合攻关的创新行为。

3）住房和城乡建设部、国家发展和改革委员会、国家能源委员会和其他相关组织（包括企业、研究者、开发商、行业协会等），联合设立若干个核心团队，开展研发、评估、示范、教育等援助活动，在行业、政府和教育机构之间培育伙伴关系，以促进新的和新兴技术的传播和应用。

4）出台有关政策，鼓励建筑业产、学、研及相关产业的科技人才自由流动，以便灵活地按重大项目与课题工作的需要集结人才。同时，鼓励以多样化的组织模式开展合作创新，推动大学土木、建筑与相关学科的国家级、省部级重点实验室和科研院所的科技资源开放与共享。

5）改进和完善保护知识产权和促进技术扩散的相关政策、法规，授权有关机构立足于开拓全球建筑市场，制定建筑业知识产权保护与技术扩散战略，并控制战略的实施过程和持续改进，以促进中国建筑业及其关联产业新知识的产生及其在国际建筑市场的传播与应用。

（2）产、学、研分工合作

产、学、研各方拥有不同的科技资源优势，如果任其分别自成体系、重复研究，必定会造成资源浪费并降低技术创新的效率，因而需要适当的分工、合作。大学在基础和前沿领域开展研究，创造和传播知识；科研院所主要进行共性技术的研究与开发；企业以市场为导向，开展新事业（新市场、新服务和新产品）的开发和应用，重视以改进工艺为主的研发活动；设计公司创新设计理念，在设计中系统化地采用新产品和新技术；行业协会增进和协调会员之间以及会员与其他相关方的合作伙伴关系。各类组织间的合理分工，也成为它们相互合作的基础。在大学、科研院所、企业和行业协会等组织间存在的互利共生关系，决定了它们彼此分工与合作的性质、特征和方式。

（3）培育促进技术成果扩散的中介服务机构

为大力推进建筑业技术成果扩散，借鉴欧洲国家的经验，建议培育和形成促进技术扩散的多种形式的组织。例如建筑技术评估机构、专利开发署、技术转移中心等，允许有利于技术采用和扩散的私人服务机构加入到创新体系中。

建筑技术评估机构　建筑技术评估机构的主要作用是对建筑业技术领域的新技术（包括新构件、新材料、新设计方法等）的质量功能和经济价值作出评估，其评估报告可以作为是否采用新技术的决策依据。技术评估机构应获得国家政府部门的经营许可。

专利开发署　专利开发署是一个致力于技术成果扩散的机构，其目标是通过在公共研究机构（大学和国家科研机构）与企业之间建立创新合作伙伴关系，推动研究开发成果的商品化。其运行资金可以由国家和地方教育、科技部门共同提供。专利署建立了大学和研究机构用于研发活动的专门基金，并在大学、研究机构和企业之间建立了相互合作的多种模式。

技术转移中心　技术转移中心可以是一个分布在各地的全国性组织。这些中心与大学保持密切的联系，把为中小企业服务作为工作重点，开展技术咨询和技术中介工作，在互联网上为企业查阅国内外专利，组织学术报告会和技术洽谈会等。

7.2.4　营造健康的创新文化与创新环境

研究发现，有创新精神的领导人、科技人才和激励措施是影响创新成功的主要因素；市场需求、企业发展需要、同行竞争是推动企业技术创新的主要因素。亚健康、甚至病态的创新文化和创新环境制约了我国建筑业技术进步。对此提出以下建议：

（1）在全行业倡导科技创新的价值理念

通过政策引导、宣传教育、创新经验交流等多种形式，规范建筑业科技创新主体及其行为的价值取向，加强对创新价值观的引导和培育，促进创新文化与科技活动的良性互动，评估建筑业科技政策对创新价值理念的长期影响效果。

（2）重视培养科技人才的创新精神，支持教育和培训

大学、企业和科研院所通过教育、培训、技能训练、国际人才交流等多种形式，培养青年科技人才的科学精神、团队精神、创造才能和创新意识，使其在具备宽厚的理论基础和熟练掌握专业技能的同时，也具有强烈的创造愿望，具备对创新失败的心理承受能力，以培养出国际市场所需要的懂技术、善管理、通经营的复合型人才。教育和培训对于建筑业技术开发、采用和扩散是重要的。有文化、能思考、分析和应用新方法来解决问题的工作队伍，可以更有效率地产生和采纳创新成果。由于建筑业从业人员流动性强，大多数承包商尤其是中小企业又缺乏改善人员技能的投入，因此，各级政府应通过直接支出或税收激励努力支持教育和培训。

（3）为创新活动引入多种融资渠道

调查中发现，缺乏研发经费是阻碍建筑企业技术创新的主要因素。对此，应成立多种基金鼓励技术创新和成果推广应用，如科技研发和推广基金、创新风险基金、创新援助基金等，并对技术创新资金采取优惠的税收政策。拓宽市场融资渠道，增大科技投资，可通过委托投资或经营等方式增值，滚动资助科技发展；采取增加贷款、贴息、税收优惠、价格补偿等办法鼓励企业和民间投资；允许并尽量吸引外商投资。加强企业增加科技投入的政策导向，鼓励企业增加科技投入，积极争取把风险资本引入结构技术、施工工艺、材料形式变革等技术含量较高的领域。

（4）重视小企业发展

调查发现，与大企业相比，小企业接受和采用新技术的时间较短，对于市场变化能作出较快的反应。小企业往往能迅速进入一个新的技术领域，为建筑业创造新的增长点，为社会提供更多的就业岗位。但小企业由于缺乏资金，在创新投入和创新倾向

等方面的表现又会不如大企业。对此，采用政府融资、风险资本、项目支持、信贷担保等措施，支持小企业开展创新活动。

(5) 改善市场环境，增进市场之间的联系

进一步加强规范市场行为，完善诚信机制。通过促进市场之间的联系和创新过程中的各组成要素之间的联系来改进创新。建议政府部门在收集、分析反映市场趋势的数据基础上，监测创新绩效，把当前条块分割的市场联系起来，并对最终用户给予有利于创新的激励。

7.2.5 开展自下而上的制度创新

研究发现，我国建筑业管理体制仍然是一种自上而下的管理方式，它体现在许多方面。例如在技术的标准化理念、技术标准的制定和执行过程、行业协会的作用和地位等方面，无处不鲜明地打着政府行政权力的烙印，其结果导致行业协会和其他民间组织难以发挥其推进建筑业技术进步的主动性和创造性。对此提出以下建议：

(1) 完善公众参与机制

在推进我国建筑业技术进步的过程中，缺乏公众参与已经成为社会关注的焦点。例如由于公众缺乏对建筑技术及其相关政策的了解，使新技术难以应用和推广。再如由于缺乏公众参与，政府出台的一些政策难以奏效。增强公众参与建筑业技术进步过程，需要注意以下3个方面：

1) 过程取向。依据“政策设计—实施结果—评估—反馈—政策改进”过程而进行。公众和政策设计者不断商洽、讨论、评判和选择，从而使政策具有适应性和成长性。

2) 连续互动。在参与性政策设计中，各方处于一个连续互动的过程，由此营造了一个充满张力、积极的创造情境，使政策设计者理解了公众的特殊意识、社会文脉及其价值观，使公众增强了环境意识，从而能以一种积极的方式处理和应付环境的变化，结果增加了社会认同感。

3) 权力转移。公众参与政策设计过程，事实上也是权力再分配的过程。在这个过程中，无论参与者、设计者或领导者，在某种程度上是以平等的地位出现，从而消除了政策设计中可能出现的各种“权力过度”现象，建立了一种民主化的政策设计程序。

(2) 赋予行业协会以微观管理权

未来我国行业协会在促进产业技术进步方面将扮演更加重要的角色，如制定行业科技与创新战略规划、制定行业技术标准、规范行业技术行为等。为充分发挥行业协会在此方面的潜能，应赋予行业协会以微观管理权，尽早制定行业协会法，使行业协会成为行业自治管理的主体，完善行业的自律机制，赋予其更广泛的行业管理职能。

1) 制定行业协会法

政府作为行业宏观管理部门，应尽快制定行业协会法。行业协会法对行业协会的

成立、权利和义务、协会运作、解散等应作出具体的规定，明确行业协会的法律地位，赋予行业协会进行行业微观管理的权力，界定行业协会的职能，明确政府对行业协会的监管方法。目前，此项工作已被列入立法规划。

2）培育行业协会成为建筑业自治管理的主体

建筑业行业协会的体系建设　我国全国性的建筑业行业协会处于部门分割的状态。理顺建筑业行业协会系统，打破不同部门、地区、所有制之间的界限，形成系统、清晰的建筑业行业协会体系是行业协会建设的首要任务。

增强行业协会的权威性　协会自身建设的一个关键问题是运作资金。目前，行业协会的权威性从根本上来说是社会大众对政府权威的认同，一旦脱离政府背景，协会有可能会面临生存困难。因此，行业协会加强自身建设，树立自身的权威性就十分重要。

3）完善行业自律机制

为减少会员之间的不正当竞争，行业协会迫切需要制定规则，调整会员之间的关系，规范市场秩序，以营造健康的产业环境。行业自律是我国法律法规的重要和必要补充。行业协会作为社团组织，自律的方式是在建立自律规则的基础上，调整会员成员之间的关系。它利用行业规范和社会舆论来规范企业行为，而不同于政府通过立法、行政执法，以强制力来规范社会行为。

4）未来行业协会在促进技术进步方面的职能

制定行业科技与创新战略规划（包括技术标准化战略、知识产权保护与扩散战略）；参与制定行业的政策法规，以促进建筑科技发展与创新；制定行业技术标准和规范；认定企业的营业资格和从业人员的执业资格；制定行规会约，并以此约束会员行为，维护行业信誉，形成健康的创新文化；在行业内与行业间进行沟通与交流、合作与谈判，增进跨学科、跨行业的合作创新活动；向公众宣传建筑业科技新成果，促进创新成果的推广应用；指导行业教育和培训工作，提供各种职业培训机会；建立和保持本行业国内外建筑业科技发展信息平台，开展信息服务和技术咨询服务；开展科技成果评奖工作；加强建筑业科技与创新的国际交流与合作等。

7.2.6　开展建筑技术标准国际化活动

研究发现，中国建筑业对外技术扩散和技术转移能力较弱，缺乏技术标准国际化战略的指导。对此提出以下建议：

（1）科学制定建筑技术标准国际化战略

住房和城乡建设部可以委托行业协会，研究和制定建筑技术标准国际化战略。在充分调查研究的基础上，科学地明确建筑技术标准国际化战略目标，确定工作范围和工作内容，设计组织机构，制定相应的激励政策和措施。

（2）有效实施和控制建筑技术标准国际化战略

组建建筑技术标准国际化战略执行小组，负责战略的实施和控制，指导、鼓励和援助活跃在国际建筑承包市场的本国企业，以灵活多样的方式（如企业战略联盟、民间协会合作等）有目标、有计划地向项目所在国和一些发展中国家推广本国（行业和企业）国际化的技术标准。

（3）持续改进技术标准国际化的相关政策和措施

住房和城乡建设部可以委托行业协会，组织有关专家根据科学、有效的技术标准国际化政策评估计划，实行技术标准国际化政策和措施的事前评估、执行指导、绩效的检查、评价和改进工作。

参考文献

[1] 陈帆，王孟钧，建筑企业自主创新能力评价，科技管理研究，2009，(2)：27～29.

[2] 陈淑华，钢结构企业种群的动态演化过程分析，西安建筑科技大学硕士学位论文，2008.

[3] 董明涛，企业技术创新动力系统及整合模型研究，天津商业大学硕士学位论文，2008.

[4] 傅家骥，技术创新学，北京：清华大学出版社，2009.

[5] 郭慧锋，廖少纲，李启明，中国建筑业技术创新的动力机制研究，建筑经济，2008 (6)：31～34.

[6] 韩玉雄，李怀祖，关于中国知识产权保护力度的定量分析，科学学研究，2005，23 (3)，377～382.

[7] 何云峰，中国建筑业技术创新体系研究，西安建筑科技大学硕士学位论文，2004.

[8] 黄金，建筑业企业技术创新能力评价指标体系研究，东南大学硕士学位论文，2005.

[9] 黄有亮，孙林，宁延，徐广，我国建筑业研究与开发投入产出现状与特征分析，建筑经济，2008，(11)：5～9.

[10] 建设部工程质量安全监督与行业发展司，建设部政策研究中心，中国建筑业改革与发展研究报告（2007）——构建和谐与创新发展，中国建筑工业出版社，2007.

[11] 金维兴，胡振，陆歆弘，杨德钦，姚宽一，中国建筑业新的增长点和增长力，中国建筑工业出版社，2008.

[12] 金维兴，唐晓灵，张建儒，中国建筑业技术创新体制研究，建筑经济，2004，(9)：17～22.

[13] 雷强，冯大斌，我国建筑企业技术进步现状调查，建筑经济，2005，(2)：22～26.

[14] 李雷军，企业技术创新动力 S—E—W 模型，天津大学硕士论文，2007.

[15] 李子奈，鲁传一，管理创新在经济增长中贡献的定量分析，清华大学学报（哲学社会科学版），2002，17 (2)：25～31.

[16] 刘桦，建设项目组织生态学引论，化学工业出版社，2008.

[17] 卢丰华，商品混凝土企业种群演变过程及影响因素研究 ，西安建筑科技大学硕士学位论文，2008.

[18] 马红，金香梅，世界建筑业管理惯例与中国建筑业应对 WTO 的对策，北京：中国建筑工业出版社，2002.

[19] 全国全社会 R&D 资源清查办公室，2000 年全国 R&D 资源清查综合资料汇编，北京：中国统计出版社，2002.

[20] 盛淑凯，创新型建筑业及其发展战略研究，西安建筑科技大学博士学位论文，2009.

[21] 汤凯惠，基于 WTO 环境的建筑业行业管理模式研究，东南大学硕士学位论文，2004.

[22] 王博，建筑业技术创新组织共生模式与种群行为研究，西安建筑科技大学硕士学位论文，2009.

[23] 王俊河，德国、法国建筑职业技能培训考察，天津建设科技，2005 (3)：28～29.

[24] 王晓蓉，日本创新体制的经验教训及其借鉴，经济社会体制比较，2003，109 (5) 99～104.

[25] 王幼松，张雁，科技进步对建筑业产出增长贡献的计量分析，广东工业大学学报，2005，22（1）：115～118.

[26] 肖六亿，劳动力流动的原驱力：技术进步，四川大学出版社，2008.

[27] 薛国华，王直民，张土乔，广义科技进步对建筑业增长贡献的研究，技术经济与管理研究，2006，（1）：107～109.

[28] 薛彦平，欧洲工业创新体制与政策分析，北京：中国社会科学出版社，2009.

[29] 杨智勇，覃锋，基于结构方程模型的企业技术创新能力评价研究，科技进步与对策，2009，26（12）：119～121.

[30] 彦珲，R&D活动、自主创新与最优知识产权保护研究，山东理工大学硕士学位论文，2009.

[31] 叶耀先，中国建筑业技术进步分析，中国人口资源与环境，2007，（1）：44～49.

[32] 周方，科技进步与"增长函数"，数量经济技术经济研究，1999，（10）：32～50.

[33] 朱弘亮，孟宪海，王珩，张伟，各国（地区）的建设法规及建设管理体制，北京：中国水利水电出版社，北京：知识产权出版社，2005.

[34] 住房和城乡建设部工程质量安全监管司，住房和城乡建设部政策研究中心，中国建筑业改革与发展研究报告（2008）——秉承辉煌与迎接挑战，中国建筑工业出版社，2008.

[35] 住房和城乡建设部工程质量安全监管司，住房和城乡建设部政策研究中心，中国建筑业改革与发展研究报告（2009）——应对危机与促进发展，中国建筑工业出版社，2009.

[36] 中国建筑业协会施工技术专业委员会，中国建筑设计研究院，清华大学土木工程系，西安建筑科技大学管理学院，建设部工程质量安全监督与行业发展司，建筑业技术进步研究报告，2005.

[37] 中国建筑业协会中国建筑业年鉴编委会，2008中国建筑业年鉴，北京：中国建筑业年鉴杂志有限公司，2009.

[38] 中国建筑业协会中国建筑业年鉴编委会，2007中国建筑业年鉴，北京：中国建筑业年鉴杂志有限公司，2008.

[39] 中国建筑业协会中国建筑业年鉴编委会，2006中国建筑业年鉴，北京：中国建筑业年鉴杂志有限公司，2007.

[40] 中国社会科学院，世界经济年鉴2008～2009，北京：中国华侨出版社，2009.

[41] 中华人民共和国建设部，建设事业"十一五"规划纲要，http：//www.mohurd.gov.cn/.

[42] 中华人民共和国科学技术部，国际科学技术发展报告，北京：科学出版社，2009.

[43] 朱东平，外商直接投资、知识产权保护与发展中国家的社会福利——兼论发展中国家的引资战略，经济研究，2004，（1）：93～101.

[44] 朱玉春，付辉辉，我国区域之间技术创新能力差异的实证分析，软科学，2008，22（2）：107～112.

[45] 仲伟俊，梅姝娥，企业技术创新管理理论和方法，北京：科学出版社，2009.

[46] Anderson，J.，Van W.，Eric，Gravity with Gravitas：A Solution to the Border Puzzle，American Economic Review，2001，93，170～192.

[47] Bart A. G. Bossink，Managing Drivers of Innovation in Construction Networks，Journal of Construction Engineering and Management，2004，130（3）：337～345.

[48] Blayse A. M.，Manley K.，Key Influences on Construction Innovation，Construction Innovation，2004，（4）：143～154.

[49] Cheung，Kuiyin and Lin Ping，Spillover Effects of FDI on Innovation in China：Evidence from

the Provincial Data，China Economic Review，2004，15，25～45.

[50] Furman，Jeffrey L.，Porter，Michael E.，Stern，Scott，The Determinants of National Innovative Capacity，Research Policy，2002，31，899～933.

[51] Ginarte J. C.，Park W. G.，Determinants of Patent Rights：A Cross 2 National study，Research Policy，1997，26：283～301.

[52] Gould，D. M.，Gruben，W. C.，The Role of Intellectual Properly Rights in Economic Growth，Journal of Development Economics，1996，48，323～350.

[53] Guilherme Henrich，Drivers For Innovation in Production Management，2009 CIB Proceedings，2009.

[54] Hannan M. T.，Freeman J. H.，The Population Ecology of Organizations，American Journal of sociology，1977，82：929～964.

[55] Karen Manley，Steve McFallan，Stephen Kajewski，The Relationship between Construction Firm Strategies and Innovation Outcomes，Journal of Construction Engineering and Management，2009，(4)：1～27.

[56] Katayam，Seiichi and You，Kegang，Is the IPRs Protection Working Effectively in Developing Countries? Some Empirical Findings From Japanese FDI in China，RIEB of Kobe University，Working Paper，2002.

[57] Mansfield，Edwin，Patents and Innovations：An Empirical Study，Management Science，1986，32 (2)：173～181.

[58] Mansfield，Edwin，The Speed and Cost of Industrial Innovations in Japan and the United States：External vs. Internal Technology，Management Science，1988，34 (10)：1157～1168.

[59] Maskus，Keith E.，Evidence on Intellectual Property Rights and Economic Development：A Broder Policy Perspective for China，NBER Working Paper，1998.

[60] Maskus，K. and Penubarti，M.，How Trade-Related are Intellectual Property Rights，Journal of International Economics，1995，11，227～248.

[61] McCalman，Phillip，Reaping What You Sow：An Empirical Analysis of International Patent Harmonization，Journal of International Economics，2001，55，61～186.

[62] Ministry of Land，Infrastructure and Transport，White Paper on Land，Infrastructure and Transport in Japan，2006，http：//www. mlit. go. jp/ .

[63] Ministry of Land，Infrastructure and Transport，White Paper on Land，Infrastructure and Transport in Japan，2007，http：//www. mlit. go. jp/ .

[64] RAND' Science and Technology Policy Institute for the U. S. Department of Housing and Urban Development (HUD) Office of Policy Development and Research and the Partnership for Advancing Technology in Housing (PATH)，Building Better Homes：Government Strategies for Promoting Innovation in Housing，Santa Monica：RAND，2003.

[65] Rao，H.，Ecology，in Baum J. A. C. (ed.)，Companion to Organizations，Interorganizational Malden，MA：Blackwell Publishers Ltd，2002，541～556.

[66] Rapp R T，Rozek R P. Benefits and Costs of Intellectual Property Protection in Developing Countries，Journal of World Trade，1990，24：75～102.

[67] Solos. R. M.，Technical Change and the Aggregate Production Function，The Review of Economies and Statisties，1957，(39)：312～320.

[68] The U. S. Panel on Innovation in the Japanese Construction Industry，Innovation in the Japanese Construction Industry，NIST Special Publication 898，1996.

[69] Tulacz，Gary J.，The Top Green Contractors，ENR，2008，261 (9)：116～118.

[70] Weber M.，Economy and Society：An Interpretive Sociology，Mew York：Bedminister Press，1968.

[71] Yang，Guifang，Maskus，Keith E.，Intellectual Property Rights，Licensing，and Innovation，The World Bank：Development Research Group Trade，2003.

中国建筑业发展战略与产业政策研究报告

（下　册）

中国建筑业协会　编著

中国建筑工业出版社

第五篇

中国建筑业施工技术与节能减排研究报告

第1章　高强、高性能结构材料与体系的应用

通过应用高强高性能材料，在提高建筑结构安全等级的同时，显著减少材料消耗，提高建筑物的耐久性，实现节能减排的目标。

推广与促进高强钢筋与高性能混凝土在建设工程中的应用，如500MPa钢筋、高强度钢绞线、钢筋网片等，以高强材料代替现在仍在广泛应用的低强度等级材料，显著减少材料用量。

在混凝土结构中采用高效预应力技术，如大柱网预应力平板、大跨度预应力梁，以显著减小结构高度、提高施工效率、提高结构性能、减少钢筋用量。

在大跨度空间结构与钢结构中采用预应力技术，如采用张弦类结构、斜拉类结构、钢结构体外索等，提高结构效率与性能，减少材料用量。

在住宅建设中加强钢结构住宅体系的研发与应用，以减轻建筑结构自重，减少材料消耗，尤其减少混凝土的用量。

在房屋建筑与市政工程中要加强混凝土结构耐久性研究，提高混凝土结构耐久性，可以减少不必要的维修，延长建筑物与市政工程的使用年限。

1.1　高强钢筋与高性能混凝土的推广与应用

1.1.1　现状、存在的问题、与发达国家对比

我国每年新建的城乡建筑总面积已达18～20亿平方米，是当今世界最大的建筑市场。混凝土结构是最主要的应用形式之一，我国建筑业每年消耗的混凝土达16亿立方米。我国钢材、水泥年产量均连续多年居世界第一，其中建筑用钢超过1亿吨，水泥产量占全球总量的45%以上。根据测算，每生产一吨水泥排放CO_2量约为1t，而每生产一吨钢材排放的CO_2也达1t。通过降低建筑工程中的水泥和钢材的消耗量，可取得显著的节能减排效果。

然而我国钢筋混凝土结构的应用仍然存在很多问题，主要有：钢筋应用强度普遍较低。工程应用仍以HRB335、HPB235为主，HRB400高强钢筋用量仍只占20%。500MPa级钢筋已经列入钢筋产品标准《钢筋混凝土用钢带肋钢筋》GB 1499.2，但500MPa级钢筋距大批量生产与应用还有一定的距离。高性能混凝土应用较少，C70～C80高强混凝土年用量不过1500万立方米，只占整个混凝土用量的1%，主要原因还是在标准规范方面经费投入不足，对于新产品、新技术、新工艺的应用技术研究严重滞后。

近年来，我国混凝土技术不但向高性能化发展，而且与节能、环保、利废技术相结合，逐步向绿色高性能混凝土技术方向发展。为满足高性能混凝土配制需求，近年来我国开发了高品质复合矿物掺合料生产及应用技术、填补国内空白的聚羧酸系减水

剂等高性能外加剂技术，并编制了相关标准规范，大大促进了我国高性能混凝土技术进步和工程应用。为了促进高性能混凝土向绿色化方向发展，我国近年来通过技术研发，大量采用矿物掺合料，逐步降低混凝土中的水泥用量。目前，我国也已经在轻骨料混凝土领域开始探索高性能化，并已获得一系列成果，开发出高强轻骨料混凝土。轻骨料混凝土的最大优点就是自重轻，密度低于 1900kg/m^3，能够降低混凝土自重20%以上，非常适用于大跨结构、超高层建筑和桥梁工程。此外，轻骨料混凝土保温隔热性好，抗震性能优于普通混凝土，是值得推广发展的高性能混凝土技术。

高性能混凝土的内涵是高耐久性。近年来我国在混凝土高耐久性技术方面取得了显著进步。不仅编制了混凝土耐久性能试验方法标准以及耐久性的检验评定标准，而且将高耐久性高性能混凝土广泛应用于高速铁路工程、水利水电工程、跨海大桥和海底隧道等重要工程，取得了显著的技术经济效益。

20 世纪 80 年代，发达国家就已经在混凝土结构中实现了 300MPa、400MPa 和 500MPa 级钢筋的合理强度分级应用和钢筋表面的全面带肋化。欧美、日本等发达国家在高性能混凝土方面的研究和应用早于我国，这些发达国家的高性能混凝土技术已经形成全系列，即高强度等级混凝土、较低强度等级混凝土均可以实现高性能化，且发达国家结构混凝土设计强度普遍达到 C50～C60。我国实际工程中混凝土设计强度等级平均在 C30 左右，在大城市应用较多的也仅达到 C40，更高强度等级的混凝土实际应用则较少。另外，我国高性能混凝土技术普及集中在 C50 以上的高强度等级范围内，在 C30、C40 等较低强度等级混凝土中实现高耐久或高性能化的技术尚未普及。所以，在总体上我国的高性能混凝土用量远低于发达国家。

各国都将提高混凝土强度等级问题作为基础战略性考虑，并投入巨资，它带来的不仅仅是强度的提高，更重要的是降低钢材、水泥的消费量，节能减排效果显著。

1.1.2 技术发展政策、战略与要求

2004 年 8 月 25 日，由建设部办公厅发文，建设部标准定额司和科学技术司共同编制的《工程建设中钢铁、水泥应用的可持续发展战略》明确提出：加大 C30、C40 向 C40、C50 升级应用以及 C70、C80 高性能混凝土在建筑结构中的应用技术研究；完善具体应用的设计、施工、验收技术规范；研究 HRB500 钢筋的生产，将 C100～C160 混凝土作为高端战略，把我国建设成世界高性能混凝土技术强国。

2008 年 9 月，发展改革委、科技部、工业和信息化部、住房和城乡建设部、国家质量监督检验检疫总局联合向国务院报告，要求尽快完善建筑用钢标准及设计规范，加快淘汰强度 335MPa 以下热轧带肋钢筋，推广强度 400MPa 及以上钢筋，促进建筑钢材升级换代。为我国混凝土结构工程中，采用高强钢筋、高强高性能混凝土奠定了政策基础。

我们要通过培训、宣传、示范等途径，在工程设计领域和施工领域普及高性能混凝土知识和技术，使应用高性能混凝土成为一种先进理念。从标准规范等方面强化混凝土清洁生产、绿色文明施工技术要求，提升混凝土工程使用寿命要求，以促进高性

能混凝土的市场需求。加快发展适应高性能混凝土技术要求的现代水泥技术；尽快发展高性能混凝土优质骨料及优质掺合料产业；进一步促进发展高性能混凝土外加剂产业。依托骨干高新企业、科研院所等机构，建立高性能混凝土技术研发基地及产业化发展基地，带动混凝土行业向高性能混凝土方向发展，并为行业提供技术支撑。

1.1.3　对策与措施

持续将高强钢筋和高性能混凝土研究作为重要研究内容，尽快建立高强钢筋和高性能混凝土应用的基础技术体系，编制相关标准规范，通过技术手段降低高强钢筋和高强高性能混凝土的生产成本，努力创造有利于采用高强钢筋和高强混凝土材料的政策和市场环境，并积极推广应用。《混凝土结构设计规范》GB 50010 的修订工作中就已将 500MPa 级高强钢筋的应用写入规范。

继续大力发展 42.5 级以上的高强度水泥，提高高强度水泥的产量和用量比例；研发具有低热、低碱、高流变等特性的新型高性能水泥，以满足高性能混凝土发展需要。通过应用高强度等级的高性能水泥，以及进一步提高矿物掺合料的优质复合技术水平，从而减少高性能混凝土中的水泥用量，降低高性能混凝土对单位体积水泥用量的依赖，从而逐步降低水泥需求量和产量，减少水泥生产过程中的温室气体排放，提高高性能混凝土的绿色度。

开发并推广应用高性能混凝土外加剂。开发减水率高、保塑性能好、增强效果好、能充分发挥矿物掺合料作用的高性能混凝土外加剂，也是促进高性能混凝土发展的技术要素之一。减水率高、增强明显则能减少高性能混凝土中水泥用量；能充分发挥矿物掺合料作用的外加剂，不但能提高混凝土中掺合料的掺量，从而取代更多的水泥，而且还能进一步提高混凝土的性能，从而使混凝土达到绿色和高性能。

1.2　高效预应力混凝土结构的应用

1.2.1　现状、存在的问题、与发达国家对比

我国预应力混凝土技术的研究与开发是在 20 世纪 50 年代开始的，经过 50 多年的发展，已经在基础理论、设计、施工及材料工艺技术方面取得了长足的进步，并越来越得到广大工程技术人员的接受和欢迎。技术水平得到很大的提高，应用也相当的普及。目前，我国高强度低松弛预应力钢材年产量已达 200 万吨以上，年使用量约 180 万吨，成为世界第一生产大国和使用大国，钢绞线的质量稳定、性能可靠，并可按国标或国际先进标准组织生产；预应力钢绞线配套的锚具年用量约 6000 万标准锚固单元，且基本为国产自主创新开发的产品，数量居世界第一，其性能指标满足 FIP《后张预应力体系验收建议》的技术要求，达到了国际先进水平。预应力混凝土技术广泛应用于大型商场、写字楼、仓库、会展中心、工业厂房等大跨度、大柱网结构中，并同时应用于各类筒仓、核电站安全壳、污水处理与高耸结构等特种结构中。我国市政及公路混凝土桥梁的 90%以上采用预应力混凝土结构。

尽管我国预应力混凝土技术水平已经整体接近国际先进水平，并在铁路、桥梁、水工、核电及建筑工程领域广泛得到应用，但在建筑工程领域的使用率仍然相对较低，应用该技术首先从技术上没有充分发挥其应有的技术经济效益，很多适宜结构，仍设计为钢筋混凝土结构，造成混凝土和钢筋的浪费；其次，设计仍偏保守，除抗裂和变形要求的必要的预应力钢筋外，配置了较多额外的构造性普通钢筋，造成承载力富裕较多，客观上造成材料使用量的增加；第三，预应力施工质量控制方面存在较多问题，与发达国家的差距较大，其耐久性存在问题。

美国及西欧等发达国家预应力混凝土的普及率相当高，不仅形成了完善的基础理论和设计技术，且设计、施工标准完善。同时行业协会等机构一直致力于积极推广预应力混凝土技术，其在房屋建筑中使用率远远高于我国；此外发达国家预应力混凝土的设计指标优于我国，施工质量水平良好，经济性比我国更好。实际工程的设计和施工基本由专业公司承担，设计和施工的质量控制较好。

1.2.2 技术发展政策、战略与要求

预应力混凝土技术已经相对成熟，我国应从以下几方面重点研究该技术的进一步发展和提高：

(1) 加强预应力混凝土技术经济性方面的研究，并在充分研究的基础上，修订有关的技术标准，进一步提高预应力混凝土结构的经济性；

(2) 加强材料工艺技术的研究，缩短与先进国家的差距；

(3) 加强预应力施工技术的研究，切实提高预应力混凝土施工质量，也为发挥预应力混凝土结构的经济性提供保障；

(4) 加强技术培训和人才培养，尤其是预应力专业工程施工技术人员的培训应引起足够的重视，建设行政管理部门应将有关专业人员的技术培训纳入管理体系中，杜绝非专业人员上岗施工。

1.2.3 对策与措施

需要科研院所与企业联合，加强有关技术的研究工作，制定先进合理的技术标准，强化专业岗位培训制度。积极发展预应力专业公司，加强专业施工管理，同时应依托学会协会继续积极推广预应力混凝土技术。

1.3 发展大跨度预应力空间结构、预应力钢结构

1.3.1 现状、存在的问题、与发达国家对比

我国预应力空间结构的研究与工程实践始于20世纪50年代末，当时主要是针对悬索结构的研究，并成功应用于北京工人体育馆、浙江体育馆。在20世纪80年代，悬索结构又有了新的发展，先后建成了四川体育馆、安徽体育馆、吉林滑冰馆等。但这两个时期的预应力空间结构只是局限于悬索结构，并在悬索结构的基础理论、设

计、施工等方面取得了可喜的业绩。近10年来，预应力空间结构又有了飞速的发展，其结构形式多样，主要以斜拉索、悬索与各类空间结构杂交，形成了如斜拉体系的斜拉网架、斜拉网壳等结构，如张弦体系的张弦梁、张弦拱架、张弦桁架与弦支穹顶，还包括索与膜组合的张拉索膜结构。预应力空间结构以其新颖的建筑造型与突出的结构性能已得到新一代建筑师与广大结构工程技术人员的接受和欢迎。现已广泛应用于体育场馆、会展中心、航站楼、火车站无站台柱雨棚等大型公共建筑，并取得了很好的效果，预应力空间结构屋盖的最大跨度已达到140m。目前，对于预应力空间结构的理论研究已达到较高水平，计算分析与设计方法已很成熟，预应力空间结构相关的预应力成品索、张锚设备与工艺都已通过自主创新研发，并完全实现国内生产与全面掌握，在预应力空间结构的加工制作与安装国内都有专业公司承担。

预应力空间结构的技术研究与工程应用及其技术水平已经整体接近国际先进水平，并在大跨度公共建筑领域得到广泛应用。但我们还必须认识到存在的问题，如：对结构的基本理论研究方面尚不够深入，在结构的风振分析、结构的优化、预应力对结构控制机理等还有待进一步加强；建筑与结构的统一协调不够，一些建筑过分强调新奇，而结构方案不尽合理；一些大型工程设计周期较短，深化设计不够，在材料的节约方面不够；对于大型大跨度公共建筑在使用阶段还没有进行有效的健康安全监测，存在使用过程中的安全隐患。

我国的大跨度预应力空间结构与国外水平相比，差距不是太大。国内的分析设计理论与软件、制造安装与工程实践在国际上处于先进水平，对于悬索结构，国内20世纪80年代有多项成功实例，各项技术均成熟，与国际发展水平同步，只是近年工程应用很少；对于张拉膜结构，在理论分析与软件方面已基本完善，并已有多家专业化公司开始了大量的工程实践，多项成功实例为膜结构的推广奠定了很好的基础，膜材也从以前完全依赖进口转而开始在国内研发成功并具备批量生产的条件；对于预应力张弦结构国内在理论研究和工程实践方面都取得了很好的业绩；而对于张拉整体结构国内工程还是空白，虽有较多的理论研究，但还没有一项大跨度工程实例。目前最大的差距是结构的原创性研究不够，国内对于结构创新意识不强，尤其是建筑师与结构工程师沟通不够，结构设计缺乏新意。从预应力钢结构的索材料来看，其品种与系列化还有一定差距。另外一个不利动向是近期国内盲目迷信国外建筑师，以建筑造型奇特、标新立异作为建筑设计方案定标的首选，而不从结构的先进合理、安全经济加以考虑，过多追求形式。这种动向一方面造成巨大浪费，同时将对空间大跨度结构的健康发展产生极为不利的影响。

1.3.2　技术发展政策、战略与要求

我们的定位目标是尽可能接近并赶上世界上发达国家，要首先从新型结构材料的研发着手，对大跨度结构的一些理论问题作深入的研究，探索具有独立知识产权的结构体系，创造性地开展新型大跨度结构工程的实践，主要工作有：

(1) 开展新型张拉整体结构研究，包括索穹顶、弦支穹顶、张弦结构、双向张弦

结构等以索为主动控制与主要受力的结构体系的研究；

(2) 进一步完善张拉膜结构理论体系的研究，包括找形分析、非线性分析与裁剪分析的研究，完成实用的膜结构分析设计软件；

(3) 努力探索新型结构体系，建筑师与结构工程师努力加以沟通，注重技术创新，使结构体系更加丰富多彩；

(4) 对超大跨度结构体系要开展振动控制技术的研究，一方面是控制与减少地震时的动力反应，同时也用于减小风荷载作用下与日常使用中的振动与变形；

(5) 对体型复杂超大跨度的建筑开展数值计算风洞的研究，以分析复杂形体的风载体形系数，正确模拟风的作用。对于超长悬臂结构、膜结构及以索为主的轻型大跨度结构要开展风振的研究，这些结构由于结构自重轻、跨度大，因而风荷载作用下位移与动力反应是一个主要控制因素，必须加以解决。

1.3.3 对策与措施

应充分重视与加强我国的大跨度空间结构学科的研发工作。研发工作应分3个层面：首先是公益性、综合性、关键性大型课题的研发，国家应从政策上予以保证与支持，以原有的科研院所为中心联合高等院校、设计院与施工企业合作攻关，目前的施工企业就层次与能力及自身利益来说是不可能来承担公益性与综合性研发工作的，而仍应以原有的科研院所为基础；其次是针对学科型基础性研究，由高等院校进行深层次的研究，在完成基础性课题研究的同时，培养一大批在空间结构方面理论功底深厚、创新能力强的硕士博士；最后是对于工程中的具体技术与工艺问题由施工企业会同有关单位研发完成。

应重视高层次工程技术人员的培养，研发与设计人员要熟悉包括结构非线性计算分析、整体稳定分析、抗震动力分析、抗风分析及特殊节点的处理等方面，同时要求有较强的综合结构概念与解决复杂工程的能力。因此，人才的教育与培养是第一位的。

应加强工程技术人员创新意识的培养，大跨度公共建筑有别于普通建筑，其具有建筑造型的不可重复性与结构的多样性，这就要求技术人员有创新意识，在确保结构安全的前提下不断追求最合理、最经济的结构体系，以促进大跨度工程技术的进步。

要促进国内建筑师与结构工程师的沟通，建筑师应基本了解大跨度空间结构体系，结构工程师应在建筑方案期间就主动与建筑师配合与协调，努力使建筑与结构融为一体。

1.4 钢结构住宅体系的研发与应用

1.4.1 现状、存在的问题、与发达国家对比

我国钢结构住宅起步较晚，大规模研究开发、设计制造、施工安装钢结构住宅近年刚开始发展。在住房和城乡建设部、中国钢铁工业协会及中国钢结构协会的大力推

动下，各地均投入力量探索发展途径，我国钢结构住宅建筑产业化实现了稳步发展。目前北京、天津、山东、安徽、上海、广东、浙江等地建设了大量低层、多层、高层钢结构住宅试点示范工程，体现了钢结构住宅发展的良好势头。

我国是产钢大国，钢材的数量、品种、规格及产品质量均接近或达到国际先进水平，为钢结构住宅发展提供物质基础。新型建筑材料、建筑技术的开发、引进、应用以及近年钢结构住宅的工程实践经验的积累为钢结构住宅体系的发展奠定了良好技术基础。

钢结构建筑住宅体系作为环保建筑符合创建节约型社会的要求，具有有利的发展环境。虽然在认识上都认为钢结构住宅是一种先进的建筑技术，符合住宅产业化以及建筑资源可持续发展的要求，但是仍存在以下问题：

（1）钢结构住宅发展比较缓慢，成功的钢结构住宅工程不多，住宅产业化基本没有形成。

（2）钢结构住宅的推广方向存在偏差，在我国效仿国外推广钢结构别墅，不适合我国的国情。

（3）钢结构住宅设计存在误区，某些钢结构住宅设计以结构专业为主，把钢结构的问题视为最重要的，导致住宅布置不够合理，功能不够齐全，不能被市场认可。

（4）钢结构施工技术工人缺乏，培训技术人员是发展钢结构住宅的重要环节。

（5）全国没有统一、系统的推广钢结构住宅的方式方法。

（6）宣传力度不够，许多人误认为钢结构住宅比传统结构体系要贵得多，设计中不敢采用钢结构方案。

与工业发达国家相比，我国钢结构行业在人均钢材占有量、钢材品种、质量、科研、开发、设计制作和施工安装等方面都还存在着较大差距，有待于不断改进和提高，特别是距离住宅的商品化、产业化要求还有很大的差距。据统计，钢结构建筑在我国整个建筑行业中所占的比重还不到5%，而发达国家却已达到了50%以上。同时，与发达国家相比，我国一些应用标准相对缺项、滞后。

1.4.2　技术发展政策、战略与要求

（1）要把发展钢结构住宅的重点放在量大面广的多层和中高层住宅上，住宅的套型面积和使用功能要达到我国小康社会的住宅标准。

（2）以房地产企业为龙头、以项目为平台，把钢结构住宅相关企业（研发、建材、加工等）链接起来，形成钢结构住宅产业链，在项目平台上完成产业化配套集成，实现产业间、企业间的有序生产和共赢的利益共同体。

（3）抓好钢结构住宅试点工程，打造一批钢结构住宅精品工程，以点带面，稳步推广钢结构住宅，并有所创新、有所发展。

1.4.3　对策与措施

（1）需要科研院所与企业联合，加强有关研究工作，以钢结构住宅为载体，开发

新型节能墙体和环保建筑体系，推行住宅产业化，促进建筑行业技术革新。

（2）积极组建和发展专业化的钢结构住宅设计施工队伍，不断提高钢结构住宅的设计施工水平。

（3）对现有的墙体材料，进行优化集成，解决钢结构住宅的三板（楼板、外墙板、内墙板）问题，同时在现有的基础上开展技术创新，降低生产成本。

（4）加强人才开发和技术培训。

1.5 提高混凝土结构的耐久性

1.5.1 现状、存在的问题、与发达国家对比

混凝土耐久性是指混凝土长期抵抗内部的（固有的）或外部的（非固有的）物理、物理化学或化学作用的能力，如抵抗干湿、冻融、高温、碳化、水的渗透、硫酸盐侵蚀、碱骨料反应、环境水侵蚀及磨损等能力。

全球的混凝土耐久性问题已经非常突出，加上目前的土建结构的设计与施工规范（特别是我国）重点放在各种荷载作用下的结构强度要求，而对环境因素作用（如干湿、冻融、大气侵蚀、海水以及工程周围水、土壤中有害化学介质侵蚀）下的耐久性要求则相对考虑较少，使得结构的耐久性已经成为当前困扰土建基础设施工程的世界性问题，这不仅给全球经济造成了巨大的经济损失，而且对环境也有极大的破坏作用。

目前我国正在实施西部大开发战略和振兴东北老工业区计划，而西部盐碱地区自然环境造成混凝土的使用条件非常严酷，东北地区苛刻的冻融循环因素，使得混凝土使用环境条件同样严酷和复杂。今后10～30年内，为了维修新中国成立以来所建基础设施的费用将是极其巨大的。目前我国的基础设施建设工作，规模更为宏大，每年投资高达2万亿元人民币以上。如果再不着手提高混凝土的耐久性，那么约30～50年以后，这些工程也即将进入维修期，所需要的维修费用或重建费用，将更加巨大。如此，国家和社会的财力将不敷维修和重建费用，严重影响国家的可持续发展。

因此，加强混凝土和钢筋混凝土材料的耐久性研究，无论对于材料科学的发展，还是对于西部大开发、振兴东北老工业区和国家重点工程等基础设施建设的设计、选材、寿命预测、修补和制定相关的标准和规范提供科学依据，以及对国民经济可持续发展等都具有重要意义。

近年来我国在混凝土高耐久性技术方面取得了显著进步。不仅编制了混凝土耐久性方面的检验评定标准及试验方法标准，而且将高耐久性混凝土技术广泛应用于高速铁路工程、水利水电工程、跨海大桥和海底隧道等重点工程，取得了显著的技术经济效益。但是，总的来说，我国在混凝土耐久性技术方面与发达国家有一定差距，例如较低强度等级混凝土高耐久性技术，混凝土耐久性多因素作用下评定方法，混凝土结构耐久性评估等方面，国外发达国家领先于我国。

1.5.2 技术发展政策、战略与要求

（1）加强混凝土结构的耐久性设计，进一步加强混凝土耐久性技术研发，全面提

高各强度等级尤其是普通强度等级混凝土的耐久性，以满足建筑工程使用寿命要求。

（2）改进和完善混凝土材料及混凝土结构耐久性监测检测方法及评价标准。

1.5.3　对策与措施

（1）完善结构耐久性的设计标准。建立和推广结构设计使用寿命的概念，从混凝土材料、结构设计、结构构造、防腐防护等方面建立混凝土结构耐久性设计的系统方法。

（2）研发混凝土工程使用阶段的耐久性检测技术。

（3）进一步完善混凝土耐久性能的试验方法标准和混凝土耐久性的检验评定标准。

（4）深入研究提高混凝土耐久性的综合技术，如减少水泥用量、提高矿物掺合料掺量、提高混凝土密实性等，提高结构混凝土的耐久性。

（5）从混凝土的耐久性出发，修订水泥的质量标准。

（6）重点推广使用引气混凝土，研发推广优质引气剂。

（7）研究开发高耐锈钢筋及钢筋阻锈新技术。

（8）开发完善提高混凝土耐久性能的混凝土外防护材料和外防护施工技术。

（9）研究高性能水泥在工程中的应用技术。

第2章　建筑保温与新能源的研发与应用

对建筑工程，包括住宅与公共建筑，要全面应用建筑节能技术，通过建筑围护系统的保温、新能源与采暖制冷的应用，以显著降低建筑能耗。

以进一步降低建筑能耗为目标，大力改进与推广高性能建筑外墙保温技术，实现住房和城乡建设部强制建筑节能的要求。

进一步开展建筑新能源的开发与利用，主要在可再生能源的利用上要下大力研究，包括地源热泵、太阳能综合利用技术等。

开展新型采暖制冷设备的研发与应用，主要是提高现有设备的热效率与配合可再生能源的利用设备的研发。

2.1　建筑新能源的开发与利用

2.1.1　现状、存在的问题、与发达国家对比

目前，建筑新能源的开发与利用在我国已经取得了可喜的成绩。地源热泵作为一种利用可再生能源的暖通空调新技术，是建筑节能领域国际上通用的高效节能技术，在我国已经有了10余年的发展历史。截至2008年底，我国地源热泵应用面积已超过1亿平方米，太阳能热水器的总保有量达1.25亿平方米，是世界公认最大的太阳能热水器市场和生产国。当前，我国太阳能采暖正处于示范及推广阶段，是从应用示范转向应用推广的重要过渡期。我国太阳能制冷空调的应用目前仍处于示范工程阶段。我国已跃居世界第一大太阳能电池生产国。近年来，与建筑结合的太阳能光伏发电BIPV系统获得快速发展。

存在问题主要如下：1）企业进入行业盲目，缺乏系统学习；2）业主投资盲目，项目节能效果不会合理判断；3）可再生能源建筑应用处于缺乏监管的尴尬位置；4）缺乏可操作的准入制度和科学评价体系；5）系统中关键产品和部件没有得到有效的监控和管理；6）由于技术基础较为薄弱，未形成完善的成套技术，造成系统的技术经济性欠佳。

地源热泵的概念最早起源于欧洲，但实际大范围使用还是起源于石油危机之后。进入20世纪90年代后，很多应用地源热泵的国家都能保持每年10%的应用增长率。发达国家集中于欧洲、北美和日本。相较于发达国家，我国地源热泵发展迅速，劳动力成本较低，但技术论证和管理较为粗放。与发达国家相比，我国太阳能建筑应用产业规模大，发展速度较快，但起步较晚，技术相对落后。发达国家太阳能热水系统与建筑结合程度较高，多为承压式系统，供热水稳定，品质高。而在德国、丹麦等欧洲发达国家可同时用来供热水、采暖的复合系统发展应用已经日趋成熟。德国、日本、美国等发达国家在太阳能制冷主机方面处于明显领先位置。太阳能光伏发电系统由于

政府的补贴和经济水平较高，发达国家的技术发展水平较高，建筑结合程度好。

2.1.2 技术发展政策、战略与要求

地源热泵技术应用可持续发展涉及内容主要包括：自然资源与生态环境的可持续发展，经济的可持续发展与社会的可持续发展。可持续发展，一是以自然资源的可持续利用和良好的生态环境为基础；二是以经济可持续发展为前提；三是以谋求社会的全面进步为目标。地源热泵系统是一种使用可再生能源的高效节能、环保型工程系统，是贯彻可持续发展战略的重要技术措施。地源热泵系统冬季向建筑物供热，夏季又可供冷，可广泛应用各类建筑中，随着我国城市化建设的发展，一方面迫切需要减少城市燃煤供热采暖造成的污染，另一方面对采暖与空调降温提出更多要求。地源热泵技术提供了这一问题的有效解决方案。展望未来，地源热泵技术应用具有很广阔的发展前景，其具有节能、环保、利用可再生能源缓解能源危机等优势，各建设工程项目应根据当地的气候地质等条件，合理选择地源热泵系统方式。

太阳能建筑应用系统政策可以在以下几个方面展开：

（1）加强宣传，提高各级政府和部门对实施建筑太阳能应用技术迫切性的认识。

（2）制定税收优惠政策。鼓励企业加强太阳能建筑应用的自主创新、技术进步和产品升级换代，鼓励单位和个人安装和使用太阳能建筑应用设施。

（3）制定财政资金支持政策。重点支持公共设施、农村地区和低收入人群，特别是我国广阔的西部地区具有极其丰富的太阳能资源，应作为支持重点。

根据我国可再生能源中长期发展战略和建筑发展概况，我国太阳能建筑应用发展战略可规划如下：太阳能热水以集热器的安装使用面积计算 2010 年要达到 1.5 亿平方米；2020 年要达到 3 亿平方米。太阳能供热采暖系统的太阳能集热器总安装运行面积 2010 年要达到 1.5 万平方米；2015 年要达到 3 万平方米；2020 年要达到 5 万平方米。太阳能制冷空调系统的太阳能集热器总安装运行面积 2010 年要达到 5000 平方米；2015 年要达到 1 万平方米；2020 年要达到 3 万平方米。太阳能光伏发电的中、长期应用发展目标为，至 2020 年累积装机容量 200 万千瓦，占全国届时总装机容量的 0.2%。

2.1.3 对策与措施

建筑新能源行业的健康发展需要国家财政投入、学术科研建设、企业自身完善不断作出调整和努力，需要各方的共同努力。遇到问题应进行科学分析，而不要盲目跟随。

（1）需要解决行业自律问题，企业加强人员培训，提高企业自身能力，不参与恶性竞争，这是保证行业健康发展的重要前提。

（2）加强学术科研建设，深入研究可再生能源建筑应用技术，以及与其他暖通空调技术的配合，对自然环境的影响。行业组织包括学会或协会要加强推广工作，大力开展培训、交流活动等，增大宣传力度，不光是对操作者也应该针对使用者和监督者

进行培训。

（3）规范市场，政府应该出台相应的市场准入制度和科学评价体系，设备技术等相关的标准。开展总结和评价工作，总结经验，吸取教训，进一步完善相关技术，从而促进进一步发展，形成良性循环。

（4）将太阳能建筑应用系统完全作为建筑的一个有机组成，沿用对水、暖、电、结构、建筑等建筑物组成系统的成熟的建筑工程管理方法进行管理。

（5）完善设计标准、计算机辅助应用软件、应用指南、标准图集、施工验收规范、检测评价方法和手段以及成熟的产品和配件等成套技术。完善产品标准、工程标准和质量监督管理体制。加强产品质量，推动产品的更新换代。

2.2 新型辐射采暖

辐射采暖具有要求的热媒温度低的特点，使得这种采暖方式不但有很好的节能效果，而且有较好的舒适性。传统的辐射采暖主要指地板采暖，新型辐射采暖的形式多样，如室内可利用围护结构、装饰结构辐射采暖，大空间可采用局部辐射采暖等。

2.2.1 国内现状

发达国家在地面采暖方面发展迅速，国外有许多经验值得国内学习，如国外对单体建筑中地板辐射采暖与可再生能源相结合的系统形式有较成熟的应用经验；地暖的预制化、现场组装化技术；完善的个性化温控系统等。

我国目前对新型辐射采暖设备研究较少，新型辐射采暖设备形式多样，如民用建筑和部分公共建筑可采用辐射采暖与建筑围护结构、装饰结构相结合等辐射采暖与建筑结构一体化形式；辐射采暖与供冷相结合的技术形式；大空间厂房可采用局部辐射采暖形式等，这些新型采暖设备的研发与应用将为辐射采暖的发展带来新的生机。

2.2.2 技术发展战略与需求

（1）以提高辐射采暖系统热效率为目标，加强新型管材、辐射采暖保温等技术的研究；

（2）以更好的推广应用辐射采暖技术为目标，加强能与建筑一体化的新型辐射采暖设备的研究；

（3）以开发利用可再生能源为目标，加强太阳能、浅层地热能与地暖相结合系统以及配套的个性化温控系统的研究。

2.2.3 对策与措施

为利于辐射采暖技术的发展，我们应以大力推广传统地板辐射采暖方式为基础，以研发新型辐射采暖设备为导向，引进、消化、吸收国外新技术与自主创新相结合为措施，几个方面共同着手，为辐射采暖技术的发展翻开新的篇章。

2.3　新型散热器

我国散热器呈多样化发展，传统的铸铁散热器已不再是市场的发展方向，新型散热器中轻型钢制散热器、铜管对流散热器以及低温运行散热器由于其节能高效、美观实用等特点成为今后的发展趋势，另外，强制对流散热器也将成为散热器发展的新方向。

2.3.1　国内现状

和国外水平相比，我国优质轻型钢制散热器的生产制造工艺、技术和装备与国外先进水平还存在一定的差距；铜管对流散热器方面，国内学者对提高其热工性能的研究已与国外产品不相上下；散热器低温运行以及强制对流散热器研究方面，有些国家已大面积推广使用，但对于中国来讲，这项研究才刚刚起步。

2.3.2　技术发展战略与需求

(1) 以提高散热器热效率为目标，从散热器结构形式、材质、传热系数等方面加强对高效、低温运行散热器的研究；

(2) 以适应市场需求为目标，加强优质轻型、节能、节水、节材、环保的新型散热器的研究。

2.3.3　对策与措施

为满足国内市场需求，国内散热器发展策略应以我国大众需求的中档产品为市场定位，重点发展我国高效优质轻型散热器；为扩大国际市场，我们应实施名牌战略，创立高质量、高性能、高创新的散热器新品牌。

2.4　通风空调制冷设备

2.4.1　国内现状

我国已成为全世界通风空调制冷设备的制造和使用大国，生产和应用的设备和系统与世界水平几乎同步，但在系统集成技术、检测评价技术及配套的产品与发达国家尚有差距。

2.4.2　技术发展战略与需求

采用置换通风风口、辐射供冷、温湿度独立控制用干式盘管风机等末端减小系统容量；采用变频、变制冷剂、强化换热技术提高冷冻机单机效率，采用直流无刷电机、风机墙等提高风机水泵等设备的单机效率；采用多联分体式空调（热泵）机组、集成控制变风量系统、集成群控冷冻机房设备等工厂预制方式提高系统季节运行效率；对冷冻机冷凝热、系统排风能量等进行余热回收；多形式地源热泵应用和普及使用新的低能耗自然能源，如干空气能进行水蒸发冷却制冷或冬期利用冷却塔冷却降温技术，并与太阳能、废热能除湿技术结合扩大低能耗水蒸发冷却制冷应用地域范围；提高设备及系统清洗维护服务标准，保证高效运行；科学合理的工程检测技术、设备开发和应用。

2.4.3 对策与措施

建议采取的措施：强化设备、技术与地域适应性研究与应用；高效率单机设备集成后实现系统高季节能效比研究与应用；系统高效运行的维护技术研究与应用；安装工程进场检验和工程系统性能检测评价研究与应用。

2.5 净化空调设备

2.5.1 国内现状

随着科学技术的发展，尤其是生物技术、微电子技术、精细化生产技术、药品生产技术、食品加工技术等的飞速发展，我国洁净室及其相关受控环境的建设发展迅速，纵观我国洁净室的建设，当前主要存在两个方面的问题：①由于我国洁净室技术的研究发展起步落后于西方国家，目前国内洁净室设备的研发生产仍不能很好地满足社会发展的需求，在某些洁净室领域尤其是高端洁净室技术领域，国外相关设备已经以昂贵的价格形成了垄断，而我国对相关产品的需求仍在急速增加，这势必加重我们建设成本的负担。②由于监管力度不够，国内的一些厂家和施工单位在普通洁净室建设中提供一些严重不符合规范的或低品质的产品，建好的洁净室存在诸多安全隐患(如环境污染、交叉感染等)，这是一种严重浪费资源的做法。

中国的洁净室发展已进入加速期，洁净室建设规模巨大，解决国内洁净室关键设备生产供应不足问题的重要性和迫切性日益突出。在新一轮洁净室发展高峰来临之际，必须依靠科技创新和技术进步，实现我国洁净室领域的可持续发展，在能源和资源消耗最低的基础上，满足国内对于洁净室建设生产安全、高效和适宜的要求。

2.5.2 技术发展战略与需求

“十一五”期间我国对高端洁净室关键技术及设备的研究日益重视，加大了科技投入并取得了一定的成绩：科技部会同住房和城乡建设部、卫生部等组织实施了“实验室生物安全关键技术和标准的研究”、“建筑室内生物污染控制与改善关键技术研究”等科技攻关计划项目，开展了实验室空气污染防护处置和实时净化关键技术和产品的研究、实验室感染性污水安全输送关键技术和产品的研究、实验室污染空气实时监测技术和产品的研究等工作，研制了零泄漏排风装置、超低阻高中效新风机组、气密门、气密阀等新型专利产品，颁布了《实验室生物安全通用要求》、《生物安全柜》、《空气吹淋室》、《传递窗》、《风机过滤单元（FFU）》、《洁净工作台》等一系列国家标准。但是相比国外发达国家，在高端洁净室及其相关受控环境标准规范、规划设计、监测检测、控制改善等关键技术及产品研究和集成创新等方面差距很大，缺乏系统、全面的先进科技支撑。为此在“十二五”期间，有必要针对高端洁净室快速发展的现实需要和长远趋势，系统开展高端洁净室关键技术及设备的研究。

2.5.3　对策与措施

针对高端洁净室技术领域的关键技术、产品和标准研究存在的“瓶颈”问题，在“十一五”前期研究的基础上，利用国内外已有的高端洁净室相关的技术标准、管理的法律法规及其他先进的工程技术，集成国内力量重点开展高端洁净室安全防护、监测监控和风险评估的关键技术进行攻关，力争突破防护、监测与预警、风险评估等一批关键技术“瓶颈”；实现若干产业化技术突破，建立和完善具有中国特色并与国际接轨的高端洁净室安全关键技术体系和标准；加强高端洁净室安全关键技术示范，促进科技成果的转化推广，形成我国特色的高端洁净室科技生产安全保障模式；不断壮大高素质的科技创新队伍；逐步增强高端洁净室科技生产安全的自主创新能力和科技对高端洁净室科技生产安全工作的支撑能力，实现高端洁净室科技生产安全保障从“被动应付型”向“主动保障型”的转变。

在普通工程应用领域，由国家技术监督部门组织、由国家建筑工程质检部门开展对净化工程的强制抽查，尤其是对涉及人民生命安全的生产领域，如制药、医疗和生物实验室等。

第3章 绿色建筑

绿色建筑技术的推广与应用，对于保护环境、节能减排与我国建筑业的持续发展有很重大的意义。

绿色建筑是低碳生态城市中举足轻重的一项内容。绿色建筑系指在建筑的全寿命周期内，最大限度地节约资源（节能、节地、节水、节材），保护环境和减少污染，为人们提供健康、适用和高效的使用空间，与自然和谐共生的建筑。

实施与推广绿色建筑，转变居民消费观念，创新低碳技术，从而最大限度地减少温室气体的排放。

为做好建筑节能与绿色建筑设计，要研发一系列建筑节能与绿色建筑设计支撑软件。在规划、节地方面，要推出三维居住区规划设计软件、三维日照分析软件、场地工程和土方计算软件。

3.1 绿色建材

3.1.1 现状、存在的问题、与发达国家对比

目前对绿色建材的定义是指在原料采取、产品制造、使用和再循环以及废料处理等环节中对地球环境负荷最小和有利于人类健康的建筑材料。绿色建材的核心是生产和使用过程中节约资源和能源、减少环境污染以及加大废弃材料的再生循环利用。

很多国家近年来发展了一系列的绿色建筑评价体系，例如美国的LEED、英国的BREEM、澳大利亚的NABERS、加拿大的GBTool、挪威的EcoProfile、法国的ESCALE、日本的CASBEE等，这些评价体系中都包含有对建筑材料的绿色化要求。另一方面，国外也有专门针对于建筑材料绿色度的评价方法，很多是通过环境认证标志来评价，例如德国的蓝天使标志（始于1977年，是世界上最早的环境标志计划）、加拿大的Ecologo环境标志计划等。日本政府对绿色建材的发展非常重视，于1988年开展环境标志工作，日本科技厅于1993年制定并实施了“环境调和材料研究计划”；近年来在绿色建材的产品研究和开发以及健康住宅样板工程的兴建等方面都获得了可喜的成果。如日本东陶公司研制成可有效地抑制杂菌繁殖和防止霉变的保健型瓷砖；日本铃木产业公司开发出具有调节湿度功能和防止壁面生霉的壁砖和可净化空气的预制板等。英国是研究开发绿色建材较早的欧洲国家之一。早在1991年英国建筑研究院（BRE）曾对建筑材料及家具等室内用品对室内空气质量产生的有害影响进行了研究，对室内空气质量的控制、防治提出了建议，并着手研究开发了一些绿色建筑材料。

我国对绿色建材的研究始于20世纪90年代，也有类似于国外的上述评价体系。例如包含有对建筑材料绿色指标要求的《绿色生态住宅建筑要点及技术导则》、“中国

生态住宅技术评估体系"、《奥运绿色建筑评估体系及标准的研究》，也有类似于国外的以环境认证标志来评价建筑材料绿色度，例如我国的Ⅰ、Ⅱ、Ⅲ型"十环"环境标志。为了促进我国建材和建筑业的可持续发展，在政府部门的大力指导和支持下，通过联合相关研究设计院所、高等院校、生产企业和建设企业等，结合我国国情，借鉴发达国家的成功经验，以节约资源和能源、减少环境污染和加大废弃材料的再生循环利用为目的，以绿色高性能混凝土、高效节能环保型墙体材料、绿色优质化学建材、工业和建筑废弃物的循环利用、改善室内空气质量、完善相应标准规范和评价体系等为重点，对绿色建材进行了大量的研究、开发、生产及政策支持，开展了一系列的研究和实践，得了显著的成效，使我国绿色建材的应用和生产比例迅速提高，推动了我国绿色建材和绿色建筑的健康发展。

但是，与我国实现可持续发展的节约型社会的要求相比，与世界发达国家现有水平相比，我国在绿色建筑和绿色建材领域的研究和实践还有较大差距，存在一些急需解决的问题。主要表现为：

(1) 建筑材料仍以传统建材产品为主，绿色建材比例偏低。我国建筑材料中传统建材约占总量的90%以上，绿色建材产品的比例不到10%。

(2) 城镇建筑仍以传统建材为主，围护结构保温性能差，节能建筑比例低，导致建筑使用能耗很高。

(3) 工业和建筑废弃物的综合利用技术水平较低，相关配套政策、规划、标准和规范不完善，导致工业和建筑废弃物的资源化再生利用进程较慢。

(4) 绿色建材评价标准缺乏系统性和全面性，导致号称绿色建材的伪绿色产品进入市场。

3.1.2 技术发展政策、战略与要求

(1) 加强绿色建材产品标准体系的研究，尽快编制和完善绿色建材评价标准。

(2) 加强绿色建材基础研究，研制符合绿色建材内涵的新型建材产品。

(3) 完善绿色建材产品应用技术体系，使绿色建材在实际工程中能够真正发挥绿色效应，满足绿色建筑需求。

(4) 加强绿色建材产品技术经济政策的研究，使绿色建材成为符合我国社会经济增长需求的新领域。

(5) 加强绿色建材宣传和培训，使绿色建材成为业主和设计师的首选材料。

(6) 以绿色建筑发展来带动绿色建材产业发展，使我国绿色建材在建筑材料中的比例提高到50%。

3.1.3 对策与措施

(1) 加强绿色建材产品标准体系的研究，尽快编制和完善绿色建材评价标准。通过研究国内外绿色建材产品的内涵、标准体系的现状和发展趋势，研究我国建筑材料与绿色建材产品的适宜性，研究并编制我国绿色建材产品的分类体系和标准体系。

（2）加强绿色建材产品评价认证技术与体系的研究。研究我国绿色建材产品的评价技术和评价体系；研究我国绿色建材产品的认证技术体系；编制绿色建材产品认证规程；建立建筑材料生产、使用、废弃全生命周期绿色化评价体系。

（3）加强绿色建材产品研发，研制绿色建材生产关键装备，提高绿色建材的产品性能，推进绿色建材产品结构调整，提高绿色建材产品产量和市场占有率。通过技术提升和规模化生产及应用，降低绿色建材产品价格，提高性价比。

（4）完善绿色建材产品应用技术体系。研究国内外绿色建材产品应用技术体系的现状及发展趋势；研究我国绿色建筑与绿色建材产品相配套的标准和规范体系；建设绿色建材应用示范工程。

（5）建立绿色建材综合数据库或专业网站。例如绿色建材产品标准动态数据库、绿色建材产品评价指标数据库、绿色建材产品认证体系基础数据库、绿色建材产品选用及应用技术动态数据库等。

（6）建立符合我国国情的绿色建材技术创新体系和人才培养体系。

3.2 绿色建筑环境

3.2.1 现状、存在的问题、与发达国家相比

一方面人们生活水平的提高和建筑装修的发展引起室内污染物排放量的增加；另一方面建筑节能要求门窗的密闭性的提高造成室内新鲜空气的减少，两者共同作用使室内空气质量达不到要求。空气质量直接影响人体健康，所引发的慢性疾病以及传染病等一系列问题，已经成为近年来关系到国计民生的重大问题。

为了控制室内空气质量，保证人民的身心健康，近年来我国有关部门制定了一些与室内空气质量相关的标准，如 1996 年 7 月实施的《住房内氡浓度控制标准》和《居室空气中甲醛的卫生标准》，2001 年制定了《室内装饰装修材料有害物质限量》、《民用建筑工程室内环境污染控制规范》、《室内空气质量标准》等标准。但是由于对室内环境的研究还不够充分，所以所制定的标准规范存在很多不足，所采用的监督检验手段单一，缺乏有效的监督管理程序。

而作为强制性国家标准的 GB 50325《民用建筑工程室内环境污染控制规范》仅提到 5 种污染物的限量而没有控制方案，内容与标题不尽符合，而其中所涉及的建材部分已有相应的建材污染物控制标准控制源头。其中对于毛坯房施工验收的化学污染物检测更是 100％合格，而放射性氡的污染在民用住宅中发生的概率极少，因此不能起到对室内空气品质进行整体评价的作用。鉴于化学分析对低浓度污染物较高的测试误差以及化学制剂对环境的污染，纵观世界各国没有一个国家采用中国这种现场采样的方法控制室内污染物。

严格规定室内各种建材污染物排放限值和控制建筑通风是发达国家控制室内空气质量采用的通常手段。在欧美和日本的标准体系和法规中，通风作为建筑必须具备的基本要求。

3.2.2　技术发展政策、战略与要求

完善目前国内的室内环境控制标准，在控制源头建材污染物的前提下，明确通风在室内环境控制方面的主导作用，制定一系列相关标准，在兼顾节能的条件下保证建筑通风系统可以更为有效地控制室内环境质量。

分别明确建筑物内颗粒污染物，化学污染物以及生物污染物的在不同地区不同建筑物内污染程度和种类，尤其需要理清建筑物内造成人体危害的化学污染物的种类和浓度值，确立低浓度条件下准确的气体分析测试手段。

进一步深入研究各种空气净化机理，明确物理吸附、化学络合以及高压静电等各种空气净化手段的适用环境和适用条件。

3.2.3　对策与措施

研究制定建筑通风相关的设计、要求和检测标准，保证通风系统的合理设计和运行，实现室内污染物的有效控制。同时建立相应的能力评价体系以确定各种净化和过滤手段的优劣，规范市场杜绝概念炒作，保证空气净化行业的健康发展。

研发相应的室内空气质量的检测仪表，建立相应的颗粒污染物、化学污染物和生物污染物检测仪表的标定检定平台，保证现场测试和实验室分析的准确性。

结合目前国内外现状，引进国外已经成熟的技术，并在一些国际上目前还处于研究状态的工作领域投入更多的精力，争取早日得出成果，在国际上造成一定影响，引导世界范围内的室内空气质量研究方向。

3.3　建筑节能与绿色建筑设计支撑软件系统

3.3.1　现状、存在的问题、与发达国家对比

发展低碳经济，推进建筑节能与绿色建筑的实施是近几年政府和行业大力发展的重点。涉及节能、节水、节材、节地和保护环境等重要方面。胡锦涛主席在联合国气候变化峰会开幕式上表达了中国政府在降低碳排放量、发展低碳经济的决心，承诺中国 2020 年的单位 GDP 碳排放量将比 2005 年的水平有“显著幅度”的降低。为支撑建筑节能与绿色建筑设计，近几年来在发展建筑与设备软件基础上，我国软件开发商积极配合政府与行业需求，陆续推出了一系列建筑节能与绿色建筑设计支撑软件。在建筑节能方面，研发的自主知识产权的建筑节能类设计软件已推广覆盖全国大部分地区；住房和城乡建设部和财政部联合在 30 多个城市开展建筑节能监管信息系统建设，对城市的建筑节能方面开展的工作进行实时管理；在规划、节地方面，推出了三维居住区规划设计软件、三维日照分析软件、场地工程和土方计算软件；在环境方面有园林设计软件等。

由于我国建筑节能和绿色建筑发展较晚，建筑节能与绿色建筑设计支撑软件系统研发滞后于国外，我国自主知识产权的软件产业化不够。特别是碳排量分析、风环境

模拟、噪声模拟等高端软件系统，目前工程中应用的基本上都是国外软件。我国在这些领域的软件研发与国际先进水平还有较大差距，高端应用软件基本都被国外垄断，我国企业不仅要花费大量的资金购买，而且在技术上还受制于人。问题的关键是我国自主知识产权的软件技术研发力量薄弱、核心技术有差距。

3.3.2 技术发展政策、战略与要求

(1) 结合建筑设计单位现有工作流程及工作方式，利用建筑信息模型技术和可视化技术，建立多角度的生态技术指标评估与辅助决策机制，逐步引导设计人员熟悉、掌握绿色建筑设计的思想，在方案设计规划阶段提供相应的技术支持与数据化方法，促进和完善绿色建筑设计标准规范、标准体系及量化分析与评估系统的建立。

(2) 继续改进并完善场地设计、小区规划，日照分析、园林绿化设计等软件产品，拓展建筑节能与绿色建筑设计支撑软件产品线，逐步建立起我国特有的主要建筑材料碳排放数据库，在此基础上，研发建筑全生命周期碳排量统计分析系统，为发展低碳经济提供技术支撑。

(3) 以城市大型公共建筑节能监测为对象，基于工程多维信息模型和大型公建在线信息获取技术，发展大型公共建筑节能监测数字化技术，提升政府主管部门对大型公共建筑节能监测管理能力。

(4) 研发建筑风环境、声环境模、防灾减灾、工程能耗拟软件系统，形成具有自主知识产权的系统平台和应用平台，打破国外软件的技术垄断，推动绿色建筑与生态环境建设。

(5) 研发仿真与虚拟现实软件产品。应用网格技术和并行计算技术，开发基于个人计算机系统的设计方案表现虚拟漫游系统和大型复杂工程施工方案仿真系统，提升设计师对设计产品的表达能力，并实现施工方案和施工过程的可视化，确保施工安全，进一步提高施工质量和效率，避免资源浪费。

3.3.3 对策与措施

(1) 拓宽融资渠道，加大资金投入，鼓励投资建筑节能与绿色建筑设计高端应用软件研发。高端应用软件研发涉及技术、设备、人才、环境，需要大量资金，没有一定的资金支持是无法开展工作的，因此，应制定优惠政策，引导企业加大对科研开发的投入，鼓励企业使用多种融资方式，投资高端应用软件开发，提高企业的技术创新能力和新产品开发能力。

(2) 市场为主导，企业为中心，联合攻关。应形成以市场为主导、企业为中心的创新体系，走产学研相结合的道路，统一组织有关单位联合攻关。同时应尽可能取得国家科技攻关、863 科技发展计划等方面的支持。

(3) 加强国际合作，引进国外先进技术和管理经验。开展国际间信息交流与合作。采用走出去、请进来的策略，鼓励国内机构与国外机构合作，共同开发。

第4章　既有建筑的改造技术

我国量大面广的既有建筑改造是节能减排的一个重要方面，对大量既有建筑应以倡导通过改造，提高结构的安全性并提升使用功能，显著延长既有建筑的使用寿命，减少大面积的拆建工作，最有效地实现节能减排，并对保护环境有极为积极的意义。

当既有建筑或将达到设计使用年限、或抗震性能不满足现有规范要求、或使用功能需要提升时，我们不应简单予以拆除重建，而应通过改造、加固来延长既有建筑的使用年限、提高结构安全储备、提升使用功能与性能。

我国目前的大量既有建筑都远远达不到建筑节能要求，对既有住宅与既有公共建筑，应开展以节能为目标的改造工作，通过对既有建筑的节能改造，以大幅度降低我国的建筑能耗。

20世纪80年代前大量的既有建筑其结构的抗震性能明显不足，特别是老旧的中小学校舍与人员密集的公共建筑，我们应有针对性地对于结构安全、抗震性能不足的既有建筑开展加固改造工作，完善相应的既有建筑评估、设计和施工标准。

既有公共建筑的防火安全隐患较大，很多没有火灾的监测、报警与喷淋系统，远达不到现行的防火设计要求，较早期的建筑屋顶还大量采用木结构，一旦发生火灾，将会造成十分巨大的生命财产损失，对于人员密集的既有公共建筑必须考虑进行防火改造。

对于既有建筑的改造，我们应倡导既有建筑从结构安全（包括提高抗震性能）、建筑节能、使用功能提升、建筑防火等方面的综合改造，以取得更大的社会与经济效益。

4.1　既有建筑的改造加固技术

4.1.1　现状、存在的问题、与发达国家对比

随着我国城市化进程的加快，我国建筑业发展非常迅速，目前，全国既有建筑面积总计约450亿平方米以上。各种类型的建筑物是人们生活和生产的主要场所，也是财产高度集中的场所，因此，正确对待和处理既有建筑是关系到人民生命财产安全以及实施节约资源、保护环境、建设节约型社会和可持续发展的重要问题。

我国城镇既有建筑保有量约为140亿平方米，而每年拆除的建筑面积约为4亿平方米。据了解，被拆除的建筑中包括大量20世纪70年代和80年代建造的房屋，甚至包括20世纪90年代建造的房屋。农村地区的住宅建筑平均使用寿命可能更短。据统计，我国城镇部分房屋建筑的平均使用寿命为30年左右。拆除使用年数较短的建筑是一种极大的资源浪费，同时也造成了严重的环境问题。

我国目前大多数既有建筑都存在着能耗高、使用功能差、抗灾能力弱等问题，20

世纪 80 年代以来，我国水灾、火灾、地震、风灾等对既有建筑的损害经常发生，如 1998 年夏季长江流域和东北地区的特大洪涝灾害就造成房屋倒塌 497 万间；2008 年汶川地震造成 2300 万间房屋损坏；而建筑火灾也是一种对人类危害最直接、最严重的灾害，特别是最近一二十年，我国正处于火灾形势比较严峻的时期，建筑火灾的次数和损失均居高不下，尤其是发生了多起特大和重大建筑火灾，有的还造成严重的群死群伤事件。

目前既有建筑除了安全性问题外，其耐久性问题、室内外环境问题、舒适性问题、资源节约问题已经引起了政府部门及民众的高度重视。但是把存在问题的既有建筑全部拆除是不现实的，同时也是不可能的，而对其进行合理改造是解决问题的最好途径之一。

国外，发达国家在经历了大规模的基本建设后，都十分重视对既有建筑的加固改造技术及政策的研究，如，英国的加固改造费用占基本建设投入的 60％以上，而日本也于 20 世纪 70 年代以来逐步有计划地对既有建筑的抗震安全性进行评估的基础上进行加固，其政策和技术十分完善。

4.1.2 技术发展政策、战略与要求

结合我国国情和潜在需求，借鉴国内外既有建筑改造技术现状及发展趋势，研究与制定既有建筑的改造和加固技术及政策，我国相关的技术法规已经比较健全，编制了《建筑抗震鉴定标准》《建筑抗震加固技术规程》《混凝土结构加固技术规范》《碳纤维加固混凝土结构技术规程》等标准规范，新修订的《混凝土结构设计规范》已新增既有建筑加固设计的原则要求，这些都对既有建筑的加固改造起到很好的指导作用。

要全面掌控我国既有建筑抗震与安全性能，要逐步提升既有建筑的安全水准，普遍提高既有中小学校舍、医院和大型公共建筑的抗震性能；完善既有建筑改造价值的评价技术，制定既有建筑改造价值评价标准体系；建立适合我国国情的既有建筑防火安全检测鉴定与评价方法；有效改善既有建筑使用功能，合理延长既有建筑的使用寿命，节约资源、保护环境、减少建筑垃圾；改善历史与古建筑的结构安全及抗震安全性；建立既有建筑改造信息化管理系统；建立综合考虑经济效益、社会效益和环境效益的既有建筑结构改造全寿命周期评价体系；推动既有建筑改造集成化、产业化进程。

4.1.3 对策与措施

为推动既有建筑的加固改造，应采取下列对策与措施：

(1) 为进一步完善政策机制，政府应出台相应的鼓励既有建筑改造和提升既有建筑的功能和安全性的产业政策，形成一个对既有建筑改造的从投资、项目运作、评估、专业设计与专业施工的新的产业。

(2) 大力研发适用的加固改造技术与抗震加固新方法。培育相关的既有建筑安全

性评估机构与技术专业人才，强化既有建筑改造的专业设计和施工队伍能力。

（3）要重视对既有建筑的加固改造，要从行业的发展角度将我国的基本建设工作关注点从以新建建筑为主逐步转变为新建和改造并重。

4.2　既有建筑的节能改造技术

4.2.1　既有建筑改造的现状及存在问题

目前我国城乡既有建筑约420亿平方米，其中只有3.2亿平方米房屋是节能建筑，不到全国既有建筑的1%，单位建筑面积采暖能耗是发达国家的2～3倍，既有建筑节能改造的节能潜力巨大。既有建筑的节能改造是一项复杂的系统工程。与新建建筑不同，既有建筑的建造时间、跨越时代较长，不同年代建筑选用的围护结构以及内部空调、照明等设备和系统的配置各不相同。而且改造受建筑物使用情况的影响，改造实施的难度较大。

不同建筑类型其能耗特点和构成比例也相应不同。相对于居住建筑，公共建筑具有能耗高、能耗构成复杂等特点，特别是大型公共建筑其单位电耗可达居住建筑的10～15倍，其中大约50%～60%消耗于采暖、通风、空调、生活热水。因此，既有建筑空调系统节能重点是公共建筑空调系统的节能改造。由于我国住宅居住建筑在数量上占绝对的多数，多年来建筑节能的重点是围绕提高围护结构的保温隔热性能开展起来的，包括相关的政策标准和技术产品。但是由于用能特点、系统构成等多方面的差异，以前针对住宅居住建筑的政策标准和技术产品已经不能完全适用于公共建筑空调系统节能改造。

国外发达国家由于城市化进程已进入稳定阶段，新建建筑较少，因此对既有建筑的节能改造非常重视。他们设有专门的机构和研究团体对不同建筑类型进行调查统计分析，建立了包括建筑类型、建造年代、建筑材料、空调照明系统形式和能耗水平等详细的建筑能耗数据库；制订了适应本国经济发展和气候特点的节能改造标准和评价体系；同时政府对于既有建筑节能改造给予税收上的优惠，以推动了建筑节能技术的发展和节能政策的实施。与国外发达国家相比，我国由于既有建筑改造存在缺乏建筑节能法律法规和经济鼓励政策；采暖空调系统收费计量制度尚未全面启动；缺少建筑节能与企业和公众的直接经济利益以及监管制度不健全；国家对建筑节能技术创新、技术进步支持力度不够；节能改造的相关标准规范不完善等方面的原因，使得既有建筑的节能改造进展缓慢。

随着人们生活水平的提高及办公环境和方式改变，空调机、电冰箱、计算机等一大批电器设备成为日常生活的重要组成部分，因此建筑中占总能耗50%以上为电耗。由于某些电器设备或由电气设备组成的系统运行不合理，造成用电设备的能耗居高不下。目前美国、欧盟等一些发达国家对建筑能耗均建立了能耗统计分析管理平台，通过大量能耗数据样本可以得到本地区同类建筑能耗的平均水平，目前我国还没有建立自己的能耗统计分析管理平台。

4.2.2 技术发展政策、战略与要求

(1) 完善国家建筑节能的法律以及技术标准体系

既有建筑节能改造有利于节约能源，改善环境，提高人民生活水平，涉及重大公众利益和国家可持续发展战略，必须由国家来强制实施。由于建筑节能涉及建材、煤炭、电力、天然气和石油等许多行业，存在比较严重的职能交叉问题，因此需要由法律规定来统一协调。同时应加快既有建筑节能改造相关测试、评估、设计、施工和验收的标准和规范的编制工作，尽快建立完善的既有建筑节能改造标准体系。

(2) 建立既有建筑节能改造的技术支撑体系

既有建筑节能改造工作的开展，离不开先进成熟技术的支持，应加大对建筑节能技术创新和技术进步的支持力度。组织相关技术人员和社会团体，针对节能改造中的关键技术、关键产品展开研究工作，提高节能改造的技术水平，建立节能技术和产品的认定体系。

(3) 制订节能改造的经济激励政策

既有建筑的节能改造是一项利国利民的工作，但目前国家及政府缺乏对节能改造工作的经济激励政策。节能改造缺乏必要的资金支持，单纯依靠用户、建设方自发的行为无法实现节能改造的目标。我国既有建筑的节能改造需要大量的资金投入，为调动各方的积极性，急需政府出台相关的经济鼓励政策，引导市场、优化资源配置，促进节能改造的实施。

(4) 强化既有建筑节能改造监管体系

制定标准只是手段，最终的目的是要通过加强监管，强化节能改造过程中的过程管理和质量控制，通过能耗统计、能源审计、能效公示、用能定额和超定额加价等制度，建立完善的既有建筑节能改造监管体系。

4.2.3 对策与措施

(1) 继续开展能耗统计、能源审计和节能诊断工作，进一步完善大型公共建筑的能耗监测平台建设和管理，建立与定额能耗管理相对应的数据库。研究不同气候区域、建筑类型的能耗特点、能耗水平和节能改造的重点，为相关节能改造技术标准规范的制订和完善提供技术储备和基础数据。

(2) 设立专项基金，制定经济鼓励政策。由政府设立节能改造专项基金，用于既有建筑的节能改造以及建筑节能政策的制定和技术调研、科研开发、试点示范等工作。制定相应的经济鼓励政策，针对不同的产权、不同建筑类型，不同改造方案，采取全额支付、补贴、贷款贴息等多种方式的财政支持，完善合同能源管理制度。通过专业化的节能服务公司以合同能源管理方式为客户实施节能项目，解决目前所遇到的用户改造资金短缺问题，最大限度地降低改造方在技术、经济和管理等方面的风险，提高终端用户的实际运行能效。

(3) 积极开展既有建筑节能改造示范工程。通过示范工程的实践，积累节能改造

的经验，深化改造的原则、目标、实施方法和步骤，编制既有建筑节能改造的相关管理办法；促进各种节能新技术、新产品在建筑中的应用，研究不同节能技术的实际节能效果，为节能技术的进一步推广，积累经验和数据；同时加强示范项目的宣传，做好示范项目的推广工作。

(4) 建立国家建筑能耗评估体系以及建筑节能技术产品的评估认证制度。加强终端能耗管理，研究并建立我国节能建筑评定体系，实施节能建筑能耗性能评定制度；组织制定、修订和实施相关节能产品的强制性能效标准，把好市场准入关，从源头上提高设备的能源利用效率，限制并淘汰落后的高耗能设备，积极引导生产企业主动提高产品能效，加快节能技术进步；进一步规范节能评估和认证制度，扩大节能评估认证范围，提高评估和认证的知名度和社会的接受程度。

(5) 加强节能宣传，提高节能意识。加强既有建筑节能改造政策和与老百姓切身利益的宣传，提高人们的建筑节能意识，增加建筑节能知识。加强试点示范节能效果的宣传，加强既有建筑节能改造设计、施工、质量验收的技术培训，提高全社会参与建筑节能和改造的积极性。

(6) 大力推广使用高能效标识的节能灯及办公设备，鼓励充分采用自然观的绿色照明，积极推进太阳能、风能等可再生能源利用，对耗电量大、多参数控制复杂的空调采暖系统，采用先进的控制手段，充分挖掘用电系统的节能潜力。

4.3　既有建筑的电梯节能改造

4.3.1　现状、存在的问题、国内外对比

电梯是现代建筑最大的用电设备之一，在宾馆、写字楼等高层建筑中，电梯用电量占总用电量的17%～25%以上。目前我国在用电梯已达115万台左右，全年耗电量约为330亿千瓦时，电梯已成为耗能大户，电梯节能降耗已引起社会各界的广泛关注。

电梯能耗的主体是驱动系统，约占整体能耗的70%左右，我国在用电梯驱动技术经历了G-M直流电梯调速、交流双速、交流调压调速，VVVF变频调速以及最新的永磁电机、能量回馈技术等发展历程。

作为垂直交通运输设备，电梯驱动电动机通常是工作在拖动耗电或制动发电状态下。当电梯轻载上行及重载下行以及电梯平层前逐步减速时，驱动电动机都工作在发电制动状态下，此时是将机械能转化为电能，旧式电梯中这部分电能要么消耗在电动机的绕组中，要么消耗在外加的能耗电阻上。前者会引起驱动电动机严重发热，后者需要外接大功率制动电阻，不仅浪费了大量的电能，还会产生大量的热量，导致机房升温。有时还需要增加空调降温，从而进一步增加了能耗。

电梯采用变频技术后，在电机拖动环节初步具有节能效果，而近几年出现的永磁同步无齿轮技术与变频技术的结合，使节能技术又取得了重大进步。永磁同步电机可实现低速大扭矩，使电梯系统省去了齿轮减速器，免去了齿轮传动的机械损耗，经测

算，此项技术平均节能可达20%～45%。

与永磁同步电机几乎同时发展起来的能量回馈技术也是电梯节能技术的重要突破。能量回馈器可以有效地将前述处于发电状态下的驱动电动机产生的电能回送给交流电网供周边其他用电设备使用，节电效果十分明显，一般节电率可达21%～46%。此外，由于无电阻发热元件，机房温度下降，可以节省机房空调的耗电量，在许多场合，节约空调耗电量往往带来更大的间接节能效果。

我国目前电梯节能改造技术已经初步成熟，并且与国际水平完全同步，在改造过程中可根据实际条件合理选用节能技术。但目前电梯节能改造还存在以下问题：

（1）电梯节能改造标准缺失。国家强制执行的电梯质量标准是电梯安全标准，并没有对电梯节能项目进行强制性规定。各省的特种设备检验所对电梯的检验主要是对其安全性能的检验，不针对电梯本身的质量与节能情况。对电梯的全面检测多达90多项，定期检查也有50多项，但其中没有一项与电梯节能有关。

（2）政策推动不足。近年来国家相继出台的节能法规，以及近期出台的《建筑节能管理条例》和正在修订的《节能法》中，都强令开发商公示住宅的节能指标，但节能电梯却始终游离于法规政策之外。

4.3.2 技术发展政策、战略与要求

我国是一个耗能大国，同时还是一个能源利用率较低的国家，节约资源是我国的基本国策。国家实施节约与开发并举、把节约放在首位的能源发展战略。国家鼓励、支持节能科学技术的研究、开发、示范和推广，促进节能技术创新与进步。全国人大常委会于2007年10月28日通过的《中华人民共和国节约能源法》中规定，“对高耗能的特种设备，按照国务院的规定实行节能审查和监管。”

国家质检总局质检特函〔2007〕29号文件提出：要对锅炉、换热压力容器、电梯等高耗能特种设备实行能效测试，加强特种设备使用环节的节能监管。随着我国经济建设的不断发展，人民生活水平的不断提高，电梯的拥有量呈不断上升趋势，电梯的能耗也随之不断增高。因此，开展电梯的节能降耗工作已经是大势所趋，是一件利国利民的工作。

我国目前约有60%的在用电梯为高能耗电梯，要根据现场条件，科学采用永磁同步电机和能量反馈技术改造此类落后电梯，使直接节能目标达到30%～70%（现阶段仅改造这部分电梯每年节能最大可达约138亿千瓦时）。

4.3.3 对策与措施

为推动既有建筑的电梯节能改造，很有必要采取下列对策：

（1）尽快制定强制性的电梯节能标准，提出合理的节能指标来对电梯的节能性能进行检测。

（2）在推广方面切实制定操作性强的强制措施，有关部门应在工程招标、监理、验收等环节加强对电梯节能性能的审查，推动节能电梯在电梯改造中的应用。

(3) 在管理上，制订相应的管理办法，列入监理监管内容，节能不达标的电梯禁止进入改造现场，使用过程中不达标的，不整改到位不允许使用。

4.4 既有建筑地基基础加固改造及地基承载力、变形评价技术

4.4.1 现状、存在的问题、与发达国家的对比

目前，国内既有建筑改造加固工程的需求越来越大，一方面是满足人们对居住使用条件改善的需求，一方面是对建立节约型社会以及历史遗产的保护要求。

地基土在建筑物长期荷载作用下，地基承载力、变形特性与原地基相比有较大变化。既有建筑地基承载力的评价方法，对地基基础加固改造具有重要指导作用。既有建筑地基承载力的评价方法主要有现场测试法、土工试验结果计算法、经验法和基础下载荷试验法。上述方法在使用时，或是因为现场测试点的位置布置，或是测试结果的评价的相关性，或是取土位置的非直接性，以及经验的非确定性，使得既有建筑加固改造的地基承载力、变形评价技术的经验成分居多，直接测试结果较少，存在许多非确定性。国家"十一五"科技支撑计划课题"既有建筑安全性改造技术研究"子课题"既有建筑地基基础改造与加固技术研究"对已有房屋地基基础鉴定和加固方法、承载力和变形性状进行了研究。但对于不同结构形式的既有建筑地基评价方法、加固后地基变形计算方法和相应的工程设计、施工标准有待作进一步研究。

国外对既有建筑的改造与其保护相结合，对若干历史保留建筑进行功能改造，保留建筑物外貌而进行现代化使用条件的改造加固。

4.4.2 技术发展政策、战略与要求

在既有建筑地基基础加固改造中，地基承载力和变形评价方法应以对改造后建筑的新旧基础承载力设计和变形协调控制为主。加强对既有建筑地基基础改造加固的地基承载力和变形评价方法的研究，制定相应的设计、施工标准，对保证该类工程质量和安全，提高施工水平具有现实意义。

4.4.3 对策与措施

(1) 研究新旧基础连接的地基承载力、变形评价方法。

(2) 制定加固基础的设计标准。

(3) 编制既有建筑改造加固施工技术及控制标准。

(4) 研发既有建筑改造加固的新技术、新工法研究。

4.5 既有建筑检测及评价技术

4.5.1 现状、存在的问题、与发达国家的对比

近20年来，随着我国建筑业的迅猛发展和大量既有建筑工程改造，建筑物检测

与评价技术得到了迅速地发展，尤其是新建建筑的材料检测、工程竣工验收常规检测、结构实体检测方面已经取得了较大进步，相应的技术标准也已陆续颁布实施，已经形成了相对成熟的检测与评价技术体系。但建筑投入使用变成既有建筑后，受时间、环境、人为等因素的影响，既有建筑的使用性能由于没有定期检测与评价的机制，建筑物病态使用得不到及时发现，导致建筑寿命折损，存在极大的安全隐患，更为严重的是由于不要求对既有建筑进行定期检测与评价，大家对既有建筑检测的积极性不高，加上既有建筑检测与评价受现场条件限制而且影响因素多，需要做大量的基础检测研究工作，需要制订一系列检测和评价标准，难度很大，如果不采取政策和技术攻关综合措施，很难改变我国既有建筑检测与评价落后的局面。

新建工程中可以通过项目前期的节能设计达到相应的指标，而现存的大量既有建筑在原设计时并未考虑当前的节能指标，由于既有建筑的材料性能检测不同于新建工程，材料已经使用一段时间难以还原成新材料而且节能性能指标未知，需要在对既有建筑进行现场检测与评价的基础上，确定建筑保温隔热节能改造方案。既有建筑的保有量巨大，提高既有建筑的节能效率将是关系国家节能减排政策落实效果的重中之重。因此，对既有建筑物开展保温隔热节能检测是落实国家节能减排政策的重要环节。

国外发达国家十分重视对投入使用后的既有建筑检测与评价，既有建筑不管是否出现问题都要定期进行体检式的检查，防患于未然，发现问题及时处理，并将问题反馈到后续的新建建筑加以完善。在建筑有良好的使用功能和水平的前提下，科学合理地设定建筑装饰装修使用寿命，物尽其用，根据建筑室内装饰装修通常 5～10 年更换装饰效果的特点，材料设计和选择以保证该使用期内不出问题为目标，避免了化学装饰装修材料等因片面追求长寿命带来高制作成本，定期更换时材料性能良好造成不必要的浪费。但在室外受日晒雨淋长期使用的条件下，则优选耐老化、性能优良的长寿命的材料，避免出现频繁更换成本和影响使用。由于既有建筑检测项目、方法、仪器设备和评价标准完备，形成了良性循环的发展。

4.5.2　技术发展政策、战略与要求

为了提高我国建筑材料设计、研发、生产和应用水平，使国家节能减排政策在巨量的既有建筑改造中得到真正落实，必须加强既有建筑检测及评价技术研究和相应政策的支持力度，要做好以下几方面工作：

（1）建立既有建筑定期强制检测及评价制度。既有建筑不管是否出现问题都要定期进行体检式的检测及评价，防患于未然，发现外墙饰面脱落、通风换气不良、渗漏水、保温失效、化学建材老化等影响使用的问题及时处理，并将问题反馈到新建建筑加以完善。只有建立起既有建筑定期强制检测及评价制度，形成有形的检测市场，调动各方面的积极性，才能把既有建筑检测及评价工作开展起来。

（2）大力开展既有建筑检测及评价技术研究。既有建筑检测及评价技术研究受现场条件限制而且影响因素多，需要做大量的基础检测研究工作，需要制订一系列检测和评价标准，难度很大。既有建筑检测以现场检测为主，不具备新建建筑在实验室进

行建筑材料性能和门窗气密性、水密性、抗风压、隔声性、保温隔热性等检测条件，现场检测结果与实验室检测结果的相关性需要大量检测数据积累，需要创新性的研制适用于现场检测的便携式检测仪器设备，做到技术先进、实用、可靠。当前要结合国家节能减排的政策要求，将既有建筑的保温隔热节能检测技术作为重点发展方向。

（3）加大科研攻关和资金投入。建筑材料使用寿命设计和既有建筑检测及评价技术涉及建筑科研、设计、施工、材料、检测、维修、管理等很多行业和部门，要兼顾安全性、适用性、经济性等很多方面，组织协调工作十分重要。新材料、新技术等缺少数据积累，需要对新型建筑材料抗老化使用寿命及相关检测技术开展重点研究，以应对不断出现的新型建筑材料在建筑方面能被科学合理的应用，确保新型材料的使用有据可依，避免造成检测手段不到位引起的工程质量问题。以上都需要以国家攻关课题的形式联合大家开展工作。开展这些基础性的公益性工作需要有足够的资金支持。

（4）规范检测队伍。既有建筑检测及评价技术要求较高，需要进一步规范检测鉴定行业，提高检测鉴定机构的技术能力，建立诚信机制，确保工程建设质量和既有建筑的使用安全。对有创新、贡献突出的单位和个人给予宣传和奖励。

4.5.3　对策与措施

（1）国家出台开展既有建筑定期强制检测及评价制度的进度计划，配套既有建筑维修改造实施政策要求，明确资金来源和节能减排指标，促成既有建筑检测市场发展，调动各方面的积极性，尽快把既有建筑检测及评价工作开展起来。

（2）大力开展既有建筑检测及评价技术研究，研究不同现场条件、不同影响因素下检测结果的差异和修正方法，制订一系列检测和评价标准。在实验室对新建建筑的材料性能和门窗气密性、水密性、抗风压、隔声性、保温隔热性等进行检测，与完工后进行现场检测的结果进行比较，找出现场检测与实验室检测结果的相关性，创新性的研制出适用于现场检测技术先进、实用、可靠的便携式检测仪器设备。结合当前国家节能减排的政策要求，将既有建筑的保温隔热节能检测技术作为重点发展方向。

（3）加大科研攻关和资金投入，将建筑材料使用寿命设计和既有建筑检测及评价技术研究纳入国家“十二五”科技攻关课题，联合建筑科研、设计、施工、材料、检测、维修、管理等行业和部门，组织协调大家开展工作。充分考虑建筑安全性、适用性、经济性等不同方面，将新材料、新技术作为重点，积极推动新型建筑材料抗老化使用寿命及相关检测技术研究，以应对不断出现的新型建筑材料在建筑方面科学合理的应用，确保新型材料的使用有据可依，避免造成检测手段不到位引起的工程质量问题。为开展这些基础性的公益性工作提供足够的资金支持。

（4）对检测鉴定行业进行统一规范化管理，制定检测鉴定机构的资质管理等规定，解决目前在全国范围内的资质不统一问题，避免造成市场混乱和检测鉴定工作的地区差异化，为检测鉴定行业营造良好的市场氛围。提高检测鉴定机构的技术能力，建立诚信机制，确保工程建设质量和既有建筑的使用安全，对有创新、贡献突出的单位和个人给予宣传和奖励。

第5章 建筑业施工技术的提升

提高我国建筑行业的施工技术，也是有效实现节能减排目标的一个重要方面。

要全面改变我国目前钢筋在施工工地加工的落后施工方法，将钢筋的加工工厂化、市场化与商品化，减少施工现场钢筋加工的浪费，提高工效、保证质量。全面推广与采用钢筋机械连接技术与锚固板技术，在工厂做好钢筋的连接螺纹加工及钢筋锚固板的加工，保证钢筋连接与锚固质量、提高施工功效、节约钢筋用量。

为减少工地现场的施工湿作业，减少模板消耗、保护环境、加快施工速度、节约人力资源与节约混凝土材料，应开展新时期房屋建筑预制工业化施工技术的研究与应用，预制施工技术对节能减排有积极意义。

在工程建设中积极推广绿色施工技术，在保证质量、安全等基本要求的前提下，通过科学管理和技术进步，最大限度地节约资源与减少对环境负面影响的施工活动，实现四节一环保（节能、节地、节水、节材和环境保护）。

在全面实施商品混凝土的同时，应积极发展预拌砂浆技术，预拌砂浆具有产品质量高、品种全、生产效率高、使用方便、对环境污染小、便于文明施工等优点，它可大量利用粉煤灰等工业废渣，并可促进推广应用散装水泥。

5.1 钢筋综合加工与配送技术

5.1.1 现状、存在的问题、国内外对比

2008年我国钢铁产量达到5亿吨，占全球总产量的36.4%，遥居全球首位，且产量超过第二到第八的总和，钢铁市场供大于求，钢铁工业粗放型发展积累的矛盾日益凸显，我国钢铁行业同质化竞争越演越烈。2008年我国热轧带肋钢筋消费11682万吨，占建筑钢材消费量的42%，占实际消费钢材总量的23.36%。如此巨大的钢筋用量为钢筋机械的发展提供了广阔的市场空间。

在上述市场背景条件下，钢筋综合加工与配送技术正逐步发展起来，它是将建筑工程所需要的各种不同类型的钢筋在工厂中加工成型，然后直接配送至各个建筑工地。该方式的最大优势是：1）节省人工，降低钢筋损耗，提高劳动生产率，降低施工成本；2）使施工现场的管理程序简单化；3）保障施工进度，提高工程施工质量。

目前钢筋综合加工与配送技术已在一些大型工程项目和大城市中初步出现，但占总体比例较小，该行业还存在如下问题：

（1）自动化控制性能较高的钢筋机械制造和研发企业少，市场上使用最多的设备还是单机式的钢筋加工设备。目前国内能够达到综合工程钢筋专业化加工配送的企业约为20多家，但是工艺流程、加工设备、技术水平相差较大，能够进行加工配送的只有北京首钢新钢联、北京物协、山东博远、北京中建利源、广州裕丰、山西朔州煤

矿等几家企业，要满足我国工程建设施工需要还相差甚远；

(2) 国内市场缺乏适用于大批量专业化加工钢筋的高效设备，许多施工企业大量从国外购买，制约了钢筋加工行业的发展；

(3) 国内少数企业近年来开发的钢筋机械新产品，工作稳定性和自动化控制性能与国际先进水平相比还存在一定差距；

(4) 钢筋专业化加工配送的理念只在少数企业逐渐树立，多数施工企业还不了解其优势所在，制约了钢筋工业化生产的推广，我国当前大部分钢筋工程仍以施工现场工地加工、单机设备生产为主；

(5) 钢铁物流的加工配送已成为这几年外资进入的一个热点，而国内已建立成系统的钢铁加工配送中心仅仅有宝钢、鞍钢等几家企业。外资企业已经在相当程度上占领了中国的钢铁物流市场，这对中国的钢铁企业来说是一个严峻的形势。

早在20世纪70年代，欧美国家就已经出现钢筋专业化加工配送供应方式，当时随着一些钢筋加工厂以第三方供应商的出现，钢筋加工就开始专业化生产。据统计，目前发达国家钢材的综合深加工比可达50%以上，其中线材达60%，棒材达到40%，管材达30%，板材达70%左右。国际先进钢铁企业主要通过完善的营销网络和加工配送中心来提高钢铁产品的销售服务，同时加工服务中心也是提高钢铁售后服务不可或缺的一部分。通过加工服务中心实施以物流、信息流、资金流为一体的全方位管理，把运输、仓储、切割、包装、装卸等组合成一条环环相扣的链条，将航空、铁路、公路运输紧密连接，按需、按时、按质、按量，以最低的成本把所需的品种、规格加工配套，送抵终端用户，从而实现利润最大化。

5.1.2　技术发展政策、战略与要求

从世界钢铁产业发展趋势来看，建立完善的钢材深加工配送产业链体系，既是钢铁企业生存发展的需要，也是应对全球化挑战的必然。因此，要全面改变目前我国钢筋在施工工地单机加工的落后施工方法，要开发和推广应用商品钢筋配送成套设备和钢筋构件现场加工成套设备，实现钢筋加工的工厂化、专业化及钢筋配送商品化，主要包括钢筋加工成型（调直、切断、棒材弯曲、箍筋弯曲）、钢筋网成型和钢筋笼柱成型等，减少对进口设备的依赖，减少施工现场钢筋加工的浪费，节约钢筋用量5%～8%（相当于660～1000万吨钢材），并提高工效、保证质量。

5.1.3　对策与措施

(1) 制定有关钢筋综合加工与配送技术标准，规定节能节材、安全、保护环境方面的要求，并列入强制性条款，保证本项技术优势的发挥。

(2) 在推广应用上制定强制性措施，要在工程招投标、监理、验收等几个重要环节将钢筋综合加工、配送技术的设备及加工品的性能、指标列为重要考核项目，促使施工企业选择节能、环保、安全高效的机械。

(3) 在管理上，制订相应的对于钢筋产品配送的质量标准与管理办法，列入监理

监管内容，不达标产品禁止进入工地，使用过程中不达标的，不整改到位不允许使用。

5.2 建筑施工机械与装备

5.2.1 现状、问题与技术发展政策、战略

建筑施工机械与装备是完成建筑施工必不可少的关键支撑，是完成绿色建筑实现“资源节约、环境友好、过程安全、品质保证”的可持续发展的目标的根本保障。

建筑施工机械与装备经历了几十年的发展，已经取得了很大进步，但各类设备主要还处于满足基本工作需求的水平，与国外同类设备相比，在节能环保、安全性、技术系统性、工作能力等很多方面仍存在诸多不足。

在技术发展政策、战略方面，要紧密结合建筑施工的发展，最大限度地满足施工的需要，本着“经济适用、性能优良、安全可靠、节能减排”的原则，为建筑业可持续发展提供装备支持。到2015年，力求使国产绝大多数机械产品达到当时国际水平。现将本领域主要存在的问题和具体技术策略分述如下：

(1) 基础施工机械。要结合新的施工工艺、工法，重点开发和推广应用旋挖钻机、地下连续墙施工用液压冲击抓斗、双轮铣槽机等低噪声挖掘精确的节能型施工机械，取代施工土方量大、回填量大，施工耗水量大、噪声大、能耗高的传统机械。

(2) 起重升降机械。其一，要开发大吨位、大高度、高速度起重机、升降机，满足重大工程需求，减少进口；其二，起重升降机械具有典型位能负载的工作特征，节能潜力很大，故要重点开发和推广使用具有能量反馈的节能型起重升降设备，使节能率达到10%～20%；其三，起重、升降设备又是施工设备装备中安全事故多发的设备，因此要重点开发和推广使用起重机安全监控信息化管理系统，对新制造的起重机、升降机安装率要达到100%（国家标准中已明确要求）；并对目前在用的起重机、升降机进行技术改造，加装此系统至少达到80%以上，从根本上解决起重机、升降机安全事故多发的历史难题。（国际上欧盟、美国已有了事故下降80%的成熟经验），使超载事故率下降50%以上。

(3) 砂浆机械。砂浆施工是建筑施工中机械化程度最低的环节之一，大部分工程仍在使用现场搅拌砂浆，砂浆施工还是以传统人工为主，环保性差、效率低、施工质量不稳定，工作条件恶劣、劳动强度高；要研发和推广使用成套干混砂浆机械，从根本上保证干混砂浆取代现场搅拌砂浆的落后状况，重点开发砂浆储运、连续搅拌、连续输送、喷射上墙、摊平抹光设备，实现系统的机械化施工，节约砂浆20%以上，并提高工程质量，降低工程造价，提高施工效益。

(4) 建筑垃圾处理机械。我国建筑垃圾处理设备发展历史较短，设备技术还相对短缺，但建筑垃圾造成的环境问题已日益严重，建筑垃圾处理在节能减排目标中占有很大比重。要加快速度、大力研发和推广使用钢筋混凝土破碎、分类、回收、再利用成套设备，最大限度地减少污染，并进而变废为宝，减少对天然砂石等原材料资源的

采掘，达到双重环保效果。

（5）高处作业机械。其一，在高层建筑主体结构施工领域中，要重点开发和推广使用附着式动力升降模架取代大面积使用、事故多发、浪费钢材严重的脚手架，逐渐实现无脚手架作业，到2015年，应将现有的脚手架使用量再减少50%以上。日本、美国、欧洲等诸多国家在20世纪60年代就开始无脚手架施工，目前，除极个别特殊施工工位外，已达到80%无脚手架施工。其二，在高层建筑外墙清洗维护施工领域中，要用动力升降高处作业吊篮和擦窗机替代“蜘蛛人”和土吊篮作业；目前，我国从事高层建筑外墙清洗维护作业的企业多达20万家，仅北京市从业人员就多达上百万人，由于大多采用“蜘蛛人”座板式单人吊具和土吊篮作业，存在重大安全隐患，2007年全国共发生房屋建筑和市政工程建筑施工事故859起、死亡1012人，其中高处坠落事故的死亡人数占全部事故死亡人数的45.45%，而在高处坠落事故中，“蜘蛛人”高空坠落又占到了一半左右。其三，在钢结构安装工程、桥梁、隧道等公共设施的安装工程和检测、检修与维护作业中，用先进的高空作业机械来代替脚手架施工作业，以确保施工人员的生命安全和提高工作效率和施工质量。

（6）混凝土机械。要开发和推广使用环保型混凝土机械：其一，目前我国的商品混凝土得到了较好的普及，但生产过程中，粉尘排放量仍旧较高，造成水泥浪费和环境污染，因此需研发和普及排放量低的搅拌站；其二，我国目前对各类混凝土机械设备在清洗过程中产生的废弃物回收利用技术缺乏研究，造成不小的材料浪费和环境污染，应加强对泵车、运输车、搅拌机等主要设备的清洗废弃物回收利用系统的研究。到2015年，应将生产过程中的排放再降低50%～80%。

（7）建筑机械信息化管理。要开发和推广应用大中型机械和危险性较大的设备的无线远程信息化管理系统，提高管理水平，降低管理成本，使管理具有实时性。

5.2.2 对策与措施

（1）系统清理建筑施工机械与装备各项相关技术标准，确定制定和修订项目，加强标准在节能减排安全、保护环境方面的要求，并列入强制性条款，使产品出厂就达到标准。

（2）在推广应用上制定强制性措施。建筑机械是服务于工程施工的装备，要在工程招投标、监理、验收等几个重要环节将机械的性能、指标列为重要考核项目，促使施工企业选择节能、环保、安全高效的机械。

（3）在管理上，制订相应的管理办法，列入监理监管内容，不达标的机械设备禁止进入工地，使用过程中不达标的，不整改到位不允许使用。

5.3 钢筋机械连接与钢筋锚固板技术

5.3.1 现状、存在的问题、与发达国家对比

钢筋机械连接技术在我国开发应用已近20年，接头产品从套筒冷挤压接头、锥

螺纹接头、镦粗直螺纹接头到滚压直螺纹接头经历了多次更新换代，产品应用范围亦已从房屋建筑扩展到桥梁、隧道、核电站、地铁、水利工程等土木工程领域；钢筋机械连接技术已成为我国钢筋工程中主导的钢筋连接技术。20年来，我国自主开发的钢筋机械连接技术对提升我国钢筋工程施工技术水平、改善连接质量、节约钢材、加快施工速度、安全环保均起到良好效果。近年来由中国建筑科学研究院新开发的钢筋锚固板技术是钢筋的一种新的锚固技术，区别于传统的弯折锚固，其性能可靠，构造简单，非常适合于钢筋密集的节点区，对简化钢筋工程、提高混凝土工程质量具有积极的意义，已先后在房屋建筑、核电站、岩石锚固等工程领域应用，具有良好推广应用前景。我国钢筋机械连接技术总体上接近国际先进水平。钢筋接头产品已出口数十个国家，产品质量能满足先进工业国家相关标准要求。钢筋锚固板也有较高技术水准，有自己的专利，已获美国西屋公司认可，在其设计的浙江三门和山东海洋AP1000第三代核电站应用。

国内钢筋连接技术的研发投入仍不足，大部分企业以模仿为主，自主创新产品并不多，其中，最为薄弱的是接头加工设备仍不完善，设备的质量稳定性还不高，尤其影响在国际市场上的竞争力；产品配套性较差，品种系列也不完整，与国际先进接头公司产品系列的完整性和管理水平有较大差距。

5.3.2 技术发展政策、战略与要求

进一步完善产品品种和系列，适应各类用户和不同工程的需要；完善现有接头产品系列，加强配套性、完整性；改进和完善接头产品的加工机械，提高机械产品质量稳定性，提升其自动化水平；研究套筒产品大规模批量生产工艺，提高生产效率、降低成本。

今后的发展战略应在提高产品质量和降低成本基础上，继续扩大在工程中的应用份额，节省钢筋材料，赶超国际先进水平。

5.3.3 对策与措施

加强研发工作，并积极参与国际竞争，通过与国际先进公司的竞争，提升国内相关技术水平，政府支持钢筋机械连接技术的应用，完善相关标准规范，将钢筋锚固板等技术列入相关混凝土结构设计规范中。

全面推广与采用钢筋机械连接技术，保证钢筋连接质量、提高施工功效、节约钢筋用量。

5.4 房屋建筑预制装配工业化施工技术

5.4.1 现状、存在的问题、与发达国家对比

装配式混凝土建筑（以下简称装配式建筑）是一种部分或全部构件在工厂预制、经过运输、在现场组装而成的工业化程度较高的建筑结构。二次世界大战后，在苏

联、英国、南斯拉夫等欧洲国家的战后重建中，装配式建筑具有施工速度快、工期短、用工少、对施工环境要求相对低、适合工业化等优点，成为当时的主要建筑体系之一。我国从 20 世纪 60～70 年代开始，借鉴苏联和东欧国家的经验，在混凝土装配式框架、装配式大板、升板、盒子结构领域开展了系列研究和工程应用，并取得了一定的成效。

国外的装配式建筑一直处于发展过程中，目前已从最初的追求经济、快速的施工模式发展为施工质量高、结构性能好、环保指标高的现代化建筑体系。美国、日本、丹麦等国家都已代替早期的欧洲国家成为装配式建筑发展的发达国家。目前，预制装配式结构在混凝土结构建筑中所占的比例，美国约为 35%，欧洲约为 35%～40%，新西兰、新加坡、日本则超过 50%。

从 20 世纪 80 年代开始，我国装配式建筑在混凝土结构中的比例逐渐降低，到本世纪初已形成现浇混凝土结构占绝对主导的比例，装配式建筑仅在大型公共建筑、工业建筑等领域仍有少量应用。

我国近年来随着经济水平的不断发展，房屋建筑工程量逐年增加，虽然装配式建筑所占的比例未有增加，但总工程量也在不断发展。其中在公共建筑（如北京奥运场馆等）、大跨度工业建筑以及市政基础设施等方面的应用量不断增多。对于住宅的预制装配工业化正处在研发与试点阶段。

与发达国家相比，目前我国装配式建筑在使用功能、结构整体性及抗震性能、劳动力成本及建筑机械化水平、政府配套政策等方面均存在一定的差距。装配式建筑设计较为复杂、施工技术要求高，在高效率、高性能、绿色环保等优点难于完全体现的情况下，其推广应用工作仍需进行较多的基础工作。

近年来，“节约资源”、“保护环境”已被确立为基本国策，建筑业也提出了“四节一环保”的产业，整个建筑行业中房屋结构造价占售价的比例不断降低、劳动力成本逐步上升、建筑质量要求不断提高等变化，都为装配式建筑的发展提供了广阔的空间。

5.4.2　技术发展政策、战略与要求

应根据我国建筑业目前发展的阶段，合理制订装配式建筑的推广目标和手段。应积极争取国家、行业的支持，尽可能为装配式建筑制订合理的发展政策，给予适当的优惠和引导，合理调整房屋建造、使用过程中的各方利益，以达到整个社会实现“节约环保”的最终目标。

可选取典型建筑类型，开展工程试点及推广工作。如城市廉租房、学生公寓等重复性较大的建筑；如类似城市停车场的典型建筑，可重复采用相同的标准化构件，且国外的先进经验可为借鉴。

5.4.3　对策与措施

对国、内外相关经验进行充分的调研与综述，针对建筑问题、结构问题、施工安

装及配套设备、专项技术等问题开展专项研究。

做好相关标准规范的制订、修订工作。对现有标准中空白的技术，要配套编制相应的工程建设标准；对与现有标准规定相矛盾的技术，在充分研究、论证的基础上，对现行标准内容提出补充、完善和修订建议。

为工程应用提供必要的技术资料，如各种类型的详图图集、手册，配套应用软件，各种建筑类型的标准化施工图等。

建立“产、学、研”相结合的装配式建筑推广应用团队。培养专业的设计队伍，扶植、培养专业的预制构件生产企业，建立、扶植专业的安装、施工企业，建立设计、制作、施工及技术支持单位各方的协作关系，提高构件生产企业、施工企业的二次设计能力。

5.5 绿色施工技术

5.5.1 现状、存在的问题、与发达国家对比

据统计，在建造和使用过程中直接消耗的能源占全社会总能耗的近 30%，建筑用水、钢、水泥等都占很大比例。比如建筑用水，据有关方面统计，全国每年缺水量达 60 亿吨，有 1/6 的城市严重缺水。我国年混凝土制成量达 20 亿立方米，配制这些混凝土所需的用水量约有 3 亿多立方米，再加上混凝土养护用水量（如果按照传统做法浇水养护，水的消耗量将超过搅拌用水），相当于每年 60 亿吨缺水量的 1/10。而且目前施工用水几乎都是自来水，造成不必要的浪费，因为混凝土搅拌和养护完全可以使用中水。尽管建筑施工水资源的消耗量相对于高水耗工业企业，单位产值耗水量比重较低，但是工程建设本身的流动性和临时性造成施工用水管理比较粗放，还有较大的水资源节约和再利用的空间。比如建筑垃圾，根据北京、上海两地统计，每施工一万平方米建筑平均产生建筑垃圾 500～600 吨，而这些建筑垃圾可以通过做骨料、铺路等方式再利用。由此可见，建筑业在贯彻国家节能减排战略、建设资源节约型环境友好型社会方面的潜力巨大，责任重大，固守传统的施工模式已不能适应科学发展观的要求。因此，以资源的高效利用为核心，以环保优先为原则，追求高效、低耗、环保，统筹兼顾，实现经济、社会、环保（生态）综合效益最大化的绿色施工模式应运而生，成为施工技术发展的必然趋势，成为施工企业可持续发展的必然选择。因此，绿色施工是贯彻落实科学发展观的具体体现；是建设事业可持续发展的重大战略性工作；是建设节约型社会、发展循环经济的必然要求。

2008 年住房和城乡建设部颁发《绿色施工导则》，要求在工程建设中推广绿色施工技术，导则中明确，绿色施工总体框架由施工管理、环境保护、节材与材料资源利用、节水与水资源利用、节能与能源利用、节地与施工用地保护六个方面组成。绿色施工是指工程建设中，在保证质量、安全等基本要求的前提下，通过科学管理和技术进步，最大限度地节约资源与减少对环境负面影响的施工活动，实现四节一环保（节能、节地、节水、节材和环境保护）。由此，绿色施工的概念正式被全国认可并推行。

两年来，随着导则的实施，绿色施工管理与施工技术成为全国建筑行业研究与实践的广泛课题。

但总体来看，绿色施工的推行处于目前这样一种状况：

（1）传统的文明施工、环境保护、职业健康安全、施工成本等管理理念没能系统地升华到绿色施工概念，只是简单地加以汇总，没能深刻体现“绿色施工”的理念。

（2）由于绿色施工技术的发展水平不同，各个建筑施工单位绿色施工的管理理念不同，绿色施工水平不尽相同。

（3）随着绿色施工的不断实践，各个地方行政管理部门、企业在不断研究绿色施工管理及技术，绿色施工的概念在不断得到补充和丰富。各地纷纷制定绿色施工导则或管理办法，如北京已经制定了北京市绿色施工导则，长沙正在制定地方绿色施工导则，天津开发区生态城制定了绿色施工管理和技术规程，深圳正在制定绿色施工评价标准并评选示范工程等。

目前，我国绿色施工技术尚处于研究与发展阶段，同时也有一定的基础，具备以下特点：

（1）长期的“四新技术”的不断推广应用，为建筑业迎接“绿色施工时代”的到来打下了一定的技术基础和物质基础。尤其一些大型建筑企业，开始改进和升级企业的施工工艺标准，研发和应用“节材、节能、节水、节地”新技术，及非传统资源的应用技术，正在向绿色施工技术过渡。

（2）建筑企业长期以来不断实施的“环境保护”、“职业健康安全”、“质量保证体系”、“文明施工”“施工节约”等活动，为绿色施工技术的应用，提供了有一定连续性的管理基础。一些大型建筑企业，开始着手研究绿色施工管理，将绿色施工要素进行系统化适用，并开展绿色施工示范工程。

（3）随着我国科技水平和经济能力的提高，在国家整体建筑业发展上，大力研究和发展绿色施工技术，已经具备了坚实的经济基础。目前一些相关科研院所、企事业单位，正在绿色施工领域开展研究。

（4）绿色施工技术虽然在全国各地蓬勃发展，但缺乏系统性和统一的规划。根据目前调查，住房和城乡建设部《绿色施工导则》颁发后，各地行政部门正在进行有关绿色施工的规划工作，但由于绿色施工基础资料和可以参照的资料较少，重点放在规范绿色施工管理上，对于绿色施工技术的研究比较滞后。

（5）由于各地经济条件和施工技术水平的差异，出现了经济发达地区绿色施工起步较快，经济欠发达地区起步较慢的状况。

发达国家在绿色施工技术上已经实现了是信息化施工，这是一种依靠动态参数（作业机械和施工现场信息）实施定量、动态（实时）施工管理的绿色施工方式。它运用硬件（传感器、电视摄像机、GPS系统、遥控装置、计算机等）和计算软件进行施工运行管理、机械管理、劳务管理等，从而可以优选最适宜的匹配机种、机台数量并能实时调配，以最少的机种和机台数量高效完成工程任务，达到高效、低耗、环保的目标。

虽然西方发达国家工业革命较早，经济相对发达，绿色施工起步较早，但绿色建筑的理念也因本国国家情况不同而不同。如美国注重整体绿色建筑目标的达到，绿色施工只是其中的一个环节，并没有刻意要求得很详细，注重的是理念；日本非常关注建筑材料的重复循环再利用，根据清水公司的资料，其建筑材料的重复循环在利用率超过90%；英国更关注碳的零排放目标。

相比之下，我国的绿色施工尚处于起步阶段，但是发展势头良好。住房和城乡建设部出台的《绿色施工导则》仅仅是一个开端，还属于导向性要求。相关绿色施工法规和标准都还没有跟上，尤其量化方面的指标，比如能耗指标，评价标准等；在绿色施工的政策与技术研究，制订有关技术经济政策，发展绿色施工的新技术、新设备、新材料与新工艺，开展应用示范工程等方面还不够完善，与发达国家存在较大的差距。

5.5.2 技术发展政策、战略与要求

胡锦涛总书记在十七大报告中指出，要促进国民经济又好又快发展，加强能源资源节约和生态环境保护，增强可持续发展能力。因此，建筑业可持续发展必须满足国民经济又好又快发展的需要，同时建筑业自身也必须符合国家节约资源能源和生态保护的基本要求。绿色施工技术是以资源的高效利用为核心，以环保优先为原则，追求高效、低耗、环保，统筹兼顾，实现经济、社会、生态综合效益最大化的施工模式。《绿色施工导则》提出运用ISO14000和ISO18000管理体系，将绿色施工有关内容分解到管理体系目标中去，使绿色施工规范化、标准化，真正实现建筑施工绿色化。

对于绿色施工技术的发展，根据我国现状，尚需要解决如下问题：

(1) 需要建立统一的绿色施工技术标准，以指导全国绿色施工活动。

(2) 制订激励绿色施工的相关政策，如鼓励相关研究机构对绿色施工技术的研究等，政府投资项目强制实行绿色施工等。

(3) 通过规定或立法，将绿色施工强制化。

绿色施工技术对于工程施工而言，并不是全新的概念，降低施工噪声、减少施工扰民、减少材料的损耗与杜绝马路遗撒等在大多数施工现场都会引起重视。而可持续发展思想在工程施工中应用的重点在于将“绿色施工管理及技术”作为一个整体理念运用到工程施工中去，以便在建造过程中对环境、资源造成尽可能小的影响。

从战略角度看：未来十年或更远，将是我国建筑业进行绿色施工的重大变革时期，可以形容为“绿色施工技术革命”。

(1) 国家、地方绿色施工法律、法规逐渐出台，绿色施工技术在施工活动中将起到关键作用，将有力推动我国建筑业施工进行深层次的变革，包括管理理念、经营理念、施工方法、四新技术的应用等各个方面。

(2) 建筑施工企业作为施工活动的主体，在未来几年内绿色施工技术将首先在建筑施工企业迅速展开，同时带动各相关领域对绿色施工技术的开发与研究，新的绿色施工技术不断推陈出新。

(3) 实施绿色施工将使我国建筑业更加开放，不断引进国外先进的绿色施工管理

及技术，以满足国内绿色施工的需要。

在工程项目的施工阶段推行绿色施工，主要包括选择绿色施工方法、采取节约资源措施、预防与治理施工污染和回收与利用建筑废料四个方面内容。绿色施工技术并不是完全独立于传统施工的施工体系，它是在传统施工的基础上按科学发展观对传统施工体系进行创新和提升，其主要技术要求如下：

(1) 绿色施工技术系统化

施工技术是一个系统工程，它包括施工组织设计、施工准备（场地、机具、材料、后勤设施等准备），施工运行、设备维护和竣工后施工场地的生态复原等。传统施工也有节约资源和环保指标，但往往局限于选用环保型施工机具和实施降噪、降尘的环保型封闭施工等局部环节，而绿色施工要求从施工组织设计开始的施工全过程（全系统）都要贯彻绿色施工的原则。

(2) 绿色施工技术社会化

在传统施工中，设法节约资源和保护环境主要是施工企业的现场施工人员，而绿色施工要求全社会（政府主管部门、业主、施工企业、广大民众）达成绿色施工的共识，支持和监督绿色施工的实施。按照绿色施工的要求，业主和施工企业的全体人员都担负着绿色施工的相应任务，让员工认识到除了在施工环节注重环保外，对生活垃圾和施工污水也进行无害化处理，以保护环境。

(3) 绿色施工技术信息化

在施工中工程量是动态变化的，随着施工的推进，工程量参数实时变化，传统施工是粗放型施工，施工机械的机种和机台数量往往采用定性方法选定，固定的机种和机台数量不能有效地适应动态变化的工程量，所以会造成机种不匹配、机台数量偏多或偏少、工序衔接不顺畅或脱节等弊病，很难实现高效、低耗、环保的目标。

(4) 绿色施工技术一体化

在确保完成工程任务的前提下投入的工程机械和机台数越少，则工程的工效、耗料、环保的指标数就越好，所以一体化施工技术成为实施绿色施工的又一重要施工方式，一体化作业工程机械成为国内外著名工程机械厂商竞相开发的新机种。

5.5.3 对策与措施

当前我国绿色施工技术推行有限，还未达到系统综合的程度，绿色施工技术的作用并不明显。这除了认识上的不足外，企业管理水平低，绿色施工经济性效果较差是一个主要原因。因此，实施绿色施工技术，必须要实施科学管理，提高企业管理水平，使业主充分认识到进行绿色施工的必要性，并留出充分的绿色施工费用，施工企业也应从被动地适应转变为主动的响应，使企业实施绿色施工制度化、规范化，这将充分发挥绿色施工对促进可持续发展的作用，增加绿色施工的经济性效果，增加业主和施工企业采用绿色施工的积极性。

因此，要实现绿色施工，其对策和措施主要有以下几方面：

(1) 加强研究和积累，建立完善绿色施工的法规标准和制度。

（2）加强绿色施工技术的研究，并积极宣传推广。

（3）以绿色施工应用示范工程为切入点，建立完善激励机制。

（4）积极发挥建筑业企业实施绿色施工的主力军作用。

（5）加强绿色施工宣传和培训，创造良好运行环境。

5.6 预拌砂浆

5.6.1 现状、存在的问题、与发达国家对比

我国传统的现场拌制建筑砂浆存在很多弊端，如砂浆质量不稳定、文明施工程度低以及污染环境等。商品砂浆则是近年来随着建筑科技进步和文明施工要求发展起来的新型建筑材料，它具有产品质量稳定、品种齐全、生产效率高、使用方便、对环境污染小等优点，它还可大量利用粉煤灰等工业废渣，并可促进推广应用散装水泥。由于在品质、效率、经济和环保等方面的优越性，我国已经开始逐步取消现场拌制砂浆，积极推广应用商品砂浆。

商品砂浆最早起源于奥地利的干混砂浆，20 世纪 50 年代以后欧洲的干混砂浆迅速发展。欧美等发达国家商品砂浆占其砂浆总量的比例很高，欧洲大约 85%的建筑砂浆属于干混砂浆。欧洲至今已开发出了 1000 多个预拌砂浆品种，包括适合不同功能要求的系列产品，几乎覆盖从地下室到屋面，从外墙到内墙，从桥梁、隧道到饮水工程等，并且仍继续不断地研发新产品。亚洲的韩国、新加坡也迅速发展了预拌砂浆，预拌干混砂浆的市场份额很高。

相比于上述发达国家和地区，我国目前的建筑工程量如此巨大，世界上几乎一半的水泥消耗在我国，但是我国商品砂浆年用量很少。2005 年刚刚达到 407 万吨，不足建筑砂浆总量的 2%，而且主要集中在北京、上海、广州等极少数城市。目前，国内大部分工程还是采用施工现场拌制水泥砂浆或混合砂浆，砂浆质量不稳定、造成工程质量通病等问题仍层出不穷。在这种形势下，我国下定决心要发展预拌砂浆。商品砂浆作为新型绿色节能建筑材料已被我国列为重点开发和鼓励的十五个项目之一，国内已认识到商品砂浆在未来中国市场的广泛运用的前景和价值，并得到有关部门的重视。商务部、公安部、建设部、交通部于 2003 年 10 月在《关于限期禁止在城市城区现场搅拌混凝土的通知》（商改发［2003］341 号）中，强调指出“鼓励发展预拌混凝土和干混砂浆”，“各城市要根据本地实际情况制定发展预拌混凝土和干混砂浆规划及使用管理办法，采取有效措施，扶持预拌混凝土和干混砂浆的发展”。商务部、建设部等六部委于 2007 年 6 月 6 日联合下发了《关于在部分城市限期禁止现场搅拌砂浆工作的通知》（商改发［2007］205 号），要求全国 127 个城市从 2007 年 9 月 1 日～2009 年 7 月 1 日分三批启动禁止现场搅拌砂浆工作；2009 年 7 月 20 日，商务部、住房和城乡建设部又联合下发了《关于进一步做好城市禁止现场搅拌砂浆工作的通知》（商商贸发［2009］361 号），要求各地区进一步加强推广预拌砂浆，加快推进禁止现场搅拌砂浆的工作。在政策的鼓励和要求下，随着对工程质量和环保要求的日益提高

及建筑技术的不断发展，全国各地都在探索发展建筑砂浆的工业化发展。国内一些科研机构纷纷针对预拌砂浆国产化的问题相继开展研究，一些已被工程界所认识的产品如陶瓷墙地砖胶粘剂、混凝土界面处理剂、嵌缝剂，以及水泥基自流平材料、聚合物水泥基防水砂浆等特种干混砂浆都相继在国内得以较大范围生产和应用。目前预拌砂浆推广使用已经逐步从京、沪、粤等较发达地区扩展到其他大中型城市。但是，商品砂浆在我国尚处于起步发展阶段，在预拌砂浆品种、技术工艺以及应用比例方面，仍与发达国家有较大差距。具体有如下方面的问题：

(1) 缺乏深入系统的应用基础研究。虽然商品砂浆进入我国已有十余年，一些研究机构和大专院校以及一些企业一直从事商品砂浆的研究，但大多数集中在品种开发及性能优化方面，而缺乏系统深入的研究。如目前商品砂浆成本高，包括材料、生产及施工技术不成熟、物流技术、砂浆品种不配套等都影响了商品砂浆的推广应用。

(2) 价格问题使产品质量难以保证。相对于现场拌制砂浆，商品砂浆成本肯定偏高。但是由于政策要求及市场需求使得很多企业进入商品砂浆领域，不少企业为了获取更大利益，不惜降低成本牺牲质量，企业之间的价格战也导致产品质量难以保证，从而使商品砂浆生产、应用无法进入良性循环。

(3) 缺乏完善的技术标准规范。虽然北京、上海、广州等城市相继颁布实施了一些地方标准，国家发展与改革委员会及住房和城乡建设部也颁布实施并正在制定一些商品砂浆的技术标准，但由于缺乏沟通和协调，导致一些标准相互矛盾，使得生产及使用单位无所适从。因此，完善标准体系，使技术标准定位明确、相互之间有效衔接应该引起高度重视。

(4) 政府的政策执行力度不够。尽管已经有多个部委联合下发文件和通知，但是由于各级地方在理解政策、认识预拌砂浆重要意义方面缺乏主动性，所以执行政策力度不够，大大制约了预拌砂浆的推广速度。所以，要借鉴当年推广预拌混凝土的模式，加大力度推广预拌砂浆。

5.6.2　技术发展政策、战略与要求

(1) 拓展预拌砂浆品种，以满足各种工程应用需求。

(2) 完善和提升预拌砂浆生产技术和工艺，提升预拌砂浆产品质量。

(3) 完善预拌砂浆应用技术，降低预拌砂浆应用技术门槛，保证预拌砂浆工程质量，确保预拌砂浆在用户心目中的地位。

(4) 通过技术进步和规模化生产应用，尽量降低预拌砂浆成本和价格，在性价比上进一步增强预拌砂浆对用户的吸引力。

(5) 科学规划，合理布局，依托地方资源建立预拌砂浆生产基地，拓宽预拌砂浆应用范围，提高预拌砂浆应用量。

5.6.3　对策与措施

(1) 加强领导，协调配合。预拌砂浆推广工作涉及装备制造、生产、流通、使

用、管理、监督等环节，是一项系统工程，涉及的相关部门较多，必须依靠各级人民政府加强组织领导。各级散装水泥办公室要加强与工业、交通、环保、质检等有关部门的沟通和协调，充分发挥各有关部门的职能优势，形成合力，共同推进预拌砂浆推广。

(2) 科学规划，合理布局。各级相关地方散装水泥主管部门要根据国家产业政策、本地经济社会发展和建设市场需求，科学合理编制本市预拌砂浆发展规划。预拌砂浆生产企业要向所在城市散装水泥办公室备案，并符合本市砂浆发展规划布局要求。政府部门可以分步骤循序渐进推广应用商品砂浆。例如首先在质量要求高、社会影响大、政府直接投资的重点工程中推广使用商品砂浆；推广商品砂浆本着先易后难的原则，先推广应用有较好市场基础的防水商品砂浆、特种干混砂浆和价钱相对较低的普通预拌砂浆，力争在较短的时间内启动市场。

(3) 技术创新，降低成本。预拌砂浆生产企业和砂浆机具制造企业要积极开展技术创新，不断提高预拌砂浆产品的资源综合利用水平，降低成本；努力提高预拌砂浆生产、物流设备及施工机具的技术水平，努力提高预拌砂浆的产品质量和服务水平，使预拌砂浆的优越性得到充分展示和社会认知。

(4) 典型示范，宣传推广。各相关城市散装水泥主管部门及住房和城乡建设主管部门要通过预拌砂浆示范工程、召开示范施工项目现场会、组织施工技能培训等方式，以点带面，加快推进预拌砂浆应用。发展预拌砂浆物流配送系统，鼓励社会资本建立第三方物流企业。

要加大宣传力度，营造发展预拌砂浆的舆论环境。要认真研究在新形势下如何更好地发挥预拌砂浆宣传工作的重要作用，以发展预拌砂浆对节能减排、保护环境的重要意义为重点，抓好宣传。要注重宣传形式，提高宣传效能，努力扩大社会影响。

(5) 加强法治，完善政策。各相关城市要加强立法工作，通过法律制约手段，为预拌砂浆发展创造良好的法制环境；要积极推进标准化建设，努力提高预拌砂浆的规模化、规范化水平。

要结合预拌砂浆产业发展的新特点，完善现有散装水泥专项资金的征收、管理和使用办法；强化监管力度，加大对预拌砂浆产业的生产性投入比例；积极争取各级政府出台支持预拌砂浆产业发展的优惠政策。

(6) 严格管理，强化监督，各相关城市要加强对预拌砂浆使用环节的监管。

第6章 建筑业信息化

建筑业是一个传统产业，国家十分重视应用信息技术改造建筑业。建筑业信息化已经成为我国经济建设和社会发展中的关键问题之一。探索一条符合中国国情和世界经济发展趋势的建筑业信息化道路，应用信息技术实现对施工企业管理、工程项目管理以及行业监管的信息化，提高建筑业的竞争力，是建筑业面临的一项紧迫任务。

应用信息技术提升工程项目管理水平和效率，是在施工过程中实现“四节一环保”的重要保障措施。要探索“集成项目交付”，实现“设计施工一体化”，解决长期以来一直制约建筑业技术进步的设计与施工的条块分割难题。

工程施工质量与安全是行业监管的重要内容，应用信息技术，提升行业监管水平和效率，保障工程质量，对促进和谐社会发展具有重要意义。

将制造业的“计算机辅助制造技术”引入到建筑业，在钢结构施工中普及应用，对提升钢结构施工质量、精度和效率十分重要，也可在一定程度上推进建筑业的工业化。

6.1 现状、存在的问题、与发达国家对比

当今以计算机为代表的信息产业的迅速发展标志着人类社会已进入了知识经济时代。回顾建筑业计算机应用的历史，可以看出建筑业计算机应用平台几乎与计算机产品本身发展相同步。建筑业的各个领域现已不同程度地应用了计算机技术，并正向集成化、网络化与智能化方向发展。

(1) 行业电子政务应用得到普及。建立了覆盖全系统、全行业的政务信息工作网络，并建成了全国建筑市场监督管理、全国城市规划监督管理等信息系统。各地建设部门以办公自动化、政务公开、便民服务为重点，积极推进行业管理信息化，建设系统信息网络技术的普及应用程度有了很大提高。房地产交易、工程招标投标、造价、质量检测等行业，普遍实现了信息化管理，并向集成化迈进。

目前已建立了“中国工程建设信息网”，并与全国半数以上的省、自治区、直辖市和地级城市实现了联网。信息网络的建成，逐步实现了网上信息公开和网上报名投标，提高了工程交易透明度，强化了建筑市场监管力度，这对防止腐败、保证工程质量、促进建筑业的健康有序发展，发挥了积极作用。

已建立起国家、省、市三级联网的建筑市场监督管理信息系统，监管工程项目建设流程中的施工图设计文件审查、招标投标、施工许可、工程监理、质量管理、安全监督、合同监管、竣工验收备案等几个主要环节。将来每年几万个工程项目的具体建设情况都会通过这个系统进行管理。

在节能减排方面，建设部和财政部近来将准备联合在30多个城市开展建筑节能监管信息系统建设，对城市的建筑节能方面开展的工作进行实时管理。此外还要提高

城市的管理与服务水平。

(2) 企业自身的信息化建设已经起步。经过十多年的发展，建筑企业信息化管理经历了起步阶段、普及阶段、网络化阶段以及正在实施的集成化阶段。勘察设计行业CAD技术应用得到普及，CAD技术应用使设计工作甩掉了图板，形成了生产力规模，带来一场设计革命。计算机辅助施工技术（CAC）已在建筑施工领域得到应用，在施工中推广应用以信息技术为特征的自动控制技术，取得了较好的效果。

在建设主管部门的政策推动下，我国大型施工企业的信息化管理已经全面启动，并取得了一定的成果。大型特别是特级施工总承包企业在财务管理系统、办公自动化系统、企业门户网站等方面已经取得明显应用效果。

(3) 工程项目信息化管理应用日渐深入。招投标信息网几乎覆盖了所有省市，并在全国推行建设工程IC卡管理制度，在规范我国建筑市场管理上取得了突破性进展。工程项目信息化管理效果十分显著，如在国家体育场（鸟巢）、CCTV新址、国家体育馆、奥运村、五棵松文化广场等重大工程建设中均建立了项目信息管理平台。以办公自动化为基础，扩展施工企业的特色管理，定位于企业的信息化基础应用，改变了传统管理模式，实现企业和项目的网络化办公。

(4) 计算机辅助制造（Computer Aided Manufacturing，CAM）技术在我国建筑工程，特别是钢结构建筑，得到深入研究和应用。CAM技术支持下的生产制作过程，完全在计算机的控制下完成，其构件制造精度和生产效率与以前方法相比，有质的飞跃。在工程施工中能够做到，除基础施工外，其余全为干作业施工安装。

轻钢结构住宅体系从20世纪60年代开始发展，以其环保、抗震性能好、施工速度快等显著优点迅速被应用到建筑体系中，在西方发达国家，如美国、加拿大、日本、澳大利亚等，目前已经达到完整配套、相对成熟的水平。CAM技术在我国轻钢结构住宅体系中还处于研究、引进的初期阶段，应用数量不多。为此，我国在“十一五”科技支撑计划中，设立了“冷弯薄壁型钢住宅成套关键技术研发”课题来攻克其中的技术难关。

(5) 施工方案与施工过程仿真技术应用提升了大型复杂工程施工水平和质量。例如申办2012年奥运会的最后冲刺中，最后五个候选城市在介绍其用于奥运会的场馆建设工程时，都不约而同地采用了可视化建模技术，展现了工程建设的步骤和建成后的建筑效果与环境效果。在国家“十五”重点科技攻关计划中，设立了“基于IFC标准的4D施工管理原型系统研究与示范应用”课题，重点研究施工过程进度、资源及场地布置的动态管理和优化控制，以及施工过程的可视化模拟，其研究成果已经在青岛海湾大桥、广州珠江新城西塔等实际工程得到应用。北京T3航站楼工程，通过施工过程仿真模拟，在施工前发现了上千处设计失误，有效地避免了工期延误和材料浪费。

我国在大规模的建设过程中，出现的粗制滥造、材料浪费严重、环境污染重、劳动生产效率低（仅为发达国家的1/3～1/4）、总体规模虽大但经济效益不高、技术进步对经济增长贡献低（我国建筑业经济效益的增长中不到30%是靠技术进步获得的，远远低于40%的全国平均水平）等问题，还需要应用高新信息技术来解决。具体各方面的问题分析如下：

（1）设计与施工隔离是造成工期延误和材料浪费的根源之一。由于在政策和制度上造成的设计与施工的条块分割，施工要求在设计中体现不够，有些设计失误到施工实现时才被发现，导致工期延误和材料的浪费，而施工仅仅能被动地“按图施工”，不能充分发挥施工人员的创造性。由此造成的超预算、返工、工期拖延、管理不当等问题，带来的损失与浪费惊人。美国2007年的一份调查结果表明，30%的工程不能按期完工，92%业主认为设计图纸表达的信息不足，37%的建筑材料被浪费了，36%的劳动做的是无用功。

（2）企业信息化管理有待加强。建筑企业信息化总体应用水平较低，发展不平衡，已经实施信息化的企业在深度上还不够，没有实现信息的共享和自动传递。信息系统建设与企业体制改革、管理创新协调推进不够，大多数企业信息化建设是在旧的体制和管理模式下进行的，体制改革和管理创新没有同步进行，或进行得不彻底，导致信息系统，不能真正发挥信息化对增强企业核心竞争力的作用。此外，施工企业信息化管理的需求与其他行业存在很大差异，需要独立地构建施工企业信息化管理的思想、理论和应用系统。特别是在企业资源管理领域，如物资管理、劳务管理、机械管理、周转材料、成本管理等领域，很难引进制造业的成熟理论、模型和应用系统。由于国内外尚未在施工企业管理信息化领域真正建立广泛认可和能成熟应用的理论、模型和应用系统，我国施工企业管理信息化建设在这些业务领域的研究和应用出现了瓶颈。

（3）工程项目管理信息化的应用尚局限于重大工程。尚未研究和开发出价格低廉、适应面广泛、能大量推广的工程项目管理信息化系统软件，对行业的信息化推动作用和影响范围尚有限。工程项目管理信息化的功能范围尚有限，主要限于信息共享、网络办公为主的项目门户（PIP，Project Information Portal），未构建成深入施工项目详细业务的管理信息化平台。

（4）各类建筑市场监管与服务信息化系统之间尚处于独立运行、相互分割状态，特别是与施工项目管理信息系统、企业管理信息系统之间的集成问题尚未考虑。导致建筑市场监管与服务信息化系统的集成性差、信息共享程度低。

（5）我国自主知识产权的软件产业化不够。随着社会进步和经济发展，全国各地实施了很多大型、特型工程，这些工程对施工方案和过程模拟仿真技术提出了很多高要求，例如施工进度与资源分配的优化和过程模拟；施工进度、资源、成本的优化控制、动态管理和4D可视化模拟；碰撞监测与安全预警；施工时变结构及支撑体系安全监测与分析等。我国在这些领域的软件研发与国际先进水平还有较大差距，高端应用软件基本都被国外垄断，我国企业不仅要花费大量的资金购买，而且在技术上还受制于人。问题的关键是我国自主知识产权的软件技术研发力量薄弱、核心技术有差距。

（6）标准化程度不够。发达国家在企业管理、工程施工、房地产交易管理、市政公用等各个领域，已逐步建立起较为完善的标准体系，能有效地引导、规范、整合信息化的过程，达到事半功倍的目的，而我们这方面的工作才刚刚起步，严重滞后于信息化的实际进程。

我国建筑业的信息技术应用水平相对于发达国家来说，还有一定差距。在上述领域，国外的情况如下：

(1) 建筑市场监管信息化

早在2002年，美国许多大中小城市，如洛杉矶等，都使用了各种信息化系统（如e-permit网站、“Enterprise Management”软件系统）实现监管部门对工程的监管。经济较为发达的美国、加拿大、澳大利亚、新西兰、韩国、日本等一些国家已经将工程项目的数字化监管作为政府和管理机构的一项重要工作内容，具备较高的工程项目数字化监管水平，已经实现了跨部门的信息共享。

日本的工程项目数字化监管起步较早，发展较快，具有一定的代表性，目前已经建立了一整套工程项目数字化监管机制，已经建立完成并运行全国统一的工程项目数字化监管平台，要求所有政府投资的公共工程建设项目必须使用统一的监管平台，接受政府监管，实现了对工程项目全生命周期全过程动态监管。同时，日本非政府投资的工程项目也可以自愿使用监管平台，自愿接受政府监管。以日本政府的招投标监管为例，日本建设省（现国土交通省）建立了工程项目数字化监管招投标平台，并规定，从2004年度开始中央政府及其所属的事业单位（例如日本道路公团）的投资项目全部利用该平台来进行招投标。该平台的用户既包含招标方的管理人员，也包含了投标方的管理人员。该平台的功能覆盖了招投标的全过程，并记录工程项目招投标全过程中所有信息，作为政府监管的依据。可见，国外工程项目监管总体上表现为对工程项目进行统一监管、对监管内容要求达到准确、具体，对工程项目全生命周期进行全过程动态和持续监管的趋势。

在工程质量安全监管方面，国外发达国家普遍建立了完整的工程质量法律体系和质量保证技术体系，并细化技术细节，广泛采用信息化系统对工程施工全过程的质量进行监管。在施工现场安全监管方面，国外已较多地在施工现场采用摄像监视系统，用以监视工地现场安全、消防等，比如装在塔吊上的摄像探头，可覆盖高层建筑的工地现场，管理者不但在办公室能看到现场情况，即便在世界任何一个地方上网皆可掌握项目进展信息和现场具体情况。在工程质量安全检测方面，国外已较普遍地采用数字化检测系统，对建筑材料及施工现场结构和桩基础实现自动化检测，并利用信息系统完成对各种数值分析与计算，为业主和承包商、施工方、监理方等提供数据支持。

(2) 建筑业企业与项目管理信息化

企业与项目管理信息化是企业管理现代化的基础平台，是构成企业核心竞争力的关键要素，是支撑企业生存发展的重要技术手段之一，也是现代企业发展的趋势。建筑业属于传统产业，用信息化等高新技术改造传统产业，是传统产业持续发展的必由之路，是建筑业实现跨越式发展的重要途径。建筑业企业与项目管理信息化是建筑业信息化的重要内容，建筑业信息化是指运用信息技术，特别是计算机技术、网络技术、通信技术、控制技术、系统集成技术和信息安全技术等，改造和提升建筑业技术手段和生产组织方式，提高建筑企业经营管理水平和核心竞争能力，提高建筑业主管部门的管理、决策和服务水平。

近年来，国际上，特别是发达国家对“运用信息技术，提升建筑业”都给予了高度重视，这已成为世界各国建筑业发展的一大趋势。各国经过理论研究和技术实践，已经进入到推广和应用阶段，并且取得了很好的社会和经济效益。据英国 Latham 报告指出，通过更好地运用信息技术、新的方法、加强培训等，可缩短施工工期 15%，节省建筑项目成本约 30%。美国的统计数据也说明，通过信息技术应用可以节约 30%～35%的项目成本。

(3) 集成化项目交付

“集成化项目交付”是早期设计施工一体化方法的延伸。它是基于建筑信息模型 (Building Information Model，BIM) 技术，并将最新的管理理念与建筑业的特点相结合后，形成的一整套技术理论和手段。用于解决由于传统的条块分割，给建筑业带来的信息遗失、效率低下等问题。

在“集成化项目交付”的环境中，工程项目不同阶段的主要参与方在早期设计阶段就集合在一起，着眼于工程项目的全生命期，共同对项目的业主负责，利用信息技术进行虚拟建造和虚拟维护和管理，并通过此过程，尽早发现原设计的不完备之处，共同探讨有效的方法进行改进，然后按照各自贡献的大小，共享由此带来的好处。“集成化项目交付”方法能够带来的好处很多，这包括：尽可能避免施工阶段经常发生的设计变更；通过虚拟技术应用，让使用维护人员可以在设计阶段发现使用维护上出现的问题；大大降低了工程项目的超支和超限风险。集成项目交付模式最先由美国研究和应用，并且已经经过了大量工程项目的检验，经济效益和社会效益显著。

6.2　技术发展政策、战略与要求

我们在信息化方面的发展思路为：

(1) 面向我国城镇化建设大发展的需求，针对我国建筑业存在的突出问题，坚持自主创新、重点突破、整合资源、引领未来。

(2) 鉴于工程项目的独特性和我国施工企业管理的中国特色，在发展施工企业信息化管理中，需坚持从行业和企业的实际需求出发，不盲目崇拜和引进国外不适用的成果和应用系统，坚持“自主研发、有选择地吸收”的原则。

(3) 施工企业是建筑行业的生产主体，也是建设领域的技术进步和节能减排目标的实现主体。在发展施工企业信息化中要重视质量、安全、环境、技术等领域信息化建设的研究和开发，为实现技术进步和节能减排目标提供管理信息化平台。

(4) 以提升行业的创新能力和市场竞争力为导向，在“十五”、“十一五”研究基础上，充分利用信息技术提供的可能性，在集成化项目交付、施工企业信息化管理、工程项目信息化管理、建筑市场信息化监管、计算机辅助制造、施工方案与施工过程仿真等关键技术方面，有重点地集中解决行业信息化发展的一批关键科学技术问题。

在下一个时期的发展目标就是运用信息技术全面提升建筑企业管理水平和核心竞争能力，实现建筑业跨越式发展；提高建设行政主管部门的管理、决策和服务水平；促进建筑业软件产业化；跟踪国际先进水平，加快与国际先进技术接轨的步伐，形成一批具有国际水平的现代建筑企业，具体目标为：

（1）以工程信息模型为核心，打破因条块分割造成的“信息孤岛”，实现工程项目全生命周期的信息共享和业务协同。面向工程建设的全过程管理，构建包括设计、施工和运行管理的协同建造信息化技术体系和运作机制，进一步发展自主知识产权的集成项目交付支撑系统，为提升建筑业的技术进步提供全面支持。

（2）建立施工企业内部高度集成化的业务系统，解决企业内部管控的需求；建立与工程建设其他参与方如建设方、设计方、监理方集成的应用系统，实现设计施工一体化。

（3）基于最新的信息技术，构建出适应各种规模和类型工程项目、多个业务领域信息化需求的工程项目信息化管理体系，研发出具有普遍适用性的工程项目信息化管理系统，以期真正实现“用信息化等高新技术改造传统产业”目标。

（4）实现不同监督管理部门之间的资源共享和业务协同。建立行业管理所必需的政府部门间信息共享与服务机制，建设以政府管理需求为目标的部门间统一的信息服务集成平台。

（5）大力研发我国自主知识产权的CAM技术，促进我国钢结构与钢结构住宅产业化加工、商品化生产，用研发带来的技术优势形成产业化发展的有利条件，达到形成规模、降低成本、扩大市场的目标。

我们的战略重点为：

（1）结合我国实际，研究建筑工程集成化项目交付模式的基本原理、运行机制以及相关技术、管理、法律等问题，确立相关的理论、模式及技术，开发必要的技术标准（数据标准、管理标准、协同工作标准），并通过典型的工程项目进行示范，推动先进管理模式的应用；研究工程项目多维信息模型技术标准、建模技术、集成技术，以及相应数据管理与共享技术；搭建建筑工程信息模型集成化管理系统和集成化项目交付工作平台，提高工程设计信息的共享与复用率，为实现建筑全生命周期内的信息共享奠定基础。

（2）研究施工企业信息化管理的信息化标准，具体包括实现内部业务系统集成的信息标准、实现供应链层次集成的信息标准以及实现行业集成的信息标准等。建设施工企业内部业务系统，以实现企业内部业务集成为目标，以实现物流、业务流、信息流和资金流集成为手段，建立内部高度集成的整体业务系统建设。具体的业务系统包括财务系统、合同管理系统、人力劳务管理系统、物资（材料、机械、周转材等）管理系统、成本管理系统、知识管理系统以及技术、质量、安全、环境管理系统等。

（3）建设施工总包方项目信息门户系统，以施工总承包方为主体构建的对外展示的窗口，是获取施工项目公开信息的主要渠道，以满足与社会各界、业主、分包商、供应商信息沟通为主。

建设施工总包方项目管理信息系统，满足施工总承包方项目经理部深层次业务管理需求为主，围绕施工项目的合同管理、物资管理、机械管理、资金管理、成本管理、进度管理、质量管理、安全管理等业务内容，开发施工总包方项目管理信息系统。施工总包方项目管理信息系统与施工企业管理信息化系统高度集成，是施工企业管理信息化系统在项目部层次的延伸；同时，也是实现政府监管部门的信息化工程监管的终端，是政府工程监管系统重要的数据来源。

建设工程项目多参与方的集成化管理信息系统，具体包括：工程项目设计施工集成管理信息系统，主要以实现设计方、施工方信息共享，协同工作为目标，是实现设计方和施工方管理信息系统集成的中间桥梁；项目全寿命周期集成化管理信息系统LMIS，满足工程项目各参与方协同工作需求，以建设方为主导构建协同工作平台，也是实现BIM技术实际应用的项目支撑信息平台。

（4）构建基于工程多维信息模型的行业管理信息资源共享与服务体系，重点研究国家重点关注的工程质量与安全、市场稳定、节能减排等方面的数字化公共管理与服务技术，改变行业管理信息资源交易成本过高，管理对象信息人为分割，导致的行业管理效能长期徘徊不前的被动局面。

（5）重点发展建筑轻钢结构协同设计与制造技术、CAD/CAM集成一体化技术。解决我国在此领域技术不配套，生产效率低的问题，同时注重与我国本土CAD技术的集成，打破国外在此领域技术垄断。

（6）基于集成化项目交付模式和多维信息模型技术，研究施工方案模拟技术，大型复杂工程施工过程模拟技术，施工现场多源数据的动态采集技术，大型施工机械操作监控、碰撞监测与安全预警技术，施工时变结构及支撑体系安全监测与分析技术，基于过程和资源优化的虚拟施工技术，并研制相应的软件系统，实现施工方案和施工过程的可视化，确保施工安全，进一步提高施工质量和效率，避免资源浪费。

6.3　对策与措施

（1）强化信息化领导和组织机构，成立行业信息化应用委员会，建立应用委员会会议制度。

（2）制定促进行业信息化发展的政策，包括：人才培养政策、企业扶持政策以及企业信息化准入政策。通过人才培养政策，培养和造就一批工程建设领域信息化人才；通过企业扶持政策，扶持一批行业信息化软件企业，作为软件研发基地；通过企业信息化准入政策，促进企业迅速提高信息化水平。

（3）建立行业信息化评估和认证体系，建立关于信息化产品、信息化专业人才的评估和认证体系。

（4）强化信息化标准建设工作，对标准工作引起足够重视，加大投入力度，使信息化标准工作走在领域信息化工作的前列，为全行业信息化工作奠定基础。

第7章　建材资源再生与建筑垃圾的利用

如何提高我国建筑行业的建材资源再生与建筑垃圾的综合利用，是实现节能减排、保护环境目标一个极为重要的方面。

要对房屋建筑拆除过程中的各项构件、材料进行资源的再生综合利用，废旧钢筋、钢结构要回收，混凝土要破碎分类利用，石膏板等要分类回收，最大限度减少建筑垃圾，提高建筑资源的再生利用。对建筑垃圾不应简单用填埋处理，而应做好综合利用，碎砖应分类处理后用于墙板的生产、碎木分类处理后用于再生木板的生产，无机粉料处理后用于基础回填等，实现建筑垃圾的减量化。

城镇污泥处理与利用已经成为我国城镇发展过程中面临的新问题，利用污泥制造建筑材料是消纳污泥的有效途径。

优化机制砂混凝土的应用技术，研发能够生产高质量机制砂的成套技术装备将对我国混凝土技术的发展产生深远的影响。

通过吸取国外先进经验及技术，通过自主研发创新，形成一套完备的满足我国国情的混凝土搅拌站清洁生产和资源循环利用技术体系和标准体系。

7.1　建筑垃圾的综合利用技术

7.1.1　现状、存在的问题、与发达国家对比

在建筑垃圾综合利用方面，日本、美国、德国等工业发达国家的许多先进经验和处理方法很值得我们借鉴。发达国家经过长期的努力，形成了先进有效的建筑垃圾处理和利用体系，最为直接的反映指标，即他们的建筑垃圾利用率都达到较高的水平，其中有些国家或地区甚至接近百分之百的完全消纳和利用。发达国家已经和正在积极探索将建筑垃圾变为一种新资源，一直发展成一个新兴的大产业。

世界上首次大量利用建筑垃圾的国家是前联邦德国。在第二次世界大战后的重建期间，循环利用建筑垃圾不仅降低了现场清理费用，而且大大缓解了建材供需矛盾。至1955年末，德国循环再生了约1150万立方米废砖集料，并用这些再生集料建造了17.5万套住房。

美国将建筑废弃物分级利用：一是低级利用，废弃物现场分拣后，做一般性回填用等，占建筑垃圾循环利用量的50%左右；二是中级利用，将废弃物用作建筑物或道路的基础材料，或经处理厂加工，再制成各种建筑用骨料、砖瓦等，约占建筑垃圾循环利用量的40%；三是高级利用，将建筑垃圾还原成建筑原材料循环利用。2006年，美国建筑废弃物循环利用率已达70%以上。

日本由于国土面积小，砂石资源相对匮乏，因此，将废弃混凝土视为“建筑副产品”，十分重视将其作为可再生资源而重新开发利用。早在1977年日本政府制定了

《再生骨料和再生混凝土使用规范》，并相继在各地建立了以处理废弃混凝土为主的再生加工厂，生产再生水泥和再生骨料，其生产规模最大的每小时可加工生产 100 吨产品。东京都在 1988 年对于废弃混凝土等建筑垃圾的重新利用率就已达到了 56%；1996 年阪神大地震使日本许多高速公路和桥梁受损、大厦倒塌，产生的废弃混凝土有 1500 万吨之多，几乎全部应用于震后重建工程。据日本建设省统计，1995 年全日本废弃混凝土再资源化率已达到 65%，2000 年则已高达 96%。

自 20 世纪 80 年代以来，我国建筑垃圾的排放量快速增长，组成也发生了质的变化，可循环利用的组分比例不断提高。据统计，我国每年仅施工建设所产生和排出的建筑垃圾就有超过亿吨，全国建筑垃圾总排放量达数亿吨。2008 年发生的汶川大地震就在这一集中的时间和地域内产生了超过 2 亿吨的成分复杂且亟待处理的震损建筑垃圾。随着城镇化、工业化的加速发展和我国社会主义新农村建设的深入开展，以及城市建设从外延式开发到与内涵式大规模旧城改造并举，我国建筑垃圾产生量将逐渐增多，建筑垃圾排放的高峰期已经到来。预计到 2020 年，我国新增排放建筑垃圾将超过 50 亿吨。目前，如此大量的建筑垃圾多数未经任何处理，便被施工单位运往郊外或乡村露天堆放或简单填埋，耗用大量土地和运输费用。随着我国耕地和环境保护等有关法律法规的颁布和实施，循环利用建筑垃圾已成为建筑施工企业和环保部门必须组织实施的产业。但是，由于起步较晚，我国建筑垃圾资源化水平较低，对建筑垃圾的利用，也大部分局限于简单处理，如用作回填和公路路基。令人可喜的是，在国内已有地区在积极开展更为科学先进的建筑垃圾资源化的试探性工作，并取得了一定的成效，说明在我国推行建筑垃圾资源化工作是切实可行的。近年来我国在建筑垃圾再生利用方面（含装备）的研究及应用工作已逐渐展开，并取得进展；已经编制了《建筑垃圾处理技术规范》，正在编制再生骨料方面的产品标准和应用技术规程。

7.1.2　技术发展政策、战略与要求

(1) 实现我国大中城市的建筑垃圾能够基本完全消化，绝大部分建筑垃圾实现资源化处理和利用。

(2) 提出关于建筑垃圾资源化的政策法规和技术标准体系，完成制订大部分关键政策文件和技术标准。

(3) 研制开发成功较为成熟的系列化建筑垃圾资源利用成套设备。

(4) 建成建筑垃圾资源化利用示范生产线及采用建筑垃圾再生产品的示范建筑工程。

(5) 加强宣传和教育，使建筑垃圾再生利用的技术经济性得到建材及建筑行业的认可。

(6) 以建筑工程全寿命周期的观点，从建筑建造源头上减少建筑垃圾产生量，即在建筑垃圾形成之前，通过科学管理和有效的控制措施将其减量化。

7.1.3　对策与措施

(1) 对于废钢材、废钢筋及其他废金属材料及构件，应加强回收，作为钢铁生产

厂家的原材料采用回炉加工。

（2）提高建筑垃圾预处理设备及工艺的技术水平，使建筑垃圾资源化可利用程度尽可能提高。

（3）提高建筑垃圾再生产品生产技术、装备及工艺水平，避免二次污染，提高再生产品质量及性能，扩大再生建材产品可应用范围。

（4）政府主导，采取政策扶持等鼓励措施，建立建筑垃圾收集、管理、运输、预处理、再生加工、工程应用等环节的产业链。

（5）重点发展建筑垃圾再生骨料、再生混凝土、再生砌块（砖）、再生墙板等产业，形成布局合理生产基地，以提高性能、扩大产量并形成规模。

（6）加强建筑垃圾再生产品配套应用技术研究及安全性技术研究，制定建筑垃圾资源化利用的标准规范体系，为建筑垃圾资源化利用提供保障。

7.2 城镇污泥再生建材技术

7.2.1 现状、存在的问题、与发达国家对比

随着我国600多个大、中城市的现代化建设和发展，污水处理成为保护生态环境和水资源的重要课题，污水处理厂建设正在快速发展，随之而来的就是将产生大量的污泥。据不完全统计，全国污水日排放量达4500万立方米，处理污水将产生约占污水总量的0.3%～0.5%的污泥。污泥含有重金属、有机物、致病微生物等污染物，对环境危害严重。传统的污泥处理方法（例如填埋等）已经不能满足污泥处理的要求。此外，污泥消纳的必要条件是有足够的消纳用地，而许多城市已经无法提供足够的土地消纳处理过的污泥，从而使城镇污泥的消纳处理面临困境。

近年来，国内外均在探索污泥的建材利用方式。污泥的建材利用主要是指以污泥作为原料制造各种建筑材料，其处理的最终产物是可在适用的工程中使用的材料或制品，典型的有污泥制陶粒、污泥制砖、污泥制水泥和污泥制作道路材料和垃圾填埋场覆盖材料等。发达国家在污泥处理和综合利用方面有比较成功的经验，污泥填埋量已经降到总量较低的比例。利用污泥做主要辅助原料生产节能型人造轻骨料——陶粒，该技术起源于美国。1994年，美国威斯康星（Wisconsin）建成世界上第一家利用城市污泥（主原料为粉煤灰）生产陶粒的工厂，年产量约10万立方米，由于产品质量好，得到政府和污水处理厂补贴，企业经济效益和社会综合效益很好。欧洲和日本也已经建设利用污泥生产陶粒的工厂。我国广州华穗轻质陶粒制品厂自2000年起利用污水处理厂产出的污泥作主要辅助原料（主原料是黏土或淤泥）生产超轻陶粒，产品质量好，生产成本低，企业经济效益良好。

但是总的来说，我国城市污泥预处理技术不成熟，利用难度大，存在环境安全隐患。由于污泥处置技术难度高、投资大、回报不确定等原因，国内涉足于此领域的企业很少且规模不大，与国外先进国家相比差距很大。我国的污泥一直以来以填埋为主，但由于采取土地填埋的污泥往往也没有预先脱水，填埋场也往往缺少有效的防渗

漏、防废气爆炸等措施，很有可能造成二次污染和其他环境安全隐患。近些年，随着污水处理产业的迅速发展，污泥产生量不断增加，对污泥的处置开始向资源化利用方向发展，但由于相关技术还较匮乏，利用程度不高。

为了应对城镇污泥处理处置问题，住房和城乡建设部、环境保护部和科技部联合颁布了《城镇污水处理厂污泥处理处置及污染防治技术政策（试行）》，引导和鼓励开展城镇污水处理厂污泥处理处置技术研发和推广应用，促进工程建设和运行管理，避免二次污染，保护和改善生态环境，促进节能减排和污泥资源化利用。这样一来，我国污泥综合利用必将得以快速发展。

7.2.2　技术发展政策、战略与要求

（1）形成污泥再生建材技术和工艺，使再生建材能够成为消纳污泥的主要途径之一。

（2）形成污泥再生建材应用技术体系，以确保工程质量。

（3）合理布局，建立污泥再生建材研发中心和生产基地，带动污泥再生建材产业发展。

（4）建立污泥再生建材应用的示范工程。

7.2.3　对策与措施

（1）研发城镇污泥高效干化预处理及二次污染控制技术。

（2）研发城镇污泥在建筑材料中的资源化利用成套技术，包括污泥资源化利用预处理成套技术，污泥制造陶粒成套技术，污泥制砖成套技术，污泥用于水泥生产成套技术等。

（3）制定污泥处理及资源化利用技术标准体系和政策。

（4）加强污泥再生建材应用技术研究。

7.3　新原材料资源在混凝土中应用的关键技术及成套装备研究

7.3.1　现状、存在的问题、与发达国家对比

目前我国每年消耗混凝土超过 25 亿立方米，是用量最大的建筑材料。为此，每年需要消耗水泥约 7 亿吨、粗骨料（石）约 20 亿吨、细骨料（砂）约 15 亿吨、淡水约 5 亿吨（养护用水还未考虑在内）。混凝土对水泥、天然砂石、淡水、外加剂等原材料的消耗量巨大，由此带来资源短缺和需求旺盛的矛盾，迫使混凝土产业必须寻找新的可替代资源、走节约化道路，实现混凝土原材料的生产方式由粗放型向精细化、应用方式由浪费向节约的跨越式发展。

（1）河砂枯竭迫使寻求细骨料新来源

目前，河砂面临枯竭，机制砂必然要取代河砂作为最主要的建筑用砂，砂源也将扩大到沙漠砂、山砂等次级资源。在国外，美国、英国、日本等国家使用机制砂已有

几十年的历史。1996年，美国的机制砂大致占细骨料的20%。日本在20世纪80年代时天然集料与人工骨料的比例大约为0.9∶1，而在90年代则降为0.5∶1，这个比例近年来更加降低。我国机制砂用量也逐渐增多，特别是河砂紧缺的省份如云南、贵州等，已经率先采用机制砂。近几年来，部分地区和企业，在借鉴国外特别是日本等国的生产技术和引进、改造了生产技术，可以制造出品质（粒形、级配）良好的机制砂和粗骨料，完全满足混凝土的生产，同时还能达到节约水泥和拌和用水的目的。总体而言，混凝土技术发展较快的地区，在机制砂、骨料品质、新型外加剂应用方面均取得了新的进展。但总体上处于局部经验和成果，未能推广应用。

（2）迫切需要提升粗骨料品质，实现粗放式应用向节约型应用的跨越式发展

粗骨料占混凝土体积的一半以上。在我国，混凝土粗骨料的生产长期处于粗放状态，生产装备落后，骨料品质（粒形、级配等）较差；在应用方面，通常采用一个连续粒级，很难保证获得最大堆积密度。国外发达国家配制混凝土采用高质量、多粒级、计算配制合理级配。这使我国混凝土的水泥用量和用水量比西方国家高20%以上。据估计，由于骨料品质和级配差造成我国每年浪费的水泥约为1.5～2.0亿吨以上，增加拌和用水约1亿吨，更重要的是严重影响了建筑工程质量。国外发达国家配制混凝土所用的石子都采用两级配或三级配。例如德国，还在混凝土试配时将砂石一起连续地级配。

（3）急需城市再生水（中水）用于混凝土工程的技术及设施

城市再生水（中水）替代饮用水用于混凝土中，可缓解淡水资源紧缺的局面。虽然中水用于混凝土的试验研究已经有较大进展，但至今未实现工程应用。主要原因是中水处理的设施跟不上，缺乏对设备的系统研究。充分利用城市再生水（中水）拌和混凝土，预计可以至少每年节约饮用水1亿吨以上，可供约100万城市人口1年的生活用水。城市再生水用于混凝土的生产在发达国家已经是普遍现象。

（4）需要加快混凝土新型外加剂的推广应用

目前我国混凝土中掺外加剂的占到约40%～45%，而在先进国家这个比例达到50%～80%，存在较大差距。特别是以聚羧酸系减水剂为代表的新型外加剂可以改善混凝土性能，节约大量胶凝材料。近年来，我国外加剂发展迅速，但品种繁多、质量良莠不齐；同时，现有的标准和应用技术规范存在不足，使得新型外加剂目前在我国的应用比例较小（2007年还不到15%），需要加紧研究并有效推广。

（5）急需提高混凝土新体系的配合比优化技术

原材料的变化发展和新体系的引入，发展了传统混凝土的组成体系，配制和控制方法随之发生改变。在新型原材料的基础上，提出新的混凝土优化应用技术，尤其是新的配合比设计方法和技术，是技术发展、资源节约的客观需要。

在我国混凝土技术的重大变革当中，组成体系的变化以砂、石、水、外加剂的变化最为突出，将深刻影响我国未来混凝土的根本发展方向。

从整体上来看，我国混凝土原材料方面问题归结起来几个方面：

（1）就细骨料而言，优良的高端资源（如河砂）面临枯竭，必须寻找可以替代型

资源，机制砂必将成为未来混凝土用砂的主流，沙漠砂、山砂也将进入利用范围；

（2）就机制砂和粗骨料而言，粗放式生产带来的品质差，不仅大量浪费水泥，增加用水量，还影响混凝土工程质量；

（3）具有亘大环境和经济效益的城市再生水和新型外加剂得不到推广应用，新体系下混凝土的配制研究不足，导致浪费严重。

7.3.2　技术发展政策、战略与要求

（1）实现混凝土原材料的生产方式由粗放型向精细化、应用方式由浪费向节约的跨越式发展。

（2）大力推广机制砂全面取代河砂，并逐步扩展到利用山砂、沙漠砂等次级资源；将机制砂占建筑用砂的份额提高到50%以上。

（3）花大力气提升机制砂、粗骨料的品质。

（4）大力推广城市再生水和新型聚羧酸系外加剂的应用，提高新型外加剂在混凝土中的应用比例，研究新组成体系下混凝土的优化配制技术。

（5）对上述内容形成成套装备，编制出技术标准规范，建成生产基地和示范工程。

7.3.3　对策与措施

（1）机制砂取代河砂用于混凝土的关键技术与装备研究。

（2）沙漠砂（含山砂）在混凝土中应用的关键技术研究。

（3）粗骨料品质提升和优化应用的关键技术与装备研究。

（4）城市再生水（中水）用于混凝土工程的技术和设施研究。

（5）新型外加剂应用技术及其规范的研究。

（6）新型原材料体系的混凝土配合比优化设计方法。

7.4　混凝土搅拌站清洁生产及资源循环利用关键技术研究

7.4.1　现状、存在的问题、与发达国家对比

随着我国城市化和国民经济的快速发展，特别是大量工业与民用建筑以及基础设施等的建设，预拌混凝土用量逐年增加，2008 年我国预拌混凝土用量已经超过 3 亿立方米。尽管预拌混凝土的广泛使用促进了建筑工程领域的技术进步，但是由于大部分搅拌站位于城区并采用开放式生产，所以存在水资源浪费严重、扬尘和噪声扰民等问题。随着我国对城乡建设、环境保护的可持续发展要求的提高，混凝土搅拌站如何实现清洁生产和资源循环利用已经成为迫切需要解决的问题。

目前混凝土搅拌站生产和资源循环利用方面存在的主要问题表现为：

（1）清洁生产成套装备的现代化和国产化问题。

（2）废弃混凝土的再利用问题。

（3）生产、运输过程的除尘、降噪等问题。

（4）清洗用水和废弃混凝土泥浆再利用问题。

（5）清洁生产集成管理系统的开发研究。

（6）生产示范生产线技术集成建设问题。

（7）政策问题。

（8）标准体系问题。

产生上述问题的主要原因是政策不匹配，生产装备落后，以及清洁生产和资源循环利用技术体系和标准技术体系尚不完善。

国外发达国家的混凝土搅拌站基本达到了环保、可持续发展要求，中水和废弃混凝土得到充分应用，很多搅拌站能够接近零排放要求。由于普遍采用隔声、降噪等措施，对环境负面影响很小。研发了成套的现代化专业化设备，形成了完整的技术体系、标准体系。

由于我国混凝土搅拌站多数位于城区，没有采用清洁生产工艺并产生大量的废弃混凝土垃圾，因此今后必须对清洁生产及资源循环利用关键技术进行研究，形成成套技术体系，并实现先进装备的成套化和国产化。

预拌混凝土在节约资源、保护环境、提高资源综合利用效率方面的重要作用。从2003年开始商务部、公安部、建设部、交通部等部门两次联合发布“关于限期禁止在城市城区现场搅拌混凝土的通知”。为了更好促进预拌混凝土的发展，《国家中长期科学和技术发展规划纲要（2006～2020年）》、《中华人民共和国清洁生产促进法》和《绿色施工导则》等都强调预拌混凝土的环保、节能等要求。

但是，目前我国混凝土清洁生产还缺乏系统研究：例如政策问题缺乏研究；生产过程的除尘、降噪关键技术落后；清洁生产集成管理系统没有开发生产；示范生产线建设不足；标准体系不健全；清洁生产所需成套装备现代化和国产化不足。可喜的是，目前我国的省市级政府已出台推广预拌混凝土和清洁生产配套政策。以北京为例，在各项政策的积极推动下，2008年的预拌混凝土产量就达到4000万立方米。北京市政府制订的“科技北京”行动计划（2009～2012年）以及上海市政府制订的《上海市2009～2011年环境保护和建设三年行动计划》等政策都对预拌混凝土和清洁生产提出了目标要求。

7.4.2 技术发展政策、战略与要求

（1）建立封闭式、适合清洁生产的专业设备产业链。

（2）建立混凝土搅拌站清洁生产技术和标准体系，推动混凝土搅拌站的清洁生产进程。

（3）我国混凝土搅拌站80％以上实现清洁生产和资源化利用。

7.4.3 对策与措施

（1）清洁生产所需成套装备现代化和国产化，研究开发适合我国国情的清洁生产

成套装备，并实现国产化和产业化，包括低噪声运输设备、搅拌设备、运输设备、除（集）尘设备和混凝土砂石分离机等。

（2）废弃混凝土再利用技术研究，针对搅拌站生产的各种废弃混凝土，研究并提出合适的破碎、分选、复配使用等技术。

（3）生产过程的除尘、降噪关键技术研究，针对生产过程产生的扬尘和噪声，通过全封闭等关键技术研究，达到除尘、降噪目的。

（4）清洗用水和废弃混凝土泥浆再利用研究，针对搅拌机和搅拌车清洗用水产生的混合物，研究如何对水、混凝土废浆、砂石进行分离，并如何安全使用。

（5）清洁生产集成管理系统的开发研究，采用计算机技术，对搅拌站清洁生产进行集成模块化管理。制定噪声、粉尘、污水、废弃物的合理排放控制程序，实现清洁生产全过程微机可控性。

（6）搅拌站清洁生产和资源循环利用生产示范生产线建设，将有关技术进行集成，建设达到清洁生产和资源循环利用的示范线。

（7）清洁生产和资源循环利用标准体系研究，针对混凝土搅拌站清洁生产特点，制定符合国情的相关标准体系。

（8）混凝土搅拌站清洁生产及资源循环利用的政策研究，针对我国和不同特点的搅拌站情况，研究提出促进清洁生产及资源循环利用的各种政策。

第 8 章　建筑保温材料和体系的防火安全

建筑节能和消防安全都是关系到国家经济发展和社会安全稳定的重要工作，建筑领域在推行节能环保政策时必须要坚持“安全第一”的原则，努力实现建筑节能与消防安全相统一。

现在我国建筑行业中用量最大的保温材料还是聚苯乙烯泡沫塑料和聚氨酯泡沫塑料，目前它们的燃烧性能等级较低，从长远发展的角度看，对它们进行阻燃改性是提高我国建筑节能领域防火安全性能的有力保障。

在现有条件下，短时间内大幅度、大范围地提高有机泡沫材料的燃烧性能等级还具有一定的难度。因此，可以研究采取一些有效的构造措施，用以阻止保温体系受到火焰或热辐射的作用后产生剧烈燃烧形成火灾。

目前，一大批采用可燃保温材料的在建工程正在施工，大量带有可燃保温系统的建筑已经投入使用，二者都存在着严重的火灾隐患。尤其是已投入使用的建筑，它们的火灾形势更是十分严峻。对这些建筑及时采取有效的补救和防范措施，可以有效地遏制保温系统火灾高发的势头。

8.1　我国的外保温防火技术

8.1.1　现状、存在的问题、与发达国家对比

第二次能源危机以后，世界各国都已意识到解决能源危机的出路是在开发新能源的同时要节约能源的消耗。而建筑能耗在人类整个能源消耗中一般要占到 30%～40%，因此建筑节能意义重大。作为建筑节能核心组成部分的外墙外保温系统技术在欧美的应用得以迅速发展，针对所在区域建筑结构状况及气候特点所应用的外墙外保温系统呈现出技术水平的差异化，但其应用技术已相对成熟，所对应的各种标准也较为完善。

而我国外墙外保温系统的发展刚刚开始十余年，在建筑节能政策、法规的推动下，从国外引进及自主开发的外保温技术正表现出蓬勃发展的趋势，相关标准、规范和工法等也随之产生、应用并不断被修编。发展中的外保温在中国的国情背景下有喜有忧，存在这样或那样的问题。诸如基础理论研究薄弱，偏应用轻科研，对某些关键问题的认识不足，监督机制还需完善等。目前，在我国外保温的耐久性和有效性通过借鉴吸收和自主创新都已形成了一定的测试方法和评判标准，而安全性方面在标准和规范的要求中还未充分体现并在行业内部存在着争议，尤其是在外保温的防火安全性方面，一直都存在着巨大的安全隐患，和保温材料相关的火灾事故时有发生。而高层建筑甚至超高层建筑或密集型建筑群的外保温防火安全性问题尤为突出。

央视新址北配楼 TVCC 火灾的发生更是引起了社会各界对外保温行业的广泛关

注。建筑外墙外保温技术在我国发展了近20年之后，第一次引起了如此重大的非议，节能与消防安全之间的矛盾突显出来，给保温材料的应用带来了严重的负面影响。

8.1.2 技术发展政策、战略与要求

事实上，我们说发展中的外保温事业在中国的国情背景下存在这样或那样的问题是在所难免的，毕竟与欧美等发达国家相比，它在我国的应用时间还不算很长。可喜的是，我国的建筑部门、消防部门以及相关企业都已经认识到了外墙外保温系统防火安全的重要性，并已进行了一些相关的研究工作，取得了一些研究成果。这些成果也即将被应用到外墙外保温的施工指导中去，有关的标准规范也在制修订之中，外墙外保温系统的防火安全性能评价方法正在形成。尽管某些保温材料具有引发建筑火灾的危险性，但在当前的形势下，我们必须认清建筑节能是我国的基本国策不能动摇。并且，建筑节能与其防火安全是相辅相成的，不是对立的，它们都是关系到国家经济发展和社会安全稳定的重要工作，不可偏废，必须坚持统筹兼顾。既不能因为防火问题影响建筑节能的大局，也不能因为建筑节能而忽视防火安全问题，二者缺一不可，建筑领域在推行节能环保政策时必须要坚持安全第一的原则，努力实现建筑节能与消防安全相统一，确保建筑节能事业安全地发展下去。

8.1.3 对策与措施

目前，在我国外保温防火技术问题上存在着两种不同的思路和不同的研发路径，我们姑且称其为“材料论”和“系统论”。“材料论”者认为：我国建筑节能保温技术系统中，泡沫塑料的防火安全问题是个大问题，不解决将会造成巨大的建筑火灾隐患。“系统论”者认为：外墙外保温的防火体系应强调体系的整体防火安全性，保温系统的防火安全要通过系统的防火构造来解决，不必将注意力放在对保温材料本身防火性的提高上。这两种理论各有其现实意义，但在实际工程应用中绝不能以偏概全，应合理兼顾保温材料的燃烧性能等级要求和系统整体构造的防火安全性能，才能使外保温体系得以安全地应用。

在目前应立足于我国当前广泛应用的外保温系统组成材料、系统构造与技术现状，通过对各种外墙外保温系统的防火性能进行试验研究，确定各种影响外墙外保温系统防火安全性的材料和构造要素，建立适合于中国国情的外墙外保温防火试验方法，然后通过大量的试验和对发达国家相关标准的借鉴，对不同外墙外保温系统进行分级评价与建筑应用范围限定，形成具有强制力的标准和规范。尤其注意在高层和超高层外墙上的使用限制，鼓励推广使用防火安全性更高的外墙外保温系统，减少火灾发生的隐患，降低火灾发生时外墙外保温系统对火灾的助长作用。

同时，我们应该认识到不燃及难燃性高效保温材料的开发应用应是今后外保温领域防火安全问题的最终解决途径，同时对防火构造措施的研究也不能放松，它将进一步加强外保温系统的防火安全性能。应做到两条腿走路，互相协调与加强。

8.2 建筑保温材料的阻燃改性

8.2.1 现状、存在的问题、与发达国家对比

外保温系统的主要功能是保温隔热，其核心材料是保温材料，通常占系统体积的80%以上。随着我国建筑节能工作向纵深方向发展，不断涌现出品种众多的保温材料。按材质进行划分，可将其分为无机保温材料、有机保温材料以及有机一无机复合型保温材料三类。从材料燃烧性能的角度进行划分，可分为不燃性材料、难燃性材料以及可燃或易燃性材料三大类。

我国目前应用的无机保温材料以岩棉、玻璃棉、膨胀玻化微珠保温浆料为代表，属不燃性材料，自身不存在防火安全问题，但其他性能不能完全满足外保温的要求，目前尚不具备广泛应用的技术条件。有机一无机复合保温材料以胶粉聚苯颗粒保温浆料为主，属难燃性材料，火焰传播性很小，自身防火安全问题不大。有机保温材料以聚苯乙烯泡沫塑料（包括膨胀聚苯板 EPS 和挤塑聚苯板 XPS）和聚氨酯硬泡为主，属可燃或易燃性材料，具有引发火灾的危险性。聚苯板的产品标准中（GB/T 10801.1—2002 和 GB/T 10801.2—2002）规定：膨胀聚苯板 EPS 的燃烧性能等级应达到 B2 级，同时氧指数应不小于 30%；挤塑聚苯板 XPS 的燃烧性能等级应达到 B2 级。硬泡聚氨酯材料的产品标准要求其燃烧性能等级达到 B2 级，氧指数大于 26%。但即使是如此，它们的燃烧性能等级也还是比较低的，从长远发展的角度看，对它们进行阻燃改性将是提高我国建筑节能领域防火安全性能的有力保障。

但国外应用的有机保温材料以膨胀聚苯板 EPS 为主，并且其燃烧性能等级可以达到 B1 级，因而在裸板的燃烧性能上比我们的要高。并且，国外生产的岩棉的技术性能也较国内产品的性能高，应用技术较为成熟，能够满足外保温的技术应用需求。在材料的燃烧性能这方面，我们与发达国家还存在着差距。

8.2.2 技术发展政策、战略与要求

(1) 聚苯乙烯泡沫材料的阻燃改性

聚苯乙烯泡沫材料是热塑性高分子材料，受热时，首先会发生软化和熔化现象。在燃烧过程中，不断有带有火焰的熔滴物滴落下来，这些熔滴还会将热量带到其他的区域继续引发保温材料的燃烧。由于聚苯乙烯分子全部由碳、氢元素组成，本质上极易燃烧，并且燃烧时的热释放量较大，同时生成大量烟。而且它受火收缩后还会导致外保温系统内产生空腔，继而愈演愈烈，形成轰燃状态下的剧烈燃烧。因此，提高聚苯乙烯的阻燃性能就成为促进其进一步发展和应用的必要手段。

由于聚苯乙烯在受热燃烧过程中，随着温度的逐步升高会不断分解产生苯乙烯单体，最终可产生 30%～100%的苯乙烯单体。基于这一现象，阻燃聚苯乙烯的技术途径之一便是阻止这种热分解的发生，交联是达到这一目的的一种方法。通常可采用添加二乙烯基苯（DVB）和三乙烯基苯（TVB）的方式来进行交联，交联后聚苯乙烯

的成炭量增高．可燃性挥发产物的生成量减少，熔滴现象得到抑制。若与含磷阻燃剂并用时阻燃效果更为显著。

但目前阻燃聚苯乙烯泡沫最常用的方法还是采用添加型阻燃剂，用得最多的是卤系阻燃剂和磷系阻燃剂。采用在苯乙烯单体聚合时添加阻燃剂而获得均质阻燃型聚苯乙烯发泡珠粒的方法最为理想，获得材料的阻燃性能较稳定。为此，要求阻燃剂能溶解于苯乙烯单体中而又不能参与苯乙烯游离基聚合反应的链转移过程。由于发泡聚苯乙烯的加工温度较低，所以可以选用阻燃效率高但热稳定性较低（耐温约200℃）的阻燃剂。

另外，在生产挤塑聚苯板时，不能简单地把树脂、发泡剂、阻燃剂等原料混合后就直接挤出，而应先把树脂、阻燃剂、发泡剂等在混合机中混合均匀，然后再经挤出机融混后挤出。这样做不易使树脂的熔体黏度大幅度下降，从而导致发泡倍率上升、泡孔中的独立气泡被破坏，致使制品强度降低、性能劣化。同时，由于挤出发泡的聚苯乙烯的加工温度一般都较低，因此选用的阻燃剂的熔点不能太高，否则会使阻燃剂成为成核剂，以致得不到良好的发泡体。

总之，在阻燃聚苯乙烯泡沫塑料的配方设计上必须认真对待树脂与阻燃剂的相容性问题，切忌选用三氧化二锑作为卤系阻燃剂的协效剂。

（2）硬质聚氨酯泡沫塑料的阻燃改性

与聚苯乙烯不同，硬质聚氨酯泡沫是一种热固性高分子材料，导热系数在所有外墙用有机保温材料中是最优的。但聚氨酯泡沫本质上属于高度易燃性材料，即使经过阻燃处理后通常其燃烧性能等级也仅能达到B2级。聚氨酯燃烧时表面过火的速度也很快，但由于燃烧后会形成碳化层，阻止火焰的进一步蔓延，并没有熔滴产生，因而它引起火灾蔓延的风险比聚苯要低一些，不易被点燃。随着聚氨酯泡沫塑料的广泛运用，其材料的耐燃、防火等问题已成为迫切需要解决的重要课题。

目前，阻燃聚氨酯材料的方法主要有3种：添加各种添加型阻燃剂或无机填料；用反应性阻燃剂作为制造聚氨酯的原料组分之一，使聚氨酯分子结构中含有阻燃元素。另外，赋予聚氨酯材料阻燃性能的另一个有效方法是对其进行结构改性，即使用带有阻燃元素的多元醇或异氰酸酯为原料来合成阻燃聚氨酯。例如将异氰脲酸酯结构引入到聚氨酯分子链中，就可以提高材料的炭化倾向从而降低其可燃性，但目前这种方法的应用还是很有限的。为了满足泡沫制品的阻燃要求，目前市场上已开发了含卤聚醚、含磷聚醚、芳胺聚醚、苯酚树脂聚醚等阻燃级聚醚。

添加阻燃剂使聚氨酯获得阻燃性能，这是目前应用得最广泛的聚氨酯阻燃方法，其中磷系阻燃剂用得最多。含磷1％～2％即可使聚氨酯获得自熄性。此外，磷系阻燃剂与卤系阻燃剂的协同使用，在聚氨酯阻燃方面用得也比较多。这是因为具有凝聚相阻燃作用的磷系阻燃剂和具有气相阻燃作用的卤系阻燃剂在协同使用时表现出了协效作用。同时，当它们共用时减少了各自的添加量。例如在同等阻燃效果下，单独使用时，需添加溴12％～14％、氯18％～20％、磷1.5％；若协同使用时，则只需溴5％和磷0.5％或氯12％和磷1％。

用于聚氨酯的添加型阻燃剂，分为液体和固体两种。近年来，应用的多是一些阻燃效率更高、热稳定性更好、抗迁移性（低挥发性）更优良的，尤其是与聚醚多元醇相容性更好一些的液体阻燃剂，如甲基二甲基膦酸酯（DMMP）。它含磷25%，是至今含磷量最高的有机磷酸酯；而且它具有能和水以任意比例互溶和黏度很低等特点；近年来已成为用于聚氨酯材料尤其是泡沫塑料的新型阻燃剂之一。而且，各国的阻燃剂公司都已相继开发出了一些低聚合度的聚磷酸酯和分子内含有空间位阻较大的取代基的磷酸酯。这些磷酸酯的使用有利于聚氨酯燃烧时成炭，并且可以作为自膨胀时的炭源起作用。

在使用固体阻燃剂时，要注意固体阻燃剂与原料单体，尤其是与聚醚多元醇的相容性，如果相容性不好，容易发生沉降，从而影响组合料的稳定性和分散的均匀性。解决相容性与沉降的问题，一般有两种方法：一是将固体阻燃剂用小分子含羟基的化合物或有机硅烷等偶联剂进行表面处理；二是加入气相二氧化硅（白炭黑）和923分散剂等助剂，以减缓两个或多个不相容的液体阻燃剂的分层速度和固体阻燃剂在聚醚多元醇中的沉降速度。此外，固体阻燃剂的粒度也是影响聚氨酯泡沫塑料阻燃性能及其物理机械性能的重要因素。阻燃剂的粒度越小，越容易在泡沫母体中分布均匀，不仅可以避免泡沫机械性能的下降，而且还会使形成的泡沫阻燃层更加致密，阻燃效果也会更好。

但是，由于泡沫塑料是多孔性材料，加入其中的阻燃剂的低挥发性（抗迁移性）也是重要的需要考虑的问题之一；其次，阻燃剂是否无毒性、是否容易变色（一些含溴阻燃剂容易使泡沫塑料变黄）也是必须考虑的方面。含卤阻燃剂在后两点上的表现就比较差。而且，用于聚氨酯泡沫塑料的阻燃剂除了应具有显著的阻燃效果、满足阻燃剂的一般要求以外，还应与聚氨酯泡沫配方中的其他各组分间表现出良好的相容性、在多元醇中具有良好的溶解性、不致引起泡沫体“焦化”（烧芯），并且最好是黏度较低的液体，以免带来加工工艺上的问题。所以，聚氨酯泡沫塑料所用的阻燃剂与热塑性塑料所用的阻燃剂应是有所区别的。

在通常的情况下，含卤磷酸酯中的卤素并不能与锑化物产生阻燃协同效应。其原因可能是当被阻燃的聚氨酯材料受热时，所含的卤代磷酸酯与锑化物作用生成不挥发的磷酸锑，因而阻碍了卤化物进入气相发挥阻燃功能所致。因此，阻燃PUF时含卤磷酸酯一般不与锑化物联用。

实验证明，异氰酸酯本身具有一定的阻燃效果，所以可用聚合异氰酸酯、卤代异氰酸酯或含磷异氰酸酯来改善聚氨酯的阻燃性能。目前通常采用阻燃型多元醇以及卤化异氰酸酯作为聚氨酯的反应型阻燃剂。由于磷元素的阻燃效果好，许多阻燃聚醚多元醇中都含有磷，或既含磷又含卤素。如Ⅳ型阻燃聚醚、601聚醚等都是既含磷又含卤的多元醇。另外，也可使用含卤多元醇，如使用含卤量为20%～40%的卤化蓖麻油和卤化焦油来制备阻燃聚氨酯，也可以利用卤化聚酯来对聚氨酯泡沫进行阻燃改性。这些反应型阻燃剂是从本质上使聚氨酯泡沫获得阻燃性能，阻燃效果较持久。不过，由于它们普遍会使聚氨酯的黏度增高，因而具有造成操作工艺性变差并使泡沫体发脆的缺点。

目前，在阻燃材料中采用不含卤素的阻燃剂或阻燃性高聚物已成为日益迫切的要求。资料报道在聚合物主链上引入阻燃元素硅，或者将含硅高聚物与其他需要阻燃的高聚物进行共混，是制备不含卤素的阻燃高聚物的方法之一。因此主链上含有硅氧基团的聚氨酯实际上是一种本质阻燃高聚物，其原因是这类基团能够促进材料在高温下成炭，而炭层中的硅氧基团又有助于在材料表面形成连续的、抗氧化的硅酸盐保护层，因而可以显著地提高材料的氧指数和抗高温氧化性能，并保护炭层下的基材免遭破坏。这种类似于膨胀型阻燃剂的阻燃功能，不仅对材料阻燃性能的贡献相当理想，而且使材料燃烧时的生烟量和腐蚀性气体量都大为降低，这更是人们特别希望当代阻燃材料所应具有的性能。此外，含硅高聚物受热分解时所生成的二氧化碳、水蒸气和二氧化硅都是毒性较低的材料。如果在这类聚氨酯中引入卤素（如合成时以含溴多元醇作为扩链剂），则阻燃效果更佳。这也是提高聚氨酯阻燃性能的一个新思路。

8.2.3 对策与措施

可以说，有机保温材料的燃烧性能是影响外保温系统防火安全性能的基本条件，它们的使用无疑会存在引发火灾和加速火灾蔓延的危险性。虽然阻燃材料并非万能的，不能完全指望阻燃材料将火势遏制住，但提高目前广泛采用的聚苯乙烯泡沫材料和聚氨酯硬泡保温材料的防火性能是解决外保温防火问题的关键。我国建筑外墙外保温系统的防火安全离不开保温材料防火性能的不断提高和高新技术的支撑。因此应大力研究保温材料的阻燃改性技术，并且在消防设计、施工过程中应严格按照防火规范的要求进行选材。

但是有机高分子材料，即使阻燃性能再好也不意味着它在火中不燃烧。高阻燃性能可以通过提高阻燃剂的含量来达到，而大量阻燃剂的使用却又带来了烟雾大、毒性大的弊端。目前，如果大幅度地提高聚苯乙烯泡沫和聚氨酯硬泡的阻燃性指标，从技术角度讲尚不具备充分的条件，对于大规模的生产来说还有很多技术问题需要解决；另外会显著地提高材料的生产工艺成本，从生产成本的角度看，也不符合中国的国情。

因此，目前和今后一定时期内，从技术和成本两方面考虑，在产品的工业化转化上还有许多工作要做。但开发低烟、低毒、高阻燃性能、价格合理的有机高效保温材料将是建筑外保温领域的一项重要课题，它是解决外保温防火安全性能的最终出路。

8.3 建筑保温体系的防火构造措施

8.3.1 现状、存在的问题、与发达国家对比

就我国建筑外保温领域而言，目前用量最大的保温材料还是聚苯乙烯泡沫塑料和聚氨酯硬泡。在现有的条件下，短时间内大幅度、大范围地提高这些有机泡沫材料的燃烧性能等级还具有一定的难度，这就带来了潜在的外保温体系火灾风险。但是，外

保温系统不仅仅是由保温材料组成的，在实际使用情况下它是一个整体，保温材料都是包覆在外保温体系内部的，应该将它们作为一个整体来考虑。但我国目前在这方面的研究还刚刚开始，许多想法也都不太成熟，有待试验验证和工程实践的检验。

但针对外保温体系的防火安全性能，国际上通常的做法是：如果采用的保温材料的防火性能好的话，则对保护层和构造措施的要求可以相对低一些；如果保温材料的防火性能差的话，则要采用好的构造措施，对保护层的要求相对也高一些，总体上两者应该是平衡的。基于这一思想，目前解决我国外保温防火安全的主要途径应是采取构造防火的形式，这是当前适应我国国情和外保温应用现状的一种有效的技术手段。因此，构造防火的研究具有十分重要的现实意义。

8.3.2 技术发展政策、战略与要求

我们知道，火灾发生时通常以释放热量的方式来形成灾害。而热又以传导、对流和辐射三种作用方式来向外传播，因此只要阻断热的这三种作用方式就能防止火灾的蔓延。目前我们分别提出了分仓构造、无空腔构造和增加表面层厚度这三种构造防火的关键因素。分仓构造可以有效地抑制热传导，无空腔构造限制了热对流作用，增加表面层厚度的方式则可明显减少对内部保温材料的辐射热作用。通过这三种构造来阻止热量的三种作用方式，如果将它们结合起来使用防火作用会更加有效，具体阐述如下。

（1）无空腔构造

有机保温板材与基层墙体之间或与装饰面层之间存在的空腔，将在火灾发生时为保温材料的燃烧提供氧气，在火灾发生后提供烟囱通道，从而加速火灾的蔓延。外保温系统中贯通的空腔构造和封闭的空腔构造对系统的防火安全性能的影响程度明显是不同的。特别需要指出的是，在火灾条件下，由于系统中热塑性保温材料受火后的收缩、熔化甚至燃烧，可能导致空腔的形成或使封闭的空腔贯通，将对系统的防火性能产生不利的影响。因此，无空腔的构造做法可以解决空腔带来的火灾危害。

（2）防火隔断

系统的防火隔断可以采用防火隔离带构造或防火分仓构造的形式，能够有效地阻止火焰的蔓延。防火隔断包括建筑层的防火隔离带、门窗洞口的隔火构造、系统自身的分仓构造等。

防火隔断材料可以选择多种轻质不燃或难燃的材料，如德国采用的是高强矿棉板。此外，在国外使用的防火隔断中高强度岩棉的使用频率最高，而且通过满粘的方式与墙体连接。而如果采用胶粉聚苯颗粒做防火隔断的话，成本将会比采用无机材料有所降低。并且根据试验结果可知，30毫米厚的防火隔断可以在900℃的条件下，在20分钟内不会使相邻的有机保温材料受到任何影响。但由于胶粉聚苯颗粒代替的是聚苯板或聚氨酯，材料成本无疑会比无防火构造时稍有提高。由于防火隔离构造措施的主要功能是阻止火焰的传播，同时也必须考虑其保温隔热功能。目前，我们经过试验验证认为聚氨酯硬泡和酚醛泡沫与不燃性的砂浆材料复合后构成的外保温系统都能

够有效地阻止火焰的传播，并且可以保证隔断材料与原有外保温系统保温隔热功能的一致性和可施工性。但无论采用何种防火构造措施，施工成本均会随之提高，但外保温系统的防火性能可得到大大地增强。

(3) 防火保护面层

防护面层的厚度和质量稳定性，决定系统层面受到热量或火焰侵袭时对内侧有机保温材料的保护能力。

保护层包括防护层和饰面层。防护层以抹面浆料为主，其厚度和质量稳定性，决定系统层面构造的抗火能力。防火保护面层可选用不燃或难燃性材料，从目前的各种防火保护面层来看，普通水泥砂浆在作为防火保护面层时，由于刚性材料易开裂、与有机保温材料的粘结性差和自重大等缺陷使其没有应用的可能。所以寻找轻质找平材料作为防火保护面层是一个好的选择，就目前而言，市场上应用较多的是胶粉聚苯颗粒，是现有技术条件下最优的选择，而对于其他轻质材料做防火保护面层是否会引发其他问题还有待实践验证。轻质防火保护面层不仅提供了系统的防火性，还能起到辅助保温的作用，可适当减少有机保温材料的厚度。饰面层则以饰面涂料和面砖为主。当饰面层采用饰面涂料且其厚度不大于0.6毫米或单位面积质量不大于每平方米300克时，可不考虑饰面涂料对基材燃烧特性的影响。应该指出的是，不同的保护层材质和构造，不同的施工质量，必然会造成其抗火能力的差异。

大量的试验和资料表明：当外保温系统的保温层为可燃材料时系统的构造方式即为决定整个系统防火安全性能的关键要素。通过外墙外保温构造措施的设计，基本可以解决有机保温材料高效保温与系统防火安全性难以兼顾的问题。

8.3.3　对策与措施

由于外保温系统是依附在建筑外墙上的非承重构造，在外保温系统意外失火的情况下，对于可燃的聚苯乙烯泡沫和聚氨酯硬泡而言，控制外保温系统燃烧后的火焰传播性是问题的关键，特别是对于高层建筑来说。一般认为外保温火灾的发生有以下两种可能的情况：第一种情况是在建筑室内出现火灾的条件下，火焰由窗口或洞口溢出并引起外保温系统的燃烧；第二种情况是临近的物体燃烧并引起外保温系统的燃烧。不管是在哪一种情况下，都不应出现由于外保温系统的燃烧而将火焰传播到其他楼层、并通过其他楼层的窗口或洞口将火焰引入而导致其他楼层的失火。

因此，对外保温系统防火性能的基本要求就是其点火性和火焰传播性能要满足要求。这不单单是保温材料的点火性能，而应该是整个外保温系统整体的点火性能。对保温材料燃烧性能的要求应是达到现有相关产品标准所要求的技术指标，并能满足正常施工过程中的安全防火要求。在此基础上，要求保温层与保护层整体的对火反应性能良好，系统的构造方式合理，以保证建筑外保温系统的防火安全性能满足要求。

外保温系统的防火构造措施可以是多种多样的，以下是被普遍认可的措施：

(1) 防火隔离带。水平设置在建筑的层与层之间的防火隔断，一般采用不燃或难燃的保温材料制成，系统的任何材料之间都不留空隙，具有一定的宽度。现在认为也可以采用胶粉聚苯颗粒保温浆料、聚氨酯硬泡和酚醛树脂泡沫塑料来作为隔离带材料。

(2) 挡火梁。一种用于门窗洞口的隔火构造方式，与防火隔离带类似，水平设置在门窗洞口的上边缘，并伸出门窗洞口竖向边缘一定的长度。

(3) 为维持火灾条件下系统的稳定，保障系统不具有火焰传播性，可考虑使用金属固定件。

总的来说，应根据不同系统的具体构造，相应采取科学适度有效的防火构造措施，来改善或提高系统整体构造的防火安全性能，以期满足防火安全的要求。目前设计和研究有效的防火构造措施，结合对保温材料燃烧性能的限制，来保证建筑围护结构的防火安全，是一条简便易行的新途径，而且比较适应我国外保温应用的技术现状。在外保温施工过程中，应注意对基层墙体的处理，保证保温材料粘结可靠，防护层完整无裂纹，同时在门窗洞口要增加合理的构造措施，在首层应适当增加防护层的厚度。

第9章 建筑地基基础技术进步与节能减排

建筑地基基础的技术进步对于确保结构安全、提高功效、节约材料与施工环境保护有十分积极的意义。

考虑环境影响的大面积堆填地基、填海工程的软基处理新技术、新方法；工业、矿山废渣填埋场的地基处理技术；采空区场地的再利用技术；快速高效的软土地基处理技术。

采用大直径高承载力灌注桩、地下连续墙的成桩成槽检测技术；桩底、槽底持力层检测技术；大力推广使用高效、减少泥浆污染的钻孔压灌桩技术；发展变形控制的复合桩基、疏桩等桩基技术。

研究开发复杂体型、复杂场地的整体大面积基础、建有多幢高低层建筑物的共同作用基础设计计算方法；研究土层变形参数的现场测试技术；发展变形控制设计理论和方法，研究超深超大基础工程的回弹再压缩变形计算方法。

研究保护水资源的降水、回灌及基坑截水、隔水技术；研究基坑工程施工的环境监测及保护的信息化施工方法；研究软弱地基的基坑支护和地下水控制技术。

研究暗挖法、盖挖法、盾构法施工引起的环境影响及保护措施；研究超深超大地下工程设计施二方法；研究地下车库、地下商场与地铁车站的联结技术。

9.1 高填方与填海工程地基处理技术

9.1.1 现状、必要性、与发达国家对比

随着我国城市化进程的发展，土地资源紧缺的问题日益突出，填方造地、填海造地、工业及矿山废弃物填埋场地再利用等，成为城市开发土地资源的重要手段。自20世纪90年代开始，在贵州、福建、四川的机场建设中已广泛使用高填方填筑技术并取得成功。随着国家开发西部战略的全面实施，今后大量的工业建筑将在多山的西部地区进行，本技术对山区建筑地基处理具有很高的经济意义，在我国沿海地区和内陆省份，填海造地、工业、矿山废弃物填埋场地以及城市垃圾填埋场的再利用已成为城市建设开发用地的一个趋势，因此高填方与填海工程地基处理技术研究成为城市土地资源开发的重要研究内容。

国内外对这一地基处理技术均有一定的工程实践，但研究的内容较单一，地基处理技术的系统性和全面性还难于满足工程的需要。

9.1.2 技术发展政策、战略和要求

开山填沟造地、大面积填方工程、填海工程均改变了原有场地的现状，场地地基处于卸载或加载过程，场地稳定性、地基变形和承载力需再评价或进行地基处理；工

业和矿山废弃物填埋场、垃圾填埋场一般属于松散堆积物，若再利用亦需处理和重新评价，研究开发大面积挖填方工程地基处理技术及检测评价方法、大面积填海工程地基处理技术及检测评价方法、工业、矿山废弃物填埋场以及城市垃圾填埋场地基处理技术及检测评价方法对我国城市建设、环境保护具有重要的现实意义。

9.1.3 对策与措施

（1）研究高填方与填海工程地基处理设计、施工技术。

（2）总结土的应力历史对处理地基承载力、变形特性的影响，给出软土地基固结沉降与次固结沉降对工后沉降的影响。

（3）研发快速高效的地基处理施工技术及设备。

（4）研究地基处理的检测评价新技术。

（5）编制处理地基的设计标准。

9.2 新型桩基施工技术

9.2.1 现状、存在问题、与发达国家对比

自20世纪80年代以来，桩基础设计、施工技术在我国快速发展，广泛运用于城市高层建筑、城市立交桥，大型铁路、公路桥梁、城市轻轨建设等各个领域。灌注桩、普通预制桩、高强预应力管桩、钢桩等在我国已广泛使用，无论从用途、制作材料，还是制作方法上都可以说是日新月异，种类繁多。随着地下空间的开发利用，深基础的形式也呈现出多样化和复杂化，深基础施工技术已不仅仅是简单的人力和机械组合，更多地体现在施工组织方案的合理性和信息化动态施工的科学性。

与发达国家对比，我国桩基施工技术的主要问题是机械化程度低，且桩工机械的各种性能都与国外有不小的差距。世界上桩工机械比较发达的国家主要有德国、意大利和日本，先进的设备和工法多由这三个国家首先开发，在整个桩工机械市场上，德国宝峨、意大利土力、卡萨格兰地的销售额居世界前三位。在桩基础施工领域，为满足不排土、少排土的灌注桩工法要求，轻型化、大扭矩钻孔机械成为研发方向，低噪声、低振动型钢板压入机等在开发和使用中。欧洲环境保护要求非常高，在基础施工领域，近几年正积极推进减少废弃物排放有利于环境的工法，并正在开发与之相应的小型化、高效率设备。

9.2.2 技术发展政策、战略与要求

我国幅员辽阔，地质条件复杂多变，基础工程建设量大面广，各地区经济发展不平衡，工程中既需要机械化程度高、操作复杂的现代化桩机，也需要设备简单、操作容易的施工设备，多种桩型和施工工艺将长期并存。桩类型与用途的多样化，决定了成桩工艺的多样化和机械专用性。从发展战略上应重视桩工机械品种的多样化和配套设备的完善，加强研究开发低噪声、低污染、大扭矩、轻型化、环境友好是桩基施工

机械和工艺发展的方向。

9.2.3 对策与措施

（1）加强桩基施工机械品种和配套设备的研制。

（2）研究开发轻型化大扭矩桩基础施工设备。

（3）研究开发长螺旋钻孔机入岩新技术。

9.3 上部结构与地基、基础共同作用

9.3.1 现状、存在问题、与发达国家对比

随着大规模现代化建设的发展、国内城市化进程的加快，为充分利用土地资源，高层建筑的基础向超大、超深、大跨、大底盘方向发展已成为发展趋势。在我国大、中城市，在一个基础大底盘上建筑多个多层、高层建筑物的建筑群不断增多，复杂体型的大底盘高层建筑基础设计中的地基变形和反力分布以及引起的结构变形和内力问题更加复杂，考虑上部结构与地基、基础共同作用的设计方法，既可以增加建筑结构与地基、设计的合理性和安全性，又可以节约钢筋、混凝土等建筑材料，是建筑设计发展的必然方向。

与国外先进国家相比，在考虑上部结构与地基、基础共同作用的设计方法的理论研究和实际应用上，发展水平基本同步，在土的回弹变形特性、变形计算方法、测试技术方面都有待进一步研究和开发。

9.3.2 技术发展政策、战略与要求

加强对上部结构与地基、基础共同作用理论的研究，发展新的设计计算方法和软件，研究开发新的地基参数测试方法，对发展变形控制设计理论和方法有重要意义，也是我国建筑行业科技进步的需要。

9.3.3 对策与措施

（1）研究开发复杂体型的整体大面积基础、建有多幢高低层建筑物的共同作用基础设计计算方法和软件。

（2）研究超深超大基础工程的回弹再压缩变形计算方法。

（3）研究土层变形参数的现场测试技术。

9.4 深基坑工程施工的水资源保护与利用

9.4.1 现状、存在的问题、与发达国家对比

随着大规模现代化建设的发展、国内城市化进程的加快，充分利用土地资源，加强城市环境保护，科学、合理地开发利用城市地下空间，建设环境友好型城市已成为

城市发展的客观要求。基坑支护技术在我国发展很快，各种支护形式不断涌现，有效控制地下水是保证基坑安全和结构施工的重要手段。目前我国深基坑工程中的地下水控制方法主要有降水、截水或其组合形式，但无论采取哪种形式，都不同程度存在造成了城市地下水位下降、地下水资源浪费和污染的不利影响。研究新型地下水控制技术，有效保护城市地下水资源已成为我国城市建设的一个重要课题。与国外先进国家相比，在城市地下水资源保护上，无论在政策方面还是在技术方面，都有一定差距。

9.4.2 技术发展政策、战略与要求

为有效保护地下水资源，研究开发防止污染的地下水控制技术和地下水回灌技术，推广集挡土、截水于一体型钢水泥土搅拌墙复合结构支护技术和集挡土、截水、结构外墙于一体的一墙多用地下连续墙技术，对我国城市发展和建筑业技术进步具有重要意义。

9.4.3 对策与措施

（1）研究开发软弱地基的基坑支护和地下水控制技术。

（2）研究开发防治水质污染的地下水回灌技术。

（3）研究开发地下水资源回收再利用技术。

（4）推广集挡土、截水于一体型钢水泥土搅拌墙复合结构支护技术。

（5）推广集挡土、截水、结构外墙于一体的一墙多用地下连续墙技术。

9.5 地下结构暗挖施工技术

9.5.1 现状、存在的问题、与发达国家对比

随着城市化建设发展，我国将会充分开发利用城市地下空间。例如，目前我国地铁建设突飞猛进，是世界上动工新建地铁城市最多的国家之一。可以预测，未来15年将是中国城市地下空间发展的黄金时期，地下结构暗挖施工技术必将在城市地下结构建设的应用范围越来越广，发挥重要作用，产生更大的经济、环境和社会效益。

与国外先进国家相比，在管理上，我国城市在地下空间开发利用方面缺乏统一规划，在技术上，我国城市地下空间开发所需的大型施工设备自主研发和生产能力滞后，例如，我国盾构机械大多进口自德国或日本，进口机械设备施工成本高，制约着我国地下结构施工技术的发展。

9.5.2 技术发展政策、战略与要求

在城市地下空间开发利用方面，一方面，我国应建立以城市为单元的地下空间利用规划，科学开发，合理利用；另一方面，应加强对地下空间暗挖信息化施工技术和工法、成套施工设备的研发，解决暗挖施工中对地面建筑物、道路、桥梁和地下管线等影响，保证安全，降低开发成本。

9.5.3　对策与措施

（1）研究开发地下车库、地下商场与地铁车站的联结技术。

（2）研究开发地下结构施工期间周边建（构）筑物加固技术。

（3）研究开发超深超大地下工程设计、施工方法。

（4）研究暗挖法、盖挖法、盾构法施工引起的环境影响及保护措施。

（5）研究开发地下障碍物探测、清除新技术。

（6）加强盾构机械、异形盾构及连体盾构和配套设备的研制。

参　考　文　献

[1] 清华大学，中国建筑科学研究院．《山区机场高填方地基稳定及变形控制关键技术研究》，国家高新技术研究发展（863 计划）课题研究报告，2010.

[2] 肖勇．《低能量强夯法在港口工程软基加固中的应用》，水运工程，2004.5.

[3] 龚红旗，曾国海，徐士龙．《高真空击密法填海滩涂地基处理试验研究》，岩土工程界，2009.7.

[4] 张雁，刘金波主编．《桩基手册》，中国建筑工业出版社，2009.

[5] 刘金砺，高文生，邱明兵编著．《建筑桩基技术规范应用手册》，中国建筑工业出版社，2010.

[6] 黄熙龄．《高层建筑厚筏反力及变形特征试验研究》，岩土工程学报，Vol.24（2），2002.

[7] 宫剑飞，黄熙龄，滕延京等．《多幢塔楼作用下大底盘框架厚筏基础结构分析与设计》. 中国建筑科学研究院，2004.

[8] 黄熙龄，滕延京，王曙光等．《大底盘高层建筑基础设计施工技术及灾害防治》，中国建筑科学研究院，2006.

[9] 刘国彬，王卫东主编．《基坑工程手册》，中国建筑工业出版社，2009.

[10] 欧掌煜，谢百钧．《深开挖邻近保护之探讨》，岩土工程学报，2008.30（9）.

[11] 黄瑞金．《地铁浅埋暗挖洞桩法车站扣拱施工技术》，地下空间与工程学报，2007.3.

[12] 王梦恕．《中国隧道即地下工程修建技术》，人民交通出版社，2010.

[13] 陈星，罗赤宇，向前等．《地下建筑逆作法与组合结构新技术工程应用》，中国建筑工业出版社，2007.

[14] 王克忠，李仲奎，王爱民等．《浅埋暗挖地铁站厅洞室开挖过程物理模型试验及土体变形规律研究》，岩石力学与工程学报，2008.27.

第六篇

中国建筑业人力资源状况与发展研究报告

第1章　中国建筑业人力资源的发展成就

21世纪将是全球化知识经济占主导地位的时代，它的核心是以智能为代表的人力资本，以高技术为代表的技术知识，以科技为核心构造新的生产力系统。这一时期，经济已由自然经济资源为主转向人力、智力资源为主，科技和人才越来越成为国家繁荣、民族振兴的决定性因素和最重要资源。因此，在知识经济时代，谁拥有一流的人力，拥有人力资本，谁就拥有了财富。

在经济持续增长、全社会固定资产投资不断加大、城市化建设不断深入的环境下，我国建筑行业近年来获得了飞速发展。从2001～2005年，我国建筑业总产值年均增长21.3%，建筑业增加值占到GDP的7%左右，建筑业对国民经济的影响力越来越强。据《中国统计年鉴》（2008年）统计，截止2007年底，全国建筑业企业完成建筑业总产值51043.71亿元，建筑业从业人员已达3133.71万人，占全社会从业人员的4.07%，建筑业已成为我国国民经济的支柱产业。因此，我们必须正确了解和认识建筑业人力资源的发展状况，全面提升人员素质，适应建筑业快速发展的需要。下面分别从建筑业人力资源总量、人力资源素质、人力资源效率、人力资源待遇和人力资源教育这五个方面来分析我国建筑业人力资源的发展成就。

1.1　建筑业人力资源总量

1.1.1　总量发展情况分析

建筑业人力资源是指从事建筑业生产活动的所有人员所蕴含的劳动能力的总和。具体包括处在劳动年龄的依法从事建筑业活动的人员所具有的劳动能力、超过劳动年龄没有退休或已经退休但仍在从事建筑业活动的人员所具有的劳动能力、将来拟从事建筑业生产活动的人员所具有的劳动能力。

由表6-1-1、图6-1-1和图6-1-2可以看出，随着作为国民经济支柱产业的建筑业迅速发展，行业队伍不断壮大，呈现出逐年增长的态势，由1980年的648万人发展到2007年末的3133.71万人，建筑业人力资源总量增长了4.8倍。综合分析图6-1-1与图6-1-2可知，我国建筑业人力资源近30年的发展可以分为3个阶段：

1980～2007年我国建筑业人力资源总量情况（单位：万人）　　表6-1-1

年份	总计	国有企业	集体企业	港澳台商投资企业	外商投资企业	其他	增长率
1980	648	481.8	166.2				
1985	911.5	576.7	334.8				40.66%
1990	1010.7	621	389.7				10.88%
1995	1497.87	824.3	631.9	4.96	5.4	31.31	48.20%
1996	2121.87	855.9	1171.4	8.67	8.6	77.3	41.66%

续表

年份	总计	国有企业	集体企业	港澳台商投资企业	外商投资企业	其他	增长率
1997	2101.51	828.6	1148.2	8.23	9.6	106.88	−0.96%
1998	2029.99	738.4	1057.3	9.29	5.1	219.9	−3.40%
1999	2020.13	690.55	993.09	11.48	6.1	318.91	−0.49%
2000	1994.3	635.6	887.5	8.22	4.4	458.58	−1.28%
2001	2110.66	590.65	739.94	7.68	4.3	768.09	5.83%
2002	2245.19	543.75	579.18	7.41	4.5	1110.35	6.37%
2003	2414.27	524.32	505.57	7.04	6.04	1371.3	7.53%
2004	2500.3	467.36	386.4	6.8	8.1	1631.64	3.56%
2005	2699.92	480	361.6	8.6	10.8	1838.92	7.98%
2006	2878.16	467.6	332	8.9	8.1	2061.55	6.60%
2007	3133.71	470.12	316.99	9.81	11.43	2325.36	8.88%

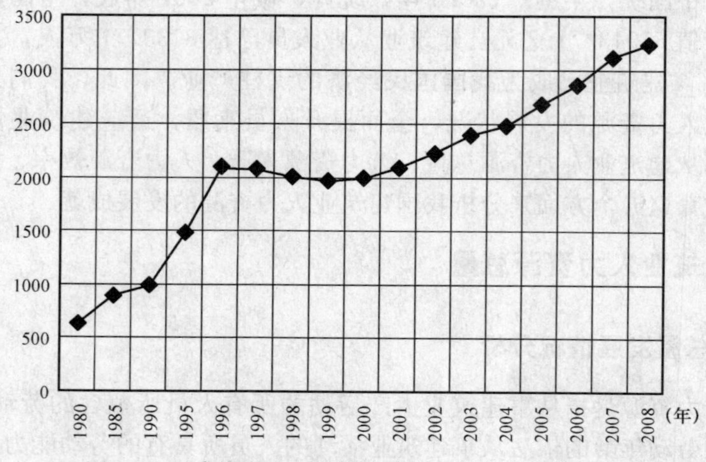

图 6-1-1 建筑业人力资源总量发展趋势（单位：人）

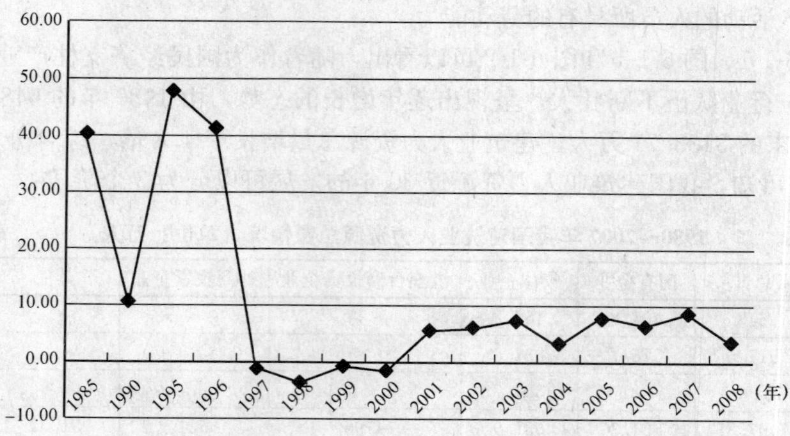

图 6-1-2 建筑业人力资源总量增长率（单位：%）

第一阶段（1980～1996 年）：迅速增长阶段。人力资源总量由 1980 年的 648 万人发展到 1996 年末的 2121.87 万人，环比增长率最高达到 48.20%。这从一个侧面反映了在近 20 年间建筑业的发展及其对劳动力的需求。

第二阶段（1997～2000 年）：负增长阶段。人力资源总量与增长率都有所下降，这反映了我国建筑业用工制度改革的成果。自 1982 年对单一固定工制度的改革以来，积极推行劳动合同制，逐步形成了以固定工为骨干，以乡镇建筑队伍为主体，以临时工为补充的弹性用工制度。固定工的比例在逐年下降，主要发挥技术和管理骨干的作用。

第三阶段（2000～2007 年）：稳步增长阶段。进入 21 世纪后，我国建筑企业面临的社会环境发生了巨大变化：科技迅速发展、经济全球化和知识经济的冲击，尤其是我国加入 WTO 后，使我国建筑企业面临更加激烈的国际国内竞争，人力资源的开发与管理也日趋受到重视，因此，建筑业人力资源增长率又有所回升，且基本保持稳定，总量保持稳步增长。

1.1.2　各所有制企业发展情况分析

根据《中国统计年鉴》，将建筑业企业按所有制分为国有企业、集体企业、港澳台商投资企业、外商投资企业和其他五类。由图 6-1-3 可以看出，我国建筑业人力资源规模逐步由集体企业占主导地位转为由其他企业占主导地位，港澳台商与外商投资企业虽然近几年有所增加，但所占比例仍然较小，因此我国建筑业人力资源的国际竞争力还有待增强。

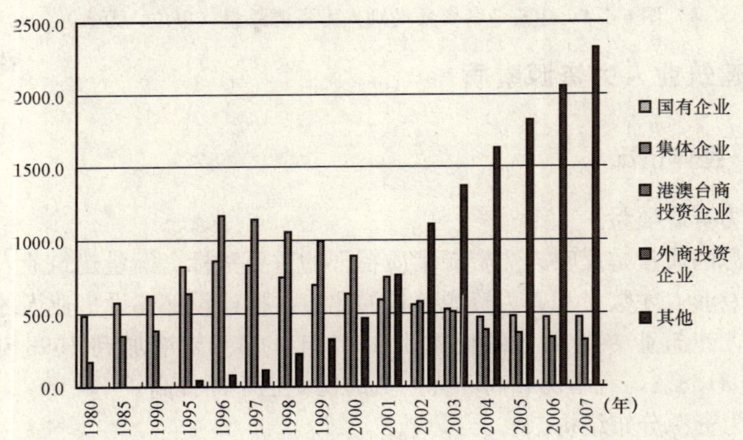

图 6-1-3　1980～2007 年建筑业各所有制企业人力资源总量（单位：万人）

1.1.3　各资质类别发展情况分析

根据《建筑业企业资质管理规定》（建设部令第 87 号），建筑业企业资质分为施工总承包、专业承包和劳务分包三个序列。由图 6-1-4 看出，各资质类别人力资源总量都呈现出逐年增长的趋势，且三者之间比例分布基本保持稳定。其中，总承包企业人力资源占建筑业人力资源总量的比重由 2005 年的 86.89%增加到 2007 年的 87.95%，同时，专业企业人力资源比重 2007 年减少至 12.05%，同比减少 8.09%。这一数据验证了我国目前大力推行建设项目总承包服务是相吻合的，总承包服务将在未来建筑业中占据龙头地位。

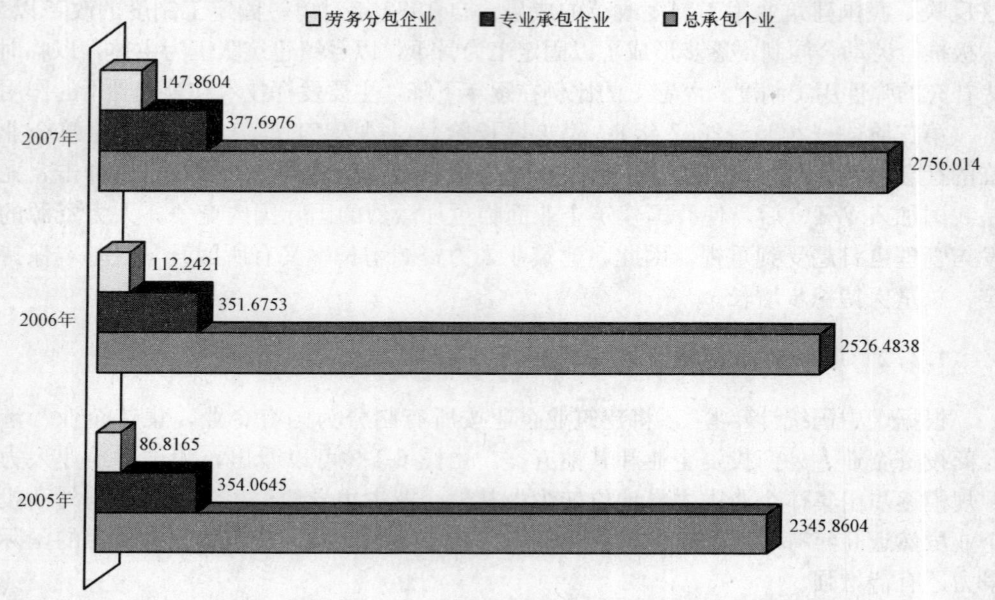

图 6-1-4 建筑业各资质类别人力资源总量（单位：万人）

1.2 建筑业人力资源素质

1.2.1 整体情况

（1）人力资源质量

人力资源的质量是反映人力资源素质特征的重要指标。衡量建筑业人力资源的整体素质是用专业人才数量和人力资源总量的比值。据建设部建设事业人才现状抽样调查资料分析，建筑业专业人才的比重由 1983 年的 4.8%增加到 1998 年的 22.5%，2005 年达到 31.3%，有学历和高职称人员的比例也不断提高。

（2）人力资源分布结构

建筑业按照所从事工作的性质不同可以分为建筑施工、设备安装、机械化施工、市政工程施工、建筑装饰、构配件生产、建筑机械制造等行业，根据《中国建筑业年鉴》统计结果，1989 年以前从事建筑施工的人员所占比例最多，其次是设备安装，再次是市政工程。2000 年以后行业分布结构得到了改善，从事建筑施工的人数逐年减少，从事其他行业的人员都在逐年增多，说明我国这些年来，工业建设和技术改造项目增多，建设中的技术设备增多，城市基础设施项目增多，拉动了其他行业人员队伍的增长，同时也带动我国经济的发展。特别是近几年来，随着人们生活水准的提高，越来越对公共建筑和居室的舒适度提出更高要求，建筑装饰业已经成为一个市场很广阔的行业。以上情况说明建筑业内部产业结构的技术水平在逐步提高。

（3）建筑业职业结构

根据从业人员在建筑业生产管理中完成的职能，职业结构分为：技术工人、普通工人、技术人员、管理人员、服务人员及其他人员等。据《中国统计年鉴》、《中国建筑业年鉴》，在各类从业人员中，技术人员所占比例逐年增长，20 世纪末建筑业技术人员所占比例已达 10%，超过其他行业和全国水平（7%）。建筑施工技术人员队伍整体素质和产业技术水平不断提高，正逐步向技术密集型和管理型发展，实行管理层和劳务层分开，职业结构更加合理。

1.2.2　勘察设计企业情况（表 6-1-2、表 6-1-3、图 6-1-5）

勘察设计企业各职称等级人力资源情况（单位：人）　表 6-1-2

年份	2000	2001	2002	2003	2004	2005	2006	2007
从业人数	635198	737184	761333	833199	912171	1077785	1120719	1175258
高级职称	124969	161122	176679	197315	217454	231619	240919	243432
中级职称	221204	249172	262837	280411	298199	317120	321386	328735
初级职称	154092	167249	166733	179124	196678	220094	229002	240579
注册执业人员	51367	66298	66961	71980	79174	102621	114157	128075

勘察设计企业各职称等级技术人员占从业人数比例　表 6-1-3

年份	2000	2001	2002	2003	2004	2005	2006	2007
高级职称	19.67%	21.86%	23.21%	23.68%	23.84%	21.49%	21.50%	20.71%
中级职称	34.82%	33.80%	34.52%	33.65%	32.69%	29.42%	28.68%	27.97%
初级职称	24.26%	22.69%	21.90%	21.50%	21.56%	20.42%	20.43%	20.47%

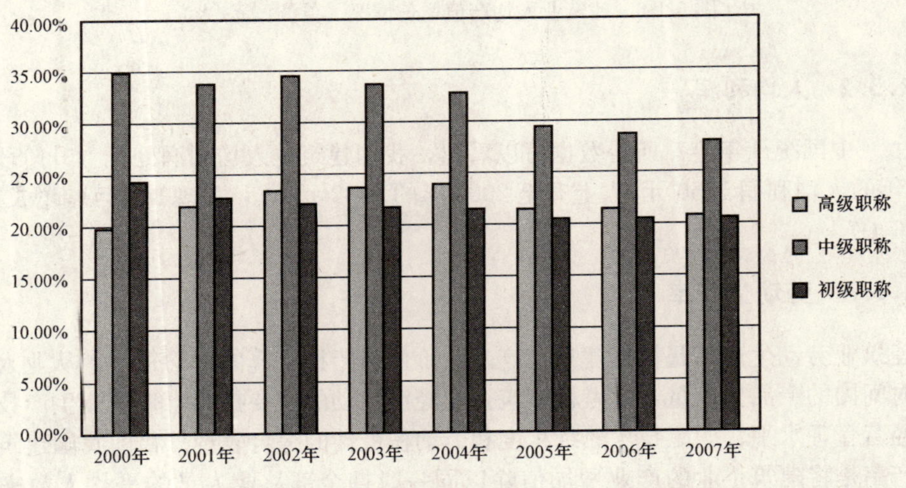

图 6-1-5　勘察设计企业各职称等级技术人员占从业人数比例

根据《中国建筑业年鉴》近八年来的数据，勘察设计企业各职称等级的人力资源总量均呈上升趋势。中级职称占从业人数比重最大，但已从 2000 年的 34.82%减少到 2007 年的 27.97%；高级职称的比重则呈上升趋势，由 2000 年的 19.67%增加到 2007 年的 20.71%。由此也反映出我国勘察设计企业人力资源的素质逐步提高、职称机构合理化的趋势。

1.3 建筑业人力资源效率

1.3.1 人均产值

由《中国统计年鉴》中数据看出，我国建筑业人均产值由 2002 年的 82519 元/人上升至 2008 年的 187904 元/人。人均产值最直接地反映了人力资源对于建筑业产值的影响，是衡量建筑业经济规模效益最直接的尺度。见图 6-1-6。

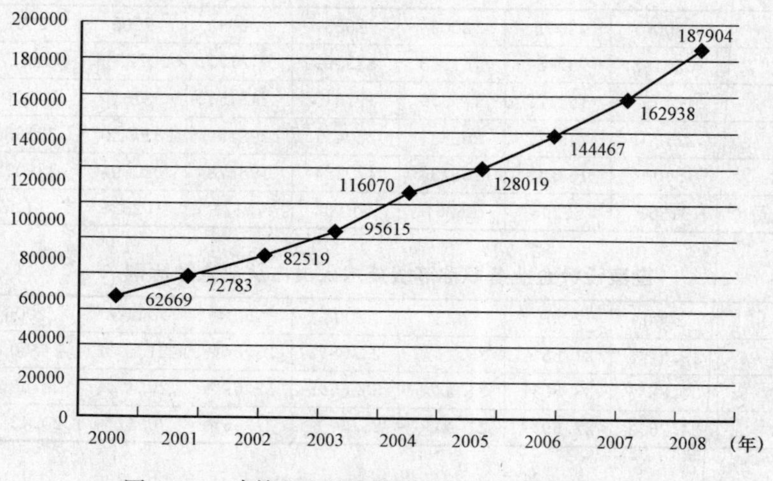

图 6-1-6 建筑业人均产值增长情况（单位：元/人）

1.3.2 人均利润

由《中国统计年鉴》所得数据可以看出，我国建筑业人均利润处于上升阶段，由 2002 年的人均利润 1650 元/人上升至 2007 年的 4982 元/人，呈现 3 倍巨幅增长态势。见图 6-1-7。

1.3.3 劳动生产率

建筑业劳动生产率是根据建筑业产品的价值量指标计算的平均每一个从业人员在单位时间内的产品生产量，是考核建筑企业经济活动的重要指标，是企业生产技术水平、经营管理水平、职工技术熟练程度和劳动积极性的综合表现。目前我国建筑业劳动生产率是将建筑企业的产业增加值除以同一时期全部从业人员的平均人数来计算的。由图 6-1-8 可以看出我国建筑业劳动生产率直线上升，截止 2008 年我国建筑业劳

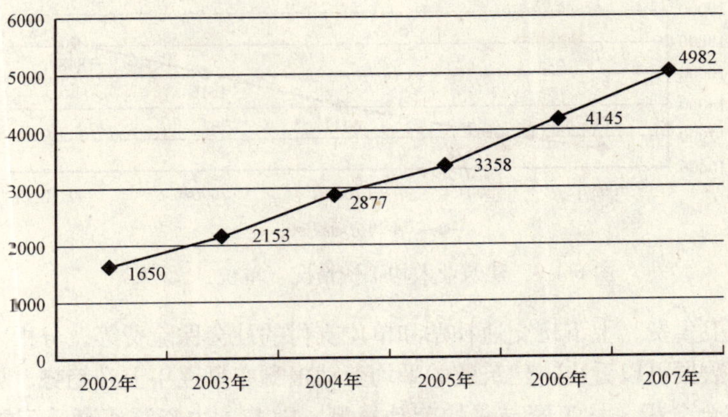

图 6-1-7　建筑业人均利润率增长情况（单位：元/人）

动生产率为 166538 元/人，这说明在社会化大生产的条件下，建筑业人力资源的平均熟练程度提高，先进的科学技术不断应用于生产过程中，生产过程中劳动者的分工、协作和劳动组合，与此相适应的工艺规程和经济管理方式不断演进，以及客观环境的改善等因素都引导建筑业劳动生产率不断攀升。

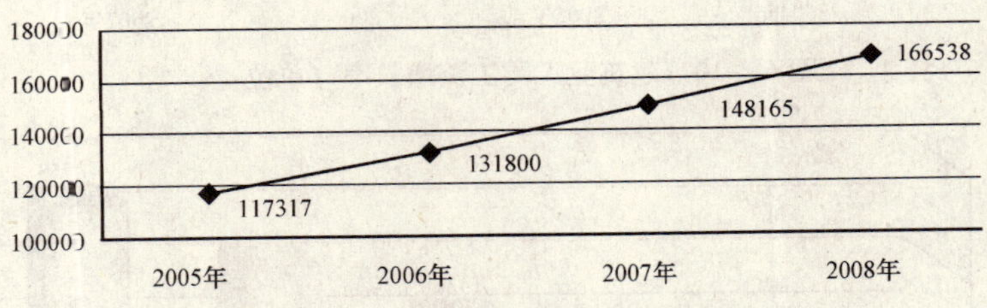

图 6-1-8　建筑业劳动生产率发展情况（单位：元/人）

1.4　建筑业人力资源待遇

1.4.1　人均工资

人均工资指建筑企业的职工在一定时期内平均每人所得的货币工资额。它表明一定时期职工工资收入的高低程度，是反映职工工资水平的主要指标。由图 6-1-9 可以看出，近 5 年来，建筑业人均工资呈直线上升趋势，从 2003 年的 11328 元/人增长到 2007 年的 18482 元/人，5 年内增长了 7154 元/人。而且，由图 6-1-10 可以看出，建筑业人均工资增长率也在稳步上升，从 2004 年的 11.03％增长到了 2007 年的 14.34％。因此，随着我国建筑业的迅速发展，其人力资源的工资待遇也有了很大的提高。

1.4.2　平均劳动报酬

劳动者报酬指劳动者从事生产活动所获得的全部报酬。包括劳动者获得的各种形式的工资、奖金和津贴，既包括货币形式的，实物形式的；还包括劳动者所享受的公

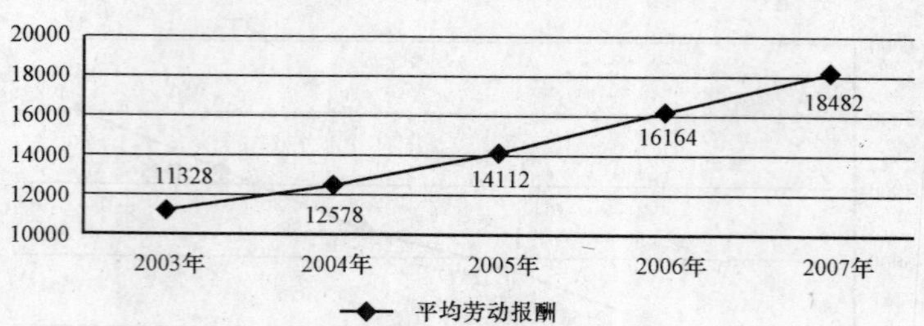

图 6-1-9 建筑业人均工资情况（单位：元/人）

费医疗和医药卫生费、上下班交通补贴和单位支付的社会保险费等。分析《中国建筑业年鉴》的统计数据可以看出，建筑业的平均劳动报酬亦呈逐年上升趋势。见图 6-1-11。

因此，综合分析人均工资与平均劳动报酬，随着人力资源逐渐受到重视，建筑业人力资源的待遇较之前已有很大的改善，生活水平有了很大程度的提高。

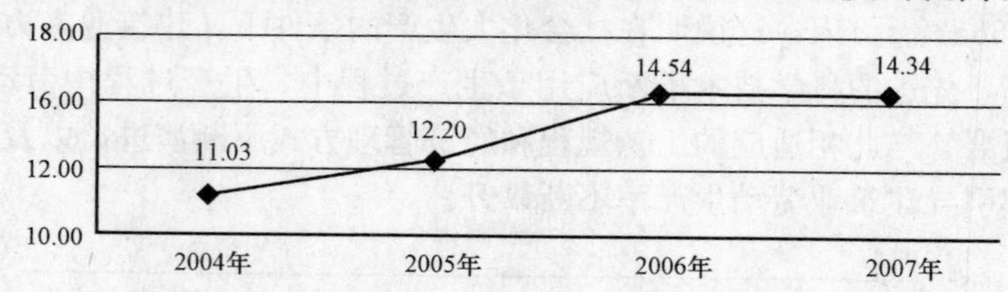

图 6-1-10 建筑业人均工资增长率（单位：%）

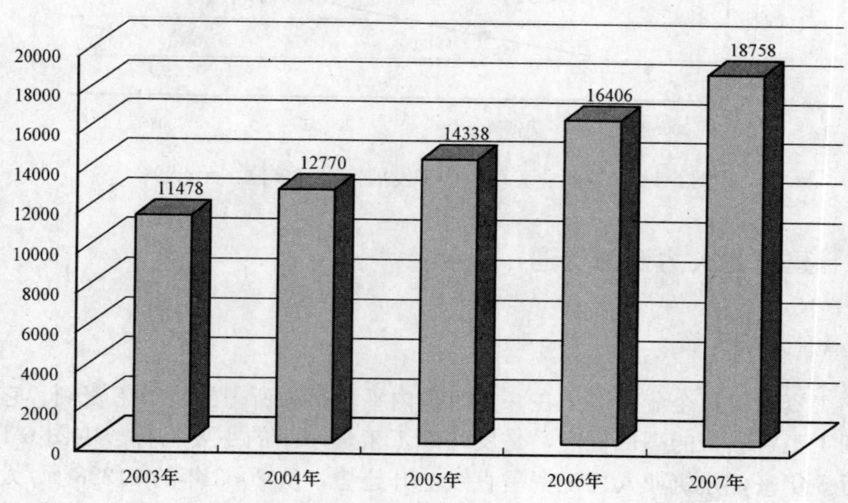

图 6-1-11 建筑业平均劳动报酬情况（单位：元/年）

1.5 建筑业人力资源教育

1.5.1 发展历程

20 世纪 50 年代初期，我国土建类专业教育迎来了初创期和第一个“黄金时代”。

随着"一五"计划的实施，大规模的经济建设迫切需要大批专业人才和技术工人。1952年建筑工程部成立伊始，以中专教育和技工教育为重点，在全国范围内调整组建了一批土建类职业院校。到1958年，建设部直属建工学校、城建学校和技工学校达到30余所。

在10年"文革"中，建设类专业教育受到严重冲击，学校下放停办，专业人才青黄不接。党的十一届三中全会以后，随着改革开放的施行，大规模的经济建设对土建类各级各类专业人才提出了迫切需求。为此，1985年当时的城乡建设环境保护部召开了第一次全国建设教育工作会议，提出了重点发展建设类中等职业教育的方针，在每个省分别重点投入建设一所建工学校和一所城建学校，从而形成了"一省两校"的建设职业教育格局。根据2008年的统计，全国建设类中等职业教育的专业点数已发展到2003个，年招生15.7万人，毕业生12.1万人，在校生规模超过42万人。

随着改革开放的推进，建设类高等教育也驶入了快车道，首先是建设高等职业教育从无到有，取得了可喜成就，目前土建类高职专业点超过3250个，约65万人正在接受高等职业教育，达到了历史最高水平；其次是本科教育形成了建筑学、城市规划、土木工程、建筑环境与设备、给水排水工程和工程管理6大独立的土建学科专业，专业点数不断增加，招生规模日益扩大，在校生已近80万人。20世纪90年代初，开设建筑学专业的本科院校仅有50多所，开设土木工程专业的也只有100多所，但到了2008年，这两个数字已经增长为235所和545所，分别为1993年的4.7倍和5.4倍。

60年来，随着国家经济建设的发展及科学技术的进步，建设类专业教育不仅在数量上，更在质量上求发展，注重培养目标与社会需求、职业资格要求紧密结合；注重学生实际能力的锻炼与综合素质的提高。住房和城乡建设部与相关部委一道，在专业设置论证、专业规范制定、教学内容改革、教材建设、实践教学环节建设、专业教学评估等方面，进行了大量探索与创新，成绩显著。建设类专业教育基本形成了层次比例较为协调、专业较为配套、办学形式多样的教育体系，造就了大批骨干院校，培养了数以百万计的初、中、高级专门人才，毕业生质量受到用人部门的肯定，就业率与其他行业相比名列前茅，为建设事业的发展提供了有力的智力支持和人才保障。

1.5.2 岗位培训与继续教育

时至今日，建筑业的从业人员达3800多万人。如何对其中的专业技术管理人员进行岗位培训和继续教育，关系到整个建筑队伍的素质和建设工程的质量安全。

20世纪80年代中期，在建筑业率先实施了专业管理人员的岗位培训，对建筑施工企业的"11大员"全面实行了岗位证书制度。1991年，建设部、国家计委、人事部制定了《建设企事业单位关键岗位持证上岗管理规定》，对建筑业、房地产业、市政公用事业企事业单位关键岗位从业人员实行持证上岗制度。此后建设行业陆续有168个岗位开展了岗位培训，其中45个关键技术管理岗位实行了持证上岗，持证上岗率达到90%，累计有300多万人通过培训考核取得了岗位证书。开展大规模岗位培训的这一阶段，被称为建设教育发展史上第二个“黄金时代”。2003 年以后，国家行政审批制度改革，岗位培训作为提高专业技术管理人员知识和能力的有效形式，将会以新的管理方式发挥更大的作用，为建设工程的质量安全提供可靠保证。

1.5.3 执业职格制度建立

从 20 世纪 90 年代初期开始，我国借鉴国际通行做法，对涉及公共利益、人民生命财产安全的特定职业，设立了执业资格制度。该项制度包括合格的专业教育、职业实践、资格考试、注册执业、继续教育等环节。目前，住房和城乡建设部已先后建立了注册建筑师、造价工程师、勘察设计注册工程师、监理工程师、建造师、注册城市规划师、房地产估价师、物业管理师 8 个行政许可类执业资格制度和房地产经纪人行业自律类执业资格制度。截至 2008 年底，全国建设行业共有各类执业资格人员 66.7 万人（不含二级），其中注册 47.7 万人。建设行业执业资格制度的建立，不仅推进了我国建设行业管理体制的改革和市场行为的规范，同时还引导了建设类高等院校办学方向，加强了专业人员继续教育的制度化建设，也为我国的建设行业专业技术人员走向国际市场创造了条件。

（注：本章数据均来自于《中国统计年鉴》与《中国建筑业年鉴》）

第2章　中国建筑业人力资源现状

人力资源是诸生产要素中具有能动性和创造性的因素。伴随着知识经济浪潮和全球化经济的不断冲击，各行业竞争的焦点逐渐由资金、产品等物化资源转为人力资源的竞争。建筑业作为国民经济支柱产业迅速发展，行业队伍不断壮大，与此同时建筑业人力资源开发管理也存在诸多问题。本章将从规模、结构、效率、待遇和教育五个方面阐述我国建筑业人力资源现状，以行业数据为基础，运用统计学思想进行理论分析。

根据我国目前实施的国民经济行业分类标准《国民经济行业分类与代码》(GB/T 4754—2002)，建筑业被划分为房屋和土木工程建筑业、建筑安装业及建筑装饰业。鉴于收集数据的有效性及全面性，本文将从广义角度分析建筑业人力资源状况，即认为建筑业是国民经济中将各种不同类型的资源转化为经济与社会基础设施和其他设施的一个部门，包括该转化过程中的所有阶段。因此，本文定义的建筑企业包括施工、安装、装饰、规划和勘察设计企业。

2.1　建筑业人力资源规模现状

改革开放以后，作为国民经济支柱产业的建筑业得到迅速发展，带动建筑业人力资源在总量上的扩张。2008年全社会建筑业实现增加值17071亿元，占国内生产总值300670亿元的5.68%，建筑业对国民经济的支柱产业作用依然突出。据《中国建筑业改革与发展研究报告(2009)》数据统计，截止2008年底，全国建筑业企业为64152个，比2007年同期增加3.35%，建筑业企业数量连续三年呈增长状态，如图6-2-1所示。

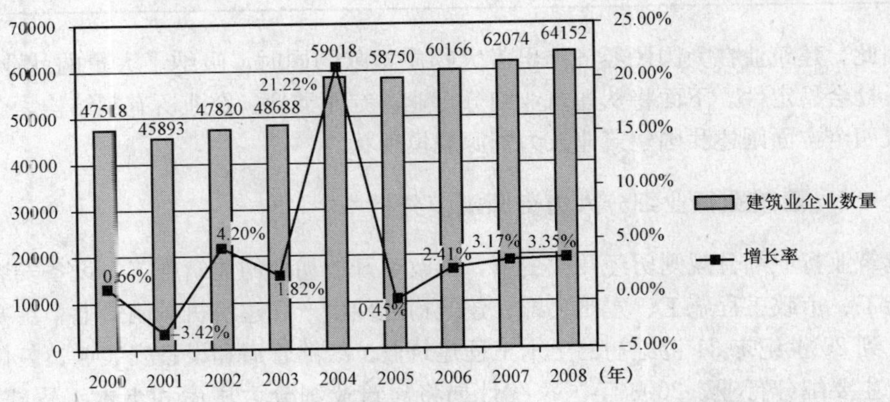

图6-2-1　2000～2008年我国建筑业企业数量（单位：个）及增长速度（单位：%）

2008年，建筑业从业人员已达3254万人，环比增长3.84%，如图6-2-2所示。同时，2008年建筑业占全社会从业人员比重也不断增加，如表6-2-1所示。建筑业成为提供就业、吸纳农村剩余劳动力的主要渠道，成为农民增加收入的主

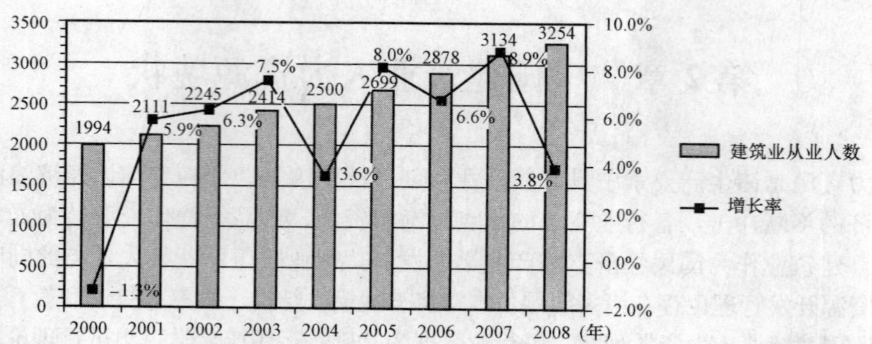

图 6-2-2 2000～2008 年我国建筑业从业人员数量（单位：万人）及增长速度（单位：%）

要来源。在建筑业的就业人口中，有 77%的就业人员为来自农村的农民工，2001 年和 2002 年建筑业从业队伍中，分别有 2797 万和 3137 万农民工，占到建筑业从业人员总数的 76.23%和 80.58%，而进城务工的农民中有 49.3%从事建筑业。

2000～2008 年我国建筑业从业人数与全社会从业人数对比 **表 6-2-1**

年份	全社会就业人数总数（万人）	建筑业就业人数（万人）	建筑业占全社会比重
2000 年	72085	1994.3	2.77%
2001 年	73025	2110.7	2.89%
2002 年	73740	2245.2	3.04%
2003 年	74432	2414.3	3.24%
2004 年	75200	2500.3	3.32%
2005 年	75825	2699.9	3.56%
2006 年	76400	2878.2	3.77%
2007 年	76990	3133.7	4.07%
2008 年	77630	3254	4.19%

因此，建筑业在为国民经济作出巨大物质贡献的同时，吸纳了大量的就业人员，增加了社会稳定性。下面将从建筑业细分行业、专业类型、企业所有制结构、企业资质等级四个方面阐述我国建筑业人力资源规模现状。

2.1.1 建筑业行业细分人力资源规模分析

建筑业行业细分规则历经几次变革，由改革开放初期的建筑施工、设备安装、机械化施工、市政工程施工、建筑装饰、建筑构配件生产和建筑机械制造七个主要细分行业，到 20 世纪末 21 世纪初的土木工程建筑业、线路管道和设备安装业、装修装饰业三个主要细分行业，2003 年国家统计局将建筑业细分为房屋和土木工程建筑业、建筑安装业、建筑装饰业和其他建筑业四个主要细分行业。

从历史数据如表 6-2-2 显示，在 20 世纪末从事建筑施工人员比例逐年减少，从事设备安装和市政工程施工的人员增长显著，这说明在此时期内我国工业建设和技术改造项目增多，建设中的技术设备增多，城乡基础设施项目增多，拉动了从事该行业人员的增长。从亊机械施工的人员从 1989 年占职工总数的 0.95%增长到 1998 年的 5.07%，从侧面反映了我国在此时期内建筑机械化水平提高迅猛。从事建筑装饰的人数不断增加，白 1989 年的 0.38%增加至 1998 年的 1.22%，反映随着人民生活水准的提高，对公共建筑与居室的舒适程度提出了更高的要求，建筑装饰已经成为市场前景广阔的行业。而设备安装、市政工程施工、机械化施工和构配件生产等几个细分行业属于技术密集程度较高的行业，这类人员数量的增加，从侧面反映了建筑业内部产业结构的技术水平在逐步升级。

20 世纪末期我国建筑业细分市场人力资源规模　　**表 6-2-2**

行业类别	1989 年		1993 年		1995 年		1998 年	
	抽样基数/万人	所占比例/%	抽样基数/万人	所占比例/%	抽样基数/万人	所占比例/%	抽样基数/万人	所占比例/%
建筑施工	1252.47	88.33	346201	67.36	342314	67.19	174319	64.08
设备安装	85.16	6.01	80173	15.6	75291	14.78	42143	15.49
市政施工	30.83	2.17	48394	9.42	51087	10.03	32493	22.95
机械施工	13.43	0.95	23606	4.59	23008	4.52	13793	5.07
构件生产	23.41	1.65	11110	2.16	12035	2.35	4172	1.53
建筑装饰	5.31	0.38	3441	0.67	3845	0.75	3331	1.22
建筑机械	7.24	0.51	981	0.2	1920	0.38	1758	0.65
合计	1417.86	100.00	513906	100.00	509500	100.00	272009	100.00

从 2003 年到 2007 年的数据显示，各细分行业人员所占建筑业职工比例自 2004 年后基本处于小幅度变动阶段，表明我国建筑业人力资源在不断扩大的基础上，细分行业比重逐渐趋于稳定。如图 6-2-3 及表 6-2-3 所示。

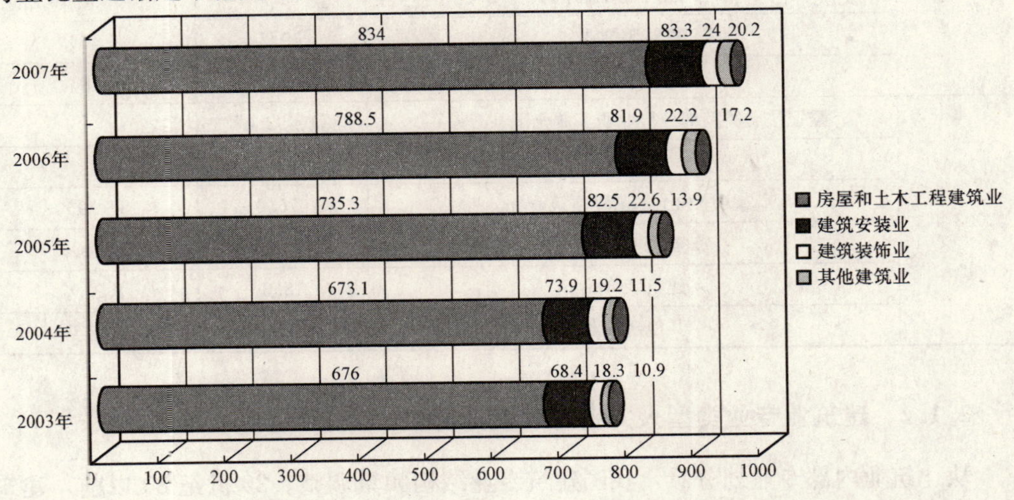

图 6-2-3　2003～2007 年我国建筑业细分行业人力资源规模变化情况（单位：万人）

2003～2007 年我国建筑业细分行业人力资源规模　　表 6-2-3

年份	类　别	人数	所占建筑业份额
2007 年	登记注册类型细分行业职工数全国（万人）	11427.0	
	建筑业	961.6	
	房屋和土木工程建筑业	834.0	86.74%
	建筑安装业	83.3	8.67%
	建筑装饰业	24.0	2.50%
	其他建筑业	20.2	2.10%
2006 年	登记注册类型细分行业职工数全国（万人）	11160.6	
	建筑业	909.8	
	房屋和土木工程建筑业	788.5	86.66%
	建筑安装业	81.9	9.00%
	建筑装饰业	22.2	2.44%
	其他建筑业	17.2	1.90%
2005 年	登记注册类型细分行业职工数全国（万人）	10850.3	
	建筑业	854.3	
	房屋和土木工程建筑业	735.3	86.07%
	建筑安装业	82.5	9.66%
	建筑装饰业	22.6	2.65%
	其他建筑业	13.9	1.63%
2004 年	登记注册类型细分行业职工数全国（万人）	10575.9	
	建筑业	777.7	
	房屋和土木工程建筑业	673.1	86.55%
	建筑安装业	73.9	9.50%
	建筑装饰业	19.2	2.47%
	其他建筑业	11.5	1.48%
2003 年	登记注册类型细分行业职工数全国（万人）	10492.0	
	建筑业	773.5	
	房屋和土木工程建筑业	676.0	87.39%
	建筑安装业	68.4	8.84%
	建筑装饰业	18.3	2.37%
	其他建筑业	10.9	1.41%

2.1.2　建筑业专业类型人力资源规模分析

从建筑业内部专业划分看，我国建筑专业结构频繁调整。20 世纪 80 以前，建筑企业分为土木建筑、建筑安装和建筑机械三类。之后建筑业产业专业化进入了一个活跃时期。1984 年制定的建筑企业资质等级标准，将建筑企业划分为房屋建筑、冶金建筑等 16 个类别；1989 年对建筑专业划分标准进行归并和调整，企业类别增至 20 个；2001 年制定的《建筑企业资质标准》改为 12 个总承包、60 个专业承包及 13 个劳务分包。建筑专业结构调整的目的在于满足日益开放的建筑市场的需求，拓宽专业化工程服务领域。

根据建设部《建筑业特、一级企业快速调查统计快报》、《中国统计年鉴》、《中国建筑业统计年鉴》2007 年数据显示，如图 6-2-4 所示，在企业总产值方面，各类施工总承包企业总产值增长平稳，少数专业承包企业总产值出现下滑。其中施工总承包企业建筑业总产值平均增长 21.0%，高于全国建筑业总产值增长速度 0.7 个百分点。专业承包企业中电梯安装工程、附着升降脚手架工程、隧道工程、公路路基工程和火电设备安装工程企业建筑业总产值出现负增长。

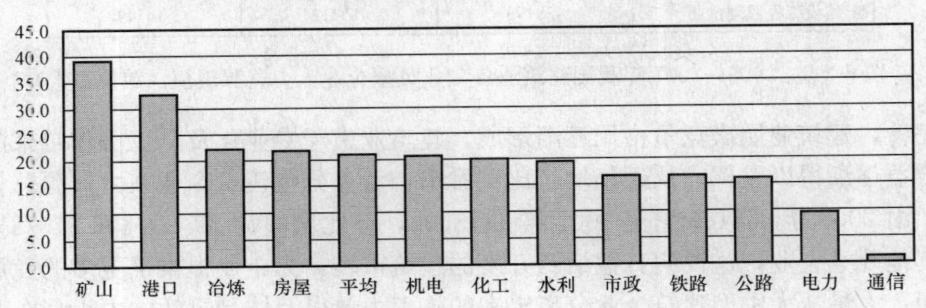

图 6-2-4　2007 年我国各类施工总承包企业建筑业生产总值细分行业增长率

在企业建筑业总收入方面，各类施工总承包企业建筑业总收入呈现增长态势，而部分专业承包企业则出现负增长。其中施工总承包企业建筑业总收入平均增长 21.5%，高于建筑业总产值的增长速度 0.5 个百分点。专业承包企业中隧道工程、电梯安装工程、公路路基工程和火电设备安装工程四个专业施工企业出现负增长，降幅分别为 0.9%、5.5%、5.6%和 12.0%。

在企业人力资源方面，从广义建筑业人力资源定义视角出发，将我国建筑业企业分为总承包建筑企业、专业承包建筑企业、劳务分包建筑企业、勘察设计机构、建设工程监理企业，并对各专业类型企业人力资源规模进行统计，数据如图 6-2-5 所示。

总承包企业人力资源占建筑业人力资源总量（在此定义的建筑业人力资源总量仅包括总承包企业和专业承包企业）的比重由 2005 年的 86.89%增加到 2007 年的 87.95%，同时专业企业人力资源比重 2007 年减少至 12.05%，同比减少 8.09%。这与目前我国企业建筑业总产值及总收入的趋势是相吻合的。目前我国建筑市场呈现综合性建筑企业（即总承包建筑企业）过多，专业性建筑企业（即专业承包建筑企业和劳务分包建筑企业）过少的局面。早期在计划经济体制下，由于地方和部门保护主义，导致我国建筑业企业组织留有“大而全、中而全、小而全”的弊病，专业化市场发展滞后。

劳务分包建筑企业人力资源随着市场经济体制改革而发生变化，总分包协作机制

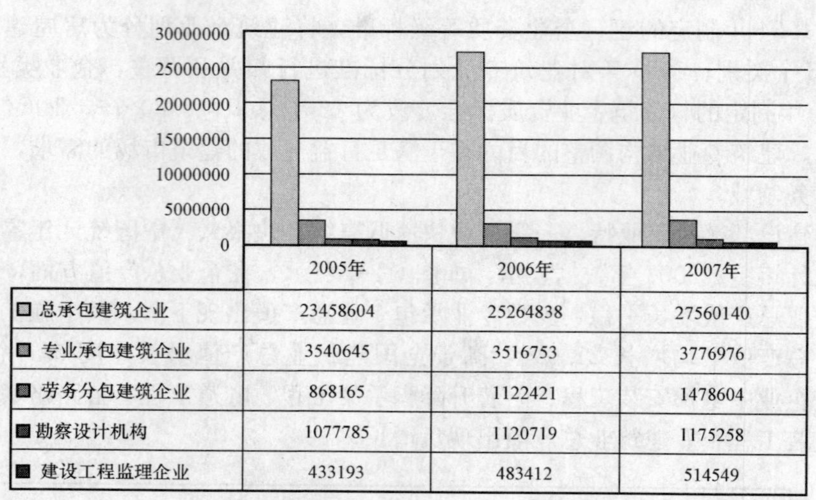

	2005年	2006年	2007年
总承包建筑企业	23458604	25264838	27560140
专业承包建筑企业	3540645	3516753	3776976
劳务分包建筑企业	868165	1122421	1478604
勘察设计机构	1077785	1120719	1175258
建设工程监理企业	433193	483412	514549

图 6-2-5　2005～2007 年我国建筑业各专业类型企业人力资源规模（单位：人）

逐渐完善，建筑业层次竞争格局逐渐形成，建筑业由于专业化及分工协作带来的规模经济效益逐渐得以发挥。从逐年增长比例看来，劳务分包建筑企业人力资源总量增长迅猛，由 2005 年 868165 增至 2007 年 1478604，环比增幅为 29.28%和 31.73%，远高于其他几类企业，这说明日益活跃开发的建筑市场，为企业提供了更多的发展机遇和空间，大量从大中型建筑企业分离出来的施工力量以及体制灵活的中小型企业纷纷进入专业化劳务市场，拓宽了劳务市场的工程服务领域。

由图 6-2-6 可见，工程勘察设计企业 2008 年从业人员 1249062 人，比 2007 年增长 6%。其中，专业技术人员 878570 人，比上年同比增长 4%；高级职称人员 247795 人，比上年增长 2%；注册执业人员 152287 人。如图 6-2-7 所示。

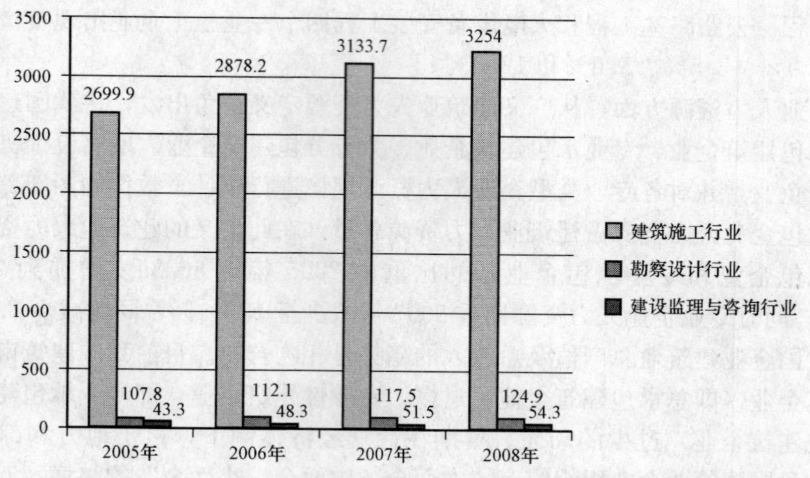

图 6-2-6　2005～2008 年我国建筑业细分行业人力资源总量图（单位：万人）

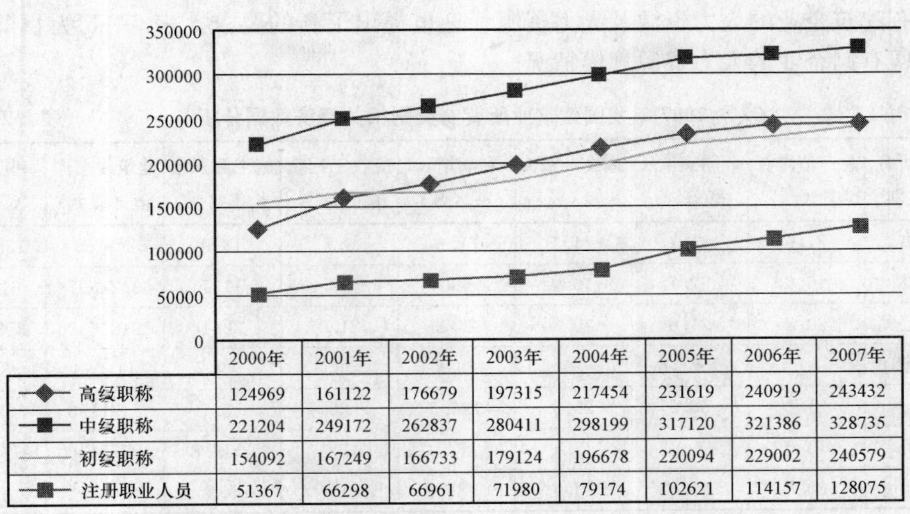

	2000年	2001年	2002年	2003年	2004年	2005年	2006年	2007年
高级职称	124969	161122	176679	197315	217454	231619	240919	243432
中级职称	221204	249172	262837	280411	298199	317120	321386	328735
初级职称	154092	167249	166733	179124	196678	220094	229002	240579
注册职业人员	51367	66298	66961	71980	79174	102621	114157	128075

图 6-2-7　2000～2007 年全国工程勘察设计行业技术人员职称等级发展图（单位：人）

建设工程监理企业 2008 年从业人员为 542526 人，与上年相比增加 5.44%。2008 年末工程监理企业从业人员中正式聘用人员占 75.87%，临时聘用人员占 24.13%；从事工程监理的生产人员为 418860 人，占年末生产人员总数的 80.84%；建设工程监理企业的人员结构中，专业技术人员占从业人员总数的 91.21%；2008 年末工程监理企业注册职业人员为 122155 人，同比增长 22.35%。其中，注册监理工程师为 89277 人，同比增长 25.51%，占总注册人数的 73.09%；其他注册职业人员为 32878 人，占总注册人数的 26.91%。

2.1.3　不同所有制企业人力资源规模对比分析

改革开放之初，我国建筑业由三类企业或生产组织构成，即全民企业、城镇集体所有制企业和农村建筑队。其中全民企业属于体制内企业，其他两类企业在任务分配、人员管理、物资调拨等方面大都在计划之外。在改革开放 30 年中建筑业竞争性产业的性质得到一致认可，允许各种经济成分并存，导致建筑业企业所有制结构发生了巨大变化。

根据国家统计局《2007 年建筑业企业生产情况统计快报》所获数据，2007 年港澳台建筑企业发展势头良好，建筑业总产值、总收入、利润和施工面积涨幅均为最高，其中利润率增长达 196.5%。集体所有制建筑企业应收工程款下降幅度最大，高达 43.2%，利润出现负增长。国有建筑企业发展处于一般水平，但利润增长率高于平均水平，为 58.6%。私营建筑企业总收入和新签工程承包合同额均出现负增长，如表 6-2-4 所示。

一直以来，国有建筑企业依据自身在资金、人才和管理技术等方面的优势引领了整个建筑业生产技术和管理模式的发展。根据建筑市场发展规律以及国家建设部提出的《中国建筑业的改革与发展》，国有建筑企业将走向规范化、规模化和国际化，这对国有建筑企业的人力资源及人力资源管理也提出了新的要求。表 6-2-5 为目前我国不同所有制企业的人力资源规模情况。

2007 年我国建筑业所有制类别相关经济数据分析 **表 6-2-4**

企业所有制类别	总产值增长率（%）	合同额增长率（%）	总收入增长率（%）	利润增长率（%）	应收工程款增长率%	施工面积增长率（%）	建筑业总产值（万元）	利润总额（万元）
国有	21.9	31.7	24.3	58.6	3.7	13.9	52492391	1386907
集体	16.0	62.1	16.9	−3.4	−43.2	11.1	3138697	612245
有限公司	20.8	21.6	20.8	24.2	21.0	22.1	131048306	3033136
私营	7.7	−71.6	−29.8	29.8	−2.4	−9.7	114063	3125
港澳台	31.1	53.0	29.5	196.5	−26.6	56.1	1191156	52885
外商	13.0	1.4	12.4	17.0	13.5	−16.8	2178136	162961
其他	30.8	68.3	24.7	−85.8	81.5	5.9	74375	4546

1980～2007 年我国建筑业人力资源所属企业情况（单位：万人） **表 6-2-5**

年　份	总计	国有企业	集体企业	港澳台商	外商投资企业	其他
1980	648	481.8	166.2			
1985	911.5	576.7	334.8			
1990	1010.7	621	389.7			
1995	1497.87	824.3	631.9	4.96	5.4	31.31
1996	2121.87	855.9	1171.4	8.67	8.6	77.3
1997	2101.51	828.6	1148.2	8.23	9.6	106.88
1998	2029.99	738.4	1057.3	9.29	5.1	219.9
1999	2020.13	690.55	993.09	11.48	6.1	318.91
2000	1994.3	635.6	887.5	8.22	4.4	458.58
2001	2110.66	590.65	739.94	7.68	4.3	768.09
2002	2245.19	543.75	579.18	7.41	4.5	1110.35
2003	2414.27	524.32	505.57	7.04	6.04	1371.3
2004	2500.3	467.36	386.4	6.8	8.1	1631.64
2005	2699.92	480	361.6	8.6	10.8	1838.92
2006	2878.16	467.6	332	8.9	8.1	2061.55
2007	3133.71	470.12	316.99	9.81	11.43	2325.36

根据《中国统计年鉴》中将按照企业登记类型分为国有建筑单位、城镇集体单位和其他单位三类，分别以房屋和土木工程建筑业、建筑安装业、建筑装饰业、其他建筑业四类表示在企业类型上的人力资源数额占有份额，如图 6-2-8 所示。

2008 年，在具有资质等级的总承包和专业承包建筑企业中，国有及国有控股建筑业企业有 7887 个，比上年增长 0.3%，占全部企业数量的 12.29%；国有及国有控

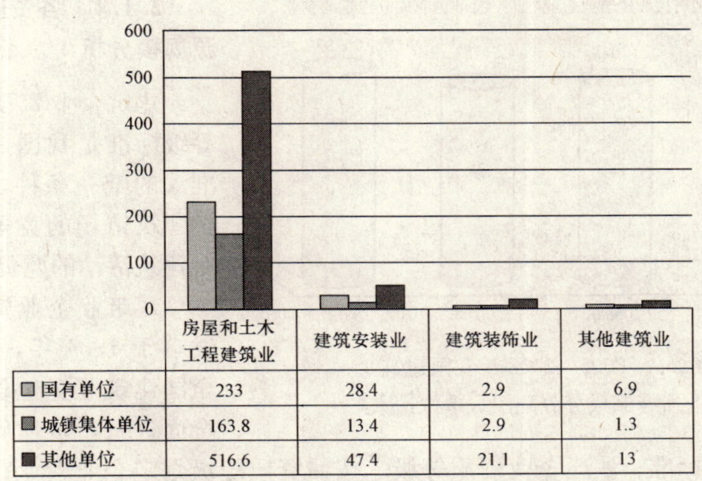

图 6-2-8　2007 年我国建筑业劳动力所有制规模表（单位：万人）

股企业从业人员为 767.5 万人，占全部企业的 23.59%。从建筑业生产总值上看，国有及国有控股建筑业企业以较少的企业和从业人员完成了 36.5%的总产值、43.49%的合同额、28.13%的竣工产值、37.46%的税金，充分显示了国有及国有控股企业在建筑业中的骨干作用。具体数据如表 6-2-6 所示。

2008 年国有及国有控股建筑业企业主要生产指标占全部企业的比重　　表 6-2-6

类　别	全国建筑业企业	国有及国有控股建筑业企业	国有及国有控股建筑业企业占全部企业的比重
企业数量（个）	64152	7887	12.29%
从业人数（万人）	3253.61	767.50	23.59%
建筑业总产值（亿元）	61144.26	22319.04	36.50%
签订合同额（亿元）	101141.85	43989.68	43.49%
竣工产值（亿元）	35917.06	10104.81	28.13%
实现利润（亿元）	1756	509	28.99%
上缴税金（亿元）	2058	771	37.46%

然而，近年来，国有及国有控股的建筑业企业数量在建筑企业总数的比重呈下降趋势。2005～2008 年，国有及国有控股建筑业企业数量分别为 9149 个、8143 个、7855 个、7887 个，占全部有资企业数量的比重分别是 15.57%、13.53%、13.26%和 12.29%，如图 6-2-9 所示。行业和企业所有制结构调整取得明显进展，多种经济成分并存的多元化发展格局也已形成，非国有成分建筑业企业数量大幅上升，使建筑业整体资产得以优化，企业生产经营更为灵活。

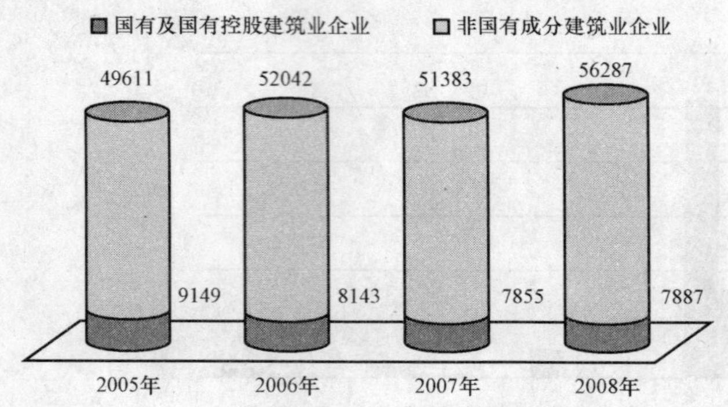

图 6-2-9　2005～2008 年我国建筑业企业所有制成分分配图（单位：家）

2.1.4　各资质等级人力资源规模分析

建筑企业资质管理规定和等级标准是我国建筑企业市场准入的唯一条件，目的在于维护建筑市场的竞争秩序和加强对建筑活动的监督管理。

建筑业企业资质管理制度发端于 1984 年，自 1989 年起全国建筑业企业资质管理工作全面进行，资质管理包括制定企业资质等级标准、认证企业资质等级、按照资质等级划定企业营业范围。到 1990 年，共制定了房屋建筑、冶金、化工、煤炭、电力水利、铁道、交通等 20 个大类、41 个专业的资质等级标准，对全国 66458 个建筑业企业进行了资质复查认证，核定了资质等级和相应的营业范围，其中一级企业 1289 个，二级企业 2314 个，三级企业 10387 个，四级企业 18283 个，非等级企业 34185 个。

受搜集资料限制，目前仅收集到 1996～2000 年建筑企业数量变化数据，如图 6-2-10 所示，在此期间我国一级、二级大中型企业比例上升较快，这说明资质对于规范建筑企业竞争空间的作用在下降，导致我国建筑市场基尼系数不高，大企业竞争环境恶化。

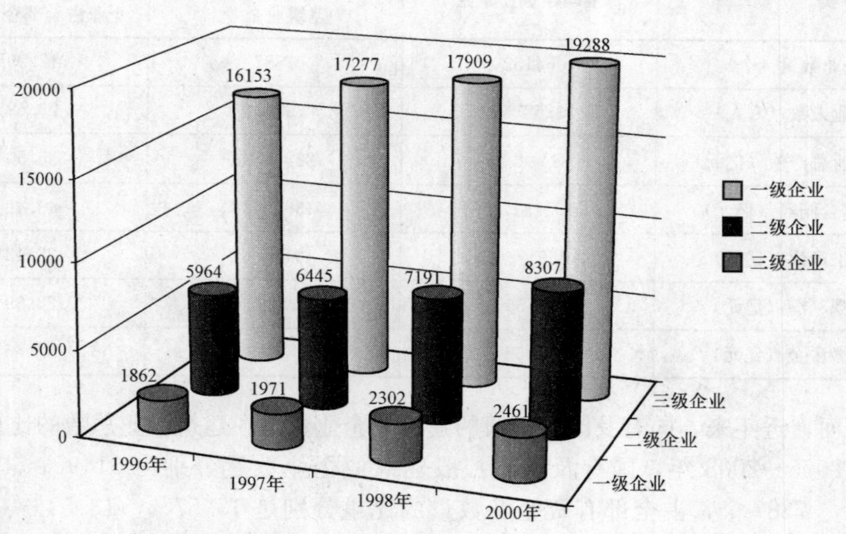

图 6-2-10　1996～2000 年我国建筑企业数量变化（单位：家）

针对以上问题，2001 年 7 月建设部推出第四轮资质管理规定，在资质管理办法、资质等级和资质标准等方面做了重大调整；2007年3月13日建设部颁发新的《施工总承包企业特级资质标准》，原《建筑业企业资质等级标准》中施工总承包特级资质标准同时废止。《中国统计年鉴》为便于数据统计及整理，将建筑总承包企业分为特级、一级、二级、三级及以下四类，建筑专业承包企业分为一级、二级、三级及以下三类，虽然并未对各资质等级企业数量及人力资源规模分析，但仍从建筑业生产总值、建筑业利润增加值等方面进行统计分析。

1980年国家建委印发《对全国勘察设计单位进行登记和颁发证书的暂行办法》，这是建国后首次在全国范围内对工程勘察设计单位进行资格认证。从1986年至2007年，我国就勘察设计单位资质颁布了一系列办法，目前将工程勘察资质分为工程勘察综合资质、工程勘察专业资质、工程勘察劳务资质。工程设计资质分为工程设计综合资质、工程设计行业资质、工程设计专业资质和工程设计专项资质。根据不同资质类别，设立相应等级，根据工程性质和技术特点，个别行业、专业或专项资质可设特殊级别。

目前，我国已通过实施分类分级的资质管理制度引导企业组织结构调整，引导企业在相应位置就位，形成比较合理的行业组织结构。

2.2　建筑业人力资源结构现状

2.2.1　一线操作人员结构现状

建筑业“门槛”相对较低，目前还是一个劳动密集型产业，吸纳了大量农村转移的劳动力。据国家统计局资料显示，2008年我国具有资质等级的总承包和专业承包建筑业企业从业人员为3254万人，全社会建筑业从业人员保守估计超过4000万人，建筑业已成为转移农村剩余劳动力、促进农民就业和增加农民收入的极为重要的产业领域。建筑企业劳务层中农民工的主要来源是：

1）乡镇劳务企业职工。劳务企业经过工商登记，向国家交纳税费，管理相对比较正规。劳务企业的农民工是人员相对固定的专业施工人员，他们在建筑行业农民工中约占4%～5%。

2）成建制农民工。这是建筑行业中人数最多的部分，一般按工期临时组织，人员流动性大。成建制农民工因为私人管理而不属于企业。

3）散工。个人或少数人直接到工地务工，人数较少。

2.2.2　管理人员和技术人员结构现状

企业管理人员在国有建筑业企业所占比重为：工程技术管理人员10%左右，管理人员10%左右。建筑业管理和技术岗位的人才学历层次和职称层次均有提高，关键岗位如决策领导、生产技术、质量管理等管理人员的学历和职称层次提高的幅度较大，说明建筑业主体岗位管理人员素质正在不断的提高。

2.2.3 勘察设计人员结构现状

2008 年我国勘察设计企业个数为 14667 家，与去年同期相比增幅 3.64%，行业总体规模不断扩大，如图 6-2-11 所示。

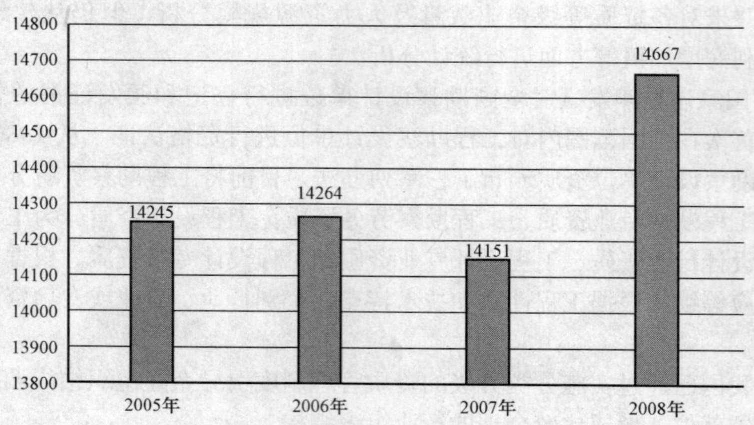

图 6-2-11 2005～2008 年我国勘察设计企业数量变化图（单位：家）

2008 年我国勘察设计行业从业人数也达历史新高，为 1249062 人，比去年同期增长 5.91%，如图 6-2-12 所示。

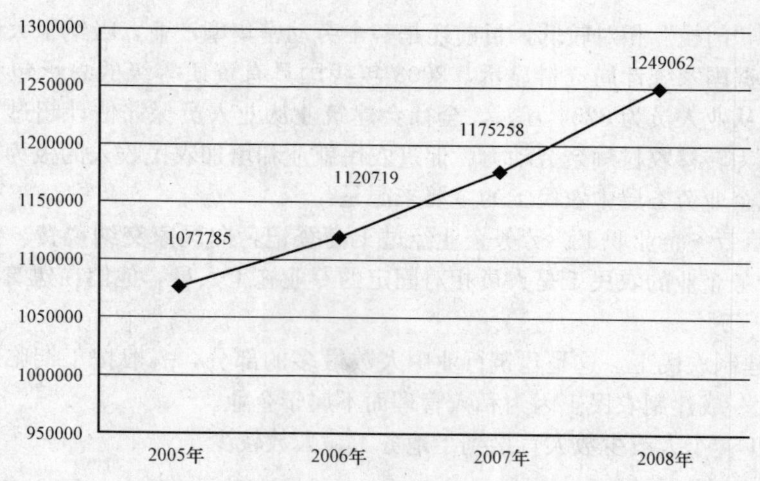

图 6-2-12 2005～2008 年我国勘察设计行业从业人数发展图（单位：人）

2008 年甲级勘察企业 586 个，比上年增长 4%；甲级设计企业 2328 个，比上年增长 7%。甲级勘察、设计、咨询、城市规划企业占全部企业的 19.98%；乙级勘察、设计、咨询、城市规划企业占全部企业的 28.67%；丙级占 26.68%；专项企业占 23.09%；其他占 1.58%。2007 年勘察设计咨询行业取得注册执业资格共有 128115 人，约占从业人员总数的 10.9%，与上年的 115464 相比，增加 12651 人，同比增长

11%。其中一、二级注册建筑师 33281 人，比上年减少 470 人；注册工程师（包括结构工程师、土木工程师、化工工程师、电气工程师、公用设备工程师等）41944 人，与上年相比增加 4690 人，同比增长 13%；注册城市规划师 2762 人，与上年相比增加 366 人，同比增长 15%。

新中国成立以来，设计院内有大批高水平的专家和熟练的设计工程师，有自己的一些技术专利。在技术方面与外国一般设计公司相比具有优势，甚至在某些领域领先；在这些设计院中，特别是专业设计院专业人才比较齐全，各类相关的专业拥有相应配套的技术人员，专业人员之间的磨合也比较好；他们熟悉本地区的资源、市场需要、掌握了大量有用的资料和信息，熟悉人际关系和我国的政策法规，能熟练进行全方位的设计和咨询，是我国设计人员的中坚力量。

2.2.4　建设监理与咨询机构人员结构现状

我国工程咨询的主力军是建国后培养起来的，一般分布在大、中型勘测设计研究院。目前设计咨询人员一半以上都具有本科及本科以上学历，基本上能满足勘察设计咨询任务。2007 年度参加统计的全国建设工程监理企业 6043 个，与上年相比下降 2.1%。其中，甲级企业 1474 个，增长 3.0%；乙级企业 2103 个，下降 2.2%；丙级企业 2466 个，下降 4.7%。2007 年末工程监理企业从业人员 514549 人，与上年相比增长 6.4%。其中，正式聘用人员 383045 人，占年末从业人员总数的 74.4%；临时聘用人员 131504 人，占年末从业人员总数的 25.6%；从事工程监理的生产人员为 395851 人，占年末生产人员总数的 80.1%。2007 年末工程监理企业专业技术人员 465474 人，与上年相比增长 5.0%。其中，高级职称 84962 人，中级职称 218508 人，初级职称 116476 人，其他人员 45528 人，如图 6-2-13 所示。2007 年末工程监理企业注册执业人员为 99843 人，与上年相比下降 0.3%。其中，注册监理工程师为 71133 人，与上年相比下降 12.5%，占总注册人数的 71.2%；其他注册执业人员为 28710 人，占总注册人数的 28.8%。从统计报表情况看，大部分甲级监理企业的注册监理工程师数量能够满足企业资质标准要求，乙、丙级监理企业还有一定差距。

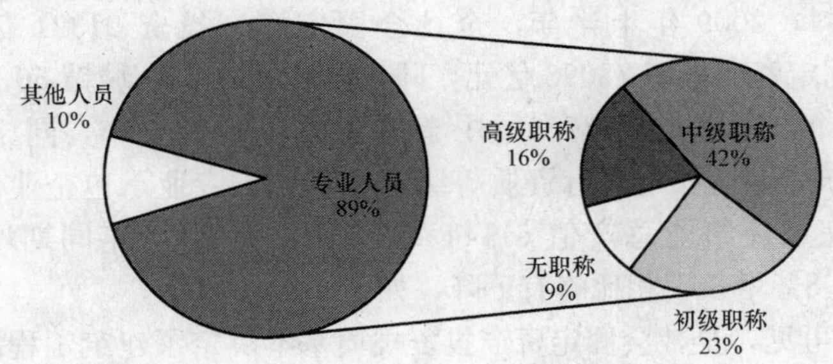

图 6-2-13　我国工程监理与咨询行业人员比重

和外国咨询公司相比，在勘察设计咨询方面，我们的优势是专业分工细，很多专业设计人员在相应的技术领域有较深的造诣。其他咨询机构如投资咨询公司、监理公司、造价咨询公司等咨询机构人员主要有勘测设计研究院、施工企业技术骨干和新分配的相应专业的本、专科毕业生等组成，这些工程咨询人员和外国咨询人员相比，还存在很大差距。

2.3 建筑业人力资源效率现状

2008年，全社会建筑业实现增加值17071亿元，比上年增长7.1%。全国具有资质等级的总承包和专业承包建筑业企业实现利润1756亿元，增长12.5%；劳动生产率为166538元/人，增长12.4%；建筑业的产值利润率为2.9%，产值利税率为6.2%。表6-2-7显示，2008年建筑业企业的效益水平并未达到规模的增幅，产值利润率同比下降了18.3个百分点，税金增速下降了2.4个百分点，表明行业效益仍然维持低水平运行，行业扩张主要是规模扩张，行业的竞争环境并未明显改观。这也同企业普遍反映的工程造价不断压低，企业利润空间进一步缩小，企业运营困难的情况相吻合。

2005～2008年我国建筑业效益水平增长幅度 表6-2-7

类别 年份	固定资产投资增速（%）	建筑业总产值增速（%）	建筑业增加值增速（%）	建筑业利润总额增速（%）	建筑业税金总额增速（%）	建筑业劳动生产率增速（%）
2005	26.0	19.1	12.6	26.1	23.9	8.7
2006	23.9	20.3	13.7	31.6	20.8	12.3
2007	24.8	22.8	12.8	30.8	22.4	12.4
2008	25.5	19.8	7.1	12.5	20.0	12.4

2.3.1 人均产值

根据《中华人民共和国2007年国民经济和社会发展统计公报》、《中国建筑业改革与发展研究报告（2009）》、国家统计局2008年《中国统计年鉴》、《2008统计摘要》等有关资料，2009年上半年，全社会固定资产投资91321亿元，同比增长33.5%。城镇固定资产投资78098亿元，同比增长33.6%。城镇50万元以上施工项目累计275259个，同比增加61269个；新开工项目176090个，同比增加53049个。2008年我国建筑业企业（指具有资质等级的总承包和专业承包企业，不含劳务分包建筑业企业）完成建筑业总产值61144.26亿元，比2007年同期增长19.7%，与2007年同期22.8%增长率相比略有下降，如图6-2-14所示。

由表6-2-8可见，全社会固定资产投资规模基本决定了建筑工程的市场规模，近年来与建筑业密切相关的全社会固定资产投资增速保持在25%左右的高位运行，使得建筑业总产值增速也在高位波动。

其中2007年江苏、浙江、山东、广东、北京和上海，这六个省市建筑业总产值占全国建筑业总产值的49.7%，如图6-2-15所示。2008年广东、江苏、浙江、山东、上海、北京的建设总规模名列前茅，说明我国主要的建筑市场分布在东部发达地区。

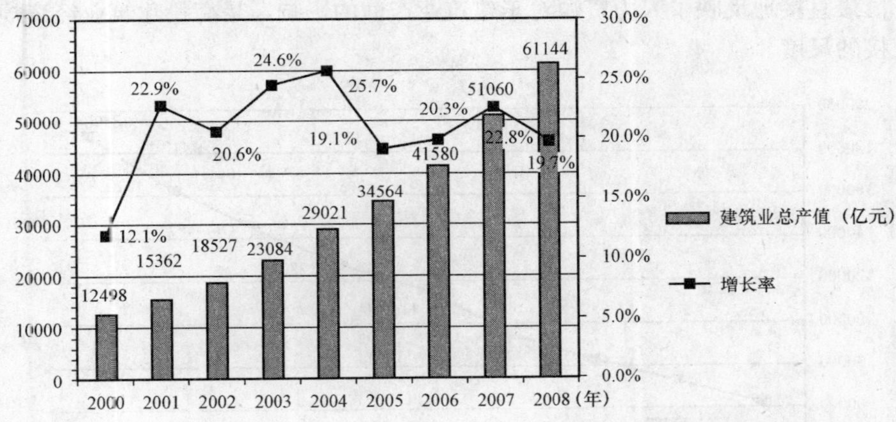

图 6-2-14　2000～2008 年我国建筑业总产值及增长速度

2004～2008 年固定资产投资及建筑业总产值增速　　**表 6-2-8**

年份 类别	2004 年	2005 年	2006 年	2007 年	2008 年
固定资产投资（亿元）	70477	88774	109998	137324	172291
固定资产投资增速（%）	26.6	26.0	23.9	24.8	25.5
建筑业总产值（亿元）	29021.45	34552.10	41557.16	51043.71	61144.26
建筑业总产值增速（%）	25.7	19.1	20.3	22.8	19.8

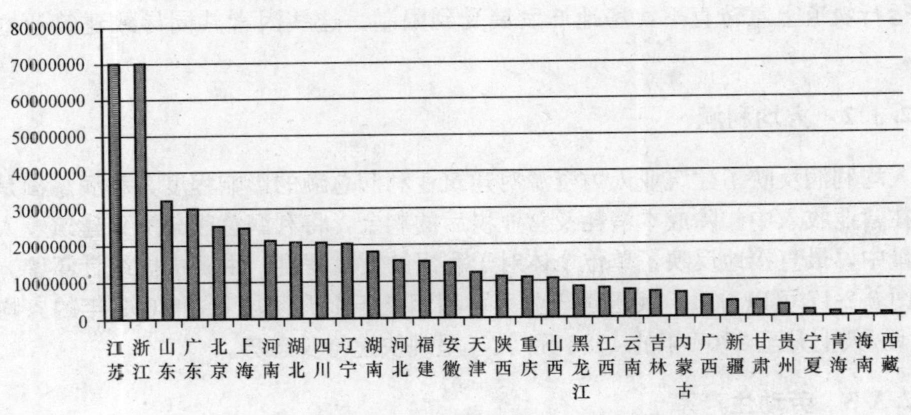

图 6-2-15　2007 年我国各地区建筑业总产值排序

建筑业产值是以货币形式表现的建筑业企业在一定时期内生产的建筑业产品和提供的服务的总和。建筑业总产值包括建筑工程产值、安装工程产值、房屋构筑物修理产值、非标准设备制造产值、总包企业向分包企业收取的管理费以及不能明确划分的施工活动所完成的产值。由《国家统计年鉴》中数据看出，如图 6-2-16 所示，我国人均产值由 2000 年的 62669 元/人直线上升至 2008 年的 187904 元/人，增幅达三倍。人均产值最直接地反映了人力资源对于建筑业产值的影响，是衡量建筑业经济规模效益最直接的尺度。

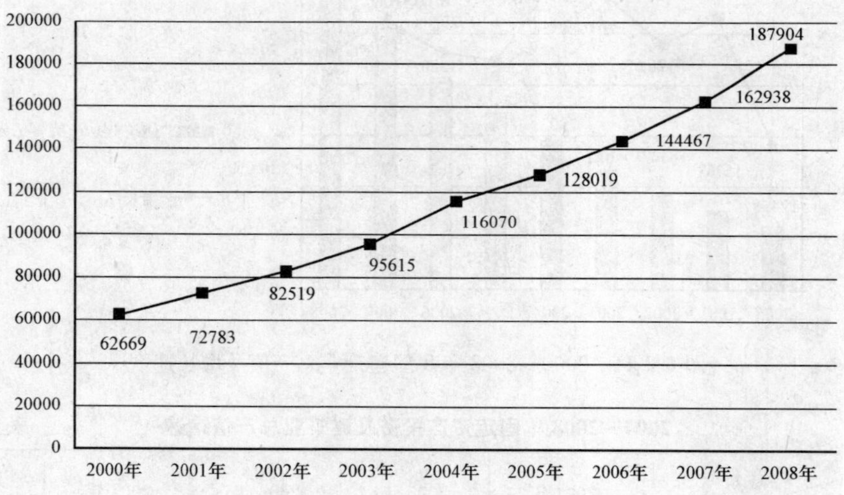

图 6-2-16　建筑业人均产值增长情况（单位：元/人）

2008 年，虽然建筑业规模绝对量仍在增长，但增速明显下降。从建筑业总产值、增加值来看，增速分别下降 3 个百分点和 5.7 个百分点。分析其原因，一是由于 2007 年以来国家频繁出台调控政策，抑制经济过热和通货膨胀，遏制固定资产投资规模的过快增长，其政策势必波及建筑市场；二是受全球金融危机影响，外贸企业在高速运行轨道上急转直下，房地产发展受到限制。这些因素共同导致建筑业增速的缓减。

2.3.2　人均利润

人均利润反映了建筑业人力资源对建筑业利润总额的影响程度，利润总额是建筑企业在营业收入中扣除成本消耗及营业税后的剩余，将利润总额分配到建筑业人力资源数量中，最直接地反映了单位个体对于利润的贡献程度。由《中国统计年鉴》所得数据图 6-2-17 可以看出，我国建筑业人均利润处于上升阶段，由 2002 年的人均利润 1650 元/人上升至 2007 年的 4982 元/人，呈现快速增长态势。

2.3.3　劳动生产率

建筑业劳动生产率是根据建筑业产品的价值量指标计算的平均每一个从业人员在单位时间内的产品生产量，是考核建筑企业经济活动的重要指标，是企业生产技术水平、经营管理水平、职工技术熟练程度和劳动积极性的综合表现。目前我国建筑业劳动生产率是将建筑企业的总产值除以同一时期全部从业人员的平均人数来计算的。由图 6-2-18 可以看出我国建筑业劳动生产率直线上升，截止 2008 年我国建筑业劳动生

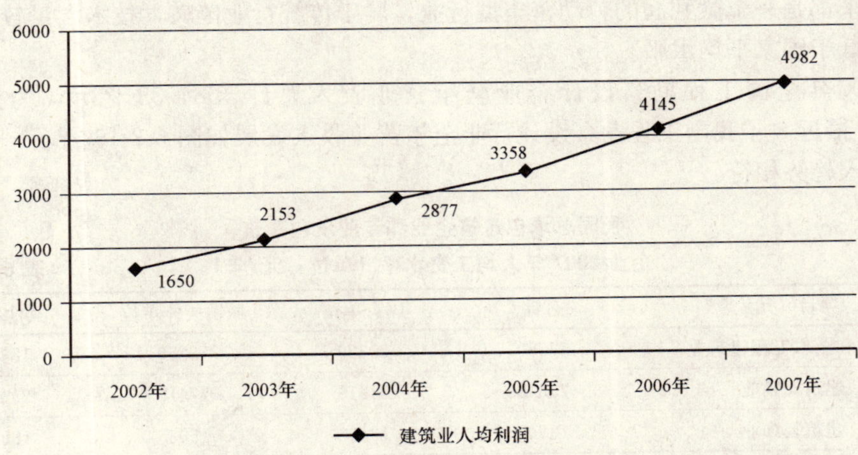

图 6-2-17　建筑业人均利润率增长情况（单位：元/人）

产率为 166538 元/人，这说明在社会化大生产的条件下，建筑业人力资源的平均熟练程度提高，先进的科学技术不断应用于生产过程中，生产过程中劳动者的分工、协作和劳动组合，以及与此相适应的工艺规程和经济管理方式不断演进以及客观环境的改善等因素都引导建筑业劳动生产率不断攀升。

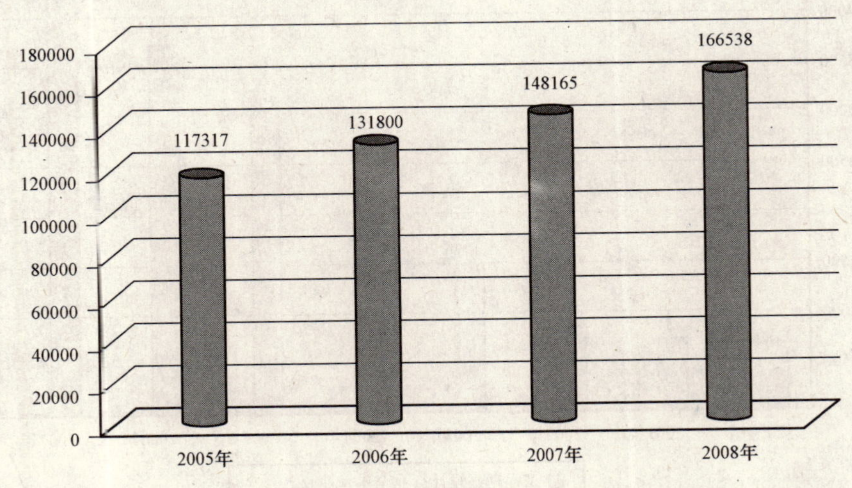

图 6-2-18　建筑业劳动生产率增长状况（单位：元/人）

2.4　建筑业人力资源待遇现状

人均工资是反映人力资源待遇现状的一项重要指标，指建筑企业的职工在一定时期内平均每人所得的货币工资额。它表明一定时期职工工资收入的高低程度，是反映职工工资水平的主要指标。表 6-2-9 为 2007 年建筑业人均工资数额，建筑业人均工资为 18482 元/年，低于我国所有行业平均工资水平 24721 元/年。这反映了我国建筑业一直以来都是一个微利润的劳动密集型行业，属于传统行业范畴，技术含量较低，人均收入低于国家平均水平。

2007年全国工程勘察设计企业全年营业收入总计4684.33亿元，为上年的126%，最近8年我国工程勘察设计行业全年营业收入发展如图6-2-19所示，与人均营业收入趋势相符。

我国总承包建筑企业和专业承包建筑企业2007年人均工资水平（单位：元/年） 表6-2-9

项目（元）	合计	国有单位	城镇集体单位	其他单位
房屋和土木工程建筑业	17960	20329	13255	18371
建筑安装业	23322	24916	17418	24075
建筑装饰业	18542	19493	15085	18874
其他建筑业	20522	26508	14758	17991
建筑业	18482	20963	13611	18825
全国平均	24932	26620	15595	24058

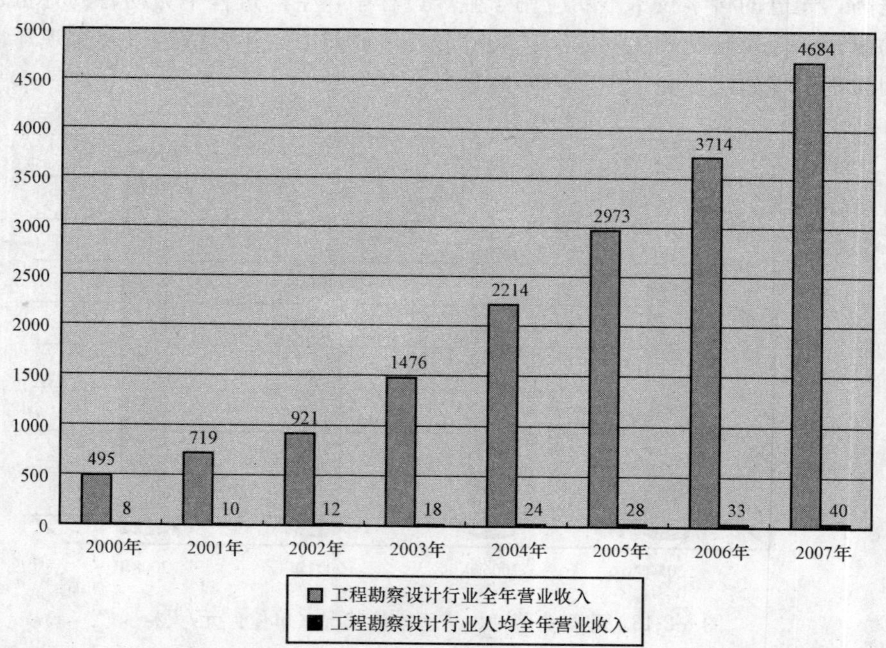

图6-2-19 2000～2007年工程勘察设计行业全年营业收入及人均全年营业收入（单位：万元）

2.5 建筑业人力资源教育与培训现状

目前我国已经初步形成学历教育和非学历教育两大系统，职前和职后培训两大类型的多种层次、多种规格、多种形式、多种体制办学的建筑教育格局。建立了规模较大、内涵较丰富的建筑教育体系，培养造就人才能力显著增加。培养了大量的专门人才及大量的管理、技术、业务骨干和操作层人员，为提高建筑业职工队伍的素质和行业发展作出了贡献。

2.5.1　高等教育

高等教育是培育建筑业人才的必要途径，我国建筑业教育历经100多年的历史，基本可以归纳为计划经济阶段（1953～1977年）和向社会主义市场经济过渡阶段（1978～2000年）和成熟发展阶段（2001年至今）。

在计划经济阶段，我国主要学习苏联的做法，在专业设置、教学内容、教学方法和教学管理上以创办新校为特征，教学质量有一定的保证，这一时期建筑业高等教育基本上适应了国家经济建设的需要。在向社会主义市场经济过渡阶段，我国在办学规模、办学层次、办学形式和办学条件上都发生了巨大变化，管理体制和教育教学改革不断深入，办学效益明显提高。截止1999年底，我国设置建筑类专业的学校已达1368所，其中建筑类普通高校500所，在校生人数达572000人，普通中等专业学校663所，在校生213000人。建筑学历高等教育得到飞速发展，发挥培育潜在人力资源的作用。

建筑业人力资源的层次主要集中在施工层面上，因此普遍缺乏设计、咨询、资本运作等高端业务领域中的管理技术人才。建筑企业的管理技术人员比例不高，学历层次较低。就施工队伍而言，多由农民工组成，其文化水平低，缺乏专业技能培训；就技术人员而言，多为经验管理模式，缺乏高技术、多技能的高级技术人才。表6-2-10为我国建筑业企业人才比例。

我国建筑业企业人才比例　　**表6-2-10**

	管理技术人员比例	大学大专生比例	中专生比例
建筑施工企业	16.4%	5.0%	5.5%
安装施工企业	26.6%	5.3%	5.2%
机械施工企业	21.0%	6.5%	6.5%
装修施工企业	23.5%	8.8%	6.5%
勘测设计企业	76.5%	57.8%	9.8%

2.5.2　职业教育

职业资格证书是劳动者在参与市场流通时用以证明自己的专业和能力的可靠凭证。目前我国已经形成以人事、劳务部门为主导管理，全面落实国家职业资格制度，严格划分建筑业职业分类和职业资格标准，以职业学校教育和职业技能培训为双刃剑，全面完善职业技能鉴定及职业资格证书审查。

早在1993年我国逐步推行职业资格证书制度以来，2002年3月20日建设部与劳动和社会保障部下发《关于建设行业生产操作人员实行职业资格证书制度有关问题的通知》，提出应以建设和完善劳务分包制度大力发展建筑劳务企业为契机，严格执行现有规章，真正形成职业资格证书作为建筑业就业的准入制度。2005年建设部出台了《关于建立和完善劳务分包制度发展建筑劳务企业的意见》，其规定截止2008年6月底所有企业施行劳务分包，必须使用具有相应资质的劳务企业。

1995年8月在党的十四届五中全会上通过的《中共中央关于建立社会主义市场经济体制若干问题的决定》中明确指出："要制定各种职业的资格标准和录用标准，实行学历文凭和职业资格两种证书制度，逐步实行公开招聘、平等竞争，促进人才合理流动"。根据这一精神，在建筑业已经开始了注册建筑师、房屋结构工程师、监理工程师、房地产估价师、造价工程师、城市规划师、建造师和景观设计师等职业资格制度。为了保证这项制度的顺利实施，保证从业人员的职业资格，必须严格把好"证书制度"的入口关。严格推行职业资格培训制度，是关系到职业资格证书的质量、从业人员的素质，以及能否使职工培训工作纳入到规范化发展轨道的关键所在。

在建筑业推行职业资格证书认证制度，首先有利于提高建筑业从业人员素质，从而成为安全生产的重要保证；其次是促进建筑企业制度改革，从而满足社会稳定发展的需要；再者促进国际交流，满足进一步开拓国际建筑市场的客观要求。目前根据我国实际国情，建立学习型社会，大力发展职业终身教育，将学前教育、基础教育、职业教育、高等教育、继续教育作为建筑职业生涯教育体系，保证建筑业队伍素质持续提高。在表6-2-11中列举了2005～2009年与建筑行业相关职业教育政策法规。

2005～2009年建筑行业有关职业教育政策法规 表6-2-11

时间	政策法规名称	颁布单位	主要内容
2008.2.26	《注册建造师职业管理办法》（建市［2008］48）	建设部	注册建造师应当在其注册证书所注明的专业范围内从事建设工程施工管理活动
2008.1.29	《中华人民共和国注册建筑师条例实施细则》（建设部令第167号）	建设部	详细而明确地规定注册建筑师的考试、注册、执业、继续教育和监督管理等
2007.11.19	《关于建筑业企业项目经理资质管理制度向建造师职业资格制度过渡有关问题的补充通知》（建办市［2007］54号）	建设部	具有统一颁发的建筑业企业一级项目经理资质证书，且未取得建造师资格证书的人员，2007年度担任大型工程施工的项目经理可申请一级建造师临时执业证书
2006.12.28	《注册建造师管理规定》（建设部第153号）	建设部	注册建造师实行注册执业管理制度，注册建造师分为一级注册建造师和二级注册建造师
2006.12.25	《注册造价工程师管理办法》（建设部令第150号）	建设部	注册造价工程师实行注册执业管理制度
2006.1.26	《注册监理工程师管理规定》（建设部令第147号）	建设部	注册监理工程师实行注册执业管理制度

续表

时间	政策法规名称	颁布单位	主　要　内　容
2005.10.13	《勘察设计注册石油天然气工程师制度暂行规定》 《勘察设计注册石油天然气工程师资格考试实施办法》 《勘察设计注册石油天然气工程师资格考核认定办法》 《勘察设计注册机械工程师制度暂行规定》 《勘察设计注册机械工程师资格考试实施办法》 《勘察设计注册机械工程师资格考核认定办法》 《勘察设计注册采矿/矿物工程师制度暂行规定》 《勘察设计注册采矿/矿物工程师考核认定办法》 《勘察设计注册冶金工程师制度暂行规定》 《勘察设计注册冶金工程师资格考试实施办法》 《勘察设计注册冶金工程师资格考核认定办法》	人事部、建设部	规定相关专业技术人员的考试、注册、职业、继续教育、权利义务等
2005.2.4	《勘察设计注册工程师管理规定》(建设部令第137号)	建设部	勘察设计注册工程师实行注册执业管理制度

2.5.3　岗位培训

目前建筑业人力资源培训主要集中在以下几个方面：

(1) 关键岗位及基层专业管理人员岗位培训

从20世纪80年代后半期开始举办关键岗位及基层专业管理人员岗位培训，经过20世纪90年代的大力发展，据相关数据统计，截止2000年，已在建筑业、房地产业和市政公用事业的43个岗位展开岗位培训，培训基层专业人员超过186万人次。建筑企业的施工员、质量员、安全员、材料员和预算员等“五大员”培训已经深入展开，颇受社会和企业欢迎。基层专业管理人员岗位培训为提高基层专业管理和技术人员的素质，奠定了坚实的基础。

(2) 企业经营管理人员培训

20世纪80年代进行的企业经理上岗培训，“八五”期间进行的“一长三总师”培训，“九五”期间进行的企业管理人员工商管理培训。针对企业中高层管理人员的培训，对于提高高级管理人员素质起到了重要作用。

(3) 行政人员培训

20世纪80年代中后期开始举办的行政管理人员岗位培训，对于提高建筑业行政领导人员的素质也起到了一定的作用。

(4) 操作工人技能培训

自改革开放以来，针对操作工人，进行了职工文化、技术“双补”培训、技术等级培训、职业技能岗位培训，对于推动操作工人素质的提高起到了一定作用。建筑业人力资源开发的重点是如何将数量庞大的低素质劳动力转化为高素质技能型人才，这是促进工程质量提高，实现产业振兴的关键。提高建筑业操作人员的素质，特别是一线农民工的素质，必须建立操作人员的职业技能岗位培训制度，实施“技能人才培训工程”，加大对建筑业操作人员的培训力度，按照“先培训、后就业，先培训、后输出”的原则，在各省市县建立劳务培训基地，将培训作为劳务人员进入建筑业市场的唯一凭证。同时，职业技能鉴定中心是加大对技能人才培训和坚定力度的有效途径，将岗位培训落实到职业技能鉴定，完善我国一线操作人员岗位培训体系。

2.5.4 农民工技能培训示范工程

建筑业是吸纳农村劳动力转移就业的重要行业。目前，全国建筑业约有农民工3200万人，占建筑业从业人员总数的85%，占全国外出务工农民工总数的1/4，已经成为建筑产业工人的主体，为经济社会发展作出了巨大贡献。但建筑业农民工就业状况不稳定、技能水平低等问题尚未得到根本解决，迫切需要加大财政投入力度，落实企业责任，创新培训方法，健全培训机制，推进建筑业农民工培训和就业工作。实施示范工程的总体目标是加强分类指导，统筹培训资源，创新培训方法，增强培训效果，开展建筑业农民工职业技能培训，提高建筑业农民工技能水平，促进稳定就业。

全国共培训1500036人，其中普工208178人，初级工570130人，中级工627622人，高级工86509人，技师和高级技师7597人。全年共鉴定1067793人，其中初级工438764人，中级工552578人，高级工70249人，技师和高级技师6202人。北京、湖南、上海、河南、安徽、山东、四川、河北、天津等省（市）培训总量均超过7万人。如图6-2-20、图6-2-21所示。

仅就上海市关于落实《建筑业农民工技能培训示范工程实施意见》的通知情况。首先上海市政府建立示范性工程组织机构，各区（县）建立交通委和劳动保障局负责本区域内建筑业农民工技能培训示范工程的推进工作。其次，落实示范工程实施主体，严格根据量化指标遴选实施企业。再者，确定示范工程培训机构，在本区域内具有职业技能项目办学资质的培训机构范围内进行招标方式选择。落实培训资金及核拨程序，并加强示范工程指导督促工作。截止2008年9月，上海市参加建筑业农民工技能培训示范工程各区县人数合计20000人次。

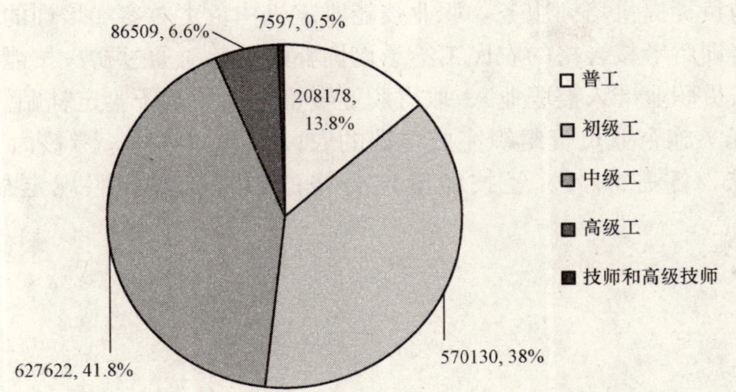

图 6-2-20　2006 年全国建筑业培训人数份额（单位：人）

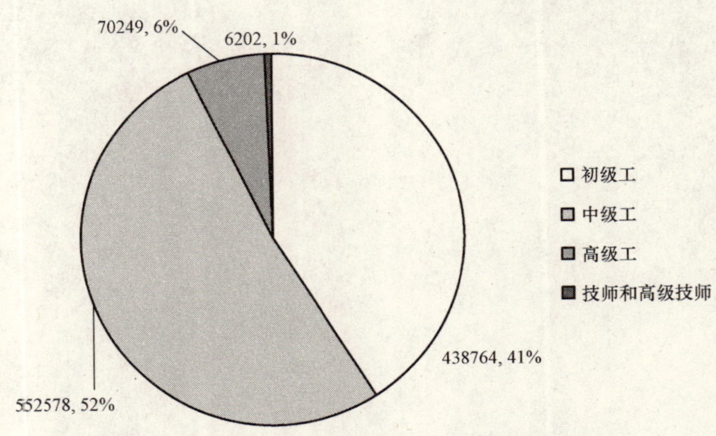

图 6-2-21　2006 年我国建筑业鉴定人数份额（单位：人）

示范工程政策性强，涉及面广，工作复杂。为统筹协调、有力推动示范工程各项工作，住房和城乡建设部、人力资源和社会保障部于 2008 年成立了全国示范工程工作小组，联合实施“建筑业农民工技能培训示范工程”，确定了 2008 年示范工程培训 64 万人的目标，并发布了《建筑业农民工技能培训示范工程实施意见》。各地住房城乡建设、人力资源社会保障部门要在当地政府的领导下，成立相应组织领导机构，加强协调，明确职责，形成合力，充分调动建筑业企业、培训机构和农民工个人的积极性，切实加强组织领导，确保示范工程顺利开展并取得实效。

示范工程的培训对象为自愿参加培训的建筑业在岗农民工，须与所在企业订有劳动合同，主要针对砌筑工、木工、架子工、钢筋工、混凝土工、抹灰工等建筑业关键工种开展；示范工程的培训内容为安全生产常识、职业基础知识和岗位操作技能；示范工程的实施主体是建筑企业。

示范工程坚持企业实施、校企结合的原则。首次大规模运用财政专项资金，对建筑业农民工职业技能培训和鉴定进行补贴。施工总承包企业或劳务企业负责组织实施，培训机构负责提供培训服务，职业技能鉴定机构负责对参加培训的农民工进行鉴定，政府对培训后考核合格的农民工给予培训补贴，并对通过初次技能鉴定（限国家规定的技能人员职业准入类职业）、取得职业资格证书的给予鉴定补贴。

示范工程实施企业负责组织完成培训的农民工参加考核。考核内容包括职业要求和企业要求，各占50%。经技能鉴定合格的农民工，按照规定核发职业资格证书。

第3章 中国建筑业人力资源问题分析

3.1 建筑业人力资源建设存在的问题

3.1.1 建筑业人力资源管理理念滞后

大部分建筑企业经营者在观念上不重视人力资源管理工作，对人力资源管理理论还缺乏了解，认为企业的发展就是靠投入，资金的短缺是建筑企业发展的瓶颈，却没有意识到真正构成瓶颈的是缺乏一支高素质的管理人员队伍。而且目前国有施工企业人力资本投资普遍不足，投资额大幅度减少，亏损企业几乎停止了人力资本投资。在科学技术知识日新月异的今天，只注重人力资源的职前学历背景，已无法真实体现企业中人力资源的现有实际知识和潜能。

3.1.2 复合型人才和科研开发型人才比重偏低

应用型人才多，科研开发型人才少，这就决定了建筑行业技术创造能力不足，科技成果转化能力较弱，生产和管理过程科技含量偏低。建筑行业不仅需要那种会照图施工、按规则办事、循规蹈矩的管理人员，还需要那些有技术、懂经营、擅管理、懂资本运营，有一定决策能力和市场预测判断能力，熟悉国内法律法规的复合型人才。

另外，建筑企业中，工人队伍的文化素质较低，这批劳动力主要以初中和小学毕业生为主，其劳动技能又常常不能及时提高，无法满足施工的要求，其主要原因是与长期以来建筑企业不重视职工专业技术的培训。

3.1.3 建筑企业中的专业技术人员知识老化

建筑企业专业技术人员的专业素质关系到建筑企业的存亡。目前建筑企业中的专业技术人员的突出问题是知识水平偏低、知识陈旧老化，知识更新较难，并且企业中原有的技术老工人大多已退休或接近退休，大多数技术岗位面临着青黄不接的局面。

我国建筑企业从业人员无论在技术上还是管理上都存在明显的不足。如一些企业采用了信息管理系统（MIS），许多工作可以通过计算机完成，这就要求技术人员具备很高的计算机水平，而建筑行业这方面的人才又严重不足，许多高校毕业生在计算机信息技术和建筑专业技术的结合上还存在欠缺。且中国加入 WTO 以后，国内建筑企业参与到国际建筑市场，迫切需要既懂专业技术又懂外语还要懂 FIDIC（国际咨询工程师联合会）条款的高素质人才。

3.1.4 员工培训缺乏长远规划

从现状看，国有建筑企业明显不重视员工培训，在员工培训上与人事部门是分离的，员工培训一般由公司机关培训部门安排，造成在培训、使用、考核、激励和待遇上的脱节。培训部门的培训计划大多是适应工地现场新技术、新工艺、新材料的要求而进行的短期培训，或是按上级要求进行的岗位轮训。

员工培训在一定程度上说是行政行为或短期行为。培训部门无法从开发人力资源、挖掘员工潜能的角度，来制订培养符合企业未来发展要求的培训计划，培训、使用、考核、激励和待遇不能成为一体化。培训缺乏针对性、实效性，流于形式。

3.1.5 流动性大、结构不稳定

建筑生产具有唯一性、一次性、多临时组织、生产周期长、外部约束多等特性，由工业化生产和工程建设组成，而建筑行业是一个以所承包的工程、项目为依托的特殊行业。建筑业从业人员以施工现场为工作场地，在施工过程中建筑产品固定，而建筑生产具有流动性。建设项目工序繁多，建设项目直接操作人员的流动性导致各工序操作人员之间的配合薄弱，直接影响项目的进展速度，增加施工成本。

目前我国建筑业行业结构呈现集中度太低、企业之间竞争强烈、企业组织结构不合理、产品差异小等缺陷。建筑业“门槛”较低，目前还是一个劳动密集型产业，吸纳了大量农村转移劳动力，建筑行业本身的特性导致建筑业从业人员具有较大的流动性。首先，成建制的劳务输出人员流动性大，组织具有临时性。其次，由于建筑业季节性较强，特别是在北方地区，由于冬季施工的影响，大批农民工脱离企业回到农村，建筑业农民工在农村与工地之间艰苦流转。另外由于建筑施工工地往往难以集中，一支承包队伍分散到不同的工地，在不同地域的工地之间流动，难以集中管理和开展活动。

建筑行业从业人员的流动性，导致建筑业人力资源结构具有较大的不稳定性，人力资源管理成本上升，管理难度增加。在建筑产品交付过程中，人力资源的流动性造成建筑生产的浪费，这无疑与建筑业可持续发展原则相违背。

3.1.6 经营管理人员缺乏

现代企业制度对企业管理人员提出了新的要求，只有那些懂技术，又懂业务管理的复合型人才，才是最好的管理者人选。因此，那些有管理经验的技术人员，无疑是最好的候选人。但是，目前建筑企业内严重的技术人才流失使得管理者候选人也极为紧缺。这对于现代建筑企业的发展是极为不利的。

管理人员存在的问题有以下3个方面：

（1）从管理和技术人员队伍素质来看

应用型人才多，管理型、科研开发型人才偏少，层次不高，科技成果转化能力较弱，技术创新能力差。项目管理人才尤其是懂得国际工程管理的总承包项目管理人才、懂得工程索赔的合同管理人才、懂技术善经营的企业经营管理人才严重缺乏，不利于提高企业的国际竞争能力。

（2）管理人才的专业技术深度不够

中国建筑业的人才队伍中具有国际知名度的大师级人才较少，而直接从事国际工

程承包的这种人才就更寥寥无几；有些管理人员对常见的管理、技术和材料掌握得还比较熟练，但遇见新理论、新材料、新结构、新工艺、新问题的工程就不知该如何去处理，更有甚者还有抵触情绪；有些管理人员对本国的建筑规范、法规、条例等能熟练掌握和运用，但对他国规范或世界通用规范一窍不通，需要提高管理人才的专业技术深度。

(3) 管理人才的知识结构不合理

中国建筑业目前拥有的管理人才中，同时掌握管理、技术、经济、法律知识的人才严重短缺，在国际工程比重日趋增大的局面下，能熟练运用外语从事国际化经营的建筑业人才短缺。

项目经理是企业法定代表人在项目上的一次性的授权管理者和责任主体，自1990年建设部开始实行项目经理资质管理制度以来，有50多万人取得了政府核准的项目经理资质证书，其中15万人取得了一级项目经理资质证书，已经形成了一支庞大的队伍。但是由于目前我国基本建设规模庞大，项目经理数量与工程建设的迅猛发展相比，仍旧杯水车薪。同时目前项目经理队伍的结构和素质已经不适应经济建设发展的需要，存在“四多一老”（即低资质多、年龄偏大多、初级职称多、低学历多、知识老化）现象。

3.1.7 工程咨询人员差距大

我国工程咨询人员和外国咨询人员相比，差距主要表现在：

(1) 市场观念差

由于长期依赖于政府计划分配任务以及在当地行政部门的不正当保护之下接受任务，因而不熟悉市场开发，法制观念淡薄，不熟悉合同管理。

(2) 从事工程咨询业务范围单一

如只能进行投资立项前的评估、设计或监理，或只能进行施工咨询等，普遍缺乏对工程全过程进行管理的能力。只有很少数公司对设计——建造或交钥匙之类的大型项目具有进行全过程管理的能力。

(3) 人才素质不全面

缺乏外向型、复合型人才和熟悉WTO条文、掌握国际惯例、外文水平高和懂法律的人才。

(4) 缺少国际工程咨询企业家

我国有着大批高水平的各个行业的技术专家，他们是从事国际工程咨询的重要力量，但却十分缺少国际工程咨询企业家来带领工程技术专家队伍去开拓国际市场。

3.1.8 多种薪酬形式并存

薪酬作为分配价值形式之一，遵循按劳分配、效率优先、兼顾公平及可持续发展的指导思想，体现公平性、竞争性、激励性和经济性的原则。建筑业大型企业多为国有企业，经历了国家的历次薪酬改革，不免残留了一些历史痕迹，造成了现在结构工资制、岗位技能工资制、岗位等级工资制、计件工资制、技术等级工资制、项目承包制、年薪制等多种薪酬形式并存的现象。按类别来统计，如管理人员、项目部工人、项目经理，目前并行的薪酬形式分别可达 6、7 种之多。如项目经理，目前实行项目承包制的占 28%，实行结构工资制和年薪制的各占 19%，实行岗位等级工资制的占 13%，实行岗薪制和岗位技能工资制的各占 9%，实行谈判工资制的占 3%。这种现象造成了企业内部薪酬标准不统一，付薪依据不明确，薪酬调整不好操作的问题。针对以上现象，应当理顺薪酬体系，建立适应不同群体的多元化分配机制，对企业经营管理人员，年薪制是首选形式。项目工薪制是适合于项目经理的薪酬形式，对重点岗位的技术管理人才和短缺人员，通过适当提高待遇，吸引人才、留住人才和发挥他们的作用。

3.2 建筑业农民工问题

建筑业具有很强的就业容纳力，是农村剩余劳动力转移就业的主要领域。据 2004 年全国经济普查数据，建筑业就业人口达 3253 万人，占据我国全部就业人口的 4.3%；据有关部门统计，实际的农村进城务工有 1.26 亿人，其中建筑业吸纳 1/5 左右，大约为 2500 万人，占实际的建筑业从业人员 3200 万人的 77%。目前，农民工已经成为建筑产业工人的主体力量。

然而，农民工学历水平较低，现有的农民工大部分未经任何培训，农民工技术等级缺失，出现不正常分布，甚至很多农民工只有小学文化程度。由于技术工人的技术水平低下，使得一线操作工人的动手能力减弱，难以保证工程质量的提高，甚至出现安全、质量事故。

3.2.1 存在的主要问题

(1) 农民工人力资源存量大，工作、生活状况不佳

1) 吃、穿、住、行的条件恶劣

我国农村富余劳动力 1 亿～1.5 亿人，每年还要新增 600 万～700 万人，目前已发展到约 1.2 亿农民工的庞大规模。农民工进城后，为尽可能地节约在城市的开支，在饮食上一般都比较简单，农贸市场的低档蔬菜和街头路边的饮食摊档是农民工消费的主要对象和场所。农民工自身的经济水平和承受能力使他们在饮食方面不得不这样。在穿衣方面，由于农民大多从事的是脏、累、险的工种，所以他们穿的衣裤都极为简朴、粗陋。居住环境更是简陋，农民工进城后面临的第一大问题就是找个落脚安身之处，他们只能租住房子，而且一般都是合租在城乡结合部的农居点或在建筑工地的工棚里，拥挤、潮湿、蚊蝇滋生、采光和通风条件差是农民工居住条件的共同特点。在出行上，农民工一般都以自行车为主要的交通工具。吃、穿、住、行等方面的简陋造就了农民工恶劣的城市生活状况，这也是多数农民工进城后无法避免的生活环境。

2) 脏、累、险，是农民工在城市所从事的工作显著特征之一

近年来，大批农民工涌入城市寻找就业的机会，但城市的容纳度有限，国有企业

的改革也产生了大批下岗职工和失业者，这些人同样需要在城市寻找工作机会。相比之下，对于人生地不熟的农民工来说，他们在城市中寻找到工作机会的可能性就远不如城市的市民。城市中歧视性就业政策也进一步加剧了农民工不能享有和城市居民同等的就业机会。因而，进城后的农民工迫于生活的需要，大多只能从事那些技术含量低、工资待遇低的工作，如矿工、泥工和搬运工等。据广东省劳动于社会保障厅的调查现实，进城农民工当中 65.5%从事脏、累、险的工作，80.5%的人每天工作 10～14 小时，47.2%的人没有休息日。

3）缺乏病残和失业等应有的保障

农民工由于在身份上依然是农民，虽然在某一单位从事工作，但与同一单位的其他工作人员相比，存在着较多的差异。农民工不是被单位以工人的身份来看待的，在享受各种福利待遇上，农民工和拥有城市居民户口的工人是非常不平等的。农民工基本被排斥在社会保障的门槛之外。据最新调研显示，目前我国农民参保率普遍偏低，在“五大社会保险中”，除工伤保险已有相当数量的农民工参加外，养老保险的总体参保率仅为 15%，医疗保险的平均参保率为 10%左右，而失业保险、生育保险仍与大多数农民工无缘。此外，由于农民工在身份和居住地上的两栖性，一些农村人口可以享受的保险，进城农民工也无法享受到，而城市社会保障体系又挤不进去，处于尴尬的两难境地。在从事最脏、最累、最险的工作过程中，遇到生病，甚至工伤事故，单位只给予少量微薄的补偿金，许多情况下，连这点微薄的补偿金也无法保证。在失业保障上，企业一般是不给农民工办理失业保险的。当农民工被所在企业解雇或自己辞退工作以后，这部分人就会暂时或很长时间内成为无业游民，生活就会失去保障。

(2) 农民工人力资源开发滞后

农村转移劳动力文化素质相对偏低，劳动技能不高，已成为农民工在城市就业的主要障碍。农民工劳动强度大，劳动时间长，基本上是以体力劳动为主，没有足够的自由时间和精力进行自由发展，而且农民工个体发展受到职业和身份的双重歧视，不适其“全部才能和力量的发挥”。在众人眼中，农民工是体力活的代名词，怎么要加强对农民工的技术培训和学习呢，这是一种极不公平的看法，这种歧视性的旧观念不能适应社会主义现代化建设的步伐。农民工虽然来自农村，但在城市中他们所从事的工作涉及各行各业，科技的进步同样要求农民工掌握各种劳动技能，这样才能更好地从事各方面的工作。对于农民工来说，加强学习和技术培训是其自身需求之所在，也是一种公平享有权利的体现。

(3) 农民工劳动强度大、时间长、待遇低

由于我国在制度上将农村流动人口与城市居民分割成二元劳动力市场的现状，农民工和城市居民所享受到的待遇是不同等的。为了挣更多的钱，时间对农民工来说至关重要，他们只能加大劳动强度、延长劳动时间来获得更多的报酬。

尽管这样，他们所得到的待遇仍然很低，无法与一般城市居民相比的。除维持生计支付必要生活费用外，所剩无几。即便是这样多数农民工却还不能及时领到应有的

工钱，多数用人单位并非按月发给农民工工资，而是一年一结，有的单位甚至长期克扣农民工工资。也正是由于农民工劳动强度大、时间长，使得农民工基本处于一种工作、吃饭、睡眠这样周而复始的生活循环中，因而在城市接受培训和学习也成了多数农民工可望却不可及的奢侈事。除上述提及的工资偏低、被拖欠现象严重、安全条件匮乏、社会保障低外，农民工在职业病、工伤事故、子女上学、生活居住等方面也存在诸多困难，这些困难无疑导致农民工无力考虑教育培训，自然无法提高自身的人力资本。

3.2.2 产生这些问题的主要原因

(1) 亦工亦农兼业身份制约培训投入

一些农民工受自给自足思想束缚，视野较窄，没有永久成为工人和城市居民的准备，对个人职业生涯缺乏长远性和开拓性。不少农民工外出打工并没有明确的职业选择目标，不知该不该学、学什么、学了有什么用。因而对参加学习的积极性不高。

由于建筑总承包企业在用工制度上采取的是成建制分包办法，不直接管理农民工。用人单位出于对利益最大化的追求，使其在农民工培训问题上不愿有较多投资。一些企业以农民工缺乏稳定性为由，拒绝对其实施培训。这就导致一些农民工虽打工数年，但在职业技能方面并无长进。因此，不少农民工的职业技能与科技和生产水平的发展越来越不相适应。一些劳务企业的整体素质也在逐年下滑。于是出现了一边是大批农民工进城打工，一边是用人单位发愁招不到合格人员和优质承包队伍的“民工荒”难题。

(2) 企业缺乏参与培训积极性

在制度和运行环境具有高度不稳定的大背景下，企业和农民工之间往往缺乏长期稳定的合约关系，所以企业更看重短期的成本收益分析。由于员工培训支出增加了企业的运营成本，而且培训活动具有较高的外部性，在农民工频繁流动和跳槽的情况下，企业对农民工培训的投资容易发生收益外溢的现象，在那些用工季节性强的企业中，这种现象尤为突出。这使得企业对农民工的培训往往缺乏足够的动力，形成了企业对农民工重用轻养的现象。归根到底，不提高制度和运行环境的稳定性，就不能促进企业和农民工之间的长期稳定的合约关系，就无法调动企业参与农民工培训的积极性。

(3) 培训供需渠道不畅

许多进城就业农民对政府进行培训表现出很大的希望和需求，希望通过培训，让他们有一技之长，为找到一个较好的工作机会提供可能性。但现实中进城农民工大部分仍以自主就业为主，对于干什么工作没有明确的考虑，只要有工作都愿意干，没有经过政府组织的培训。信息的不充分或不对称导致政府实施此项工作时低效率或无效率，而深层次的原因是政府培训进城就业农民工是在市场经济环境下进行的。市场经济运行的主体，供给方和需求方是千百万个微观个体。劳动力就业自身就是一个市场问题，就业的农民和用工企业都是千百万个分散具体的微观个体，他们的需求愿望是分散和具体的。这样就必然出现政府对培训对象的培训愿望了解不充分，以及对其愿望、困难把握不准。

对农民工培训课程的设置和培训形式不符合农民工现场工作的实际需要，企业的师资队伍又是临时拼凑，水平低下，造成企业培训积极性下降，农民工感到增加负担，使培训工作难以为继。

3.3　建筑业人口老龄化

对一个国家或地区的人口来说，由于人口的出生、死亡和迁移等多种因素的作，人口的年龄结构是在不断变化的，即未成年人口、成年人口和老年人口在总人中的比例构成是不断变化的。在总人口中，如果老年人口的比例不断提高，而其他年龄段人口的比例不断下降，我们就称这一动态过程为人口老龄化。

3.3.1　我国人口老龄化及劳动力资源变动预测

合理的年龄分布，能够保证人力资源的顺利更替。理想的年龄分布应该是一种“梯形”结构，这样有利于企业或者行业人才资源的继承和延续。中国人口老龄化对劳动力资源供给带来的影响已引起人们越来越广泛的重视。

1）我国人口老龄化预测

2005 年全国 1%人口抽样调查主要数据显示，全国人口中，0～14 岁的人口占总人口的 20.27%；15～59 岁的人口占总人口的 68.70%；60 岁及以上的人口占总人口的 11.03%（其中，65 岁及以上的人口占总人口的 7.69%），老少比 37.9%。与第五次全国人口普查相比，0～14 岁人口的比重下降了 2.62 个百分点，60 岁及以上人口的比重上升了 0.76 个百分点（其中，65 岁及以上人口比重上升了 0.73 个百分点）。按照国际标准，目前我国已经跨入了老龄化国家的行列。可以看出我国在老龄化进程上是加速前进的。预测表明，65 岁及以上人口在 2050 年将达到最高峰值 3.23 亿，占总人口比重的 23.07%。

2）我国劳动力资源变动预测

表 6-3-1 为未来劳动力资源变动预测，由表可见，如果不考虑 65 岁以上老年人从业人员，我国劳动资源将从 2000 年的 86694 万人缓慢增加，到 2027 年达到约 10 亿人，其后逐年下降，到 2050 年回落到 85752 万人。而我国老年人从业人员随老年人口的增加而增加，如果按 2000 年时老年人的劳动参与率，未来老年从业人员由 2000 年的 2183 万增加到 2010 年的 2922 万、2020 年的 4346 万、2030 年的 5945 万、2040 年的 7963 万、2050 年的 8085 万，这将是一个非常庞大的劳动力资源。15～64 岁劳动年龄人口加上 65 岁及以上从业人员即是全部劳动力资源，它可在 2027 年接近 11 亿时达到最高值，其后呈减少走势，但是减少的数量有限，直到 2050 年尚可保持在 93837 万的水平，极大地避免了发生劳动力资源枯竭问题。因此，有老年从业人员的加入会使得我国未来劳动力市场态势变得乐观。

未来劳动力资源变动预测（单位：万人）　　表 6-3-1

年份	65 岁及以上人口	65 岁及以人从业人员	15～64 岁人口	全部劳动资源
2000	8731	2183	86694	88877
2001	9093	2273	87878	90151
2002	9432	2358	89362	91720
2003	9763	2441	90820	93260
2004	10030	2507	92300	94807
2005	10321	2580	93822	96402
2006	10624	2656	95151	97807
2007	10891	2723	96033	98756
2008	11129	2782	96938	99720
2009	11397	2849	97713	100562
2010	11688	2922	98300	101222
2015	13874	3469	99681	103149
2020	17384	4346	99652	103998
2025	20010	5003	99815	104818
2030	23780	5945	98797	104743
2035	28564	7141	95334	102475
2040	31853	7963	91233	99196
2045	32075	8091	88804	96822
2050	32341	8085	85752	93837

资料来源：程馨．中国人口老龄化背景下的老年人力资源开发研究［D］．青岛：青岛大学，2008 年：55 页，表 3.4。

3.3.2　人口老龄化对建筑业人力资源影响

中国人口老龄化的现实和继续发展已不可逆转，但由于建筑业自身的特点，其对建筑业人力资源的影响也不完全是负面的，或者说，建筑业更需要老工程师作为管理、技术人员，继续在本行业中发挥他们的专业才能。

(1) 一线操作人员供给不足

我国建筑业是一个劳动密集型产业，吸纳了大量的农民工转移劳动力，目前我国建筑行业农民工约 5700 万。农民工是随我国农业劳动生产力的提高而在较短时间解放出来的大量剩余劳动力。由于他们本身从事体力劳动，从而决定了他们将以比我国法定的退休年龄更早的年龄退出劳动力市场，而在人口老龄化问题日益显著情况下，农民工总供给将会持续下降。我国国民经济正处于快速发展阶段，为了推动经济的发展，国家大力投资，在全国上下兴建土木，另一方面我国从劳动密集型产业转变为技术密集型产业还需要走很长的一段路，以上两方面因素的共同作用，决定了我国建筑业在未来很长一段时期都需要大量的农民工，但是由于我国人口老龄化状况的持续发展，将导致一线操作人员供给不足。

就中国的整体情况而言，目前人口老龄化的社会经济影响还没有特别显性化，但就局部地区的情况而言，形势已经相当严峻。如1993年上海人口开始负增长，目前上海最主要的人口问题并非生育水平问题，人们更关心的是人口结构问题，尤其是人口的老龄化问题。又如2004年春天开始，从沿海地区特别是珠江三角洲地区开始，进而发展到劳动力流出地区的“民工荒”、“技工荒”，虽然当时“民工荒”发生在制造业的女工人群，但我们有理由相信劳动力出现短缺的最初信号已经出现了。另外劳动力短缺还反映在城市劳动力市场上，劳动力需求数量与求职人数的比率上升，求职人数无法满足劳动力市场需求。

（2）老年人力资源的巨大潜力

1982年维也纳老龄问题世界大会通过的《老龄问题国际行动计划》指出：“老年只是每一个人的生命期、事业的经验和自然延续。而他的知识、能力和潜力，在整个生命期都一直存在”。老年人长期积起来的文化知识、专门理论、专业技术、业务能力、实践经验不会随时间的推移而消失。

企业管理人员和工程技术管理人员在国有建筑业企业所占的比重分别仅为10%左右。建筑业管理和技术岗位的人才学历层次和职称层次均有不同程度的提高，但人们在质量管理、土建质检、注册造价工程师等方面对老同志都特别青睐。综合来说，老年人力资源有如下几方面独特的优势：1）老年人是成熟的生产力，有深厚的工作积累，“对口”的老年人不用培训就可上岗，社会上奇缺的高级技工，在他们中却是一个“富矿”；2）老年人在社会中的角色决定他们能有更多自由支配的时间和空间，只要给老年人提供施展才能的机遇和舞台，他们就有条件为社会再做贡献；3）大多数老年人在人民群众中具有很高的威望，他们一言一行，一举一动都无形的影响着下一代，起着中青年人无法替代的作用；4）老年人工作认真负责，与年轻人相比容易管理；5）老年人社会关系广泛、专业信息通畅、常常能为用人单位创造很高的价值。

由于老年人的以上优势，这些人才在长期工程实践中所积累的经验在其工作中的运用往往发挥着巨大的效益，如果这些人才在达到法定退休年龄后退出本行业，将是建筑业的巨大损失和对老年人力资源的极大浪费。随着中国人口老龄化的发展，建筑业的老年人才将持续增加，如果能充分利用老年人力资源，将会解决我国建筑业从劳动密集型产业转化为技术密集型产业过程中对高级管理和技术人才的需求。表6-3-2为我国2003～2007年建筑业中老龄从业人员（60岁以上）所占的比例，可以看出建筑业内老龄从业人员比例呈逐年增加。

建筑业老龄人口所占比例　　**表6-3-2**

年份	2003	2004	2005	2006	2007
比例（%）	1.2	1.1	1.4	1.4	1.7

注：此表根据《中国劳动统计年鉴》整理。

中国人口老龄化一方面给我国建筑业一线操作人员的供给带来了巨大的挑战，加大了我国建筑业从劳动密集型产业向技术密集型产业转变的压力，另一方面它所提供的大量知识、经验丰富的老年人力资源又会为我国建筑业注入源源不断的动力与能量。

3.4 建筑业职业安全健康体系有待提高

职业健康安全管理体系（OHSMS）是目前世界各国广泛推行的一种先进的现代化安全生产管理方法，是与质量管理体系和环境管理体系并列的三大管理体系之一。通过建立一整套职业健康安全保障机制，旨在控制和降低职业健康安全风险，最大限度地减少生产事故和职业病的发生。建立职业健康安全管理体系的企业，可以通过管理体系（见图 6-3-1）中 17 个要素的实施及自我检查、自我纠正、自我完善（PDCA 循环）的机制，来促进安全生产管理水平的提高。

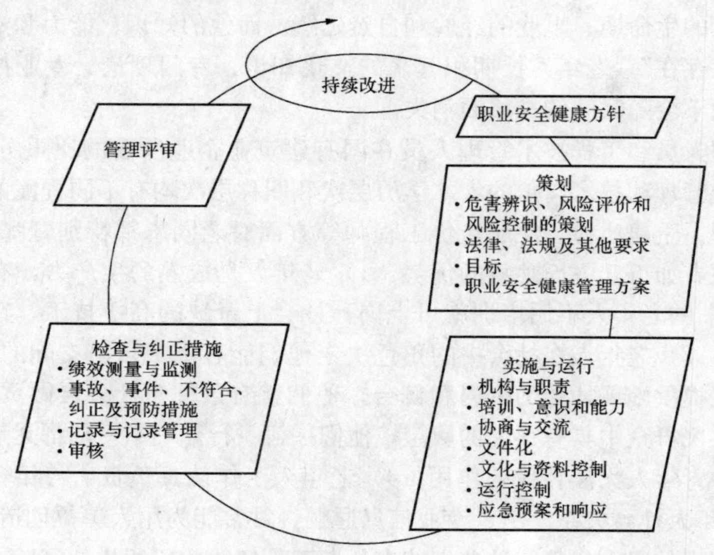

图 6-3-1　职业健康安全管理体系

为有效推动我国职业健康安全管理工作向科学化、标准化方向发展，自 1999 年 10 月开始，原国家经贸委率先在企业中积极推行职业健康安全管理体系。2001 年 12 月，由国家标准化委员会和国家认证认可监督管理委员会联合发布《职业健康安全管理体系规范》（GB/T 28001—2001），并已于 2002 年 1 月 1 日起正式实施。

3.4.1 目前建筑施工企业体系运行中存在的障碍

职业健康安全管理体系初步运行的成效表明了该体系在我国建筑施工企业管理中是适宜性的。但由于建筑工程项目本身的复杂性高，参与人数众多，并且在实施过程中会受到很多不确定性因素的影响，所以职业安全健康管理体系在项目具体运行中还会遇到很多障碍。

（1）工程项目内容多样性的影响

工程内容随时随地都在变化，不可能用一个作业指导书指导全部的工作，也不可能用一个生产流程图来表示全部的内容，这些都给施工企业既要灵活地管理满足现场需要，又要规范性地进行管理提出了要求。

（2）项目外部环境多变性的影响

现代建筑企业一般都需要跨区域管理多个项目，对不同区域的业主、监理、当地政府主管部门、社区居民等外部环境也大不相同，对项目规范管理有很大的影响，很难按照标准要求来进行。

（3）职业健康安全体系文件编制上的适宜性、可操作性

一些体系文件在编制上追求高标准、严要求，却在实际运作上达不到。有的则使用不合实际的文件生搬硬套，与项目实际需求相脱节。

（4）主管人员选择的影响

目前多数项目部在选择职业健康安全体系主管人员时将安全员作为负责人，但在工程管理中，技术人员与其他项目管理人员接触最多，工程的指令、计划也多从技术人员中出来，因此，把握好技术人员的核心地位，发挥好他们在管理中的核心作用是非常重要的。

3.4.2　建筑业职业健康安全管理体系的作用

有效的职业健康安全管理体系运作可以为建筑施工企业取得显著的效益。根据有关研究成果，取得的效益主要体现在以下几个方面。

（1）施工合同额增加，中标概率提高

在建立职业健康安全管理体系期间，由于企业形象、企业信誉、安全健康影响等方面开始有所改善，导致企业签订合同额增加；建立和运行职业健康安全管理体系后，企业形象、企业信誉、安全健康影响等方面大大改善，企业签订的合同额增加、投标活动的中标率上升。

（2）安全投入降低，安全施工保障程度提高

在建阶段的安全生产投入与未建阶段基本持平，但高于体系运行后，说明在建立职业健康安全管理体系时安全生产投入并未明显增加；而体系建立后的安全生产投入比未建阶段明显减少，说明体系的运行能够起到应有的作用，企业的安全生产意识明显提高，较低的安全生产投入已能维持生产活动。

1）安全教育、宣传投入

在建阶段的安全教育、宣传投入比未建阶段和建后都高，说明企业在建立职业健康安全管理体系时，企业已经意识到安全教育、宣传的重要性，对安全宣传、教育重视程度较高，且投入增加：而建立后的安全教育、宣传投入与未建阶段基本持平，说明建立后企业的安全教育、宣传投入恢复到正常水平，体系稳定运行。

2）安全设施设备投入

在建阶段的安全设施设备投入稍低于未建阶段，但高于建立后，说明在建企业在

建立职业健康安全管理体系时对安全设施设备的投入没有增加，而建立后的安全设施设备投入比未建阶段和在建阶段都低，说明在建立体系后，企业的安全生产意识明显提高，大大节省了在安全设施设备方面的投入。

3）劳动防护用品投入

在建阶段的劳动防护用品投入比未建阶段稍高，说明在建立职业健康安全管理体系时，企业对员工的劳动防护措施比较重视，劳动防护用品投入增加，而建立后的劳动防护用品投入比未建阶段和在建阶段都低，说明建立后企业已经建立严格的劳动防护用品发放制度，体系已开始起到持续改进的作用。

(3) 因事故、职业病造成的经济投入（损失）降低

在建阶段，企业因事故和职业病造成的经济投入（损失）比未建阶段和建立后都低，说明企业在建立职业健康安全管理体系期间，对事故、职业病的经济投入减少，而建立后的事故和职业病造成的经济投入（损失）比未建阶段和在建阶段均高，说明企业在建立职业健康安全管理体系后，由于体系的正常运行，致使企业安全生产意识提高，对事故和职业病的经济投入（损失）加大。

1）事故医疗费用方面

在建阶段的事故医疗费用（含职业病）稍高于未建阶段，而建立后因事故和职业病造成的经济投入（损失）比未建阶段和在建阶段均高，说明企业在建立职业健康安全管理体系期间之后，可能由于体系的运行，致使企业安全生产意识提高，对事故和职业病的经济投入（损失）加大。

2）事故伤亡赔偿费用方面

在建阶段的事故伤亡赔偿费用（含抚恤金）比未建阶段低，说明企业在建立职业健康安全管理体系期间，体系已开始发挥作用，使事故伤亡赔偿费用（含抚恤金）减少；而建立后的事故伤亡赔偿费用（含抚恤金）与未建阶段基本持平，说明建立职业健康安全管理体系后，企业的安全生产意识提高，重视对事故伤亡的赔偿，致使赔偿费用恢复。

3）事故财产损失方面

在建阶段的事故财产损失比未建阶段低，说明在建阶段职业健康安全管理体系已初步发挥作用，致使事故财产损失减少；而建立后的事故财产损失与未建阶段基本持平，高于在建阶段，说明体系的运行尚需维持，要起到持续改进的作用。

3.4.3 提高建筑业职业健康安全管理体系水平的路径

按照职业健康安全管理体系的原理，建立和实施建筑企业职业健康安全管理体系。具体就落实到公司制定的各项管理制度上。建筑企业应根据建筑工程的特点，制定和完善宿舍管理制度、食堂管理制度，仓库管理制度，污染物（包括污水、扬尘、噪声、毒物等）管理制度，垃圾管理制度，安全设施及劳保用品管理制度。同时，将各项制度以学习、培训、交底等方式落实到各个岗位阶层，上到领导层，下到一线工人，实行岗位考核制度，将职业安全健康管理体系及各项管理制度渗透到建筑活动中

的每一个环节。

此外，环境因素和危险源辨识是安全控制的主要对象，主要包括人的不安全行为、物的不安全状态和不良的工作环境，可分为企业及项目部两个部分。建筑企业应根据以往的施工经验和伤亡事故的总结，对建筑业的环境因素和危险源进行辨识及评价，制定相应对策，这具有广泛性。项目部则应根据建设项目的环境特点，对企业级的环境因素及危险源清单进行筛选，补充识别自身的环境因素和危险源，并制定相应对策，对其加以控制和管理，这具有针对性。

最后，建筑企业应加强对项目各项专项施工方案的审批，尤其是临时用电方案、脚手架搭设方案、深基坑施工方案、模板施工方案、卸料平台施工方案等。各施工专项方案对现场有实际的指导作用，应具有针对性和具备可行性，不要把专项方案当成一纸空文，泛泛而谈。建筑企业应建立和加强记录管理制度，形成台账。对企业按照相关制度进行各项活动和工作予以记录保存，包括建立记录清单、记录表单，记录的更改、标识应具有可追溯性。记录应在规定的期限内分类保存，应有防火、防潮、防霉、防虫措施，以便日后查阅。

我国建筑企业建立 OHSMS 不仅可以提高企业的职业安全健康管理水平，减少职业安全健康事故，提高企业的经济效益和社会效益，而且可以为进一步走向国际市场创造条件。虽然 OHSMS 在我国实施还处于刚刚起步阶段，但它作为一种现代化的科学管理方法，具有很广泛的推广与应用前景，是未来建筑业职业安全健康管理发展的方向。

第 4 章　国外建筑业人力资源特点

通过分析国外的建筑行业人力资源规模状况，可以整体把握国内建筑行业的能力结构水平，作为制定下一步行业人力资源指导规划的基础。在发达国家，建筑业的发展已经比较完善，其人力资源的规模、结构与培养模式都非常值得借鉴。本章主要采用建筑业发展已经比较完善的美国、日本与德国的相关数据进行分析。由于各国的数据统计标准与口径不一样，故只采用其官方公布的可信数据。

4.1　国外建筑业从业人员数量减少

4.1.1　美国建筑业从业人员统计

根据美国统计局网站数据显示❶，2007 年第四季度美国建筑业从业人员从 696 万，2008 年第四季度美国建筑业从业人员为 644 万，相对上一年减少了 52 万。表 6-4-1 是美国国家统计局对于美国境内的就业人员共计表，合计栏字母为美国各州名称的缩写。

美国境内就业人数统计表（合计栏字母为美国各州名称缩写）　　表 6-4-1

	2007 年四季度	2008 年四季度	变化量	变化百分比
合计	6966784	6447956	－518828	－7.7％
AK	11196	10688	－508	－4.6％
AL	302010	285391	－16619	－5.7％
AR	190527	180533	－9994	－5.4％
AZ	190239	178126	－12113	－6.6％
CA	1457916	1412871	－45045	－4.1％
CO	149041	147985	－1056	－0.7％
DE	30993	32341	1348	4.3％
FL	380343	366288	－14055	－3.8％
GA	432424	405032	－27392	－6.5％
HI	15855	15180	－675	－4.3％
IA	232528	226661	－5867	－2.6％
ID	68152	64070	－4082	－6.2％
IL	670089	651277	－18812	－2.8％
IN	556998	518731	－38267	－7.1％
KS	189276	190084	808	0.4％
KY	258486	248493	－9993	－3.9％

❶　美国国家统计局 http：//www. bls. gov/oco/cg/CGS003. htm

续表

	2007年四季度	2008年四季度	变化量	变化百分比
LA	165389	161462	－3927	－2.4%
MD	132469	128394	－4075	－3.1%
ME	60714	59247	－1467	－2.4%
MI	618065	574825	－43240	－7.2%
MN	333587	328704	－4883	－1.5%
MO	287234	277129	－10105	－3.6%
MS	165145	154085	－11060	－6.9%
MT	20246	19768	－478	－2.4%
ND	27789	26310	－1479	－5.5%
NE	104667	103595	－1072	－1.0%
NJ	324779	304231	－20548	－6.5%
NM	38799	33716	－5083	－14.0%
NV	49637	46335	－3302	－6.9%
NY	550211	533243	－16968	－3.1%
OH	759798	731412	－28386	－3.8%
OK	151701	149811	－1890	－1.3%
OR	202728	192902	－9826	－5.0%
PA	666512	662285	－4227	－0.6%
RI	52374	47966	－4408	－8.8%
SC	254467	242619	－11848	－4.8%
SD	42213	42930	717	1.7%
TN	380538	357396	－23142	－6.3%
TX	953984	932129	－21855	－2.3%
UT	130116	127212	－2904	－2.3%
VA	293014	277838	－15176	－5.3%
VT	36724	35792	－932	－2.6%
WA	288878	265044	－23834	－8.6%
WI	505403	491787	－13616	－2.7%
WV	59983	56699	－3284	－5.6%
WY	10140	9959	－181	－1.8%

4.1.2　德国建筑业从业人员统计

德国是欧洲大陆经济体系中的领军者，但是由于德国大规模建设的时期已经过去，当前国内工程承包市场容量有限。建筑市场长达11年之久衰退令PhilippHolzmannAG、WalterBauAG、Hochtief等大型建筑公司破产，较小的建筑公司则将关注点转移到了维护基础设施和海外项目上，以应付疲软的住宅市场。1991年时建筑业净产值占德国全国净产值的6.6%，2000年时下降到5.2%，而2008年则进一步下降为3.8%。另一方面在欧盟东扩和经济一体化进程的背景下，大量来自东欧特别是土耳其的外籍劳工凭借低廉的劳动力价格在建筑业劳动力市场上获得了大量的份额。再加上建筑工程技术的进步导致的劳动生产率提高，德国建筑从业工人数目不断下降。德国每一千人中从事建筑业工作的人数在1991年为2.805人，2000年为2.769人，而2008年仅为2.197人。尤其是从2000年到2005年，从业人数下降率为5%～9%多，而从2007年到2008年建筑业从业人数从71.4万下降到70.5万人，下降率仅为1.2%，下降趋势明显有所遏制。

德国建筑业（建筑手工业及建筑工业企业）企业数目和各自从业人员数目如表6-4-2所示。

德国建筑企业与从业人员统计表 **表6-4-2**

年份	2004	2005	2006	2007	2008
建筑企业总数	76720	76075	76034	74765	74535
建筑手工业企业数目	52856	51359	50562	51055	51250
建筑工业企业数目	23864	24716	25274	23710	23285
从业人员总数	785943	733757	729062	720165	715048
建筑手工业从业人数	588817	540335	530277	528497	522743
建筑工业从业人数	187126	198785	198785	191668	192305

数据来源：德国联邦统计局（Statistisches Bundesamt）。

4.1.3 日本建筑业从业人员统计

根据日本总务部网站数据显示❶，2007年，日本建筑业从业人员总计552万。2008年建筑业从业人员537万，相比上一年度减少了15万。

由美、德、日三国建筑业从业人员数据可以看出，发达国家的大规模基础建设已经完成，建筑业从业人员数量呈现逐年递减的情况。我国当前的大规模基础建设吸引了大量的劳动力，但未来也会像国外呈现下降趋势，如何转移数量巨大的建筑业劳动力应提前考虑。

4.2 培训体系完善

4.2.1 美国的培训体系

在美国，人们可以进入通过各种教育和培训背景进入建筑业。那些高中毕业开始进入建筑业的往往先从劳动工人，雇工，或学徒开始。一些工作所要求的技能可能通过几年的学习学到，而且通常是以课堂学习与工作实践学习相结合的。

建筑行业的工人，如木匠、砌砖工、管道工和其他建设贸易专项工人，通常是通

❶ 日本总务省统计局 http：//www.stat.go.jp/english/data/roudou/154b.htm

过参加当地的职业技术学校或通过当学徒，或参加其他雇主提供的培训项目来掌握专业技能。此外，他们可以在工作中向更加富有经验的人学习，大多数建筑行业工人在工作中需要拥有阅读和数学等基本能力。安全培训也是大部分工作所需要的，在以大量移民为主要人口构成的美国，英语语言能力是从业的必备技能。

许多人通过学徒计划进入建筑行业。本地雇主管理的贸易协会和工会将为其提供全面培训。学徒期通常为 3～5 年，其中包括每年 144 小时的在职培训，或更多的相关的课堂教学。然而，现在很多学徒可以用项目能力上的要求替代了时间上的要求，从而在较短的时间内完成学徒项目。参加学徒计划的通常是 18 岁以上，并且要求身体状况良好。许多雇主会对申请人进行教育背景调查。

少数职业还要求有执照。美国大多数州都要求起重机操作员、电工、水管工、暖通技师有从业执照；没有执照，承包商不能在美国经营。对承包商和工人有不同的执照。那些对执照没有严格限制的职业一般也要求主动提供证书，以切实表明自己有足够的知识和能力满足可能的雇主和顾客的需求。证书的发放由许多和各职业相关的组织管理，但是其他机构也可以提供证书。获得执照和证书要通过数年的实际工作和课堂学习，并要求定期审核。

为了更好的发展自己的技能，建筑业工人可以尝试在不同的项目上工作，如住房开发、办公和工业建筑或道路工程。变通能力、接受新技术的能力以及人际交往能力对今后的发展都极为重要。那些掌握行业各方面技术并表现出一定领导能力的人可以晋升为监理人员或项目经理。而项目经理又可以成长为更大项目的主管或从事工程业务方面的工作，有的人还自己当起了承包商。除了建设行业，建筑业人员还可以转而从事工程建设监管员、代购员、建筑公司代售员或者职业技术学校教员。如果想要升职到管理者岗位的话，还需要接受进一步的教育和培训。

管理人员通常有大学学历或大量本专业工作经验。大学毕业生开始一般会接受管理培训或做施工经理助理，有建筑科学学位的人开始通常从事现场工程师、进度编制员或造价员的工作。以后这些大学生可以晋升为经理助理、施工经理、总负责人、造价员、建筑二程监督员、总经理或执行总管、承包商或咨询专家。尽管大学学历并不是必须具备的，但是处在管理者岗位的人都基本具有工商管理、金融、会计或相关专业学位。

4.2.2　德国的培训体系

在德国，每个州和大城市都设有职业学校，以培养具有中学学历以上的技术工人或专业从业人员，这样的职业学校涉及建筑、体育、宗教等诸多方面，由当地政府出资创办。当某建筑公司需要招收新工人时，则与行业协会进行联系，由行业协会发布招工信息。年轻人若想从事建筑职业，需事先同一家建筑公司签订定向委托培养合同，并通过行业协会组织的考试后，进入当地的建筑职业学校学习。此类学校学制三年，学生在校学习期间不付学费，在学习期的第一年，与学生签订合同的建筑公司每月还要付给每个学生助学金。在校三年期间，学生除学习理论知识外，学校还提供小车间或试验室以培养学生的动手能力。三年中有 20%的时间需要学生进行实物训练。如果一个学生想成为一名木工，则在职业学校必须学会独立选材、采购，直到亲自完成一件家具的技能。在正常情况下，培训结束后学生即成为一名合格的技术工人，可以分配到建筑公司参加工作实践。在德国建筑工地几乎所有工种工人均是通过职业学校培训过的技术工人，并称之为技师。实际上在德国所称的建筑工地工人是相当于我国建筑工地上的小工，如打扫卫生之类的杂项（当然，学生在三年学习之后，既可以直接进入签订合同的建筑公司，也可以进入大专继续深造成为工程师或者建筑师）。劳动局则负责经济结构调整转型后下岗劳动力的转型培训和因工致残工人的再就业培训。表 6-4-3 说明了德国技术工人的培养模式。

德国技术工人培养模式 **表 6-4-3**

<table>
<tr><td rowspan="14">建筑专业公共基础课培训</td><td rowspan="3">高层建筑方向公共基础课培训</td><td rowspan="14">职业相关知识的深入学习</td><td>墙体工程专业</td><td rowspan="3">高层建筑专业工人</td><td>砌墙工</td></tr>
<tr><td>混凝土及钢筋混凝土工程专业</td><td>钢筋混凝土工</td></tr>
<tr><td>采暖与通风工程专业</td><td>暖通工</td></tr>
<tr><td rowspan="6">装修改建方向公共基础课培训</td><td>木工专业</td><td rowspan="6">装修改建专业工人</td><td>木工</td></tr>
<tr><td>粉刷工程专业</td><td>粉刷工</td></tr>
<tr><td>铺面工程专业</td><td>铺面工</td></tr>
<tr><td>楼面工程专业</td><td>楼面工</td></tr>
<tr><td>分隔工程专业</td><td>分隔安装工</td></tr>
<tr><td>干墙工程专业</td><td>干墙工</td></tr>
<tr><td rowspan="5">地下建筑方向公共基础课培训</td><td>道路工程专业</td><td rowspan="5">地下建筑专业工人</td><td>筑路工人</td></tr>
<tr><td>管线铺设工程专业</td><td>管道工</td></tr>
<tr><td>运河工程专业</td><td>运河工人</td></tr>
<tr><td>矿井及特殊深层建筑工程专业</td><td>深层建筑工人</td></tr>
<tr><td>铁路工程专业</td><td>铁路工人</td></tr>
<tr><td>时间</td><td colspan="3">第一年：职业基础教育跨企业基础培训：17～20 周</td><td>第二年：职业专业教育Ⅰ跨企业深入培训：17～20 周</td><td>第三年：职业专业教育Ⅱ跨企业深入培训：4 周</td></tr>
<tr><td>阶段</td><td colspan="4">第一阶段（两年）</td><td>第二阶段（一年）</td></tr>
</table>

4.3 劳动生产率高

4.3.1 美国企业平均人力资源规模

根据美国统计局网站数据显示[1]，截至 2008 年第四季度，美国建筑行业从业人

[1] http://www.bls.gov/oco/cg/CGS003.htm

员人口数为 644 万，约占其从业人口总数的 6.2%，其中 65%的企业雇员人数少于 5 人[1]。中小企业成为建筑行业的主力军。图 6-4-1 为美国建筑企业 2006 年 3 月人力资源规模分布图。

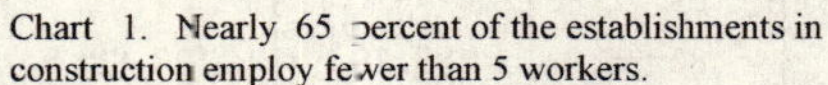

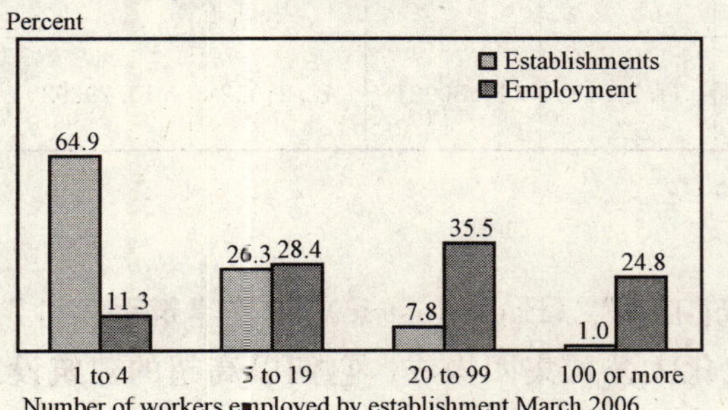

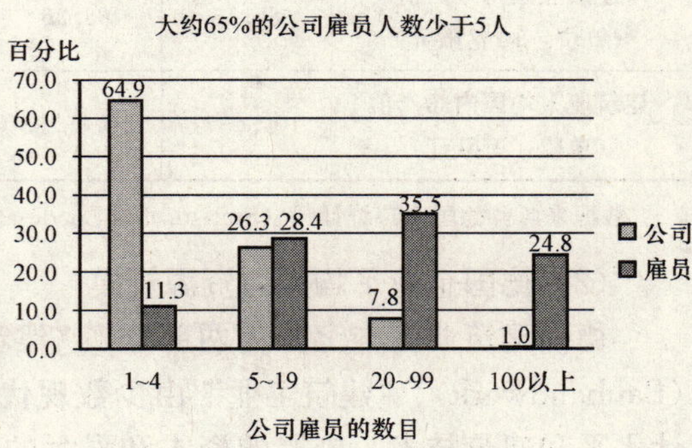

图 6-4-1 美国建筑企业人力资源规模分布图（2006 年 3 月数据，右图为翻译后）

4.3.2 德国建筑业劳动生产率

（1）德国人均劳动生产率

高素质的工人直接决定了德国建筑行业高效的生产率。按照排除物价因素的净产值计算，2008 年德国所有产业部门中，建筑业的劳动生产率增长最快，达到 4.2%，其中很大的一个原因就是采用工业方法生产了大量的预制件和半预制件。德国建筑业现在已经进入工业化生产，大量使用工厂预制件在工地进行组装。标准件（如楼板用标准钢筋网）可以随时在建材市场买到，非标准件也可以事先定做，如构件厂根据施工图将钢筋下料、弯制后，编好号码运往工地，或者在车间焊接或绑扎后发往工地。建筑工业化一方面保证了施工质量，另一方面也大大加快了劳动效率，使工期至少提前 20%～30%。工业化彻底改变了劳动力密集的建筑行业面貌。其结果是现场工作人员中技术人员的比例不断加大，而整个建筑行业中现场工作人员数目的不断减少。如表 6-4-4 所示。

1997～2008 年德国建筑业人均净产值 　　**表 6-4-4**

年　份	1997	1998	1999	2000	2001	2002
从业人数	1221331	1155913	1109833	1049633	954398	880069
建筑业国内净产值（单位：10 亿欧元）	103.25	99.21	99.23	96.21	91.5	88.79
建筑业人均国内净产值（单位：万欧元）	8.45	8.58	8.94	9.17	9.59	10.09

[1] http://www.bls.gov/oco/cg/CGS003.htm

续表

年份	2003	2004	2005	2006	2007	2008
从业人数	814129	767172	712082	710483	713729	705789
建筑业国内净产值（单位：10亿欧元）	85.53	83.26	80.16	80.35	87.15	93.82
建筑业人均国内净产值（单位：万欧元）	10.50571	10.85285	11.25713	11.30921	12.21052	13.29292

数据来源：德国联邦统计局（Statistisches Bundesamt）。

（2）德国企业平均人力资源规模

德国建筑业基本上分为两部分，“建筑工业”（Bauindustrie）和“建筑手工业”（Bauhandwerk）。“建筑工业”由少数现代化大公司集团构成，它们以高超的建筑设计水平和建筑技术，雄厚的资本和强大的融资能力，先进施工装备和工业化生产流程，信息化跨国物流管理（Logistic）构筑起国际化运营平台，在国际工程投标中具有强大的竞争力，在很多大公司中，国际业务通常占一半甚至更多。

但通过表6-4-5、表6-4-6可以看出，建筑手工业则包括雇员在10人以下的小营造商、建筑合作社及其个体工匠。中小企业是大公司营销网络的基础和节点，生命力旺盛，地域特色浓厚，适应居民建筑个性化的市场需求；运营灵活，管理成本低；效率高（如可以将建设任务视为工厂项目接单，临时组合队伍施工）；手工式生产，质量精细。迄今德国的房舍仍然主要靠泥瓦工、木工、安装工和油漆工扩建。2008年100人以上的企业承担了将近27%的商业建筑和将近33%的公共建筑，而在住宅领域的市场份额仅占3%。相反，1～19人的小型企业承担了德国大约76%的建筑任务，在商业建筑和公共建筑方面，20～99人的企业分别承担了42%和44%总建筑额。

2008年企业和从业人员数目及2007年建筑主体行业营业额 **表6-4-5**

按照企业员工数目划分的不同企业类型	企业总数	其中		从业人员总数	其中		2007年营业额*（百万欧元）
		建筑手工业	建筑工业		建筑手工业	建筑工业	
1～9	56879	36907	19972	192593	142899	49694	13574.1
10～19	10727	9012	1715	144249	121346	22903	13111.7
20～49	4807	3888	919	143191	114595	28596	15808.4
50～99	1391	1022	369	94503	68989	25514	13284.1
100～199	541	329	212	73283	43988	29250	12159.4
200～499	168	84	84	48566	23649	24917	8658.3
500人以上	22	8	14	18708	72777	11431	3159.8
合计	74535	51250	23285	715048	522743	192305	79755.8

*营业额为含税营业额　数据来源：德国联邦统计局（Statistisches Bundesamt）。

2004～2008 年德国企业平均规模　　**表 6-4-6**

年　份	2004	2005	2006	2007	2008
建筑企业数目	76720	76075	76034	74765	74535
从业人员数目	785943	733757	729062	720165	715048
平均企业规模（人）	10.24	9.65	9.59	9.63	9.59

数据来源：德国联邦统计局，专业系列四，5.1 节（Statistisches Bundesamt，Fachserie 4，Reihe 5.1）。

4.3.3　日本企业平均人力资源规模

根据日本总务部网站数据显示[1]，截至 2008 年，日本建筑业从业人员总计 537 万。约占其从业人口总数的 8%。

据 2006 年统计资料显示，日本建筑业平均每个公司雇员数为 7.7 人。

从美、德、日建筑业人力资源规模可以看出，发达国家建筑业效率较高，并且以雇员人数较少的中小企业为主。

4.4　工资水平不同

4.4.1　美国建筑业工资水平

美国建筑业人员收入高于各行业平均水平。2006 年，建筑业从事生产或非管理人员的平均工资是 20.02 美元/小时，约 781 美元/周。总体上，需要更多教育和培训的技术工人，如电工或水管工，相比那些受教育和培训较少的建筑工人，如劳力和助手，他们的工资也要高一些。工资水平还由于工人接受训练和经验的多少，工作类型不同，工程复杂程度和地理位置的不同而有差异。当天气状况恶劣工人不能工作时，建筑工人的工资也会受很大影响。传统上冬季是建设活动的淡季，特别是在那些较为寒冷的州，但是现在也出现了全年施工的趋势，包括那些较寒冷的州。表 6-4-7 是美国 2006 年几个特定建筑行业的工资水平。表 6-4-8 是美国最大建筑业工资中位数。

美国建筑业非管理人员平均工资（2006 年数据单位：美元）[2]　　**表 6-4-7**

行　业	周	小时	行　业	周	小时
产业总体平均工资	568	16.76	其他重工业和民用建筑	833	19.22
建筑业总体平均工资	781	20.02	土地分拨	688	17.84
楼房建筑	760	19.73	特殊行业承包商	770	20.05
非民用建筑	855	21.23	建筑设备承包商	848	21.62
民用建筑	682	18.39	其他特殊行业承包商	768	18.77
重工业建筑和民用建筑	873	20.32	最终建筑承包商	714	19.18
公路，道路，桥梁	904	20.67	地基、结构以及建筑外形承包商	694	18.95
实用建筑	878	20.52			

[1] 日本总务省统计局 http：//www.stat.go.jp/english/data/roudou/154b.htm

[2] 美国劳工统计局 http：//www.bls.gov/oco/cg/CGS003.htm＃earnings

美国最大建筑业工资中位数（2006 年 5 月数据单位：美元/小时）[1] **表 6-4-8**

职　业	楼房	重工业及民用建筑	特殊行业承包商	所有行业
施工经理	34.59	36.90	35.54	35.43
一线监理 施工经理及高级工人	26.23	25.96	25.77	25.89
水管工、管线工、汽管工	20.82	19.15	20.45	20.56
电工	19.62	20.17	20.45	20.97
施工工程师 及其他设备操作员	18.29	18.90	18.29	17.74
木工	18.07	17.97	17.50	17.57
水泥砖瓦匠和混凝土浇筑工	16.29	15.94	15.75	15.70
油漆工，建设和维护工人	15.19	14.67	14.67	15.00
建筑劳工	13.15	13.24	12.60	12.66
普通办公室职员	11.03	11.08	11.02	11.40

4.4.2 德国建筑业工资水平

在德国，雇员的工资收入分为毛工资和净工资两种概念。毛工资是在劳动收入中扣除了雇主代雇员缴纳的各类社会保险金后，形式上发到雇员手中的货币工资（约占劳动收入的60%左右）；净工资是雇员个人将毛工资缴纳了个人所得税和社会保险费后所余的部分。基本工资是雇员工资收入中最主要的部分，一般占工资收入的75%～80%左右，也是计算其他收入的基础。此外还有岗位（职位）补助、有害岗位工作补助、家庭状况补助（原地区补助、休假工资和休假补贴等。以上这些合起来构成雇员的工资收入，即毛工资。在此基础上，雇员个人还要缴纳 18%～60%的工资税，职员和工人还要再缴纳 17.9%的社会保险费（养老 9.35%；医疗 6.4%；失业 2.15%），扣除这些以后就是净工资了。净工资加上雇员自己获得的其他非劳动收入和国家通过再分配职能向雇员的福利支付或转移付款，就构成了雇员的可支配收入。在德国，工会势力十分强大，特别是建筑业工会，在他们的争取下，建筑业在德国最早实施了最低工资制度，建筑行业的最低工资在德国东部现在是每小时 8.95 欧元，在德国西部是 10.36 欧元。

尽管如此，建筑业的薪酬水平在德国相对于其他行业而言并不高，根据德国人力资源市场服务机构 Personalmarkt Services GmbH 公司工资专家的一项最新调查，在德国 59 个行业中，建筑业薪酬水平排在第 36 位。表 6-4-9 是 1995～2008 年德国建筑业人均工资水平。

[1] 美国劳工统计局

1995～2008年德国建筑业人均工资水平　　表6-4-9

年份	1995	1996	1997	1998	1999	2000	2001
从业人数	1411771	1311672	1221331	1155913	1109833	1049633	954398
工资总额/百万欧元	34085.1	31769.5	29692.8	28003.1	27395.3	26205.2	24043.2
平均净工资/万欧元	2.41	2.42	2.43	2.42	2.47	2.50	2.52
年份	2002	2003	2004	2005	2006	2007	2008
从业人数	880069	814129	767172	712082	710483	713729	705789
工资总额/百万欧元	225246	21005.8	19778.0	18175.1	18091.6	18578.5	18735.3
平均净工资/万欧元	2.56	2.58	2.58	2.55	2.55	2.60	2.65

数据来源：德国联邦统计局（Statistisches Bundesamt）。

4.5 安全保障体系完善

4.5.1 美国建筑业保障体系

美国是一个高度法制化国家，法律法规比较健全、完善和配套。在建筑安全管理方面，除民法、劳工法、雇主责任法等法律规定外，主要依据1970年颁发的适用于美国各洲和地区的《职业安全与健康法》（Occupational Safety and Health Act：OSHAct1970）。该法在第5节第1条明确规定，每个雇主都应遵守下列要求：①必须为每个雇员提供没有被认为对雇员造成或可能造成死亡或严重生理伤害危险的工作和工作场所；②必须遵守根据本法令颁布的职业安全卫生标准。可知，按照美国《职业安全与健康法》的规定，业主和总承包商要承担相当大的安全责任风险。

从近一二十年涉及建筑安全的法律诉讼案例看，建筑伤亡事故的最终法律责任和经济损失，有相当大的部分落到了业主身上。因此在美国，安全责任已经超出了传统的雇主—雇员关系。从1990年代初期开始，业主和总承包商对安全问题已越来越重视。为避免日后的法律纠纷，业主在工程项目招标时，一般都将承包商良好的安全施工记录列为取得投标资格的必备条件之一；在工程施工阶段，业主还积极参与承包商的安全管理，通常都会采取以下安全措施：

(1) 在每一个项目中委派业主安全代表，与承包商共同召开安全会议；要求承包商坚决执行由业主制定的安全标准；

(2) 为承包商的安全培训提供便利条件；

(3) 要求所有的承包商接受安全指导，审查其安全计划；

(4) 对承包商的安全状况进行定期检查；

(5) 在所有的建设项目中实行安全激励计划。

业主对安全问题的日益重视，促使承包商意识到，提供安全的工程服务是他们在业界立足和发展的唯一途径。

按照美国法律规定，进行工程项目建设前，业主和承包商必须办理有关强制性保险（Forced Insurance），否则将无法从事相应的业务活动。美国拥有世界上最大的保险市场，保险业十分发达，竞争激烈，保险品种门类齐全，与保险相配套的法律体系健全完善。

美国法律规定的与工程有关的强制性保险种类主要有：承包商险（Builders Risk）、安装工程险（Installation Floater）、劳工赔偿险（Workers Compensation）、职业责任险（Professional Risk）等。尽管法律规定工程建设涉及主体必须投保强制性险，但投保人却可以自由选择满意的保险公司，并且保费费率完全按市场规律协商确定。

在美国，承包商交纳安全保费的多少，和其安全施工的业绩与信誉密切相关。承包商若具有良好的安全业绩和信誉，往往保费低廉，施工利润较高；反之保费高昂，可能导致施工成本亏损，甚至出现保险公司拒保，承包商无法获得主体施工资格。

在这种市场经济杠杆作用下，不仅承包商自己安全意识十分强烈，而且保险公司为自身利益，也对施工安全极为重视，积极参与到施工安全管理之中。此外，通过大量的实践，承包商意识到，建立良好的施工安全业绩不仅仅要节约安全投保费用，而且因为安全生产，减少了工作损失时间，提高了员工生产率，降低了诉讼费用，企业总施工成本费用反而得到显著降低。所以近年来，美国建筑界自发广泛地掀起了一股以追求零伤害（Zero Injury）为目标的安全施工管理潮流，取得了令人瞩目的成绩。

为了客观准确地评价建筑施工企业的安全业绩，美国劳工部成立了职业安全与健康局OSHA（Occupational Safety and Health Administration），负责管理、记录有关安全与健康问题和事件，并科学地设立了一系列安全量化评估指标，供政府有关部门、业主、保险公司、科研机构评价施工企业安全业绩和进行安全科学研究使用。这些评估指标都是根据施工企业历年的安全记录而计算出的，主要包括：

经验调整系数（Experience Modification Rate）、伤害事故率（Recordable Incident Rate）、损失时间事故率（Lost Time Incident Rate）、劳工索赔率（Workers Compensation Claims Frequency）等。指标从不同的侧面较为科学地反映出企业安全状况，提供了企业间安全状况的可比量化依据，因此被誉为建筑施工企业的安全指示。

严厉的安全检查执法。良好的安全业绩是由一系列评估指标反映的，评估指标的可靠性首先在于安全事故记录的真实性、规范性。美国已经建立了一套关于安全事故记录、维护、检查、处罚的完备的规章制度，有力地保障了各方对建筑业安全信息的了解。

美国法律规定，拥有11名或以上雇员的雇主必须记录和保存每名雇员的详细安全情况，记录分两种规定格式，即职业伤害与疾病日志（OSHA No. 200）和职业伤害与疾病补充记录（OSHA No. 101）。每一起职业伤害或疾病事件都要在事件发生后的6个工作日内作出详细记录，内容包括伤害和疾病发生的时间，受影响员工的姓名，受伤害或生病员工所从事的工作，受伤害员工所属的工作部门，伤害或疾病所属类别，由于伤害或疾病所导致的工时损失，伤害及疾病事件发生原因的描述，以及有关其他受影响事物的列表等。

此外，美国职业安全与健康局（OSHA）还要求每一个雇主都必须为其管辖的每一个工地准备一份年度报告。这些记录和报告并没有必要送交 OSHA，但要求在雇主处保存至少 5 年以上（从事故发生的当年算起），在 OSHA 或劳动统计局（BLS）的检查官员以及州一级的官员需要时能随时出示。按照法律规定，雇主必须在每年的 2 月 1 日之前将前一年度的安全记录表张贴公告，使所有的雇员都能方便看到。即使上一年工伤和职业病的总数为零，也要求公告，公告必须保存到 3 月 1 日，便于员工检查监督和举报。美国《职业安全与健康法》规定，任何篡改安全记录的行为，将处以 1 万美元的罚款或半年的监禁，或者两者兼而有之；违反公告要求，将处以 7000 美元的罚款；检察官有权对工地现场进行检查，任何阻止、反对、妨碍以及干涉检查官员工作，将处以 5000 美元的罚款以及 3 年以下的监禁；检查官员检查前一般不得通知雇主，不能泄漏检查的消息，否则将对检察官处以 1000 美元的罚款或者 6 个月的监禁；检查时若发现违规行为，视情节处以数额不等的罚款甚至刑事处分。

4.5.2　德国建筑业保障体系

在欧洲，建筑业是最危险的行业之一，这些危险不仅存在于施工过程当中，而且在建设项目的规划设计当中就可能埋下事故隐患。据欧共体统计分析，63%的事故（此事故不仅是施工过程中的安全事故，也包括使用过程中的安全事故）是因为在前期项目设计策划和施工准备阶段就存在缺陷，37%的事故则发生在施工阶段。

德国未施行监理工程师制度，而是实行建筑师负责制，施工现场质量监理的职责由建筑师承担，并对竣工后的建筑物进行验收。1998 年 10 月，联邦劳动局颁布的《建筑工地劳动保护条例》规定，业主必须负责工地所有人员的安全与健康，采取措施以符合《劳动保护法》的规定，建筑师不但需要对工程本身质量负责，还要将涉及安全的重要施工方案包含在设计过程中，建筑物本身的劳动保护设施或使用安全则要符合当地劳动保护部门的规定要求。一旦建筑工地发生伤亡事故，承包商要向行业协会缴纳罚款。若承包商制定了安全措施，并向工人做了交底，仍要处以 1.2 万马克的罚款。否则，将被处以 2 万～50 万马克的罚款，且该承包商 5 年内不能减少工伤保险费率。而德国劳动部门则代表国家对包括建筑业企业在内的各行业的安全卫生状况进行监督检查。对施工中涉及个人劳动保护方面，即工人的安全防护情况进行检查，发现违章现象，如工人不戴安全帽，或者每名工人徒手搬运物体的重量超过 25kg 等，将对该工人和承包商各处以 100 马克的罚款。

德国政府早在 1885 年 10 月 1 日就建立了旨在为因工致伤、致残的工人或死者遗属的生活提供最基本的生活保障的工伤保险制度。根据德国联邦现行的《劳动保护法》，所有企业必须为员工缴纳养老保险、医疗保险、失业保险和工伤保险，这四种保险均为强制性保险。前三种保险投保金额约占工人工资的 40%，由企业与员工各付一半，工伤保险则由企业全额负担，不同行业按不同的比例提取，其中建筑行业缴纳的金额为工人工资的7%～8%。

4.5.3 日本建筑业保障体系

根据1947年的《劳动基准法》，劳动省负责一切与工人安全、健康有关的职责，包括制定标准、管理规章、行政监察、工伤保险和中介机构的管理等。1949年颁布《建设业法》，对建筑业许可、工程承包、合同纠纷处理、经营事项审查、建筑工程监督、建设业审议会、法律责任及其罚款等作出了明确规定。1995年最新修订了《建设业法》，在公共工程的投标资格审查中加入了与工程安全业绩有关的条款。日本政府为了预防建筑生产事故的发生，1964年颁布了《劳动灾害防治团体法》，该法依据《劳动基准法》制定并由国会审议通过。1972年颁布的《劳动安全卫生法》，是日本安全卫生管理的主要法律。1992年为了确立建设业综合意外事故预防对策和创造舒适的作业环境，对《劳动安全卫生法》进行了全面的修改。根据《劳动安全卫生法》，日本劳动省以省令的形式颁布了内容更加广泛的《劳动安全卫生规则》。

1947年日本成立厚生劳动省，它是对日本所有行业安全进行统筹监督管理的行政主管部门。2001年，厚生省与劳动省合并，称厚生劳动省，它属于中央一级政府，设有11个局和8个部，安全卫生管理设在安全卫生部。日本共有47个都道府县，直属于中央，每个县设有地方劳动基准局，中央一级主要职责是制定政策，地方机构负责监督执行，依据1947年的《劳动基准法》，日本共设立了47个劳动基准局，下设343个劳动基准监察办公室，负责各自辖区内的安全卫生监察工作。其中劳动省有6人负责建筑安全，在各地有约3000人负责建筑安全。

在日本，建设安全管理工作是分别由厚生劳动省、建设省为首的国家机关和地方政府具体实施。厚生劳动省是对所有行业安全进行统筹监督管理的行政主管部门。建设省是负责并主管国土计划、都市计划、下水道、河川运河、防砂防水、道路、住宅等事务的中央行政机关，安全方面的具体职责包括制定公共工程的安全政策和降低意外事故率。在安全政策的制定方面，建设省一直以业主、承包商、作业人员等工程有关人员的自觉行为作为推进安全对策的基本方针，只在公共工程招标时对工程进行实际的安全控制。自2001年起，北海道开发厅、国土厅、运输省和建设省撤销合并成立了国土交通省，建设省的相应职责由国土交通省负责。

第5章 中国建筑业人力资源发展政策建议

要建设有中国特色的社会主义就必须高度重视人力资源的开发和管理。对我国建筑业而言，要发展壮大，提高市场竞争能力，也必须高度重视人力资源的管理与开发。根据国务院最新发布的《国家中长期人才发展规划纲要（2010～2020年）》和我国建筑业人力资源发展的具体情况，提出以下一些政策建议。

5.1 树立人力资源管理与开发的理念

随着中国经济与世界接轨进一步深入，建筑企业将面临人力资源管理的新挑战，人才的“马太效应”将更加凸现。一是素质越高，越稀缺的人才，将获得越来越多的工作选择机会，所获报酬也越高；二是越具有独特的人力资源优势的企业越具有市场竞争优势，越容易吸纳和留住一流人才。真正的人才在当今时代已经有了更多的就业选择权和工作的自主决定权。一方面资本在追逐知识与人才，另一方面知识与人才也在选择资本，知识通过转化成资本这种方式来实现知识和人才价值。在这个时代，建筑企业人力资源管理面临的新挑战将是十分严峻的。对于建筑企业来说，如何把丰富的人力资源优势转变为现实发展的优势，为建筑企业的发展提供智力保障呢？这就要求我们要高度重视人力资源的开发工作，树立人力资源开发的新理念，做到以人为本。

首先，观念更新是人力资源开发的前提。我们应当更新观念，牢固树立人力资源是第一资源的观念，树立人才培养的投入是收益最大的投入的观念，真正地把人力资源开发工作纳入到更加重要的战略地位。

其次，加强培训是人力资源开发的有效途径。员工教育培训是成本低、见效快的基础性投入，在采取多种措施吸引高层次人才的同时，要加大对现有员工教育培训工作的力度，有针对性地提高员工的业务素质和工作技能，改进员工的工作绩效，增强对经营环境变化的适应能力，增强归属感，提高凝聚力和战斗力。

最后，将大力培养造就优秀的领导人才和大批青年英才作为人力资源开发的重点。要着眼于未来发展的需要，培养和造就一批能对外部环境变化及时作出敏锐的反应，并进行正确决策，以及懂得经营管理的人才。当前，要特别重视年轻干部的培养，要根据年轻人的特点，有意识地进行岗位交流和轮换，帮助他们不断积累业务发展和组织管理的经验，完善管理体制和机制是人力资源开发的根本保证。

人才的竞争，归根到底又是吸引、留住、用好人才机制的竞争。为了消除体制因素对人才的制约，最大限度地发挥人的作用，就必须适应市场经济体制的要求，改革人力资源管理体制，努力建立公开、平等、竞争择优的用人机制，完善对人才的激励和考核监督机制，加快建立有利于留住人才和人尽其才的收入分配机制，为人尽其才、才尽其用创造良好的条件。

5.2 制定科学合理的建筑业人力资源战略规划

随着建筑企业走向国际市场，我国劳动力价格较低的暂时性优势将在建筑科技含量不断增高的趋势下不复存在。提高建筑业从业人员的素质，才是提高企业劳动生产率，提高企业竞争力的必由之路。

目前我国大部分建筑企业人力资源管理仍处于传统的人事管理阶层，其职能多为工资分配方案的制订和人员调配、晋升、培训等，还没有完全按照企业发展战略的需要将员工包括管理人员作统一的规划。企业培训工作通常与人事部门分离，一般由业务部门负责进行短期培训，培训工作倾向于岗位培训，常着眼于解决上岗证书等眼前问题，存在严重的短视行为，更缺乏员工培训的总体构想。

建筑企业要将人力资源的规划纳入到企业整体的发展战略中来，将人力资源培训与开发纳入到企业的发展规划中来，实现人力资源的超前性和持续性，防止人力资源的断层，防止某些领域的人力资源空白，以保证企业发展所需要的各类人才。当然，建筑企业应把人力资源开发的重点放在掌握高新技术、经营、技术开发、高级项目管理人员等关键技术领域。

正确的决策和规划建立在科学的调查研究上，建筑企业人力资源的开发必须以科学合理的人力资源战略规划为基础。应该深入开展调研，制定科学的调查内容，针对我国当前一些地区进行有重点、有代表性的调查研究，准确把握建筑业人力资源和人力资源管理与开发的现状，形成合乎实际的人力资源规划，从而为建筑业人力资源的开发管理打好基础，也为建筑业的发展提供第一手的研究资料。

5.3 构建以人为本的建筑企业文化

随着社会主义市场经济体制的逐步完善、法制建设的日趋健全、国民人文素质的提高和社会需求的全面化和专业化，以人为本的企业文化更加适应于市场规律和社会大环境。

大中型建筑企业推进企业文化建设，一是可以为企业创造优势品牌服务。随着改革的深化，建筑市场的竞争也将日趋演变成为一种深沉、稳健的较量，这种较量从本质上来讲，就要拼企业的实力，比企业的品牌。二是有助于企业形象的提升。企业形象是企业文化的标志，是企业开拓市场的基石，是企业精神风貌的展示，更是企业核心竞争力的内容和综合反映。

人是企业活动中的主体，是管理的核心和动力，是企业在日趋激烈的竞争中立于不败之地的重要保证，在一定的程度上甚至起着决定作用。大量事实表明，同样的设备，同样的原材料，不同企业生产出来的产品质量相差却很大，其经济效益和社会效益相差也很大。因此，企业要生存、要搞活、要发展必须首先尽快地转变观念，树立“以人为本”的管理思想，建立新的企业人力资源的管理机制。这就要求企业把人的塑造作为企业思想政治工作和经济工作的结合点，把思想政治工作的重心放在关心人、尊重人、依靠人身上，充分发挥每个职工的个性和能力以及整体素质；在对职工个人的理解上，不能仅把职工看作追求经济利益的劳动者，还要把职工看作是追求实现自我价值的人，看作是企业活动的主体，建设以人为中心的企业文化。一个企业能否吸引人才，留住人才取决于多种因素，企业所处的地理位置、自然条件、市场情况及行业等外部环境无法控制，但可以通过大力改善企业的内部环境以增强自身的吸引力，现代企业的管理应大力提倡以人为本的管理理念，鼓励员工主动参与企业的管理，通过人性化的管理最大限度地激发员工的积极性、主动性和创造性，最大限度地发挥潜能。

5.4　提高建筑业人力资源保障水平

据统计，我国建筑业从业人员中90%是农民工或流动人员，提高建筑业人力资源保障水平归根到底就是提高这些农民工或流动人员的保障水平。

让农民工参加医疗保险，基本原则是“低费率、保大病、保当期、以用人单位缴费为主”。在全国建立基本规范的建筑劳务分包制度，农民工基本被劳务企业或其他用人企业直接吸纳，减免劳务分包企业税收。

二元户籍制度是进城农民面临各种歧视的源泉。在其影响下，我国的农民工医疗保险制度走了一条区分城乡、分别建设的路子。目前，小城镇的户籍虽然已经基本放开，但由于制度惯性和部门利益的阻碍，农民工不能获得大中城市的户口。必须打破现有城乡分割的户籍管理二元结构，取消农业户口、非农户口、城镇户口和蓝印户口等，建立以居住地登记户口为基本形式，以合法固定住所或稳定职业为户口准迁条件的新型户籍管理制度，从而恢复农民工享受医疗保障的公平待遇。

农民工医疗保障制度属社会保障制度范畴，以确保广大农民的基本生活条件为目标和宗旨，具有非竞争性和非排他性，是一种典型的公共产品，这一性质决定了农民工医疗保障制度职责的主角是政府。欧美国家和印度的经验也告诉我们，政府必须在农民工社会保障方面担任“主角”。

5.5　加大建筑业教育与培训投入力度

加强对工人和一线管理人员的培训。对建筑业有关工种进行全面培训和技术鉴定，要求取得国家劳动和社会保障部颁发的职业资格等级证书和建设（部）系统的职业技能岗位合格证书，与此同时，还应突出重点，对主力工种管工、钳工、铆工、焊工、起重工、电工、仪表工等，进行经常性的强化训练和岗位练兵活动。一线管理人员培训，包括施工员、质检员、安全员、劳资员、定额员、预算员、材料员、机械员、统计员、计划员等进行经常性培训。

发展建设职业教育。职业教育水平在很大程度上决定着劳动力大军的素质水平，而劳动力大军的素质水平又很大程度上决定着国民经济生产和服务的总体水平，决定着科学技术转化为现实生产力的综合竞争力；劳动力结构也在很大程度上影响着国民经济结构、企业组织结构和产品结构。因此，建设事业要取得更大发展，建设职业教育应得到全社会的高度重视。发展建设职业教育应注意：推进终身教育，建立灵活的学习制度；融合网络技术，实现职业教育信息化；更新教学内容，接轨国际职业资格证书。

高度重视发展研究生教育和成人教育。应适当提高研究生教育的比重，加大创新人才、高层次专业技术管理人才、复合型人才的培养力度。提高建设职工队伍素质的重要途径是大力发展成人教育培训。在高等学校有关专业中增加项目管理的课程，普及项目管理知识，抓紧培养后备专业人才，注重理论教育和实践教育相互结合。

5.6 加强建筑业人才的国际交流与合作

继续发挥建筑业协会和高等院校的作用，强化工程项目管理专业队伍的培训力度。

把国内培训和国外的实践培训结合起来，总结和推广进入国际市场工程公司的成功经验，学习了解国际工程管理经验，有针对性地培养各类专业及管理人才。

注意开发和利用国外中国留学生的人才优势。中国在国外的留学生普遍具有较高的素质，外语水平和专业水平高，熟悉当地情况，竞争意识强，具有较高的独立工作能力和综合能力，可以很好地加以开发和利用。

与外国咨询公司成立合作或合资企业。在缺乏经验的情况下，可一方面由项目合作入手，探索与外方合作的经验；另一方面应抓紧学习研究有关的协议书范本，如FIDIC咨询分包协议书与联营（联合）协议书应用指南，以了解如何制定联营（联合）协议。

在学习国外先进经验时，要注意融会贯通，不能生搬硬套。我国的工程咨询企业应该更好地抓住入世机遇，大力向海外市场进军在实践中壮大自己的实力，培养出一大批人才。

参 考 文 献

[1] 中华人民共和国国家统计局．中国统计年鉴［J]．北京：中国统计出版社，2008.
[2] 中国建筑业协会．中国建筑业年鉴［J]．北京：《中国建筑业年鉴》杂志有限公司，2009.
[3] GB/T 4754—2002，国民经济行业分类与代码［S].
[4] 住房和城乡建设部工程质量安全监管司，住房和城乡建设部政策研究中心．中国建筑业改革与发展研究报告［R]．北京：中国建筑工业出版社，2009.
[5] 李慧民．中国劳动统计年鉴［J]．北京：中国统计出版社，2009.
[6] 程馨．中国人口老龄化背景下的老年人力资源开发研究［D]．青岛：青岛大学，2008.
[7] GB/T 28001—2001，职业健康安全管理体系规范［S].
[8] 新华社．国家中长期人才发展规划纲要（2010～2020年）［EB/OL]．（2010－6－6）http：//news.xinhuanet.com/politics/2010－06/06/c_12188202.htm.

第七篇

中国建设管理体制现状和改革研究报告

第1章　建设工程管理体制改革及成就

1.1　建设工程管理体制改革

1.1.1　建设工程管理体制改革历程

我国工程建设管理体制以中共十一届三中全会为转折，其发展大致可以分为两个阶段：第一阶段是从1949年到1978年。在这个阶段，我国政府借鉴苏联经验，制订了以计划经济体制为特征的经营管理制度，建立了与计划经济相适应的建设工程管理体制；第二阶段是从1979年至今。随着我国经济体制的转变，我国工程建设管理制度逐步适应市场经济体制的需要。特别是从1984年国家颁布《关于改革建筑业和基本建设管理体制若干问题的暂行规定》后，逐步推行了招投标制、工程监理制、项目法人责任制等一系列改革举措，进行了政府投资体制改革，完善了建筑业法律法规体系，繁荣了项目建设组织方式，开展了大量工程担保及工程保险的试点工作，形成了市场机制比较完善、政府监管比较得力的新局面，促进了建筑业的健康发展。建设管理体制实现了由政府主导到市场主导的转变，行政主管部门的职能也逐渐转向公共服务和社会管理。

（1）改革开放前建设工程管理体制的特征

改革开放之前，建设工程管理部门主要是队伍管理、重点工程的直接管理与组织指挥，企业仅仅是政府组织中的一个单位，没有任何自主权和独立经营权。此时的建设工程管理体制是一种高度集权、政企不分的管理和运营体制，工程建设管理按条块、专业分割，企业分领域而治。

（2）改革开放后建设工程管理体制的逐步改变

1980年4月2日，邓小平同志在同中央负责同志谈话时，就建筑业地位等问题作了重要讲话。小平同志说，从多数资本主义国家看，建筑业是国民经济的三大支柱产业之一，这不是没有道理的，要改变一个观念，建筑业是可以赚钱的，是可以为国家增加收入、增加积累的一个重要产业部门。邓小平同志的谈话于1984年5月15日在《人民日报》、《经济日报》公开发表。同日，第六届全国人民代表大会第二次会议的《政府工作报告》以大量的篇幅阐述建筑业和基本建设管理体制的改革，提出在城市各行业中，建筑业可以首先进行全行业的改革。

1979年10月，国家建工总局提出了扩大企业自主权的意见。1980年4月，中央财经领导小组原则通过。1980年5月，国家建委、计委、财政部、劳动总局、物资总局联合下达扩大建筑企业自主权的初步方案。同年发布建筑安装工程承包合同条例。

1984年9月18日，国务院发出了《关于改革建筑业和基本建设管理体制若干问题的暂行规定》，从十六个方面推行建筑业和基本建设管理体制的改革：全面推行建设项目投资包干制度；大力推行工程招标承包制；建立工程承包公司；建立城市综合开发公司；勘察设计向企业化、社会化方向发展；实行鼓励承包单位节约投资、提前投产的政策；建筑安装企业要普遍推行百元产值工资含量包干；改革建设资金的管理办法；改革建筑材料的供应方式，由工程承包单位实行包工包料；改革设备供应办法；改革现行的项目审批程序；允许集体和个人兴办建筑业企业；改革建筑安装企业用工制度；推行住宅商品化；实行征地由政府统一负责的办法以及改革工程质量监督办法等。

1999 年 7 月，建设行政主管部门向国务院提交了《关于深化建设市场改革的若干意见》，从十个方面深化建筑市场改革：改革和完善现行的从业资质、资格管理办法，建立严格规范的建筑市场准入制度；改革对不同投资主体的工程按同一模式管理的办法，建立起严格规范的政府投资工程管理制度；改变传统的项目建设组织方式，建立完善的工程咨询设计监理制度；改革和完善现行的政府工程质量监督方式，建立符合市场经济要求和建筑产品特点的政府工程质量监督制度；改革现行的工程造价管理体制，逐步建立通过市场竞争形成工程价格的机制；建立以工程担保和工程保险为主要内容的工程风险管理制度；规范建设工程交易中心的运作，建立工程管理信息系统；加强建筑工程的职业培训，努力提高队伍的整体素质；加强行业协会、学会的自身建设；实行统分结合的建设管理体制，推动统一开放、竞争有序的建设市场尽快形成。

2005 年 7 月，建设部等六部委联合发布《关于加快建筑业改革与发展的若干意见》，该《意见》就加快企业产权制度改革、优化产业结构、发展壮大优势企业、加强技术创新、发展劳务分包企业、完善建设工程标准体系以及创新政府监管体制等方面提出了明确的要求。

1.1.2 建设行政管理组织的演变

（1）建设主管部门组织结构

建筑业的管理是通过各级政府建设行政主管部门多层次进行的。在中央，主要包括国务院建设主管部门和国家建设其他业务主管机关。在地方，主要是指地方人民政府及其相应的职能部门。各省、自治区、直辖市人民政府分别设有建设厅或建设委员会，是所在地区的建筑业行政管理机关，在业务上接受住房和城乡建设部的指导，负责本地区建筑业的行业管理。

（2）国务院建设行政主管机构及其职能的演变

1952 年 9 月 1 日，成立中央人民政府建筑工程部，主要任务是统管全国建筑业，承包国家重点工程。其隶属于中央财政经济委员会，下设材料总局、设计总局、施工管理局、城市建设局及非金属矿工业管理局等部门。省、自治区、直辖市设有工程管理局负责当地建筑业的管理。

1970 年 6 月 22 日，中央决定将国家建委、建筑工程部、建筑材料工业部、中央基建政治部合并，成立国家基本建设革命委员会。

1982 年 5 月，五届人大 23 次会议决定撤销国家基本建设委员会，成立城乡建设环境保护部。城乡建设环境保护部的主要管理职能是：负责制订建筑业的发展规划；负责城乡国营和集体建筑勘察设计单位、建筑施工企业的注册登记审查管理工作；农村建筑队进入城镇施工的审查管理工作；平衡调度建工、城建系统的施工力量；负责组织行业内部的经济联合；制订设计、施工的标准、规范、规程以及劳动定额和费用标准。

1988年4月，撤销城乡建设环境保护部，成立建设部。1993年，国务院机构改革，在工程建设和建筑业管理方面取消、弱化和转移的职能主要有：工程建设的地方标准定额，建筑业的百元产值工资含量包干系数、人工费单价的核定等，要求建设部弱化计划管理职能，减少审批事务，取消评优活动和达标升级活动。建设部的主要职能是研究制定工程建设和建筑业的方针、政策、法规以及相关的发展战略、产业政策、改革方案、中长期规划并指导实施。1998年的国务院机构改革确定建设部增加了进行行业管理以及管理建设行业的对外经济技术合作和外事工作、指导企业开拓国外建筑市场和房地产市场的职能。

2008年3月，国家取消建设部，成立住房和城乡建设部。在这次机构改革中，住房和城乡建设部的行业管理、市场管理、建设工程安全质量管理职能继续保留，同时增加了保障住房、城乡一体化管理等职能。

国务院建设行政主管部门演变　　**表7-1-1**

序号	部门名称	成立时间	主要职能
1	建筑工程部	1952年	负责制定房屋建筑、市政工程和公用事业产品的标准、规范和规程，承担城市基础设施建设任务，并主管一些直属队伍和对建筑业进行行业管理
2	建筑工程总局	1979年3月	指导和规范大型项目和重点企业的建设行为，积极引导企业自主经营
3	城乡建设环境保护部	1982年5月	负责制订建筑业的发展规划；负责城乡国营和集体建筑勘察设计单位、建筑施工企业的注册登记审查管理工作；农村建筑队进入城镇施工的审查管理工作；平衡调度建工、城建系统的施工力量；负责组织行业内部的经济联合；制订设计、施工的标准、规范、规程以及劳动定额和费用标准
4	建设部	1988年4月	制定工程建设和建筑业的方针、政策、法规以及相关的发展战略、产业政策、改革方案和中长期规划并指导实施；进行行业管理以及管理建设行业的对外经济技术合作和外事工作，指导企业开拓国外建筑市场和房地产市场的职能
5	住房和城乡建设部	2008年3月	行业管理、市场管理、建设工程安全质量管理、保障住房、城乡一体化管理

1.2　建设工程管理体制改革的成就

经过三十年的改革，在中央和地方部门之间，逐渐形成了工程建设归口与分专业管理相结合的建设工程管理体制。建设行政主管部门逐步实现由微观管理向宏观管理、由直接的企业管理向工程建设综合事务及建筑市场管理，进而向着社会管理和公共服务方向的转变，更加适应社会主义市场经济的要求。

1.2.1 工程建设法律法规体系基本形成，实现行业依法管理

工程建设法规从1949年开始制定，直到1994年才初步形成较为完整的法规体系。在建立法规体系的过程中，不仅结合了中国建筑业的现实特点，同时大量吸收了国外先进成熟的立法经验，所以中国建筑法规体系与国外基本上是一致的。目前中国已有建筑业法规具有以下特点：《中华人民共和国建筑法》（以下简称《建筑法》）构筑了中国建筑法律体系的基本框架，建筑工程监理的法律地位得到了确认，建筑工程质量管理有法可依，但是在具体应用中，该法逐渐显露出原则性过强、适应性和可操作性相对较弱的缺点；《建设工程质量管理条例》是国务院颁布的行政法规，它在建筑工程质量管理方面的规定比《建筑法》更加具体，可操作性较强，其明确提出了“谁设计谁负责、谁施工谁负责”的原则，分解了设计、施工、监理、勘察等各方主体质量行为的责任，加大了处罚力度，并首次把政府监督的验收评定等级改为竣工验收备案制度。验评标准、设计规范、施工规范、强制性标准条文等规范标准不断更新，但官方色彩较浓，与实际结合不够紧密，执行起来不到位、不具体、可操作性差。在整个建筑法规体系中，建筑产品质量检测机构、监督机构及认证机构的权利和义务没有完全明晰。在建筑法律的实施过程中，没有专门机构针对法律法规的执行情况进行跟踪调查和分析，法规的修订完善工作比较滞后。

（1）建设工程法律法规体系基本形成

目前，我国的建筑法规体系主要有两种类型（见表7-1-2）：一种是按照法规层次和立法机关地位来划分的纵向法规体系；另一种是根据法规调整对象划分的横向法规体系。纵向体系包括建筑法律，如《中华人民共和国建筑法》；建筑行政法规，如《中华人民共和国注册建筑师条例》；部门规章，如《工程建设施工招标投标管理办法》；地方法规，如《北京市建筑市场管理条例》；地方规章，如《上海市房地产转让办法》）等五个层次。横向体系包括建筑活动的各主要方面。按照原建设部1991年发布的《建设法律体系规划方案》，建设事业的法律框架包括建筑业法、城市规划法、房地产法以及待制定的工程设计法、市政公用事业法、住宅法、村镇建设法和风景名胜区法等八部法律和大量法规和规章。

建筑业法规的类型 **表7-1-2**

编号	级别	审查通过机构	签发人	举　例
1	宪法	全国人民代表大会	国家主席	《宪法》
2	法律	全国人民代表大会或其常务委员会	国家主席	《中华人民共和国建筑法》
3	行政法规	国务院	国务院总理	《建设工程质量管理条例》
4	部门规章	国务院各部门	部长	《建筑业企业资质管理规定》

续表

编号	级别	审查通过机构	签发人	举　　例
5	部门公告	国务院各部门（批准）	各部	《建设工程项目管理规范》
6	协会文件	行业协会	行业协会	《房屋建筑和市政基础设施工程施工招标评标办法编制指南及示范文本》

20世纪90年代后期以来，国家集中出台了《中华人民共和国建筑法》、《中华人民共和国招标投标法》、《中华人民共和国合同法》等与建筑业有关的法律。有关的行政法规见表7-1-3。部门规章主要有：《建筑企业资质管理规定》、《建设工程勘察设计资质管理规定》、《工程监理企业资质管理规定》、《工程建设项目招标代理机构资格认定办法》、《工程造价咨询企业管理办法》、《建设施工企业安全生产许可证管理规定》、《建设工程质量检测管理规定》、《注册监理工程师管理规定》、《注册造价工程师管理规定》、《注册建造师管理规定》等。截止2008年6月，现行有效的有关资质管理、建设工程安全管理、建设工程质量管理等方面的部门规章32部。其中，建筑市场管理方面21部，质量安全管理方面10部，建筑节能方面1部。

主要建设行政法规　　**表7-1-3**

编号	法　律　名　称	发文号	发文机关	发布日期	施行日期
1	汶川地震灾后恢复重建条例	国务院令第526号	国务院	2008.6.8	2008.6.8
2	历史文化名城名镇名村保护条例	国务院令第524号	国务院	2008.4.22	2008.7.1
3	生产安全事故报告和调查处理条例	国务院令第493号	国务院	2007.4.9	2007.6.1
4	中华人民共和国测绘成果管理条例	国务院令第469号	国务院	2006.5.27	2006.9.1
5	建设工程安全生产管理条例	国务院令第393号	国务院	2003.11.24	2004.2.1
6	国务院关于特大安全事故行政责任追究的规定	国务院令第302号	国务院	2001.4.21	2001.4.21
7	中华人民共和国建设工程勘察设计管理条例	国务院令第293号	国务院	2000.9.25	2000.9.25
8	建设工程质量管理条例	国务院令第279号	国务院	2000.1.30	2000.1.30
9	中华人民共和国土地管理法实施条例	国务院令第256号	国务院	1999.1.1	1999.1.1

（2）工程建设执法监管不断进步

改革开放以来，政府对工程建设的管理主要经历了两个阶段：行政管理和依法管理。依法监督建筑市场离不开法律法规的制定和完善，更离不开严格的执法。相对于立法工作取得的成就来说，工程建设执法表现有较大差距，存在重立法、重制定，执行不到位、执行力不足的问题。进入“十一五”时期，主管部门专门研究建筑市场和质量安全问题的执法工作，加强了建筑执法，有效遏制了建筑市场的不规范行为。

（3）法规体系不断修订完善

2003年7月至9月，全国人大常委会组成执法检查组，对《建筑法》的实施情况进行了检查。十届全国人大常委会五次会议审议通过了《全国人民执法检查组关于检查〈中华人民共和国建筑法〉实施情况的报告》。2003年底，《建筑法》修订工作作为届内审议的行政法律草案列入《十届全国人大常委会立法规划》。2004～2006年国务院将《建筑法》修订工作列入国务院立法工作计划，建设部等部门相继展开了研究修订工作。同时，建筑企业资质管理规定也先后于1995年、2001年和2007年进行了修订。

1.2.2 行业行政管理职能进一步理顺

国务院批准的《住房与城乡建设部主要职责内设机构和人员编制规定》中明确了住房与城乡建设部的职能：监督管理建筑市场、规范市场各主体的行为；指导全国建筑活动，组织实施房屋和市政工程项目招投标活动的监督执法；拟定勘察设计、施工、建设监理的法规和规章制度并监督和指导；拟定工程建设、建筑业、勘察设计的行业发展战略、中长期规划、改革方案、产业政策、规章制度并监督执行；拟定规范建筑市场各方主体行为规章制度并监督执行；组织协调建筑企业参与国际工程承包、建筑劳务合作。

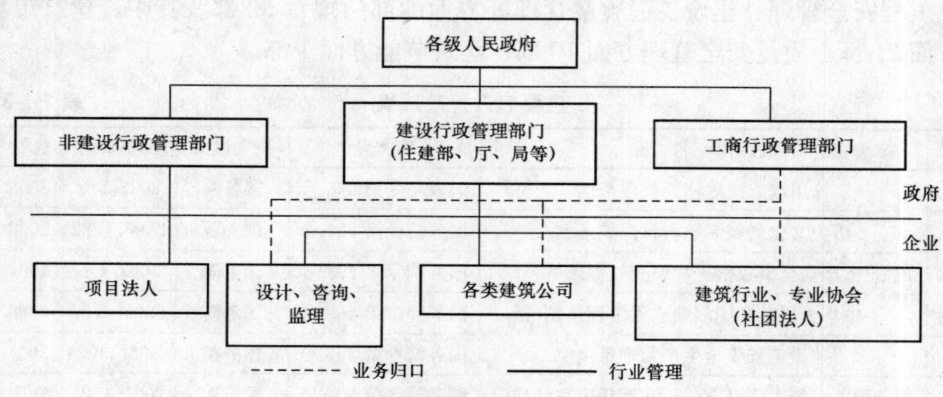

图7-1-1 建设工程行业管理框

1.2.3 建筑市场运行规则和管理制度基本确立

1984年9月18日，国务院发出了《关于改革建筑业和基本建设管理体制若干问题的暂行规定》之后，建筑业的改革不断深化，改革的内容和形式也不断发展。对建筑市场实施准入制，先后推行了工程招标投标制度、工程质量监督制度、建设监理制度、承包经营责任制、项目经理责任制（项目法施工）、合同管理制，以及调整企业组织结构、转换企业经营机制（明确企业经营权）、建立现代企业制度等一系列改革，逐步确立了我国建筑市场运行规则和基本的管理制度。

（1）建立了建筑业企业资质管理体系

对建筑业企业做了界定。建筑业企业是指从事土木工程、建筑工程、线路管道设备安装工程、装修工程等新建、扩建、改建活动的企业。

定义了企业资质。企业资质是指企业的人员素质、管理水平、资金数量、承包能力和建设业绩的综合体现。具体内容参见《建筑业企业资质等级标准》。

对建筑业工程施工企业做了分类，实施分类管理。将建筑业资质分为工程施工总承包、专业承包和劳务分包 3 个序列，再按工程性质和技术特点分别分为若干资质类别，最后按施工能力和技术水平分成若干资质等级。见表 7-1-4。

建筑业资质分类表　　表 7-1-4

序列	类　别	等级
施工总承包	房屋建筑工程/公路工程/铁路工程/港口与航道工程/水利水电工程/电力工程/矿山工程/冶炼工程/化工石油工程/市政公用工程/通信工程/机电安装工程	特级/一级 二级/三级
专业承包	地基与基础工程/土石方工程/建筑装修装饰工程/建筑幕墙工程/预拌商品混凝土/混凝土预制构件/园林古建筑工程/钢结构工程/高耸构筑物工程/电梯安装工程/消防设施工程/建筑防水工程/防腐保温工程/附着升降脚手架/金属门窗工程/预应力工程/起重设备安装工程/机电设备安装/爆破与拆除工程/建筑智能化工程/环保工程/体育场地设施工程/无损检测工程/城市及道路照明工程/隧道工程/公路路面工程/公路路基工程/铁路电务工程/铁路铺轨架梁工程/铁路电气化工程/机场场道工程/机场空管工程/机场目视助航工程/港口与海岸工程/港口装卸设备安装工程/航道工程/通航建筑工程/通航设备安装工程/水上交通管制工程/水工建筑物基础处理工程/水工金属结构制作与安装工程/水利水电机电设备工程/河湖整治工程/堤防工程/水工大坝工程/水工隧洞工程/火电设备安装工程/送变电工程/核工程/通信、监控、收费综合系统工程分项/桥梁工程/化工石油设备管道安装工程/管道工程/冶炼机电设备安装工程/海洋石油工程/城市轨道交通工程/炉窑工程/电信工程/特种专业工程/通信系统工程分项/交通安全设施分项/监控系统工程分项	不分等级 或一级/二级
劳务分包	抹灰作业/石制作业/油漆作业/混凝土作业/水暖电安装作业/钣金作业/架线作业	不分级别
	木工作业/砌筑作业/钢筋作业/脚手架作业/模板作业/焊接作业	一级/二级

培育发展工程总承包企业。工程总承包企业是指从事总承包的企业受业主委托，按照合同规定对工程项目的勘察、设计、采购、施工、试运行（竣工验收）等实行全过程或若干阶段的承包。工程总承包企业按照合同约定，对工程项目的质量、工期、造价等向业主负责。

按《建筑法》、《招标投标法》及《建筑业企业管理规定》等法规进行动态监督管理。主要对企业进行资质年检。对年检不合格的重新核定其资质等级；对采取不正当手段骗取资质证书的，吊销其资质证书；对于超越本单位资质等级承包工程的，作出降低资质等级处理。进一步下放企业资质管理权限，在资质管理中，充分发挥省级主管部门的职能。

此外，建立了个人执业资格制度。1994 年 9 月，建设部、人事部下发了《建设部、人事部关于建立注册建筑师制度及有关工作的通知》（建设［1994］第 598 号），决定在我国实行注册建筑师制度，并成立了全国注册建筑师管理委员会。1995 年国务院颁布了《中华人民共和国注册建筑师条例》（国务院第 184 号令），1996 年建设部下发了《中华人民共和国注册建筑师条例实施细则》(建设部第52号令)。1997年9月，建设部、人事部下发了《建设部、人事部关于印发〈注册结构工程师执业资格制度暂行规定〉的通知》(建设办［1999］第222号)，决定在我国实行注册结构工程师执业资格制度，并成立了全国注册结构工程师管理委员会。1996年，依据《人事部、建设部关于印发〈造价工程师执业资格制度暂行规定〉的通知》(人发［1996］77号)，国家开始实施造价工程师执业资格制度。1992年6月，建设部发布了《监理工程师资格考试和注册试行办法》(建设部第18号令)，我国开始实施监理工程师资格考试。1996年8月，建设部、人事部下发了《建设部、人事部关于全国监理工程师执业资格考试工作的通知》(建监［1996］462号)，从1997年起，全国正式举行监理工程师执业资格考试。2002年12月5日，人事部、建设部联合印发了《建造师执业资格制度暂行规定》(人发［2002］111号)，标志着我国建造师执业资格制度的正式启动。

(2) 推行工程招标投标制度

1984年召开的六届人大二次会议指出："建筑业的改革，要围绕缩短工期，降低造价，提高工程质量和投资效益来进行。关键是要推行投资包干制和招标承包制。"之后，国务院颁布的123号文在总结建筑业基本建设经验的基础上，又明确提出要"大力推行工程招标承包制"。同年，全国经济体制改革在城市展开，建筑业作为城市经济体制改革的突破口，而招标投标制又作为建筑业改革的突破口在全国铺开。目前，招标投标已由初期的价格竞争逐步转为质量、工期、价格和信誉的竞争。实行公开、公平、公正的招标投标制度，对建立公平竞争、规范运行的建筑市场秩序，有效控制建筑工程造价，提高工程建设水平有极大的推动作用。

1998年，招标承包工程占全国工程的比例已由1984年的20.5%上升到40.1%，并在持续扩大。2000年，全国四级以上的建筑业企业投标承包工程31.19万项，占全部施工项目的45.82%。2005年实行招标投标的房屋建筑施工面积达281103万m^2，占全部房屋建筑施工面积的80.55%。

2007年，九部委联合发布了《标准施工招标文件》。2008年，建立了工程招标代理机构运营制度。住房城乡建设部起草了《房屋建筑和市政工程施工招标投标资格审查办法》、《建筑工程交易中心管理办法》和《建筑工程交易中心考核办法》，进一步巩固和加强了招标投标制度的建设，使得建筑市场秩序日趋规范。

(3) 推行建设监理制

1988年，建设部发出了《关于开展建设监理工作的通知》，并确定了八市两部作为开展监理工作的试点单位。1996年，工程建设监理制度在全国全面推行。目前，全国31个省、直辖市、自治区和国务院等部门开展了建设监理工作。工程建设监理已由开始的"一管理、三控制、一协调"(即监理单位主要实行合同管理，对工期、质量、成本进行控制，协调建设单位和承包单位的关系)发展成为"两管理、三控制、一协调"(增加了信息管理)，并逐步延伸到工程前期的项目评价、勘察设计阶段。

近几年，特别是 2008 年 11 月，住房与城乡建设部印发了《关于大型工程监理单位创建工程项目管理企业的指导意见》，促进监理企业向项目管理企业的转型，更好地完善项目管理职能，充分体现了全过程、全方位的管理要求，逐步引导市场健康发展。

(4) 实行建设工程质量监督制度

回顾我国工程质量监督管理制度的发展，在短暂的十五年期间，经历了以三个文件即 1984 年 9 月 18 日《关于改革建筑业和基本建设管理体制若干问题的暂行规定》(国发［1984］123 号)、1993 年 11 月 16 日《建设工程质量管理办法》(建设部第 29 号令) 和 2000 年 1 月 30 日发布实施的《建设工程质量管理条例》(中华人民共和国国务院 279 号令) 为标志的建立、规范和深化改革的三个阶段，每个阶段的形成都体现了社会经济发展的适应性，对于提高工程质量，促进建筑行业的健康发展，都起到了历史性的推动作用。

随着基本建设工作的日渐成熟，仅靠以建筑业企业自检为主的工程质量管理体系已力不从心。“六五”期间工程质量又一次出现大面的滑坡问题，1983～1984 年全国平均每四天半发生一次房屋倒塌事故，企业自报工程优良品率的水分很大，针对这样的情况，国务院及时提出实行质量第三方认证，于是工程质量政府监督机构应运而生。

1984 年 9 月 18 日，国务院发布了《关于改革建筑业和基本建设管理体制若干问题的暂行规定》(国发［1984］123 号)，第十六条提出“改革工程质量监督办法”。《暂行规定》发布实施标志着我国工程质量政府监督制度从无到有的建立。

1986 年 3 月 11 日国家计委、建设银行发布了《关于工程质量监督机构监督范围和取费标准的通知》(计施［1986］307 号)，要求 1986 年底前各地区和部门完成工程质量监督办法和建立监督机构的工作，并逐步建立健全相应的质量检测机构。

为了进一步加强政府对工程质量的监督管理，1990 年 4 月建设部根据市场经济发展的特点，制订了《建设工程质量监督管理规定》。《规定》的发布实施，结束了各地区、各部门在监督管理实际操作中的区域差异性，把工程质量监督管理行为统一到《规定》所确定的程序中来，标志着我国工程质量监督从此开始步入规范化的轨道。

建设部于 1993 年 11 月 16 日发布第 29 号令《建设工程质量管理办法》，明确了建设单位、工程勘察设计单位、施工单位、建筑材料、构配件生产及设备供应单位的质量责任和义务，明确指出建设、勘察设计、施工、建筑材料、构配件生产及设备供应依法承担工程质量责任，它的实施标志着工程质量监督管理纳入法制化轨道。

2000 年 7 月 12 日，建设部《关于印发〈关于建设工程质量监督机构深化改革的指导意见〉的通知》。根据 2000 年 1 月 30 日国务院发布实施的《建设工程质量管理条例》中所规定的在市场经济条件下政府对工程质量监督管理的基本原则，明确指出了新时期工程质量政府监督的主要目的、主要依据、方式、内容和手段，提出了建设工程质量监督机构深化改革的指导意见，对工程质量监督机构的性质、应具备的基本条件、工程质量监督机构负责人、质量监督工程师和助理质量监督工程师应具备的基本条件、工程质量监督机构的设立、工程质量监督机构的主要任务、工程质量监督机构和质量监督工程师的权力与责任以及政府主管部门对工程质量监督机构和人员的管理等七个方面作出了具体规定。《指导意见》的发布与实施，标志我国工程质量监督管理在社会主义市场经济体制下步入宏观调控管理深化改革的新阶段。

(5) 建立了适应市场经济要求的工程造价管理制度

1949年新中国成立之初，引进前苏联一套概预算定额管理制度，为国营施工企业建立了企业管理制度。1957年颁布《关于编制工业与民用建设预算的若干规定》，之后又先后颁布了《基本建设工程设计与预算文件审核批准暂行办法》、《工业与民用建设设计与预算编制办法》、《工业与民用建设预算编制暂行细则》、《建筑安装工程间接费定额》、《建筑工程预算定额》、《建筑工程扩大结构定额》等一系列法规文件。1983年成立基本建设标准定额研究所，1988年改称标准定额司。1979年，颁发《通用设备安装工程预算定额》(9册)。1981年颁发《建筑工程预算定额》。1982年，颁发《公路工程预算定额》、《公路工程概算定额》，(27本)。1986年，颁发《全国统一安装工程预算定额》(15册)。1988年，颁发《市政工程预算定额》(9册)。1992年，颁发《建筑装饰工程预算定额》。

1995年，出台了《全国统一建筑工程基础定额》，充分体现了“控制量，指导价格”的市场运行规则，鼓励企业在节约的前提下，加强管理、改进技术、增强核心竞争力，同时也更好地为公平公正的竞争机制搭建平台，对招投标市场和企业运营均起到积极的推动作用。是一种介于完全定额计划的静态计价模式与工程量清单计价的动态模式之间的半动态计价模式。

2003年7月1日，工程量清单计价规范正式实施，更加注重了企业主动性的体现。坚持清单定量、市场定价、企业竞争的指导原则，充分体现了企业自主报价，增加了市场的能动性，更好地鼓励企业管理创新和技术进步，为建筑业的健康发展推波助澜。

(6) 工程项目建设组织方式多样化

多年来，工程项目建设组织方式由设计—招标—施工分别发包的传统模式逐步向推行工程总承包和项目管理方式转变。为深化工程建设项目组织实施方式改革，培育发展专业化的工程总承包和工程项目管理企业，建设部印发了《关于培育发展工程总承包和工程项目管理企业的指导意见》(建市［2003］30号)，具体阐述了推行工程总承包和工程项目管理的重要性和必要性，明确了工程总承包和工程项目管理的基本概念和主要方式，并提出了推行的具体措施，为建筑业生产方式的深层次变革奠定了基础。

(7) 技术创新机制逐步形成

1997年11月，建设部发布了《建筑技术政策纲要》(1996～2010)，作为振兴建筑业、促进建筑业技术进步的宏观指导性文件，确定了我国1996～2010十五年的建筑科学技术发展方向、技术路线和重大技术措施，指出了我国建筑业技术进步的方向。2005年2月，建设部印发《关于进一步做好建设业10项新技术推广应用的通知》。2006 年 7 月，建设部印发《关于进一步加强建筑业技术创新工作的意见》，明确了到“十一五”末，基本形成与市场经济相适应的建筑业技术创新体系和工程项目组织管理方式，逐步完善工程技术咨询体系和知识产权得到有效保护的技术市场体系，并且在建筑业企业特级资质的认定标准中将企业资质与技术创新挂钩，建立技术开发中心。这些制度的确立都有力推动了建筑业技术进步。

（8）工程担保及信用体系建设

2006～2007 年，我国加快了工程担保制度的建设，首先在深圳等城市进行了试点，之后，各省都确定了本地区工程担保试点城市或试点项目。担保制度是建设市场有序运行的有力保障。

改革开放以后，工程保险制度被引入我国并逐步得以推广和落实。随着我国建筑业和保险业的发展，工程保险在国内得到了一定的发展，为我国建筑市场的繁荣和健康发展起到了一定的作用。与蒸蒸日上、快速发展的建筑业相比，我国工程保险业的发展却不尽如人意，亟须大力拓展。目前，我国工程保险的现状和存在问题主要有：工程风险意识薄弱；缺乏系统的相关法规制度；工程保险的市场主体能力弱；竞争不规范；缺乏工程风险管理咨询机构；保险费用的来源不明；建设工程施工合同（示范文本）不完善等。

制定出台全国统一的诚信标准。从 2006 年起，建设部组织对湖南、山东、河北、江苏、安徽和广东等省市的调研，2007 年 1 月颁布了《建筑市场诚信行为信息管理办法》和《建筑市场各方主体不良行为记录认定标准》。2008 年 1 月 7 日，全国建筑市场诚信信息平台正式启用，标志着建筑市场信用体系建设迈出了关键的一步。

（9）安全生产管理法制化

建筑业是属于高危行业，所以安全生产是工程建设领域关系到国家财产和人民生命安全的头等大事。自 1997 年 11 月国家颁布《建筑法》以来，陆续制订了一系列的配套法律法规，主要有安全生产法、建设工程安全生产管理条例、安全生产许可证条例、安全生产领域违法违纪行为政纪处分暂行规定、特种设备安全监察条例、建筑安全生产监督管理规定、工程建设重大事故报告和调查程序规定等，形成了较为完善的法规制定体系，明确了相关方的法律责任；界定工程监理、质量检测、工程担保、质量认证、质量仲裁等中介机构的责任和勘察、设计、施工、监理等注册执业人员的个人责任；强化了政府主管部门的监督管理，改进监管模式。

国家逐步引导各类建筑业企业建立内容全面、完善、有效、切实可行的质量安全保证体系，形成企业质量与安全生产管理的自律机制。工程质量和安全生产工作涉及多方责任主体和多个管理环节，是一项复杂的系统工程。为此，需要建立社会化的组织监督管理和保障体系，努力把握工程建设管理规律，健全和形成工程质量安全的长效机制，确保工程建设领域的长治久安。一要完善法规制度体系，夯实质量安全基础工作，严格执行国务院颁发的质量、安全两个条例。二要明确各相关方主体法律责任，实行问责制。进一步合理界定工程监理、质量检测、工程担保、质量认证、质量仲裁等中介机构的责任。同时强化勘察、设计、施工、监理等注册执业人员的个人责任。三是强化政府主管部门的监督管理。不断改进监管模式，加大监督执法力度，提高工程质量和安全生产监管手段和水平。四要加大社会综合评价和奖罚力度，充分发挥行业社团和中介机构运用市场机制形成的约束和激励作用。建立和制定科学、规范、公正的质量安全评价标准，加强企业和评价机构诚信体系建设。五要通过建立和推行工程质量安全担保和保险制度规避、转移工程风险，促使建设市场形成优胜劣汰的良性竞争机制。

近几年来，随着我国《安全生产法》《建设工程安全生产管理条例》和《安全生产许可证条例》的相继出台，建筑安全生产管理工作基本上步入了有法可依、依法行政的轨道，建筑行业的员工对安全生产重要性的认识也有了进一步提高。但是，全行业的安全生产形势仍不容乐观。

第2章 我国建设工程管理体制存在的问题

改革开放以来，我国建设工程管理体制改革取得了巨大成就，基本符合市场经济发展的要求，但仍存在许多较为突出的问题。当前，我国工程建设管理制度中存在的问题主要体现在两大方面：一是建筑业管理主体和运行模式存在与社会经济发展不适应的地方，从而导致了工程建设管理制度也相对落后。如现行的招投标制度、合同管理制度、项目经理责任制等诸多制度中还存在一些不适应现行市场运作的地方，清单计价模式、总承包制度和代建制的进一步推广也需要相应管理制度的深层次变革；二是工程建设主管部门在行使权利、履行义务的过程中，还有需要改进的地方。如法律法规体系还需进一步健全，市场准入制度还需进一步完善，行政许可还待进一步到位等。

2.1 建筑法律法规体系不完善、法制意识不强

我国已基本确立了以“两法”（《建筑法》和《招标投标法》）、“三条例”（《建设工程质量管理条例》、《建设工程勘察设计管理条例》和《建设工程安全管理条例》）为核心的法律法规框架体系。可以说“两法三条例”的出台，使各方建设主体有了统一的行为规范，各级建设行政主管部门有了依法管理相关业务的法规依据，为建立统一开放、公平有序的建筑市场提供了重要的法制环境。但从多年的市场运行来看，仍有很多不尽如人意之处，具体表现在以下几方面。

（1）法规条文缺乏可操作性

有关法律法规中原则性的条文多，缺乏针对性和可操作性，影响了法律的施行效力。如《建筑法》条文中提到“提倡对建筑工程实行工程总承包”，只是原则性的条文，无实质性的要求，所以可操作性不强，难以具体运行。

（2）对建筑市场主体的职责要求存在缺陷

建筑市场的主体包括政府行政部门、项目发包人、承包人及咨询监理等。从现行的法律法规体系看，对业主行为缺乏约束，资金源头的保证机制不健全，导致工程资金缺位，工程款拖欠严重，而且政府对正常的市场竞争秩序干预太多，使承包人也很难通过法律途径保护自己的利益。

（3）建设工程交易支付的法规制度不健全

一些工程款的结算和支付没有严格的标准和依据，发包方和某些强势群体的随意性太大，政府、银行和权力机构监管和约束不到位，使得交易支付不能有序进行，尤其是工程尾款的支付无法可依。

（4）法律意识淡薄，存在有法不依、执法不严的现象

由于法制体系不健全，执法中存在种种缺陷，导致了惯性的无视法律行为，尤其对于建筑质量、安全、环境等方面的立法和执法均存在很大的不足。

2.2 建设行政管理机构职能设置有待改进

2.2.1 行政管理职能不统一

我国现行的工程建设管理制度下，建设行政主管部门主要有两个层次：一是中央建设行政主管部门，包括建设部和其他业务主管机关，如交通部、水利水电部、铁道部等机关。二是地方各级建设行政主管部门，如建设局、交通厅、水利局、港务局等。从目前的建设工程管理职能看，在众多行政部门中建设行政部门处于较为弱势地位，不能很好地协调基本建设涉及的复杂社会惯性，也不能有效的对建筑市场进行统一监管。

对于中央建设行政主管部门来说，其主要职责是统筹全国建筑业发展的有关事项，制定政策、把握原则、引导方向，其目的是全力促进我国建筑业的整体发展。对于地方各级建设行政主管部门来说，其核心的关注点是本地区的建筑企业发展状况。因此，为了促进本地区建筑业发展，当地政府往往出台大量的政策给予本地企业产业优惠，努力充当地方企业的强有力的后盾。而对于外来企业来说，要想进入到一个新的市场当中，往往比较困难。当地政府为了保护本省、本地区的产业，都会人为设置一些进入壁垒，如规定进入市场企业资质、企业规模等，使得很多有竞争力的企业都只能望而兴叹。此外，我国建筑市场普遍存在对企业的多头管理现象，如一个专业性相对较强的企业，或行业性企业，既要接受中央建设行政主管部门的制约，又要受到地方行政管理部门的制约，同时还得接受行业管理部门的领导，有时政出多门，存在很大差距，使得企业无所适从，疲于应对，尤其市场的准入壁垒、利益保护更使企业啼笑皆非，极大地阻碍了建筑市场的进一步发展和完善。

2.2.2 缺乏有效的市场运行机制

所谓市场运行机制是指通过市场价格的波动、市场主体之间的利益竞争、市场供求关系的变化来调节经济运行的机制。运行机制主要包括供求机制、价格机制、竞争机制和风险机制。简而言之，市场运行机制就是依靠价格、供求、竞争等市场要素的相互作用，自动调节企业的生产经营活动，实现社会经济的按比例协调发展。我国目前建筑市场机制主要体现为政府规制下的市场运行机制，政府、市场、企业是一个统一的整体。总体来看，运行机制不畅，招投标制度、清出机制等不能有效发挥作用。主要体现在以下三个方面：

首先，政府职能定位方面。政府对市场的监管和调控，重视企业准入，过程监控不够。对于市场准入，政府严格地按照资质等级进行审批，确保经营范围，然后才许可企业进入市场。但是在企业的市场经营过程中，政府的作用还非常不够；在市场清出方面，由于种种原因，也难于完全严格地按照现有的法律法规来实施。因此，这样就造成企业不规范市场行为。

其次，招投标制度。现在最突出的是假招标和陪标，解决问题的核心是解决体制机制的问题。如果在体制上还是这种状况的话，招投标的公正和公平很难解决。在机制上，应该把对建设的管理和投资、设计、施工分开，各施其责，并且用法律法规的形式给予规范和明确。招投标是程序性的，是一种方式，核心的问题是建设的机制和体制问题，只有这个问题解决了，才能真正实现招投标的公正和公平。

第三，在我国建筑市场中，建设工程监理、招标代理、造价咨询等中介咨询服务组织发展处于初级阶段，中介服务不规范，政府监管重点不突出。尤其是，行业协会的作用没有得到充分发挥，资源没有有效利用。政府行政许可角色转换的不彻底，行政主管部门工作惯性难以脱离，权力意识较强，致使协会开展业务性工作受到很多局限。此外，我国行业协会发展遇到的更为现实的问题是资金来源问题。由于行业协会是非政府组织，其经费没有财政来源支持，需要企业予以支持，但由于建筑业企业普遍效益差，行业利润水平低，企业资本积累相对薄弱，不能对行业协会有力支撑，而且众多企业支持公共事业的意识也较为淡薄，使得协会（学会）运行主要依靠会员的会费，而会费与协会承担行业自律责任相比杯水车薪，使其职能履行受很大局限。

2.2.3　建设主管部门的简政放权与建筑市场自治功能弱化存在矛盾

我国的建筑市场是一个不成熟的市场，需要政府对之实行必要的干预，根据社会主义市场经济的要求，规范和调整政府的管理，不仅意味着缩小干预范围降低干预程度，而且意味着放权于市场，让市场在相当的范围内自治，但市场运行机制还不健全，法律意识还很淡薄，导致市场自治能力与政府放权不相称，这就形成了一种矛盾，即建设主管部门的简政放权与建筑市场自治功能弱化的矛盾。

自 1997 年国家经贸委进行行业协会的城市试点以来，协会建设已经有了长足的进步。但是，无论在其发展规模上还是在其功能上还仍然有限，而且其组织网络极不发达，缺乏完整的组织体系。在社会全面转型时期，各种问题纷至沓来，层出不穷，整个建筑市场由于长期的封闭和低度发展，难以自动作出反应和相应的调整。在此种背景下，政府过于仓促和无序的简政放权，不仅不能达到预期的改革目标，而且极易导致建筑市场的紊乱，或给某些非法势力以可乘之机。如政治学专家李景鹏先生所言："如果我们只是从理论上知晓哪些职能应该转给市场，于是便大刀阔斧地将这些职能从政府身上砍下来，而不管市场能不能真正把它们接到自己的手里来，这种情况是非常危险的。因为，当市场还没有生长出相应的管理职能时，这些从政府身上砍下来的职能就不可避免地要被各种中间势力所劫持。在这种情况下，政府职能的转变便会从善良的愿望变成不可原谅的社会恶果了。"

2.2.4　建设行政主管部门监管不力

（1）在监管内容上，缺位与越位并存

应当管的未能覆盖，有些不当管的还在管，甚至介入过深。应当由政府直接监管的，如涉及公众利益的安全、卫生、环境保护、政府投资工程等内容没有完全覆盖或管得不到位。如山体滑坡、危旧房的监测、预报、治理，噪声扰民、建筑废弃物处理、建筑节能设计标准，关系公共利益的政府投资工程建设实施管理监管不到位。另一方面，依据现行法律法规、部门规章、文件，政府要监管的内容又过多，存在着代发包人管、代企业管、代中介组织管、代行业组织管，涉及民法调整关系的范围等管得过多的情况，而且不断增加监管内容，使得政府监管任务极为繁重，监管工作量过大，超出了监管到位的可能性，造成事实上的监管不可能。

（2）重创制，轻管制

创立建筑市场管理制度，完善相应法律法规，是近几年各级建设行政主管部门付出巨大努力。取得显著成效的工作之一。我国在体制转型时期在建章立制上花费较大精力，具有其客观必然性。但是实践表明，存在着执法监管投入不到位、监管效果不尽如人意的问题。

（3）监管方式不科学，监管条件不齐备

在监管方式上，还存在着监管的具体事项和标准不明确、方法不科学、效率有待提高的问题。在监管的条件上，还存在着监管任务、监管责任、监管力度、监管经费之间的不协调不匹配的问题。

（4）监管体制不顺

存在着多部门、上下级不一致、不协调的矛盾。在国务院各部门之间、地方各部门、各实施环节之间存在着封闭、多头、重复监管的现状。在整个建筑业范围内，监管的一致性、权威性不够。建设行政主管部门的监管工作在层级之间没有合理的规划和分配。行政监管层级之间缺乏硬约束。监管队伍和监管任务没有很好地进行整合，缺乏有机统筹，综合协调。

2.3 建筑市场秩序不规范、运行效果不理想

建筑市场的进一步发育，决定了建筑企业要想开展业务，必须要得到相关部门的行政许可，但现行的依法许可与现行的行政管理体制之间矛盾较多，建筑市场准入制度不健全，涉及建筑市场准入资质许可的程序、条件、标准等同贯彻落实行政许可法还有一定距离，需要认真研究和不断改进。同时，取消企业资质年检后，对企业动态监管缺少相应的手段，个人执业资格管理体制不顺和责任不清影响了执业制度的建设。市场机制中重准入、轻清出，缺乏市场净化机制。

2.3.1 建筑企业资质管理与市场机制不适应

（1）资质管理思想没有跳出维持旧有秩序的窠臼

1）在建筑业实行资质管理之初就曾设想和提出过追求任务与队伍的平衡，但一直没有可行的操作办法。应该说，用行政手段实现平衡的思想是计划经济时代的产物，在技术进步和生产效率不断提高的今天，用行政手段来实现市场格局的平衡，很难做到和做好。只有通过市场竞争实现资源优化配置，达到动态平衡，才是市场发育的必然。

2）施工企业资质升级困难。改革开放以来，市场竞争日渐激烈，甚至达到白热化程度，大量建筑施工企业潮水般涌入。招标时为减少施工企业的筛选成本，人为提

高了施工企业的资质等级，使低级别的工企业无法取得平等竞争的机会，只能依靠低收益取得实际施工资格。实际施工的工程却无法作为企业的业绩完成升级，导致低资质企业始终徘徊在高资质行列之外。已经进入高资质等级的企业由于缺乏压力，增加了企业惰性，致使一些企业不重视提高管理和技术水平，用出让资质的办法维持运行，其结果是有活力的企业得不到实质性发展。

3）政府职能强化了行业壁垒。随着市场经济的日渐成型，企业竞争日渐规范，基本建设的投入和规模也日益加大，尤其建设项目的建设层次和体量要求也越来越高，这无形中对准入企业提出了更高的要求，资金、技术、资源组织和风险承受成了企业市场竞争的关键，政府主管部门又要在这些方面提出明确要求，势必给企业设立了准入壁垒。在某种程度上，大而全的功能需求导致企业因市场而形成了临时性松散组织，打破了企业原有管理制度，在其市场承受和利益分配上均造成了一系列的被动，无论是从项目总体实施效果还是企业自身发展上都有诸多的不利。此外，规模企业的市场准入，又潜在地弱化了准入企业的市场竞争活力，使得市场竞争处于实质性不平等的状态，规模以下企业始终得不到准入，造成了小范围竞争机制的退化。

（2）资质管理标准深度不够，不利于企业发展

《建筑业企业资质管理规定》将建筑业企业资质分为施工总承包、专业承包和劳务分包三大序列。每个序列又划分几十个资质类别，过细的类别划分，使得相近专业的施工企业能力得不到充分的利用和发挥，减少了企业竞争机会，削弱了企业竞争能力。现行的35种资质类别中，有23种是按国务院有关部门的业务管辖内容划分的。而且，工程施工总承包、专业承包和劳务分包企业三个层次的划分与现实有一定差距。尤其在建立智力密集型工程施工总承包企业之初，由于原有施工企业不能立即完成向智力密集型企业的转变，一些企业主管部门在由政府转为企业的过程中将自己定为总承包企业。这类企业由于生存压力小，介入市场深度不够，其中一部分企业空有名分，一直没有达到与总承包企业相称的能力。此外，由于劳务分包企业资质标准没有详细制定，导致劳务型企业无法注册登记。最终，绝大部分企业都来争夺施工承包资质。新企业、小企业达不到条件的就采用大联合、挂靠，致使相当数量的中小企业名不副实。

（3）现有资质管理虚化现象较为突出

资质管理措施的核心是动态管理，应严格按资质标准和规定办理，该升的升，该降的降。但在实际操作过程中，企业升级难，降级也难。申请升级企业达到标准不一定能升级。应该降级的时候，却有很多降不下去，基本上是低级别企业降级易，高级别企业降级难。其中一个重要原因是一些建设主管部门直接充当了行业利益、地区利益和企业利益的代表，资质管理定级等操作中，为不符合标准的企业争条件。考虑地区、部门平衡，也使得一些企业的资质等级牵强附会，根本达不到相应的标准。

（4）资质等级的考核指标设置不尽合理

以施工总承包特级资质标准为例，原特级资质标准是在一级资质标准的基础上，仅设置了注册资本金、净资产和工程结算收入三项经济类指标，对企业的管理水平、

科技创新能力、社会信誉，融资能力等方面缺乏相应的考核要求，难以全面考核作为行业最高级别的企业应具有的实力和水平。在原资质框架下，一些企业为了进入特级企业行列，比较注重追求企业规模，对企业科技投入和技术创新重视不够。

同时，随着经济的发展，单纯的经济类考核指标已起不到调控行业结构的作用。不少企业为了取得特级资质，不是通过提高自身的能力和水平，而是通过几家企业简单合并拼凑规模。反映在资质管理上，就是申请特级资质的企业逐年增多，特级企业数量增长过快。目前特级企业已达 264 家，大大超过当时计划 100 家的规模，如此无节制地发展将削弱特级企业作为行业排头兵的引导作用。

(5) 资质标准划分设置不利于市场公平竞争

以施工总承包特级资质标准为例，由于专业部门较多，专业划分过细，限制了实力较强企业的活动空间，不利于行业结构的调整和企业的跨行业发展。原标准设房建、公路、铁路、港口与航道、水利水电、电力、矿山、冶炼、化工石油、市政十个类别，专业设置带有强烈的按行政部门划分的色彩，容易形成行业壁垒，不利于有实力的大企业公平地参与市场竞争。如公路工程和市政道路工程，从工程性质和技术要求上说差别不大，通用性很强，但因为是两种资质类别，拥有市政工程施工资质的企业就很难进入公路建设市场，反之也一样。

目前取得各类特级资质的企业比例为：房建、公路、铁路 3 个专业占特级企业总数的 84.8%，另外 7 个专业仅占 15.2%。这个比例说明特级过多的行业容易产生过度竞争；特级太少的行业，容易形成行业垄断。大量具有较强实力的企业由于资质标准的局限不能有效地参与市场竞争，只能在本行业中同较低资质的企业在低水平上抢夺低端市场。恰恰低端市场的比例很大，低层次的竞争直接影响了建筑业的整体发展。

调查显示，146 家特级资质企业在 2003、2004、2005 年中承担的工程项目总数为 100674 项，总结算收入为 13116.95 亿元，平均单项工程规模为 1300 万元左右，这个规模是三级企业就可以承担的工程。个别特级企业平均承担的最低单项工程规模在 500 万元左右。可见，相当数量的特级企业处在低端市场，难以发挥大型企业所具有的资金、技术的整合能力和开展工程总承包的能力。（数据来源：建筑市场管理司司长王素卿同志在全国工程建设管理工作会议上的讲话）

(6) 市场退出机制缺失

关于建筑业企业市场退出的统计数据和报道鲜有所见，就目前市场情况而言，主动选择退出市场的情况很少。尽管资质申请条件本身对行业进入并不构成足够障碍，但资质仍然成为了企业的一种特殊资源，一些企业尽管已经经营不善，难以为继，也不愿意退出市场，而利用资质资源、采用借用、挂靠等方式使企业继以生存，资质的存在实际上成了企业正常退出市场的一个阻碍。

2.3.2 招标投标制度管理不到位

(1) 发包和发包方代表的监管缺失

目前一些发包人或招标代理机构不能很好地约束自已的行为，大大阻碍了招投标制度的健康发展。招标行为的不规范，从源头上滋生了基本建设管理的不健康行为，使得整个管理链条环节缺失，具体体现在以下方面：

1）规避招标。部分发包人为了最大程度获得利益，常常采取各种措施规避招标，如将较大工程进行肢解，以逃避法定招标规模要求；将本应公开招标的项目变为邀请招标；限制招标信息发布范围等。

2）虚假招标。某些发包人迫于国家规定不得不进行招标，但是为了满足自身利益需求，就采取与投标人串通的方式明招暗定，弄虚作假。

3）阴阳合同。有的发包人尽管采用了招标方式，但是却只是走过场，在投标人中标之后，与中标人签订阴阳合同，给承包人施加压力，要求垫资让步等。有的甚至改变招标要求，变更目标计划，提出附加条件等。

4）发包人或其代表的管理失职。

①由于商务标在评标中占较大比重，且报价高于或低于一定范围时，投标就不得分或废标。而报价越接近标底，中标的希望就越大。因此投标人会不择手段偷标、透标、套标，在这种不良的社会风气面前，个别发包人挡不住诱惑和压力，故意泄漏标底，直接影响了招标效果和投标公正。

②在一项工程招投标的实施过程当中，往往会涉及许多方面的资料和文件，如投标单位的名称、投标书，评审委员会的专家名单等，这些资料都应该是绝对保密的。一旦发包人或其代表不能尽到保管义务，就会很大程度上影响到招标的公平、公正。

③某些发包人或其代表不能严格按照法律法规规定的程序组织招标工作，妨碍了招标制度的有序运行。

（2）政府主管部门的管理失控

1）我国建设法规规定，建设工程项目标底经建设行政主管部门审定后必须予以密封保存，在开标前任何人不得泄密。但由于保密机制的缺陷，使得泄漏情况时有出现。

2）同体监督。按现行的职责分工，对于招投标过程中出现违法活动的监督执法，分别由有关行政主管部门负责并受理投标人和其他利害关系人的投诉，这就形成了一种同体监督的体制。由于行业主管部门同下属企业、有形市场和具体的招标管理机构之间有着千丝万缕的联系，实际上难以实施有效监督。目前这种政企不分，集管理、服务、代理于一身的情况普遍存在。各有关部门既对本行业的招投标活动进行管理。又对具体招投标活动实施监督，有的甚至还是招投标活动的具体实施人，无法形成一个公正的权利制衡机制，实施有效的监督管理。

3）地方保护主义。当前，不少招投标活动中都存在严重的地方保护主义。一些地方的主管部门抬高准入门槛，采取歧视性资质审查、限制信息发布地点和范围、制定不公平的评标标准和方法等措施，排斥意向之外有实力的企业进入本地的投标市场，不利于招投标制度的进一步发展。

（3）投标人不规范的投标行为

招投标制度在不断发展的过程中遇到了许多的问题，其中，投标人不规范的投标行为也成了阻碍招投标制度发展的一个重要方面。

1）恶意竞标。招投标制度是一种竞争机制，而且是在合理、合法的前提下的竞争。但是，一些投标人为了获取市场，不惜牺牲自己和他人的利益，以低于成本的价格进行投标，力图在价格上占绝对优势；有的甚至采取一些不道德手段，如恶意中伤，行贿胁迫等，进行不正常竞争。

2）围标。围标现象普遍存在于现行的招投标制度市场中。部分投标人采取暗中结成联盟的方式，达成协议，一致以低价投标，目的在于拉低标底价格，造成其他投标人投标价格的大幅度偏离，以使本联盟成员能够最大程度的获取项目，所获利益再行分配。

3）串通投标。在串通投标中，除与业主达成意向的投标人外，其余的投标人都是意向投标人为了掩盖串通投标的实质而找来的“陪标”，直接影响了正常的招投标活动。

4）低价中标，恶意索赔。有些情况下，一些投标人以低价投标的目的并不是想要开拓市场，占有市场，而是一种低层次的经营运作方式。低价中标的目的是为了在项目实施过程中以合同、实际中出现的问题为借口恶意索赔，以获取更大的利益。这种行为极大地影响了招投标市场的正常运行，尤其损害了诚实信用民族文化和谐共赢的合作原则。

2.3.3 工程担保及信用体系还未很好地发挥作用

目前我国工程保证担保业务发展呈不规范状态。如在北京地区，开发商和承包商开具保函的目的不是为了规避风险，而是为应建委要求开具施工证，相应保函的出具也未按照市场化规范原则操作。实际操作中，部分开发商和承包商采取利用阶段性银行保函或低价购买保函的模式为受益人提供担保。阶段性银行保函是指开发商和承包商在银行存保证金后，由银行出具保函，保函复印件在建委备案后，开发商和承包商将原件交还银行销毁，同时撤回保证金。这样开发商和承包商在保证金占用时间短、费用低的情况下得到保函、办理施工许可证，当然保函并未起到真正的担保作用。低价购买保函是指在对担保公司没有资格认定的情况下，不少小型担保公司以低价保费、不需要反担保措施等条件出售保函，吸引那些仅仅希望通过获取保函得到开工证的公司，担保公司虽出具保函，但并不承担真正的担保责任。由于担保市场缺少行业规范管理，对担保公司缺少资质认定，政府主管部门从确保保函的担保效力角度考虑，目前在北京地区对于政府投资的代建项目要求提供银行保函，将担保公司排除在工程代建履约担保市场之外。

目前我国工程保证担保市场出现的一系列问题与工程保证担保制度推行的初衷出现较大差异，这与我国当前不完善的信用体系建设密不可分。担保业是经营信用的行业，工程保证担保的良性发展也是建立在完备的社会信用基础之上。信用是指参与经济活动的当事人之间建立起来的以诚实守信为基础的履约能力，用于控制信用交易中当事人回避自己的履约责任产生的信用风险。广义的信用体系是包含信用记录、信用征集、信用调查、信用评价、信用保证以及信用制度、信用管理在内的以社会为主体的信用系统。信用体系的存在对扩大交易量、降低交易成本具有重要作用。在工程保证担保业起步阶段，我国在该方面的信用体系建设存在诸多问题：

（1）担保业信用体系建设不完善

目前担保业信用体系建设不到位。担保业曾作为非银行金融机构归属人民银行管理，98年央行取消担保作为金融业务的规定后，国家对担保公司的设立便不再有特殊要求，只要符合《公司法》都可以在各地工商局申请成立。同时也没有专门的行业管理部门对担保业的发展进行规范和引导，没有专门的机构对我国现有担保公司的实力、业务对象、风险程度等进行评定，行业发展处于无序状态。缺少对担保公司的信用评价体系，将从两个方面影响行业的发展：

首先，保函受益方很难评价担保人的代偿能力，从而影响实力较强的担保公司担保效率的发挥。据统计2004年底北京市共建立担保机构60家，注册资金66.37亿元，在保余额141.13亿元，担保资金放大倍数为2.13倍，远低于10倍的理论放大倍数。

其次，一些信用不佳的担保公司可以利用目前这段缺少行业管理的真空时期以非正常手段开展业务进行谋利，待风险集中爆发时将破坏整个行业的信用。而担保公司属于信用机构，各项业务活动建立在信用基础之上，破坏了信用，担保业务便无法开展。工程担保业刚刚起步，起步阶段信用打造尤为重要，并且在某种程度上每个担保公司的履约信用代表了整个行业的信用。所以目前我们应立足规范单个担保公司信用行为，进而打造整个行业的信用体系。

（2）工程建设领域内失信现象频生

近几年来，我国在整顿规范建筑市场秩序方面做了大量工作，取得了一定成效，建筑市场秩序明显好转。但因“信用缺失”导致的工程招投标中的“黑白合同”、工程粗制滥造、压级压价、违反国家强制性标准、拖欠工程款等不守信用行为仍屡禁不止，成为建筑市场秩序混乱的根源，严重制约建筑业的健康发展。工程建筑领域内的信用缺失将会传导到工程保证担保领域内，影响担保效率发挥。

（3）信息披露制度缺失

完善的信用体系及全面的信用数据是担保行业健康高效运转的基础。在信用体系健全的国家，大多实现企业信用信息数据实行开放和市场化运作，采集和共享的信息包括银行内的借贷信息和政府有关机构的公开记录等。许多国家通过相应的法律或法规对信用数据的开放作出明确规定，从而担保机构可以通过公开和正常的渠道取得和检索法律规定可以公开的信息，对项目进行较准确的风险识别。目前我国缺少这样的信用环境，企业信息散布在多个政府部门和一些专业机构，并且一些可以公开的企业信息也没有开放，增加了征信和企业信息获取的难度。在担保业务开展中，担保公司若无银行的配合，甚至连企业的贷款资料信息都难以查询。

在这种情况下，担保机构与工程建筑企业间存在严重信息不对称，担保机构需要花费很多精力核实企业资料的真实性，并且很难发现企业恶意隐瞒的一些情况。所以信用不健全将影响到担保效率，也会导致担保机构对项目风险进行错误估计。

（4）法制建设不完善

信用法规建设滞后将阻碍工程保证担保体系建设。征信国家大都有比较健全的国家信用管理体系，包括国家关于信用方面的立法和执法、政府对信用行业的监督管理、政府对全社会的信用教育和信用管理的研究和开发。目前我国在这方面存在不足。在立法方面，现有法规不足以对社会中各种失信行为形成强有力的约束。虽然《民法通则》、《合同法》等有诚实守信的法律原则，《刑法》中也有对诈骗等犯罪行为处以刑罚的规定，但针对信用方面的立法仍然滞后。由于缺乏严格的失信惩罚机制，尚未达到刑事犯罪程度的失信行为得不到相应的处罚。

（5）社会信用基础薄弱

工程保证担保信用体系属于全社会信用体系中的一部分，一方面工程保证担保体系将随着社会信用体系的完善而不断完善，另一方面工程保证担保信用体系的建设也将会促进社会整体信用体系建设。一个富有效率的社会信用体系应当包括如下内容：信用数据的开发和信用管理行业的发展；信用管理系列的立法和执法，即使用信用的规范和失信惩罚机制的建立与完善；政府对信用交易和信用管理行业的监督和管理，以及信用管理民间机构的建立；信用管理教育和研究的发展等。西方发达国家用了150多年的时间建立起较为完善的社会信用体系，而目前我国社会信用体系建设处在起步阶段，如征信数据采集困难，数据开放没有明确规定，信用资料数据库建立滞后，信用法规缺乏，失信行为得不到有效惩治等问题很难在短期内得到根本性解决。薄弱的社会信用基础势必影响工程保证担保业信用体系的建设。

自2006年以来，工程担保制度和信用体系的建设取得了很大的成效，但从运行情况看还未很好地发挥作用。建设市场不规范，招标活动不能正常进行很大程度上与担保制度和信用体系的缺失有关，只有把建筑市场的各个主体纳入到统一的信用体系，增加市场主体的违约成本，才能有效治理建筑市场不规范的行为，保障建筑市场的有序进行。

2.4 建筑业创新体制不健全、创新能力相对较弱

2.4.1 缺乏有利于建筑业创新的管理体制与外部支持

政府关于企业创新的政策繁多、变化大，但对建筑业市场的针对性不强。有些条文虽已颁布，但实际执行却因种种原因受到限制。建筑业有自身特点，一些创新政策与其他产业有所区别，激励作用难以发挥作用。同时，技术市场发展不适应科技成果转化的客观要求，科技立法不完备，知识产权应用和保护机制不健全，缺乏系统法规和条例。

2.4.2 缺乏实质性创新能力

我国建筑业的人才结构不合理，从业人员整体素质不高。建筑职工中，农民工占

有很大比例，约占70%。与此同时，建筑市场秩序不规范，投资行为无约束，业主普遍要求承包商垫资或压价、拖欠工程款，导致行业整体利润水平的低下，使得企业吸引高精尖人才和技术以及科技研发、科技成果培育等均受到一定限制。企业内部科技创新意识较差，缺乏积极的创新环境和激励机制，无力进行新技术的研究与开发在一定程度上阻碍了建筑业技术创新的发展。

美国《财富》杂志通过对2006年度世界企业500强中的11家建筑业企业做的对比中证明了这一点：中国工程建筑企业平均员工人数是其他8家企业的3.5倍，平均人均年产值仅为其他8家企业的10%，人均利润额不到平均水平的3%。而政府对建筑业尚缺少有效的创新机制资金扶持计划，在工程价款中尚缺少研究与开发费用的补偿机制。

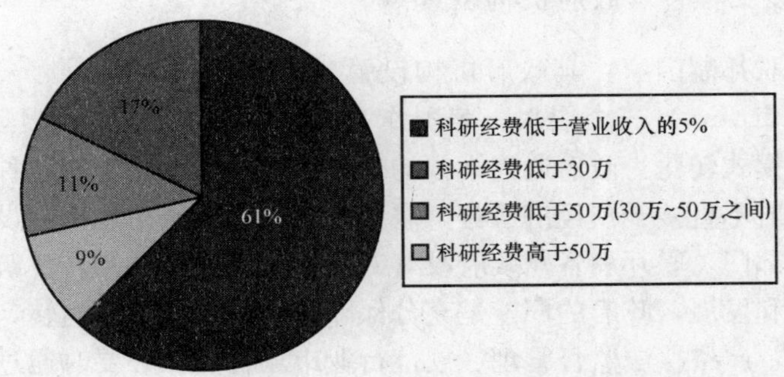

图7-2-1　特级企业科研经费投入情况

以特级企业科技投入为例，根据2005年底建设部对146家特级企业调查的结果显示，在146家特级企业中，年科研经费支出占营业额的比例低于0.5%的企业有86家，占企业总数的58.9%；低于50万元的有16家，低于30万元的有13家。

2.4.3　知识产权得不到有效保护

由于建筑业企业在投标过程中始终处于弱势地位，由于评标需要，要求企业详细展示基础技术优势和实力。在没有健全的保护机制支持下，很难保证投标人知识产权不受侵害。同时，行业的技术特点也决定了知识产权的技术门槛低，很难形成产权壁垒，导致产权执法也难以到位。

第3章　相关国家和地区建设工程管理体制

3.1　美国建设工程管理体制及特点

美国建筑业与钢铁工业、汽车工业并列为美国产业的三大支柱，在国民经济中发挥着举足轻重的作用。其现代化的建设管理模式代表了西方建设管理思想的主流方向。

3.1.1　建设工程管理政府机构设置

美国是一个联邦制国家，其政府机构设置分为联邦（Federal）—州（State）—县（County，或市City）三个层次。美国作为高度发达的资本主义国家，已由自由竞争的市场经济模式转化为政府适当干预的现代市场经济模式。在这种有调节的市场经济模式下，政府不直接干预经济事务，联邦政府部门按照商业机制设置，没有行业归口的国家管理部门，联邦和各州政府没有专门的建设主管机构。建筑业主要依靠市场机制自我调整和发展，政府的职能是充分保障市场机制的良性运转，具体体现为制订完善法律体系、严格执法监督管理、规范行业市场行为，必要时通过国家财政、货币等政策干预市场。联邦政府的宏观调控以商务部运作为主体，分别通过财政、工商、税收、保险、环保、劳工安全等部门加以实现。住宅与城市发展部是联邦政府中与住宅建设有关的管理部门，主要负责公共住宅与城市发展的统筹规划，及对私人企业兴建和改进家庭住宅提供社会保障。其关键性军事设施和公共基础设施由国防部、陆军工程部队、内务部局、联邦公路管理局等部门负责建设。在美国，县或市级地方政府中设有建设管理局之类的建设主管机构，主要负责各种许可证以及工程质量监督，其作用是保证国家公共利益、维护社会安全。

3.1.2　建设工程管理的法律体系

美国有完备的建筑法律体系，是建筑活动有序进行的有力保障。美国在建设工程管理中形成以《统一建筑法规》（Uniform Building Code，简称UBC）为主体，包括《联邦测量法》、《联邦电器法》、《联邦管道法》、《联邦防火法》、《联邦机械设备法》、《地方规划法》以及《环境保护法》、《职业安全和健康条例》等涉及公共利益和安全的系列法规体系，同时还包括大量的质量标准和技术规范等。

在美国建筑业中，《统一建筑法规》是最为重要的建筑活动管理法规，它对管辖范围内任何建筑物的施工、改建、拆迁、使用、维修以及建筑行政管理、建筑许可等制度作出了详细规定。此外，建设主体行为还要受到来自《税法》、《公司法》、《会计法》、《劳动法》、《银行法》、《保险法》、《商业职业法》及《统一商务法规》等综合性经济法规的制约，各州、县、市都要结合本地实际情况对UBC进行修改补充，并制定和完善一套有针对性的建设法律体系。在制定和执行建设法规方面，地方政府发挥着极其重要的作用。美国的质量标准和技术规范，有强制性标准，也有推荐性标准；有联邦标准，也有地方标准。在具体执行过程中，地方标准的应用占主导地位。

3.1.3　建设工程管理的质量监督制度

美国的建设法规和技术标准对于工程质量作出了专门要求。建筑行业主体各方，尤其是承包方必须切实执行质量标准的具体规定。要求承包方编制自己的质量安全管理手册，遵循一定程序进行工作，并由专人负责组织实施，企业的要求一般高于政府的要求。质量安全保证体系的建立完善，成为承包方增强自身竞争实力的重要内容。

施工阶段的质量监督由现场工程师具体负责，并向施工经理直接报告。对于大项目，质量检查人员全过程在施工现场监督操作；对于小项目，则只需检查关键施工阶段和环节。现场工程师负责现场实验室建设，检查定位放线、钢筋架装、焊接质量、混凝土浇筑等工作的实施情况。施工经理注重控制施工质量的总体水平。所有的试验结果和检查报告以质量文件形式归档保存，项目完工后移交给发包人。发包人委托咨询公司和银行机构在每个施工阶段结束时，都要进行质量检查验收。只有符合质量标准的，才能继续进行下一阶段的工作，承包方才能拿到工程结算款，才算完成这一部分的工程验收。咨询工程师通过现场巡视检查，收集必要的数据信息，经过认真的分析研究，得出相应的处理意见，再向现场发出技术指令，咨询工程师在质量控制中起着不可替代的作用。

美国政府部门在质量管理中采取了积极地参与态度，尤其对于政府投资的公共工程，政府主管部门的质量监控更加严格。《统一建筑法规》规定，需要领取执照的所有建设工程项目，均应接受建筑主管官员的监督和检查。政府的检查人员分为两类：一类是政府部门的检查人员，另一类是政府临时聘请或要求发包人聘请的外部检查人员，后者属于政府认可的专业人员。检查包括随机检查和分阶段检查两种方式，对于某些类型的建设工程，必须进行连续性的监督检查。承包方应该保证工程现场便于接近且直观可视，以便于监督检查工作的顺利进行。

3.1.4　建设工程管理的招投标制度

美国在工程招标投标方面实行的是多渠道管理办法，美国建筑师学会（AIA 合同条款）、美国承包商总会（AGCA 合同文件第 600 号）、美国仲裁协会（AAA 仲裁规则）等均制定了通用合同条款，美国各州都有各自工程招标的法律规定，执法很严。

在美国，工程招标的范围十分广泛。除大中型工程之外，小工程也实行招标。如 1～2 万美元的政府出资工程，也都实行招标。但对私人公司的招标事宜，政府通常不设日常办公机构加以管理。在美国，招标时对投标公司无名额限制。承包工程量超过 5 万美元以上的投标，必须通过资格预审。承包商的公司级别由专门确认的信用公司做资格审查，承包人只能承担相应级别的工程量的工程，特殊情况只允许超过工程量的10%。

3.1.5 建设工程管理的工程保险担保制度

美国拥有世界上最大的保险市场，保险市场高度发达，保险品种门类齐全；与保险相配套的法律体系健全完善；保险人积极协助投保人成为化解工程风险的有效途径；保险公司返赔率高，利润率低，服务全面；保险经纪人在保险业务中扮演了不可替代的角色；行业协会在工程保险中发挥着重要的作用。

尽管在国际上占据市场份额绝对优势的是银行担保制度，但在美国，90%以上是采用担保公司保证书的模式。

美国担保公司承担较多的金融机构角色，具有充足的资金实力来提供担保服务，全部由从事担保、法律、管理方面的专家组成。这些担保公司进入工程担保行业从事经营活动必须符合州政府的有关规定。工程损失并不需要政府来弥补，由担保公司提供必要的补偿措施，由保证人提供了必要的信用保障。

3.2 日本建设工程管理体制及特点

日本在建设管理方面通常采用融汇东西的混合模式。这种特色得益于学习西方先进管理经验的同时，保持了本民族的东方文化传统。对于同为亚洲国家的中国，研究借鉴日本建设管理的成功经验，是一项极有价值的工作。

3.2.1 完备严明的建设法律体系

日本是建设法律体系相当完善的国家之一。日本的建设法律分为3个层次：国会制定的法律，政府颁布的政令，职能官厅（如建设省）发出的省令。法律拥有最高效力，依照法律颁布政令（法的施行令），再由政令发出省令（法的施行规则）。日本建设法律的最大特点就是体系完备、措施得力、责任严明、可操作性强。

日本的建设法律包括《建设业法》、《建筑基准法》、《建筑士法》、《都市计划法》、《公营住宅法》、《住宅建设规划法》等一系列法律、法规、规则。此外，还有一些与建筑业密切相关的法律，如《中小企业现代化促进法》、《劳动安全卫生法》等。

3.2.2 有计划的市场经济模式

日本经济是融东西方为一体的市场经济模式，其显著特点之一便是国家计划在经济生活中处于举足轻重的地位。日本式的“有计划的市场经济”，主要通过市场来调节供求关系，同时政府也通过国家计划来干预经济，以实现社会总需求和总供给的相对平衡。日本人把经济计划视为抑制社会生产无政府状态的重要手段。与欧美国家相比，日本政府干预经济更为深入广泛。日本的国家经济计划主要包括：中期经济计划、全国综合开发计划以及国土利用计划，这些计划分别由总理府所属经济企划厅和国土厅、建设省等政府机关参与制定。

国家的经济计划不是指令性计划，而是指导性计划。根据国家的经济计划，结合国家投资分配额度，建设省等主管部门相应地制订本部门的发展计划及其政策措施。此外，地方政府制订自己的中长期建设发展计划，大中型建筑企业也在预测经济走势、评估自身实力的基础上，制定出企业的经营发展战略。

建设省是管理全国建筑业的行政主管部门，下设六个司局级单位，分别是大臣官房（办公厅）、建设经济局、都市局、河川局、道路局、住宅局，此外还有土木研究所等四个直辖单位以及八个地方建设局。总理府所属的环境厅和国土厅也对建筑活动行使某些指示、监督和管理职能，住宅产业和建材工业的有关管理由通商产业省负责。

3.2.3　合理的建筑企业发展模式

日本建筑业的成功依赖于“长期关系”来维系，这种长期关系建立在相互信任、近如伙伴的基础之上。发包人（建筑主）、总承包人、供应人、专业承包人几十年如一日地合作发展，逐渐形成一个层次合理、共同繁荣的建筑产业结构。在总包分包关系方面，总包人通过有效的竞争机制择优选定分包商，加强以中小企业为基础的分包人之间平等的经济伙伴关系，从而构筑一个高效有序的建设生产体系，有力地加速了整个产业的现代化进程。

3.2.4　特色鲜明的工程质量监督管理模式

在工程招标过程中，承包人要想赢得发包人的信任，首先必须保证质量的可靠发包和技术的先进，同时还要有合理的造价、严格的工期，一切按照合同要求办事。在合同中，对发包、总包、分包都明确规定了质量保证条款，并与总包和各分包商的经济利益直接挂钩。如果忽视工程质量管理，违反合同规定的质量要求，除了承担经济损失之外，承包人将会信誉扫地，以后很难再获得投标竞争的机会，将直接面临倒闭的危险，因为日本的社会信用监督机制相对较为健全。承包人为了维护自身的利益，不惜一切代价努力完善全面质量管理，努力创造优质的建筑工程，重合同、守信用，保质量，建立良好的“依赖关系”，只有这样，才能在激烈的市场竞争面前，维持生存，寻求发展。

3.2.5　透明的招标投标

日本的市场化程度非常高，法制健全，建筑市场潜力大，其工程计价模式是“量价分离”模式。日本预算定额中的量和价是分开的，量公开而价保密。日本的工程造价管理类似我国的定额取费方式，其工程计价的前提是确定工程量，而工程量计算规则是由建筑计算研究会以英国“建筑工程标准计量方法”为基础，编制的《建筑数量计算基准》（即工程计价标准）规定，该基准被政府公共工程和民间工程同时广泛采用。

日本的工程招标同样可以分为公开招标、邀请招标和议标，投标过程中工程量要全部公开，并要求随工程量一起提供数量计算依据、必要的施工图纸。日本的工程定价最终都是通过工程招标确定的，投标报价最接近标底或者低于标底的中标（幅度在标底价的±8%）。

3.2.6 完备的工程保险担保制度

除了采用符合国际惯例的工程保证担保形式之外，对于国内工程合同，日本往往是由另一家具有同等资信或更高资信水平的承包人作为保证人来提供信用担保。

采用这种“同业担保”模式，首先，有利于强化建筑企业内部的信用约束意识；其次，既保证了工程合同的如期履行，又保证了工程建设的正常进行；而且，将相关国家的保证费用留在了行业内部，有效地降低了管理成本。

3.3 德国建设工程管理体制及特点

德国建设管理体制，既符合国际惯例，又极具民族特色，且非常行之有效。学习借鉴德国成功的建设管理经验，对于我们加强建筑市场行为的规范管理，健全完善建设监控机制，根本铲除工程质量隐患，具有重要的现实意义。

3.3.1 建设法律与政府职能

在发达的市场经济条件下，国家对于建设项目的管理主要体现在完善建设法律体系，使之成为规范行业行为的有利武器。同时，建设法律体系也充分发挥着引导本产业沿正确轨道健康发展的重要作用。德国享有“法制大国”的美誉，其高度发达的建设法律体系成为各项建设活动高效有序运作的重要保障。

德国的建设法律主要包括《联邦建筑法》、《建筑产品法》等一系列法律法规条例标准。分别对建设主管部门的职权范围、建筑许可、建设咨询、材料检测、建筑产品质量保证体系、劳动保护、安全事故预防、招投标及承发包双方权利义务等方面作出了全面详细的规定，制定了明确的标准规范。在住宅建设方面，通过制定《住宅建设法》、《住宅现代化促进法》等法律，国家将发展大众化住宅作为产业政策的扶持重点，同时政府提倡并鼓励私人投资的建房活动。此外，德国各州还根据地方的具体需要，制定有地方针对性的建设管理法规条例。

联邦制德国的政府机构设置为联邦—州—地区（市/县）三级政府。每级政府都设有相应的建设主管部门。联邦交通、建筑和住宅建设部代表国家建设主管部门，主要负责国土规划、城市建设、住宅建设、建筑业管理及道路交通等方面的行政管理工作。此外，联邦建设部的工作重点还包括诸如迁都柏林那样跨地区重大建设项目的计划组织等项内容。德国作为一个联邦制国家，各州和各市政府都拥有较大的自治权，州政府和市政府具体承担本地方建设行政管理职责。

各级政府的行政管理以完备的法律体系作为基础，通过运用法律和经济手段，制定正确的产业政策和行业技术标准进行宏观调控，引导建筑行业沿着正确的轨道健康地发展。对于建筑产品的质量管理，通过具有政府资质认可的检测机构、监督机构、认证机构，根据建筑产品法和行业技术标准的规定要求来具体完成。对于设计阶段和施工阶段的质量控制，则委托具有政府资质认可的审查工程师，代表政府实施强制性全过程的监督检查。

3.3.2　设计竞赛和设计审查制度

与我国设计招投标不同，德国采取的是设计竞赛方式。设计竞赛仅针对设计本身技术上是否先进，经济上是否合理，不需报告设计费用与设计进度。设计竞赛的评选结果将影响设计参加者的名次排列，但不直接关系签订设计任务的委托合同。设计竞赛的参加者若没有中奖，还会得到一定的经济补偿。根据设计任务的规模大小和复杂程度，设计竞赛可组织单轮竞赛和多轮竞赛。设计竞赛的管理按照有关规定，经过一定的组织程序加以实现。

德国的发包人对于设计环节非常重视，发包方对设计工作进行全过程的监督和控制，从工程开始就尽量减小投资的风险程度。在施工图设计阶段之前，按规定必须进行设计审查阶段的工作。由州政府质量审查主管部门认可的审查工程师，依据建筑法规、技术标准等有关规定，对设计成果进行复核、验算及检查。加强设计审核既消除建筑结构的安全隐患，又防止保守设计造成的巨大浪费。设计质量控制真正成为工程建设的重要保障，这种充分优化的设计方案，加强设计质量早期预控和主动控制的做法值得我们借鉴和学习。

3.3.3　审查工程师代表政府进行质量监督检查

德国既没有建筑工程监理，又没有专门的政府质量监督。政府对工程质量的监督管理，主要采取由州政府质量审查主管部门委托授权，由国家认可的审查工程师对所有新建工程和涉及结构安全的改扩建工程的质量实行强制性监督审查。审查工程师代表政府，负责对工程建设全过程的质量进行全面、全过程监督检查。

工程质量监督检查由州政府委托审查工程师具体实施，审查工程师是代表政府，而不是代表发包人。从而就保证了监督工作的公正性和权威性。审查工程师若因徇私舞弊、滥用职权、收受贿赂或在工作中严重失误，将被终身取消其审查工程师的执业资格。工程质量监督检查的费用由发包方通过纳税形式向政府建设主管部门缴纳，然后由州政府付给接受委托的审查工程师，避免了审查工程师与发包人之间的雇佣关系。

3.3.4　建筑产品技术认可制度

德国的建筑产品技术认可制度也是十分严格的。《建筑产品法》创造了以国家法律形式对建筑产品质量进行规范管理的成功范例，规定了建筑产品质量认证的方法。具体环节包括如下方面：由生产厂家及某个检验机构对建筑产品进行初步检验；生产厂家或某检验机构从厂家、市场、工地按规定抽样检验；生产厂家或某检验机构对一批待交付的或已交付的产品抽样检验；生产厂家对自身的生产过程进行不间断的自我监督；某一监督机构对生产厂家的质量控制检验系统进行初步审查；某一监督机构对厂方的质量控制检验体系，进行持续的监督、评估和审定。

检测机构、监督机构、认证机构必须通过政府建设主管部门的资质认定，资质审核和认定工作成为建筑产品质量保证的关键。

建筑产品检验认证合格后，允许使用在欧盟内部通行的代表建筑产品合格的CE标志，表示该建筑产品可以使用，才能允许投入使用和进行自由贸易。对于故意或失职违反合格标志使用方法的单位和个人，建设主管部门将视其情节轻重，处以一定数额的罚款。

由此可见，德国在建筑产品质量保证方面的管理措施是十分严密的，从而有效地避免了建筑产品的质量漏洞。

3.3.5 建筑安全生产培训教育和工程保险

德国在建筑安全生产方面形成了一套完整的管理制度。教育培训的方式有两种：一种是专门学校培训，如建筑职业培训学校，就是专门培训建筑业从业人员的机构。另一种是现场培训，由专业技术人员现场操作示范进行讲解。此外，德国的技工学校采用具有本国特色的“双元制”培训模式，成为技工和劳务教育培训的主体。“双元制”是以专业技工为培养目标的职业教育培训制度，培训对象部分时间在企业接受职业技能培训，部分时间在职业学校接受文化知识和专业理论的义务教育。“双元制”将企业与学校、理论知识与实践技能紧密结合起来，为建筑业企业输送了大批高素质的专业技工骨干。

德国工伤保险制度建立至今已有百余年历史。德国政府授权建筑业事故保险联合会负责建筑施工安全生产的行业管理。联合会属于半官半民组织，具体负责工伤事故保险、安全生产行政与技术法规、组织培训教育、事故调查统计、工伤疾病保险等项工作。所有建筑业企业职工，均须参加强制性工伤保险，每个企业都必须加入所在地区的联合会，成为联合会的成员。凡承揽建设工程的承包人，必须按照雇工人数和工种的危险程度向联合会缴纳工伤保险费，由联合会负责承担保险。

政府设立有专门的安全监督员，对建筑安全生产进行监督检查。

德国上述制度对于加强建筑安全生产管理，保障人身和财产安全发挥了极其重要的作用。这些制度也是德国长期建筑安全生产管理的经验总结。

3.3.6 从业组织和个人的行业自律

德国工程咨询服务业较为发达，政府对咨询组织和咨询工程师的管理，宏观上依靠建筑法规对其行为予以制约，微观上则依靠行业协会制定的工作条例、职业道德标准对其业务活动进行监督控制。行业协会等行业组织纯属民间性质，虽然与政府部门存在密切的联系，但同时保持着相对独立性，政府一般不予直接干预，咨询组织的生存发展完全依赖于市场调节。政府也不介入咨询工程师的执业资格管理，咨询工程师的执业资格由行业学会、协会通过审查考试，合格后认证注册。行业学会、协会的作用十分突出，影响到建筑行业的方方面面，对于规范行业的正常运作、促进行业整体水平的提高发挥了不可替代的作用。

行业组织对咨询工程师的资格要求十分严格，要求申请咨询工程师的人必须具有丰富的专业知识、工作能力和工程经验。申请人经过申请材料评审、书面考试、当面口试等环节，全部合格后才能被授予咨询工程师资格证书。咨询工程师必须遵守国家和地方相关的法律法规。市场竞争迫使咨询工程师不断提高自身的业务素质、保持良好的服务水平和社会信誉。咨询工程师需要接受行业协会工作条例和职业道德标准的约束。咨询工程师在工作中若因徇私舞弊、滥用职权、收受贿赂或严重失误，将被行业协会终身取消其执业资格。

3.4　香港建设工程管理体制及特点

香港工程建设和建筑业管理的一些特点，例如对政府工程和私人工程不同的管理模式，政府工程实行公开招标和最低价中标原则，工程分判制度以及法律与合约在市场运作中的作用等，对内地各级建设行政主管部门及有关企业负责人，都会有相当的启示和借鉴意义。

3.4.1　积极有效的政府干预

香港政府在坚决有效地维护经济自由的同时，在经济和社会发展的某些领域或相关环节，实行了强有力的干预。城市基础设施建设和建筑业管理就是其中之一。主要表现在以下几个方面：

（1）政府把城市基础设施建设作为其基本职责

政府的主要官员是对其工作有十分清楚明晰的认识并承担相应的职责。

（2）政府在城市基础设施建设方面投资巨大

香港公营部门的固定资产投资达到占全部投资总额的68.2%。

（3）政府从事工程建设和建筑业管理的公务员队伍庞大、分工细密、机构健全

有3个政府总部（工务局、规划环境地震局、房屋局）、9个政府部门（工务局属下7个工务部门及屋宇署、房屋署）、2个半官方机构（房屋委员会、建造业训练局）直接从事工程建设与建筑业管理。其中仅工务部门的公务员就达2.3余万人，超过香港政府全部公务员1/10。

（4）政府对工程建设和建筑业实行严格监管

对于私人建筑，屋宇署通过承建人和认可人士的注册管理以及建筑工程的图纸审查、开工许可、竣工验收、日常巡查等一系列法定程序对建筑活动实行严格监管。对于公共工程，工务局及其所属的各工务部门不仅对承建人实行严格的牌照制度，而且配备数以万计公务员直接从事公共工程的组织管理，包括工程的可行性研究、设计委托、顾问公司的选聘、工程招标投标、地盘监管直至竣工后的养护。

3.4.2　公开公平的招标投标

（1）所有政府投资的工程必须通过招标投标选择承建单位

具体的招标投标形式分为三类：①公开招标。招标公告在每周五出版的宪报上公

布，招标公告规定组别内认可的公共工程承建人都可以竞投。②选择性招标。只有工务局认可的承建人可以竞投，招标公告在宪报公布或书面通知有关承建人。采用这种招标方式时，工务局对于参加投标的承建人的资金、专业设备、专门人才或专业合同处理能力有特别要求。一般适用于特别技术需要的工程。特大工程需进行资格预审，特别适用于采用国际招标式的合约。③协商招标。特殊情况，如建筑合同的性质要求立即或尽快开工，或是要求提供专利技术和材料的，工程管理部门可采用定向招标或单独招标方式。这种模式下，资格审查和目标确定就显得非常重要，一般很少采用。

（2）工务工程实行严格的分级

针对不同级别实行分类招投标制，所有承建人须纳入政府统一注册管理，工务局负责按标准对其分级，根据等级确认其投标资格。

（3）认可公共工程承建人的财务状况是取得工程合约的重要条件

在参与公共工程投标时，所有承建人必须于提交标书时提交由其执行董事签发并对此负责的声明。

3.4.3 至高无上的合约管理

香港是一个法治社会，严谨的法律使激烈的竞争能够有序地进行。香港政府和私人投资者从发标的第一天起，就贯穿了用合约来控制承建人以保证工程的进度、质量和成本的思想。对投资者来而言，不仅是投资期间的本金利息负担十分沉重，更主要是早日完成之后效益是十分惊人的。合约管理是实现这一目的的保障。

3.4.4 传统的工程“分判制度”

香港建筑业几十年来承袭一种被称作“工程分判”的制度。这种工程分判制度对于实现建筑业生产的社会化和专业化，从而大幅度地提高劳动生产率发挥了重要作用。

香港有实力的建筑企业通常是技术、管理和智力密集的综合性企业，拥有资金、技术、专业人才、大型施工机械和少数技术工人，但是没有直接从事施工作业的一线生产工人。这些公司承接工程任务后，首先组建项目管理班子，在公司的垂直领导下主要负责进度管理、资源供应、质量监督和造价控制等工作，而将具体的土石方、基础、混凝土、机电、装修等工程分判（分包）给分包单位（称作判头）完成，有的甚至经过二判、三判。这与大陆的分包、再分包相类似，只是在资质管理、监控机制和市场潜规则方面有所区别。

3.4.5 举足轻重的“认可人士”

在香港工程建设和建筑业管理中，认可人士处于统筹负责、举足轻重的地位。所谓认可人士即按照香港《建筑物条例》的规定，由有关专业学会推荐，并经政府批准有资格代表业主统筹建筑事务的具有建筑师、工程师或测量师身份的专业人士。《建筑物条例》第 4 条规定："每一个由他人代为进行建筑工程或街道工程的人，须委任一名认可人士作为有关建筑工程或街道工程的统筹人及须就该建筑工程或街道工程中关于结构的部分委任一名注册结构工程师。"

3.4.6　独具特色的职业训练制度

香港建筑业的职工培训主要由建造业训练局负责。香港建造业训练局是依照《工业训练（建造业）条例》于 1975 年 9 月设立的永久性法定机构。该局不是政府机构，但其运作要受政府监督，每年须向教育统筹局提交一份报告，财务开支要报财政司审核。由香港总督（1997 年 7 月 1 日以后为特别行政区行政长官）委任的 13 名委员（包括 1 名主席），负责对建造业训练局的训练方针和政策进行监察，这 13 名委员分别由香港建造商会、建筑师学会、工程师学会、测量师学会、劳工组织、训练委员会、业外人士和政府有关部门的代表担任，任期两年。建造业训练局的职业训练的一个显著特点，是职业训练与劳动就业制度紧密结合。凡在该局接受全日制训练的初、高中毕业生以及从其他行业改行成为建筑业的技工或管工的人士，在培训期间，不但不需要本人交纳培训费，而且可以区别不同情况，由建造业训练局发给每人每月 1350～3000 港元的生活津贴。香港政府规定，凡取得建造业训练局颁发的培训合格证书的人士，承建商必须优先录用。

3.5　相关国家和地区建设工程管理体制的共同特征

从以上考察中可以看出，尽管不同国家地区管理体制的内容、管理方式和运行机制不尽相同，但随着国际社会的发展变化，各国建筑市场之间的信息和技术交流日益频繁，使得西方各国建筑行业管理体制呈现出一些共同特征。具体地说，主要有如下特征：

第一、政府对于工程建设的管理内容集中在关系公众利益的公共环境、公共安全、公共卫生的方面，如城市社区规划、工程建设标准、环境、名胜古迹保护、公共交通、建筑物的防灾措施、工人的劳动安全和劳动保护。

第二、政府管理的方式主要通过制定法律法规和相关政策来实现。管理依靠中介组织、有执业资格的专业技术人员去实施。工程建设和公司管理的法规健全配套，公司的设立、公司的财产组织形式、雇员报酬、雇员的劳动保护、建设规范、合同规范都有明确的法规、惯例可遵循。西方发达国家一般用两类法规来规范建筑企业的运行，一类是带有非常普遍意义的公司法、劳动法、安全法规，另一类是规划法、建筑法等技术性法规。

第三、政府对于行业管理涉及的范围各不相同，深浅不一，但普遍地偏重于行业的规划、行业人员的培训、行业技术水平的提高、行业有限竞争秩序的形成。

第四、政府管理机构的设立分三种类型：一是设综合的工程建设管理部门，如日本的建设省；第二种是设公共工程部，对于国家的公共工程进行管理；第三种是设住房与城市发展管理部门。

第五、对企业的管理，有的国家建立了资质管理制度，有的则不采用资质管理制度。在有资质管理制度的国家，还可分为两类，一类是只对于承担政府投资的企业实行资质管理；还有一类是对全社会的建筑企业统统实行资质管理。如美国对于承包商的管理，就不实行资质管理，他们依靠企业及各类中介组织相互之间的制约关系，来控制建筑企业的素质和承揽工程范围。

第六、建筑业是一个相对劳动力密集的行业，人员的培训是许多国家都比较重视的问题。一些国家的政府专门设立培训机构，筹措培训经费，展开培训工作，人员经过培训才允许上岗，这对于提高从业人员的素质起到了很好的保证作用。

第4章 国内外建设工程管理体制对比分析

4.1 建筑行业管理机构对比分析

4.1.1 管理机构设置

我国建筑业的直接管理部门是建设部和各级政府的建筑行政主管部门，在长期的国家计划体制下形成了建设行业分专业的行政管理模式，进行归口管理。

在国外，对工程建设进行管理是政府的一项重要职能，一般都设置有主管建筑活动的政府部门，但设置方式不同，在中央一级机构的设置上大体有三种类型：

(1) 设综合的工程建设管理部门

如日本的建设省，下设都市局、河川局、道路局和住宅局等，综合管理工程建设，进行相关法律法规、政策制定和实施；

(2) 设公共工程部

统一对公共工程进行管理，如加拿大、墨西哥、意大利等国。其中有些国家在公共工程部下还设有按照产品划分的下属机构，如墨西哥的"人口安置与公共工程部"，下设城市设施与住房司、联邦公路司、机场司、工程司等。

(3) 专设住房与城市发展部或住房与建筑部

主管住房政策及建筑业政策、市政设计等工作，如美国、澳大利亚等。

4.1.2 管理职能安排

根据各国政府管理强度的不同，国外市场经济发达国家进行工程建设管理的职能体现上也有所差异。一般可以分为两大体系：

亚洲地区国家，如日本、韩国和新加坡等。一般都设置有行业主管部门，管理职能较强，对建筑业活动的各个方面，政府都有相对应的管理机构。

西方发达国家，如美国等。一般没有行业主管部门，多数建筑业活动并没有对应的专门管理机构，而是由政府的综合管理部门统一管理。行业管理事务也多由民间组织完成。

虽然在运作模式上有所差异，但各国政府对于建筑业市场的强化管理职能还是大体相同，主要体现在以下几个方面：

(1) 建立和完善建筑业的法规体系及严格的执法监督体系，依法规范建筑业市场；

(2) 建立统一开放、竞争有序的建筑市场，提高行业服务质量，促进建筑生产活动的安全与健康，推进行业的整体发展；

(3) 通过制定法规，调整行业发展政策和建筑市场准入标准等，实现对建筑市场的宏观调控；

（4）通过市场许可、过程检测、资格认证等实现对建筑产品生产的质量、安全等的管理，保护社会民众的生命财产安全；

（5）把关系到国计民生的大型工程项目和公共投资的政府工程项目的建设作为管理的重点。

4.1.3 管理方式选择

我国现在主要的项目管理方式如下：

（1）业主组建 PMT 进行项目宏观管理。

（2）业主邀请 PMC 进行项目管理。

（3）承包商聘请专业项目管理机构以赢得投际、进行项目管理和实现项目利益最大化。

（4）对于几百万人民币的项目，由于项目管理知识所限，资金不充裕，业主自己担当项目管理者角色。

（5）一些政府投资的项目，即使是大项目，仍然由政府官员而不是专业人员管理。

（6）项目管理的重要性仍然没有为政府官员和企业经营者所广泛认可。

（7）直到 20 世纪 90 年代末，由于项目建设中和完工后，事故频频发生，政府才意识到项目管理的重要性。为满足对项目管理专业人员的需求，建设部已培训了三个级别共 500 多万项目管理人员。一级项目管理人员人数已达 100 万。

（8）PMI 已在中国认证了 8000 多 PMP，AIPM 也开始启动在中国的认证程序。

中国相关机构已经和 PMI、IPMA、AIPM 等国际组织建立了合作关系，目前，为改进项目管理规范和规则，提高项目管理水平，扩展项目管理方法，创造更好的项目管理环境，中国政府相关部门，协会和机构以及项目管理学院投入大量精力进行项目管理的研究和交流。

发达国家工程项目管理特点有以下的共同点：

（1）项目管理组织结构层次简洁，职责分明，关系明确；充分发挥市场机制的作用，不仅业主将工程首先视为投资项目，而且建筑师、承包商都从这一优先次序出发。工程项目的建设是一项复杂的系统工程，能否取得投资的预期目的，需要项目建设的各方——业主、设计、承包方、供货方共同努力、协调配合，所以选择合理的组织结构形式，科学地划分和设置组织层次、管理部门，明确各部门和岗位的职责，建立起一个适应项目特点和要求的项目管理机构，是实施项目管理的第一步——即选择适合工程项目管理的项目组织模式。

（2）依赖称职的专业分包商及标准化的过程控制与程序的广泛采用。尤其是称职的各层次的专业承包商，构筑了一种良好的行业环境。综观无论是传统的项目管理模式，还是 CM 模式、设计—建造模式、EPC 模式等等，必须由总承包商、承包商、分包商、专业咨询公司或监理公司等组成，由他们构筑起行业结构体系。

（3）全方面、全方位、全过程对工程项目进行管理控制，而不是阶段性、片面性的管理控制，运用赢得值原理、ABC项目控制理论等对项目的全过程进行主动控制和动态控制。

4.2　建设法律体系对比分析

（1）建筑法规体系

中国已经形成了建筑法律、行政法规、部门规章和地方法规相结合的法律体系，但是就总体而言，高层次的建筑法规数量太少，而低层次的建筑规章制度有些自相矛盾。这在不同部门之间显得尤为突出，法规的可操作性有所欠缺。

（2）专家参与立法

在发达国家，专业学会、专业人士、行业协会在建设管理法规的制定和监督执行方面起着举足轻重的作用，是政府建设行政主管部门的得力助手，而中国在这方面还很欠缺。建设部在草拟法规时，缺乏有立法经验的专家，而在法律修改定稿阶段，国务院法制局又缺乏建筑业的专家，导致有些法律条款违反了建筑业的固有规律。

（3）技术规范和标准制定

在国外，技术规范和标准基本上是由专业人士组织或行业协会制定的，制定的规范与标准一般都比较严谨、准确。但是中国的技术规范和标准一般是由建设主管部门委托有关机构编制的，缺乏专业性。

4.3　建筑业市场运行机制与管理制度对比分析

4.3.1　市场准入模式对比分析

从建筑业市场的准入管理制度来看，国外大体上有两种基本模式，一类是美德等市场经济发达的国家，普遍实行较为宽松的准入管理模式，其准入的关键在于企业的诚信和社会公德形象，在于大众的评价和认可；另一种是日韩等市场经济建立历史不长的亚洲国家，对企业进入市场普遍有较高要求，并实行较为严格的管理方式，主要通过政策、法规的约束、严格的准入审查和论证来确定。针对两种模式的不同，简要对比如下：

目前在国际市场上，资质管理有三类：第一类是欧美国家，不存在资质管理，市场准入完全依靠信用体系等支撑；第二类是亚洲一些实行市场经济的国家和地区，如新加坡、韩国、日本和中国香港等，虽然有一整套资质管理的运行体系，但只适用于政府工程；第三类是中国和越南等国，使用资质控制所有市场运行工程。

（1）企业准入条件

两种模式都对企业的准入条件有一定要求，内容基本相同，即大致包括资金、人力资源、专业的设备和工具、信誉和过去记录，其中人力资源主要是管理人员和专业技术人员的数量的层次，尤其注重优化结构比例。但是相对来说，西方国家在其市场相对成熟，企业法制意识、诚信意识、社会责任意识和信誉意识相对健全的前提下，政府对于企业准入市场的硬件条件要求较为宽松，限制较少，企业准入相对较为容易；亚洲国家因其市场的成熟度相对较低，且市场运行轨道受多重惯性机制制约，设立门槛相对较高，要求内容也较为具体，一方面提高了企业准入市场的硬件条件，另一方面也加大了市场准入评判的资源投入。

(2) 资质等级管理

西方国家普遍对企业资质实行相对宽松的管理方式，企业承包工程没有强制性的资质要求。只有部分国家的政府投资项目才有资质等级的要求。企业承包工程主要通过市场化竞争，根据实际业绩、技术实力和保险、银行、担保公司等机构提供的资信证明，政府也很少开展企业资质认定的工作，企业能否承接工程通常由市场决定，政府对企业的经营活动基本上不予以限制。亚洲国家则多数实行较为严格的资质管理制度。各个国家（地区）对资质的要求有详细具体的规定，实行分级分专业管理，针对各个专业均有具体规定，企业的经营活动必须在取得资质后才能开展，资质的获取也必须是逐级递升，采用台阶式管理，而且经营范围必须严格限制在资质范围内，但一个承包人可以取得两个以上的专业资质，如日本分 28 个工程类别，每项按造价分成A～E 5 个等级，企业按照等级参与相应级别的工程投标。

(3) 资质管理机构

西方国家政府一般不直接参与资质管理，而是较为重视协会等民间组织的作用，有限的资质管理的主体机构大多是政府的下属机构，而不是政府机构本身。亚洲国家的资质管理则主要由政府承担，近几年也逐渐呈现出向行业协会等民间组织转移的管理趋势。

国外建筑业市场准入的基本情况可以参看表 7-4-1。

国外建筑业市场准入基本情况对比 **表 7-4-1**

国家	企业设立			资质管理			业务经营规定	
	注册资本要求	专业人员要求	限制程度	有无注册/执照	适用范围	限制程度	经营范围	限制程度
美国	多数州有	专业承包商有	一般	多数州无	—	一般	无统一规定	一般
德国	有	有	少	无	—	少	无统一规定	少
英国	有	有	少	有（新的注册体系）	政府工程（非强制）	少	无统一规定	少
日本	有	有	多	有（执照）	所有工程	多	按资质范围	多
韩国	有	有	多	有（执照）	所有工程	多	按资质范围	多
新加坡	有	有	多	有（执照）	政府工程	一般	按资质范围	一般

4.3.2 质量监督管理对比分析

(1) 发达国家和地区建筑工程质量管理体制

1) 建筑工程质量的标准化管理

欧美等发达国家均建立了完善、成熟的标准化组织，质量保证体系推行多年，全面质量管理的施行及 ISO9000 的认证更是有效地保证了建筑工程的质量。在实际的应用中促进了企业或部门对产品质量的控制，反映在市场上是通过 ISO9000 认证的企业或部门提供的建筑产品或相关服务的质量明显高于市场平均水平。德国和美国的标准制定与执行情况的对比见表 7-4-2，部分国家和地区推行 ISO9000 的情况见表 7-4-3。

德国和美国的标准制定与执行情况对比　　表 7-4-2

内容		德　国	美　国
组织形式	组织机构	德国的标准化协会（DIN）是德国制定国家标准的权威机构。DIN 有 746 个专职人员，41000 个名义成员，3650 个工作组，每年约制定修改 14000 条标准，DIN 有一整套成熟的管理方法、在标准的编制、审核、出版、咨询服务等方面都具有很高的水平	ANSI 成立于 1918 年，它是美国政府认可的国家标准权威机构，是到目前为止授权开发商进行标准制度的唯一机构，这个机构的成员包括不同行业的 1400 家公司，250 个专业，技术、商业劳动者消费者团体和 40 家政府机构。ANSI 在行使其职能时，得到了从联邦、州、到地方政府的大力支持，制定的标准涉及所有的工业及商业领域
	运行模式	非营利性质的民间组织，它是由政府认可的标准化研究机构，其机构的运行完全由其组织内部操纵，政府一般不进行干预	非营利性质的民间组织，机构实行自负盈亏，其资金主要来源于成员交纳的会费
	工作职责	①受国家或行业协会的委托负责组织制定、修订和补充国家行业标准 ②作为国际标准化组织的成员，促使国家标准与国际标准统一	①负责协调国家统一标准。ANSI 本身并不制定国家标准，而是为制定标准提供良好的框架，审核和批准由经授权的开发商制定的标准。它同时负责修订在发展过程中国家标准的矛盾和不足 ②作为国际标准化组织的成员，促使国家标准与国际标准统一
制定与执行	制定过程	由利益相关的机构或团体共同参加，DIN 负责组织协调。参加各方以平等的地位就标准提出建议，最后由 DIN 确定、颁布	由 ANSI 授权的开发商组织制定标准，在标准制定的过程中，吸收有关机构或团体提出建议，开发商制定标准后，报 ANSI 审批，并由 ANSI 颁发
	政府参与	政府不直接干预标准的制定，而是以参与者的身份同其他方一样发表自己的建议	政府不直接干预标准的制定，而是以参与者的身份同其他方一样发表自己的建议
	执行效力	①由各行业的企业机构自愿执行 ②有些标准由政府有关部门引入法规。DIN 的 653 本建筑标准中，已有 179 本被法律引用，占 27%，一旦被法律引用就具有强制使用的性质	①由各行业的企业机构自愿执行 ②有些标准由政府有关部门引入法规

部分国家和地区推行 ISO9000 的情况　　表 7-4-3

新加坡	中国香港	英国
在新加坡，建设主管部门建筑业发展委员会（CIDB）广泛推行建筑行业的 ISO 9000 质量保证体系的工作，范围包括所有的顾问企业、工程公司、承包人及建筑材料生产人。建筑业发展委员会（CIDB）认为通过 ISO 9000 质量保证认证，可以从制度、组织上保证工程质量达到要求，因此对此项工作十分重视。并规定 1999 年开始所有符合资质标准的承包人及参与规模以上工程投资的顾问企业都必须取得 ISO 9000 证书，否则不得从事相应的工作	香港对承建人实行 ISO 9000 质量认证考察，房屋署的主管机构香港房屋委员会规定到 1993 年 4 月止承包香港房屋工程的承包人必须取得 ISO 9000 证书。工务局规定，到 1996 年 4 月承担工务局工程的顾问及设计企业必须取得 ISO 9000 证书。到 1996 年 10 月承担工程的承包人必须取得 ISO 9000 证书。香港ISO 9000认证机构除了一些国际的组织外，1990 年由政府批准成立了香港品质保证局。该局的开办费由政府资助，1993 年起自负盈亏，由理事会负责，现在香港大部分 ISO 9000 认证工作由该局承担，同时也接受了内地一些企业的认可申请	在英国，ISO 9000 对项目质量的控制也起着非常重要的作用，ISO 9000 必须为项目参与的各方所遵守，如设计单位、承包人、分包人、供应人及项目咨询公司。 许多公司根据 ISO 9000 编制了自己的质量保证体系作为“最低要求”。为了保证 ISO 9000 的顺利实施，一些企业还编制了相应的管理系统，许多企业获得了“质量管理体系”资格

2）建筑工程质量保证体制

欧美等工业发达国家对建筑工程质量的监督与控制实行全过程管理，即从项目的立项就开始严格控制，这里仅对建筑工程的实施阶段进行分析。对建筑工程质量的监督与控制通常是从政府、发包人及建设工程的生产者两个层次进行的，其质量保证体制如图 7-4-1 所示。

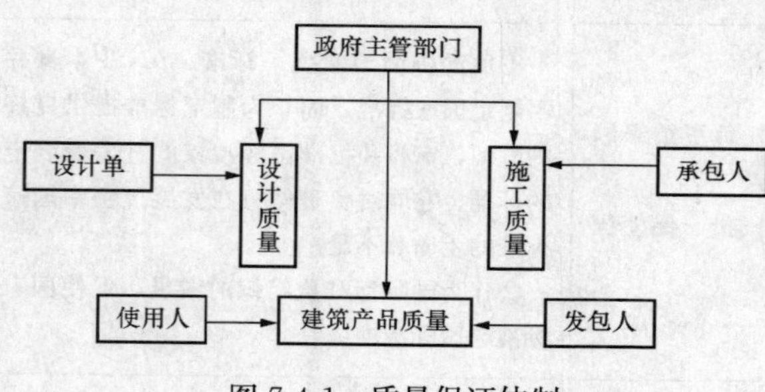

图 7-4-1　质量保证体制

从图 7-4-1 可以看出，政府的主要职能是对建筑工程质量进行宏观控制，国家通过制定法规来规范建筑工程生产过程中参与各方的行为，而由专业人士或机构对建筑工程的质量进行监督。对于建筑工程的质量管理，主要按市场规律办事，即“谁设计谁负责，谁施工谁负责”。

①政府对工程质量的监督

政府对质量的监督的是保证公民的生命、健康及财产安全，对建筑工程质量监督管理的主要内容如图 7-4-2 所示。

②对设计质量的监督

设计质量的好坏对建筑工程质量起着非常重要的作用，尤其是建筑结构的安全稳定关系到使用者的人身安全。因此各国政府对建筑物的结构、防火、消防等方面的设计都委托专业人士进行严格的审核，这种审核通常采取有偿服务，申请审核人必须按规定的标准交纳审核费。表 7-4-4 是德国和美国政府对建筑工程的设计质量实行监督的措施。

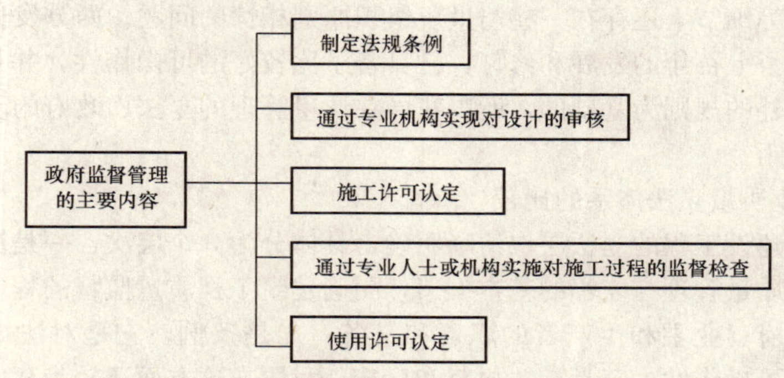

图 7-4-2　政府监督管理的主要内容

德国和美国政府设计质量监督对比　　表 7-4-4

内容	德　国	美　国
监督机制	根据德国建筑师及工程师的 HOAL 规定，德国的设计阶段分为设计准备阶段、概念设计阶段、方案优化及初步设计阶段，审批设计阶段，政府部门委托审核工程师对设计进行技术审核，设计只有通过审核工程师的审核，政府主管部门才对设计予以审批	《美国统一建筑条例》中第 106－3.2 款中明确规定施工许可证的申请文件中必须包括设计图纸和设计计算书，设计技术审核的通过是建筑主管官员颁发施工许可证的必备条件之一
人员资格	获得由国家认可的专业机构颁发的资质证书的技术审核工程师	由政府主管官员委托的专业工程师进行技术审核
审核内容	《建筑产品法》规定工程师审核的主要内容包括：主体结构的安全性、地基及基础的安全性；建筑防火：包括建筑材料防火、消防设备、火灾人流紧急疏散措施以及能源节约的审核	根据美国的《统一建筑条例》规定技术审核的内容包括：主体结构的安全性、地基及基础的安全性；建筑防火：主要包括建筑材料防火、消防设备、火灾人流紧急疏散措施等
审核收费	审核费一般由发包人向建设主管部门交纳，由建设主管部门转交审核者，押金按 AGT 标准取费	一般是业主向建设主管官员交纳施工许可证的费用，其中包括设计技术审核费用。取费标准按建筑统一条例中的表 1-A 收取
确定单位	政府主管部门	建设主管部门

③对施工过程质量的监督

欧美各国对建设工程的施工阶段质量监督主要是从施工许可证、使用许可证的颁发和对施工过程连续的检查和监督两个方面进行的。

（2）我国与发达国家和地区建筑工程质量管理体制的比较

质量管理法规体系是质量管理体制的首要条件，它对建筑工程质量具有决定性的影响。我国的建设法律体系从 1949 年开始制定，直到 1994 年才初步形成较为完整的法律体系。因为我国的法规体系在制定过程中依据自身的特点并大量吸收了国外的先进的成熟的立法经验，所以整个建筑法规体系与国外基本上是一致的。但我国在法规的制定和内容等细节上还存在一些与世贸组织原则相悖的问题。西方发达国家的建筑规章制度经历了上百年的发展和修订，已具备了比较好的可操作性，并且 WTO 的基本规则是以国外的规则为基础的，所以我国在质量管理的立法、政府的质量监督职能等方面仍有差距。

1）建筑业质量立法体系的比较

国外对于建设工程的立法层次清晰明确，具体分为 3 个层次：一是法律，主要是明确建筑工程质量管理与监督的基本框架，明确建筑工程质量监督的程序以及质量监督和控制中政府、业主和生产者的职责和义务；二是条例，它是对法规的补充和完善，使之具有可操作性。三是有关规范和标准。我国在这方面还较为薄弱，与其配套的实施细则亦不完善。

2）政府工程质量监督职能的比较

政府的质量监督是建设工程质量的重要保证，没有高质量的质量监督政策就很难有高质量的建设工程。我国的政府质量监督政策虽然实施多年，但仍存在效率低下的现象。在这方面，发达国家和地区对建筑工程质量监督管理体系值得我国借鉴。

国外政府对建筑工程质量监督管理的主要内容包括：制定法规条例；通过专业机构实现对设计的审核；颁发施工许可证；通过专业人士或机构实施对施工过程的监督检查；颁发使用许可证。

4.3.3 招投标制度对比分析

（1）招标主体不同

《FIDIC 招标程序》的实质是：工程招标投标最终目的就是投资方利益至上。从保护投资者利益的角度出发，选择低价中标方式是市场经济的必然选择。而在我国市场经济为背景的基础之上，我国大型基本建设的投资主体大多都是国家或是由国家完全控股的大型企业。这样的投资主体，缺乏或是很少有降低造价的动力。在我国，招标活动从来不是一种自发性行为，而是一种政府强制性行为。所以，有时一些主管部门碍于情面，找出各种各样的理由来保护自已行业或地区内的投标人，在这样的环境下制定出来的投标规则当然不可能会以低价中标为主。随着我国加入 WTO，现行的招标投标管理方式与机制已经不能与国际惯例相适应，因此开展对国际上通用的招标投标的管理方式和机制的研究，提出适用于我国的招标投标管理方式与机制并付诸实践，必将极大提高管理水平，加快与国际通用管理模式的接轨，形成良好的投资软环境。

（2）资质审查的意义不同

国际通用合同条件，如 FIDIC 条款，对国际竞争性招标规定了严格而科学的程序，其中，资格预审已经越来越被各国业主所重视，利用世行贷款的项目更如此。世行在《信贷采购指南》中要求“借款人应在投标有效期内，将合同授予被确定为投标最低的，并且能力和财力方面符合适当标准的投标人。”这个规定要求业主或工程对资格审查必须从严掌握。只有通过了严格的资格预审，才能有理由相信最低价中标的质量。因为如果通过了严格的资质预审，即使你的报价非常的低，也可能会成功竞标，如为企业长远利益奠定基础，如想要扩大国外市场，抢占市场份额等。韩国 LG 电梯公司以“零报价”进入我国大连市场，就是范例。总之，资质审查是国际项目投标的首道关口也是最重要的关口。但由于国内的评标主要是采用“综合评分法”方式，所以对于资质预审的工作没有国际工程要求的那么严格，由此也滋生了很多暗箱操作的温床，产生了很多工程隐患。因此，作为业主，我国政府部门在发包项目工程时要学习国际招标项目的资格预审方式，对投标人进行严格的资格审查，防范不合格的承包商危害我国重大招标项目的建设。作为承包商，我国企业要熟悉国际投标资格预审的内容和程序，平时应该注意做好资格预审有关资料的积累和准备工作，并将所需数据存入计算机的数据库中。遇有合适项目时要善于抓住机会，及时调出有关数据并加以整理，向业主递交简洁、准确的资格预审文件，争取闯过国际承包工程项目夺标的第一关。

(3) 选择中标人的标准不同

我国 1999 年 8 月 30 日颁布的《招标投标法》，明确选择中标人的标准有两种：能够最大限度地满足招标文件中规定的各项综合评价标准；或者能够满足招标文件的实质性要求，并且经评审的投标价格最低（但是投标价格不能低于成本价格）。各个省市在实际操作中，选择中标人的常用标准是综合评分最高，评判报价优劣的标准是标底，与标底越接近的报价得分越高，并且偏离超过标底一定幅度的报价就称为废标，会失去竞争的资格。国际上通用的评标方法一般采用最低评标价法，评标价最低的投标不一定是投标报价最低的投标。最低评标价既是一个中标标准，还是一种评标方法。评标价是一个以货币形式表现的衡量投标竞争力的定量指标，它是在考虑投标价格因素外，还综合考虑质量、工期、施工组织设计、企业信誉、业绩等各种综合因素，并加以量化，折算成货币，加权计算所得。土建工程的评标应严格按货币化的方式进行，任何因投标超过或低于某一事先确定投标估价（标底）即被自动淘汰的程序都是不能接受的。在鲁布革水电站引水工程国际招标中，日本大成建设公司以低于标底 43%的报价中标，且完成项目后仍有赢利，并得到了世行的充分肯定就是成功的典型。然而这在国内招标中却被认为低于成本而予以否决，这也是我国最低价中标与国际惯例的最大的差异。因为在我国所推广的最低价中标，并没有低于成本投标这个概念，这样就被视为投机取巧，看作违规。

(4) 造价的依据不同

在我国，长期以来在工程价格形成中采用定额计价的模式。定额计价法是一种与计划经济相适应的工程造价管理制度。从理论上来讲，各个承包商的报价存在的差距不大，也体现不出承包商的规模、管理模式、技术实力和施工方案等因素。但是，在国际上通用的是工程量清单的计价模式，这种模式是一种“量价分离”的计价模式，对于“量”的部分，业主在招标文件中提供工程量清单。而对于“价”的部分，市场价格是随时变化的，关键在于消耗量。在我国消耗量一直是套用国家的定额，然而国际工程的造价没有统一的确定依据，消耗量是承包商自己的经验定额，也就是我们现在所说的“企业定额”。不同的承包商根据自己的管理水平、技术实力、施工方案等不同影响着企业定额。这样，不同的承包商对于一个工程的投标，报价可能相差很多，充分体现了市场经济的完全竞争。我国目前为了与国际接轨，也在逐步推行工程量清单计价模式，但是与之匹配的应该是企业定额的发展。然而我国目前很少有企业制定出自己的定额，大多仍然是在国家定额的基础上进行修改，更多的是研究能更接近标底的价格。这样与国际的惯例是背道而驰的，更不能清楚地认识企业的实力，在国际竞标中会处于被动的处境。所以，尽快确立自己的企业定额以推广工程量清单计价模式的发展将是我国与国际建筑市场接轨的关键所在。

4.3.4 工程担保和工程保险制度对比分析

工程担保和工程保险制度是工程风险管理的重要内容，通过充分利用信用手段，加强建设市场主体之间的责任关系，有效地保障工程建设的顺利完成。

（1）法律制度的差异

在欧美法系的国家，担保通常具有法律效力，如美国规定对公共项目必须提供强制性的工程保函。法律赋予的强制性是工程保证担保制度顺利实施的前提条件。虽然我国《建筑法》、《招标投标法》、《担保法》和《保险法》中对担保作出了有关规定，各地也相应出台了一些地方性规定，但规定内容都较为笼统。另外，在工程担保实践中，缺乏对出现的纠纷进行技术鉴定和责任确定的权威机构，也缺乏强制性监督机制及违约惩罚机制。

（2）运行模式的差异

保证担保制度的运行与成熟完善的市场体系是分不开的，必须建立合理的工程招投标制度和健全的组织机构才能实现保证担保制度的健康开展。美国的保证担保行为有相关协会及中介机构为制度的实施提供良好的环境与服务，协会负责提供信息、进行行业培训和建立关系等。同时联邦和州政府对保险公司严格管理，建立完善的制度体系，对承包人的信用及时跟踪记录，及时公开发布。

在我国工程保证担保是一个新兴的事物，在实施过程中各地的规定参差不齐，有一些规定缺乏通用性。例如在投标阶段目前我国还是主要利用投标保证金来代替国外的投标保函，项目建设过程中履约保函的实施与美国也有很大的差异。我国目前只在一些大的公共项目和与外资合作项目的项目中要求承包人出具履约保函，履约保函覆盖面过窄。

（3）配套设施的差异

1）信用机制

美国工程担保经历百年发展，其信用体系已相当完备。相比较而言，近二十年来我国经济迅速发展，基本建设规模相应膨胀，市场监管明显滞后于扩张速度，使得很多运行环节处于管理的空白，尤其担保处罚机制不能及时配套，从而导致建材的假冒伪劣、施工的不负责任、合作的尔虞我诈等现象时有发生，企业信誉意识差，缺乏诚信理念，影响了整个建筑业的形象。

2）担保机构

担保机构在担保机制作用的发挥中扮演了很重要的角色。美国禁止银行从事担保业务，而由经批准的保险公司和专业担保公司承担。担保人不仅自己掌握大量客户资料，而且还有各种信用调查公司提供的排名、信用等级及各种分析报告，使担保人可以为全面地掌握被担保人的信用状况，从而作出准确的承保风险评判。而我国工程担保市场的保证人主体主要依赖于银行和担保公司。银行是我国工程担保市场最大的保证人主体，几乎垄断了工程担保市场的全部业务量。但银行开展工程担保业务的一个最大问题，就是专业性不强，缺乏保证履约意识和工程风险管理的监管力量。

（4）对二程风险认识的差异

美国的保证担保制度起源于减少公共项目的风险。由于保证担保在转移风险方面产生了巨大的作用，许多私营投资者也主动要求承包人提供保证担保。而目前我国工程建设各方的风险意识均不很强，常常只是为了履行程序，未能从工程风险管理方面入手，没有真正重视降低和转移风险。资料表明，美国工程项目的投保率达 90%以上，而国内工程项目投保率低于 30%。树立有关各方的风险意识，理顺权责关系，有利于我国工程保证担保制度的推进。

4.3.5　技术创新机制对比分析

（1）发达国家的技术创新机制及特点

在国际上，经济发达国家的技术创新工作相对超前，各行各业十分重视创新理念、创新思维的培育和塑造，重视创新方法的推广应用，强化生产力进步，其成功的经验和有效的做法能够为我国建筑业的创新发展提供借鉴和帮助。

1）德国

德国技术创新的突出特点是科学研究与技术开发并重，即通过中介机构将科学研究系统与技术开发系统紧密结合起来，促进科学和经济的协调发展。政府部门、科研机构、高等院校、中介组织和经济领域在支持企业技术创新方面既有明确分工，又有密切合作。

德国鼓励技术创新的一条重要思想是不断强化各技术创新主体（如政府、科研机构、企业、高校、中介、市场等）之间的合作，注重在资金、设备、智力、权力、市场、政策等要素之间的密切联系。促进科研同实际需要和问题相结合，促使科研成果更快转化成新产品和新技术，增加智力和经验的碰撞，也有助于有效利用资源和智力成果、增强创新意识和创新能力、加速技术的扩散与转移，更好地发挥行业系统的连动功能，有效地促进技术创新的深层次发展。

2）美国

美国技术创新讲究公共（官）、企业（产）、学术（学）三个领域相互交织作用，在创新进程的各个阶段建立了相互交叉的关系。这种创新模式打破了部门内营销、开发、研究之间的界限，也打破了部门、机构、行业之间的界限，为解决研究开发与产品开发和市场脱节问题提供了新的思路。政府始终作为技术创新的助推器，负责理顺技术推广和应用的市场关系，激励企业的自主性和能动性，把企业作为技术创新的主体，通过较为完备的法律体系强化其创新能力，尤其在产权保护和创新成果培育等方面起到关键性作用。

3）日本

日本的创新体系是由政府研究机构（官）、企业（产）和大学（学）构成。大学以基础研究为主，“官”以应用研究为主，“产”以开发研究为主，政府还亲自抓一些涉及政府目标的项目，如宇宙开发和原子能等。这种体制优点是分工明确，但却存在着创新环节之间脱节的隐患，容易造成重大技术路线决策失误。

（2）各国技术创新机制共性分析

1）发达国家均注重技术创新法律建设。通过建立有利于创新的法律环境，促进技术创新活动健康有序的进行。例如，美国颁布修改了众多法规，形成了较为健全的保护知识产权的法规体系。

2）强调政府、企业和科研单位等技术创新主体之间的密切联系，加强大学、科研院所与企业之间的合作，促使科研同实际需要和问题相结合，促使科研成果更快转化成新产品和新技术。

3）对政府在技术创新中所扮演的角色作出正确定位，合理充当科研成果的裁判员或消费者。

4）完善的教育体制，培育智力后备力量，为技术创新提供坚实的基础。教育、培训和研究被认为是创新的源泉和促进创新的根本手段，欧洲各国对教育和培训都非常重视，均出台了一系列政策来建立完善的教育和培训计划，如德国的学习社区计划，英国的科学与工程大使计划等。

5）制定积极的技术创新政策。创新政策涉及诸多领域政策制定者，包括研究、教育、行业和企业等。在鼓励公司与学术研究机构和政策制定者之间进行合作的众多机制中，集群政策最为流行。

6）注重发挥企业自主技术创新作用。企业在掌握市场信息、把握市场需求、熟悉生产工艺等方面有绝对优势，这些条件使技术创新适用性增强，可操作性提高，有利于技术成果的产业转化。

（3）各国技术创新机制对比总结

历史传统与社会文化等对国家创新体系的形成与发展有极为重要的影响，不同的国家其创新体系的结构和特点也各不相同。具体可以总结如下：

1）教育、政府创新补贴和技术计划等制度性因素，对一个国家的创新实绩和经济增长情况来说是非常重要的。

2）在不同的国家，政府在国家创新体系的作用是不同的。亚洲国家的政府是强力政府，在技术创新机制中，政府的作用远远超过其他西方发达国家。从科技人力资源的培育、研究开发资源的配置到科技发展方向和速度的确认、科技成果在生产过程中的应用等，政府全面介入了科学技术知识的生产、引进、分配、扩散和应用等科技活动的所有方面，制约了技术创新的活力，压制了市场的作用。

3）我国在技术创新方面的立法工作相对滞后，缺乏法律保障，存在无法可依的局面。现行科技进步法规比较笼统，主要是基本原则，缺少明确具体的措施。有关创新服务机构的性质、运行机制、税收政策以及创新服务机构的收费管理等大都是由国家管理部门和地方政府文件来确定的，而不是法律规定。

4）虽然我国也开始强调创新工作相关者之间的相互联系与相互作用，但效果不明显，存在运行机制与功能错位的现象。一些科研院所的组织形式和运行机制与其职能不协调，难以发挥应有的作用。政府资助的一些共性技术研究开发机构，大都设在大学和科研院所，也有些直接设在企业。如果没有特殊的管理办法和保障机制，这类机构难以发挥共性技术研发平台和技术扩散的作用，有违设立的初衷。

5）国家创新体系作为一种制度安排，可能存在系统失效问题，并不是各国的国家技术创新机制都是完美的，不同国家的技术创新机制在效率方面存在着重大的差别。技术创新活动相关者之间缺乏相互作用、公共部门的基础研究和产业应用研究之间不相匹配、技术转移机构的机制失常以及企业的信息不足与吸收能力低下等，都可能导致一个国家的创新绩效低下。而系统失效现象的存在以及由此造成的国家创新体系效率低下，对于一国的经济发展具有灾难性的后果。美国、德国的国家创新体系是高效率的，这对国家的经济发展产生了非常积极的影响。而日本的国家创新体系由于结构不合理，导致经济缺乏发展的动力，成为制约进一步发展的瓶颈。

（4）各国技术创新体制对我国的启示

技术创新机制与一定的政治、经济体制和创新模式相联系，是对政府（主管部门）和各类创新主体在技术创新中的职能、行为及互动关系所作的规定。应综合考虑国际技术创新机制优点，结合我国实际国情，提出我国建筑业技术创新机制的构思，即形成由政府和市场为导向的建筑业企业（产）、高等院校（学）、建筑类科研院所（研）分工协作的创新体制。

这种体制将建筑业的技术创新作为国家科学技术发展战略的一个模块或分支，在国家创新体系的大环境下，根据经济建设和基本建设对创新技术的战略需求以及工程建设实践中面对的技术难题对科技资源的市场进行正确导向，在政府引导下有组织地进行技术创新活动。

第5章 我国建设工程管理体制改革的方向和对策

5.1 我国建设工程管理体制改革的方向

建设管理体制改革的总方向是进一步转变政府职能，建立现代市场体系，营造健康有序的市场氛围，转变行业管理观念，强化服务意思，健全行政审批追究制度，加强法制建设，建立健全与市场经济相适应的工程建设管理体制。对工程质量、安全和市场资源进行整合，实现工程建设领域“一站式”服务和集中统一执法。总之，建立以市场机制为核心、以建设行政主管部门统一监督管理、法律法规完备、市场竞争有序的建设管理体制是建设管理体制改革的主导方向。

1. **经济结构调整提出了新的要求**

党的十七大从实现未来发展目标出发，明确提出了加快转变经济发展方式的战略任务。去年底召开的中央经济工作会议，综合分析国际国内经济形势，强调加快经济发展方式转变是我国经济领域的一场深层次变革，其中调整经济结构是转变发展方式的重要内容，对加快经济发展方式转变具有决定性意义，调整经济结构强调提升国民经济整体素质和抗风险能力，要在后国际金融危机时期赢得国际经济竞争的主动权。国民经济结构调整对建筑业提出了新的要求，即提升产值水平，提高产值利润，强化行业素质，拓展国际市场，增强核心竞争力。

2. **建筑业企业转型升级为建筑业可持续发展指明了新航向**

建筑业企业转型升级应着重从企业经营转型、市场转型、管理模式转型以及功能升级、品牌升级、实施水平升级着手，改变经营风格，扩展市场范围，提高服务能力和水平，实现企业和行业的可持续发展。

3. **低碳经济对建筑业提出新挑战**

全球性低碳经济的战略思想对建筑业提出了更高的要求，无论从设计、施工到使用，还是从建材、工艺到管理，均强调低碳排放，强调环保、节能。这就要求建筑业企业从建设项目全过程的各个环节改造自己，加强低碳经济认识，改变落后的生产经营方式，提高技术改造和实施水平，实现低碳建筑业的质的飞跃。

4. **国际金融市场波动带来的新问题**

国际金融市场的波动，直接影响了项目投资市场、资金市场和原材料市场，改变了市场竞争格局。一方面，大众化的基本建设任务出现了紧缩局面；另一方面，各国拉动内需的刺激计划多以基础设施为主，只满足了一部分企业和市场需求。此外，资金市场的不景气，加重了企业负担，加剧了企业的经济实力竞争。同时，国际市场范围也在日渐扩大，国际竞争也日趋激烈。

5.2 我国建设管理体制改革的对策与建议

5.2.1 转变政府职能、强化建设主管部门的监督管理

在市场经济条件下，政府职能主要是维护市场的公正和平衡市场资源的配置。建筑业中，政府职能的基本内容是建立良好的建筑市场环境，保障市场秩序。建设行政主管部门要通过加强和改进市场管理来更好地履行相关职责，使政府这只“看得见的手”和市场那只“看不见的手”相互配合，实现更加有效的管理，使整个市场经济始终保持良好的运行势态。

(1) 政府的建筑管理职能应由以行业、企业为管理对象，转变到以行业、企业所从事的建筑活动为管理对象，向真正的市场监管转变。政府退出普遍性的市场管理空间并不意味着放松管制，而是要对关系公共利益的市场活动进行重点监管，集中力量强化对不正当竞争以及过度竞争带来的不公平交易手段的监管，强化对环境保护、建筑生产安全、工程质量等涉及第三方或公众生命及财产安全的事务的监管。

(2) 建立市场监管的预防机制，积极营造社会化的监管体系。随着建立公共行政管理体制的提出，与社会各层面通过合作、协商建立相互融洽的合作伙伴关系，进一步确立和认同共同的目标，从而更加有效地实施对公共事务的管理。政府有效的监管，其本质是政府与公民对公共活动的合作管理，从而使公共管理活动取得公民最大限度的认可。从长远的发展来看，这种社会监督更高于政府监督，它不仅包括对政府监督之管辖领域的监督，同时也包括政府监督对象的再监督和对政府监督自身的监督。

(3) 完善政府对工程质量的监督管理职能

1) 保证工程建设严格按照基本建设程序进行

这是政府对建设工程质量监督管理的宏观方面。政府的作用应该是，完善立法，公平执法，建立和完善一个有效的、公平的、能够互相监督和制约的建筑市场环境，为建筑工程质量的提高提供一个良好的外部条件。根据国外的经验，可以通过设计审核制度、资质评定和审核制度以及工程咨询制度来保证工程建设严格按照基本建设程序进行。

2) 政府工程质量的监督检测工作

政府对建设工程质量监督工作既要依靠勘察设计、工程施工、建材生产及工程监理等单位，积极推行全面质量管理，贯彻 GB/T 19000—1509000 系列标准，搞好质量控制，又要加强政府对建设工程质量的监督检查工作。

5.2.2 完善建设法律法规体系，加强执法力度

(1) 强化立法意识。建设法律法规是保障建设工程质量和促进建筑业顺利发展有力武器，国家和各级政府部门、建筑业各部门应当重视建筑立法工作，加强立法宣传，树立法制意识，营造遵法守法、依法管理的良好氛围。

（2）完善立法程序和立法体系。进一步改进和完善立法程序，理顺立法机制，缩短法规制定、修订周期，充分利用专业协会和学会优势，逐步形成科学的立法运作模式，加强法制研究工作，完善跟踪反馈机制，尤其应尽快制定、修订、完善与《建筑法》、《规划法》、《建设工程质量管理条例》等建筑法规相配套的法规实施细则，进一步完善工程建设法律体系。

（3）建立严格的建筑许可制度

对从事工程建设活动各方市场主体的从业资格审核必须严格按《建筑法》的规定执行，建立健全建筑市场准入和许可制度，使建设工程施工许可制落到实处，这是工程建设的保障和前提条件。

（4）实行严格的建设工程招标投标制

在工程建设领域中实行招投标制，是目前国际上承包工程和劳务合作中的通用方法。招投标制的实行既体现了市场经济所要求的公平竞争原则，也为企业改革经营管理、推动技术进步提供外部动力，最大限度地减少建筑领域的腐败行为、净化建筑市场环境，充分发挥市场运行机制的积极作用，从而促进建筑业的健康、有序和可持续发展。

（5）加强相关法规的一致性。加大宏观调控力度，提高类似法规的关联度，避免政出多门、相互冲突，尤其是着重明晰不同利益群体的责权范围，杜绝各自为政、占山头、抢市场的极端行为，提升建筑业立法、执法的效力和效率。

全面修订不符合市场经济规律及建筑业发展的法律法规，加快制定有关工程价款支付与结算的法律法规，进一步通过立法明确建筑市场各主体的法律责任，特别是业主行为责任、咨询机构责任。

与此同时，要加强执法力度，建立专职的执法队伍，探索科学的执法模式。在执法方式上注重体现统一、科学、便利、高效的原则，依法确定执法机构的资格并规范执法。

5.2.3 完善建筑市场运行机制

当前我国建筑领域的法制建设尚不健全，市场行为仍不规范。因此要提高建设工程质量管理水平，一个很重要的方面是要制约和规范建筑市场主体各方的市场行为。

建设工程管理体制改革的重点是培育市场机制，全面启动建筑业诚信评价工作，加强市场信用体系建设，规范企业竞争行为，使监管从规范主体行为向培育主体自律和诚实守信转变，通过市场机制实现优胜劣汰。同时，进一步健全完善建筑业注册资格的个人执业制度，严格专业人员的执业准入，并监督其执业责任落实。理想的建筑市场运行机制如图 7-5-1。

5.2.4 构建完整的技术创新体系

（1）从法律、财税、技术服务三个方面完善技术创新体系

在法律制度方面，首先应加强知识的产权保护，尤其是专利的保护，这是技术创

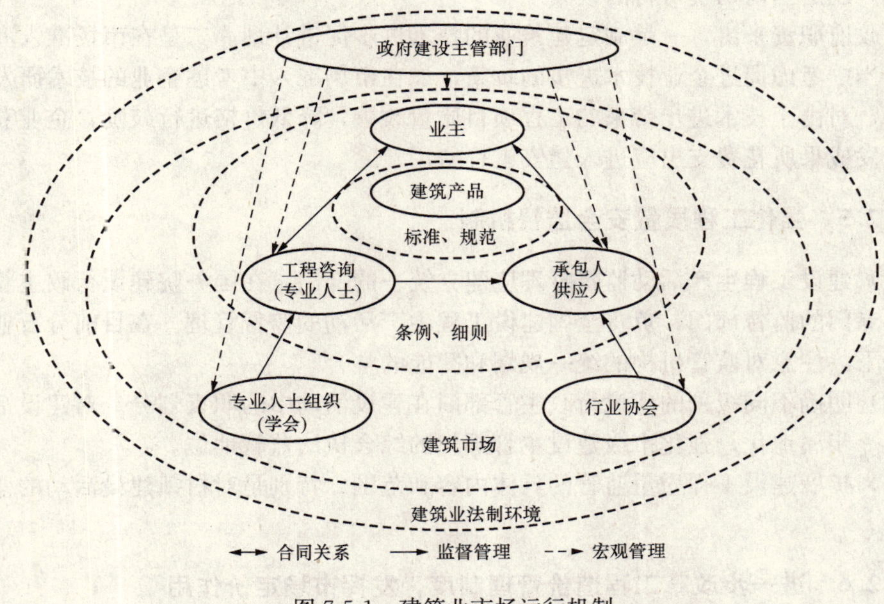

图 7-5-1　建筑业市场运行机制

新的激励保证。要强化企业的法律意识。既要强化企业对技术创新成果的法律保护意识，也要强化企业合法获取其他企业技术创新成果的守法意识，为技术创新营造一个良好的环境。其次，应加快制定可行的“技术创新法”。在该法中应对创新的主体、政府的角色、经费的投入和创新的成果转让与使用等方面作出明确具体的规定。同时对企业的技术创新细节，如资金投入等方面进行法律规范。以立法的形式规定技术创新活动的比率等，以法律的形式保障创新的投入。

在扶持创新的财税制度方面，首先，在我国目前建筑业整体效益欠佳，技术创新能力不足的情况下，现阶段的财政仍应是予以直接的资金资助，同时注意逐步地使财税支持的形式多元化，变单一的直接资金资助为直接资助、财政担保和贷款贴息等形式并存，不断地提高企业技术研究与开发的绝对量。其次，在加大国家财政直接投资的同时，尽快形成适应市场经济体制的多元化投资融资体制，特别是鼓励建立风险投资资金，形成风险资本市场和法规体制。第三，对于企业进行技术创新的人员，在个人所得税上应给予适当的优惠，从而形成足够的动力。

在技术中介服务方面，政府应充分利用现有的各种社会技术服务机构和中介机构，建立区域性的、专业性的技术中心和信息网络，以解决企业技术创新所欠缺的技术人员和技术信息问题。同时，由于建筑业技术特有的可视特性，使其具有公共产品的特征，国家可成立专门的技术中心，一方面用于加强运用技术的开发，以避免建筑业企业因技术追赶陷阱的顾虑而导致技术创新的停滞；另一方面，用于加强建筑业垂直价值增值体系的信息交流，加快新材料和新产品的实验，并设立相应的标准以促进建筑业技术的融合，消除标准滞后对建筑业技术创新的不利影响。

（2）制定当前切实可行的政策

从政府职责来讲，一是制定建筑业的技术进步促进计划。二是在市场准入和招投标管理当中考虑促进企业技术进步的政策，如在市场准入中考虑企业的技术研发能力和投入，对由于技术进步带来的工程项目质量改善，降低价格进行鼓励；企业获奖的技术开发成果所花费支出应进入建安工程费用。

5.2.5　强化工程质量安全监督机制

（1）建设工程生产活动监督管理应建立统一的部门，在国务院建设行政主管部门内设立专门的监督部门，负责全国建设工程生产活动的监督管理。在目前分行业管理的格局下，注意对监管机构的统一规划和智能的整合。

（2）明确不同级别的建设行政主管部门在建设活动中的职责划分。对建设活动的监管进一步属地化，强化市级建设主管部门的综合执法监管地位。

（3）扩展建设工程质量监管的具体内容和范围，特别是对村镇建设活动的监管急需加强。

5.2.6　进一步改革工程造价管理制度，发挥市场定价作用

（1）区分政府投资和非政府投资项目，制定政府投资项目的工程造价管理制度并监督执行。

（2）充分发挥注册造价工程师的作用，特别是明确注册造价人员的执业责任、惩罚措施及考评标准，真正发挥专业人员的作用。

（3）进一步完善计价依据及其配套政策，深化工程量清单计价改革。

5.2.7　加快建筑业生产方式的转变，提升建筑业发展层次

随着行业发展和建筑业的整体进步，无论是劳动者的改变还是劳动资料和劳动对象的改变，其实质决定于科学技术的进步，因此科学技术是建筑业第一生产力。现代管理也是生产力，其中最典型的管理理论即为项目管理理论。建筑业生产力的集中体现为科学技术和现代管理。建筑业生产关系主要体现在各实施主体之间的地位和相互关系，以及利益分配和责权划分。建筑业生产力和生产关系的集中体现在于生产方式，生产方式的核心在于组织方式、管理方式和经营方式。

建筑业生产方式的转变要求劳动者逐渐由专业型向高技能、高素质和综合型过渡，即要求劳动者具备一定专业知识、生产技能和岗位资格，符合相应的从业要求；强调劳动者的综合能力，要一专多能，懂技术、懂管理、懂法规、懂经营，应成为综合型技术人才，提高作业水平和作业效率；强调劳动者的高素质，要有一定的文化素养，有较强的职业道德意识，能够适应时代发展，适应社会文明对大众的要求。

随着社会进步和科技发展，要求劳动资料向高效能、高质量和低消耗的发展方向转变，已经出现了一大批生产能力强、工作效率高、劳动强度低、节能、环保的劳动资料。随着生产方式的进步和发展，劳动资料更应体现智能化、人本化和低碳化。

同时，建筑业生产方式转变应体现信息时代、科技时代和人文时代对建筑产品的需求，从结构、功能、施工实施和运行管理以及全过程服务均应体现智能型和人文型建筑的高端需求。我们应当切实转变各主体之间的地位和关系，围绕项目建设形成一个大的团队，用团队的方法去工作，用团队原则去沟通，用团队的理念去凝聚，最大限度地体现各实施主体之间的和谐高效。坚持平等互利、双赢互惠的合作原则，倡导利益一体化的合作关系，改进承发包模式和合同管理模式，体现责任、权力和利益高度一体化的合作。改变合同管理理念，真正做到以人为本、和谐共赢、目标一致的管理风格。改变狭隘的利益追求思想，避免合同纠纷和工程索赔，保持健康的合同关系。

改变传统的责权利关系，充分体现责任共担、权力共融、利益共享的管理理念。针对建设项目，各方责任在划清界限的同时，又要体现全盘负责的思想，真正做到分工不分家，以高度的责任心对项目负责、对社会负责、对使用者负责；对各方的权力，避免片面追求，在项目范围内要做到权力渗透、交叉和融合，体现权力的科学化和人性化；各方主体应围绕项目整体利益相互配合，从长远合作的高度处理利益关系。项目管理工作应进一步研究责权利的引导和约束机制，提高各实施主体之间的合作层次。

5.2.8 转变建筑业发展方式适应国民经济增长方式的转变

在新的经济形势下，转变发展方式是建筑业生产方式变革的核心所在，必须从行业的高度来认识，从全方位的环节来把握，从系统的层面来推进，引导建筑业企业应着重做好以下六个方面的转变：

1. 优化主体结构，明确发展方向

规模以上建筑业企业应当充分调整优化适应市场的主体结构，由单一的经营模式逐步向多元经营模式过渡，由单一的施工承包向多元化的总承包过渡，由单一化的合同标的向多元化的产业链过渡，逐渐扩充企业功能，充实和完善企业的综合配套和服务职能，实现主体产业结构的优势互补，提升企业面对市场高端需求的核心竞争力。

明确发展导向，从数量型增长向质量型增长转变，由单纯追求产值、规模向提高质量和效益转变，实现产值、效益高度统一的高质量转变。

2. 更新发展观念，创新发展模式

始终坚持以人为本的经营理念，以科学发展观为指导，坚持可持续发展原则。更新发展观念，改变过去片面的“为发展而发展”的传统习惯，充分体现发展的科学性和可持续性。把握市场实质，理顺企业运行机制，有效利用资源。科学规划，稳步实施，找准企业弱点，逐步完善。始终把企业发展与生产力进步、生产关系优化和经济政策调整以及国内、国际市场变化紧密结合起来，避免发展的单一性和盲目性，注重积累，善抓机遇，促进企业健康发展。

3. 优化动力结构，完善产业体系

生产力进步是企业发展的核心动力，生产力要素驱动是企业的核心生力源。建筑业生产方式转变要从生产力要素驱动逐步向生产力创新驱动转变。以完善产业链为导向，促进消耗竞争向费用竞争的转型，促进单一型经营向多元化经营的转变，促进管理效益向创新效益的跨越。优化劳动力、项目资源和建筑产品之间的动力结构，夯实劳动力素质和层次提高的基础，充分借鉴项目资源化配置、动态管理的成功经验，加强对建筑产品的预见、预知和预测，深层次理解建筑产品，准确把握建设者和使用者需求，站在行业发展和社会需求的角度把握建筑产品的功能、设计和使用，使得生产力各要素之间配合更默契、结构更合理，从而催生更为和谐的生产关系，提升建筑业生产方式的层次和效能。以上可以概括为“提高从业人员素质，优化项目资源配置，把握建筑产品实质，提升综合服务水平”。

同时逐步完善建筑业产业体系，以设计施工为主线，以技术创新为核心，以项目管理为依托，形成功能齐全、覆盖建设需求、满足项目建设多方位指标的产业体系，使得运行更为顺畅。一方面确保投资效益，另一方面提升项目质量和建设水平，推动建筑行业整体进步。

4. 调整增长格局，拉动行业外需

从政府引导和市场规划入手，逐渐调整建筑业增长格局，着力拉动行业外需，实现外需和内需的市场互补。尤其是大型企业和龙头企业，改变国内争夺低端市场的经营现状，加强国际市场竞争力的积累和培育，提高项目运作和实施的技术含量，完善功能链条。以内部市场作为基本积累点，以外部市场作为企业的增长点，拉动整个行业外需。一方面，出让低端市场空间，避免低层次竞争和运营循环，另一方面，充分提高企业产值效率和效益，实现经济增长的稳定性和持久性。

5. 塑造和谐文化，倡导文明经济

和谐是人类文明和进步的集中表现，建筑业生产方式转变就要体现生产关系的高度和谐，要充分体现不同实施主体之间的地位平等，体现公平公正的合同合作关系，体现双赢互惠的多重利益关系。改变合同管理观念，提高合同水平，逐渐减少甚至杜绝合同纠纷，融洽合作关系，塑造建筑业的和谐文化。

同时，从社会文明进步的高度，充分体现节能环保、绿色施工。加强节约意识，既要体现自有资源的节约，也要体现社会公共资源的节约，更要体现人类自然资源的节约。加强技术创新，注重工艺改进，实现文明规划、文明设计、文明施工和文明生产。积极倡导建筑业低碳经济、文明经济，提升行业运营层次，真正在国民经济中起到举足轻重的作用。

6. 政府积极引导，市场全力推动

建筑业生产方式转变，其中市场运行机制转变也至关重要。建设行政主管部门应着力做好市场细分工作和运行规划工作。目前，建筑业市场鱼目混杂，不同规模、不同等级的项目，不同层次、不同资质水平的企业无序竞争，“大马拉小车”、“小马拉大车”现象随处可见，使得项目质量、投资效益和企业利益均得不到保障，行业利润率一降再降。其实质问题在于高端企业占领低端市场，低端企业变相冲击高端市场，从而虚化了行业产值，恶化了市场竞争秩序。

因此，应当科学细分市场，“分层养鱼”，真正做到有序竞争，规范运营。应当借鉴多年的资质管理经验，把企业层次和水平的定位以及项目区分做精做细。在稳定国内市场的同时，延伸国际市场。对于规模以上企业着力引导和培养其国际竞争力，逐步在行业内形成以国内市场培育国际市场，以国际市场带动国内市场的行业运营模式，充分调动中小企业的低端市场优势，合理分配社会资源，优化市场结构。政府积极引导，市场全力推动，全面实现建筑业产业升级。

5.2.9 建筑业生产方式转变应充分体现全球化低碳经济的发展需求和经济结构调整的要求

1. 充分发挥劳务人员、技术人员和管理人员的创造作用，不断提高从业者的思想道德素质和科学文化素质，不断提高劳动技能和创造才能，充分发挥建设者的劳动积极性和创造性。

2. 必须把建筑业生产力进步同掌握、运用和发展先进的科学技术紧密地结合起来，大力推动科技进步和创新，不断利用新科技，改造和提高项目运营层次，努力实现建筑业生产方式跨越式发展。

3. 正确面对和处理行业发展中存在的不平衡问题，既要扶强，也要扶弱，实现整个行业的均衡发展。

4. 不断改革和完善建筑业的生产关系和上层建筑，为先进生产力的发展铺平道路。

5. 以科学发展观理念为指导，更加重视建筑业发展的质量和效益，更加重视自主创新和能力建设，更加重视行业的全面发展和核心竞争力的提升。

6. 以经济结构调整和扩大内需为契机，加快企业产业升级和综合发展，充分发挥市场“无形之手”的基础性作用，有效利用政府“有形之手”的关键性作用，切实体现行业“导向之手”的引领性作用。

5.2.10 引导建筑业产业结构的调整适应国际建筑业竞争趋势的转变

面对全球性金融危机，经济严重衰退，信贷出现了显著紧缩，国际建筑市场呈现出新的发展趋势，从而导致建筑业产业结构新的调整。

1. 基础设施建设项目成为市场主流

在全球经济衰退对建筑市场的影响下，很多国家均不同程度地实施了经济刺激计划，通过大规模开展基础设施项目来支撑经济发展。欧洲许多大型承包企业依靠基础设施项目来缓解自身的压力，中国建筑业也在拉动内需的经济环境下稳定了建筑业产值。但各国的经济刺激计划均倾向于本地企业，对国际承包企业的业务拓展有一定的局限，为国内建筑业提供了竞争的优势条件。

2. 规模以下企业运营风险加大

多年的市场经济运营，使得许多规模较小的企业逐渐发展壮大。但金融危机的影响对此类企业的市场拓展严重不利。由于建筑业是典型的高财务杠杆类行业，当前银行信贷紧缩可能导致此类企业在短期内衰退到市场繁荣前的水平，甚至不得已退出建筑市场。而资金充裕的大企业则将此作为一个难得的机遇，通过在通货紧缩的市场上投资以实现低成本的资本开支，无形的市场机制使得企业之间优胜劣汰，逐渐形成了市场巨头之间的核心竞争局面。

3. 市场对企业资本金的要求明显提高

由于金融危机的影响，使得项目债务成本增加，势必要求企业投入项目的资本金有所提高。虽然拉动内需和经济刺激计划普遍实施，但政府部门、公共机构仍然大幅削减了开支，自然就催生了一系列公私合营、融资承建等大型项目。而且此类模式将在未来相当长时期内占据主导地位，这就要求企业资本金实力要强，市场的运行将导致强者更强，弱者更弱。

4. 以中国为代表的亚洲国家的经济管理体制削减了危机的影响程度

亚洲国家的经济管理体制对银行和投资的控制比欧美严格，经济危机对其影响较小。尤其发展中国家比发达国家更为平缓，再加上国家经济刺激计划，将会使建筑市场仍然健康强大。因此，在很大程度上吸引了国际承包企业的广泛关注，从而将导致市场竞争的加剧。

5. 对企业总承包和综合运营能力提出了较高的要求

随着基本建设项目规模和设计功能的日益增大和复杂化，市场投资渠道和运营模式也呈多元化势态，投资者或建设单位愈来愈重视建设实施的系统化和综合化。同时政府对投资责任和项目安全的要求也越来越高，促使总承包和综合运营模式进入市场体系之中，而且逐步占据主导地位。企业之间的竞争已由单一实施环节转变为相对全过程的综合竞争。企业经营也逐渐趋向于产业链的完善。如 2009 年度国际承包商 225 强排行第一位的德国霍克蒂夫公司（Hochlief AG），其主要业务集中在房屋建筑和交通基础设施建设领域，业务范围涉及建设项目的整个生命周期，从前期规划、投融资、设计到后期的物流、设备管理、资产管理等。同时，在通信领域、废弃物处理、污水处理等领域也占据一定份额。排行第三位的奥地利斯特伯格公司（Strabag SE）基本囊括了建筑领域的所有业务，覆盖了建筑业整个价值增值链，主营业务分布在建筑与土木工程、交通设施及隧道工程与服务三大领域。

国内建筑业龙头企业和大型企业缺乏国际竞争力，其市场份额主要集中在国内低端层面，国内高端市场和国外高端市场的比例微乎其微，市场竞争局限于与中小企业竞争的层面，缺乏国际市场竞争的核心优势。2009 年，国际承包商（不含国内产值）前十强中没有中国企业，而全球承包商（含国内产值）中前十强中国占五家，形成鲜明对比。而且产值效益远不如同类国际企业，产值的低端成分大，相对水分大，甚至在转包挂靠等不正当市场交易中形成大量的产值计算重复，更有甚者其业绩名不副实。如全球承包商排名第 2 位的中国中铁股份有限公司，2008 年全球营业额为 345.48 亿美元，其中海外营业额只有 13.38 亿美元，在国际承包商中仅居第 62 位。而在国际承包商排名第 2 位的法国万喜集团（Vinci）2008 年全球营业额为 499.01 亿美元，其国外营业额达 184.89 亿美元。在国际承包商排名第 25 位的中国建筑工程总公司，在全球承包商中位居第 6 位，2008 年全球营业额 276.59 亿美元，其中海外营业额只有 35.23 亿美元。而全球营业额排名第 5 位的霍克蒂夫公司（Hochticf AG）

全球营业额为 292.84 亿美元，其国外营业额高达 261.82 亿美元。可见，在同等经营规模下，其实力和效益层次相差甚远。

企业利润则更不具可比性。如法国万喜集团营业额利润率达 19.8%，霍克蒂夫公司达 14.7%。而我们的利润率还不到 2%，其实质性问题在于运营竞争的综合性和服务质量的差距。

总之，建筑业深层次问题的凸显，使得生产方式转变迫在眉睫；国际国内形势的变动，使得发展方式转变刻不容缓；后金融危机形成的刺激机制，使得产业结构调整势在必行；落实科学发展观，使得生产关系和谐机遇难得。我们应当坚持把建筑技术进步作为第一生产力，把项目管理发展作为第二生产力，以人为本，逐步强化生产关系，最大限度地促进建筑业生产方式的进步，引领建筑业可持续发展。

参 考 文 献

[1]《中国建筑业改革与发展研究报告》编委会．中国建筑业改革与发展研究报告（2004 年）[R]. 2003.12.

[2] 王素卿．企业资质不适应工程总承包市场的实际要求 [J]. 建筑，2006.4.

[3] 建设部工程质量安全监督与行业发展司、建设部政策研究中心．中国建筑业改革与发展研究报告（2005 年）[M]. 北京：中国建筑工业出版社，2005.9.

[4] 建设部工程质量安全监督与行业发展司、建设部政策研究中心．中国建筑业改革与发展研究报告（2006 年）[M]. 北京：中国建筑工业出版社，2006.10.

[5] 建设部工程质量安全监督与行业发展司、建设部政策研究中心．中国建筑业改革与发展研究报告（2007 年）[M]. 北京：中国建筑工业出版社，2007.9.

[6] 曾培炎．中国投资建设 50 年，北京：中国计划出版社，1999.10.

[7] 雷鸿君．经济转轨期中国建筑业市场规制研究 [D]. 上海：同济大学博士论文，2005.

[8] 叶隆．国有建筑企业改革与建筑业发展 [D]. 合肥：安徽大学硕士论文，2004.

[9] 肖斌．建筑业管理体制创新研究 [D]. 郑州：郑州大学硕士论文，2004.

[10] 贾献忠．我国建筑业发展对策研究 [D]. 武汉：武汉理工大学硕士论文，2002.

[11] 吴拯．中国建筑业产业组织研究 [D]. 重庆：重庆大学硕士论文，2003.

[12] 陈炎村．中国建筑业结构的现状、问题与调整途径 [D]. 厦门：厦门大学硕士论文，2001.

[13] 王洪强．中国建筑行业电子政务评价指标体系研究 [D]. 上海：同济大学博士论文，2006.

[14] 徐友全．对我国建筑业管理改革的几点思考和建议 [J]. 改革探讨，1999.8：3-6.

[15] 赵莹．对中国建筑施工企业资质管理现状的思考 [J]. 重庆建筑，1999.8：71-72.

[16] 刘梅生．改革建筑企业资质管理的思考 [J]. 建筑，2006.8：32-34.

[17] 徐友全．国际建筑业管理体制机制 [J]. 建筑经济，1999.7：3-5.

[18] 张忠其．建筑施工企业资质管理应遵循的原则 [J]，新疆农垦经济，2005.6：66-68.

[19] 张庆云，李健．建筑业企业资质概念、管理中若干矛盾及对策与资质改革前瞻 [J]. 建筑结构，2000.10：6-9.

[20] 武守恩．企业资质管理谁唱主角——浅谈市场准入和清出制度在建筑业改革中的作用 [J]，施工企业管理，2006.2.

[21] 张文彬．浅谈影响建筑业企业资质管理的因素 [J]. 山西建筑，2007.5：220-221.

[22] 李健．建设工程企业资质和资质管理的法律地位［J］．建筑，2005.12.
[23] 贾衍邦．王素卿司长谈建筑企业资质审批改革［J］．建筑，2006.3.
[24] 郑圆媛．我国建筑业挂靠施工企业资质管理现状透视［J］．广东建设信息，2006.8：55-57.
[25] 王国荣，宋良．现行建筑业企业资质管理探究［J］．科技信息，2007.4：103.
[26] 杜丽渊，丁霄，陈蠢森．现行企业资质管理的缺陷［J］．施工企业管理，2006.12.
[27] 张文彬．浅谈影响建筑业企业资质管理的因素［J］．山西建筑，2007.5：220-221.
[28] 刘月超．资质管理改革探路［J］．建造师杂志，2006.12.
[29] 赵旭平．论市场经济体制下的行业管理［J］．管理世界，2002.6.
[30] 余照务等．加入 WTO 与推进行政审批制度的改革［J］．管理现代化，2002.4.
[31] 金本良嗣著．关柯等译，日本的建筑产业［M］．中国建筑工业出版社，2002.5.
[32] 姚兵著．论工程建设和建筑业管理［M］．中国建筑工业出版社，1995.7.
[33] 林知炎等．工程项目管理［M］．建工出版社，1998.7.
[34] 樊宇虹、张卓．美国建筑业的政府管理［J］．北京建筑工程学院学报，2000.2.
[35] 马红等．世界建筑业管理惯例与中国建筑业应对 WTO 的对策［M］．中国建筑工业出版社，2002.
[36] 齐骥等．香港的建筑管理制度［J］．建筑，2002.2.
[37] 陈宗贵．新加坡的建筑控制制度［J］．建设监理，2002.2.
[38] 建设部课题组．加入 WTO 对我国建设事业的影响及相关对策［M］．知识产权出版社，2003.6.
[39] 邵卓民等．经济发达地区/国家的现行建筑法规与标准体制［J］．工程建设标准化，2003.4.
[40] Akerlof .G，The market for lemons：qualitative uncertainty and the market mechanism. Quarterly Journal of Economics，84，488-500.
[41] Alfred B Ngowi，What is a competitive advantage in the construction industry，Cost Engineering，Morgantown，Feb 1999；Vol. 41，Iss. 2；pg. 30.
[42] Christian Brockmann，Transaction costs in relationship contracting；AACE International Transactions，Morgantown；2001；pg. 61.
[43] George P Baker，Empirical strategies in contract economics：Information and the boundary of the firm；The American Economic Review，Nashville；May 2001；Vol. 91，Iss. 2，pg. 189.
[44] John Collins，Maria Gini. An Integer Programming Formulation Of The Bid Evaluation Problem For Coordinated Tasks，2001.
[45] John Murdoch and Will Hughes，Construction Contracts Law and Management. London：SPON press，third edition. 2000.
[46] Lisa J Cameron，Limiting buyer discretion：Effects on performance and price in long-term contracts；The American Economic Review，Mar 2000，Vol. 90，Iss. 1；pg. 265.
[47] M Motiar Rahman，Joint risk management through transactionally efficient relational contracting；Construction Management and Economics，London；Jan 2002；Vol. 20，Iss. 1；pg. 45.
[48] Neal M Stoughton，Managerial bargaining power in the determination of compensation contracts and corporate investment；International Economic Review，Philadelphia，Feb 1999；Vol. 40，Iss. 1，pg. 69.
[49] Salman T. Al-Sedairy，A change management model for Saudi construction industry，International Journal of Project Management 2001，19，161-169.

第八篇

中国建筑业“十二五”产业政策研究报告

第1章　我国建筑业产业政策发展历程和现状

1.1　我国建筑业产业政策的发展历程

新中国成立以来，我国建筑业产业政策已经走过60多年的风雨历程。改革开放之前，我国处于计划经济时期，建筑业产业政策具有计划性、指令性等特征；改革开放以来，建筑业产业政策则用于引导建筑业资源有效配置。因此，以改革开放为界限，产业政策的制定和实施可以划分为两个历史阶段。根据两个历史阶段中不同时期的特征，建筑业产业政策的发展历程可以划分为更详细的阶段。

产业政策的实施具有连续性，但从总体来看，其进程与产业改革的历程基本一致，建筑业的改革又与我国改革开放的进程一致，因此，可以以每个五年计（规）划为界限划分建筑业产业政策的发展历程。

1.1.1　改革开放之前建筑业产业政策

(1) 产业的形成和成长阶段（1949～1957）

新中国成立后，我国建筑业在社会主义建设过程中不断发展壮大。

1951年6月，中华全国总工会召开全国建筑工会工作会议，经过讨论，会议提出了整理与改革建筑业的十一条办法。包括：国家设立建筑工业管理部门，设立国营建筑公司，设立国营设计公司，废除层层转包、建立合同制，废除把头制，设立建筑工人统一调配机关等。

1952年是建筑业初步形成的重要一年。1月9日，政务院财经委员会颁布《基本建设工作暂行办法》，对基本建设范围、组织机构、工程预算、设计施工、监督检查和验收交接等，都作出了明文规定。同年8月，中央人民政府建筑工程部成立。此后，一些省市陆续建立了建筑行业主管部门，各地建筑企业迅速发展。

1955年初，建筑工程部确定开始实行工程施工包工包料，该方式大大提高了建筑企业的管理和经济核算水平，成为此后相当长时间内建筑工程的主要施工（承包）方式。同年，面对工业建设任务越来越艰巨，技术要求越来越高的情况，原建工部借鉴苏联经验，第一次提出要实行建筑工业化。根据国务院的决定，原建工部在建筑科学研究、建筑施工技术装备及建筑工业生产布局等方面，采取了一系列措施，有力地推动了建筑工业化的发展，初步建立了工厂化和机械化的物质技术基础，对完成国家重点工业建设任务发挥了重要作用。1956年，国务院通过了《关于加强和发展建筑工业的决定》，为我国建筑业走上正规的、工业化的发展道路奠定了基础。

从1949年新中国成立到1957年第一个五年计划结束，是建筑业的成立和发展阶段。在这一时期，百废待兴，建筑业对国民经济的恢复发挥了巨大作用，国营建筑企业成立并积极参与社会主义建设，建筑业管理部门得以确立，建筑业纳入一个快速成长和发展的轨道中。

（2）曲折发展阶段（1958～1977）

从 1958 年开始，建筑业进入曲折发展阶段。1958 年，中央政府决定在北京建设人民大会堂、扩建天安门广场等，即“十大建筑”。全国中小城市都以建成工业城市为目标，具有一定规模的大城市则大力开辟卫星城镇。在大跃进运动的推动下，1960 年的基本建设投资达到了 384 亿元。

1958 年以后，在“左倾”错误影响下，建筑业提出了一些不切实际的口号，建筑工业化的发展遭遇挫折。但在局部地区的某些领域，建筑工业化仍取得了一定进展，如北京市率先试验了多种砌块和装配式大板住宅体系。十年动乱期间，建筑工业化几乎处于停滞状态。

严峻的政治经济形势迫使党中央和政府采取应急措施。1961 年 1 月，中共八届九中全会通过了国民经济的“调整、巩固、充实、提高”八字方针。产业政策向压缩基本建设规模倾斜，1962 年 3 月，党中央发出通知，要求所有计划外工程必须立即停止施工。

1964 年，经济情况略为好转。为贯彻中央“要建立自己的战略后方”精神，建筑工程部调整力量部署，集中进行内地建设，并于 1965 年重新组建八个工程局。1966 年 2 月，国家建委提出对全国 300 万人的施工队伍（不包括集体所有制企业）分期分批进行整顿和整编，进行军事化试点。

从 1967 年 1 月到 1973 年 3 月底，经常费制度取代了施工取费制度，施工采取军事化方式，企业管理和施工生产陷入混乱状态。1973 年到 1976 年，建工系统企业亏损面达到 50%，国家财政补贴 4.4 亿元，建筑业劳动生产率大幅下降，工程质量普遍降低，工程事故大量发生。

“文化大革命”期间（1966～1976），“四人帮”煽动停工停产，取消了承发包、施工取费等各项管理制度，大批建筑企业亏损，工程质量普遍下降。

1977 年 10 月，国家建委颁发了关于保证工程质量和安全施工的两项规定，即《关于保证基本建设工程质量的若干规定》和《关于加强建筑安装企业安全施工的规定》。1977 年底，国家建委在北京召开全国施工工作会议，提出要抓好企业，保重点、保竣工、保投产，加强对县以上集体所有制施工队伍的领导，并决定在南宁、常州两市进行建筑工业化试点。

在这一时期，一些政策对建筑业的发展产生了消极影响，建筑业在曲折中发展，随着“文化大革命”的结束，这段特殊历史时期对建筑业的不利影响逐渐结束，建筑业迎来了改革和发展的春天。

1.1.2 改革开放以来建筑业产业政策

改革开放以来，建筑业经过 30 多年的发展取得了巨大成就。纵观这一历史时期的建筑业产业政策，可以划分为以下三个阶段。

(1) 改革初期（1978～1990）

粉碎“四人帮”以后，文化大革命宣告结束。如何加速国营企业的发展成为决策层首先思考的问题。1978年12月18日至22日，中国共产党第十一届中央委员会第三次全体会议在北京举行。这次全会重新恢复解放思想和实事求是的思想路线，作出了实行改革开放的伟大决策。

1978年，原国家建委先后召开了香河建筑工业化座谈会和新乡建筑工业化规划会议，明确指出“建筑工业化就是用大工业生产方式来建造工业和民用建筑”，提出以“三化一改”（建筑设计标准化，构件生产工厂化，施工机械化和墙体改革）为重点发展建筑工业化，并且确定在常州、南宁试点，摸索在一个城市推行建筑工业化的全面经验。

1979年3月，全国基本建设工作会议在北京召开。会议提出坚决贯彻执行中央关于调整国民经济的方针，认真搞好基本建设的调整、整顿和改革工作。4月，中央召开工作会议，确定了用3年时间对国民经济实行以调整为中心的“调整、改革、整顿、提高”的方针。7月，国家从政策层面对企业调整，颁布《关于扩大国营企业经营管理自主权的若干规定》、《关于国营企业实行利润留成的规定》等一系列“放权让利”的改革措施，从多个方面下放企业自主权。9月，国家建工总局举办建工系统领导干部研究班，探讨了体制改革的方向，提出了扩大企业自主权、改革材料供应体制、实行利润留成等试点方案。

1980年4月，改革开放的总设计师邓小平发表了《关于建筑业和住宅问题的谈话》，高瞻远瞩地提出：建筑业应当成为国民经济的支柱产业。他认为，从多数资本主义国家看，建筑业是国民经济的三大支柱之一。之后，党和国家领导人在多次重要会议上贯彻了邓小平同志的这一指导思想，反复强调要把建筑业办成支柱产业。1980年5月4日，国家建委、国家计委、财政部、国家劳动总局、国家物资总局联合颁布了《关于扩大国营施工企业经营管理自主权有关问题的暂行规定》，涵盖了扩大企业生产经营自主权、改革材料供应、恢复法定利润、降低成本留成、扩大企业劳动工资管理权限和减轻企业额外负担等内容。

1980年6月30日，国家建委转发《国家建工总局关于调整城镇集体所有制建筑企业若干经济政策的意见通知》，要求县以上集体建筑企业从1979年起按照国家建委、财政部的规定，从利润中提取企业基金之后再缴税，所提基金主要用于职工集体福利方面，并对劳动保护用品的发放及扩大企业经营管理自主权作出了规定。

1981年1月21日，国家建工总局发出《关于改进当前劳动定额管理工作的几点意见的通知》，提出了对《建筑安装工程统一劳动定额》的改进意见。内容包括：改造定额管理体制，扩大地方和企业权限；加强定额管理；加强组织领导，健全劳动定额机构。5月11日，国家建工总局颁发了《建筑安装工程施工实行总、分包制的暂行管理规定》、《关于施工管理的若干规定》。12月15日，国家建委、财政部、国家劳动总局、中国人民银行总行联合颁发《关于施工企业推行经济责任制的若干规定》，指出全国施工企业必须结合自身的特点，进一步完善经济责任制，继续扩大国营施工企业经营自主权。

1981年，全国建筑工业化经验交流与学术讨论会充分肯定了建筑工业化方向，全面总结了20世纪70年代后期以来发展建筑工业化的成效和经验，肯定了几年来建筑工业化的发展在改革建筑业落后面貌方面取得的显著成效。

1982年4月，城乡建设环境保护部成立。8月30日，城乡建设环境保护部和劳动人事部联合发布《国营建筑企业实行合同工制度的试行办法》。12月10日，第五届全国人民代表大会第五次会议批准了《中华人民共和国国民经济和社会发展第六个五年计划(1981～1985)》。"六五"计划将建筑业列入第二编《各经济部门发展计划》第十六章。

1983年3月，城乡建设环境保护部在济南召开全国建筑工作会议，传达讨论建筑业改革大纲，包括改革经营方式、工资分配方法、建筑业管理体制和组织结构、城市住宅的投资方式、单纯用行政手段分配建设任务的办法、工程质量监督办法、干部制度、落后的生产方式和管理办法、勘察设计单位实行企业化经营、科研管理办法。为了配合这一阶段的改革，相关部门颁布了大量的产业政策，见表8-1-1。

1983年建筑业主要产业政策 **表8-1-1**

颁布时间	名　　称	颁布部门
5月6日	《建筑业技术改造规划要点（草案）》	城乡建设环境保护部与国家标准局
5月7日	《建筑工程质量监督条例》（试行）	城乡建设环境保护部
5月10日	《住宅工程平方米造价包干试行办法》及《国营建筑企业与城乡集体建筑企业联合经营试行办法》	城乡建设环境保护部
5月27日	《国营建筑企业安全生产工作条例》	城乡建设环境保护部
6月7日	《建筑安装工程招标投标试行办法》	城乡建设环境保护部
8月8日	《建设工程勘察设计合同条例》和《建筑安装工程承包合同条例》	国务院
9月20日	《建筑税征收暂行办法》	国务院
11月20日	《关于城乡集体所有制建筑企业若干政策问题的实施办法》	城乡建设环境保护部

1984年9月18日，国务院颁发了《关于改革建筑业和基本建设管理体制若干问题的规定》，共16条，主要内容有：全面推行建设项目投资包干责任制；大力推行工程招标承包制；改革现行的项目审批程序，改革工程质量监督办法；建立工程承包公司，专门组织工业交通等生产性项目的建设；建立城市综合开发公司，对城市土地、房屋进行综合开发；勘察设计要向企业化、社会化发展，全面推行技术经济责任承包制；实行鼓励承包单位节约投资、提前投产的政策；建筑安装企业要普遍推行百元产值工资含量包干；改革建设资金管理办法；改革建设材料供应方式，由物资部门将材料直接供应给工程承包单位逐步改为由工程承包单位包工包料；改革设备供应办法；改革现行的项目审批程序；全民所有制的建筑业，要保留一支技术水平高、战斗力强

的骨干队伍，同时允许集体和个人兴办建筑业，允许持有营业执照的建筑队参加投标竞争，承包施工任务，也允许国营建筑企业与集体建筑企业联合承包；改革建筑安装企业的用工制度，除必需的技术骨干外，原则上不再招收固定工；推行住宅商品化，商品住宅应根据不同情况，采取全价出售、补贴出售或议价出租的办法；实行征地由地方政府统一负责的办法；改革工程质量监督办法。

除《关于改革建筑业和基本建设管理体制若干问题的规定》外，1984 年发布的建筑业产业政策见表 8-1-2。

1984 年建筑业产业政策　　**表 8-1-2**

颁布时间	名　称	颁布部门
3 月 3 日	《建筑工程保修办法》（试行）	城乡建设环境保护部
3 月 22 日	《建筑企业营业管理条例》	城乡建设环境保护部
4 月 12 日	《建筑安装企业百元产值工资包干实施办法》	城乡建设环境保护部
6 月 6 日	《关于进一步抓好建筑勘察设计改革试点工作的通知》	城乡建设环境保护部
9 月 29 日	《基本建设项目投资包干责任制办法》	国家计委、城乡建设环境保护部、劳动人事部和中国人民银行
10 月 21 日	《城市建设综合开发公司暂行规定》	国家计委、城乡建设环境保护部
11 月 5 日	《工程承包公司暂行办法》	国家计委、城乡建设环境保护部
11 月 10 日	《关于工程设计改革的几点意见》	国务院
11 月 15 日	《基本建设材料承包供应办法》	国家计委、城乡建设环境保护部、建设银行和国家物资局
11 月 20 日	《建设工程招标投标暂行规定》	国家计委、城乡建设环境保护部
11 月 20 日	《机械工业部成套设备承包暂行条例》	国家计委、城乡建设环境保护部、建设银行和机械工业部

1985 年是落实建筑业和建设管理体制改革的重要年份，主要以落实投资包干、招标承包制和完善企业内部经济责任制为重点。在这一年，国家统计局参考国外做法，进行三类产业划分，将建筑业与工业并列，归入第二产业。12 月，《中国建筑年鉴》出版，总结了建筑业的发展历程和取得的建设成就。

整个“七五”期间（1986～1990），建筑业继续推进改革，产业政策处于一个较为平稳的颁布及实施阶段。

1986 年，城乡建设环境保护部颁布的文件主要有：《建筑技术政策》、《关于确保工程质量的几项措施》、《建筑安装工程总分包实施办法》。7 月 1 日，国家计委与对外经济贸易部联合发布《中外合作设计工程项目暂行规定》。

1987 年 2 月 10 日，城乡建设环境保护部与国家工商行政管理局联合印发了《关于加强建筑市场管理的暂行规定》。

1988 年 7 月 25 日，建设部颁布《关于开展建设监理工作的通知》，建设监理制度开始试点。12 月 26 日，国务院发布《关于进一步清理固定资产投资在建项目工作的通知》，提出“先停后清”的原则及范围。

1989年，建设部发布了《施工企业资质等级标准》、《施工企业资质管理规定》、《关于加强施工企业对外承包工程资质管理的通知》等文件，继续规范建筑业改革；11月，中共十三届五中全会审议并通过了《中共中央关于进一步治理整顿和深化改革的决定》，指出要坚定不移地执行治理整顿和深化改革的方针。

1990年，国务院在北京召开全国经济体制改革工作会议，提出了治理整顿深化企业改革的七条主要措施。

在这一时期，建筑业政策指导的内容包括企业自主权的扩大、建筑安装企业用工制度改革、企业经营机制的转换、勘察设计单位的企业化管理、投资体制改革、双轨制价格的实行、百元产值工资含量包干制的推行、项目管理制度的改革和建设监理试点工作的开展等。以《关于改革建筑业和基本建设管理体制若干问题的暂行规定》和《关于进一步改进计划体制的若干规定》为指导，调整改革建筑业各个方面的大量政策密集颁布并实施，建筑业踏上了初期的改革发展之路。

(2) 深化改革阶段（1991～2000）

1991年1月3日，建设部发出《“八五”期间深化施工企业全面质量管理工作的意见》；3月26日，建设部发出《关于印发〈建设部质量奖评审管理办法〉的通知》，以提高建筑工程质量水平；7月9日，建设部发布《建筑安全生产监督管理规定》；11月26日，建设部、国家工商行政管理局联合颁布《建筑市场管理规定》。

1992年1月18日至2月21日，邓小平同志发表南方谈话，重申了深化改革、加速发展的必要性和重要性，在一系列重大理论和实践问题上，提出了新观点，开创了新视野，极大地推动了中国特色社会主义理论与实践的深入发展，对我国社会主义市场经济的改革和发展起到了不可估量的推动作用。

1993年6月9日，国务院办公厅转发建设部给国务院《关于进一步加强工程质量和施工安全管理工作的报告》，提出了加强工程质量和施工安全的若干意见。

1994年1月27日，建设部发布《建筑施工企业基本劳动保险基金行业统筹工作的实施意见》。3月17日，建设部、国家体改委联合发出通知，在全国大中城市推行建筑业行业管理。10月6日，建设部制定的《建设事业体制改革总体规划（1994～2000年）》公布，共九个部分。11月5日，建设部发出《关于进一步发挥中国建筑业协会在行业管理中作用的通知》，将三方面的工作委托给中国建筑业协会。

1995年1月开始进行监理工程师注册工作。1月7日，建设部发布《建筑施工企业项目经理资质管理办法》，规定施工项目经理必须持有资质证书方可上岗。3月20日，建设部发布《关于建筑施工企业加强管理工作的指导意见》。4月6日，建设部颁布《建筑工业化发展纲要》，目标是整体推进建筑工业化，使建筑业逐步过渡到社会化大生产方式上来，提出科学技术对建筑业的贡献率应从现在不足30%提高到40%（20世纪末）和45%（2010年）。9月18日，建设部、对外贸易经济合作部联合发布《关于设立外商投资建筑业企业的若干规定》。

1996年3月22日，建设部发布《建筑施工企业工法管理办法》。4月9日，国务院办公厅转发建设部、监察部、国家计委、国家工商行政管理局《关于开展建设工程项目执法监察的意见》。9月23日，建设部召开“全国建筑节能工作会议”，提出要加大建筑节能的工作力度，着力贯彻《民用建筑节能标准》。10月，建设部颁布《建筑业企业资质管理规定》。

1997年11月1日，《中华人民共和国建筑法》颁布。

1998年8月6日，建设部发布《关于进一步加强招标投标管理的规定》。

1999年1月7日，建设部颁布《建设工程勘察设计市场管理规定》。3月17日，国务院第十五次常务会议讨论并原则通过《中华人民共和国招标投标法（草案)》。8月30日，第九届全国人大常委会第十一次会议通过《中华人民共和国招标投标法》。

2000年1月30日，《建设工程质量管理条例》颁布。6月30日，建设部颁布《工程建设项目招标代理机构资格认定办法》。

在这一阶段，建筑业的改革和发展得到进一步深化。以中共十四届四中全会提出的“经济体制从传统的计划经济体制向社会主义市场经济体制转变，经济增长方式从粗放型向集约型转变”为指导，建筑业向现代化和制度化的方向发展。

在产业政策的指导下，建筑企业产权改革深入推行，现代企业制度逐步建立。建筑市场更加规范，招标投标制度、建设监理制度基本建立，投资体制改革进一步深化，工程造价管理制度更加健全完善，《建筑法》、《招标投标法》、《建设工程质量管理条例》等颁布实施，对产业的深入改革发展奠定了坚实基础。住房市场化开始推进，勘察设计单位改革继续深入。这一时期的改革发展具有承前启后的重要意义，为后续改革提供了制度保障。

(3) 加快改革与发展阶段（2001～2009)

2001年1月17日，建设部颁布《建设工程监理范围和规模标准规定》。6月1日，建设部发布《房屋建筑和市政基础设施工程施工招标投标管理办法》。11月5日，建设部发布《建筑工程施工发包与承包计价管理办法》。

2002年2月7日，建设部会同有关部门编制的《建设工程项目管理规范》被批准为国家标准。3月22日，《关于健全和规范有形建筑市场的若干意见》发布，对有形建筑市场的体制、运行和管理作出了具体规定。6月20日，建设部发布《建筑节能“十五”计划纲要》，包括新能源和可再生能源在建筑中的利用，以及新型建筑墙体材料的推广应用。9月27日，建设部与对外贸易经济合作部联合发布《外商投资建筑业企业管理规定》和《外商投资建设工程设计企业管理规定》。12月4日，建设部发布《建设工程勘察质量管理办法》。

2003年1月1日，厦门市开始实行《建筑市场管理若干暂行规定》，提出了工程支付担保方式。1月5日，建设部和人事部联合发布的《建造师执业资格制度暂行规定》开始实行。2月13日，建设部颁布《关于培育发展工程总承包和工程项目管理企业的指导意见》。2月22日，国家计委发布《评标专家和评标专家库管理暂行办法》。3月8日，国家计委、建设部、铁道部、交通部、信息产业部、水利部、中国民航总局联合发布《工程建设项目施工招标投标办法》。5月23日，建设部提出《关于加强建筑意外伤害保险工作的指导意见》，从九个方面对加强和规范建筑意外伤害保险工作进行了详尽规定，要求全行业在2003年内全面推行建筑意外伤害保险制度，以切实保护建筑业从业人员合法权益，促进安全生产。6月4日，建设部制定并印发《建设工程质量责任主体和有关机构不良记录管理办法》，建筑业逐步开展信用体系建设工作。7月1日，建设部批准的《建设工程工程量清单计价规范》正式实施。8月1日，建设部发出《关于深化建设系统安全生产专项整治工作的通知》，以遏制近期内建设领域安全事故高发的态势。8月26日，人事部、建设部共同制定颁发《造价工程师执业资格制度暂行规定》，以加强对工程造价人员管理，提高工程造价人员素质。9月30日，劳动和社会保障部、建设部下发《切实解决建筑企业拖欠农民工工资问题的通知》。11月12日，国务院颁布《建设工程安全生产管理条例》。11月22日，国务院办公厅下发《关于切实解决建设领域拖欠工程款问题的通知》。

2004年1月2日，建设部会同国家发改委、财政部、劳动和社会保障部、央行和银监会、最高人民法院以及中国保险监督管理委员会等部门，提出了解决拖欠工程款的14条具体措施。1月中旬，国务院颁布《安全生产许可证条例》。4月7日，建设部公布《建设部推广应用和限制禁止使用技术》，涵盖了建筑业的主要领域。7月26日，建设部有关部门起草的《建设工程质量保修保险试行办法》（草案），在北京等十多个城市试点。7月29日，国务院正式公布《关于投资体制改革方案》。11月16日，为促进建设工程项目管理发展，提高工程投资效益和管理水平，建设部出台《建设工程项目管理试行办法》。11月22日，建设部和财政部联合发布《建设工程价款结算暂行办法》，主要通过规范工程合同的签订来解决建筑领域拖欠工程款行为。12月13日，建设部印发《建筑施工企业安全生产管理机构设置及专职安全生产管理人员配备办法》和《危险性较大工程安全专项施工方案编制及专家论证审查办法》，补充完善了现行建设工程安全生产管理法规。

2005年1月12日，建设部和财政部联合发布《建设工程质量保证金管理暂行规定》，以落实工程在缺陷责任期内的维修责任。5月11日，为推进建设领域担保制度建设，建设部发出《关于印发〈工程担保合同示范文本〉（试行）的通知》。7月12日，建设部、国家发改委、财政部、劳动和社会保障部、商务部和国资委联合颁发《关于加快建筑业改革与发展的若干意见》。8月5日，建设部发布《关于建立和完善劳务分包制度发展建筑劳务企业的意见》，要求用三年时间在全国建立基本规范的建筑劳务分包制度。同日，建设部和中国保险监督管理委员会联合发布《关于推进建设工程质量保险工作的意见》，旨在完善我国建设工程质量保证机制。10月，建设部和科技部印发《绿色建筑技术导则》。11月10日，建设部发布《民用建筑节能管理规定》。

2006年1月18日，国务院审议并原则通过《国务院关于解决农民工问题的若干意见》。2月8日，由中国建筑业协会等七个有关协会联合发布《关于进一步加强项目经理职业化建设的指导意见》，针对我国工程建设项目经理人数不足、素质不高的现状提出了建议。

2007年1月，建设部印发《建筑市场诚信行为信息管理办法》，明确了诚信行为的主体、内容等。2月1日，建设部颁发《关于在建设工程项目中进一步推行工程担保制度的意见》。5月，国务院印发《节能减排综合性工作方案》，明确了节能减排的主要目标，提出了严格建筑节能管理。10月28日，全国人大常委会修订通过《中华人民共和国节约能源法》，对节约能源的许多方面作出了规定。11月15日，全国建筑市场诚信信息平台开始启用，以完善建筑市场诚信激励和失信惩戒机制。

2008年6月17日，建设部、人力资源和社会保障部联合下发《关于印发建筑业农民工技能培训示范工程实施意见的通知》。7月21日，国务院颁布《对外承包工程管理条例》。8月1日，国务院颁布《民用建筑节能条例》。11月12日，建设部印发《关于大型监理单位创建工程项目管理企业的指导意见》。

2009年1月6日，建设部印发《关于进一步加强建筑市场监管与服务　保障扩大内需投资建设项目质量和效益的通知》。5月13日，建设部印发《危险性较大的分部分项工程安全管理办法》。7月16日，建设部、人力资源和社会保障部联合下发《关于做好建筑业农民工技能培训示范工程实施办法》。7月30日，建设部印发《关于施工总承包企业特级资质有关问题的通知》。9月28日，商务部、建设部发布《对外承包工程资格管理办法》。10月19日，“住房和城乡建设部关于修改《房屋建筑工程和市政基础设施工程竣工验收备案管理暂行办法》的决定”发布。

2010年1月8日，建设部印发《城市轨道交通工程安全质量管理暂行办法》。1月21日，国务院办公厅印发《国务院办公厅关于进一步做好农民工培训工作的指导意见》。5月4日，建设部印发《关于进一步强化住宅工程质量管理和责任的通知》。

这一阶段的改革是对前一阶段改革的执行和完善，也是继承和发展。在深化改革阶段，建筑业发展的基本框架得以构建，但是，对各项制度的实施并在实施过程中发现和解决问题更具有挑战性。发展方式的转变、产业结构的优化升级、产业和国家竞争力的提升，必须依靠更为深入的改革才能得以实现。从2005年至今，建筑业进入了快速、规范、健康发展的轨道，产业政策起到了积极的推动和引导作用，在此期间，产业政策更加关注新的领域，如节能减排、诚信体系等，也更加深入关注一些容易被忽略的领域，如农民工的住宿条件、健康问题。这一时期，行业管理进入了一个精细化时期，建筑业向着更加开放和规范的方向发展。

1.2　我国建筑业产业政策现状

1.2.1　建筑业产业政策及其成效

我国建筑业产业政策调整的范围涵盖了建筑业的各个方面，包括指导各项制度的建立和完善、调整建筑市场主体及其行为、规范建筑市场运行、协调产业发展适应国内外形势等。

从整个产业政策看，由于其持续时间长、指导范围广，某一项政策往往具有较强的针对性，可能调整单一对象或多个对象，而多个不同的政策也可能协同调整某一特定对象或多个对象，针对某一产业政策，完全分析其实施成效是不现实的，即使能够定量分析其成效及不足，也仅仅具有理论意义，并不能对整个产业的发展提供经验和借鉴。因此，通过合理划分不同类型的产业政策，分析其颁布实施的目的、实施成效及不足，借鉴国外相对成熟的经验，提出具有针对性和可操作性的建议，更具有现实意义。

产业政策是一个综合体系，主要包括产业结构政策、产业组织政策、产业布局政策和产业技术政策。具体到建筑业，可将产业政策划分为建筑业相关制度、工程质量与安全生产、产业规模与结构、科技进步与节能减排、企业经营与市场拓展、工程实施组织方式及建筑业从业人员等方面，这些方面基本涵盖了建筑业各个领域。通过系统分析，能够提供全面地指导建筑业健康持续发展的政策建议。

（1）制度建设

1）法律法规体系不断完善

自《建筑法》颁布以来，与建筑业相关的各种法律、行政法规、部门规章、地方法规和规章在实践中不断出台，形成了较为完善的建筑业法律法规体系。该体系不仅结合了中国建筑业的特点，同时大量吸收了国外先进成熟的经验，保障了建筑业相关制度的形成、建筑市场的有效运行以及市场主体行为的规范。

2003年7月到9月，全国人大常委会组成执法检查组，对《建筑法》的实施情况进行了检查。2003年底，《建筑法》修订作为届内审议的行政法律草案列入《十届全国人大常委会立法规划》。2004～2006年，国务院将《建筑法》修订列入国务院立法工作计划，建设部等部门相继展开了研究起草工作。同时，建筑企业资质管理规定也先后于1995年、2001年和2007年进行了修订。

此外，按照《建筑法》和《招标投标法》要求，2005年全国336个地区级以上城市，已有325个建立了有形建筑市场，2009年有形建筑市场率已达98%。建筑业市场化竞争程度不断提高，建筑市场的透明度也进一步提高，“公平、公开、公正”的建筑业竞争环境正在逐步形成。

2）招标投标制度在全国范围实施

1999年8月30日，《中华人民共和国招标投标法》颁布，自2000年1月1日起施行。这既是对前一时期引入和推广招投标制度的总结，又是将招标投标作为一项法定制度在我国正式实行的开端。招标投标制度的实施，对于保护国家利益、社会公共利益和招标投标当事人的合法权益，提高经济效益、保证工程质量有重大意义。按照《招标投标法》要求，在中华人民共和国境内进行的大型基础设施建设，勘察、设计、施工、监理和重要设备采购的全过程都必须进行招标。

招标投标制度的实施，对于规范市场竞争、增强市场的透明度、维护市场秩序、促进公平竞争、保证工程质量、提高投资效益、遏制腐败和不正之风等方面发挥了积极的作用。

3）信用体系建设逐步开展

建筑业信用体系建设以国家信用体系为依托有序展开。从2002年起，建设部为建筑市场信用体系建设开展了一系列工作。2002 年 6 月，建设部发布了《关于加快建立建筑市场有关企业和专业技术人员信用档案的通知》，许多地方建设行政主管部门或行政监督部门据此建立了信用信息平台。2005 年 8 月，建设部出台《关于加快推进建筑市场信用体系建设工作的意见》，首次对工程建设领域的信用体系作出明确规定，提出“一个指导思想，二者同步推进，三方协调配合，实现四个统一”的工作思路，同时发布了行业信用数据库建设规范。以 2005 年 11 月 10 日在南京召开的建筑市场信用体系建设研讨会为标志，长三角区域建筑市场信用体系建设试点工作正式启动。

2006 年，建设部制定了全国统一的诚信标准，使建筑市场诚信体系建设有了统一的认定标准和基本信息来源。2007 年 1 月，建设部正式颁布实行《建筑市场诚信行为信息管理办法》和《全国建筑市场各方主体不良行为记录认定标准》，标志着我国建筑市场信用体系建设工作进入一个新的时期，全国建筑市场信用体系建设和运行实现了统一化、制度化和规范化。

2007 年 11 月 5 日，建设部印发《关于启用全国建筑市场诚信信息平台的通知》（建市函［2007］337 号）。2008 年 1 月 7 日，全国建筑市场诚信信息平台开通，统一对外发布全国建筑市场各方主体诚信行为信息。信用信息平台的建立，标志着建筑市场信用体系的建设进入了实质性工作阶段。

4）工程保险和担保制度逐步实施

工程保险和担保制度在建筑业逐步实施。《建筑法》规定了建筑施工企业必须为从事危险作业的职工办理意外伤害保险并支付保险费。2005 年 8 月 5 日，建设部与保监会联合颁布《关于推进建设工程质量保险工作的意见》（建质［2005］133 号），以推进建设工程质量保险工作的开展。

1999 年，建设部发布《关于深化建筑市场改革的若干意见》，提出要建立以工程保证担保为主要内容的工程风险管理制度。随后，工程担保制度在我国逐渐推行，《招标投标法》和《工程建设项目施工招标投标办法》等作出了更为详细的规定。2004 年 8 月，建设部发布《关于在房地产开发项目中推行工程建设合同担保的若干规定》（试行），要求工程建设合同造价在 1000 万元以上的房地产开发项目实施工程担保。

工程保险和担保制度的逐步实施，在规范市场竞争秩序、增强建筑企业竞争力、转移和降低建筑风险等方面发挥了积极作用。

5）其他各项制度有效实行

随着建筑业产业政策不断颁布和实施，各项制度不断建立和完善，投资管理体制、项目管理制度、工程造价制度、工程质量和安全生产监管制度、工程监理制度、个人执业资格制度、工程质量保修制度等已经建立并完善，行业协会、学会协同发挥作用，共同维护建筑市场的有效运行，规范市场主体的行为，确保了建筑业的改革与健康发展。

（2）工程质量与安全生产

2001 年，建设部为强化建设工程质量安全管理工作，成立了工程质量安全监督与行业发展司。近年来，随着我国经济的快速增长和城镇化的快速推进，基本建设规模逐年增大，科技含量高、施工难度大的工程日益增多，工程质量风险和安全风险日益突出，加之投资主体多元化格局日渐形成，给工程质量安全监管工作带来了新的挑战。尽管如此，随着产业政策的不断发布实施，工程质量和安全生产形势不断好转。

1）相关法规政策体系已逐步完善

近年来，我国建设行政主管部门在加强质量和安全监管的法规建设、制度建设、技术标准体系完善等方面做了大量工作，建立了质量和安全执法监督队伍并不断扩大，《建设工程质量管理条例》、《建设工程质量检测管理办法》、《工程质量监督工作导则》、《建设工程安全生产管理条例》、《建筑施工企业安全生产管理规范》等法规政策的颁布实施，使建设工程质量和安全生产管理纳入法制轨道。建设工程质量和安全生产监督管理体系已经形成，初步实现了质量和安全工作信息化管理和施工现场安全管理体系评价。

2）各方主体的责任意识不断增强

近年来，各地认真贯彻落实国家建设工程的有关法律法规和工程建设强制性标准，各方责任主体质量意识不断增强，质量管理和安全生产行为也日趋规范，工程质量不断提升，安全事故逐年下降。通过规定质量监督机构采取抽查建筑工程的实体质量和相关工程质量控制资料的方法，督促各方责任主体履行质量责任，确保工程质量，加强了对建筑企业安全生产许可证的动态监管，促进了建筑施工企业保持和改善安全生产条件。通过法律手段，明确各方主体安全责任，加大责任追究力度，促进安全责任的进一步落实。已经初步形成了包括直接生产责任、中介签证审查责任、监督执法监督责任三个层次的工程质量和安全生产责任体系。

3）工程质量与安全监督力度逐步加大

工程质量监督制度建立 20 年来，工程质量安全监督执法工作不断强化，监督工作的范围和监督方式也在不断调整，监督工作取得了可喜成绩。我国部分地区的工程质量与安全监督管理信息网络已基本建成，逐渐开始建立省、市、县工程质量监督信息数据库，共享有关质量责任主体和执业资格人员信息。通过对省、市建设工程质量安全检查，促进了地方对工程质量安全工作监督力度的加大和各项措施的落实。

4）人员安全培训活动逐渐开展

近年来，我国为增强建筑业从业人员的安全意识和安全防护能力，减少伤亡事故的发生，逐渐在各地开展了建筑业从业人员安全培训教育活动，取得了一些成效。建筑业从业人员定期接受安全培训教育，实行先培训、后上岗的制度。2008 年，建设部、人力资源和社会保障部联合实施“建筑业农民工技能培训示范工程”，并颁布《建筑业农民工技能培训示范工程实施意见》，要求建筑企业要建立健全各项制度，切实加强培训管理。培训内容主要有安全生产常识、职业基础知识和岗位操作技能。

（3）产业规模与结构

建筑业产业规模与结构的形成，除市场的自身调节外，主要由建设行政主管部门通过实施分类分级的资质管理制度进行引导。近年来，企业资质标准得到不断修订和完善。

2007年3月13日，建设部颁布《施工总承包企业特级资质标准》，该标准对《建筑业企业资质等级标准》中施工总承包特级资质标准进行了修订。修订后的标准，对建筑企业承包业务范围进行了适当调整，一方面针对当前存在不同程度的行业壁垒、市场封闭等现象，对特级企业跨行业承揽工程予以适当放开；另一方面，在施工总承包能力、技术水平、管理能力等方面，对企业提出了更高要求，避免特级企业与一般企业在一个平台上竞争，有利于形成金字塔形的产业组织结构。

2007年6月26日，建设部发布《建筑业企业资质管理规定》（建设部令第159号），废止了2001年4月发布的《建筑业企业资质管理规定》。新规定强调理顺关系、适当放权、动态管理、强化监督，注重引导企业向科技创新和技术进步发展，注重引导企业跨行业发展，注重引导企业做大做强，向工程总承包方向发展。

经过近年来的政策引导及市场发展，建筑业产业规模持续扩大，组织结构日趋合理。

1）产业规模

改革开放以来，建筑业占国内生产总值（GDP）比重如图8-1-1所示，历年完成的建筑业总产值、建筑施工企业增加值分别如图8-1-2和图8-1-3所示。

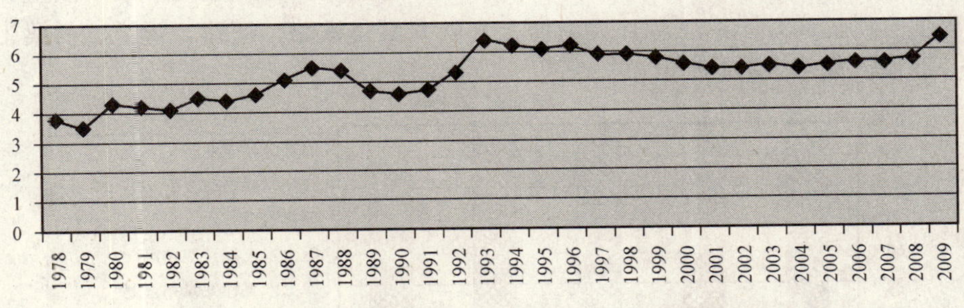

图8-1-1 1978～2009年建筑业占国内生产总值（GDP）比重（%）

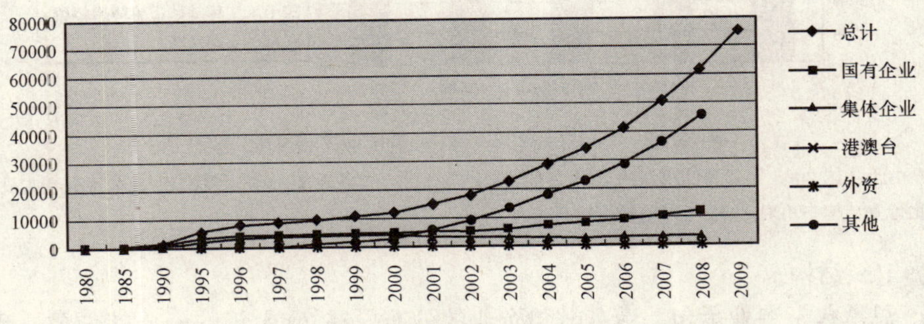

图8-1-2 1980～2009年建筑业总产值（亿元）

2009年，为应对世界金融危机，中央政府实行积极的财政政策和适度宽松的货币政策以及一揽子经济刺激计划，投资4万亿元加快基础设施、民生工程建设，较快扭转了经济增速下滑的局面。2009年，建筑业产业规模达到历史新高，全年全社会

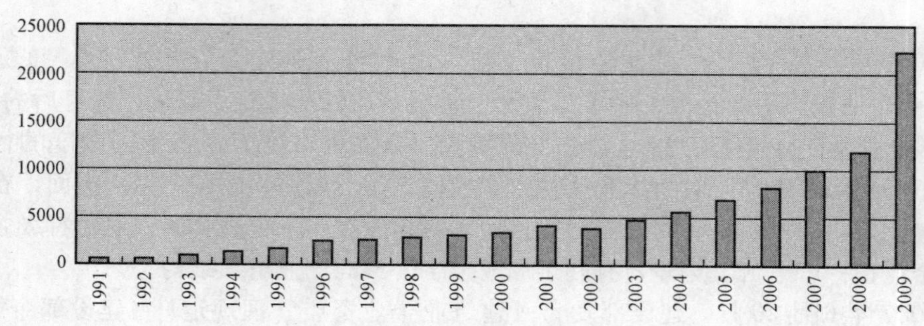

图 8-1-3　1991～2009 年建筑施工企业增加值（亿元）

建筑业增加值 22333 亿元，比 2008 年增长 18.2％，占国内生产总值的 6.56％。全年全社会共完成建筑业总产值 75864 亿元，比 2008 年增长 22.3％；全国具有资质等级的总承包和专业承包建筑企业实现利润 2663 亿元，增长 21.0％。2010 年我国建筑业完成总产值 95206 亿元，同比增长 24％，再创历史新高。

2）产业结构

在资质管理制度的引导下，我国建筑业产业组织结构不断优化。

①行业结构。我国行业结构发展仍不均衡，房屋建筑工程保持 40％以上，但多样化程度有所提高，土木工程比例有所上升，尤其是铁路、道路、隧道、桥梁工程比例上升加快，如图 8-1-4 所示。

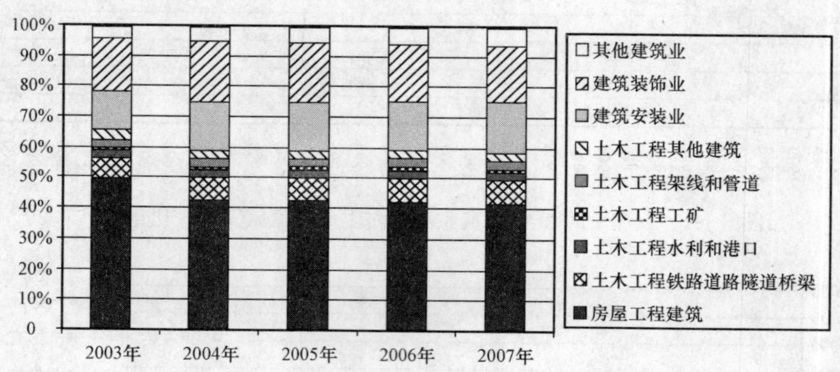

图 8-1-4　2003～2007 年我国建筑业产品构成变化

注：由于我国 2003 年开始使用新的国民经济行业分类标准，建筑业的一些分类较之 2002 年有较大变动，因此行业结构中不对 2002 年以前数据进行统计

②组织结构。

a. 总承包、专业承包、劳务分包企业的分布。在 2001 年的资质就位前，我国有 9 万多家建筑企业，其中 74％都是综合性施工企业，26％为专业化企业。在完成资质就位后，我国建筑企业共 65611 家。其中，施工总承包类企业 33652 家；专业承包类企业 3099 家。与就位前相比，施工总承包类企业减少了 28.7％，专业承包类企业增加了 27.3％；在施工总承包类和专业承包类企业中，特级、一级、二级、三级企业

比例得到了一定优化。

b. 大、中、小企业的结合。在建筑业中，中、小企业占多数是世界各国，尤其是市场经济发达国家的普遍现象，这一特性是由建筑业多层次专业化分工承包生产的需求所决定的。经过 30 年的发展，我国建筑业已形成一批综合性强、经营规模大、建造能力突出、带动力很强的大型建筑企业，产业集中度正在逐步提高。

③所有制结构。2009 年，在具有资质等级的总承包和专业承包建筑企业中，国有及国有控股建筑企业有 7295 家，占全部建筑企业数量的 10.68%。2009 年，国有及国有控股企业完成建筑业总产值 27915 亿元，同比增长 31.6%，占全部企业的 36.8%；签订合同额 59694.66 亿元，同比增长 32.9%，占全部企业的 45.25%；实现利润 697 亿元，占全部企业的 26.17%。2009 年国有及国有控股建筑企业主要生产指标占全部企业的比重见表 8-1-3。国有及国有控股建筑企业以较少的企业和从业人员完成了 36.8%的总产值、45.25%的合同额、26.59%的竣工产值，显示了其在建筑业中的骨干作用。

2009 年国有及国有控股建筑企业主要生产指标占全部企业的比重　　表 8-1-3

类　别	全国建筑企业	国有及国有控股建筑企业	国有及国有控股建筑企业占全部企业的比重
企业数量（个）	68283	7295	10.68%
从业人数（万人）	3597.35	791.80	22.01%
建筑业总产值（亿元）	75863.78	27915.00	36.8%
签订合同额（亿元）	131931.39	59694.66	45.25%
竣工产值（亿元）	43797.66	11646.38	26.59%

(4) 科技进步与节能减排

1) 科技进步

为推动创新型国家的建设，政府出台了一系列关于建立、健全我国科技创新保障体系的法律法规。1996 年，《中华人民共和国促进科技成果转化法》出台，2007 年，《中华人民共和国科学技术法》和《中华人民共和国专利法》等法律法规第三次修订。在中央政府的引导下，为了提高建筑业整体技术水平，改造行业的生产结构、技术结构和组织结构，引导建筑企业采用先进、成熟、适用的新技术、新设备、新材料和新工艺，建设行政主管部门以及各级地方政府配套出台了一系列政策文件引导、扶持建筑业科技创新。

为贯彻实施《国家中长期科学和技术发展规划纲要（2006～2020)》，建设部研究制订了《建设科技“十一五”发展规划》，为建设领域科技工作做了统一部署，提出“十一五”期间要建立适应建设事业发展的技术创新体系，建筑业科技进步贡献率提高 6～7 个百分点。2004 年，建设部发布《建设部推广应用和限制禁止使用技术》，提出当前阶段推广使用的新技术及限制和禁止使用的落后技术。2007 年，建设部制定了《大型建筑施工总承包企业技术进步评价表》（试行），为大型建筑施工总承包企业技术进步水平的自我评价和行业评价活动提供了统一标准。

通过不断调整和制定新的科技政策，建筑业逐步建立起产学研相结合的科技创新体系，重大科技成果数量逐年提升。2000～2006 年间我国建筑业取得重大科技成果达 8500 余项，在 16 个行业类中排名第五，专利授权数平均以每年 12%的速度增长。至 2006 年，建筑领域已有两院院士 93 人，占全国的 13.4%，重大科研成果 13582 项，占全国的 4.0%，科研人才在全国 19 个行业中居第 7 位，有 SCI、EI 和 ISTP 检索学术论文 3052 篇，占全国的 2.0%。2000～2009 年年均重大科技成果 1230 项，各年具体情况如图 8-1-5 所示。

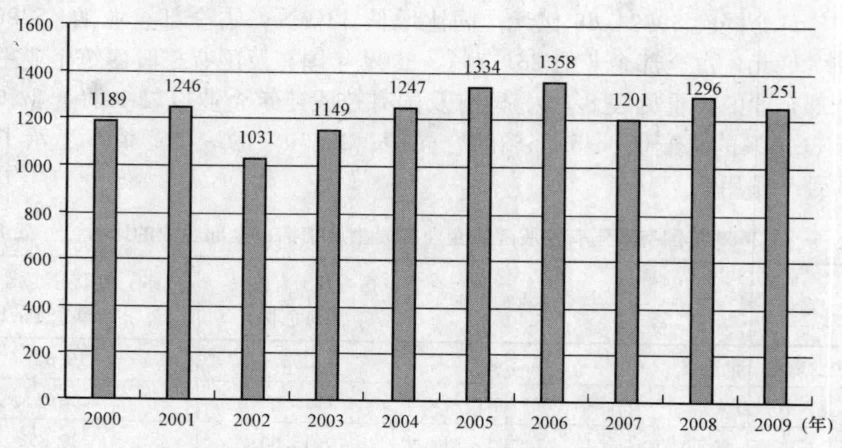

图 8-1-5　2000～2009 年建筑业重大科技成果数量

数据来源：中国科技统计年鉴 2001～2010

我国国家级工法评审制度已经建立，对于全面提高建筑企业技术创新能力发挥了重要作用。截至 2009 年 7 月，中国建筑业协会已组织了 6 次国家级工法的申报和审定工作。此外，许多企业还建立了内部工法管理制度，如中国铁路工程总公司、中国铁道建筑总公司、中国建筑工程总公司等，已形成了一整套工法开发、编写和应用的体系，为企业带来了明显效益。

自 1999 年起，地基基础和地下空间工程技术、高性能混凝土技术、高效钢筋与预应力技术、新型模板及脚手架应用技术、信息化技术等建筑业 10 项新技术在全国推广。为加大这些技术的应用推广力度，建设部定期评选全国建筑业新技术应用示范工程，如国家大剧院、国家奥体中心主体育场、国家体育馆、国家体育场（"鸟巢"）、首都机场综合办公楼工程、国家奥林匹克体育中心英东游泳馆、北展综合楼工程等。新技术应用示范工程的评比，加大了新技术应用的宣传力度，充分发挥了示范工程的示范作用，带动了全国建筑业整体技术水平的提高。

另外，我国的超高层大型建筑和大跨度桥梁的设计施工技术以及地下工程的盾构施工技术达到了国际先进水平。

在建筑业相关政策的作用下，以企业为主体的建筑业科技创新体系正在逐渐形成，各项新工艺、新技术、新材料和新方法层出不穷，建筑业整体技术水平得到很大提高。一批具有核心竞争力、技术实力强的建筑企业在市场竞争中迅速做大做强。科学技术作为第一生产力的作用日益凸显。许多建筑企业尤其是大型国有公司，在科技创新方面取得了可喜的进步，拥有自己的核心技术和专有技术，形成了差异化的竞争优势。

2）节能减排

我国的节能减排政策进程如图 8-1-6 所示，相关政策处于不断完善之中。

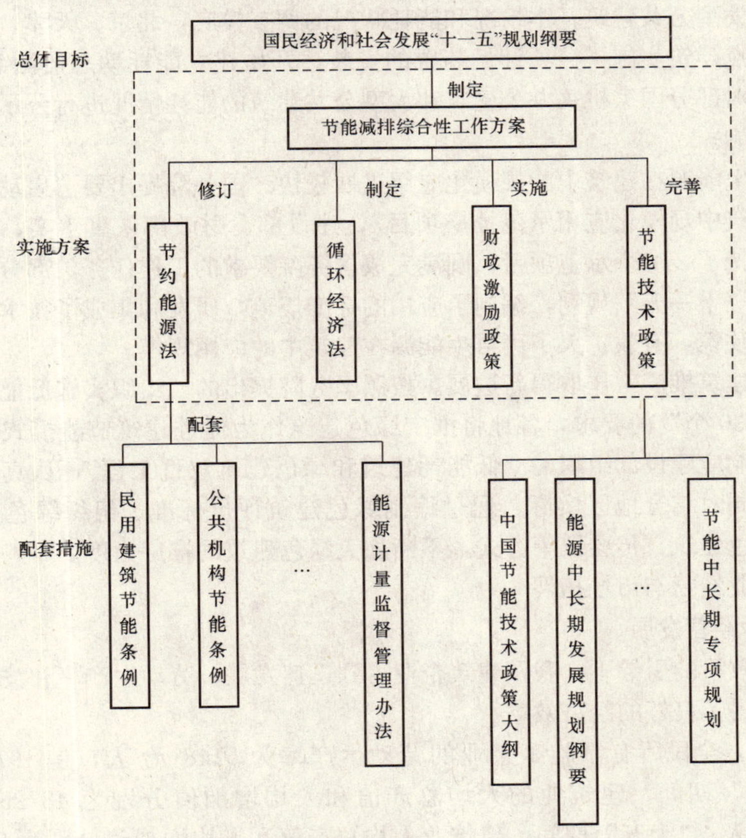

图 8-1-6 我国节能减排的政策体系

相关政策的制定和实施，表明我国建筑业在适应气候变化、节能减排方面已经开展了大量工作。更为重要的是，这种使命感和积极态度将对未来的生产建设产生更大的促进作用。

2007 年 12 月 16 日至 29 日，建设部组织对全国建筑节能工作进行了检查，检查结果表明，2007 年各地围绕党中央、国务院确定的建筑节能工作目标，突出工作重点，注重机制创新，狠抓监督落实，比较圆满地完成了各项工作任务，主要表现在以下几方面：

①新建建筑节能标准执行成效显著。2007 年，全国城镇 1～10 月份新建建筑在设计阶段执行节能标准的比例为 97%，施工阶段执行节能标准的比例为 71%，分别

比2006年提高了1个百分点和17个百分点。据此估算，此期间新建节能建筑可形成500万吨标准煤的节能能力。目前，全国城镇已累计建成节能建筑21.2亿平方米，占城镇既有建筑总量的11.7%，节能建筑比重逐年提高。

②国家机关办公建筑和大型公共建筑节能监管体系初步建立。国务院提出“开展大型公共建筑节能运行管理与改造示范”，按照国务院的要求，建设部、财政部确定了第一批24个示范省市，各示范省市均制订了实施方案，开展了对本地区国家机关办公建筑和大型公共建筑基本情况和能耗状况的调查摸底，北京、天津、上海、深圳已对部分重点建筑实施了分项计量装置的安装，开始建立能耗动态监测系统。此外，有些地区已对部分国家机关办公建筑和大型公共建筑的能耗情况进行公示，在社会上引起较大反响。

③可再生能源在建筑中的规模化应用进展较快。国务院提出要“启动200个可再生能源在建筑中规模化应用示范推广项目”，建设部、财政部认真落实，利用中央财政资金共支持了212个示范项目，圆满完成国务院要求的工作任务。部分省市制定了可再生能源“十一五”规划，编制了应用的标准规范，研发和集成了技术产品，出台了经济激励政策，有效扩大了可再生能源在建筑中的应用规模。

④绿色建筑推广工作取得新进展。按照国务院提出的“组织实施低能耗、绿色建筑示范项目30个”的要求，各地将推广绿色建筑作为促进建筑节能模式转变的重要抓手，积极响应建设部组织的“低能耗建筑和绿色建筑双百工程”，认真组织申报和实施工作，同时结合地区实际，通过编制绿色建筑评价标准、组织绿色建筑示范工程、召开绿色建筑宣传会议等方式，不断加大绿色建筑的推广力度。

(5) 企业经营与市场拓展

1) 企业经营发展

在产业政策的引导下，我国建筑企业得到迅速发展，劳动生产率和技术装备率不断提高，取得了良好的经济效益。

1983年，全民所有制施工企业的劳动生产率为5148元/人，是1976年的近2倍；“九五”期间，建筑业的人均总产值和人均增加值分别为48725.8元/人和13431.2元/人；“十五”期间，建筑业人均总产值和人均增加值分别为89873.6元/人和19011.2元/人，比“九五”期间分别增长84.45%和41.55%，年均增长率分别为16.89%和8.31%；2009年，人均总产值和人均增加值分别达到185087元/人和37640元/人。1995～2009年间我国建筑企业劳动生产率如图8-1-7所示。

与此同时，建筑企业的技术装备率逐步提高。以国有建筑企业为例，其技术装备率由1958年的250元/人提高到1991年的2572元/人，2009年全国建筑业企业技术装备率达到10088元/人，如图8-1-8所示。

随着建筑企业劳动生产率的提高，建筑企业的经济效益稳中有升。与“九五”相比，建筑企业实现利润总量增长311.22%，上缴税金总量增长155.32%。2009年，建筑企业产值利润率和产值利税率分别达到3.5%和7.0%，如图8-1-9所示。2009年，全国具有资质等级的总承包和专业承包建筑企业共实现利润2663亿元，增长

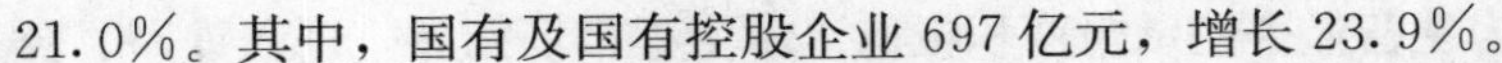

21.0%。其中，国有及国有控股企业 697 亿元，增长 23.9%。

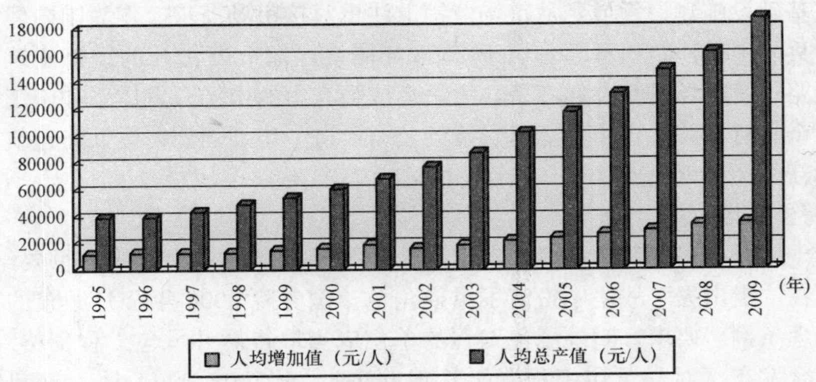

图 8-1-7　1995～2009 年建筑企业劳动生产率

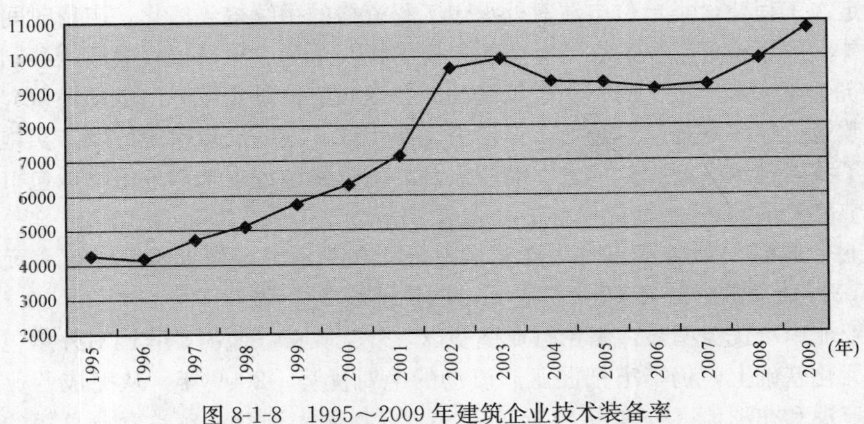

图 8-1-8　1995～2009 年建筑企业技术装备率

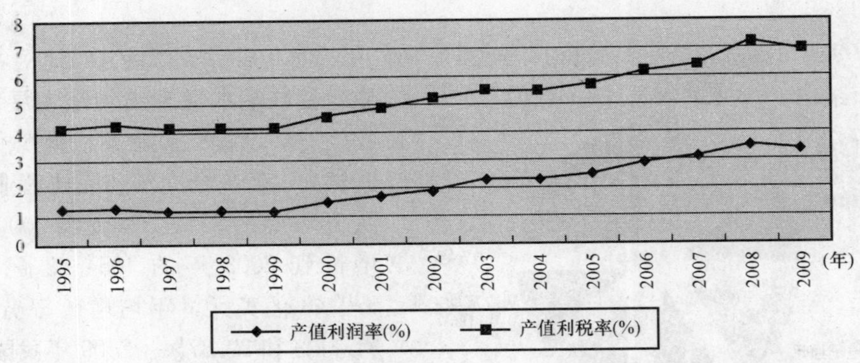

图 8-1-9　1995～2009 年建筑企业产值利润率和产值利税率

2008 年以来，国家为应对金融危机，克服出口持续下滑带来的困难，加大了固定资产的投资力度，从而支持了建筑市场规模的扩大。其中，城市基础设施、铁路、公路建设投资规模大幅度增长。建筑企业为适应市场需求，积极调整经营与生产结构。一些原以房屋建筑为主营业务的承包商积极向土木工程市场拓展，进入铁路、公路、市政基础设施建设领域，从市场营销上注重对接市场需求。作为国内建筑、房地产业排头兵的中国建筑工程总公司于2008年瞄准国家2万亿元的铁路建筑市场，针对开拓铁路建筑市场进行专题部署，力争形成强有力的市场开发体系和施工体系，打造出若干个具有铁路建筑市场竞争资格的公司，进一步加强公司在铁路建筑市场的地位，寻找新的经济增长点。

2）海外市场拓展

党的十六大提出了我国企业“走出去”的发展战略，作为其中的重要组成部分，建筑企业在“走出去”战略中扮演了重要角色。国务院2008年7月颁布的《对外承包工程管理条例》要求，对外承包工程的单位应当取得对外承包工程资格。商务部、建设部联合发布《对外承包工程资格管理办法》，于2009年11月1日起实施，该《办法》从资格条件、资格申请、资格证书管理、监督管理和法律责任等方面作出了明确规定。工程建设类单位申请对外承包工程资格的手续得到简化，申请时间相应缩短。此外，国家税务总局发布了企业所得税的税收抵免、出口退税政策，共同组成了我国建筑企业“走出去”的坚实政策基础。各地政府建设主管部门也积极研究制定相关鼓励政策，加快本地建筑企业“走出去”的步伐。这些法规政策的颁布实施，极大地提高了我国建筑企业“走出去”的积极性，使得我国近年来对外工程承包市场份额呈现节节攀升的趋势。

①业务规模大幅增长。2009年我国对外承包工程完成营业额777亿美元，同比增长37.3%；新签合同额1262亿美元，同比增长20.7%。

②亚非市场优势明显。由于行业壁垒以及外交政策等原因，我国对外承包工程市场在多元化基础上，仍牢牢把握亚非市场的绝对优势。2009年，从完成营业额的情况看，亚洲和非洲地区分别占51.2%和36.2%，两大洲营业额占营业总额的比例达到87.4%。

③专业市场百花齐放。分析我国企业在海外工程承包各专业市场分布比例可知，各专业领域基本呈现出均衡发展的趋势。我国对外工程承包业务总量规模持续快速扩大，新签合同额和完成营业额分别从1979年的3352万美元和3000万美元增长到2008年的1054.88亿美元和570.48亿美元，年均增长率分别达到31.88%和29.37%。2009年我国对外承包工程业务完成营业额777亿美元，比2008年增长37.3%。至2009年底，我国对外承包工程累计完成营业额3407亿美元，对外劳务合作累计完成营业额648亿美元（图8-1-10、图8-1-11）。

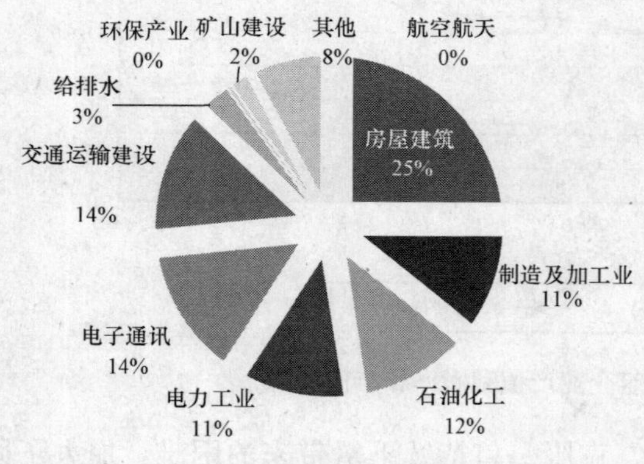

图8-1-10　2007年我国对外承包工程完成营业额各专业市场分布比例

数据来源：商务部国外经济合作司业务统计年报

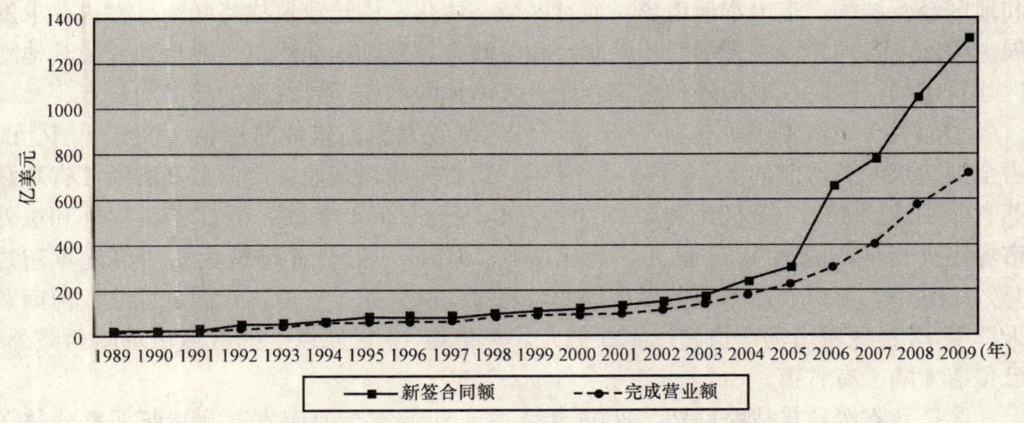

图 8-1-11　1989～2009 年我国对外工程承包发展状况

④品牌企业量质齐升。2009 年美国工程新闻记录（ENR）进行的全球最大 225 家国际承包商排名中，我国内地共有 50 家企业榜上有名，这 50 家企业 2009 年共完成海外工程营业额 505.733 亿美元，比 2008 年增加了 41.5%，企业平均营业额比 2007 年增长了 60%。2009 年 ENR 国际工程设计 200 强榜单中，我国共有 22 家工程设计企业上榜，比上年度增加了 4 家。

3）国内市场开放

建筑业是我国 20 世纪 80 年代实行改革开放政策后最早开放的行业之一。从 1984 年开始，我国工程建设领域开始实行招投标制度，改变了过去由政府行政分配任务的做法，为有实力的境外承包商进入我国建筑市场承包工程提供了条件。随着国外承包商在我国活动的日益频繁，我国政府在允许外方从事工程设计、施工活动范围等方面进行了积极的探索，出台了相关的法规和政策。为了适应新时期的发展要求，2002 年建设部、对外贸易经济合作部联合发布《外商投资建筑业企业管理规定》，对外商投资建筑企业的资质等级分类、资质申请及审批、工程承包范围、监督管理办法等方面作出了规定，旨在进一步开放建筑市场并规范对外商投资建筑企业的管理。2007 年建设部和商务部联合颁发《外商投资建设工程服务企业管理规定》，管理范围包括外商投资的建设工程监理、工程招标代理和工程造价咨询企业等，明确了外商投资建设工程服务企业的各级主管部门，资质申请要求、程序以及审批流程，进一步开放了我国建筑领域各专业市场。

开放国内建筑市场，加剧了我国建筑市场的竞争，也推动了中外建筑企业的交流与合作，加速了我国工程建设领域与国际接轨，对促进建筑企业的优胜劣汰、提升建筑企业竞争力发挥了积极作用。与此同时，国际承包商也为我国的基础设施建设作出了突出贡献，举世瞩目的国家大剧院、鸟巢、水立方以及首都机场 T3 航站楼等工程，也凝聚着国际承包商人员的智慧和汗水。

4）区域市场开发

地方建筑企业通过敏感捕捉国家热点建设地区、热点行业和重大工程，调整产品和地区经营结构，走出本地市场，通过区域一体化、构筑建筑战略联盟等方式寻求发展。为此，各地建设主管部门积极制定相关政策，鼓励本地建筑企业全力开拓其他地区建筑市场，同时，取消外地建筑企业进入本地的门槛，寻找新的经济增长点。

①加大跨地区工程承包。2008 年，各地跨省完成建筑业总产值 16906.60 亿元，占全国建筑业总产值的 27.65%。2009 年，跨省完成建筑业总产值最高的浙江省和江苏省分别达到 4322.93 亿元和 3521.01 亿元。截至 2009 年底，浙江省在省外和境外市场完成施工产值达 4323 亿元，同比增长 19.5%，占全省建筑业总产值比重超过 45%。其中，上海、江苏等区域市场产值超过 500 亿元。安徽、江西、湖北、河南和天津等 12 个区域市场产值超过 100 亿元。产值逾 10 亿元以上的区域市场除西藏外，已覆盖大陆所有省市。

②搭建省级建筑战略联盟。2009 年 4 月，江苏省与河南省召开建筑业暨建筑劳务合作洽谈会，通过省级建设主管部门搭建平台，使得作为建筑业大省的江苏省与劳务输出第一大省的河南省成功实现企业与劳务“对接”。江苏省 8 家特级、一级企业与河南省部分劳务基地县及劳务企业通过洽谈签订了劳务意向合作书，初定劳务用工 5 万多人，使建筑劳务队伍从“自发输出”跨入“定向输出”的新阶段，形成了长期稳定的建筑劳务战略合作伙伴关系，达到了取长补短、互利共赢的目的。

③构建区域统一建筑市场。为发挥各自优势、优化资源配置、为企业发展提供优质服务、共同维护市场秩序，2009 年 6 月，北京市住房和城乡建设委员会、天津市城乡建设委员会和交通委员会、河北省住房和城乡建设厅共同签署了《京津冀地区共同建筑市场合作协议》，三地将根据“市场互容、联合共管、信息互通、高效便捷”的原则，利用 3 年左右的时间，实现三地建筑企业在区域内建筑市场的自由流动，最终达到企业利益、政府管理成效和社会效益最大化的目标，真正实现建筑市场一体化。

(6) 工程实施组织方式

我国一直大力推行新型的工程实施组织方式。在鲁布革工程施工管理体制的冲击下，1987 年，建筑行业提出逐步建立以智力密集型工程总承包公司为龙头，以专业施工队伍为依托，全民与集体、总包与分包、前方与后方分工协作，互为补充的建筑企业组织结构。20 世纪 90 年代初，建立规范、合理的综合总包，专业承包、劳务分包的工程建设总分包管理体系被提出。为进一步发展工程总承包和项目管理，2003 年 2 月，建设部颁布《关于培育发展工程总承包和工程项目管理企业的指导意见》，从推行工程总承包和工程项目管理的重要性和必要性、工程总承包和项目管理的主要方式进行分析，提出了进一步推行工程总承包和工程项目管理的措施等；2004 年 11 月，建设部颁布《建设工程项目管理试行办法》，从企业资质、执业资格、服务范围、服务内容、委托方式等方面作出了规定。这两个文件的颁布，标志着我国工程项目管理从此进入了一个新的历史发展阶段。2006 年 9 月，为推进专业工程总承包发展，加强对建筑市场的监管，建设部结合有关专业工程的具体情况组织制定了相关资质标准，打破了传统的设计与施工的分类界线，促进了工程设计与施工的一体化；2009

年2月，建设部发布《设计施工一体化资质核准管理办法》，从行政许可依据、行政许可条件、申请材料目录、行政许可程序以及行政许可办理期限等方面，规范了设计施工一体化企业的资质管理。

上述一系列指导性文件和规定，大大推进了我国工程项目管理和工程总承包的发展。

1）项目管理

经过20多年的推广和发展，项目管理制在我国得到广泛应用。为提高建设工程项目管理水平，促进建设工程项目管理的科学化、规范化、制度化和国际化，建设部和质量监督总局于2001年联合发布国家标准《建设工程项目管理规范》（GB/T 50326—2001），2006年发布了修订后的《建设工程项目管理规范》（GB/T 50326—2006）。目前，90％以上的建筑企业在工程承包施工组织中均采用项目经理制，不少项目在管理方法上有所创新。在此期间，我国工程项目管理在理论研究上也达到一定深度，形成了我国工程项目管理的基本框架体系。内容包括以下几个方面：

①基本内容：四控制、三管理、一协调。即进度、质量、成本、安全控制，现场（要素）、信息、合同管理和组织协调。

②管理目标：形成一套具有中国特色并与国际惯例接轨、适应市场经济、操作性强、较系统的工程项目管理理论和方法；培养和造就一支具有一定专业知识、懂法律、会经营、善管理、敢负责、作风硬的工程项目管理人才队伍；开发应用一代能较快促进建筑生产力水平，提高企业有机构成和经济含量的新材料、新工艺和新技术；建设和总结推广一批高质量、高速度、高效益，充分展示建筑行业科技水平和管理实力，具有国际水准的代表工程。

③组织结构：两层分离，三层关系。即管理层与作业层分离；项目层次与企业层次的关系，项目经理与企业法定代表人的关系，项目经理部与劳务作业层的关系。

④推行主体：两制建设，三个升级。即项目经理责任制和项目成本责任制建设；技术进步、科学管理升级，总承包管理能力升级，智力结构和资本运营升级。

2）工程总承包

工程总承包是国际通行的工程建设项目组织实施方式。推行工程总承包，是深化我国工程建设项目组织实施方式改革、提高工程建设管理水平、保证工程质量和投资效益、规范建筑市场秩序的重要措施。自《关于培育发展工程总承包和工程项目管理企业的指导意见》颁布实施以来，工程总承包得到了较为迅速的发展。

目前，设计—施工总承包方式在大型建筑企业中初步展开，勘察设计企业也在积极向总承包方向转型。此外，设计施工一体化承包主要集中在冶金、化工、铁路等领域，而在房屋建筑、市政工程等领域相对较少。

在设计采购施工总承包中，主要有两种实施方式，一种由设计企业和施工企业联合总承包；另一种由企业签订总承包合同后，通过招标，确定分包商进行设计或施工，将工程其他部分分包出去，由设计和施工单位在总承包单位协调下共同完成。

3）工程项目管理服务

工程项目管理服务已经展开。北京奥运工程和上海世博工程都采用了工程项目管理服务。工程监理与项目管理一体化服务和集项目策划、设计管理、招标代理、施工管理等为一体的全过程集成化项目管理服务也逐步发展起来。

（7）建筑业从业人员

改革开放 30 年来，作为国民经济支柱产业的建筑业得到迅速发展，队伍不断壮大。截至 2009 年底，建筑业从业人数达到了 3672.6 万人，如图 8-1-12 所示。

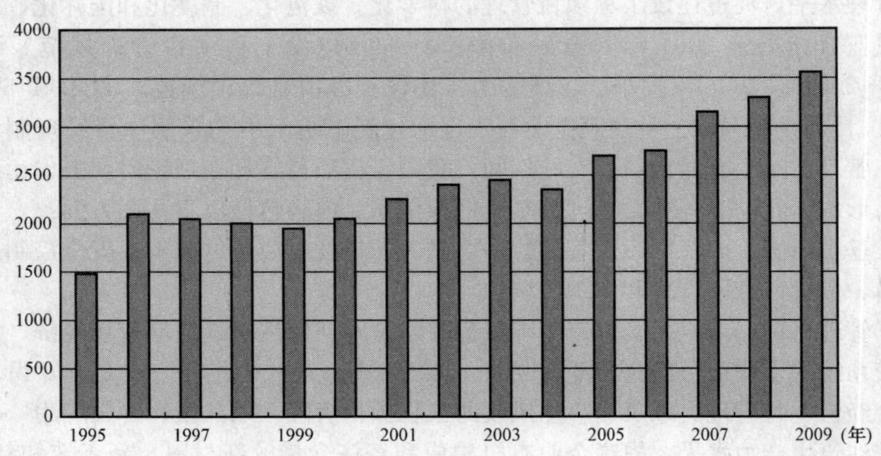

图 8-1-12　1995～2009 年建筑业施工从业人数统计（单位：万人）

我国建筑业执业资格制度已建立 10 多年，在政府强有力的推动下，短时间内取得很大进展。我国执业资格制度的特点是：由国家强制管理；资格全部通过考试方式取得；政府在标准制定、考试等方面起主导作用；具体执业资格管理机构分布在政府及政府授权的学会协会、注册中心等。

1）执业资格人员

2002 年 12 月，人事部、建设部印发《建造师执业资格制度暂行规定》，标志着建造师执业资格制度开始实施。2003 年 4 月 23 日，建设部发布《关于建筑业企业项目经理资质管理制度向建造师执业资格制度过渡有关问题的通知》。2006 年 12 月 28 日，建设部发布《注册建造师管理规定》。2007 年 4 月 10 日，建设部发布《一级建造师注册实施办法》。2007 年 11 月 19 日，建设部发布《关于建筑业企业项目经理资质管理制度向建造师执业资格制度过渡有关问题的补充通知》，对建造师的过渡问题给予了说明。2008 年 2 月 26 日，建设部发布《注册建造师执业管理办法（试行）》。

截至 2007 年底，全国取得各类建设职业资格的专业人员共有 64 万余人（不含二级），注册近 35.9 万人。而建筑业取得各类建筑执业资格的专业人员共有 32 万余人（不含二级），注册 23 万余人，为我国建筑业发展奠定了良好的人才基础。全国建设领域执业资格人员专业分布情况见表 8-1-4。

全国建设领域执业资格人员专业分布情况　　表 8-1-4

领域	类　别	取得资格人数（人）	注册人数（人）
1. 勘察设计	（一）注册建筑师	19376	19098
	（二）勘察设计注册工程师	88060	39696
2. 建筑业	（三）建造师（一级）	210457	52540
	（四）监理工程师	141083	92325
	（五）造价工程师	99837	94604
3. 房地产	（六）房地产估价师	36635	31596
	（七）房地产经纪人	31349	18393
	（八）物业管理师	1119	0
4. 城市规划	（九）注册城市规划师	12238	10292
共　计		640154	358546

注：以上数据截止到 2007 年 12 月 31 日

2）产业工人

在建筑产业工人中，农民工占有较大比例，大多数从事的是最具体的建筑施工。根据国家职业分类大典，农民工从事施工现场的工作涉及建筑领域的工种有 100 多个。在实际建筑施工中，砌筑工、抹灰工、钢筋工、混凝土工四个工种约占一线作业人员的 60%，再加上油漆工、木工、架子工、防水工四个工种，总计占一线作业人员的 80%。

为了加强对农民工的就业培训规划管理工作，2003 年 9 月，农业部等六部委制定颁发了《2003～2010 年全国农民工培训规划》，并成立全国农村劳动力转移培训阳光工程指导小组。2006 年 3 月，建设部、中华全国总工会联合发布《关于进一步改善建筑业农民工作业、生活环境，切实保障农民工职业健康的通知》，强调建设行政主管部门要加大对安全防护、文明施工措施费用的拨付、使用和监督。

1.2.2　建筑业产业政策的不足

（1）制度建设

1）建筑市场

①不规范交易依然存在。虚假招投标、肢解发包、低价发包、阴阳合同等问题依然突出，部分地方政府或行业主管部门出于地方保护或者行业保护目的，通过资质门槛限制本地区、本行业外的建筑企业参与公平竞争。此外，承包企业的违法分包、转包与资质挂靠等问题，在一些地方时有发生。不规范承包经营不但扰乱了建筑市场的正常秩序，使得工程质量、安全得不到保证，而且容易导致钱权交易，滋生腐败，造成不良的社会影响。

②法规政策需进一步完善。现行法律法规对市场主体违法行为界定不清、定性不准、执法效力弱，缺乏有效的制约和处罚机制，不适应监管和执法的需要，制约着建筑业的健康发展。以《建筑法》为例，其中提到“提倡对建筑工程实行工程总承包”，但由于只是原则性条文，无实质性要求，可操作性不强。

③业主行为需进一步规范。当前，建筑市场中的许多不规范行为与业主密切相关。在我国，业主包括了政府、事业单位、国有企业和民营企业等，形式多样，专业管理水平差距较大。此外，管理业主和施工、设计等单位的部门不一致，对业主行为的监管缺乏相应的法律法规，资金源头的保证机制不健全，相关主管部门对业主资金监管和行为监管缺乏法规及政策依据。当前，建筑市场中的工程款拖欠、无序竞争甚至腐败现象等均与此有着密切关系。为促进建筑业的健康发展，业主的行为需要进一步规范。

2）工程保险与担保制度

我国工程保险与担保的大部分品种主要是政府鼓励、市场主体自愿应用。由于人们的认识不到位，工程保险与担保在我国建筑市场尚未形成惯例。另外，有关工程保险和担保的法律法规体系不够完善，使得其推行缺乏强有力的法律依据。即使对于推行工程保险和担保的工程，也有很多不规范之处，应有的作用未得到充分发挥。工程保险与担保市场尚未有效建立，保险机构、担保机构和中介机构需要进一步培育和规范。

3）信用体系建设

我国建筑业信用体系的建设尚处于发展阶段，存在较多问题。如国家层面和产业层面缺乏系统的法律法规，信用体系的建设也缺乏长期系统的规划。

建筑业的信用体系建设依托于国家层面的信用体系。如何以《征信管理条例》为纲，以《关于加快推进建筑市场信用体系建设工作的意见》为指导，基于建筑业现状，构建系统的信用体系建设框架，并注重与全社会信用体系的对接，形成系统高效的产业信用体系，是需要迫切解决的问题。

(2) 工程质量与安全生产

虽然近年来我国建筑安全生产工作取得了较好成绩，但由于思想认识和经济发展等原因，各地区间工程质量和安全生产的发展仍不平衡，工程质量和安全生产监管形势依然严峻，各类质量和安全生产事故时有发生，给人民群众生命和国家财产造成了巨大损失。

1）工程质量与安全生产的法律法规和技术标准有待完善

目前，我国建筑业法律法规的落实情况并不理想，各地执法情况也不平衡，对违法违规单位和个人惩处力度不足，这主要是由于相关法律法规和技术标准尚未健全。依法治国是发展社会主义市场经济的客观要求，更是保证质量、防止事故发生、实现质量和安全生产监管的基础。工程质量与安全生产的法律法规和技术标准的不足，主要体现在：《建筑法》、《建设工程质量管理条例》等配套的相关法规制度还不健全，法规制度建设滞后于工程质量与安全生产管理工作的需要；《建筑法》中并未明确建筑安全生产监督机构的法律地位，给依法开展建筑安全生产监管工作带来诸多困难；现行的建筑安全生产管理规定对依法规范建筑市场主体的各种安全生产行为，落实其安全责任有一定的局限性，对违法行为的处罚条款不够具体，操作性不强，较易引发行政处罚纠纷。

2）工程质量与安全生产监管制度有待完善

工程质量与安全生产监督机构的性质、监督内容、监督方式不够明晰化、规范化和科学化。监管力量不足，不能适应建筑业发展的需要；监督机构性质的不明确给监督工作的开展带来很多困惑；监督工作陷于微观，监督机构的监督范围过窄，未能充分发挥政府监管工程质量的作用。我国建设工程安全生产管理工作目前尚处于分散管理状态，虽然《建筑法》有关于工程质量和安全生产方面的规定，但在实践中，建设工程质量和安全生产管理的标准化不够，管理职责界限不够清晰。

3）工程质量和安全生产监督执法力度有待增强

目前，我国建设工程质量和安全生产监督机构、执法队伍的现状还不能适应建筑业的快速发展需求。一方面，执法队伍总量不足，不能满足建筑队伍不断发展扩大的需要，同时，基层执法人员业务水平普遍不高，工程质量和安全生产意识薄弱，相关法制观念不强，很多监管人员进入执法队伍之前从未做过工程质量或安全生产管理工作。另一方面，有的地区将安全生产监督机构与质量监督机构合并为一个综合部门，但监管人员不具备对工程质量和安全生产实施综合管理的能力，在进入施工现场时往往是看到了质量、顾不上安全生产，或注重了安全生产、忽视了工程质量。

4）工程质量和安全生产责任制度有待完善

相对于社会经济的发展而言，建筑业责任主体的层次和责任追究从制度上不够清晰，建设工程责任主体行为不规范；对建设单位的质量与安全行为和责任问题的研究和管理还不够；中介机构对于工程质量和安全生产的保障作用发挥得还不充分；企业和市场还没有全面形成一种完善有效的质量和安全信誉评价制度、优胜劣汰的竞争机制和良性循环的发展氛围。由于工程质量和安全生产责任制度不完善、建筑市场混乱和各方责任主体未能履行其职责，有的建设单位为了少投入多产出，随意压低工程造价，甚至拖欠工程款，导致安全生产投入不足，工程质量得不到保证。

5）重大事故预防控制体系有待健全

我国建筑业的重大危险源和重大事故隐患分布、分类不清，预防控制体系、应急预案不完善，导致重大事故隐患得不到有效治理。虽然建设行政主管部门和政府其他管理部门出台一系列加强重大事故预防和控制的相关规定，但是各地的执行情况并不理想。有关各方未能结合建设工程安全生产实际完善安全生产应急预案；应急预案的科学性、针对性和可操作性有待进一步提高；快速响应和协调联动机制有待建立健全；应急演练未能做到有效实施；风险控制和应急准备工作不到位，导致安全生产得不到保障。

（3）产业规模与结构

1）资质管理有待进一步完善

相关政策中规定进入招标市场的建筑企业必须具有相应资质等级，这在很大程度上起到了优胜劣汰的作用。但是，企业申报资质的一些硬性规定不完全符合市场的现状，使得某些不完全符合申报条件的建筑企业为获得某项资质进入该市场，不惜一切代价采取虚假注册、编造业绩等非法手段，严重扰乱了建筑市场秩序。一些依法经营、具有某类工程施工能力的建筑企业，因业绩不完全达标或改制重组等原因暂时无法获得相应资质，无法进入市场。

申请资质就必须具备一定规模的工程业绩，要有工程业绩必须具备市场的准入证——资质，通过中标获得工程任务，从而获得工程业绩。工程任务、业绩和资质之间形成了一个怪圈，必须通过进一步完善资质管理的相关政策措施以获得突破。

2）融资渠道有待进一步拓展

专业化企业处于建筑业金字塔形结构底端，规模较小，这些企业应该是政府政策尤其是金融政策重点扶持的对象，但由于专业化企业缺乏可抵押资产，资金管理水平相对较差，安全生产水平不高，造成融资渠道狭窄。除此之外，由于金融机构对施工过程缺乏了解，无法监督资金的使用情况等，也缺乏向中小建筑企业放贷的信心。由于缺乏融资渠道，许多符合建筑业产业结构调整方向的专业化企业的发展受到限制。

此外，税收政策对建筑企业的支持力度也不够。在我国，除了江苏、浙江、山东等几个建筑业大省的一些地区将税收优惠、扩大保函规模、降低贷款利率等作为支持企业发展的重要措施，其他大部分地区在这些方面的支持力度还非常小。需要建设主管部门协调金融机构及相关主管部门，进一步拓展建筑企业尤其是中小建筑企业的融资渠道。

3）企业联合有待进一步加强

建筑企业金字塔形结构的顶端发展需要形成一批资金雄厚、人才密集的大型、特大型建筑企业，而企业联合无疑是一种快速有效的手段。但目前，政府在推动企业联合方面有待于进一步加强，需要鼓励和支持企业之间组成联合体，使尽量多的企业发挥自己的专业能力和品牌优势，从而整体提高建筑市场竞争力。

（4）科技进步与节能减排

1）科技进步

①科技政策协调性不足。建设行政主管部门就科技创新制定出台了相应的政策，但很多省、市、县没有就如何执行制定具体的操作性政策、实施细则。同时，企业政策缺位，导致科技政策执行不力，政策效果欠佳。

②科研人员培养机制不够完善。2001～2008 年建筑业研究与开发机构科技活动人员数量，如图 8-1-13 所示。

从图 8-1-13 可以看出，建筑业的专业人才已经有了一定的规模，并且具备了一定的技术研发能力，但由于人才培养机制不健全，从事建筑业研究与开发的科研人员数量逐年递减。科技人才队伍结构也不尽合理，特别是缺乏高素质、高技术、高技能以及重大科技攻关的领军人才。同时，一些建筑企业严重缺乏人才意识，人才观念比较陈旧，未能建立起有效的人才开发、使用和管理机制，阻碍了建筑业科技创新的步伐。

③科技成果转化体系不够完善。近年来，科技体制改革取得了明显进展，科技人员为建筑业科技进步作出了突出贡献。但是，科技与经济脱节的问题还没有从根本上得到解决，科技向现实生产力转化能力薄弱依然是制约科技进步的一大障碍。科技中

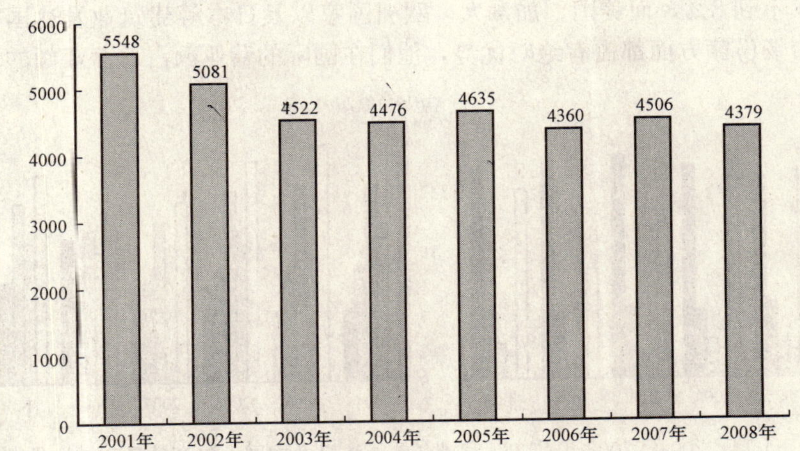

图 8-1-13　2001～2008 年建筑业研究与开发机构科技活动人员数量（单位：人）

数据来源：中国科技统计年鉴（2002～2009 年）

介机构有了一定的发展，但未能在科技创新和成果转化中发挥应有的作用，配套政策支持有些落后，导致科技成果转化体系不够完善。

2）节能减排

①建筑节能管理体制有待加强。建筑节能管理体制在管理职能和管理机构、人员设置方面还存在一些不足，具体表现在：一是与建筑节能密切相关的墙体材料革新工作的管理职能尚未理顺，目前，全国 17 个省、自治区、直辖市由建设部门主管，12 个省、自治区由经贸部门主管，工作体系已不适应实际需要。二是建筑节能管理机构设置和人员编制不能满足工作需要。

②建筑节能激励政策的实现形式有待完善。我国现有对建筑节能的激励政策主要是财政专项资金、优惠贷款和税收优惠，这些激励政策不仅效果不明显，而且增加了国家的财政负担。因此，应借鉴国外的成功做法，创新激励的实现形式，探究出一条符合我国国情的建筑节能激励政策路线，弱化政府对市场的控制，引导市场主体参与到建筑节能事业之中。

③建筑节能标准体系有待完善。具体表现有：一方面，标准之间的指标不一致，如环保建筑和节能建筑标准之间的不一致容易产生误解；另一方面，已发布的标准多数集中在设计、施工环节，而针对上游的规划和下游的质量、安全、环境、运营管理等方面的标准却很少。

（5）企业经营与市场拓展

产业政策为建筑企业的发展具有积极的引导作用。从纵向看，我国建筑企业的经营以及在国际市场上都获得了较大发展，但是与发达国家承包商相比，我国建筑企业还有较大不足。2004～2008 年，我国承包商进入最大 225 家国际承包商的平均数量为 49 家，是法国的 7 倍，德国的 9 倍，但所占国际市场份额仅是法国的 51.85%，德国的 66.73%，如图 8-1-14 所示。从市场份额看，除 2008 年外，我国对外工程承包的市场份额不到8%，而美国、加拿大、欧洲国家以及日本等建筑业发达国家，在公司数量和市场份额方面都占有绝对优势，他们在国际的营业额占总营业额的85%。

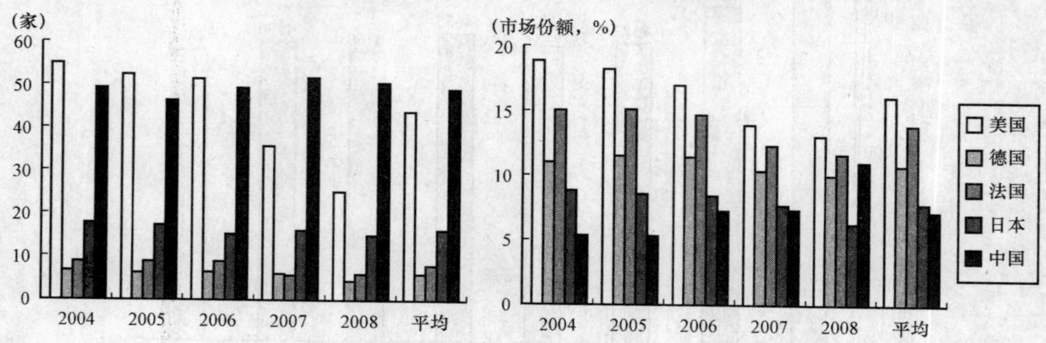

图 8-1-14　2004～2008 年前 225 家排名美德法日及中国承包商数量和市场份额

将建筑业的总产值与建筑业从业人数及技术装备率进行对比，总产值与从业人员数量的正相关性不明显，与技术装备率的正相关性也不明显，如图 8-1-15 所示。

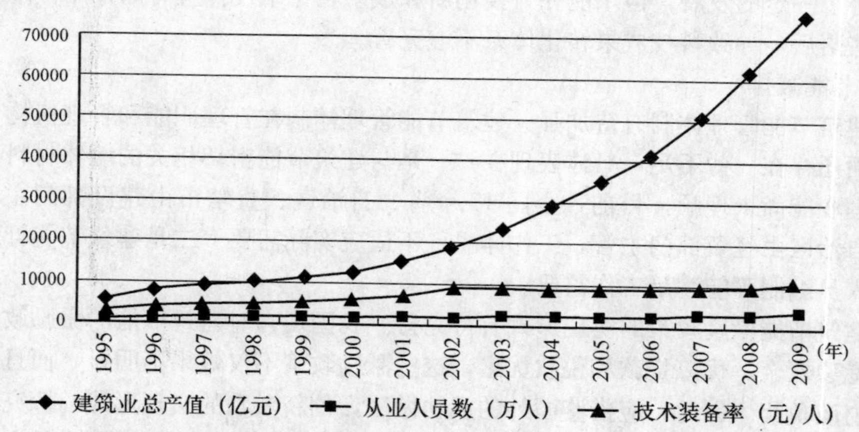

图 8-1-15　1995～2009 年建筑业总产值与从业人员数量及技术装备率的关系

将我国建筑业的技术装备率与劳动生产率进行对比，这两项并不是同比例变化的，表明建筑企业劳动生产率的提升并非完全依靠技术进步，这与国际承包商存在较大差距，如图 8-1-16 所示。

从以上分析可以看出，在政策支持下经过多年发展，我国大型建筑企业积极实践工程总承包，凭借不断技术创新、管理升级，逐渐从传统价值链的低附加值环节中脱离出来，向高端、高附加值领域转变，成为少数的国际承包优秀企业。但是，与发达国家承包商比较，我国大型建筑企业的经营模式比较单一，经营方式比较落后，管理水平不高，需要进一步发展。

在经营范围上，我国承包商一般只承包工程设计、采购、施工，利润较高的融资及前期规划阶段缺乏竞争优势，勘察设计、工程咨询、项目管理等方面的国际市场开

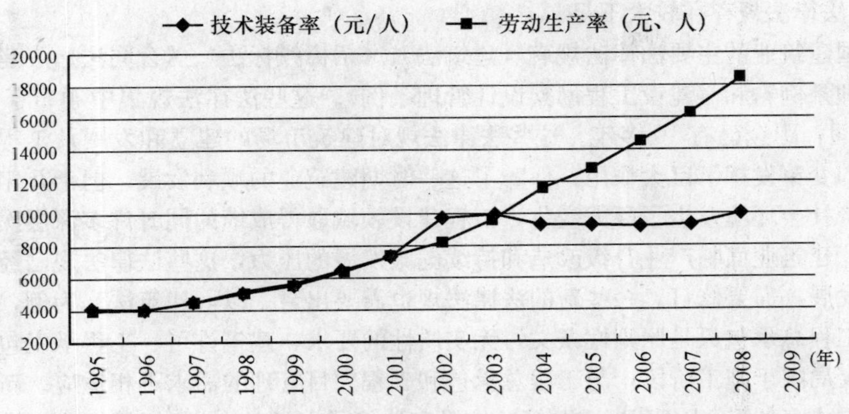

图 8-1-16　1995～2009 年我国建筑企业的技术装备率和劳动生产率

拓能力依然较弱；在业务领域上，我国工程承包企业主要在房屋建筑、土木工程、交通等领域，单个企业很少有两个或以上的经营领域产值比重都超过 10%，经营领域的集中不利于分散经营风险，企业的综合利润也较低；在管理水平上，企业内部层次多，依靠行政关系进行管理而非合同手段管理，影响决策速度和效果，国有企业产权结构单一，经营机制不够灵活。

对我国大型建筑企业来说，施工承包仍然是主流模式，尚不具备较强的工程总承包能力；母公司、子公司、项目部之间过于强调分工责任，尚未形成以项目为中心的“管理中心、利润中心、成本中心”的三层次企业经营模式；企业国际化程度低，融合国际先进经营模式的能力较弱；与银行的合作仅仅是借贷关系，尚未形成合作关系；对技术创新和技术专利不够重视，对企业的技术创新和研发的投入不足，品牌经营的重视程度不够。

在国际工程承包领域，我国企业存在以下问题：①在工程融资方面，我国企业资金实力不足，缺乏企业信誉和国际融资经验；②在施工技术方面，缺少专利技术和专有技术，对国际上最新建筑技术、建筑材料、建筑机械应用不够，在机电安装、使用先进设备的大型高难度土木工程等专业领域存在着技术差距；③缺乏国际采购网络系统和国际采购经验，在项目中标后往往要采用发达国家的材料设备，而我国的机电设备及建筑材料较难进入国际市场；④成本控制方面，处理纠纷索赔等方面经验不足；⑤缺乏国际通行的项目管理经验和先进的工程项目计算机管理系统，缺少熟悉国际市场技术标准、操作规范以及市场运行规则的各类人才，包括技术人才和管理人才。

(6) 工程实施组织方式

工程总承包与工程项目管理是加快与国际工程实施组织方式接轨、贯彻“走出去”发展战略、提高我国建筑企业国际竞争力、提升产业升级的主要途径，是产业政策指导的主要方面。从实施效果来看，工程总承包和工程管理还存在较多问题，需要相关部门集中力量花大力气解决。

1）法律法规存在较大不足

我国建筑业的主要法律法规有《建筑法》、《招标投标法》、《合同法》、《建设工程质量管理条例》和《建设工程勘察设计管理条例》。这些法律法规集中颁布于1997～2000年间，距今已有10多年。这些法律法规对建筑市场的建立和发展及工程建设各项制度的变革发挥了巨大作用，保障了这一时期建筑业的顺利发展。但十几年来国内外的经济社会环境发生了巨大变化，工程建设领域取得成绩的同时许多深层次问题逐渐暴露，建筑业面临产业升级改造和持续健康发展的压力，这些法律法规已经滞后于时代的发展，需要修订，一些新的法律法规也需要出台。以《建筑法》为例，其中提及到的工程总承包只是原则性条文，无实质性的要求，建筑许可、工程承发包、工程监理等仅局限于施工阶段，与工程总承包和工程项目管理的需求不相适应。新型的工程实施方式（如BOT/PPP、BT等）均没有法律予以调整。《招标投标法》中也有较多规定限制了工程总承包的发展。如“具有总承包能力的企业在取得总承包任务之后，工程主体结构要自己独立完成，不能分包”有悖于总承包内涵，给具有资金和管理实力的企业向总承包转型增加了难度。在完善法律法规的基础上，需要出台相关的配套措施，以形成合力，共同支撑工程总承包的推行。

2）市场接受程度不高

工程总承包和项目管理这些先进的建设工程组织实施方式的广泛推行，很大程度上取决于发包人需求和市场认可。但到目前为止，与20世纪90年代推行项目管理制的力度相比，对工程总承包的推广力度仍远远不够，原因如下：

第一，国家和相关部委的支持不足，工程总承包的试点、宣传力度很小，在政府投资项目中没有任何强制性措施；

第二，广泛推行工程总承包的法律法规及相关制度需要建立和完善，我国建筑市场相关制度，如招投标、工程造价、工程监理、执业资格等，都是基于设计、施工分离的前提建立的；

第三，宣传不到位，相关制度不够完善，使业主选择工程总承包及工程项目管理服务时有较多顾虑，面临的管理风险较高，导致了业主优先选用传统模式；

第四，我国的工程总承包企业的发展尚未成熟，建筑施工企业、勘察设计企业、工程监理企业及相关的咨询公司并未普遍具有工程总承包能力；

第五，由于投资主体和管理体制问题，国内大多数业主缺少采用工程总承包模式的内在动力，追求局部权力和分支利益的现象还十分普遍，也约束了总承包运作模式的推行。

法律法规的不完善、政府推广力度不够、相关制度不配套，使得市场对工程总承包的接受程度不高。目前，工程总承包项目无论是公开招标还是邀请招标，一般都要求具备施工总承包资质，设计单位以设计资质去承担工程总承包项目一般不会被接受。即使是一些外资项目，业主因受招标代理或项目管理公司的影响，也会要求投标方提供施工总承包资质。这种局面亟待改善。

(7) 建筑业从业人员

1) 执业资格人员

①执业范围不许交叉。由于国外许多行业自律管理的执业资格制度，仅仅是行业对专业技术人员从事某一职业水平的评价，没有实行强制性准入控制。因此，不同专业之间的执业范围允许相互交叉或包容，而我国执业资格制度纷纷建立以后，由于实行强制性准入，在执业范围上存在着不许交叉的矛盾。

②管理机构不统一。我国执业资格制度是单一的政府强制性资格制度。但是，我国在管理上并没有明确规定执业管理机构，造成了管理上的混乱。一方面，政府部门直接管理，政府部门直接从事专业人员的标准条件制定，有的还负责资格审查、考试命题、注册管理等工作，不仅在人力物力等方面有困难，也容易造成政事不分，尽管考试、注册等工作逐步在向行业协会、学会转移，但实质性管理工作仍在政府。另一方面，由于我国部分协会是一种企业团体为会员的组织，协会章程上并没有管理个人资格的权力，有的行业协会、学会对执业资格人员的管理尚未深度参与。

③专业教育评估未与执业资格制度有机结合。我国执业资格制度和教育评估制度分别属于不同的管理部门，专业教育评估主要是教育部门对大学办学条件、教学质量是否合格的评估，没有充分体现行业对专业教育的要求。同时，在许多执业资格考试报名条件中，没有体现专业教育评估的作用。专业教育评估是高校的一种自愿行为，在我国又刚刚起步，如果专业教育评估与执业资格脱节，专业教育评估就失去意义，同时，对专业人才培养的针对性也会产生一定影响。

④执业资格的法律法规不够健全。我国已经颁布《会计师法》、《律师法》、《医师法》、《教师法》等个人执业资格性法律，注册建筑师则以条例形式颁布。建设部其他执业资格，监理工程师是以部长令形式颁布，其余执业资格则是以建设部、人事部两部文件发布，注册管理办法以建设部文发布，法律效力较低，处罚力度不够，在规范执业人员职业道德和执业行为等方面受到一定限制。

2) 产业工人

①长时间工作和工资拖欠问题依然存在。目前，建筑工地普遍实行的是不规范的工时制度，现场操作工人每日工作约 10～11 小时，平时只有在不同工种更替作业和天气条件的影响下才可作短暂休息，没有固定的休息日，法定节假日工作不计加班费，休息休假权利基本上没有得到应有的维护。有些操作工人因长期超时劳动而过度疲劳，不但身体受到损害，而且特别容易发生安全事故。虽然我国工程款清欠工作开展多年，收到了良好效果，但由于工程款支付的长效机制尚未完全建立起来，建设单位拖欠工程款和劳务分包单位恶意拖欠农民工工资的现象依然存在。

②安全事故时有发生。由于建筑工程的特殊性，工人的作业环境相对危险，一些产业工人或未进行施工现场安全教育，或安全教育效果较差，这些都容易引发安全事故。由于缺乏安全培训与防范而付出的代价是惨重的，高空坠落、物体打击、触电等意外伤害发生的概率相对较高，轻则残疾，重则丧命，如 2009 年 1～5 月份，全国共发生建筑施工安全事故 658 起，死亡 837 人。

③人员培训动力不足。建筑业农民工培训面临的最大困难是培训经费严重不足。从1987年开始，建筑企业实行管理层与劳务层分离，建筑企业基本不带劳务队伍，多将施工任务外包给农民建筑队伍，企业不承担培训义务。普通技工所需的技术要求不高，任何健壮的农民工都可以在短期内达到熟练程度，这使得企业更重视现场学习而不重视岗前培训，更谈不上系统的培训学习；高级技工的流动性较强，企业缺乏花大量时间和精力培训的动力；农民工个人更是无意识、无经济能力主动进行培训。

④培训效果需进一步提升。为提升产业工人素质和操作技能，建设行政主管部门和行业协会出台了大量的政策措施，力求建立完善的培训制度。但从效果来看，产业工人的操作技能和业务素质未能通过培训得到显著持续提升。一方面，实际培训中的具体内容与工程流程及现场状况仍存在一定差距；另一方面，执行培训的各方主体未能严格履行职责，对培训的成效缺乏系统评估和追踪反馈，使得培训效果未能充分体现。

(8) 建筑工业化发展

我国提出建筑工业化的目标是推进我国建筑业像制造业一样在作业的过程中做到标准化、系统化和部件的通用化，较少地受到外部自然条件和社会条件的影响。然而，当前国内的建筑业发展仍较为粗放，没有形成高质量的规模效益，传统陈旧的技术还在大量使用，科技进步贡献率较低；建筑标准化工作滞后，部件标准化和通用化程度低；施工机械化和合理化程度不高；节电、节能、节水等先进的环保技术尚不能推广使用，可持续发展问题比较突出。

目前，大部分地区，尤其有设防要求的地区，基本为全现浇结构体系。而装配式钢筋混凝土体系中，主体结构的柱、梁、板均可完全在工厂加工，实现工业化大生产，运输至现场拼装。工厂加工可以雇佣熟练工人，利用最先进的现代技术，进行全自动化生产和计算机控制及管理，工期可以大大缩短，工程成本由于工序简单也相对易于控制。采用工业化生产方式，亦可使行业的监督机制更为规范，国家对固定资产投资的宏观调控更易于实现。另外，工业化生产方式有利于解决长期困扰市民的工地噪声、粉尘污染等问题，工地更易实现文明施工。

第2章 发达国家和地区建筑业产业政策及启示

2.1 发达国家和地区建筑业产业政策概况

2.1.1 制度建设

(1) 法律法规

法律法规是建设行政主管部门管理建筑市场的主要依据，健全的法律法规体系是建筑市场有序运作的基本保障，也是衡量一个国家建筑业管理水平的重要标志。同时，对于促进建筑产业健康发展具有重要作用。

1) 美国

在美国，完备的法律体系是建筑活动有序进行的有力保障。在建设工程管理中，美国形成了以《统一建筑法规》(Uniform Building Code，UBC) 为主体，包括《联邦测量法》、《联邦电器法》、《联邦管道法》、《联邦防火法》、《联邦机械设备法》、《地方规划法》以及《环境保护法》、《职业安全和健康条例》等涉及公共利益和安全的法规体系，同时，还包括大量的质量标准和技术规范等。

《统一建筑法规》是最为重要的建筑活动管理法规，它对管辖范围内任何建筑物的施工、改建、拆迁、使用、维修以及建筑行政管理、建筑许可等制度作出了详细规定。此外，工程建设主体行为还要受到来自《税法》、《公司法》、《会计法》、《劳动法》、《银行法》、《保险法》、《商业职业法》及《统一商务法规》等综合性经济法规的制约，各州、县、市都要结合本地实际情况对UBC进行修改补充，并制定和完善一套有针对性的建设法律体系。在制定和执行建设法规方面，地方政府发挥着极其重要的作用。美国的质量标准和技术规范，有强制性标准，也有推荐性标准；有联邦标准，也有地方标准。在具体执行过程中，地方标准的应用占主导地位。

2) 日本

日本是建设法律体系相当完善的国家之一，体系完备、措施得力、责任严明、可操作性强是日本建设法律体系的鲜明特征。日本的建设法律分为三个层次：国会制定的法律，政府颁布的政令，职能官厅（如建设省）发出的省令。法律拥有最高效力，依照法律颁布政令（法的施行令），再由政令发出省令（法的施行规则）。

日本的建设法律体系包括《建设业法》、《建筑基准法》、《建筑士（师）法》、《都市计划法》、《公营住宅法》、《住宅建设规划法》等一系列法律、法规、规则。此外，还有一些与建筑业密切相关的法律，如《中小企业现代化促进法》、《劳动安全卫生法》等。

3) 德国

德国享有"法制大国"的美誉，其高度发达的建设法律体系成为各项建设活动高效有序运作的重要保障。

德国的建设法律主要包括《联邦建筑法》、《建筑产品法》等一系列法律法规和标准，它们分别对建设主管部门的职权范围、建筑许可、建设咨询、材料检测、建筑产品质量保证体系、劳动保护、安全事故预防、招投标及承发包双方权利义务等方面作出了全面详细的规定，制定了明确的标准规范。在住宅建设方面，通过制定《住宅建设法》、《住宅现代化促进法》等法律，将发展大众化住宅作为产业政策的扶持重点，同时，政府提倡并鼓励私人投资的建房活动。此外，德国各州还根据地方的具体需要，制定有地方针对性的建设管理法规条例。

(2) 工程保险与担保制度

1) 工程保险

①工程保险是一种强制性制度。在美国，承包商、分包商和咨询设计商若没有购买相应的工程保险或没有取得相应的保证担保，就无法取得工程合同。在法国，《建筑职责与保险》规定，凡涉及工程建设活动的所有单位，包括业主、总承包商、建筑师、专业承包商、建筑产品制造商、质量检查公司等，均须向保险公司进行投保。通过实行强制工程保险，各相关主体在自身利益的驱动下，强化了自律意识，确保了工程质量，促进了工程建设的良性循环。

②业主方控制工程保险。业主控制的工程保险是一种全面涵盖的保险方式，其主要目的是让业主拥有控制保障其资产的保险和风险管理计划，多数发达国家和地区倾向于采用业主方控制的工程保险。在香港，保单以业主和所有参与工程项目的各承包商的联合名义投保。

③保险公司与业主方密切合作。保险公司在项目开始阶段就与业主密切配合，进行风险管理。保险公司在施工现场派驻专门人员，专业工程风险分析师也协助业主进行完备的风险分析并提出风险管理建议，降低了保险公司的理赔风险。

④中介体系发达。国际上工程保险业发展完善的国家和地区，其工程保险中介体系也十分发达。一方面，保险经纪人在保险市场中非常活跃，保险经纪人代理顾客完成绝大多数的保险业务，包括评估风险、制定保险方案、订立保险合约、监测风险、处理索赔等风险管理的全过程。另一方面，中介体系管理完善，保险中介人要通过从业资格审查、组织资格认证考试才能执业，有专门的组织建立保险中介人信息档案库，对保险中介人的执业情况进行全面记录，并接受社会公众对保险中介人的查询和投诉。

⑤工程保险人力资源丰富。在保险业发达的欧美国家，工程保险方面的人才多有较严格的筛选制度，获得一定职业资格后方可上岗并定期接受业绩考核。这些国家的保险公司、再保险公司、保险经纪人公司大多设有工程部，专门人员负责经营工程保险并办理相关业务，其工程保险业务已迈入专业化、制度化和现代化的阶段，这都与丰富的工程保险人力资源有着密切关系。

2) 工程担保

美国是实行工程担保制度较为完善的国家，实行的是高保额有条件保函模式，主要应用于投标担保、履约担保和付款担保。其中，履约担保通常会覆盖预付款担保、保留金担保、维修担保等多个品种，其有效期一般从工程开工至保修期满截止。

在美国，无论是承包商、分包商，还是设计咨询商、设备供应商等，如果没有取得相应的工程担保，或者没有购买相应的工程保险，几乎无法从建筑市场上获得工程合同。这不仅是美国法律强制推行的结果，也是工程建设各方普遍遵循的惯例。

美国法律禁止商业银行从事工程担保业务，专业化的担保公司是工程担保市场的承保主体。美国的保证担保公司一般都具有金融机构的身份，具备雄厚的资金实力来提供担保服务。保证担保公司的人员一般都是从事担保业务、法律、工程管理等方面的专家。这些担保公司必须经美国财政部评估、批准，每年都要进行复核。担保公司提供的每笔保证担保业务金额，不得超过其注册资本。

当承包商违约后，担保人在保函所规定的担保总额内将对承包商尚未履行的全部合同责任负责，并同时继承承包商的合同权利；担保人有权自行选择代为履行合同的方式，包括：提供技术、经济和管理上的支持由原承包商继续履约；引入新的承包商；将未完工程另外发包并向业主支付因此增加的合同金额；向业主直接赔付一笔业主能接受的赔偿金以买回保函。

美式工程担保的顺利实施依赖于以下条件：首先，需要对工程担保制度作出强制规定，在这一前提下，承包商如果要持续发展，必须保持良好的商业信誉，以便获得未来工程项目的担保。其次，需要建立专业化的工程保证担保市场，发展专业化的工程担保公司，使其具备能够代为履行工程合同的能力。第三，需要建立工程保证担保市场的公平竞争机制，防止担保公司通过其垄断地位影响乃至阻碍建筑市场的竞争秩序。

目前，世界各国和地区的工程保证担保制度各有特点，尚未形成统一的模式。部分国家和地区工程保证担保制度见表 8-2-1。

部分国家和地区工程保证担保制度一览　　　　**表 8-2-1**

	国家	工程保证担保制度
美洲	美国	①公共工程实行强制保证担保，保函由经批准的专业担保公司出具 ②保函为高保额有条件保函 ③主要担保品种：投标担保、100%履约担保和100%付款担保 ④投标担保保额：联邦政府20%或最高300万美元的投标保函；州政府5%～10%投标担保
	加拿大	与美国的担保制度类似，履约担保金额为50%
	墨西哥	①与美国的担保制度类似，实行有条件保函和对担保业务的特别监管 ②担保品种：投标担保1%～10%；预付款担保25%～100%；履约担保10%～20%；维修担保10%～20%

续表

	国家	工程保证担保制度
欧洲	英国	①在政府工程中，投资超过一定金额的项目一般要求使用保函，保函品种主要包括：履约担保、预付款担保、保留金担保等，政府工程中要求的履约担保须是有条件保函，此外，从1996年起还推荐使用清偿保护担保 ②在民间项目中，采用ICE合同时一般需提交10%的履约保函，以无条件保函为主，保证人主要是银行，其次是专业担保公司和保险公司
	法国	①无投标保函，发包人有时会参考OPQCB颁发的证书 ②5%的履约保函（多由银行承保）
	德国	①传统上无投标担保，主要采用5%的履约保函，但有免除条款 ②近来，1%～5%的投标保函、5%～20%的预付款保函和履约保函、2%～5%的维修保函越来越多地在大型工程项目及政府工程中使用 ③银行主要承保无条件保函（90%市场份额）；保险公司主要承保有条件保函（10%市场份额）
	意大利	①公共工程实行强制性保证担保。投标担保保额2%，履约担保10%，为无条件担保 ②当中标价与标底相差20%以上时，增加差额担保（表现为提高履约担保保额），承保人主要为保险公司和银行 ③正在研究将履约担保的保额提高到20%～100%
	丹麦	①未实行强制担保，公共工程和私人工程中常采用15%的履约担保，工程竣工后保额减少至10%，为期1年。之后的2～5年保额将为2%，总维修期为5年，在国际招标中通常采用1%～2%的投标保函 ②保函通常为有条件保函，但一些私人业主会要求无条件保函，承包商同时也可以要求业主提供支付保函，不过很少 ③主要承保人为专业从事担保业务的保险公司和银行，其市场份额分别占60%和40%
澳洲	澳大利亚	①以私人投资工程为主要担保市场 ②5%～10%见索就付的履约担保为主要担保品种，还包括预付款和保留金保函等 ③市场正在开始接受100%的美式有条件保函
亚洲	日本	①投标担保：发包人要求投标人提交至少为合同金额5%的投标保证金，但若已提交投标担保合同或已通过资格预审，则免付保证金 ②预付款担保：由专门预付款担保机构承保，公共工程中，法定要求在开工前向承包商支付30%～40%的预付款，以防备资金不足的工程开工。传统上，中标人应提供由其他投标人承诺的完工保证，1996年后，改为履约保证金担保，可为现金、等额有价证券、履约保函或保证保险等
	韩国	①对公共工程要求担保，包括投标担保5%；罚没性保函20%或10%的替补承包商履约保函，或30%以上有条件保函。此外，还有预付款担保、维修担保等 ②承保人主要是会员制的建筑业联合基金（Korea Construction Financial Cooperative, KCFC）

续表

	国家	工程保证担保制度
亚洲	中国香港	①公共工程用的4种合同文本中对担保都有规定，并接受RICS条款31条的原则，一般的履约保函保额<5%，这主要是由于只有政府批准的名单上的企业才有资格参加公共工程投标，不履约的风险通常很小 ②私人工程中，保额一般为10%，有条件和无条件两种保函都有应用
	新加坡	①新加坡建筑承发包标准合同对担保的要求主要是采用无条件保函 ②一般要求5%～10%的履约担保，签发人是银行或保险公司，按年签发，到期续签，直到保修期结束

资料来源：邓晓梅，中国工程保证担保制度研究，中国建筑工业出版社

(3) 信用体系

1) 美国

①法律体系。美国有比较完备的涉及信用管理各方面的法律体系，将信用产品加工、生产、销售、使用的全过程均纳入法律范畴。目前，美国正在实施的与信用相关的法律主要有：《公平信用报告法》、《平等信用机会法》、《公平信用结账法》、《公平信用和贷记卡公开法》、《信用修复机构法》等。这些法案的管理目标与内容主要是规范授信、平等受信机会、保护个人隐私。法律条款简明、具体、操作性强。这些法律已形成一套完整的规范社会信用体系的法律体系，在构建健康的社会信用环境方面发挥了重要作用。

②管理与服务机构。信用信息管理机构以信用信息为经营对象，包括经营数据库的征信公司和进行资信评估的资信评估公司。信用管理服务机构的职能包括代理商账追收、信用保险、保理、担保等。资信评估公司的评级业务涉及长期债券、短期债券、共同基金、保险公司支付能力和优先股票等。

美国信用服务行业经过100多年的市场竞争，已形成了少数几个市场化运作主体。如穆迪、标普、惠誉和邓白氏等美国信用中介巨头，能够满足不同客户的需求，每天都能发出上百万份信用报告，客户也遍及整个世界。并且，这些企业还具有很强的信用产品创新能力。

③不良信用惩罚机制。健全有效的不良信用惩罚机制标志着一个国家或地区信用管理体系和信用制度的完整性，也标志着信用交易的成熟程度。美国的不良信用惩罚机制是由民间运作并自愿执行的。信用经营机构、信息管理机构、信用管理服务机构将有不良信用记录的责任人和处罚意见，通过信用信息、资信评估报告等形式，公告于社会，并载入相应的信用信息数据库。列入违信黑名单的企业和个人，很难再与社会各界进行正常的信用交易。不良信用记录一般会被保持5～10年，在这段时间内，有不良信用记录的企业和个人将很难取得工商注册、银行贷款、信贷销售服务、个人信用卡等。

④中介组织。在美国，中介组织在规范市场秩序、信用评价和管理、加强行业自

律、促进行业健康发展等方面发挥了极为重要的作用，有些行业协会建立了信誉度很高的承包商企业名录，并对这些承包商进行分级分专业管理和考核。政府选择承包商时，有时就可以直接参考行业协会的承包商名录。

2）欧洲国家

法国、德国和比利时等一些欧洲国家的信用体系与美国还有一定差别，主要体现在信用信息服务机构、银行作用和中央银行职能三个方面。

①服务机构。信用信息服务机构是由中央银行建立，而不是由私人部门发起设立。在法国，法国中央银行的信用局以每月为间隔，将采集到的超过 50 万法郎的公司客户信息发放给各银行。在比利时，根据一个记录有关分期付款协议、消费信贷、抵押协议、租赁和公司借款中的不履约信息的皇家条令，信用信息办公室得以建立，并作为比利时中央银行的一个部门从事信用评价业务。

②银行作用。银行需要依法向信用信息局提供相关信用信息。在比利时、德国和法国，商业银行向中央银行建立的信用风险办公室或信用信息局提供所要求的信息是一种强制行为。在德国，要求银行和金融服务机构向联邦银行的中央报告办公室报告负债总额达到或超过 300 万马克的借款者的详细资料。

③中央银行职能。中央银行承担主要的监管职能。以比利时、德国和法国为代表的一些欧洲国家，由于信用信息局被作为中央银行的一部分，因而对信用信息局的监管通常主要由中央银行承担，有关信息的搜集与使用等方面的管制制度也由中央银行提供并执行。

2.1.2　工程质量与安全生产

工业发达国家和地区在建设工程质量与安全管理方面已经有一百多年的历史，现已形成了比较科学的符合市场经济条件的机制，在法律手段、经济手段等各方面积累了不少经验。

(1) 完善的法律法规体系

1）美国

美国的建设工程质量与安全生产管理方面的法律法规主要分成三个层次。第一层次为基本法，明确了职业安全与健康的各项基本原则，成立了管理机构体系；第二层次是严格、细致的各项标准，从一般规定、环境控制等各个环节就建设工程安全生产作出了详细规定；第三层次是行动指南，对标准的目标、背景、执行程序、重点事项等作出了相应阐述。

2）英国

英国建筑安全法规体系可以分为四个层次。第一层次是基本法律，即 1974 年颁布的《劳动健康安全法》，该法从七个方面规定了从事劳动活动人员的责任义务，并明确了中央监察机构和地方监察机构的设置及职责；第二层次是行政法规，重要的有 1994 年颁布的《建筑（设计、管理）条例》、1996 年颁布的《建筑（健康、安全和福利）条例》以及《事故、疾病和危险发生报告条例》等；第三层次是由相关国务大臣批准的实践规范，由各行业起草，详细描述并推荐行业中能够达到法律要求的比较好的实践形式，但具有特殊的法律地位；第四层次是指南和标准，作为雇主采取安全措施时的建议和指导。

3）德国

德国的法律体系采取“双轨制”。一是政府颁布的法律和条例，属于国家规定行为，由国家立法，包括《劳动保护法》、《劳动安全法》、《企业安全规定》等一系列法律法规。二是行业工伤事故保险联合会颁布的规定与规则，属于行业自治行为，由行业自治立法，最主要的行业法规是以《事故防范规定》为核心规定的《工伤事故保险联合会守则》等。

《建筑工地劳动保护条例》规定，业主必须负责工地所有人员的安全与健康，采取符合《劳动保护法》规定的各项安全生产措施。建筑师不仅需要对工程本身质量负责，还要对涉及安全的重要施工方案负责，要与协调员一起制定包含安全生产措施在内的施工方案，报有关部门审查批准。业主委托协调员筹划建设工程安全生产措施，参与项目的总体规划和设计，协调施工全过程的安全事宜。

（2）严格的安全生产监管

1）英国的建筑行业专项监察计划

为切实提高建筑行业质量与安全管理水平，英国职业安全健康机构启动了建筑行业专项监察计划，内容包括：①业主或承包商是否对高空作业危险有清醒的认识，并制定了适当的防范措施；②设备是否得到正确的安装、检查、维护和使用；③工作场所是否能有效避免摔倒或跌倒；④过道和楼梯是否有杂物堆积；⑤工作区是否有不必要的材料或废物；⑥劳动者是否了解风险控制措施。

2）德国的双重监管机制

德国的安全生产监督管理采取双重监管体制。一是国家劳动保护机关开展的国家性质的劳动保护工作和劳动监察，由国家、各联邦州和州各部委、行业监管局负责。二是法定事故保险机构开展的劳动保护活动和检查，由行业工伤事故保险联合会及事故保险公司组织。

实行“重罚机制”是德国质量和安全生产监督管理的一个重要手段。德国的事故成本非常高，如发生一起死亡事故，经法院定为责任事故后，企业将要承担高额的罚款。在“重罚机制”的作用下，由于违法成本太高，德国的企业以及企业的所有者、管理者和员工都不敢拿自己的经济利益冒险。

德国没有建筑工程监理和专门的政府质量监督。州政府质量审查主管部门授权由国家认可的审查工程师，对所有新建工程和涉及结构安全的改扩建工程的质量实行强制性监督审查。审查工程师代表政府，负责对工程建设全过程的质量进行全面、全过程监督检查。审查工程师若徇私舞弊、滥用职权、收受贿赂或在工作中严重失误，将被终身取消审查工程师的执业资格。工程质量监督检查的费用由发包方通过纳税形式向政府建设主管部门缴纳，州政府付给接受委托的审查工程师，避免了审查工程师与发包人之间的雇佣关系。这种方式保证了监督工作的公正性和权威性。

(3) 高效的保险及培训制度

1) 工程保险与担保制度

强制性的工程担保和保险制度是美国建筑质量监督的重要手段，建筑行业的人身安全保障有一套完整的管理体系。美国法律规定，建设工程的所有参建方包括业主、设计单位、承包商、材料生产和供应商等都必须向担保和保险公司进行强制性投保。从项目立项开始到工程结束，分别由责任方承担工程的担保和保险责任。担保和保险公司因经济利益与其息息相关，因此会主动介入工程建设领域，改变了工程质量监督主要由政府承担的局面，形成了齐抓共管、行之有效的工程质量监督管理机制。

美国保费费率完全按市场规律确定，承包商交纳安全保费的多少与其安全施工的业绩密切相关。承包商如果具有良好的安全业绩和信誉，往往保费低廉，施工利润较高；反之，保费高昂或保险公司拒保，导致施工成本亏损甚至承包商无法获得施工资格。在这种市场经济杠杆作用下，承包商自己的安全意识十分强烈，保险公司为自身利益也对施工安全极为重视，积极参与到施工安全管理之中。

德国是世界上第一个建立工伤保险制度的国家。政府授权建筑业事故保险联合会负责建筑施工安全生产的行业管理。联合会属于半官半民组织，具体负责工伤事故保险管理、安全生产的行政与技术法规制定、教育培训组织、事故调查统计和工伤疾病保险工作。所有建筑企业职工均须参加强制性工伤保险，每个企业都必须加入所在地区的联合会，成为联合会的成员。凡承揽建设工程的承包人，必须按照雇工人数和工种的危险程度向联合会交纳工伤保险费，由联合会负责承担保险。

2) 安全教育培训

英国将安全培训当做安全管理的基本工作。工地上一切人员都要经过安全培训。对于通过培训考试合格的建筑工人，要根据其安全知识掌握程度和工作经验，确定其上岗档次，并用不同颜色的胸牌区分不同级别，项目负责人根据其胸牌，安排不同的岗位和工作地点。英国规定培训雇员是雇主的责任，雇主负责安全培训经费的支出，需向建筑工会培训中心足额及时交付，数额约占利润的1%。

香港实行"绿卡"(Green card)制度。"绿卡"又称"平安卡"，由香港建筑业训练局或香港劳工处认可的机构统一颁发，工人接受并通过安全培训后可获得此卡，有效期为3年。进入施工现场的新工人必须持有绿卡，否则将被拒绝进入；建筑公司不得接收没有绿卡的工人，否则公司将会受到严厉惩处，进入工地检查的政府工作人员、建筑师、工程师等也必须要有绿卡。"绿卡"制度的实施，有效地保证了工人在工作前都能得到培训，提高了工人在安全与健康方面的素质。

3) 安全支付计划和独立安全稽核计划

香港实施安全支付计划和独立安全稽核计划。该制度是将承建商在建筑安全方面的开支从工程合约中单独列出，该费用不参与投标竞争，而是由业主根据承建商在建筑安全方面的表现予以支付。安全表现良好的承建商可以获得支付，安全表现一般的承建商酌情扣减，安全表现不合格的承建商就不能得到该项安全费用；独立安全稽核计划，是指由业主聘请独立的认可安全稽核员，每3个月对承建商在建筑安全方面的表现进行一次独立的安全检查和考核。

2.1.3 产业规模与结构

（1）产业规模

在市场经济较发达的国家，建筑业占国内生产总值的比重平均在5%～7%之间，是支撑其国民经济的重要产业。

美国建筑业在历史上一向与钢铁、汽车工业并列为国民经济的支柱产业。在新技术革命推动下，美国产业结构在最近一二十年发生了显著变化，建筑业仍是一个重要产业，占国内生产总值比例较高，吸纳了大量的社会劳动力。美国建筑业增加值1998年达6520亿美元，占国内生产总值的8%左右，从业人员为400万人，占美国就业人口总数的16%。

表8-2-2反映的是2000年统计的日本、韩国、新加坡、中国香港及中国内地建筑业在国民经济中的地位。

2000年一些国家和地区建筑业在国民经济中的地位 **表8-2-2**

国家及地区	建筑业增加值（亿美元）	建筑业增加值占国民经济总产值的比重（%）	建筑业从业人数（万人）	建筑业从业人数占社会总从业人数的比例（%）
日本	3136	7.30	663	10.10
韩国	295	7.60	158	7.20
新加坡	57	7.00	13	5.90
中国香港	81	7.16	30	9.00
中国内地	712	6.60	3553	4.80

总之，在发达国家和地区，建筑业在其国民经济中占有重要地位，并且吸纳了大量的劳动力。建筑业也是带动国民经济发展的重要产业。20世纪80年代初，美国政府为了振兴经济，采取了刺激建筑业发展的措施。通过建筑业的发展，带动了房地产业、钢铁等产业的发展，并扩大了劳动就业，从而推动了经济振兴。

（2）产业结构

发达国家和地区的建筑业形成了以总承包企业为龙头、专业承包为依托、劳务分包为基础的金字塔形产业结构。金字塔顶端的企业以资本、技术、管理密集，综合型、跨领域为特征，数量少；金字塔中部的企业以技术、管理、专业化为特征，数量较多；金字塔底端企业以专业化服务和劳务服务为主，数量最多。从构成比例来看，小型企业数量占60%～95%；中型企业数量占5%～40%；大型企业数量占0.1%～0.5%。日本建筑企业中，员工不足50人的小型建筑企业占了建筑企业总数的95%，而1000人以上的大型企业只占0.1%。

产业集中度能进一步反映产业结构，可以用绝对集中度和相对集中度表示。绝对集中度通常用市场上规模最大的几家企业的生产、销售、资产或职工的累计数量（或数额）占整个市场的生产、销售、资产、职工总量的比重来表示。CR_n 指的是市场前

n名企业的营业额或者资产总和与产业中全部企业的营业额或者资产总和的比值。表8-2-3分别给出了中国、日本、美国和英国1997年和2006年建筑业产业CR_4、CR_{10}和CR_{50}。

中国、日本、美国、英国建筑业集中度CR_n的比较　　表8-2-3

集中度CR_n	中国		日本		美国		英国	
	1997	2006	1997	2006	1997	2006	1997	2006
CR_4	1.06	13.28	7.25	16.48	4.24	6.83	—	21.95
CR_{10}	2.35	18.69	14.18	26.09	6.42	10.97	—	36.11
CR_{50}	8.16	27.40	29.94	42.68	12.35	23.29	—	68.98

资料来源：中国统计年鉴（2008）；日本统计年鉴（2009）；美国《工程新闻记录》（2007），《国际统计年鉴》（2009）；英国《Blue book 2009》；《中国建筑业组织及其合理化研究》（作者：李小冬）。

表8-2-3反映出美国、日本的绝对集中度CR_4、CR_{10}、CR_{50}都有了一定程度的提高，说明产业中最大的建筑企业竞争力增强，市场份额增大，对市场的控制不断增强，并证明了发达国家建筑业的发展是一个从市场均一到市场垄断的过程。

为反映产业内全部企业规模的分布状况，还需要相对集中度指标。常用的相对集中度指标包括洛伦茨曲线（Lorenz Curve）和基尼系数（Gini Coefficient）。洛伦茨曲线反映的是市场中企业由小到大的数量累计百分比与其相应市场占有率百分比之间的关系，基尼系数以此为基础，其数值越大，说明产业集中度越高，大型企业在市场上的支配能力越强。我国建筑业基尼系数2000年仅为0.4714，2007年则达到0.6806。美国从1997年到2002年，基尼系数从0.7868增加到0.8264，建筑业相对集中度增加。英国建筑业的基尼系数近几年稳定在0.85左右，日本建筑业基尼系数在0.65水平上下浮动。

产业集中度的分析再次证明，发达国家建筑业产业结构的金字塔形和产业结构的稳定性。这得益于建筑市场运行的规范性、不同规模建筑企业有自己的优势领域，具有较强的竞争力。

(3) 建筑企业资质管理

发达国家政府一般不直接参与资质管理，而是较为重视协会等民间组织的作用，有限的资质管理的主体机构大多是政府的下属机构，而不是政府机构本身。亚洲国家的资质管理则主要由政府承担，近几年也逐渐呈现出向行业协会等民间组织转移的管理趋势。国外建筑市场准入的基本情况见表8-2-4。

国外建筑业企业资质管理基本情况对比　　表8-2-4

国家	资质管理			业务经营规定	
	有无注册/执照	适用范围	限制程度	经营范围	限制程度
美国	多数州无	—	一般	无统一规定	一般
德国	无	—	少	无统一规定	少

续表

国家	资质管理			业务经营规定	
	有无注册/执照	适用范围	限制程度	经营范围	限制程度
英国	有（新的注册体系）	政府工程（非强制）	少	无统一规定	少
日本	有（执照）	所有工程	多	按资质范围	多
韩国	有（执照）	所有工程	多	按资质范围	多
新加坡	有（执照）	政府工程	一般	按资质范围	一般

美国多数州对建筑公司不实行分级资质管理，而是依靠保险公司和专业担保公司对不同档次的建筑公司所提供保险金额的不同进行市场调节。要求承包商提供100%的履约保函，即投标工程规模不得超过工程履约保函金额，而保险公司对建筑公司的保额需要根据公司在当地的工程业绩确定；但有些州对建筑公司也有资质管理规定，主要表现在对公司净资产的要求。美国建设工程共分26个类别，针对总承包，除房屋建筑外，对土木工程只分四类：一是公路与高速公路；二是桥、隧道和高架路；三是铁道、交通、水和下水道；四是其他。分类简明，不存在部门分割问题。

日本实行资质等级管理。企业资质分两类：由日本国土交通省（MLIT）颁发的国家资质证书以及由地方政府颁发的地方资质证书，有效期为5年，每一类又分为特殊建筑许可和普通建筑许可两种。根据规定，一家建筑公司不能同时拥有国家和地方资质证书，一家公司不能同时是特殊和普通建筑公司。工程共分28个工种，每个工种按造价分成A至E5个等级，企业根据资格审查制度按等级参与相应级别的工程投标。国家资质证书和地方资质证书的区别在于，当一家公司想在两个或两个以上区域开展业务时，必须获得国家资质证书；如果只在一个区域开展业务，则必须获得地方资质证书并只允许在该区域从事业务。

新加坡有严格的资质管理要求。建筑业发展局（CIDB）对承包商的资质评定分为两部分，一是所从事的工程类型（五大类：建筑工程、与建筑有关的工程、机械与电气工程、材料供应及维护工程、电力及通信工程，下又分若干小类）；二是承包商从事该工程类型的资质等级。对于从事某些工程的承包商（如电力及通信工程承包商），还要求其人员或企业必须获得相关政府主管部门颁发的执照方可进行资质评定。按资产规模、技术资质、人员情况、历史纪录、企业信誉将承包商资质分成GL～G8（建筑工程类）、L1～L6（其他工程类）共14个等级。

香港采用《认可公共工程物料供应商及专业承造商名册》、《认可公共工程承建商名册》对经营者进行管理，该名册每季度更新。该管理制度对承包商的最低占用资本和流动资本、最小技术和管理标准、最低全职技术和管理人员数量和资格标准提出了要求。

（4）中小建筑企业发展政策

从扶持中小型建筑企业的措施来看，美国侧重于营造对中小企业有利的市场竞争环境，政府规定必须将工程分包给4家以上的专业化企业。在日本，扶持中小企业的直接手段则更经常被采用。以日本为例，其政府主管机构主要从以下几方面扶持中小型建筑企业的发展。

1）在经济政策上给予支持。从20世纪60年代起，日本的《中小型企业近代化促进法》和《中小型企业近代化资金补助办法》开始应用于建筑企业。建筑企业通过对机械设备实行特殊折旧，可以得到地方政府设备现代化贷款（数额相当于1/2设备购置费的无息贷款）。为了鼓励中小企业实现合作，1975年成立了“财团法人，建筑业振兴基金”，对中小型企业的合作组织、协作组织用于购置公用设施的借款给予补贴（借款额的2%），并提供债务担保。

2）增加中小型企业的承包机会。采取的办法是：工程发包时，避免挑选高于与预定合同额相应等级的建筑企业，对于业绩优秀的中小企业，允许承包高于相应等级二级的合同额的工程；在发包时从当地的中小型企业中进行选择；提倡联合承包，提倡建立中小企业的合作组织、协作组织，扩大承包实力；提倡工程的分开发包；发包单位（主要指各级政府）在进行承包单位的资格审查时，对中小企业的合作组织和协作组织给予优惠等。

3）改善中小型建筑企业的经营。20世纪60年代，建设省与中小企业厅联合制定《中小型建筑企业经营诊断要领》，并委托有关协会进行指导，以利于对中小型企业进行经营诊断，提高经营水平。80年代的产业政策提出，不能为保护中小企业而保护中小企业，而是要改善经营管理，保护那些积极性和能力都较高的优良的中小企业发展。

（5）产业结构调整方式

美国没有实施过系统的产业结构调整政策，政府并不直接干预企业的生产经营活动，要素流动的市场机制基本健全，市场机制有效地促进了产业之间物质资本的流动，而政府则主要从宏观方面为产业结构提供援助，营造一个适合于产业结构合理化和高级化的经济环境。政府在市场力量被证明无能为力的时候才采取行动。从这种意义上说，美国政府促进其产业结构合理化、高级化的措施主要是补救性的，是被动型的，其目的在于帮助市场机制的完善。

日本则更有系统地、连续地实施了产业结构调整和援助政策。不仅注重宏观层次，还直接深入到微观层次，在调整内容上以资本调整为主，以总分包关系合理化为重点，改善产业结构。但是，由于长期实施周密的产业政策，政府直接干预要素配置，资本成了政府最主要的调节对象，市场机制基本上被扭曲，这也许是日本建筑业在20世纪90年代迟迟难以复苏的原因之一。

2.1.4 科技进步与节能减排

（1）科技进步

1）美国

美国产业技术政策经历了三个变化阶段：一是法制化，建立了产业技术政策的法律依据；二是系统化，形成了系统的产业技术政策；三是直接化，支持产业技术发展的方式从间接支持转向直接支持。

①健全的科技政策体系。在美国，支持科技创新、促进科学技术为国家利益服务是政府的责任和义务。政府充分利用市场机制，引导私人资本参与科技创新活动，推动科技的产业化，避免直接介入应用和技术开发研究。

首先，美国政府通过对科研机构和研究开发投入的免税与退税政策激励个人、企业和科研机构从事科研活动。美国的政策法律对于享受税收优惠和免税待遇的科研机构和研究活动作出了明确规定：政府下属的科研机构免征所得税；任何人如果向一家政府下属的科研机构捐款，捐款人可以获得相应的减税待遇；大学是美国从事基础研究的重要力量，作为“教育机构”，可以获得免税待遇；对于独立的科研机构，只要是非营利机构，并且从事的是“公益性科研活动”，就可以享受免税待遇。税收法还规定，一切商业性公司和机构，如果从事的研究开发活动的经费与以前相比有所增加，则该公司或机构可获得相当于该增加值20%的退税。此外，美国制定了涵盖范围广泛的知识产权制度，有效地保护科技专利成果，并促进其转移和使用。

②国家建设目标和“建设美国”计划。20世纪90年代中期，联邦政府的国家科技委员会（NSTC）组建了一个建筑与建设协调分委会，它与14个联邦机构的工作重点是增强美国建筑业的竞争力，通过研发改善公众和工人的安全与环境质量。在履行该职责过程中，分委会积极与行业和学术界合作，有计划地在行业论坛上和向商务部递交的提案中将研究重点延伸到建筑业，提出7项研发和示范目标。经过进一步讨论，形成了美国国家建设目标：

- 项目交付时间缩短50%；
- 在运营、维护和能源方面降低50%的成本；
- 使房屋居住者的生产力和舒适性提高30%；
- 使与设施相关的疾病与伤害减少50%；
- 使浪费和污染减少50%；
- 使耐用性和灵活性提高50%；
- 使建设疾病与伤害减少50%。

1996年，美国能源部施行了“建设美国”计划（Building America），形成在住宅生产中提供能源解决方案的公私合作伙伴关系。该计划对住宅建设应用系统工程方法，提出了以下目标：

- 生产出能源使用减少30%到50%的社区规模家园；
- 帮助建造者减少多达50%的建设时间和浪费；
- 提高建造者的生产力；
- 为建筑商和供应商提供新产品机会；
- 实施节省能源和材料的新技术。

为完成这些目标，由50多家公司和机构组成了5个BA核心团队，开展研发、测试、教育和技术援助，分析工厂和施工过程中的问题，使一个又一个独自从事传统工作的建筑业各个阶层联合起来，并且将节省下来的费用再投入到改进能效和产品质量当中。

③政府在美国各个建筑协会中推动“创新企业群”的发展。“创新企业群”强调的是一个中心点，多方面参与，坚持的是横向联合、纵向发展的原则。“创新企业群”的发展有利于在建筑业中造就一定数量的高质量的专业人才，造就一大批具有强大的研究和开发能力、拥有雄厚资本和创新动力的建筑业技术创新团体。为了促进建筑业“创新企业群”的发展，美国的建筑企业、大学和政府建立独特的合作伙伴关系，建筑企业可以从中获得先进的建筑业技术创新的发展理念、高效的设施装备、科学而具有超前意识的专业技术和良好的技术创新的发展机会。还可以在自身发展的情况下加强新材料、新工艺、新技术、新结构的研制和应用。

2）日本

为了推动建筑业的技术进步，日本政府采取了有力的政策和措施：

①建立“建设技术开发会议”制度。会议的主要任务是制定提出重大科技政策；制定提出科研长期方向和科技规划；制定提出重大科技发展措施。

②采取经济扶持政策。政府给对国民经济意义重大的研究开发项目提供补贴，使民间科技活动纳入政府科技政策的轨道；设立国产技术振兴资金贷款制度，由日本开发银行向进行国产新技术企业化的企业给予长期低息贷款；设立中小企业新技术改造贷款制度；在税收上，采取优惠措施。

③建立“特殊法人，新技术开发事业团”，促进科研成果变化为应用技术。该事业团负责对科研单位的成果向应用技术进行转移。对于风险大的新技术，给企业提供开发费用，开发出成果后再由企业偿还。

④建立建筑技术的评价、审查制度。对新技术的评价结果以政府公报形式公布。同时，建立民间开发建筑技术审查认定制度，促进民间研究开发活动，使新技术较快地得到推广。

⑤建筑企业积极进行技术研究。日本的超大型建筑企业都有自己的研究所。日本大成建设公司的研究人员达 320 人，开展具有国际特色的大企业的研究开发，投入技术研发资金占销售额的 1%，比日本建筑业的平均水平 0.54%高出近 1 倍。日本鹿岛建设公司这一比例达到 1.29%。

3）英国

英国政府主要通过设立多种资金计划帮助建筑业和科技人员开创思路，进行各种技术创新研究，大力发展科技型建筑企业。

①建筑企业研究援助计划。旨在帮助建筑企业在发展科技型建筑企业之前，开展以商业为目的的风险研究，申请获准的建筑企业可以获得最高 29.8 万美元的无息“可免除偿还贷款”。丰厚的援助基金，大大促进了建筑企业对创新计划的实施。

②联合研究、设立赠款基金。目的在于促进大学与建筑企业之间在科技创新领域进行研究开发合作。要想获得赠款，建筑企业必须与一所大学联合开展研发工作，一半项目费用由赠款基金会支付，另一半费用由建筑企业承担。

(2) 节能减排

在国际上，节能减排是发达国家和地区自上而下贯彻执行的基本内容。公民和企业活动遵照法律法规，使自己的行为符合能源节约和环境保护的要求。

1) 美国

①法律框架。1975年颁布实施了《能源政策和节约法》，核心是能源安全、节能及提高能效；1982年针对机动车辆的能效问题制定了《机动车辆信息与成本节约法》；1987年颁布了《国家电器产品节能法》；1992年制定了《国家能源政策法》，是能源供应和使用的综合性法律文本。1998年公布了《国家能源综合战略》，要求提高能源系统效率，更有效地利用能源资源。

②管理机构。美国能源部设能效和可再生能源局（EERE），是部内最大的1个局，有2个综合办公室：规划和预算办公室，管理和运行办公室。下设5个市场部门：电力技术办公室、工业技术办公室、交通技术办公室、建筑技术和商务办公室、联邦能源管理办公室，还有6个区域办公室，分设在亚特兰大、波士顿、芝加哥、丹佛、费城和西雅图。人员编制约450人。

③公共财政。美国联邦政府用于节能和新能源的投资预算逐年增加，2001年为11.8亿美元，2003年增加到13.1亿美元。

④节能基金。美国21个州设有节能公益基金，主要通过提高2%～3%的电价来筹集资金。基金由各州的公用事业委员会负责管理，相关部门和单位可以申请并利用该基金开展节能活动。

⑤激励政策。美国政府为了全面推进节能省地型住宅的发展，从立法、经济补贴和税收减免等各方面积极鼓励节能住宅的发展。在税收减免方面，新建节能住宅建筑可以获得税收减免。此外，节能建筑设备也可获得税收减免的优惠，各种节能型设备根据所判定的能效指标不同，减税额度分别为10%或20%；同时，为了保障低收入家庭的福利，节约能源，美国发起了低收入家庭住宅节能计划，帮助低收入家庭免费进行节能改造，每个家庭有一定限额，主要包括美国能源部保暖协助计划、健康部低收入家庭能源协助计划等。

⑥设备能效标准、标识和认证。能效标准由能源部负责制定和实施，1980年开始实施强制性能效标识制度，1992年开始实施自愿性节能认证（“能源之星”）。美国采购法以及几个总统令都规定政府必须采购“能源之星”认证产品。“能源之星”间接地成为政府强制性行为，是国外产品进入美国市场的技术壁垒。

⑦政府机构节能。联邦能源管理办公室负责政府机构节能工作。为确保节能目标的实现，美国在过去10年中共颁布13项“总统”行政令和2份总统备忘录，对政府机构节能目标、职责、管理、采购等内容作出具体规定。

⑧节能项目。1998年以来，有2500多家机构参加了美国能源部发起的高效电机挑战计划，由200家设备供应商、代理商、电力公司和州政府组成的联盟向3万多终端用户开展宣传、培训和信息传播工作。1991年以来，美国环保局实施绿色照明计划，与2300多家公司、电力公司、非盈利组织及其他团体建立了伙伴关系，共投资

10 多亿美元用于推广高效照明产品。

2）日本

①法律框架。1979 年颁布实施《合理用能法》；1993 年制定了《合理用能及再生资源利用法》；1998 年修订《合理用能法》，核心是促使企业、机动车辆、耗能设备必须遵守更为严格的能效标准。1998 年制定《2010 年能源供应和需求的长期展望》，强调通过采用稳定的节能措施来控制能源需求。

②管理机构。日本节能管理工作由经济产业省代管的资源能源厅负责。2001 年小泉政府机构改革后，在原来 1 府 22 省厅调整合并为 1 府 12 省的条件下，节能管理机构由原来资源能源厅煤炭部所属的节能课升格为节能新能源部，编制 65 人。

③公共财政。资源能源厅 2001 年度财政预算 1300 亿日元（约 10 亿美元），节能和新能源为 520 亿日元（约 4 亿美元，其中 330 亿日元的补助费、45 亿日元的开发费、10 亿日元的信息服务费和 130 多亿日元的国际合作费），占资源能源厅预算的 40%。

④激励政策。运用金融优惠制度，鼓励建筑采用节能措施，以较少的能量消耗获取舒适的居住环境条件。日本实行住宅金融公库贷款，对满足不同标准的住宅项目给予不同额度的贷款；实行住宅采用隔热构造的补贴贷款制度，对采用太阳能热水器、节能型供水设备和供暖设备项目实行补贴贷款制度，对办公楼、饭店等建筑采用热泵设备实行长期低息融资制度。正是在这一系列经济鼓励政策的推动下，从 20 世纪 80 年代开始，日本逐渐成为世界上能源利用效率最高的国家之一。

⑤重点用能企业管理。对年燃料消耗 1500 千升标油或电力消耗 600 万千瓦时以上的 1 万个单位列为重点用能企业，要求配备专职能源管理士，对工厂用热、用电及建筑物热损失提出具体要求，每年向经济产业省及相关部门报告能耗状况。如不能按期完成节能目标，又提不出合理的改进计划，主管部门有权向社会公布，责令其限期整改，并处以罚金。政府委托节能中心对企业进行能源审计。

⑥设备能效标准、标识。实施“领先产品”能效基准制度，即对汽车和电器产品（包括家用电器、办公自动化设备等）制定不低于市场上最优秀商品水平的能效标准，并明确实施的目标年度。1999 年开始对汽车、商用和家用电器设备等实行强制性能效标识制度，以利于消费者对产品能效进行比较。

⑦节能奖惩。经济产业省定期发布节能产品目录，开展节能产品和技术评优活动，分别授予经济产业大臣奖、资源能源厅长官奖和节能中心会长奖。

⑧节能宣传。为在全国范围内推广节能，政府建立节能日，每月的第一天对节能活动进行评估并确定其成果；节能月（每年 2 月）面向普通消费者和公共机构，举办能源效率展览和各种大型活动；8 月 1 日和 12 月 1 日为节能检查日，检查并评估节能活动和生活习惯。

3）英国

①法律框架。1995 年颁布实施《家庭节能法》，要求各级政府采取切实措施 10 年内将居民建筑能耗在 1996 年或 1997 年基础上降低 30%。2000 年 11 月公布的“气候变化计划”制定了一揽子政策和措施，以提高能源效率。

②公共财政。2001 年英国政府共投入 4.35 亿英镑用于以下节能项目：鼓励用户采用高效节能技术和设备的资本津贴项目 1 亿英镑，节能基金 1.08 亿英镑，二氧化碳减排项目 3000 万英镑，社区节能 5000 万英镑，新建家庭节能项目 1.5 亿英镑。

③节能基金。英国负责节能的政府部门是环境、食品和农村事务部，下设碳基金和节能基金。碳基金主要用于工业和交通方面的节能，节能基金主要用于建筑方面的节能。

④税收政策。英国从 2001 年开始征收能源税，电力按 0.043 英镑/度、天然气按 0.015 英镑/度（根据热当量换算）的税率征收。2001 年共征收能源税 10 亿英镑，其中 20%用于节能，80%用于失业和社会救助等社会福利事业。企业可以与政府签订节能目标和二氧化碳减排目标，凡完成目标的企业可以减免 20%能源税；对太阳能、风能等新能源发电实施税收减免政策。

⑤激励政策。对节能设备投资和技术开发项目给予贴息贷款或免（低）息贷款。2002 年节能基金的 2 亿英镑预算中，25%用于贴息贷款，其中 1000 万英镑是无息贷款。对公布的节能设备目录，实施加速折旧政策。

⑥政府机构节能。中央政府机关建筑物能耗在 1990 年、1991 年基础上降低 20%，卫生保健部门 2010 年能耗在 2000 年的基础上降低 15%。通过一系列措施，到 1999 年中央政府机关降低能耗 18.9%。

4）荷兰

①法律框架。1995 年颁布能源政策第三版白皮书，提出 2020 年能效水平比 1990 年提高 1/3 的目标。1998 年经济部部长向议会提交节能备忘录，探讨提高重点行业能源效率的可行性，并提出了政策建议大纲。1999 年提出了“1999～2002 年节能行动计划”，以自愿协议为基础，以金融、财政激励政策为手段促进节能投资。

②公共财政。1997 年政府用于节能和可再生能源的财政预算为 3.6 亿荷兰盾，为贯彻落实“1999～2002 年节能行动计划”，财政预算由 1999 年的 6.9 亿荷兰盾提高到 2002 年的 9.1 亿荷兰盾。

③税收政策。1998 年政府决定加倍征收能源税，到 2001 年由每年 34 亿荷兰盾增加到每年 68 亿荷兰盾，增加的税收居民家庭负担 68%，生产商负担 32%。新增税收的 85%用于降低居民家庭和生产商的所得税，剩余的 15%用来支持政府采取财政手段促进能效的提高。

④激励政策。从 1996 年起实施了既有建筑节能改造赠款计划。1996～1998 年可持续能源建筑临时补贴财政预算为 1250 万荷兰盾，其中约 70%的预算用于节能。在工业领域，20 亿荷兰盾用于节能设备的信贷投资。从 1998 年起对工业节能示范和市场推广项目进行招投标，每年财政预算为 1000 万荷兰盾。

⑤设备能效标准、标识。制定了节能电器法案，规定了电器的主要能效标准，并实施能效标识制度。其中，对电冰箱/冷柜、洗衣机、干衣机、洗碗机、照明产品等将执行强制性能效标识。

⑥自愿协议。自愿协议通常采取长期盟约的形式，目标是 2000 年在 1989 年能效

水平基础上提高20%。到1999年与行业协会共签署了30个自愿协议，有1200个企业参与，占行业总能耗的90%以上。

⑦节能奖励。消费者购买节能电器及在家中采用节能装置，可申请节能奖励。1999～2000年节能奖励的财政拨款为2.1亿荷兰盾，此后每年拨款2亿荷兰盾。

2.1.5 企业经营与市场拓展

以美国为代表的西方发达国家的建筑企业生产规模庞大，资本实力雄厚，其功能扩展到融资、规划、设计、施工、房地产经营等综合性建筑产品的生产和销售。同时，产业分工细化，企业品牌特征明显，施工专业化成为建筑企业市场竞争的重要特征。这些企业有着智力密集型的人才层次、较强的科研设计和开发能力、国际化的发展战略目标、高度的技术创新精神和完善的人力资源开发培养体系。

(1) 多元经营战略

国际承包商一般涉及房屋建筑、土木工程、交通等2或3个以上的经营领域，近10年ENR排名前225位的国际承包商中一直保持名列前茅的顶级承包商都兼跨数个行业。ENR将国际工程市场分为10大行业，以美国柏克德（Bechtel）公司为例，其2006年的业务领域涉及国际工程市场的所有行业。综合几家国际顶级承包商近几年来的业务情况，其涉及的行业见表8-2-5。

由表8-2-5可以看到，国际顶级承包商都力图通过多元化经营尽可能进入到足够多的专业领域，正如ENR公布的2007年全球排名第一的法国万喜（Vinci）公司提出的口号“要能承揽世界上任何类型、任何规模、任何领域的工程项目”。万喜公司税前营业收入各行业业务所占的比例中，工程承包收入所占比例均小于50%，更多的则来自多元化经营；与之相反，坚持专业经营战略的日本鹿岛和大成建设公司在ENR总排名上持续下滑，未能进入全球最大承包商的前10名。

部分国际顶级承包商业务涉及行业情况 表8-2-5

公司	房屋	制造	电厂	供水	污水	工业	石油	交通	有害废弃物	电信
柏克德（Bechtel）	√	√	√	√	√	√	√	√	√	√
福陆（Fluor）	√	√	√			√	√	√	√	
斯堪斯卡（Skanska）	√	√	√	√	√	√	√			√
豪赫蒂夫（Hochtief）	√	√	√	√	√	√	√	√		√
万喜（Vinci）	√		√	√		√	√	√		
阿莫克（AMEC）	√	√	√	√	√	√	√	√		√

资料来源：ENR2009

（2）全方位服务能力

随着国际工程承包市场的发展，国际工程业主越来越重视承包商提供的综合服务能力，传统的设计与施工分离的方式正在快速向总承包方式转变。EPC（设计—采购—施工总承包）、PMC（项目管理总承包）等一揽子式的交钥匙工程模式以及BOT（即建设—经营—转让）、BT（建设—转让）、PPP（公共部门与私人企业合作模式）等带资承包方式成为国际大型工程项目中广泛采用的模式。承包商不仅要承担项目的设计、施工和运作任务，还要承担工程融资任务。承包商的业务向项目的前期和上游发展，利润重心向全产业链转移。据世界银行和联合国贸发会议的统计分析，建筑业是发展中国家吸收外资最大的服务部门之一。除少数国家的政府项目不需要承包商带资外，多数项目基本上需要承包商以不同形式带资承包，带资承包项目约占国际工程承包份额的65%。

（3）企业合作趋势

欧美等国家的大型跨国建筑企业都有自己的技术和专利，在国际工程承包市场上具有明显优势，资金实力、技术和管理水平远高于发展中国家的企业，在技术和资本密集型项目上形成垄断。发展中国家建筑承包商凭借劳动力成本的比较优势在劳动密集型项目上也获得了发展机会，并逐渐开始向技术和知识密集型项目渗透。建筑企业在技术研发领域开始走向合作，并逐步形成了全球技术资源共享的新局面。一方面，一些企业为了降低研发成本，寻找合作者共同分担，逐步将技术研发机构从母体脱离出来的同时，引入新的投资者；另一方面，独立的研发机构为提高研发成果的效益，开始向更多的企业提供服务。在一定程度上讲，这是建筑业内部分工进一步深化的必然结果。

（4）技术创新战略

无论是在国内还是在国际的众多土木工程建设中，日本都取得了巨大成就，显示了其独创的综合建筑技术。在观念上，日本建筑企业有一个共同的观点，即在不久的将来，建筑技术的创新将出现在绝大多数的施工现场，那些不重视技术投入的企业必将被淘汰。此外，日本建筑企业还十分重视技术融合，将多种现有技术或改良技术融合在一起，产生杂交技术。日本工程师将自身擅长的机械和电子技术相结合而产生机电一体化等技术，并使其与建筑业现有的设计、施工、检测技术相融合。

2.1.6　工程实施组织方式

在国际工程市场上，工程实施组织方式繁多。工程承包模式包括平行总承包、设计或施工总承包、工程总承包、设计或施工联合体承包、设计或施工合作体承包、CM模式、NC模式等等。除此之外，一些新型的工程实施组织模式如EPC、PMC、BOT和Partnering等模式也在不断出现。

（1）一体化承包模式

EPC模式是指工程设计、施工全过程承包。目前，国际工程承包模式已从单纯施工项目逐渐演变为EPC项目和设计—建造（DB）交钥匙项目等多种形式并存的局面，以适应业主的不同需求。EPC模式可以向业主提供完整的设计、施工、供货的全过程服务，成为近年来的发展趋势。

EPC模式将建筑承包商从简单的价格竞争中解放出来，同时对承包商的融资能力、设计施工能力、供货能力和风险控制能力提出了挑战。

(2) 特许经营模式

特许经营模式是指某国政府以特许授权方式，允许某些大型承包商参与投资、建设、经营本国的机场、铁路、电站、污水处理以及其他公共基础设施项目，主要有BOT、BT、BOOT、TOT、PPP等形式。以BOT为例，工程项目由承包商和银行投资团体发起，筹措资金组织实施以及经营管理，其实质是将私人或民间投资引入国家的基础设施建设和经营管理，能够解决政府或公共部门备受困扰的资金短缺和管理效率低下的问题，对政府、承包商、私人财团和社会都能带来一定的益处。

(3) 虚拟建设模式

虚拟建设模式借助现代信息和通信技术的强大支持，采用无层级、扁平化的管理组织方式和设计—施工一体化的生产组织和管理方法，通过共享信息系统，达到工程建设成本低、质量好、进度快和协调好的目的，运用信息和知识使建筑产品增值。美国等发达国家建筑企业主要通过虚拟建设增强建设项目全寿命期各组织间的沟通和合作，充分运用3D、4D、VR等计算机技术将工程项目管理的各项职能进行集成。

(4) 合作伙伴模式

合作伙伴模式（Partnering）是两个或两个以上的组织在信任、追求共同目标和理解各组织的期望和价值观的基础之上，为了获取特定的商业利益，最大化地利用各组织的资源而作出的一种长期承诺。业主与承包商及其他参建各方之间基于相互信任、资源共享，可以建立长期的合作伙伴关系。

此外，面对BOT、PPP、EPC、DB等复杂的大型项目，单个企业在融资、技术、施工、供货或运营管理、风险管理、法律服务等方面有难以逾越的障碍，任何一家承包商都难以独立承揽。因此，多个企业结成联盟，各方将自己最有竞争力的资源投入，实现优势互补，降低了一方独自承揽项目的风险，最终使参与各方利益最大化，延长了各方的价值链。

联盟包括了关系紧密的联营体（JV）和相对松散的合包集团（Consortium）等多种形式，它们以诚信为合作基础，不改变各方的股本结构，各方以一定的股本金或保函共同组成临时机构，具有需要时组成快、当使命结束或联盟不适应外界形势时易于解散的特点。

2.1.7 建筑业从业人员

在发达国家，建筑业的发展已经相对比较完善，其人力资源的规模、结构与培养模式都非常值得借鉴。

(1) 完善的培训体系

1) 美国

在美国，人们可以通过各种教育和培训进入建筑业。高中毕业生进入建筑业时往往先从劳动工人、雇工或学徒开始。产业工人如木匠、砌砖工、管道工和其他建筑产业工人常通过参加当地的职业技术学校或通过学徒或其他雇主提供的培训项目获取资格。

对于通过学徒计划进入建筑业的产业工人来说，本地雇主管理的贸易协会和工会为其提供全面培训，期限通常为3～5年，包括每年144小时的在职培训或更多相关的课堂教学。

美国大多数州都要求起重机操作员、电工、水管工、暖通技师有从业执照；那些对执照没有严格限制的职业一般也要求产业工人主动提供证书，以表明自己有足够的知识和能力满足雇主和顾客可能的需求。

对于管理人员来说，他们通常有大学学历或丰富的本专业工作经验。大学毕业生开始一般会接受管理培训或做施工项目经理助理，有建筑科学学位的人开始通常从事现场工程师、进度计划编制员或造价员的工作。通过实践锻炼，这些大学生可以晋升为经理助理、施工经理、总负责人、造价员、建筑工程监督员、总经理或执行总管、承包商或咨询专家。

2）德国

在德国建筑工地，几乎所有工种工人均是通过职业学校培训过的技术工人，并被称为技师。每个州和大城市都设有当地政府出资创办的建筑类职业学校，以培养具有中学学历以上的技术工人或专业从业人员。当某建筑公司需要招收新工人时，则与行业协会联系，由行业协会发布招工信息，有意向的年轻人事先同一家建筑公司签订定向委托培养合同，通过行业协会组织的考试后，进入当地的建筑职业学校学习。

此类学校学制三年，学生在校学习期间不付学费，在学习期的第一年，与学生签订合同的建筑公司每月付给每个学生助学金。在校三年期间，学生除学习理论知识外，学校还提供小车间或试验室以培养学生的动手能力。三年中有20%的时间需要学生进行实物训练。如果一个学生想成为一名木工，则必须在职业学校学会独立选材、采购和亲自完成一件家具的技能。在正常情况下，培训结束后学生即成为一名合格的技术工人，可以分配到建筑公司参加工作实践。

新入职员工由职业学校培养，劳动局负责经济结构调整转型后下岗劳动力的转型培训和因工致残工人的再就业培训。

（2）完善的执业管理

绝大多数国家对社会通用性强、涉及公众利益和生命财产安全、对社会和经济发展影响较大的执业资格制度通过立法进行管理，一般包括注册建筑师、执业医师、执业药师、注册会计师、律师等专业。另外，部分国家如加拿大、澳大利亚的部分州制定有《工程师法》，中国香港地区制定有《注册规划师条例》。

1）英国

英国设有执业资格管理局，组织开展不同领域国家执业资格标准的建立和管理，行业对执业资格进行自律管理。行业学会或协会在执业资格制度的管理上起主要作用。行业学会制定学会章程，制定会员的标准，包括教育标准、职业实践标准、注册管理标准和职业道德等。学会一般设有标准制定、教育评估、纪律等部门或分委员会。

英国政府在执业资格上的作用主要体现在国家执业资格标准的制定上。

2）美国

美国是实行执业资格制度较早的国家之一，形成了完整的法律体系和管理体系，其执业资格以州政府为单位实行区域管理，而不是由联邦政府进行统一管理，州与州之间对一些执业资格可以互认。美国执业资格分类管理情况见表 8-2-6。

美国执业资格分类管理情况 **表 8-2-6**

分　类	资格取得	管理机构	教育评估
法律管理类（建筑师）	学历＋职业实践＋考试	政府授权机构	政府授权机构
行业管理类（建造师）	学历＋职业实践＋考试	行业组织	专门的行业评估组织

在美国，虽然与一个执业资格有关的非政府机构和专业协会很多，但只有一个有权授予执业资格证书，其余的则为完善该执业资格而各有分工。以建筑师执业资格为例，只有州注册委员会有权授予建筑师头衔的权力，而建筑注册委员会国家理事会、美国建筑师学会、建筑院校学会、国家建筑鉴定委员会、美国建筑专业学生学会等 5 个与建筑师执业资格有关的机构共同完成对整个建筑师执业资格的管理、考试、认证和培训工作。

3）澳大利亚

澳大利亚建筑行业的法律基本由州一级政府制定并执行，主要是用以规定从业人员须具备一定的资格。对于未获资格认证就从业者，将被视为触犯了相关法律而进行重罚。澳大利亚执业资格分类管理情况见表 8-2-7。

澳大利亚执业资格分类管理情况 **表 8-2-7**

分　类	资格取得	管理机构	教育评估
法律管理类（建筑师）	学历＋职业实践＋考试＋面试	政府授权机构注册	政府授权机构的评估
自律管理类（建造师）	资格认证＋业绩考核	行业学会管理	学会的课程认证

澳大利亚的法律管理类主要涉及与公众利益、生命财产密切相关的专业技术领域，通过立法来管理。绝大多数相关法律为州立法，并不断进行修订和调整。澳大利亚的行业学会多数有较长的发展历史，逐步形成了比较规范化的管理制度，权威性得到广泛认可，自律管理类执业资格则由行业学会自律管理。

（3）完善的保障体系

1）美国

按照美国法律规定，业主和承包商必须在进行工程建设前办理有关强制性保险，否则将无法从事相应业务，与产业工人相关的保险包括劳工赔偿险和职业责任险等。

美国法律规定，拥有 11 名或以上雇员的雇主必须记录和保存每名雇员的详细安全情况，记录包括两种规定格式，即职业伤害与疾病日志和职业伤害与疾病补充记录。每一起职业伤害或疾病事件都要在事件发生后的6个工作日内作出详细记录，内容包括：伤害和疾病发生的时间、受影响员工的姓名、受伤害或生病员工所从事的工作、受伤害员工所属的工作部门、伤害或疾病所属类别、由于伤害或疾病所导致的工时损失、伤害及疾病事件发生原因的描述以及有关其他受影响事物。

此外，美国职业安全与健康局（OSHA）还要求每一个雇主都必须为其管辖的每一个工地准备一份年度报告。这些记录和报告不必送交职业安全与健康局，但要求在雇主处保存至少5年以上，在职业安全与健康局或劳动统计局（BLS）的检查官员以及州一级的官员需要时能随时出示。

2）德国

联邦劳动局1998年10月颁布的《建筑工地劳动保护条例》规定，业主必须负责工地所有人员的安全与健康，建筑师不但需要对工程本身质量负责，还要将涉及安全的重要施工方案包含在设计过程中。德国2002年颁布的《劳动保护法》规定，一旦建筑工地发生伤亡事故，承包商要向行业协会缴纳罚款。若承包商制定了安全措施，并向工人进行交底，仍要处以1.2万马克的罚款，否则将被处以2万～50万马克的罚款，且在5年内该承包商的工伤保险费率不能降低。

德国劳动部门代表国家对包括建筑企业在内的各行业的安全卫生状况进行监督检查。对施工中涉及个人劳动保护方面，即工人的安全防护情况进行检查，如果发现工人不戴安全帽或每名工人徒手搬运物体的重量超过25kg等违章现象，将对该工人和承包商各处以100马克的罚款。

德国政府早已建立了旨在为因工致伤、致残的工人或死者遗属的生活提供最基本的生活保障的工伤保险制度。根据德国联邦现行的《劳动保护法》，所有企业必须为员工缴纳养老保险、医疗保险、失业保险和工伤保险，这四种保险均为强制性。前三种保险投保金额约合工人工资的40%，由企业与员工各付一半，工伤保险由企业全额负担，不同行业按不同的比例提取，其中建筑行业缴纳的金额为工人工资的7%～8%。

2.1.8　建筑工业化

建筑工业化是指建筑业从传统的以手工操作为主的小生产方式逐步向社会化大生产方式过渡，即以技术为先导，采用先进、适用的技术和装备，在建筑标准化的基础上，发展建筑构配件、制品和设备的生产，培育技术服务体系和市场的中介机构，使建筑业生产、经营活动逐步走上专业化、社会化道路。

以美国、日本和香港为代表的一些发达国家和地区，从20世纪50年代末开始了构件的工业化生产，进入了依靠提高生产效率、加快建设进程的工业化的第一阶段。随着发展规模的扩大，工业化的发展开始由量的扩张向质的提升过渡，行业重点转移到住宅的性能和质量上，进入了工业化的第二阶段，理论界通常称之为第二代建筑工业化。在满足多样化需求的同时，建筑企业向高度的机械化、自动化方向发展，以进一步提高劳动生产率，加快建设速度，降低建设成本，改善施工质量。进入21世纪后，国外的工业化体系开始向大规模通用体系转变，以标准化、体系化、通用化建筑构配件及建筑产品为中心，组织专业化、社会化生产和商品化供应的住宅产业现代化模式，重点转向节能、环保、降低环境压力、减少物耗及资源的循环利用等可持续发展方面。

（1）建筑部件的较大发展

建筑部件是构成建筑物的组成部分，是工厂生产、在施工现场不经任何加工就能直接安装，且具有一定功能的制品。从用户角度看，它是具有某种功能的部件，并在较广的社会范围内被标准化（尺寸、性能等），而且按此种标准由两家以上的厂家生产，选择任何一家的制品都可以满足自己的要求，同时，不同厂家的同类制品之间具有互换性；从厂家的角度看，它是以不特定的用户为对象按估计量进行生产，并可不断向市场提供符合标准规定的制品；从设计角度看，它是不限于特定类型建筑物，只要符合该建筑部位的功能要求，便可选用的目录化商品化制品。

日本将发展部件化作为发展建筑工业化的一个重要组成部分有意扶植和发展。他们首先从人工费占生产成本中比重高、功能比较明确、与建筑物其他部分的独立性强，并易于规格化的部分开始，并且从单件逐渐向功能上和部件组合上都较复杂的组合件发展（如厨房水池和厨房组合件）。

目前，日本已由住宅部件开发中心制定了以开发通用部件为目的的优良住宅部件（BL 部件）审定制度，该制度提出了通用部件所要求的最低性能和应考虑的模数协调尺寸体系，厂家可以自由的设计和价格应征、接受审查，以获得优良部件证，在制品上贴“BL 部件”标签。在人们对居住水平的要求不断提高的时代，为了能始终保持部件的信誉，住宅部件开发中心每三年对 BL 部件的性能和其他项目进行一次审查，对不合格者注销其优良部件证。到 20 世纪 70 年代末期，日本在新建及改建住宅的总投资额中，部件的费用（包括部件的流通费和安装费）已占 20％～25％。到目前为止，日本对主体结构尚未实现部件化，因为主体结构通用部件化还需要解决许多复杂的技术问题。

（2）主体结构通用体系进一步发展

丹麦和瑞典是通用体系发展最快的国家。两国政府都明确指出，建筑工业化的发展方向是通用体系化。丹麦的通用体系化方向是产品目录设计。生产厂商生产的具有互换性的产品构成通用体系总产品目录，设计人员可从中任意选用商品进行设计。主要的通用部件有混凝土预制楼板和墙板等主体结构部件，这些部件都用于 3M（设计模数）的设计网格，各部分的尺寸以 1M（100mm 为基本基数）为单位生产的，构件的连接形状符合丹麦模数协调标准，不同企业的产品有互换性。瑞典的通用体系化是以发展通用部件为基础的。为此，政府制定了一整套比较完善的建筑规格、标准以及政府的优惠贷款制度，目前 80％以上新建住宅采用了通用部件。

法国 1977 年成立构件建筑协会（ACC）作为推动第二代建筑工业化的调研和协调中心。1978 年该中心制定出尺寸协调规则。同年，住房部以推广“构造体系”作为向通用建筑体系过渡的一种手段。该构造体系以尺寸协调规则为基础，由施工企业或设计事务所提出主体结构体系，它由一系列能互换的定型构件组成，形成该体系的构件目录。建筑师可以采用其中的构件像搭积木一样多样化建筑。但终因体系偏多，致使平均定货量减少，生产不稳定。1982 年法国在通用化方面作出让步，认为构配件目录只要与某些其他目录协调，并组成一个“构造逻辑系统”即可。这一组合不仅在技术、经济上可行，还应能组成多样化建筑。每个“构造逻辑系统”形成一个软件，用计算机进行管理，不仅能进行辅助设计，而且可快速提供工程造价。目前，ACC 正在开展这方面的研究工作。此外，国外一些专家也认为，对于建设量较大、较稳定的一些发展中国家来说，在保持生产批量和建筑多样化的条件下，专用建筑体系仍是适用的，仍可加以适当发展。

（3）现场施工合理化问题普遍受到重视

经过几十年的实践，装配式结构与现浇结构这两种施工方法的优缺点都得到了充分的显示。目前，许多国家都根据其具体情况，采用预制与现浇相结合的方法，从而获得最佳技术经济效果。即便像苏联以坚持发展单一的装配式结构著称的国家也正在转变之中。此外，商品混凝土及其输送、浇灌、振捣设备将有进一步的发展。随着泵送机械的发展和泵送混凝土性能的改善，泵送混凝土会有较大的发展。同时，现场施工配套机具、用具（模板、脚手架）、特别是小型手握式电动工具将会继续发展，以提高现场施工效率。

（4）施工机具经营专业化

国外现场施工辅助工作的专业化、社会化较为发达。20 世纪 50 年代初，美国仅有几家模板厂，现在已有几百家。模板工程从设计到制作已成为独立的制造行业，并已走上体系化道路。模板类型很多，并能组合拼装，此外，还配套生产各种模衬、辅助软件、支撑、脱模剂等。在经营方面，既可定购、选购，又可租赁，并对所出售的模板提供免费技术指导和现场培训。钢筋生产也走上预加工的道路。

机械设备租赁业也较发达。据悉，美国一家设备租赁公司在 20 世纪 70 年代的年租金总额就有几十亿美元。日本建筑机械租赁合同额从 1980 年的 323 亿日元上升到 1984 年的 480 亿日元。机械租赁业的发展避免了建筑企业资金积压，提高了机械的利用率。

（5）计算机和电子技术的深入应用

近年来，一些发达国家都十分重视将计算机和电子技术应用于建筑业的各个部门。由计算机操纵的遥控、自动化机具在施工中应用，如混凝土运输、浇注、捣固自动化等。施工方面利用计算机进行管理，从而对质量、数量、人工、物资、安全等求得最合理选择。此外，生产过程的电脑控制使产品小批量、多品种生产成为可能。

机器人正在引入建筑业。在建筑业中，机器人的应用尚处于开发阶段，目前各国正在研究开发适合建筑业使用的机器人，以代替人在危险、高温、有毒、粉尘、噪声等恶劣环境下工作。1989 年，日本大型建筑公司研究开发了利用各种建筑机器人和自动化装备的钢结构建筑物全自动建设体系。该体系有效地将装配机器人、焊接机器人、检查机器人、内外装修材料安装机器人以及水平、垂直方向自动搬运设备和自动化仓库等各种机器人和自动化装置组合起来，由中央计算机自动控制，从而实现CAD（计算机辅助设计）、CAM（计算机辅助生产）24小时连续无人施工的建筑生产体系。

2.2 发达国家和地区建筑业产业政策的启示

2.2.1 制度建设

（1）法律法规

对成熟的建筑业和建筑市场来说，法律法规是一切制度运行的基础，也是相关主体必须遵循的准绳。新中国成立以来，我国工程建设领域的法律法规在不断更新和逐步完善，为保障工程建设的顺利进行发挥了重要作用。但与发达国家相比，我国建筑业的法律法规还不够完善。

我国建筑业方面的法律法规在完善的过程中，需要注意两方面问题，一是与国家其他法律法规的对接。如信用建设方面，建筑业的法律法规既要做到完善，又要能够充分利用整个社会资源，与其他行业和部门进行对接。二是我国现有法律法规体系的进一步理顺。《建筑法》等相关法律需要进行修订，以形成更加高效的法律法规体系。

（2）工程保险与担保

工程保险和担保制度在我国建筑业已有多年的运作，但是效果并不是很理想，其作用未能得到充分发挥。因此，须借鉴国外相关经验，进一步完善工程保险与担保制度。

1）工程保险

①工程保险的强制性。国外工程保险制度发挥作用的前提是在法律法规中进行强制性规定。我国要明确工程保险制度的重要性，并在制定和修订相关法律法规时明确其实施范围及相关操作。

②保险市场的培育。发达国家的工程保险市场很成熟，保险公司和中介机构具有较强的技术和管理能力，它们能够介入工程建设中进行风险控制。另外，工程保险方面的人力资源较为丰富，人才管理规范。这些是我国工程保险和担保市场所不具备的。

2）工程担保

国外的工程担保实践对于我国推行工程担保制度的启示主要有以下几个方面。

①完善的法律法规体系和合同条款。世界上多数国家的法律法规对工程担保都有明确的规定。美国国会颁布的《米勒法案》（2002年虽已废除，新法案与米勒法案无原则性差异）对工程担保进行了详细的规定，美国50个州还根据《米勒法案》制定了州公共建筑工程项目担保的相关法令。

除美国外，加拿大、日本、西班牙、意大利等国家也都有专门的立法，要求对公共工程实行强制担保。英国、新加坡及中国香港地区也规定在公共工程和私人工程中必须实行工程担保。一些国际组织和一些国家的行业组织在标准合同条件中也制定了有关工程担保的条款。包括《世界银行贷款项目招标文件范本》、国际咨询工程师联合会（FIDIC）的《土木工程施工合同条件》、英国土木工程师协会（ICE）的《新工程合同条件（NEC）》、美国建筑师协会（AIA）的《建筑工程标准合同》等。

②成熟的市场培育和监管机制。美国及欧洲国家推行工程担保制度的成功与其成熟完善的担保市场是分不开的。这些国家坚持政府推进与行业自律相结合、政策性引导与市场化运作相结合，培育了担保公司、担保代理和理赔咨询等机构的发展。

由于许多工程担保业务由保险公司提供，所以，政府对这些保险公司的监管也非常严格。在美国，经营工程保证担保业务的保险公司需要在州保险主管部门注册，准入时要接受主管部门的严格审核，在经营期间仍要接受其监管。美国财政部金融管理服务局（Financial Management Service）每年都会根据“部门参考 570”（Department Circular 570）公布一批可以向联邦政府提供工程担保服务的担保公司、保险公司及其业务规模。

③有效的行业自律和业务指导。美国保证担保协会（SAA）和一些州设立的州担保协会都对工程担保公司进行监管和指导。协会向会员和非会员公司提供保证合同文本，发布行业费率、统计数据、风险类别、损失数据等，提供免费证实保证合同服务，帮助发包方和承包商甄别保证合同的真伪。协会还沟通保证担保行业与国会、各政府机构之间的关系，在公共政治、相关政策问题上代表保证担保公司的共同利益，向政府解释、宣传保证担保行业的观点和意见。

此外，国家保证担保经销人协会（NASBP）对担保行业从业人员进行组织和管理。小型企业管理局（SBA）与担保行业合作，为不能通过正常商业渠道获得担保的小承包商提供 200 万美元以下的担保并承担一定比例的担保损失。州保险局核发担保公司和代理商的许可证并定期举办业务考试，有关协会网站也开办继续教育证书课程。

④健全的建筑市场信用体系。发达国家工程担保制度的顺利推行在很大程度上是建立在其完善的建筑市场信用体系基础之上的。工程担保经验丰富的美国，在实践中探索出以担保机构的信用评级管理为基础，以科学的信息采集及披露制度和严厉的违约惩罚机制为保障的健全的建筑市场信用体系，为工程担保制度的发展创造了良好的行业及社会环境。

(3) 信用体系

虽然发达国家和发展中国家建立信用制度的过程有很大不同，但信用制度的基本内涵是一致的。从各国的经验看，以下几个方面的经验值得借鉴。

1) 信用立法

完备的信用管理法律体系是信用行业健康规范发展的基础和必然要求。发达国家在信用管理方面的法律法规比较完善。在信用中介评估方面，可参考借鉴国外的《信用法》、《公平使用信息法》、《公平交易法》、《信用报告法》和《信用数据采集和保护法》等，以制定适合我国国情的信用管理方面的法律法规。

2) 征信数据的开放与信用数据库的建立

各国的经验表明，征信数据的采集和使用首先是一个法律问题，需要通过法律法规作出明确规定。美国已经形成以《公平信用报告法》为核心的一整套体系，对信用行业及其相关的市场主体进行规范。由于信用评价以信用历史记录为基础，功能完善的信用数据库必不可少。目前，我国的信用中介机构一般也都建立了自己的信用资料数据库，但数据库规模普遍偏小，因此，在信用数据的共享以及保密等方面，可以借鉴国外的相关经验。

3）信用中介机构的建立与规范发展

信用中介是信用体系中的重要角色，其自身信用是建立信用制度过程中须首先解决的问题。根据我国建筑行业发展现状和国外经验，对于企业征信咨询类机构的管理可以通过竞争优胜劣汰的方式，使业务逐步向有规模、有影响的征信公司集中；对于资信评级机构和执业个人信用信息征询机构，可以通过比较明确的进入退出机制加以规范。

4）政府对信用行业的管理

从国际经验看，政府对信用行业的管理方式与该国信用管理法律体系的状况密切相关。法律法规越完善，政府的直接管理就相对较少，信用行业的发展也比较规范；法律法规不健全，政府或中央银行的直接管理职能就更为重要一些，信用行业的发展状况更容易受政府行为的影响。由于我国信用行业相关的法律法规缺乏，因此，在加快立法进程的同时，亟需政府对该行业进行有力、有序和科学的监管。

2.2.2　工程质量与安全生产

（1）完善的法律法规

发达国家具有完整的、层次清晰的、综合的法律法规体系。从制定过程来看，美国和英国将制定相关从属法规的权力授权给一定的机构或国务大臣，这些机构可以直接制定法规，而不用再经过国会审议等繁杂的立法手续，从而加速立法进程，制定出与时俱进的专业法规；从内容来看，美国和英国的新法规都是基于原有的基本法的框架建立，具有更强的系统性，避免了各个法规之间的内容重叠或冲突。

（2）多样化的监管模式

发达国家的监管模式多种多样，但总体来看，都是本着精简政府机构、实行集中管理的原则进行监管。具体可以借鉴德国通过引入独立专业的监督审查机构、实行政府间接管理的模式，以及法国政府不直接参与、通过实行强制性工程保险制度，运用法律和经济手段进行监管。

（3）自律的行业协会

发达国家充分发挥行业协会等中介组织的作用，利用中介机构和社会力量做好工程质量与安全的监督工作。德国规定每个企业必须加入所从事业务的行业协会，行业协会可对安全事故频繁的企业提高工伤保险金或进行高额罚款。行业协会通过制定行业标准、承担相关研究、调节市场准入清出来配合政府进行建筑业管理。

（4）完善的教育培训

德国政府出资创办职业学校，由需要聘请建筑工人的建筑公司为产业工人支付学费，学生学习期间不仅积累了知识，而且动手能力得到提升，毕业以后获得相应的社会地位和进一步深造的机会，得到社会认可；英国根据建筑工人安全知识掌握程度和工作经验，为他们提供不同颜色的胸牌，项目负责人根据胸牌颜色，安排不同的岗位和工作地点，从而使建筑工人自觉地通过学习提高自身专业技能。

(5) 强制的工程保险和担保

发达国家的工程担保和保险都是通过法律手段强制执行，承包商交纳的保险和担保费用与其信用和业绩密切相关，保险和担保机构积极介入工程建设中，对承包商进行严格监督，实现了优胜劣汰，促进了建筑业的健康发展和企业竞争力的提升。

2.2.3　产业规模与结构

对于美国、日本等主要发达国家，其相关的产业结构政策大都是基于成熟的市场经济体制制定的，我们虽不能照搬，但对于制定产业结构政策还是有一定的借鉴作用，主要包括以下几个方面。

(1) 优化产业结构

与发达国家相比，我国建筑业产业结构仍不尽合理。应通过各种政策手段来规范各类不同规模、不同类型企业的市场空间，制定扶持中小企业发展的税收、金融政策，增加中小企业的承包机会，鼓励企业间建立定点定向密切合作的关系，大力推进专业化、小型化企业的发展。

继续推动大型建筑企业提升竞争力，借鉴发达国家的经验，打破部门、行业、地区界限，鼓励企业兼并、重组，推动建筑企业集团内部组织结构优化和管理能力提升，从而科学提高产业集中度，产生有国际竞争力的超大型企业。

(2) 淡化企业资质管理

适当借鉴美国的管理方式，淡化强制性分级资质管理，完善工程保险和担保制度，通过市场调节和监督来促使企业优胜劣汰，提升产业竞争力；借鉴发达国家的专业资质类别划分方法，做到简单明确，打破资质类别划分过细的局面，减少部门间的条块分割，为建筑企业发展提供广阔的市场空间。

(3) 综合建筑业调节方式

同时借鉴美国和日本的调整手段，对产业结构的调整既不完全依靠市场机制自动调节，也不在微观层面实施过于细致的产业结构调整政策，而是做到合理科学引导和调节。

2.2.4　科技进步与节能减排

(1) 科技进步

1) 依靠市场机制调整产业政策

以市场为导向，逐步形成与市场经济相适应的可持续发展的建筑业创新体系和工程技术进步机制，坚持政策规范市场、市场引导企业的基本思路，加快推进各项配套措施尤其是税收激励政策的完善，营造有利于建筑企业技术创新的政策环境，建立以企业为主体、以市场为导向、产学研相结合的技术创新体系和自主创新的基本体制框架。

2）完善推动科技进步的政策体系

推动科技进步是一项系统工作，需要财政、信贷等经济手段与技术手段相互配合，并加强产业政策与其他各种经济政策之间的协调配合。只有充分发挥产业政策、财政政策、货币政策等经济政策之间的协调配合，科技进步才能真正取得实效。

（2）节能减排

发达国家从 1973 年能源危机时开始重视节能减排工作，经过 30 多年的努力，新建建筑单位面积能耗已经减少到原来的 1/3～1/5，其中，节能政策的作用是巨大的。尽管各国制定节能政策的出发点不同，但大致可归纳为以下几个方面。

1）完善的节能管理体制

节约能源是德国的一项基本国策，国家层面环境部负责节能与可再生能源利用。为深入推进建筑节能，联邦交通建设和住房部、环境部以及 KFW 银行共同出资成立了德国能源署（DENA）。在各级政府的高度重视和推动下，技术、政策、法规等多管齐下，逐步形成了“政府主导、市场主体、全社会参与”的良好格局。

2）多样化的激励政策

建筑节能比较好的发达国家中，政府都有相应的经济激励政策，主要有以下几种。

①财政补贴。政府财政补贴主要有两种方式，一是贴息补助，即政府用财政收入或发行债券的收入支付企业因节能投资或节能研究开发而发生的全部或部分银行贷款利息；二是直接补贴，即政府以公共财政部门预算的形式直接向节能项目提供财政援助，包括对研究开发项目、示范项目和能源审计项目的补贴。

②税收优惠。发达国家的税收优惠政策涵盖符合节能标准的新建建筑、节能型技术和设备、可再生能源等方面，应用领域广泛，对不符合节能要求的企业和个人行为严格征收能源税。

③贷款优惠。对节能设备投资和技术开发项目给予贴息贷款或免（低）息贷款以及为贷款提供担保是各国通行的做法。英国节能基金 2002 年 2 亿英镑的预算中，25%用于贴息贷款；法国节能担保基金（FOGIME）专门对中小企业在节能方面的投资提供贷款担保；美国为刺激居民购买经“能源之星”认证的住宅而实施的抵押贷款，不但实现了节能目标，而且带动了墙体、屋面保温隔热技术的发展，刺激了建材市场，增加了就业机会，促进了美国社会经济的发展。

④特别折旧制度。政府为鼓励企业购买节能型设备，允许企业每年一次折旧规定额度的新购置资产，以及允许企业加速折旧其固定资产，将其新购置设备支出从每年度应税收入中扣除，以此鼓励企业更新设备。在英国，企业购买纳入节能基金制定的节能型设备目录的产品后，可以对其采取 1 年内加速折旧的办法，相当于抵免 7%的所得税。

3）节能与开发并重的科学研究

科研包括三个方面的工作，即建筑节能技术的综合研究，建立节能型建筑体系；

太阳能、地热等建筑新能源的开发利用；建设节能试点工程和样板建筑，如美国政府为取得制定节能政策的定量数据资料，由政府出面组织办公楼建筑和住宅建筑的节能型样板工程。此外，作为节能的技术依据和准则，发达国家都建立了完善的节能标准体系。以美国为例，能源危机促使美国政府早在20世纪70年代末80年代初就开始制定并实施建筑物及家用电器的能源效率标准。近年来，确定最低能耗标准的能耗产品品种越来越多，标准也越来越严格。

2.2.5　企业经营与市场拓展

（1）企业承包领域综合化

国际大型企业为提升自身竞争力，从未停止过兼并重组活动，其经营也逐步拓展到工业建设项目、基础设施建设、石油和交通等领域。

在国际上，大型建筑企业通过项目管理方式、融投资方式的创新，延伸了服务内容，实现了多元化经营。

（2）统一的市场和管理

发达国家和地区建筑业是完全按照专业进行管理，由各个行业协会负责本行业内的各项技术标准和政策的制定及实施，全国或整个地区是一个统一的市场，企业进入不同区域的难易程度由其自身的市场信誉和建造能力而定，很少存在地方保护，所有企业在公平的市场环境中竞争，有力地促进了大中小型建筑企业的合理分工，提升了不同规模企业的竞争力，实现了公平竞争和优胜劣汰。

（3）企业功能多专业融合

为应对工程规模巨大、技术含量高、组织复杂、风险高、回报丰厚的市场状况，单一的施工承包能力极大地限制了企业健康快速地发展，重视融资、商务、法务和社会公关能力，加强自身的投资、管理和经营能力已成为国际承包商的共识。对于自身不具有的能力，企业往往选择兼并重组、联合、联营和合作等方式来提升自身竞争力。大型承包商的合作伙伴包含大量专业化的中小型承包商，通过互相协作承揽技术复杂的工程，获得共同发展。

在企业内部，其工作人员是具有多专业知识的专业人士，他们往往具有造价、合同、技术、质量、法律和外语等综合知识和技能，为企业争夺高端市场发挥了重要作用。

总之，国际市场上，具有技术、资本、品牌、管理等优势的大型企业和中小型企业共同竞争、互相融合，造就了建筑市场的繁荣和发展。

2.2.6　工程实施组织方式

（1）完善的政策法规

国外发达国家针对工程实施组织方式已经建立了比较完善的法规政策体系，法规政策内容各有侧重，针对不同类型（政府投资工程和私人投资工程）不同内容进行相关立法；立法形式多样化，包括单独立法、完善旧法、制定新规和行业协会制定行业规则等。

(2) 逐渐成熟的项目管理模式

1) 市场对各种项目实施组织方式普遍认可

在国际工程市场，项目管理组织结构层次简洁有效、职责分明、关系明确；业主、建筑师和承包商将工程首先视为投资项目，为实现项目的质量、成本、进度、安全和环境目标共同合作，充分利用市场机制选择工程实施组织方式。因此，无论是DB、EPC还是PMC，只要有利于业主实现这些目标，任何工程实施组织方式都有可能被采用。

2) 各层次承包商互相协作

在发达国家和地区，建筑市场运行规范，通过称职的专业分包商、标准化的过程控制及程序，各种工程组织实施方式都能够被有效贯彻执行，获得预期效果。以DB模式为例，总承包商、承包商、分包商、专业咨询公司共同组成了高效的合作团队，为项目的成功奠定了坚实的基础。

(3) 发达的工程咨询业和中介机构

在发达国家建筑市场上，工程咨询业和中介机构是不可或缺的角色。工程质量鉴定机构、信用服务机构和工程保险和担保中介服务机构等与业主、承包商共同努力，共同维护了建筑市场的有效运行。这些咨询和中介机构有相对独立的市场空间，按照法律法规被严格监管，通过优胜劣汰实现有序竞争。

2.2.7 建筑业从业人员

(1) 行业组织发挥积极作用

行业组织对不同类型的执业资格制度发挥的作用不同。对法律管理类执业资格，政府授权某一机构进行资格认定和注册管理，行业协会则代表会员利益向政府或有关组织提出意见和建议，制订职业行为规范、职业道德准则，制订本行业会员的继续教育规程，组织召开学术会议，进行学术交流等，保持和促进服务水平和质量。对行业自律管理类资格，行业协会负责制定标准、考试考核、注册管理及教育评估等工作。但不管什么情况，政府通过宏观调控管理专业技术人员资格，而非直接管理，行业组织在其中发挥了积极作用。

(2) 完善的人才培养体系

德国和美国建筑业具有系统的人才培养体系，通过不同阶段的教育和培训，能够向建筑业输送既具备一定理论知识，又具有较强操作能力的各类人才。同时，教育评估在英国、美国和澳大利亚得到了充分重视，学校都非常注重学生培养计划与行业标准的匹配，而教育评估的结果又与专业资格人员的条件密切联系，增强了参与评估的各级主体的积极性。

(3) 完善的保障体系

由于发达国家的保障体系完善，建筑业从业人员相应的社会地位得到了提高，为建筑业注入新鲜力量提供了保障。我国建筑业发展过程中，保障体系作为配套措施也需同步跟进，为产业工人进入建筑业解除后顾之忧。

2.2.8　建筑工业化

(1) 建筑通用部件审定

借鉴日本经验，建立并完善我国建筑通用部件审定制度。借鉴其对建筑部件工厂化生产的划分以及推广建筑部件的经济和技术措施。

(2) 推广主体结构通用体系

借鉴丹麦、瑞典等国家的经验，建立和完善建筑规格、标准以及政府推动主体结构通用体系的技术经济措施。

(3) 发展工程机械租赁行业

借鉴美国、日本等国在工程机械租赁行业的发展经验，鼓励工程机械行业相关厂商进行技术创新和市场拓展，推动工程机械租赁市场的发展。

(4) 提升建筑机械化、自动化水平

我国建筑机械化、自动化水平相对较低，机器人等先进技术的应用也刚刚起步。可以借鉴国外相关经验，提升建筑机械化、自动化水平。

第3章 促进我国建筑业发展的政策建议

3.1 我国建筑业发展目标

以邓小平理论、“三个代表”重要思想和党的“十七大”精神为指导，深入贯彻落实科学发展观，立足于服务国民经济和社会发展大局，进一步发挥协会和政府的指导作用，在产业政策引导下不断推动建筑企业发展，完善市场机制，转变发展方式，实现产业整体素质的稳步提高和持续、健康、科学发展。

我国已基本建立社会主义市场经济制度，建筑业在过去30多年中得到了空前发展，为未来发展奠定了坚实基础。面临国际国内的复杂环境，建筑业需要明确的发展目标、科学的发展战略作为指导，通过实施具体的产业政策实现健康持续发展。

建筑业的整体发展目标就是要通过不懈的努力，使建筑业成为一个具有较高技术和管理水平的现代产业，一个低碳绿色产业，一个高贡献率产业，一个被社会所尊重的自觉履行社会责任的诚信产业。

3.1.1 近期目标

建筑业发展目标分为近期目标和长远目标。近期目标持续时间为5年，即1个五年规划的时间，长远目标持续时间为20～25年，即4～5个五年规划的时间。

◆ 继续稳步健康发展。以国内外稳定的宏观环境和社会经济的持续快速发展为依托，继续保持建筑业总产值、增加值及国际承包营业额的快速增长，提高建筑业对全国经济和社会发展的贡献率；继续满足经济、社会和民生对建筑产品和服务的需求，不断提高工程质量，减少安全生产事故；推进建筑节能的实施，以节能减排为突破口，降低碳排放水平，发展低碳经济。

◆ 推行工程保险和担保制度。进一步推行工程保险和担保制度，到“十二五”期末，使工程保险和担保机构、中介机构能够真正融入建筑市场，成为工程质量、安全生产、建筑节能等方面的重要监督力量，成为建筑市场优胜劣汰的重要推手。

◆ 加快产业人力资源开发。根据《国家中长期人才发展规划纲要（2010～2020年）》的要求，加快管理人才和技术人才的开发和培养，优化建筑业人才培养模式，加强对高校建筑相关专业人才培养的指导，为管理人才和技术人才提供实践平台，提升人才实际操作能力；继续完善执业资格制度，实现执业资格统一、专业的管理，拓宽执业资格人员执业范围、发挥执业资格人员作用、落实执业资格人员责任；建立和完善与国际接轨的工程师认证认可制度，提高工程技术人才职业化、国际化水平；对建筑业从业人员的素质、技能培训进行系统规划，完善以企业为主体、职业院校为基础，学校教育与企业培养紧密联系、政府推动与社会支持相结合的高技能人才培养培训体系，完善培训过程监督机制和培训效果反馈机制。

◆着力推广工程总承包。修订法律法规，理顺招标投标制度、工程造价制度、企业资质管理制度与工程总承包的关系，通过试点总结经验，在国家投资项目中着力推行工程总承包，使工程总承包成为产业素质提升的支点。

◆建立全国统一信用体系。以既有信用体系建设为基础，建立全国统一信用体系。制定针对企业和个人各种行为的信用认定标准，制定信息采集、加工、发布的标准化程序，建立全国信用信息平台，加强对信用信息使用和管理的监管，为产业发展提供透明、安全的环境。

3.1.2　长远目标

◆形成稳定有序的产业结构。经过 20 年左右的发展，形成稳定、有序的三层次金字塔式结构。规模形态为大型、中型、小型企业；服务形态为总承包、专业分包和劳务分包；组织形态为管理密集、技术密集和劳动密集。如图 8-3-1 所示。

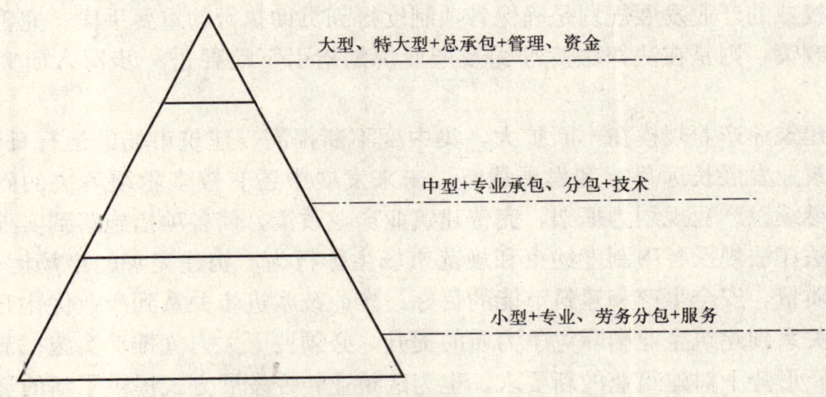

图 8-3-1　合理建筑业产业结构模式

◆推动生产方式变革。转变目前建筑业生产方式，提升建筑工业化水平，努力打造更加完整的生产链条，使建筑企业在整个建筑产品生产链条中发挥更大的专业优势，提高建筑业产值利润率。

◆提高产业素质。主要包括产业组织合理化水平和产业技术水平的提高。要促进建筑业产业结构合理化，保证资源优化配置和有效利用；要实现技术进步、管理创新、劳动者素质的提高，彻底扭转建筑业发展主要依赖资源和劳动大量投入的局面。

◆提升产业技术创新水平。构建以企业为主体、产学研相结合，管理和技术人才丰富，支撑措施完善，成果转化顺畅的创新体系，使科技进步对建筑业发展的贡献率达到发达国家水平。基础研究和应用研究并重，强化关联度高的相关研究如能源、材料等与建筑业应用的迅速融合，深化对建筑结构形式、建造管理技术、建造资源循环利用等方面的研究。

◆建立完善的全国市场信息平台。以信用体系为依托，将所有区域建筑有形市场置于同一平台，融合建筑市场所有主体在建筑、金融及其他领域的行为，为使用者提供详细客观数据，实现信息共享。

◆实现高效的市场运行机制。实现建筑市场高效运行，从业人员、企业、协会、政府各司其职，工程项目采购方式设计科学，各项制度对接严密，市场主体在统一市场中凭借自身实力进行竞争，通过竞争实现优胜劣汰。

◆构建建筑业的国际公信力。建筑业是我国改革的先锋，产业性质和所有制结构为参与国际市场公平竞争提供了条件。以国内建筑市场的有序高效运行为基础，培育具有国际竞争力和整合能力的大型工程承包企业，得到各国业主认可，通过输出技术、设备和劳务换取能源、矿产等资源，践行“走出去”战略和能源战略，为我国的长远发展布局。

3.2 促进我国建筑业持续健康发展的政策及措施建议

为实现建筑业发展的近期和长期目标，必须以产业政策为支撑，以具体的科学措施为保障。当前，建设领域法律法规体系的完善是迫切需要完成的重要任务；从全局高度制定权威的产业发展规划是确保各项制度得到贯彻执行的重要手段；完善指导产业发展的政策，则是在法律法规准绳及产业规划指引下需要进一步深入研究的具体问题。

我国建筑业产业规模在不断扩大，集中度不断提高，建筑市场的运行日趋规范，但根据建筑业发展长远目标和发展战略，未来发展中还有较多亟须解决的问题。因此，必须继续以产业规划为框架，完善建筑业产业政策，使各项措施落到实处。完善建筑市场法律法规及各项制度约束和规范市场主体行为，构建完善的市场运行机制，实现工程质量、安全生产和建筑节能的目标；产业技术进步关系到产业优化升级的顺利实现，关系到建筑企业国际竞争力质的提升，必须要下大力气推动实施；节能减排是我国在新形势下对建筑业的新要求，也为建筑业转变发展方式提供了新的契机，需要大力推广；无论在国际还是国内市场，建筑企业都是产品和服务的提供者，是发展战略的最终承担者，产业政策的根本目的就是为企业塑造良好的发展环境；产业素质和企业竞争力的提升依赖于人才素质的提升，对人力资源的开发是产业政策关注的又一重点。

3.2.1 创新和完善建筑市场体系

围绕建筑产品和服务，市场相关主体互相联系、相互制约，形成了系统科学的市场运行机制。建筑市场的运行如图 8-3-2 所示。其中，工程保险和担保机构作为建筑市场监管的第三方，将对工程质量、安全生产、企业竞争产生积极影响，应加快推行工程保险和担保制度。一个有序、高效的建筑市场，将规范业主、项目管理服务商和承包商行为，使产品和服务严格按照标准规范提供，并具有高质量、生产过程绿色和安全等优秀品质。

（1）完善法律法规体系

1）制定产业发展规划

到目前为止，建筑市场由多个部门共同管理的局面尚未得到根本转变。但是，建

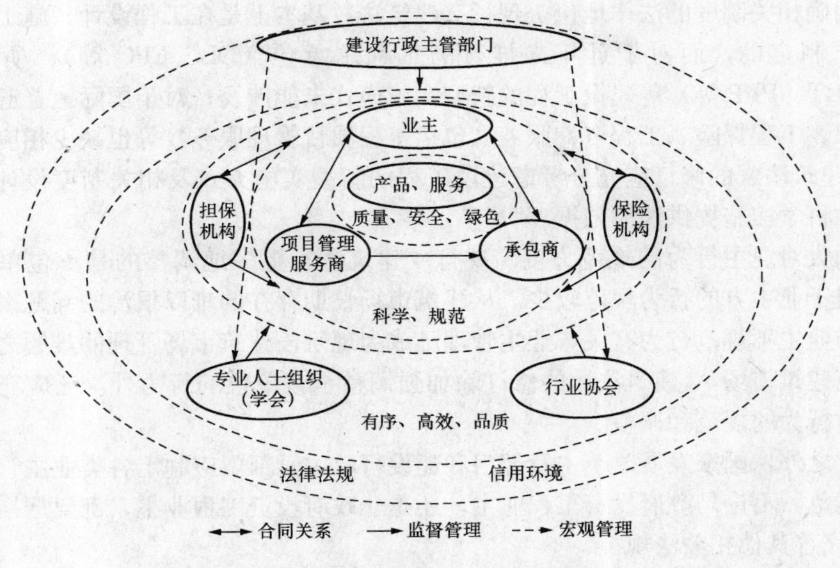

图 8-3-2 建筑业市场运行机制

筑业产业规划是实现建筑业发展目标和实施发展战略的纲领性文件，需要各相关部门共同遵循、通力合作、互相协调。因此，建筑业产业发展规划的权威性必须确保，应由国务院或国务院委托相关机构进行制定，由国务院发布实施。

作为各个部委需要共同执行的建筑业产业发展规划，所包含的内容应具有前瞻性和战略性、系统性和操作性、通用性和专业性。前瞻性是指规划应着眼于未来 20 年甚至 30 年的时间，而不只是针对当前的问题；战略性是指规划应充分估量建筑业在整个国民经济及对外发展中的战略地位，给予其足够的重视；系统性是指规划的内容须经过科学论证，能够形成合力，共同指导产业的全面健康发展；操作性是指规划能够结合实际，使有关部门能在实际工作中贯彻执行；通用性是指规划内容在建筑、市政、铁路、公路、港口、机场等各建设领域中都可以发挥引导作用；专业性是指规划内容对产业中的企业、从业人员、行业协会等有明确的指导作用。

产业规划内容应涵盖产业技术进步、建筑市场准入、工程承包企业行为规范、建筑业从业人员管理、建筑市场信用体系建设、建筑市场监管等方面。

2）尽快修订《建筑法》

《建筑法》自 1998 年 3 月 1 日实施以来，在规范建筑市场行为、促进建筑业改革与发展中发挥了十分重要的作用。但是，随着我国社会主义市场经济体制的建立和不断完善，特别是我国加入 WTO 以来，建筑市场环境发生了重大变化，《建筑法》已不能完全适应我国国民经济和建筑市场发展的需求。因此，应尽快修订《建筑法》。

①拓宽《建筑法》调整范围。由于现行《建筑法》调整的内容主要涉及房屋建筑工程的施工阶段，所以被戏称为“房屋建筑施工法”。《建筑法》的修订应考虑调整范围的拓展，工程类别应覆盖各类土木工程和建筑工程，实施阶段也应覆盖工程勘察、设计、施工等各个阶段。此外，还应充分考虑对社会主义新农村建设活动的调整。

②明确相关制度的法律地位。现行《建筑法》基本上是在工程设计、施工相分离的前提下制定的，而对于近年来推行的工程总承包（DB、EPC等）、项目融资（BOT、BT、PPP等）等建设工程的新型实施模式未能涉及；对于国际上普遍采用的工程担保、工程保险、工程咨询服务（包括工程项目管理服务）等也缺少相应的法律规定。《建筑法》的修订应充分考虑建设工程的新型实施方式及相关制度设计，为建设工程的科学实施提供法律依据。

③加大对业主行为的规范力度。现行《建筑法》更多地调整的是承包单位的行为，而对于业主方的行为规范较少。从建筑市场长期存在的难以根治的问题来看，多数问题与业主不规范行为有关，业主管理已成为现阶段建筑市场管理的难题之一。为有效规范建筑市场，《建筑法》的修订除加强调整承包单位的行为外，还应充分考虑对业主方行为的规范和调整。

除此之外，国家发展改革主管部门和建设行政主管部门应制定各类业主管理规定和行为规范，不论是政府投资工程业主，还是非政府投资工程业主，都要严格遵守。

3）完善其他相关法规

《建筑法》作为建筑市场的最高法律，主要是从原则条款划分市场主体的权利和义务、明确各种行为的法律责任以及各种工程组织实施方式的法律地位。此外，应在《建筑法》的指导下对其他相关法律法规进行修订，以便协同完善建筑市场的运行。包括出台以《建筑市场管理条例》为代表的行政法规，具体解决市场主体违法行为界定不清、定性不准、监管手段缺乏、执法效力弱等问题。

除了对上述相关法律规范完善以外，还要以培育工程总承包和项目管理服务为重点，突出建筑企业技术和管理水平、体现建筑企业市场诚信，修订《建筑业企业资质管理规定》、《建设工程勘察设计企业资质管理规定》、《工程监理企业资质管理规定》和《工程建设项目招标代理机构资格认定办法》，修订相关建筑企业资质标准。同时要完善行政许可法规，强化《行政许可法》的实施和可操作性，促使政府依法行政。

（2）完善市场准入制

我国决定企业市场准入的唯一条件是建设行政主管部门颁布的建筑企业资质管理规定和等级标准，资质管理成为建筑业最主要的政策法规壁垒，限制了新企业的进入与中小企业进入到大型和复杂项目的市场。因此，应充分发挥资质管理对企业择优汰劣的作用，实现产业结构优化调整。

1）提高自然准入壁垒，降低退出壁垒

市场经济条件下的自然准入壁垒主要是资金和技术壁垒，即依靠激烈竞争建立起来的市场力量调控准入门槛。在产业达到相当规模时，自然壁垒就会使那些经济实力和技术水平达不到要求的企业不敢贸然进入，即使进入也难以生存。为促进结构调整和产业升级，要大力吸引资金进入建筑市场，鼓励具有大量资金和符合标准的行业外企业进入建筑市场，鼓励它们兼并和联合各种类型的建筑企业，改变企业的经营状况和经济状况，有助于提高行业准入门槛和调整产业结构。

此外，为打破建筑业生产能力过剩和建筑产品同质化的局面，满足产业结构调整需要，应降低行业退出壁垒。这要求建设行政主管部门会同其他部门，在宏观层面积极推进失业人员社会保障体系建设、国有企业改制以及政府职能转变等产业退出援助政策，以降低退出壁垒。

2）改革资质评级方式，逐步转变为资信评级

对于新进入企业，规定其只能申请暂定资质，允许其在符合市场规则的前提下进行建设活动。在一定年限内，根据市场反馈，重新核定其资质等级。对于企业资质升级，应取消年限限制，重点考察其在市场活动的业绩，包括其资信水平，根据业绩决定是否对其升级。若企业违反建筑市场规定、出现质量或安全生产事故，则降低其资质等级，并加大处罚力度，增加其违约成本。

对于企业资质升降问题，应严格按照市场规则办事，杜绝低级别企业降级易、高级别企业降级难等情况的发生，以提升政府公信力。此外，为减轻政府负担，提高政府效率，可以充分发挥行业协会和社会力量，由行业协会负责资质管理，政府则对其进行严格监管。

3）建立不同资质等级的市场分工制度，为不同规模的企业设置有区别的竞争平台

借鉴国际上的成功经验，对不同资质等级的企业设定合同额度的上下限范围，引导各资质等级企业进行合理的市场定位，实行有差别的市场分工，在各自不同的市场层面上进行有序的竞争。以此规范企业市场行为，维护市场的公平和高效率。

(3) 加强信用体系建设

我国建筑市场信用体系建设工作已经启动，全面开展信用体系建设工作是下一个阶段的工作重点。建设主管部门在行政许可、市场准入、招标投标、资质管理、工程担保与保险、表彰评优等工作中，应积极利用已公布的诚信行为信息，依法给予守信行为激励和支持，给予失信行为惩戒，逐步健全有效的诚信奖惩机制。

1）完善建筑市场信用法规

我国的信用立法是一项长期工作，但完善的社会信用体系客观上需要完备的法律体系作保障。根据我国建筑市场目前的具体情况，建议在国家信用法律的覆盖下，根据行业特点和需要，建立建筑市场的信用管理法规，包括三个层次，即国家建设法律、建设行政主管部门的部门规章以及信用标准规范。建设行政主管部门作为建筑市场信用管理的主管部门，应引导和监管建筑市场信用系统的建立和运行。

2）完善建筑市场信用制度

建筑市场信用制度主要包括信用奖惩制度和信用评价制度。

①信用奖惩制度。信用奖惩制度是信用体系建设的重要组成部分，是对守信者进行保护，对失信者进行惩罚，发挥社会监督和约束的制度保障。各地建设行政主管部门不仅要建立信用体系与招标投标、资质监管、市场稽查、评优评奖等的纵向联系，还要实现信用体系与相关管理部门如工商行政管理部门、银行管理部门等的横向联系，以此来逐步完善信用奖惩制度。对失信者进行经济和名誉处罚，对诚实守信的企

业和人员给予奖励，并加大正面宣传力度，使建筑市场形成诚实光荣和守信受益的良好环境。

②信用评价制度。建筑市场主体信用评价的内容复杂，评价指标众多，既有定量分析又有定性分析，应建立科学的评价指标和评价标准。首先，需要建立相关信用数据库、信用档案，进行评价数据收集；其次，选取统一的评价指标，对企业及个人进行全面定量评价和静态、动态互动式管理；最后，加快培育中介组织，将信用评价管理主体由政府逐步过渡到中介机构。信用评价的结果将作为企业和个人投标、晋级、评优的重要依据，并定期向社会公布。

3）推进信息平台建设

全国各地建筑市场已经建立起各自范围内的信用体系信息平台，但是在信息化方面仍然需要进一步完善，包括建立征信机构信用数据库以及加强信用评价动态化。

①完善信用数据库。由专业的资信调查公司、信用评估机构建立的企业资信数据库是目前国内外企业征信数据的一个重要来源，这些资信数据库具有数据量大、信息齐全、信息更新较快的特点。目前，国内各征信公司均建立了自己的征信数据库，但由于建立这样的数据库需要可靠的数据来源和大量的资金投入，国内还没有一家征信机构能够满足全国范围内的资信调查和信用评估。因此，相关部门应制定相关政策，推动全国统一信用信息平台的建立和完善，促进征信公司的进一步发展，使得有条件的征信公司扩大自己的数据库并及时更新有关数据。

②加强信用评价动态化。全面广泛应用建筑市场信用体系平台，对建筑企业、执业资格人员的市场行为依照信用标准进行全面考核评价，实现监管信息即时动态更新，直接与工程招投标、企业资质、个人执业、评优评先等有效联动，最大限度地发挥建筑市场信用体系平台的作用。

4）充分发挥行业协会作用

建筑市场行业协会很多，各协会要参与信用体系建设，协助政府部门研究制定信用标准，参与征信和评价，并以自身会员单位为基础，开展建筑市场信用体系专题研究，指导有关信用评价机构研究建筑市场各方责任主体的信用标准模型和评价方法，充分发挥行业协会作用。

3.2.2 进一步完善工程质量和安全生产管理体系

质量和安全是建设工程的生命线。确保工程质量安全，不仅是建设问题、经济问题，也是民生问题、政治问题。为加强建设工程质量和安全生产管理，需要进一步完善建设工程质量和安全生产管理体系，包括企业内部的自控保障体系、政府主管部门及社会机构的监管体系。而企业内部自控体系的完善，需要通过政策引导、市场机制来促进。

(1) 加强建筑市场监管

1）完善监管立法

法律法规是监管主体的行为准绳。完善市场监管体系，使监管主体的监督管理活动有法可依，首先要解决监管立法问题。要从我国的实际情况出发，充分借鉴国外成功的经验，逐步实现与市场经济发展相适应并与国际接轨。以《建筑法》、《安全生产法》、《合同法》等为基础，针对近年来建设工程中出现的新问题，进一步完善立法和规章制度建设。以安全生产为例，要对现场安全生产监督检查评判标准、违法违规行为的处罚细则等各种规章制度加以细化，以规范建筑市场的安全生产行为。

2）完善联合监管机制

随着监督管理分工的进一步细化，工程质量和安全生产监管职能分布政府各个管理部门，包括建设行政主管部门、工商、税务、财政、银行等行政和社会机构，即使在建设行政主管部门，监管职能也分布于各级监管机构，在其职责范围内各司其职。在这种形势下，联合监管机制尤为重要，应建立跨行业、跨部门的沟通机制，以便交流经验、研究问题，提高监管执法水平。

3）加强监管队伍建设

监管队伍是建筑市场监管体系的执行者，监管人员素质的高低，关系着监管效果的优劣，因此，必须加强监管队伍建设。

首先，应加强监管队伍的专业化建设。加强对监管人员的专业培训，提高其业务素质，确保监管队伍的专业化。其次，应加强监管队伍的规范化建设。相关部门应建立监管资格审核制度，按照程序审核监督人员资格，核发监督执法证件。最后，应加强对监管队伍的监督。监督管理机构的工作人员有玩忽职守、滥用职权、以权谋私或行政不作为等行为的，应依法追究行政责任，构成犯罪的，依法追究其刑事责任。

4）培育市场监管中介组织

面对日益庞大的市场，仅靠建设行政主管部门的监管无法做到面面俱到，例如建筑企业安全评估工作，被评估企业的类型多、数量大，完全靠国家各级安全生产监督管理机构和建设行政主管部门进行评估不现实，也不利于对安全生产的宏观调控。借鉴国外政府职能向“小政府、大社会”转变的做法，国家安全生产监督管理机构和建设行政主管部门应积极培育我国的工程质量和安全生产管理咨询业，将对建筑企业的评估工作交给中介组织。中介组织接受公众和相关主管部门的监督指导。

5）发挥第三方机构作用

将工程保险及工程担保制度作为建设工程安全生产监管的重要手段，充分发挥市场制约作用，对于防范工程风险、加强建设工程质量和安全生产管理、促进建设各方诚实守信具有重要意义。

工程保险、担保机构在承保时应充分考量投保单位以往的工程质量和安全事故记录，通过调整相应的保险、担保费率甚至拒绝为企业提供担保和保险服务，发挥监督作用，从而促进建筑企业提升工程质量水平，增加安全生产投入。

(2) 推行工程保险和担保制度

建立和推行工程保险和担保制度是规避、转移工程风险的重要手段，同时也是利用市场机制加强工程质量、安全生产管理的有效途径。强制推行工程保险和担保制度，有利于促使建筑市场形成优胜劣汰的良性竞争机制，为业主选择合格的承包商创造条件。应在以往试点工作的基础上，制定出台相关的指导意见，引导工程保险和担保市场的健康发展。

1）工程保险和担保制度推行的通用措施

①完善法律法规。完善的法律法规、合同条件是我国全面推行工程保险和担保制度的重要保证。通过对《建筑法》的修订，明确工程保险和担保制度在建筑市场中的重要作用；操作性条款可以通过部门规章、相关办法以及建设工程合同示范文本进行明确。通过这些手段，保证建设工程强制性保险制度和担保制度的推行。

②推行强制性工程保险和担保制度。由于我国建筑市场信用机制不够完善，工程承发包合同履行纠纷频发，工程质量和安全生产形势不容乐观，工程款拖欠问题依然存在，从国际经验来看，强制推行工程担保制度有助于以上问题的有效解决，因此，有必要强制推行工程担保制度。工程担保制度的强制推行需要同时强制实行工程保险制度，为担保公司开展业务提供保险。此外，在我国目前建筑市场机制不够完善、交易行为不够规范、风险防范意识普遍不高的情况下，强制推行工程保险制度，对于保障工程建设顺利实施、规范建筑市场和防范金融风险具有重要作用。

③改革工程造价管理方式。我国在工程造价各种费用的计取时包含的建设工程相关保险和担保的费用很少，通常采用预留不可预见费的形式应对风险，通过支付确定的金额给工程保险和担保公司来转移工程风险和违约风险的做法尚未普及。

为推行工程保险和担保制度，要改革工程造价管理方式，通过立法明确规定工程保险和担保费用是工程造价的组成部分，推行无标底招投标方式，承包商在投标中可将保险和担保的相关费用纳入投标报价中，实力强、信誉好的承包商能够争取到保险和担保公司较低的费率，报价降低；实力弱、信誉差的承包商则只能承受较高的费率，通过工程保险和担保制度实现了市场对建筑企业能力和信誉的检验，有利于建筑企业的优胜劣汰。

2）工程保险

①推行业主投保方式。国内外工程实践证明，业主主导建筑市场，是建筑业发展的动力。在我国，由于业主压低承包价格、与承包商签订不平等条约、要求垫资承包、拖欠工程款等现象仍较为普遍，承包商缺乏主动投保动力。因此，工程保险制度的推行必须要通过相关政策推动业主投保。

②发展工程保险中介机构。建设行政主管部门应联合相关部门，共同培育和发展专门的工程保险中介机构，包括工程保险代理人、工程保险经纪人、工程保险公估人和工程风险管理咨询公司。由中介机构为保险公司提供承保、理赔、风险管理等方面的技术支撑，甚至直接承揽保险公司的这些业务，以共同承担市场风险，获得共同发展。

③健全监管体系。工程保险制度的推行需要完善的监管体系，这也是保护被保险人的利益、维护社会经济稳定的必然选择。完善的监管体系包括对工程保险组织、工程保险经营、工程保险财务和工程保险中介的监管四个方面，此项监管职能可由行业协会来承担。除此之外，对工程安全和质量的监管有助于降低工程风险，保护保险公

司和投保人的共同利益，此项监管职能可由工程质量和安全生产监管机构来承担。

3）工程担保

强制性工程担保制度的实施为市场提供需求，使工程担保市场得以启动。通过优惠政策，加大对现有工程担保公司的支持并鼓励新公司的成立，通过鼓励境外成熟的担保公司参与我国建筑市场担保业务，加速工程担保制度的推行。

3.2.3 推动建筑业技术进步与科技创新

通过政策引导、宣传教育、创新经验交流等多种形式，规范建筑业科技创新主体及其行为的价值取向，加强对创新价值观的引导和培育，在全行业倡导科技创新的价值理念，通过建筑企业的技术创新提升产业整体竞争力。

（1）建设行政主管部门加强规划和政策引导

1）根据国家科技与经济发展规划以及建筑业转变发展方式的需要，授权相关机构组织制定中长期技术研发与应用规划，确定研究方向和重点开发的技术领域，以此作为建筑业技术创新的指南。

2）建立科研项目责任制。积极实施对科研项目的责任目标考核，编制科研项目责任书，对科研项目完成的主要内容、完成时间、计划进度、责任人、阶段验收和项目完成验收标准以及奖罚办法等作出明确规定，以有效地激发科研人员的积极性，并确保项目实施效果。

3）组织相关机构对科研院所和大学的学科分布与科技资源优势进行评估，进行技术创新的战略分工，减少甚至避免低水平重复研究。

4）改进和完善保护知识产权和促进技术扩散的相关法规、政策，授权有关机构立足于开拓全球建筑市场，制定并实施建筑业知识产权保护与技术扩散战略，以促进我国建筑业及其关联产业新知识的产生以及在国际建筑市场的传播与应用。

5）继续投资于基础研究和探索性研究。建设行政主管部门加强与国家自然科学基金委员会、教育部、科技部、财政部、交通运输部等部门的有效沟通，努力增强对土木建筑等相关学科研究预算的资助力度，积极鼓励和支持跨学科、跨行业的研发与教育活动，增强建筑业科技投入的战略性。

6）出台有关政策，鼓励建筑业产、学、研及相关产业的科技人才自由流动。

（2）产、学、研分工合作

大学在基础和前沿领域开展研究，创造和传播知识；科研院所主要进行共性技术的研究与开发；企业以市场为导向，开展新事业（新市场、新服务和新产品）的开发和应用，重视以改进工艺为主的研发活动；行业协会增进和协调会员之间以及会员与其他相关方的合作伙伴关系；设计公司创新设计理念，在设计中系统化地采用新产品和新技术。

（3）鼓励科技创新活动的市场化运作

支持科技活动的市场化运作。在科技投入方面，在政府和企业投入之外，积极吸引其他社会力量的资金加大建筑业科技投入。建立建筑业技术进步创新基金，对积极参与科技创新的企业加大资金支持，推进重大科技项目以及新产品研制。

(4) 加强产业科技成果转化

积极推进建设领域重点推广项目和新技术工作的落实，与财政等其他部门配合出台产业、金融、财政相结合的鼓励政策。同时，加强科技中介机构的建设，强调其作用和职责，完善科技成果转化体系的建设，加快新技术、新工艺、新材料、新设备、新工法的推广应用。

科技成果的转化需要以专利、专有技术权属保护和有偿转让为动力的技术创新激励机制为基础。因此，要加大对勘察、设计、施工企业的专有技术、计算机软件和勘察设计成果等知识产权依法保护的力度。

(5) 加强技术创新指标的考核

目前，我国建筑企业自身的创新意识不强，政府在制定政策时应加强技术创新指标的硬性考核，督促建筑企业积极进行科技创新活动。从评优评奖、企业资质管理、企业负责人等方面加强对科技进步的考核比重，在建筑企业资质等级标准中提高技术创新所占的比重；引导企业形成基于独特技术专长、技术积累有效的运行机制和完整的评价体系。

(6) 为创新活动引入多种融资渠道

拓宽市场融资渠道，增大科技投资；成立多种基金鼓励技术创新和成果推广应用，如科技研发和推广基金、创新风险基金、创新援助基金等；采取增加贷款、贴息、税收优惠、价格补偿等鼓励创新活动，包括对国有资本、民间资本、国外资本投入的鼓励和支持；加强企业增加科技投入的政策导向，鼓励企业增加科技投入，积极争取将风险资本引入结构技术、施工工艺、材料形式变革等技术含量较高的领域。

(7) 继续加强科技人才培养

科技进步的关键在科技人才的培养，但目前建筑企业对科研人员的重视程度不足，政府在制定政策时要进一步完善有利于建筑业人才培养的配套制度，强化企业的人才培养意识，营造有利于建筑业人才成长的政策环境，提高企业从业人员的整体素质。大学、企业和科研院所通过教育、培训、技能训练、国际人才交流等多种形式，培养青年科技人才的科学精神、团队精神、创造才能和创新意识，培养出开拓国际市场所需要的懂技术、善管理、通经营的复合型人才。

3.2.4 加大落实建筑节能减排力度

我国是一个发展中大国，又是一个建筑大国，每年新建房屋面积高达 17 亿～20 亿 m^2，超过所有发达国家每年建成建筑面积的总和。随着全面建设小康社会的逐步推进，建设事业迅猛发展，建筑能耗迅速增长，建筑节能成为节能减排工作的重要内容，必须加大落实建筑节能力度，主要措施有完善节能管理体制、实施多样化的经济激励政策、加大能源科技投入、完善并严格执行标准规范等。

(1) 进一步完善建筑节能管理体制

由于节约能源资源存在着市场失灵，各国政府普遍进行干预，即使在追求自由市场经济的美国，有关管理机构也十分庞大，政策力度很大。因此，我国必须要进一步完善建筑节能管理体制。

第一，在国家层面成立专门的节能领导机构，负责制定节能方针战略，监督实施节能减排政策，协调各相关部门将政策落实到位。建设行政主管部门负责建筑行业节能减排工作，制定具体政策，并就相关问题协同其他部门及节能领导机构共同解决。

第二，成立专业机构，负责组织、管理研究开发项目等。

第三，鼓励市场主体积极参与。包括对重点用能单位、节能产品生产商和经销商，由他们负责具体落实各项节能政策措施。

总之，要通过产业政策逐渐完善管理体系，建立相应的制度，规范各方行为，明确各方职责，做到各职能部门和责任单位分工明确、协调有序，将节能减排落到实处。

（2）实施多样化的经济激励政策

1）设立建筑节能投资基金，吸纳社会资金促进能效提高。节能投资基金对节能项目进行支持，资金来源主要包括政府的直接财政投资和民间资金。节能投资基金可以对外直接投资，作为项目的资本金，也可以向企业提供担保，为企业的节能投资融资进行担保。

2）建立抵押贷款激励机制。借鉴美国实施抵押贷款刺激居民购买经“能源之星”认证的住宅的做法，建立抵押贷款激励机制，激励政策的对象从生产方转向买方，刺激消费市场对节能产品的需求，从而促使节能产品交易的成功，实现建筑节能目标。

（3）加大能源科技投入

技术进步是提高能源资源利用效率的根本性措施。建设资源节约型社会，实现低耗能、低污染、高效率的增长方式，最关键的是通过引进和消化先进技术，提高自主研发和创新能力，发展高附加值、低能耗的建筑节能产品。因此，国家应加大科技投入，通过产业政策支持建筑节能项目的技术创新。

（4）完善并严格执行标准规范

进一步加强建筑“四节”标准规范的制订工作，鼓励有条件的地区在工程建设国家标准、行业标准的基础上，组织制订更加严格的建筑“四节”地方实施细则。同时，标准涉及内容要逐步覆盖全国各个气候区的居住和公共建筑节能设计，从采暖地区既有居住建筑节能改造，全面扩展到所有既有居住建筑和公共建筑节能改造，从建筑外墙外保温工程施工，扩展到建筑节能工程质量验收、检测、评价、能耗统计、使用维护和运行管理，从传统能源的节约，扩展到太阳能、地热能、风能和生物质能等可再生能源的利用，以促进先进适用技术通过标准得以推广。

3.2.5 推动企业组织结构和生产方式的深层次变革

建筑企业的健康发展是产业政策的核心目标。针对不同类型的企业制定适当的扶持政策，有利于产业结构的调整。

(1) 深化改革工程建设实施组织方式

深化工程建设实施组织方式的进一步改革对我国建筑企业提高管理水平，提升企业整体竞争力，为建筑企业提供更加广阔的发展空间，具有积极作用。

1) 完善法律法规

给予工程总承包明确的法律地位应成为《建筑法》修订的一项重要内容，以此为基础，相配套的各种政策措施、不同总承包方式的示范合同文本等应尽快出台，以便为建筑企业从事此项业务打下基础。

各级建设行政主管部门应加强与有关部门的协调，使有关融资、担保、税收等方面的政策落实到重点扶持发展的工程总承包企业和工程项目管理企业，增强其竞争实力，尤其要积极支持企业开拓国际市场。

为适应工程总承包的要求，招投标制度要进行相应变革，包括将招标工作提前到施工图设计以前，由中标的总承包单位负责施工图设计，有利于最大限度地减少工程量、节约能源，从而降低工程造价。

2) 引导业主认同

首先，通过试点引导业主。建设行政主管部门和行业协会应当在不同的行业中选择一批工程，进行设计施工总承包和一体化项目管理服务试点，通过总结经验和积极推广，使业主增进对先进的工程实施组织方式的了解，引导业主采用工程总承包方式进行建设。建筑企业应积极构建自身的总承包能力，使其成为核心竞争能力的组成部分，在招投标及发包工程中，宣传自己的特点，强调自己的优势，逐步为业主所接受。

其次，在政府投资工程中积极推广。第一，要推进政府投资工程实施组织方式的改革，各级政府应提升自身的建设管理水平，为选择工程总承包、一体化项目服务奠定基础。包括成立建筑工务署、代建办、项目管理中心或者企业性质的投资公司等，以便有自己的专业机构监督实施。第二，在具备相应管理能力的基础上，政府投资工程应率先选择工程设计、施工一体化承包，并在工程实施过程中率先采用先进的技术和材料，以推动建筑企业技术创新水平和管理水平的提高。

(2) 引导建筑企业扩展服务功能

随着工程建设的日趋复杂化和技术的不断进步，国际工程承包不再仅仅局限于工程施工管理，而是覆盖到投资策划、项目设计、工程咨询、国际融资、设备采购、技术贸易、劳务出口、项目运营、人员培训、后期维护等项目的全寿命周期中，工程项目日益成为国际投资和贸易的综合载体。国际工程承包正从传统劳动密集型建筑服务交易向带动本国或本公司技术与管理资源、建材或机电产品出口综合贸易转变，发展前景广阔，是国民经济新的增长点。因此，应切实从国家政策层面扶持和推动有条件的大型企业成为具有科研设计、采购施工一体化管理和工程总承包能力，能与跨国公司竞争的国际化企业集团。

(3) 做强做大核心建筑企业

参考发达国家大型企业所占的比例，我国特大型企业应控制在 90～100 家为宜，一级企业应控制在1500家左右。要进一步提高大型企业资质评审的门槛，评选出50家左右特大企业集团，构成我国建筑业中的核心企业，使其以行业主导地位参与国际竞争。

此外，制定税收、资金方面的优惠政策鼓励企业以多种形式与专业院所联合，在项目设计、咨询与施工等方面共同开发市场。推动建筑企业联合兼并科研和设计企业，实行跨专业、跨地区重组，形成一批资金雄厚、人才密集，具有科研、设计、采购、施工管理和融资能力的大型工程承包企业，提高企业的综合经营能力，在经营方式上与国际快速接轨。为推动建筑企业的兼并重组，可对内资企业合并、重组和并购过程中的资产增值所发生的资本利得纳税在一定时间内减免。

(4) 大力支持企业联合重组

加快产权制度改革，吸引外国资本和民间资本进入建筑业，营造富有活力和相互促进的产权机制；研究制定鼓励、支持的政策措施，指导施工、设计单位积极寻求联合与重组的机遇和方式，加快企业联合、重组、改制的步伐，尽快形成一批专业特点突出、技术实力雄厚、国际竞争力强的大企业、大集团。

面对国际工程承包市场激烈的竞争环境，除了企业间的联合、重组外，有必要采取各种政策措施，鼓励对外承包工程企业以各种方式进行联营，使企业间资质互补、优势互补，增强在市场上的综合竞争能力。这对有效地聚集资金，优化资源配置，解决企业普遍存在的资金不足问题发挥重要作用。

尽管近年来设计企业和施工企业都力图实行设计、施工一体化，但效果欠佳。可在现有基础上，促进企业联合。通过产业政策积极鼓励企业进行联合承包，可以快速有效提升企业综合管理水平。与此同时，必须要制定相应的配套措施，包括使联合体内企业之间品牌、资质等无形资产和经营业绩共享等。

此外，应鼓励大型设计、施工企业以合资或合作的方式与国际大型工程公司组建国际型工程公司或项目管理公司，参与国际市场的深度竞争。

(5) 扶持中小建筑企业健康发展

在合理的建筑业产业结构中，中小型企业占总数的95%以上，是产业发展的基础和支撑。政府应积极支持中小企业的发展，如在资质管理上要明确小企业经营额度的上、下限，在建筑市场招投标活动中要明确中小企业参与投标的范围界限，大企业不得参与竞争，尤其是要解决专业化企业融资困难的问题，地方政府部门与金融机构协商，组成专门的小额金融中心，向重点发展的专业化企业发放贷款。建设行政主管部门可编制重点扶持专业目录，向银行推荐效益好、偿债能力强的中小建筑企业。总之，通过各种途径，鼓励支持中小建筑企业健康发展，使他们成为我国建筑业的重要力量。

(6) 着力推进企业信息化建设

信息化是推动传统建筑业向现代建筑业转型的重要途径。要通过政策引导和市场准入等有效手段，着力推进企业层和项目层面的信息化建设，使信息化覆盖到项目寿命周期全过程和全要素之中，促进企业管理水平的整体提高。

3.2.6 积极开拓国际市场

随着经济全球化趋势的进一步发展，进入国际市场既是建筑企业的必由之路，也是最佳选择。建设行政主管部门应积极为企业开拓国际市场创造良好的竞争环境。建筑企业必须加快提高自身的核心竞争力，发挥比较优势，增强参与国际建筑市场竞争的主动性、自觉性和紧迫性。

（1）创造良好的竞争环境

为支持建筑企业积极参与国际竞争，建设行政主管部门应联合商务、外交等相关部门，为企业参与国际竞争创造必要的条件和环境，充分利用政府间谈判以及经济技术合作，帮助企业开拓工程承包市场，保护我企业在项目所在国的合法权益。

我国政府一直都与亚洲、非洲国家保持着良好和稳定的外交关系，加之亚非国家建筑业壁垒较低，应大力发展越南、柬埔寨等亚洲新兴市场和南非、西非地区的市场；密切留意东南亚其他国家的恢复建设；伺机扩大中东市场覆盖率；对于欧洲、北美等壁垒较高的地区，可以利用我国劳动力成本低的比较优势，积极与国际知名承包商合作，学习较为先进的管理经验，为挺进欧美建筑市场做准备。

（2）提高企业核心竞争力

作为“走出去”战略的主要承担者，建筑企业有必要积极提升自身竞争力，通过整合咨询、设计、融资资源，提升自身一体化服务水平，积极参与国际竞争。建设主管部门要通过制定相关政策，鼓励和引导建筑企业全方位涉足石化、交通、铁路、电力、水资源工程、环保及工业制造等多种类型的项目，在国内大力推行设计、咨询与施工的一体化经营，不断提高企业的整合经营能力和承包工程的科技含量，为建筑企业综合竞争力的提升创造良好的市场环境。

（3）推进工程建设标准的国际化

随着我国对外工程承包规模的日益扩大，对外工程承包业务正逐步进入到利用工程建设标准巩固和开拓国际市场的高层次竞争阶段。为此，要加大对我国工程建设标准国际化的研究，确立工程建设标准国际化的战略路径，推动我国工程建设标准更多的转化为国际市场认同采用的标准，从而提高我国建筑企业在国际市场的主导地位。

（4）增强企业风险防范能力

国内建筑企业走出国门后面对的是一个全新的市场环境，政治、经济、文化、法律、科技等方面都会对建筑企业经营活动产生制约作用。近些年来所披露的国际工程承包案例说明了增强建筑企业风险防范能力的重要性。要强化建筑企业走向国际市场的风险意识，建立国际工程项目的全面风险管理体系，有效化解国际工程承包市场风险对企业的不良影响。

3.2.7 大力开发建筑业人力资源

根据《国家中长期人才发展规划纲要（2010～2020年）》的要求，应加快人才发展体制机制改革和政策创新，统筹推进执业资格制度的完善；使人才结构合理化，提高高素质从业人员的比例；维护建筑业从业人员的基本权益，建立工资支付长效机制，改善其工作和生活条件。

(1) 继续完善执业资格人员管理

1）拓宽执业资格人员的执业范围

我国已经建立专业人士执业资格制度，这是专业技术人员管理体制的一项重要改革。根据国际惯例和我国国情，将建造师的执业范围拓宽为工程项目全过程的管理，包括项目前期策划与管理、设计阶段的项目管理、施工阶段的项目管理。考虑到我国的实际情况，可以采取在考试实施过程中逐步到位的办法。

2）加强和改进专业教育评估工作

为鼓励高等学校通过评估手段促进专业水平提高、完善注册执业资格制度和专业评估制度，须加强和改进高校专业教育评估工作。在建设行政主管部门的指导和监督下，委托行业协会具体操作，改革现行评估体制，理顺工程管理专业教育评估与注册执业资格制度的关系。采取激励措施使高校专业设置和教学更能满足建筑市场需求，促进产业素质提升。

3）合理划分专业，统一二级建造师的标准

随着市场经济体制的完善，应逐步取消专业划分，由市场进行选择。逐步取消按照行政隶属关系划分专业的方法，按专业教育、项目管理实践中的知识标准等作为专业划分依据。

4）加强注册管理，完善信用和保险制度

利用计算机及信息网络技术，在建造师实行注册管理后，建立执业资格信息库及信用档案，将建造师的基本情况、业绩（包括违法违规的不良记录）、质量安全事故等在信息网络上予以公布，供使用者查询，接受社会监督。另外，对注册执业人员，实施个人责任保险制度。一旦出现执业人员责任事故，除企业承担主要责任外，执业人员应该承担连带责任，并将执业资格个人责任保险逐步纳入执业资格人员注册条件。

(2) 逐步改善人才结构

我国建筑业从业人员中很大比例来自农村的剩余劳动力，建筑业人才结构不合理，较低素质产业工人较多。为尽快提高建筑业从业人员素质，需要建立政府主导的职业培养机制，加大从业人员（特别是一线生产操作人员）的科学文化和专业技术培训力度。

1）规范从业人员就业市场

实行持证上岗制度与市场准入制度的衔接，劳动保障部门和建设行政部门依法对在建工程项目一线作业人员的持证情况进行联合执法监察，对未按要求持证上岗的一线作业人员及其所属企业依法严肃查处。

在建筑业从业人员输入地建立建筑劳务市场，所有人员凭有效的技能证件和安全合格证进入市场寻找工作，企业进入市场聘用工人并签订劳动合同。这个完善的就业市场可以使企业聘用到合格的人员，而相关人员能够通过合法途径进入建筑市场并得到法律的保护。

2）完善建筑业从业人员培训制度

加强产业就业和安全生产培训，要根据我国建筑业从业人员特征，有针对性地开展教育培训，以技能实践为主，以理论知识为辅，建议按照《国务院办公厅关于做好农民进城务工就业管理和服务工作的通知》（国办发〔2003〕1号）要求，由建设行政主管部门规划，委托行业协会组织具有职业教育资质的培训单位具体落实。

3）加强企业内部培训

建筑业人力资源开发的一个重要环节是企业内部的人力资源开发和培训，企业内部员工培训是一项系统工程，企业要着眼于长远利益，将企业文化的建设融入到对各层次员工的培训中，采用差异化的培训手段和方式，培养一批具备专业技能和职业道德的建筑管理和操作人才。

①企业高层管理者。企业高级管理层需要对建筑业及其相关产业的供给需求有比较敏锐的市场洞察力，善于把握机会，识别风险，为企业的发展方向指明道路；需要具备较强的人际沟通能力和复杂环境的处理能力。可以由企业高层管理者牵头组织团队对行业内成功企业进行考察，总结经验，并结合本企业实际情况有针对性的研究学习。

②企业中层管理人员。建设工程是一个庞杂的系统工程，涉及多工种、多部门之间的配合和协调。项目经理是连接一线作业和项目决策的纽带，需要对现场突发情况进行及时处理，对工程进度、安全、质量、费用等进行严格控制。项目经理除了需要专业知识外，还应具备一定的执行能力、组织能力、协调能力、应变能力和沟通能力。对项目经理进行培训时，企业应以工程实际案例为教案，组织各项目部共同参与讨论。项目部间相互学习，汲取经验教训，以利于对项目经理的实际工作进行指导。

③基层技术人员。基层技术人员承担着对建设工程的质量、造价、工期、安全等方面的具体实施，是工程作业最直接的执行者和监督者。

企业可以确定职业院校作为建设行业技能紧缺人才示范基地。职业院校与有需求的建筑企业进行合作，开展技能型紧缺人才培养，将建筑施工、建筑设备、建筑装饰和建筑智能化等专业作为技能型紧缺人才重点培养专业方向。

企业可以聘请行业内学术、技术方面的专家对技术人员进行短期的讲座培训，也可以让技术人员脱产进修，或者与当地院校合作办学，利用学校的培训和教学优势，使参加培训的员工能尽快学以致用。

（3）维护建筑业从业人员的基本权益

应将维护建筑业从业人员的合法权益当做关注民生、建设和谐社会的大事来抓，紧密结合实际，突出重点，多措并举，有效保障建筑业从业人员的权益。

1）改善从业人员的工作条件

在贯彻实施《建设工程安全生产管理条例》的同时，应加强工地安全管理人员的技术水平培训和责任心教育，坚持专职安全员制度；应重视建筑业从业人员岗前安全常识的培训和考核，凡考核不合格者，一律不准上岗；应重视文明工地建设。强化实施工地宿舍、食堂、饮用水、洗浴、公厕、医疗等基本生活设施的有关标准；进一步修改完善《施工现场文明施工标准》，继续开展经常性的建筑工地安全生产和文明施工情况联合大检查，不断改善工作环境。

2）建立二资支付长效机制

应尽早建立工程款支付担保制度，探索建立工资支付担保制度。建议规定投资者在建设项目开工前，将工程总造价一定比例的资金作为工资准备金存入银行或财政专户。

提高技工待遇，优化技术人员成长环境。目前，相当部分技术人员的工资水平及社会地位都较低，这是他们自身发展的障碍之一。进行工资、职称改革，提高技术人员社会地位，同时建立完善的激励机制，对不断进步、不断创新的技术人员进行各方面的奖励，自然会有越来越多的人愿意加入技术人员队伍中。

3.2.8 提升建筑工业化水平

实现建筑工业化是社会生产力发展的必然结果。从国际经验看，日本是政府采取发展建筑工业化政策、使建筑工业化和建筑业得到快速发展的典型实例，美国则是政府未采取明确的政策，在商品经济长期发展的条件下建筑业达到较高工业化水平的突出实例。我国市场经济的发展还不成熟、不完善，市场信息还不能完全正确地反映客观经济规律。因此，更需要有正确的技术和经济政策来进行引导，实现局部利益与全局利益、经济效益与社会效益的恰当结合，持续加速行业的整体技术进步。

（1）培育和引导建筑工业化市场需求

目前，我国的基础建设处于高速发展阶段，工业与民用建筑需求量巨大，政府可以制定指导性政策，引导和支持建筑工业化主体，包括研发机构、建筑企业、工程材料和机械制造加工企业、房地产开发企业等积极发展和采用标准化、通用化构件；加大建筑工业化的宣传力度，制定经济激励政策，培育和引导建筑工业化市场需求；大力推动住宅产业化发展，为建筑工业化发展提供广阔的市场。

（2）提高构配件和制品生产与供应的商品化、社会化水平

构配件和制品不仅是指一些预制的结构构件，而且包括门、窗、隔断、商品混凝土、预制钢筋网等建筑用成品和半成品，也包括建筑设备，特别是住宅建筑中的厨卫设备。这些制品不仅要实现生产工厂化，而且要实现商品化、社会化，而商品化和社会化是以构配件和制品的规格化、系列化和通用化为前提。因此，提高构配件和制品生产与供应的商品化、社会化水平是建筑工业化的重要内容之一，它不仅关系到最终产品的工程质量，而且关系到功能质量和使用寿命。从这个方面来说，我国建筑工业化水平与发达国家和地区差距较大。如果说第一次建筑工业化高潮以发展装配化为主要标志，第二次高潮以发展建筑体系为主要标志，那么，当前推行建筑工业化则应以发展构配件和制品的商品化、社会化为主要标志，以有效地提高整个行业和建筑最终产品的工业化水平。

（3）推动现场施工的机械化和合理化

机械化是建筑工业化的核心。工厂生产和现场施工的机械化是建筑工业化的前

提，合理化则强调了通过合理的组织与管理来求得最佳综合效果。发展现场施工的机械化、合理化，需要加速建筑企业机械设备的更新，逐步用先进机械取代性能差、能耗高、安全性能差的老旧机械；结合不同地区和工程特点，实现各类机械、设备的最佳组合，以多层次的装备结构获得最佳效果；对一些难以实现机械化的工作，要改进操作工艺和工具，减轻劳动强度，提高劳动效率；不断将高技术成果引入建筑业，提高机械化、自动化水平，提高质量和效率。

（4）发展综合效益好的各类建筑体系

尽管我国已形成多种建筑体系，但在建筑工业化发展过程中，要继续加大设计、施工配合力度；结合不同工程和部位，对钢筋混凝土结构体系合理选用现浇和预制两种工艺；继续改造砖混建筑；促使不同建筑体系在一定条件下的相互渗透，以形成新的建筑体系；研究开发灵活性大、适应性强的各类大开间、大柱网的多功能建筑体系；就一个地区或大型建筑企业来说，需要有自己的主导体系，完善其成套技术，形成工法，保持竞争中的优势。

（5）促进建筑标准化的发展

标准化是科技成果转化为生产力的接口技术，也是实现建筑工业化的基础。为发展建筑工业化，必须制定和执行一些重要的基础标准如模数、模数协调、合理建筑参数、公差与尺寸配合、连接等，同时还要强调产品标准。另外，设计标准化是建筑标准化的重要组成部分，要处理好标准化与多样化的关系。

参考文献

[1] 建设部工程质量安全监督与行业发展司，建设部政策研究中心．中国建筑业改革与发展研究报告（2006）——支柱产业作用于转型发展新战略［M］．北京：中国建筑工业出版社，2006.

[2] 建设部工程质量安全监督与行业发展司，建设部政策研究中心，中国建筑业改革与发展研究报告（2007）——构建和谐与创新发展［M］．北京：中国建筑工业出版社，2007.

[3] 住房和城乡建设部工程质量安全监管司，住房和城乡建设部政策研究中心．中国建筑业改革与发展研究报告（2008）——秉承辉煌与迎接挑战［M］．北京：中国建筑工业出版社，2008.

[4] 住房和城乡建设部工程质量安全监管司，住房和城乡建设部政策研究中心．中国建筑业改革与发展研究报告（2009）——应对危机与促进发展［M］．北京：中国建筑工业出版社，2009.

[5] 住房和城乡建设部建筑市场监管司，住房和城乡建设部政策研究中心．中国建筑业改革与发展研究报告（2010）——转变发展方式与提高发展质量［M］．北京：中国建筑工业出版社，2010.

[6] 下河边淳，菅家茂．现代日本经济事典（中译本）［M］．北京：中国社会科学出版社，1982.

[7] 周淑莲等．中国产业政策研究［M］．北京：经济管理出版社，1990.

[8] 赵英．中国产业政策实证分析［M］．北京：社会科学文献出版社，2000.

[9] 聂鸣，李俊，骆静．CECD国家产业集群政策分析对我国的启示［J］．中国地质大学学报（社会科学版），2002（1）.

[10] 金维兴，唐晓灵，张建儒．中国建筑业技术创新体制研究［M］．建筑经济，2004（9）.

[11] 郭慧锋，廖少纲，李启明．中国建筑业技术创新的动力机制研究．建筑经济，2008（6）.

[12] 李小冬．中国建筑业组织及其合理化研究［M］．北京：中国水利水电出版社：知识产权出版

社，2006.

[13] 李小冬，关柯，李忠富．我国建筑业产业集中度实证分析 [J]. 建筑经济，2001 (6).

[14] 李进峰．中国建筑业企业结构分析及调整对策 [J]. 中国社会科学院研究生院学报，2003 (5).

[15] 董悦，白玲．我国建筑业的产业组织与产业绩效研究 [J]. 北方经济，2006.

[16] 李忠富，范建双，王一越．建筑业所有制结构对经济效益的影响研究 [J]. 建筑经济，2008 (10).

[17] 郭海兰．基于 SCP 范式的我国建筑业产业组织分析 [J]. 科技创新导报，2010 (5).

[18] 刘琳，刘长滨，郭磊．中外建筑业企业结构的比较与借鉴 [J]. 建筑经济，2006 (6).

[19] 周强．中国建筑业产业组织研究 [D]. 北京：清华大学，1999.

[20] 司玥强．我国建筑工程保险的现状与差距 [J]. 上海保险，2004 (1).

[21] 吴拯．中国建筑产业组织研究 [J]. 重庆大学学报，2003 (5).

[22] 彭庆辉．基于产业组织分析的建筑业竞争力评价 [D]. 长沙：中南大学，2006.

[23] Needham，D.，The Economies of Industrial Structure，Conduct and Performance，(1978)，St Martin's Press.

[24] Kenneth W. Clarkson，Roger Leroy Miller，Industrial Organization：Theory，Evidence，and Public Policy，(1982)，McGraw-Hill Book Company.

[25] Stephen Martin，Industrial Economics，Economic Analysis and Public Policy，(1988)，Macmillan Publishing Company.